한국의 지방자치

- 분권, 치리, 정책 -

김순은, 송하진, 정용덕, 정해구 외 23인

法　　文　　社

Local Autonomy in Korea:

Decentralization, Governance, and Policy

Edited by Hae-Gu Jung, Yong-duck Jung, Soon Eun Kim, and Ha-Jin Song

2022

BOBMUNSA

Paju Bookcity, Korea

서문

한국에서 지방자치는 우여곡절의 과정을 거쳐 왔다. 1948년 제정헌법에 지방자치가 명문화되고, 이듬해에는 지방자치법도 제정되었다. 그러나 '6.25 한국전쟁' 중인 1952년에 이르러서야 그것도 부분적으로만 시행될 수 있었다. 1960년 '4.19 학생 의거'에 의해 태어난 제2공화국의 시작과 더불어 면 단위에서 시도에 이르기까지 전면적인 지방자치의 시대가 열리는 듯싶었다. 그러나 불과 1년 만에 '5.16 군사쿠데타' 발발과 더불어 중단되었고, 그 후 이어진 제3, 제4, 제5 공화국 시기까지 지방자치는 소위 '유보'의 상태에 있었다. 1987년 '6.10 시민항쟁'에 의한 민주주의 이행에 따라 제6공화국 헌법을 비롯한 법적 기반이 다시 마련되었다. 1991년 봄에는 지방의회가 재구성됨으로서, 중단 이후 30년 만에 지방자치가 부활하게 되었다. 그리고 올해로써 지방자치 시행 30주년을 맞이하게 되었다.

지방자치 부활 30주년이라는 이 뜻깊은 해를 기리기 위해 2021년 가을에 한국의 지방자치에 관한 세 차례에 걸친 학술 세미나가 개최되었다. 다시금 지방자치가 실시된 지난 30년은 물론이고, 그 이전으로 거슬러 올라가 대한민국 정부수립 이후 지금까지 70여 년의 세월동안 전개된 변화를 객관적으로 분석하여 성찰하고, 그것을 바탕으로 미래 발전 방안을 모색하기 위한 담론의 장이 열린 것이다.

제1차 세미나(10월 15일)에서는 '중앙과 지방간의 관계와 분권개혁'에 대해, 제2차 세미나(10월 22일)에서는 '지방 치리'에 관해, 그리고 제3차 세미나(10월 29일)에서는 '지역발전 정책'에 관해 모두 24분의 학자들이 논문을 발표하고 토론하였다. 세 차례에 걸친 이 세미나를 통해 정제된 총 20편의 논문에 서론과 결론을 더해 묶어 낸 것이 이 책이다. 주제별로 최고 수준의 전문가들에 의해 쓰여진 이 책이 앞으로 두고두고 학술연구와 정책개발에 활용될 수 있기를 기대한다.

이처럼 거시적이고 광범위하면서도 구체적이고 경험적인 대규모 연구를 효과적으로 추진하기 위해 대통령소속자치분권위원회, 대한민국시도지사협의회, 경제·인문사회연구회, 그리고 금강대학교가 협업하였다. 초고를 작성하여 세미나에서 발표하고, 토론 내용을 토대로 한 차례 더 다듬어주신 저자들께 감사드린다.

아울러 세미나 진행과 저서 발간을 주관해주신 금강대학교 공공정책연구원의 김구민 원장과 원영아 연구원, 그리고 이 책을 발간해 주신 법문사 관계자들께 모두 감사한다.

2021년 12월

김순은 대통령소속 자치분권위원회 위원장
송하진 대한민국 시도지사협의회 회장
정용덕 금강대학교 총장
정해구 경제·인문사회연구회 이사장

주요 목차

제3부 지역발전 정책

서론

| 제 1 부 |

중앙–지방 관계

| 제 2 부 |
지방 치리

| 제 3 부 |
지역발전 정책

CONTENTS

PART 3 REGIONAL DEVELOPMENT POLICIES

제 1 장

서론

제 1 장 서론: 이론, 비교와 역사, 그리고 이 책의 구성

▶▶▶ 정용덕

I 의의

올해로써 한국에서 지방자치가 부활된 지 30년이 되었다. 1961년에 시행이 '유보'됨으로써 지방자치가 부재했던 30년의 세월을 일단 변상은 받은 셈이다.[1] 이 뜻 깊은 해를 맞아 대한민국 정부수립 이후 전개된 지방 자치와 분권의 주제를 거시적으로 성찰하고 그 바탕 위에서 미래 발전과제를 모색하는 학술적 담론의 장을 펼치려고 한다. 지난 73년 동안에 이루어진 중앙-지방 관계와 분권개혁, 지방 치리(Governance), 그리고 지역발전 정책의 변화를 지방자치제의 실시 여부와 연계하면서 긴 호흡으로 분석하고 논의하려는 것이다.

물론 70여 년은 지방자치 선진국들과 비교하면 턱 없이 짧은 기간이다. 그러나 이 기간에 대한민국이 세계 어느 다른 나라와 비교하더라도 엄청나게 역동적인 변화를 이끌어 냈음에 주목할 필요가 있다 (한국행정연구원, 2008). 지방 자치와 분권 또한 그러하다 (김순은, 2008). 영미계 국가들처럼 점증(혹은 점감)적인 진화도, 사회주의 국가들처럼 급진적인 혁명도 아니다. 지방자치제의 형식적 시행 여부에 관한한 한국 지방자치의 역사는 전형적인 단절적 진화(punctuated evolution)의 표

1 한국에서 지방자치가 다시 시행된 시점을 1995년 지방자치단체장 직선제 시작으로 보는 시각도 있다. 이는 중앙이던 지방이던 입법부보다는 행정부가 더 강력한 힘을 발휘해 온 한국적 특성 때문인 것으로 이해된다. 그러나 민주주의의 발전이라는 견지에서 보면 지방자치는 행정수반 직선제보다 지방의회의 재구성에서 더 큰 의의를 찾는 것이 옳다.

본으로 보기에 무리가 없다.[2] 그러면서도 구체적인 개개의 세부적 사안들에 초점을 두어 분석하는 경우, 점증적 혹은 심지어 혁명적이라고 할 변화가 포함되어 있을 여지 또한 없지 않다. 이 책에 담긴 20편의 세부 주제별 각론에서 각각 검증될 가설들이다.

본론에 앞서 여기 서론에서는 다음과 같은 사항들에 관해 살펴보려고 한다. 다음 제2절에서는 지방자치와 분권의 이론적 배경에 대해 살펴본다. 거의 모든 인문사회과학적 주제들이 그러하거니와 지방 자치와 분권에 관해서도 단일의 일반이론(the general theory)이 존재하기란 어렵다. 다양한 시각과 접근방법을 바탕으로 만들어진 경쟁적인 복수의 '한 이론(a theory)'들이 있을 뿐이다. 더 나아가 오늘날 우리에게 친숙한 이론들은 거의 모두 한국 사회를 토양으로 형성된 것이 아니다. 따라서 각 이론의 배경이 된 공간과 시간이라는 맥락에 대한 이해가 필요하다. 소개하는 대표적인 이론들의 이해를 돕기 위해 지방자치 선진국들의 사례들을 소개하고, 한국에 대한 함의를 간략히 살펴보려는 이유다. 끝으로 제3절에서는 이 책의 구성체제와 각 장의 내용에 대해 간략히 소개한다.

II 이론적 배경과 비교 역사

근대 국민국가가 형성되면서 지방 자치와 분권에 관한 논의는 주로 국가(the state)의 영토적 차원(territorial dimension)이라는 관념을 중심으로 전개되었다(Smith, 1985). 한 나라에서 국가는 비(非)국가 부문, 즉 시민사회와의 관계 맥락에서 이해하고 논의하게 된다. 그런데 국가와 시민사회 간의 관계에 관한 다양한 역사적 배경과 경쟁적인 이론적 시각들이 존재한다. 예를 들면, 유럽의 경우 역사적으로 형성된 "국가와 사회 간의 관계에 대한 상이한 배경 개념들(background conceptions)로 인해 헌법 및 법률 체계의 중요한 구조적 차이"가 오늘날까지도 유

2 여기서 단절적 진화란 균형 상태에 있던 특정의 제도가 중대한 전환점(critical juncture)에서 발생한 결정적인 변화로 인해 새로운 제도가 형성되고 새로운 균형 상태의 역사적 발전 경로가 한동안 지속되는 이른바 '단절된 균형(punctuated equilibrium)'이 간헐적으로 나타나는 현상을 뜻한다 (Krasner 1984; Hay, 2002: 161–3).

지되고 있다 (Roos, 1993: 639).

현대 국가 관념을 바탕으로 지방 자치 및 분권의 의의와 결정요인을 이해하고 설명하기 위해 적어도 네 가지 대표적인 시각을 토대 이론으로 적용해 볼 수 있다. 다원주의, 개인적 자유주의, 마르크스주의, 엘리트주의가 그것이다 (정용덕 2002; 정용덕 외 2021: 3편 3장). 이하에서는 이들 네 가지 이론적 시각에서 지방 자치와 분권에 관해 규범적 혹은 현실적으로 각각 함축된 논제들을 지방자치 선진국들과 한국의 경험을 예로 들면서 정리한다.

1. 다원주의의 시각

전통적 다원주의 시각에서는 지방 자치와 분권의 의의를 다음과 같은 이유에서 긍정적으로 인식한다. 첫째, 견제와 균형으로 민주주의 발전에 기여한다. 로크(John Locke)와 몽테스큐(Charles Montesquieu)는 민주주의를 위한 권력 분립의 필요성을 강조한 바 있다. 이 주장의 연장선상에서 매디슨(James Madison)은 권력의 집중을 막기 위한 견제와 균형을 기하기 위해 입법-행정-사법간의 수평적 권력분립과 중앙-지방간의 수직적 권력분립을 주창했다. 그리고 이 제안이 미국 연방헌법 제정에 크게 반영되었다.

미국과 달리 중앙정부가 엄격한 삼권분립 아닌, 입법부와 행정부 간의 밀접한 연합형태로 구성되는 의원내각제의 영국에서는 권력의 불균형과 이른바 "선출된 독재" 현상이 나타날 우려가 있다 (Hailsham, 1976; 최진혁, 2015: 5에서 재인용). 자치적인 지방정부 체제는 이와 같은 중앙 권력의 불균형과 그로 인한 민주주의에의 위협을 얼마간 상쇄하는 순기능이 있다.

둘째, 보다 적극적인 의미에서 민주주의 발전과 민주적 치리(Democratic governance)에 기여한다는 것이다. 중앙권력에 대해 수직적으로 견제와 균형을 기하는 제도적 장치라는 소극적 의의를 넘어, 밀(John Stuart Mill)은 지방 자치가 시민들의 정치 참여와 훈련에 좋은 기회를 제공할 수 있어 궁극적으로 민주주의 발전에 도움이 된다고 주창했다.[3] 또 다른 적극적 시각으로 소위 '차별적 선호집중' 이

3 비록 짧은 기간의 경험임에도 한국에서 지방자치가 부활된 이후 30년 동안에 지방 수준의 정치를 통한 민주주의의 교육 효과와 엘리트 충원은 놀라울 정도로 확대되고 있다.

론을 들 수 있다. 중앙정부 수준에서는 간과되기 쉬운 소수집단의 선호가 자치적인 지방정부 수준에서 반영됨으로써 보상이 이루어질 수 있기 때문에 지방 자치와 분권이 필요하다는 것이다. 분권화가 이루어지는 그만큼 각 지역에서 이루어지는 정책결정 관련 이해관계의 규모가 작아지고, 그래서 갈등의 규모도 축소되어 그만큼 해결이 쉬워지는 이점이 있다는 윌답스키(Aaron Wildavsky)의 주장도 있다(정용덕 외, 2021: 360-9).[4]

이처럼 지방자치를 "민주주의와 권력분립주의(지방분권주의)를 이념적 기초"로 간주하는 규범적 접근방식은 "현대 민주국가에서"는 거의 보편적으로 나타나는 규범이다 (김배원, 2008: 221). 한국에서도 이러한 규범이 반영되고 있다. "지방자치는 … 지방주민으로 하여금 스스로 다스리게 한다면 자연히 민주주의가 육성·발전될 수 있다는 소위 '풀뿌리 민주주의'를 그 이념 및 배경으로 하고 있다"는 헌법재판소의 해석이 예다 (헌법재판소 1991.3.11. 91헌마21; 김배원, 2008: 221에서 재인용).

현실적으로 보면, 한 나라의 지방 자치와 분권은 오랜 역사를 거치면서 당시의 필요에 적응하면서 진화되고 제도화되며 사회화되어 문화로 자리 잡는다 (정용덕, 2002: 65-95). 따라서 특정의 시기에 가히 혁명적인 변화가 이루어질 여지는 적어도 질적 측면에서 보면 거의 없다. 이와 같은 다원주의 시각의 지방자치 관련 사례를 영국과 미국에서 쉽게 발견할 수 있다.

영국은 지방 수준에서 "주민의 의사와 책임 하에 스스로 또는 주민이 선출한 대표자를 통하여 사무를 처리하는 민주주의 원리를 지향하는 … 지방정부 혹은 지방자치정부" 관념을 중세시대 이후 오랜 역사를 거치면서 발전시켜 온 대표적인 지방분권 국가이다.[5] 단방제 국가(unitary state)이자 "의회주권의 원칙"을 제도화

4 오늘날 한국에서는 심각한 수준의 사회갈등이 발생하고, 그로인한 엄청난 의사결정 비용이 따르고 있다. 그 주원인으로 소위 '압축' 발전을 들 수 있다. 짧은 기간에 국가형성, 산업화, 민주화, 전지구화가 그것도 중첩적으로 전개되면서 각 사안별로 발생하는 갈등을 미처 해소하지 못한 채 다음 단계로 이어진 것이다. 더욱이 중앙집권적인 정치행정 체제로 인해 갈등의 규모가 커지고, 그것을 대부분 중앙('광화문 광장') 수준에서 해결하려는 경향이 지속되고 있다 (정용덕, 2011: 1장).

5 주민이 자연법적 고유권한으로 지방정부의 운영과 결정에 참여하는 자치권을 지닌 것으로 인정하는 것이다. 이 점에서 중앙(국가)이 "지방자치단체에게 자치권을 부여하여 독립된 법인체로 지역의 일을 처리하게 하는 법률적 의미의 단체자치" 관념을 제도화해 온 프랑스와

해 온 영국에서 지방정부의 권한은 어디까지나 중앙정부 의회가 제정한 법률의 범위 안에서만 유지될 수 있는 것으로 되어 있다. 그럼에도 불구하고, 실제적으로는 "중앙정부보다 오래 전에 앞서 존재하였던" 지방정부들이 "운영에 필요한 정책의 자유로운 결정과 그 정책을 집행하는데 필요한 수단을 강구"할 수 있게끔 허용하는 자율성이 관행처럼 주어져 있다 (Marcou, 2000: 7; 최진혁, 2015: 4에서 재인용). 명목상으로는 의회주권 원칙에 따라 중앙정부가 지방정부의 동의 없이도 구조나 기능을 변경할 수 있는 강력한 권한을 소유하고 있지만, 실제로는 중앙권력이 지방 "공동체의 특수성이나 다양성을 훼손할 수 없는 전통적인 정치문화가 자리 잡고 있는 것"이다 (최진혁, 2015: 26).[6] 20세기 중반에서 21세기 초반에 걸쳐 '신(新)중앙집권화' 반전과 '신(新)지방분권화' 역전이 나타난 적이 있다. 그러나 이 현상들은 모두 그 이전에 오랜 역사를 통해 배태된 영국의 제도 및 문화적 틀 — 즉, 의회주권 원리에 의거한 중앙의 통제를 바탕으로 하되 "지역의 다양성과 특수성을 존중"하는 — 의 테두리 내에서 그때그때의 필요에 따라 타협과 조정이 이루어지면서 점증적으로 진화가 이루어지는 수준에 불과하다 (최진혁, 2015: 27).[7]

연방국가인 미국은 처음부터 분권화가 기획되고 제도화된 대표적인 사례이다. 토크빌(Alexis de Tocqueville)이 보기에, 미국은 18세기 말 영국의 식민통치에서 벗어나 안정적인 민주주의 국가 건설에 성공했다. 반면, 자신의 조국인 프랑스는 같은 무렵에 시계사적인 대혁명을 통해 공화국을 건설했음에도 민주주의의 제도화 과정에서 엄청난 시행착오와 혼란을 겪었다 (백완기, 2015: 1–45). 이러한 차이를

독일 등 유럽 대륙의 나라들과는 현격한 차이가 있다 (최진혁, 2015: 2).

6 근대적 지방자치만하더라도 1835년에 이미 도시자치단체법(Municipal Corporation Act)을 통해 선거권한과 세금징수권 등을 부여하고, 1888년 광역자치정부(County)에 의회(County Council)를, 1894년에는 기초자치정부(District)에 기초의회(District Council)를 각각 설치하여 지역 업무를 스스로 결정할 수 있도록 함으로써, 지방정부가 "국가의 압박을 느끼지 못하는" 전통이 공고화되었다 (최진혁, 2015: 13). 이처럼 영국은 지방자치단체가 국가(중앙)의 예속되는 오랜 전통에 의해 "국가대표인 도지사가 지역에 파견되어 후견인으로서 지역을 통제하고 감시하는 … 도정체제를 활용"하는 프랑스와는 큰 차이가 있다 (최진혁, 2015: 14).

7 프랑스에서도 "미테랑 정부 이래 좌파·우파정부를 막론하고 계속해서 지방분권 개혁을 주도해 왔다. 그러나 결국 [역사적으로 형성된 문화인] 중앙집권적 틀[속에서] 지방분권화를 도모하려는 '순화된 자코방주의(Jacobinisme appriviose)'와 나폴레옹주의에 따른 '하이브리드(혼합)지방자치(hybrid local autonomy)'"에 불과하다 (최진혁, 2015: 27).

가져오는 이유 가운데에는 미국의 경우 (프랑스에는 없는) "타운미팅(Town Meeting) 같은 지방자치체, 변호사회 같은 전문인 단체와 각종의 자발적 조직, 그리고 다양한 종교조직" 등의 자발적인 조직들이 포함 된다 (김석태, 2016: 8). 토크빌이 보기에, "시민들의 지방 모임은 자유국가의 힘의 원천이다. … 타운미팅은 자유를 어떻게 이용하고 향유하는지 가르친다. 국가는 자유정부를 가질 수는 있지만 지방정부가 없이는 자유의 정신을 가질 수 없다" (Tocqueville, 1835: 78; 김석태, 2016: 9에서 재인용). 행정의 전통이 "프랑스는 전통적인 하향식이라면 미국의 경우는 새로운 상향식 방식"으로 제도화된 것이다 (김석태, 2016: 9).

한국의 중앙-지방간 관계에서 오랜 역사적 경험과 그로 인해 배태된 문화는 사뭇 중앙집권적이다.[8] 특히, 조선시대에는 중앙관리를 지방에 파견하여 관리하도록 하는 군현제(郡縣制)를 통해 중앙집권적인 체제를 시행했다. 물론 지방수준에서 향약 제도와 유향소 등 자치 행정의 경험과 전통은 있었다. 그러나 이는 현실적으로 중앙정부의 정치권력이나 행정능력의 부족 때문에 지방 수준에서 다양한 형태의 자율적인 행정을 허용하고 활용한 것일 뿐, "정치 분화를 촉진 시킬 수 있는 지역 수준의 정치체"는 부재했다 (Wright, 1975; 정용덕, 2002: 90). 그나마도 지방수준의 자율적인 행정 전통은 일제 강점기의 군국주의 통치에 의해 철저하게 훼손되었다. 이를 계기로 마치 "회오리바람(vortex)"처럼(Henderson, 1968) 중앙으로 집결되는 구심적(centripetal) 성향의 정치문화는 더욱 극단적으로 강화되었다.

2. 개인적 자유주의의 시각

지방 자치와 분권에 대해 다원주의보다 한 단계 더 근본주의적인 시각이 개인 자유의 극대화를 지향하는 시장자유주의이다. 이들은 밀(Mill)을 비롯한 다원주의 이론가들의 주장 — 즉, "중앙정부의 편의를 위해" 지방 자치와 분권이 필요하다는 주장 — 을 "공리주의적"인 것으로 폄하한다 (김석태, 2016). 밀은 자유주의자답게 "개인 혼자만의 일"에 관한한 그리고 "다른 사람들을 해치지 않는 한 [그 개

8 유재원(2018: 3, 14)은 "분권의 가치보다 집권의 가치를 중시하며, 지방일체감보다는 국가일체감이 강한 한국인들에게 분권은 잘 맞지 않는 옷인지도 모른다"고 하면서 "과감한 분권이 추진되지 못하는" 문화적인 이유 가운데 하나로 들고 있다.

인은]]자유를 가진다"고 보며, 그처럼 자유로운 개인들의 모임인 국가의 운영에서도 "스스로 통치하길 원한다"고 주장한다. 그러나 개인적 자유주의자들이 보기에 이 주장에는 미흡한 대목이 있다. 개인들의 또 다른 모임인 "지역도 다른 지역에 해를 끼치지 않는 범위 내에서 자유"를 가져야 한다는 것이다 (Chandler, 2008: 357; 김석태, 2016: 13에서 재인용). 이처럼 "지역자유론"을 뒷받침하는 논리는 "개인이 자기 일을 가장 잘 알기 때문에 자기 스스로 이를 수행할 의무와 권리가 있는 것과 같이 사람들의 지역적 모임도 지방의 일을 [가장 잘 일기 때문에] 독자적으로 수행해야 한다"는 것이다 (김석태, 2016: 12-3).

이와 같은 개인적 자유주의 시각의 지방자치관은 한국 헌법에도 얼핏 반영된 부분이 있다. 앞에서 인용한 헌법재판소의 판결문에서 "지방자치는 국민자치를 지방적 범위 내에서 실현하는 것이므로 지방시정에 직접적인 관심과 이해관계가 있는 지방주민으로 하여금 스스로 다스리게"하는 것이 바람직하다는 대목이 그것이다 (헌법재판소 1991.3.11. 91헌마21; 김배원, 2008: 221에서 재인용).

지방 자치와 분권을 뒷받침하는 또 다른 논리를 제퍼슨(Thomas Jefferson)의 개인주권론에서 찾아 볼 수 있다. 로크(Locke)와 루소(Jean Jacques Rousseau)의 사상에서 영향 받은 그는 "자연 상태에서 주권은 궁극적으로 개개인에게 있[으며], 개인 주권의 표상으로서 지방자치권이 존재한다"고 주장했다. 그가 보기에 "최고의 덕목"인 개인의 정부 감시와 방향 제시는 뉴잉글랜드 지방의 타운쉽(Township)처럼 "정부의 규모가 작을수록 보다 더 효율적으로 될 수 있다"고 주장함으로써 루소의 직접민주주의 옹호론를 지지했다 (김석태, 2016: 6). 매디슨과 해밀턴에 더해 미국 헌법제정 과정에서 사상적 토대를 제공한 제퍼슨이지만, 그의 아이디어는 매디슨에 비해 큰 비중으로 헌법에 반영되지는 않았다. 그럼에도 불구하고, 그의 생각은 시대적 변화에 따라 미국에서 지대한 영향을 미치고는 했다. 20세기 후반 이후 이론적으로 발선하고 현실적으로도 신자유주의 정치에 큰 영향을 미친 공공선택(Public choice) 이론이 그것이다.

개별 행위자의 합리적 선택을 전제로 사회현상을 설명하는 개인주의 시각에서는 지방 분권 및 자치가 매우 바람직하다고 여긴다. 그것에 의해 이른바 '발에 의한 투표(Vote with feet)'(Tiebout, 1956)가 가능해지기 때문이다. 행정서비스를 공급하는 정부에 대한 시민의 대응 방법으로 세 가지가 있다. (1) 관료제의 결정에 순응하는 '충성', (2) 강력하게 의견을 개진하는 '목소리', (3) 자신의 선호에 부합하지 않는 경우에 '탈출'(즉 시장)하는 방식이 그것이다 (Hirschman, 1970). 이 중에서 경제시장에서든 정치시장에서든 소비자 혹은 시민이 선호하는 상품 혹은 공공재를 고르기 위해 한 가게 혹은 정부에서 다른 가게 혹은 정부로 옮겨가는 탈출(exit)이 가장 효율적인 통제 방식이다. 다만, 정치시장에서 시민들이 각자의 선호에 따라 선택할 수 있는 (마치 시장의 다양한 상품처럼) 다수의 소규모 단위 공공조직들이 존재해야 만 한다. 시민들이 선택할 수 있는 다양한 중앙 및 지방 수준의 정부들이 존재하고 그들간의 경쟁이 이루어질 때 비로소 행정의 민주성과 효율성이 모두 증진될 수 있다 (Ostrom, 1974).

이처럼 주민과 공직자들을 모두 합리적 행동가로 가정하는 경우에 중앙과 지방간의 기능배분은 다음과 같이 이루어질 것으로 예상할 수 있다 (정용덕 외, 2021: 3편3장). 첫째, 사회복지 등의 '재분배'(즉, 특정집단의 주민에게서 다른 특정 집단의 주민에게 편익을 이전시키는) 정책은 중앙정부가 담당하게 된다. 둘째, 교통·관광사업 등의 '개발'(즉, 정책의 수혜자인 해당 지역의 주민들이 비용을 부담하는) 정책은 그 편익이 돌아가는 기초, 광역, 혹은 심지어 중앙 정부가 단독 혹은 협업을 통해 담당하게 된다. 셋째, 내부 행정관리나 쓰레기 수거 등의 '배당'(즉, 편익은 해당 주민에게 돌아가고 비용은 일반재정에서 부담하는) 정책은 지방정부가 단독으로 담당하게 된다.

한국의 지방자치에서 이와 같은 기능배분이 이루어지기에는 몇 가지 제약이 있다. 주민들의 '탈출'에 의한 '발에 의한 투표'가 원활하게 이루어지기에는 한국 지방자치단체(이하 지자체)들의 규모가 너무 크다.[9] 주민들의 탈출과 유입을 유인할 만큼 지방정부 간의 다양한 정책 경쟁이 이루어지기에는 중앙정부가 부여한 지방자치의 범위가 너무 좁은 문제도 있다. 더 나아가, 주민들의 합리적 선택을 전제로 하는 발에 의한 투표와 탈출이 원활하게 이루어지기에는 지방자치를 실시한 기간이 아직은 일천하다. 1986년부터 1997년까지를 대상으로 한국의 중앙-지방간 기능배분의 실제를 실증 분석한 결과, 이 이론의 타당성은 — 미국과 일본의 경우와

9 평균 인구수 면에서 1980년대 기준으로 한국의 광역자치단체(약 310만 명)와 기초자치단체(약 18만 명)는 영국(약 91만 명 및 12만 명)과 일본(258만 명 및 37만 명)에 비해 규모가 크다 (정용덕 2002: 71).

는 달리 — 기각되었다 (Jung, 2002; 정용덕, 2002: 177-95).

3. 마르크스주의의 시각

경제적 토대를 중시하는 마르크스주의 시각에서는 상대적으로 국가에 대한 의미를 강조하지 않는 전통이 있다. 더욱이 지방 자치나 분권에 대해서는 더욱 더 그러하다. 자본주의 사회에서 '지방국가(the local state)'란 단지 전체 국가에 통합된 일부로서, 자본가들의 이익을 도모하는 '자본주의 국가'의 특성을 그대로 반영할 뿐이라는 도구주의 시각이 대표적인 예다 (Cockburn, 1977).[10]

다만, 마르크스주의의 또 다른 학파인 구조주의 시각에서는 자본주의 국가가 수행하는 기능을 '생산'과 '집합소비(Collective consumption)'로 구분함으로써 지방의 의미 있는 역할 가능성에 주목한다 (Castells, 1977). 전자 — 즉, 기업들의 이윤추구를 바탕으로 자본축적이 이루어지도록 지원하는 기능 — 는 중앙정부가 담당한다. 후자 — 즉, 주택·보건·교육 등의 서비스를 제공함으로써 국가가 정당성을 확보하는 기능 — 는 지방정부가 담당하도록 한다. 이와 같은 기능배분을 통해 자본의 장기적 이익과 국가의 정당성이 모두 보장될 여지가 마련되는 것으로 보는 것이다 (정용덕, 2002: 310-20).

국가란 자본가 이익 혹은 자본주의 체제의 유지와 발전을 위해 봉사하는 것이지만, 시대적으로 자본주의 체제(혹은 자본가)가 필요로 하는 것 — 즉, 국가가 봉사해야할 — 내용에 변화가 있을 수 있다. 고도 자본주의 사회로 진입하면서 산업화와 도시화가 심화되면, 그에 따라 집합소비의 수요가 증대되고, 그만큼 그 기능을 담당할 지방정부의 역할도 중요해진다.

대표적 지방분권 국가로 탄생한 미국에서 19세기 후반 이후 연방정부로의 구심적 성향이 나타난 것이나 20세기 후반 이후 신연방주의(New Federalism)를 비롯하여 주정부로의 원심적(centrifugal) 성향이 나타난 바 있다 (Bowles & NcMahon, 2014: Ch. 10; 김욱 역, 2016: 10장). 이는 미국의 자본주의 발달 단계에서 서로 다른 시대적 필요에 국가가 대응한 결과인 것으로 설명할 수 있다. 실질적 분권국가

10 이 때문에 우파정당들과 마찬가지로 좌파정당들 또한 중앙집권 혹은 지방분권에 대한 정책기조를 당시 정치적 상황에서 집권에의 유·불리함에 따라 쉽게 바꾸는 현상이 나타난다.

인 영국에서 제2차 세계대전 이후와 1979년 이후에 각각 중앙집권화가 이루어진 현상(최진혁, 2015)도 경제결정론의 시각에서 설명할 수 있다. 전자의 경우, 국가의 정당성 확보를 위한 집합적 소비 기능의 강화와 복지국가 성장을 위해, 후자의 경우 국가의 자본축적을 위한 생산 기능의 강화와 신자유주의 최소국가 개혁을 위해 각각 중앙집권화가 이루어진 것이다.

대표적 중앙집권국가인 프랑스에서 1980년대 이후 지방분권 정책이 획기적으로 추진된 것도 경제결정론의 시각에서 설명이 가능하다. 지역 수준의 경제침체를 극복하기 위해 중앙국가가 유럽연합(EU)의 재정지원금(Fonds structuels europeens)을 받아내고자 그 전제조건인 분권 개혁을 추진하게 된 것이라는 것이다.[11] 실제로 1980년대 초 이후에 등장한 (미테랑, 시락, 사르코지, 올랑드 등의) 정부에 의해 지속적으로 추진되고 있는 일련의 지방분권 개혁은 당시 집권정당의 정치이데올로기나 리더십의 차이를 넘어서는 것이었다.

한국 중앙-지방간 관계의 변화도 자본주의 생산양식과 연계하여 설명할 수 있다. 대한민국 정부수립 이후 국가는 빠른 경제성장 정책을 추진했다. 특히, 급속한 산업화가 이루어지던 1960년 대 초부터 1990년 대 초까지의 시기에 국가는 중앙집권적인 방식에 의해 자원을 동원하고 배분하면서 배타적으로 대기업 중심으로 자본축적을 도왔다. 그러다가 산업화와 도시화가 고도화된 1980년대 후반 이후부터는 국가가 정당성 기능을 위한 역할을 수행할 필요성이 증대되었다. 점차 이 기능을 수행할 지방의 역할에 관심이 주어지고 지방자치의 부활이 추진되기에 이르렀다 (정용덕, 2002: 310-20).

4. 엘리트주의의 시각

국가(the state)에 대한 사회과학적 정의를 시도한 초기의 학자로 베버(Max Weber)를 들 수 있다. 그가 보기에 국가란 폭력 수단의 통제를 '일정한 영토 범위 안(within a given territorial area)'에서 합법적이고 독점적으로 유지하는 제도적 집

11 프랑스에서 "경제적·사회적 구조개편과 구조적인 어려움에 처한 산업·도시·어업에 의존하는 구역(Zone)의 지원에 관한 유럽연합위원회의 Objective 2의 실행계획과의 적응성이 강하게 나타나고 있다"는 지적을 예로 들 수 있다 (전훈, 2006: 484).

합체이다.[12] 대체로 국가능력(state capacity)이 취약했던 전통적인 국가들과는 달리, 국가기구(state apparatus)가 실제로 폭력 수단을 영토 내에서 독점적으로 통제하고 활용할 수 있게 된 것은 근대 국민국가(Modern nation-state) 시대에 이르러서였다. 그리고 이러한 근대 국가에서만이 국가기구의 행정적 영향력 범위와 (폭력 수단의 독점적 통제의 정당성 주장이 적용되는) 영토적 범위가 서로 일치하게 된다(Giddens, 1985: 18). 바꾸어 말하면, 근대 국민국가라면 그것이 주장하는 영토 전역에 걸쳐 (폭력 수단의 독점적 사용을 포함하여) 행정적 영향력을 행사할 수 있는 국가능력을 갖추고 있음을 기본 요건으로 하는 것이다.

한 국가의 영토 범위는 경계선을 기준으로 이웃 국가의 영토 범위와 접하게 된다. 그리고 각 국은 이 경계선을 외부로 확대해 나가거나 혹은 최소한 안으로 줄어들지 않도록 방어함으로써 그 국가가 행사할 (폭력을 비롯한) 권력의 범위를 확대 혹은 최소한 방어하려고 온갖 노력을 기울인다 (Giddens, 1985: 49). 만일 이 노력에 전쟁이 포함되는 경우라면 엄청난 양의 물적 및 인적 자원이 필요해 진다. 그리고 이들 자원을 사회부문로부터 효과적으로 수취하기 위해 "세금, 징집, 징발 등" 집권적인 행정체제의 제도화가 필요해진다. "전쟁이 국가를 만들고, 국가는 전쟁을 만든다"는 유명한 명제가 나오는 배경이다 (Tilly, 1975: 42, 96).[13]

각 나라의 전쟁 수행 여부는 지정학적 요인에 의해 크게 영향 받는다. 미국과 영국은 지정학적으로 다른 나라들과 분리된 위치에 놓여 있기 때문에 유럽 대륙 국가들에 비해 전쟁을 수행할 필요성이 그만큼 상대적으로 적었다. 그리고 이러한 지정학적 요인의 차이를 배경으로 특이한 정치사 및 사상사가 펼쳐졌다.

정치적 측면에서 유럽 대륙의 국민국가들은 "기존에 자리 잡고 있는 봉건 세력들에 대항하는 야심찬 왕이나 황제들 간의 갈등에 의해 형성"되는 전쟁 과정을 거

---

12 베버(Max Weber)가 보기에 국가(the state)는 세 가지 요소로 구성된 제도적 집합체다. "(1) 유능하고 규칙적인 행정공무원들의 존재, (2) 폭력 수단이 독점적 통제에 대한 정당성 주장, 그리고 (3) 그 독점을 주어진 일정한 영토적 영역(territorial area) 내에서 유지하는 것"이 그것이다 (Giddens, 1985: 18).

13 20세기 중반 이후 '냉전' 시대에 "체제를 막론하고 중앙 주도적 성격이 매우 강한 특징"을 보인 것, "1989년 몰타회담에서의 냉전종식의 선언, 1991년 소련의 붕괴[를 계기로] … 냉전체제의 와해[와] "체제 및 국가 간 장벽이 느슨해지면서 국가, 지역 간 경쟁과 협력"이 증대하는 시대가 전개되고, "국가 내부적으로는 민주화와 지방화의 경향"이 나타난 것 등이 이를 입증한다 (박재욱 2020: 281).

쳤다. 이 과정은 "끝없이 변하고 불안정한 법적 및 정치적 상황의 혼란"이었다. 이 때문에 국민국가를 통한 질서를 갈망하게 되고, 그것을 위해 국가 행정을 "고도로 표준화 및 균등화" 시키는 방법에 의해 효율성을 높이려고 했다. 이 지역에서 "봉건 질서의 혼란스러운 다원주의를 약화시키려는 내재된 경향"이 생겼고, 이를 바탕으로 강력한 국민국가가 형성되었다.[14] 이와는 달리 미국에서는 "매우 개인주의적인 토대 위에서 자치정부 방식으로 살았던 공동체를 위해 대표 없이 납세 없다는 봉건 원칙(feudal principle)을 옹호"하는 것에서부터 국가 형성이 시작되었다. 미연방 설립 2년 후에 수용된 권리청원(the Bill of Right)에 국가의 존재 의의로서 "국가를 위한 권리가 아닌 개인의 권리에 대한 요구"만 포함되는 정도였다.[15]

이와 같은 서로 다른 역사적 배경을 바탕으로 유럽 대륙인들은 "국가에 대한 존중의 자세(deferential attitude)를 공유한다. [그들은] 가장 기본적인 수준을 넘어서는 사회생활은 국가의 존재를 전제로 한다"는 사고방식을 공유한다. 반대로 미국인들은 "국가를 사회와의 수단적인 관계에서 위치"해 있는 것으로 보는 경향이 있다. 즉, 국가는 "질서와 (국내외) 평화를 유지하기 위한 수단이며 시장실패를 보완하기 위한 [그것도 여러 가지] 기법" 가운데 하나일 뿐이다. 더 나아가 모든 활동에서 국가는 "개인의 자유를 보호하는 것을 근본 목적으로" 할 뿐 … "어떤 종교 문화나 도덕의 부과나 민족적 영광이나 최소의 불평등한 소득분배라는 정의의 추구 같은 [국가] 자체의 어떤 목적도 갖지 않는다" (Roos, 1993: 641–2).

국가 형성 과정에서의 이와 같은 신·구대륙 간의 정치사적 차이가 "제도적 이념 배경의 차이, 제도적 틀의 차이, 그리고 제도 변화에 대한 저항을 설명하고 이해하는 데 도움"이 된다 (Roos, 1993: 643). 양 대륙 간의 "지방분권에 대한 서로 다른 배경적 자세(background attitudes)도 그들의 상이한 역사적 경험을 반영"한다. 미국의 경우, 중앙집권적인 국가 체제를 제도화할 필요성이 유럽 대륙의 경우에 비해 상대적으로 적었던 것이다 (Roos, 1993: 643; 최진혁, 2015: 4–5). 반면에 유럽의 경우는 심지어 오늘날 "유럽공동체(EC)를 [유럽연합(EU)이 아닌] 초국가

14 이와 같은 신·구대륙 간의 차이를 배경으로 하되, 유럽의 나라들 간에도 "국가에 대한 존중"의 정도에서 의미 있는 차이가 있는 것은 물론이다 (Roos, 1993: 643).

15 심지어 그 후 주들과의 관계에서 미국 "연방정부의 우월성(supremacy)을 옹호"하는 논리조차도 "노예제 폐지의 형식을 빌려 기본적인 인권 보호를 위한 것"이었다 (Roos, 1993: 642).

(superstate) 체제로 제도화하려고 밀어붙이는 법적 및 정치적 이데올로기[가 작동하는] 요인들"이 국민국가 형성과정의 역사에 깊숙이 뿌리를 두고 있다.[16]

한국은 지정학적인 이유로 인해 역사적으로 늘 이웃나라들로부터의 군사적 위협에 시달렸다. 후기고조선 말기에 연(燕)과 통일 제국 진(秦) 및 한의 동진정책이 그 시작이다. 삼국시대에는 수와 당 제국의 침략전쟁에 의해 많은 영토와 주민을 잃고 작은 나라로 살아남아야 했다. 본래 고조선은 중국의 춘추전국시대 국가들처럼 치밀한 국가체제는 아니고, 초기국가로서의 연맹체국가가 형성되고 발전이 이루어지는 수준이었다. 삼국시대에 이르러 외부 위협에 대항하기 위해서라도 고조선 사회의 모순 구조를 개혁하려는 시도가 이루어졌다. 이 과정에서 부족국가의 독자성이 강조되는 느슨한 연맹체 국가체제를 새로운 국왕권 중심의 집권관료체제로의 개혁이 지속적으로 추구되었다 (장동희, 1988: 70; 김용섭 2015: 139). 중앙-지방 관계에서 진 제국 이후 중국에서 제도화된 중앙집권적 '군현제(郡縣制)'에 대한 모방적 동형화가 시도되었을 것임은 짐작하기 어렵지 않다. 수와 당의 고구려 정벌 시도로 촉발된 동아시아대전에서 '나당연합'에 의해 삼국통일을 이루어낸 통일신라는 격동 속에서 생존하기 위해서라도 중국 문명을 적극 수용해야했다. 중앙-지방 관계에서는 군현제로의 지방행정체제를 통합하려는 노력이 기울여졌다. 여기에는 중앙집권적 관료체제를 확립하는 것에 더해, 기존의 귀족 세력 및 지방 세력을 견제하려는 정치적 의도도 반영되었다.

중앙정부로의 집권화는 고려 시대에도 계속해서 추구되었다. "개성정권이며 호족연립 위에 세워진 과도적 정부에 불과"한, 그리고 혼인 등에 의한 "회유와 통제"에 의존한 태조왕건의 고려에서 중앙집권화가 얼마간 이루어지기 시작한 것은 광종(光宗, 925~975)에 의해 노비안검법(奴婢按檢法)·과거제·백관공복(百官公服) 등 일련의 제도개혁, 그리고 성종(성종, 960~997)에 의한 공고화와 지방으로 중앙의 외관파견(外官派遣)이 실시되면서부터였다.[17] 이어진 조선시대에 국가는 보다 엄

16 이러한 차이로 인해 "법적 전통과 행정적 실제의 차이"를 가져오며, 오늘날 유럽 통합과 관련하여 적극성 혹은 주저함의 차이에도 영향을 미친다고 한다 (Roos, 1993: 643).

17 그러나 "12세기 이래 귀족사회의 동요와 무신난으로 실질적인 고려의 붕괴가 촉진"되면서 (장동희, 1988: 137), "중층적 지배구조의 군현제[도] … 사실상 붕괴"되었다 (김운태, 2002: 191).

격한 군현제 실시를 통해 중앙집권화를 추구하였다.[18] 그러나 지방행정 수준에서의 중앙의 실질적인 통제력은 매우 부실한 수준에 머물러 있었다 (Palais, 1975; Jung, 2014: 21–3).[19]

지정학적 특수성에 의해 고조선에서부터 시작된 중앙집권화 기조가 단순히 역사적 유물인 것만은 아니다. 지난 70여 년의 현대사에서 보듯이 한국은 늘 외부로부터의 위협에 직면해 왔고 앞으로 그럴 것이다. 외부로부터의 군사적 위협이 존재하는 한 중앙집권의 필요성에 대한 논리와 구심성(球心性)의 문화는 유지되면서 앞으로도 계속해서 추동력을 발휘할 것이다.[20]

중앙–지방관계를 사상사적으로 연계해 보면, "미국헌법은 로크와 몽테스큐에, 영국은 흄과 버크에 의해 근대화된 후커(Hooker)에, 프랑스는 루소와 로크의 불균형적인 조합에, 그리고 독일은 헤겔의 신비주의적–변증법적 관념(holistic-dialectical ideas)의 중요한 특성에 각각 관련"되는 것으로 보인다. 그렇기는 해도, "자유로운 사회가 국가 없이 가능하다는 것은 미국의 역사적 경험이지, 반드시 루

---

18 이러한 정책기조가 얼마나 투철했는지는 조선 후기(17–19세기)에 심지어 "사회개혁 의식이 투철하고 미래지향적이었던 실학자들조차 관인지배체제 하의 총재제(冢宰制)를 강조하고 향소의 관인화를 주장하[는] … 역사의식"을 가지고 있었음을 통해 확인할 수 있다 (김운태, 2002: 247).

19 조선의 국가능력이 취약했음은 이이(李珥)의 소위 '10만 양병설' 논쟁을 통해서도 짐작할 수 있다. 전국시대가 마무리되어가는 일본의 도발 가능성에 대비한 그의 건의안이 실현되지 않았다는 설에 대한 훗날의 진위 논쟁 보다 더 중요한 것은 당시 실제로 전투가 가능한 병력은 약 1천 명 정도에 불과했다는 점이다. 병력의 수를 늘리지 못한 가장 중요한 이유는 당시에 그것을 뒷받침할 인적 및 물적 자원의 부족 때문이었을 것이다. 선조에게 "양병(養兵)은 양민(養民)이 밑바탕이 되어야 합니다. 양민을 하지 않고서 양병을 하였다는 것은 예로부터 지금까지 들어본 적이 없습니다"라는 이이의 진언이 이를 입증한다 (조선왕조실록, 선조실록, 17권, 선조 16년 2월 15일, 1583년).

20 유재원(2018: 15)에 의하면 "집권의 가치에 대한 한국인들의 애착심은 오랜 역사성을 갖는다. 단일국가 하에서 하나의 정치공동체로 수천 년 간 개인의 삶을 영위하는 과정에서, 거기에다 수많은 국난을 구성원들이 힘을 합쳐 극복하는 과정에서 국가일체감(national identity)이 지역일체감(regional identity)이나 지방일체감(local identity)을 뛰어넘은 영토적 일체감(territorial identity)으로 의식 속에 자리 잡게 되었다. … 강한 국가일체감은 중앙정부를 지방자치단체에 우선하는 정부로 여기게 만들고, 집권의 가치를 분권의 가치보다 중요하게 여기게 만들고, 다양성보다는 동질성에 더 익숙하게 만들고, 차이보다는 형평을 더 중요한 가치로 여기게 만든다."고 토로한다.

소의 신화는 아니었다"는 견지가 있다 (Roos, 1993: 643). 서로 다른 사상은 서로 다른 역사적 토양을 바탕으로 싹트고 발전하는 것이다.[21]

현실주의적인 분석을 바탕으로 엘리트주의자들은 중앙-지방 관계에 대한 규범론을 제시한다. 미국 연방헌법의 핵심 설계자(Framer) 가운데 한 사람인 해밀턴(Alexander Hamilton)이 대표적이다. 해밀턴은 미국 연방정부 헌법이 추인되어 채택되도록 가장 앞장서서 노력을 기울인 현실 정치가이자 사상가였다. 미국이 '강한 국가'가 되도록 하기 위한 제도화 방안으로 그는 '강력한, 통합된 행정부(a strong, unitary executive)' 중심의 연방정부 체제를 주창했다.[22]

그러나 정작 그가 본래 마음에 품었던 '강한 국가', '강한 행정부', '강한 대통령' 관념은 미국 헌법에 거의 반영되지 못했다.[23] 대신에 그의 동료인 매디슨의 '견제와 균형' 원리가 중심이 되는 다원주의 정치체제가 중심이 되었다. 해밀턴이 보기에 그것이 당시의 현실 정치과정에서 강력한 영향력을 가진, 이미 형성된 주(州)들의 반대를 극복하고, 그나마 연방주의 헌법이 채택되어 '합중국(United States)'이 탄생할 수 있는, 그래서 주들이 중심이 되는 느슨한 '연합(Confederation)' 체제로의 제도화를 막을 수 있는 해법이라는 매우 현실적인 판단 위에서 그가 타협한 것이다.

반면에, 해밀턴이 주창한 강한 국가능력을 뒷받침하기 위한 집권적이고 통합적인 정치행정제도의 설계도는 유럽 대륙, 특히 프랑스에서 꽃을 피웠다.[24] 근대국가 형성의 전개와 더불어 처음부터 국가중심의 중앙집권 체제를 제도화한 전형적인 사례다. 시민혁명(1789년 7월 14일)에 의해 절대왕정국가인 구체제(Ancien

---

21 알포드와 프리드랜드(Alford & Friedland, 1985)의 책 제목(*Powers of Theory*)이 암시하듯이, 사상이 역사를 이끄는 경우도 많은 점을 감안하면, 양자는 상호 영향을 미치는 관계로 보는 것이 타당할 것이다.

22 해밀턴은 강력하고 역동적인 행정부가 되도록 지원, 지속성, 통합, 그리고 충분한 권력을 부여해야 한다고 주장했다 (*Federalist Papers*: No. 70).

23 본래 그는 영국과 같은 단방제 국가(Unitary state)를 마음에 두고 있었으나, 당시 미국의 정치 현실을 감안하여 연방제에 타협했다.

24 이처럼 어떤 한 나라에서 싹튼 사상이 정작 그 나라가 아닌 다른 나라에서 채택되어 적용되고 발전한 사례 가운데 하나는 케인즈주의(Keynesian) 경제정책을 들 수 있다. 1930년대 '대공황'의 시대에 케임브리지대 교수인 케인즈가 제안한 '큰 정부' 아이디어는 영국이 아닌 미국에서 채택되어 '뉴딜(New Deal)' 정책의 이론적 배경이 되었다. 어떤 새로운 사상이나 아이디어는 그와 친화력이 있는 국가 제도적 유산이 있는 나라에서 채택되고 뿌리를 내리기가 쉬움을 보여주는 사례다 (정용덕 외, 2021: 31-2).

Regime)가 무너진 직후(12월 14일)에 정부시행령에 의해 기초자치단체인 꼬뮨(Commune)과 광역자치단체인 데빠르뜨망(Department)이 설치(1838년 법인격 부여)되고, 자치권을 부여하는 제도화가 이루어지기는 했다.[25] 그러나 이들은 모두 "프랑스는 하나이고 나뉘어질 수 없다(La France une et indivisible)[는, 소위] 국가주권의 단일성과 불가분성(l'unite et l'indivisibilite de la souveraninete) 원칙"에 의해 제압된다 (최진혁, 2015: 11, 26).[26] 그리고 이 이념은 나폴레옹 집권기에 제정된 '공화력 8년 헌법(Constitution de l'an VIII)'에 의해 한 단계 더 공고화된다. 중앙국가가 지방에서 강력한 '도정체제(le systeme prefectureal)'와 임명직 도지사인 프레페(Prefet)를 통해 꼬뮨과 데빠르뜨망을 획일적으로 규제함으로써 지방의 "독자성과 다양성" 더 나아가 "자치권"을 제한하는 제도화가 이루어진 것이다 (안영훈, 2008: 247; 최진혁, 2015: 11-2). 이처럼 중앙집권화된 체제는 20세기 중엽에 이르러 독일과의 전쟁에서 패한 쓰라린 경험을 바탕으로 드골(De Gaulle) 대통령의 제5공화국 시대에 이르러 한 차례 더 공고화된다.

2세기에 걸쳐 중앙집권 국가의 전형으로 제도화가 이루어진 프랑스에서 분권지향의 개혁이 시도되기 시작한 것은 20세가 말에 이르러서다. 미테랑(Fransua Mitterand)의 좌파정부에 의해 1982년에 '신지방자치법'('꼬뮨, 데빠르뜨망, 리지옹 등 지방자치단체의 자유에 관한 법') 제정을 통해 지방분권 국가로의 전환을 꾀하기 시작한 것이다. 그 후 2003년 시락(Jacques Chirac)의 우파정부에 의해 '보충성의 원칙'을 명문 규정화한 헌법 개정을 위시로 하는 일련의 분권개혁이 이루어지기 시작했다 (안영훈, 2008: 272, 274; 최진혁, 2015: 15). 그러나 이처럼 분권개혁이 이루어지는 와중에도 프랑스에서는 중앙국가 행정의 틀을 유지하기 위한 제도적 장치들이 여전히 존재한다. 지방정부들의 존재에도 불구하고, 각 지역에 중앙국가의 지방수준 하위행정기구들을 설치하여 운영하는 것이 하나의 예다.[27]

---

25 "1884. 4. 5 법에 의해서 정치.사법.재정적 독립성을 보유"하고 해당 "행정사항들은 기초의회 스스로 결정할 수 있게끔 했다 (안영훈, 2008: 247).

26 프랑스 시민혁명 직후에 "연방제를 주장한 지롱당(Girondin)을 제압"하고 집권한 자코방(Jacobin) 정권은 자치단체인 꼬뮨과 데빠르뜨망(Departement)을 강력한 중앙집권적 체제로 제도화했다 (안영훈, 2008: 247; 최진혁, 2015: 12).

27 이 중앙국가의 지방수준 행정기구들은 한국의 '특별지방행정기관' 그리고 일본의 '지정지방행정기관'과 유사하다 (정용덕, 2002: 83-4; 안영훈, 2008: 248-9).

현실주의 엘리트주의자들이 보기에 지방자치는 일정한 범위에서만 의의와 실현성이 있다. 우선, 의의 면에서 한계가 있다. 개인의 자유나 민주주의와의 관계에서 지방 자치나 분권은 “자유의 진전에 부분적으로 결정적이고 긍정적인 역할, 그리고 민주화 과정에서 어쩌면 부분적으로 긍정적인 역할을 수행한다. 그러나 … 그것이 불가피한 것은 아니다” (Langrod, 1953: 32). 더 나아가 심지어 “지방자치정부는 민주주의에 필수요건이 아니다. … 실제로는 반대로 보다 넓은 공동체(the wider community)의 필요와 요구를 적절하게 인식하고 대응하는 것에 해롭기까지 하다”는 견지도 있다.[28]

실현성 면에서도 회의적이다. 밀(C. Wright Mills)을 비롯한 ‘권력엘리트’ 이론가들에 의하면, 지방 엘리트들의 역할에는 근본적으로 한계가 있다. 지방 수준의 엘리트들은 중앙수준 권력엘리트들의 한계적 사안들에 대해서만, 그것도 단지 지엽적인 영향력만 행사할 수 있을 뿐이다. 엘리트들은 중앙과 지방간의 국가 기능 배분 및 의사결정방식에 관해 ‘이원국가(Dual state)’ 전략을 적용한다 (정용덕 외, 2021: 3편 3장). 첫째, 합의(즉, 국방, 법질서 유지 등 체제 유지) 기능과 그것에 필요한 ‘사회비용’ 예산의 결정은 중앙정부 수준에서 관료제 방식으로 결정한다. 둘째, 생산(즉, 경제성장) 기능과 그것에 필요한 ‘사회투자’ 예산의 결정은 중앙정부에 의해 ‘코포라티즘’ 방식으로 이루어지도록 한다. 셋째, 정당성(즉, 기초교육, 사회복지 등) 기능과 그것에 필요한 ‘사회소비’ 예산의 결정은 지방 수준에서 다원주의 방식에 의해 결정이 이루어지도록 안배함으로써 ‘정치적 열기’를 연소시킨다.

중앙–지방간에 기능별 재정자원 배분에 대한 실증연구에 의하면, 1987년부터 1997년 사이에 한국은 일본에 비해 이원국가 특성이 현저하게 나타나는 것으로 분석되었다 (Jung, 2002). 일본의 경우도 상대적으로 작은 비중의 국방 예산과 상당부분이 광역지방정부에서 이루어지는 경찰 관련 예산을 제외하고 비교하는 경우 한국과 유사한 특성을 보인다. 이와 같은 분석결과는 세계에서 가장 오래 민

28 랑그로드(Langrod, 1953)에 의하면, “지방의 이익에 관심 있는 지방권위체가 존재하는 경우, 보다 넓은 공동체의 요청이 불가피하게 지방적 왜곡을 당하거나 혹은 쉽게 모호해질 것이다. 지방정치는 중앙권위체의 분명한 전반적 비전(overall vision)을 순전히 특정의 지방적 이익들에 부합하도록 굴절이 이루어지는 환경이다. … 지방 공동체들은 일반의지(general will)의 순수한 물줄기가 휘어지고 없어지도록 만드는 정체된 웅덩이들”이다 (Panter–Brick, 1953: 438의 요약문).

주주의와 지방자치의 역사를 지닌 영국의 경우와도 유사한 것이다 (정용덕, 2002: 238-56).

권력엘리트들의 이원국가 전략이 적용된 최근의 사례로 프랑스의 분권개혁 시도를 들 수 있다. 지방으로의 기능을 배분하면서 기초자치단체(꼬뮨)는 "지역주민들이 가장 필요로 하는 사회복지 사무를 정점으로 초등교육, 도시개발계획, 레저, 문화활동 등"을, 그리고 중간자치단체(데빠르뜨망)는 "재정적으로 가장 많은 국고보조금를 받으면서도 도 지역 내의 사회복지를 가장 비중 있는 사무"로 각각 수행하도록 "법으로 명문화"한 것이다 (최진혁, 208: 272-3). 광역자치단체(레지옹)의 경우에 "국토개발과 지역발전 등 광역적인 임무"를 하도록 하고 있지만, 그것은 어디까지나 "지방정부간 협력과 조정, 국가와 밀접한 관계 속에서 국가정책의 일관성과 통일성을 유지할 수 있도록 뒷받침 해주는" 역할, 즉 중앙국가의 정책노선을 지방 수준에서 반영하는 "선도적인 역할"을 담당하도록 하고 있다 (안영훈, 2008: 272-3).

한국에서는 지방자치를 국가의 제도와 운영의 틀 속에서 이해하고 접근하는 강한 전통이 있다. 그 예를 국가와 지방자치단체 간의 관계에서 지자체의 자치권을 인정하는 근거에 관한 법학자들의 논의에서 발견할 수 있다. 한국에서 "국가이전에 지방자치단체가 [자연법상의 권리로써] 자치권을 가진다"는 '고유설(혹은 고유권설)'을 지지하는 법학자는 없으며, 이는 역사적으로 지방자치가 "확립된 제도로서 보장되어 있지 않았기 때문"이라는 견지가 그것이다 (김철수, 1999: 87). 대신에 "국가에 의해 [실정법상으로] 자치권이 부여된다"는 '전래설(혹은 승인설이나 위임설)'이 한국 법학자들이 지지하는 "지방자치제도의 본질에 관한 통설[이며, 헌법 또한] 법령의 범위 안에서 자치권을 가지는 것으로 규정한 것으로 보아 전래설에 입각"하고 있는 것이다.[29]

---

29 전래설에 의하면, "지방자치제는 국가의 기술적 창조물에 불과하며 자치권은 국가로부터 유래하는 것[으로써] … 국가의 존재를 전제로 하면서 국가 하에 있어서 지방공공단체가 일정한 범위의 자치의 향유를 할 수 있는 권리를 말하며 지방자치권도 최종적으로는 국가의 통일적인 주권에 속하게 되는 것[이다]. … [여기서는] 국가권력.주권의 단일.불가분성을 근거로 지방자치는 당연히 국가의 존재를 예상하고 있으며 국가통치의 관념에서 떠난 지방자치란 존재하지 않는다. … [또한, 지방자치의 헌법적 보장은 기본적 인권의 보장과는 다르며 지방자치를 인정하지 않을 사유가 발생한 경우에는 지방자치제도 자체도 폐지할 수 있다" (김철

이와 같은 한국 법학자들의 학설은 유럽 대륙법 전통과 관련이 있어 보인다. 서구에서 "근대국가 형성과 관련된 국가의 권력이나 국민경제를 이론화하는 국가학적 성격을 지니는 법학, 정치학, 경제학 등"의 발전이 이루어졌는데, 이러한 학풍, "특히 대륙법 계통의 사회과학적 패러다임"이 한국에도 유입되었다는 것이다 (박재욱, 2020: 285). 지방자치와 분권에 대한 현대 한국의 법(학)적 전통이 영미계가 아니라 유럽 대륙계에 가까운 것을 짐작할 수 있는 대목이다.

Ⅲ 이 책의 구성과 내용

이 책은 크게 세 부로 구성된다. 제1부에는 중앙-지방 관계와 분권 수준, 그리고 그에 관한 개혁 노력에 관해 모두 5편의 논문이 실린다. 제2부에서는 역시 5편의 논문에서 지방정부의 치리(Governance)에 관한 논의가 이어진다. 그리고 제3부에서는 10편의 논문에서 지역발전을 위한 분야별 정책의 변화가 소개된다. 끝으로, 결론을 대신하여 한국 지방자치의 미래 발전에 대한 논문이 실린다. 아래에서는 각 장의 내용을 간추려 소개하면서, 특히 다음과 같은 논제에 주목하려고 한다.

첫째, 처음에 제시한 논제, 즉 각 주제별로 변화가 이루어진 특성에 관한 것이다. 점증·점감적 진화가 이루어졌는가, 아니면 가히 혁명적이라고 할 만한 급진적 변화가 이루어졌는가, 그도 아니면 단절적으로 균형이 깨지고 새로 시작하는 간헐적인 변화가 전개되었는가에 관한 해답을 각 주제별로 얻을 수 있기를 기대한다.

둘째, 이 장에서 소개한 다양한 이론적 시각과의 부합 여부에 관한 것이다. 각 주제별로 분석하고 설명하는 내용이 특히 어느 이론적 시각에 부합하는지, 그리고 그 시각의 명제를 인증 혹은 반증하는지 여부를 확인하는 일은 매우 흥미로운

수, 1999: 84-5, 87). 김배원(2008: 231)도 "자연법에 근거한 것이든 실정법 해석에 의한 것이든 자치권을 자연권으로 파악하여 지방자치단체를 초국가적 또는 국가와 대등한 지위를 지닌 것으로 파악하는 고유권설이나 신고유권설은 현대국가에 있어서 주권의 단일 불가분성에 어긋나는 것이므로 수용하기 곤란하[며] … 전래설이 타당하다. … [다만] 실정헌법의 규정에 의하여 지방자치제도가 조장되고 있는 이상 전래설 역시 국가통치권에 의한 전래가 아니라 헌법에 의한 전래를 의미하는 것으로 보아야 할 것"이라는 견지를 펴고 있다.

지적 작업이 될 것이다.

제1부(중앙-지방 관계)의 첫 번째 글(제2장)에서 이병현과 홍준형은 지방자치 관련 법제도의 변화를 추적한다. 저자들은 지방자치제도를 "헌법규정에 의해서 창설되는 제도"가 아니라는 견지에서 논의를 시작한다. 대신에 "국가적 공동체 내에서 역사적으로 형성되어온 기존의 전통적 제도"를 "법률로 규율"하는 것으로 전제한다. 그리고 지방자치제도의 변화를 — 특히 주민 관련 법률 조항을 중심으로 — 신제도주의 시각을 적용하여 분석한다. 한국에서 지방자치는 지역주민의 자치라는 사상적 기반 위에서 시행된 것이 아니라, "갑자기 외삽된 제도"로써 헌법과 법률에 도입되었다. 그로 인해 "역사적 전환점"이 있을 때마다 일시에 중단 혹은 부활 되는 "급진적·근본적 제도변화"가 이루어졌다. 다만, 1987년 민주주의 이행 이후부터는 제도의 공고화가 이루어지고, 점진적인 진화가 이루어져 왔다. 그 바탕에는 "시민참여라는 정책 아이디어"가 자리 잡고 있다. 그러나 '정부조직법'에 지방자치단체의 사무지원·재정·세제가 포함되어 있는 것에서도 짐작할 수 있듯이, 아직도 중앙으로부터의 예속에서 자유롭지 못한, "관리된 지방자치"라는 특성을 지닌다. 향후 헌법 개정, 더 나아가 "지방자치를 헌법상 제도보장으로 보는 견해"의 극복이 필요하다고 한다.

두 번째 글(제3장)에서 김찬동은 정치 분권에 관해 논한다. 한국에서 지방자치는 지난 30년 동안 "해를 거듭할수록 역주행"을 하는, "지방의 자치력을 함양하기보다는 오히려 중앙정부에 의존하는" 정도가 늘어나는 모습을 보인다. 수도권 집중으로 "지방 소멸"이 우려되고, 국고보조금 증가로 지방의 재정자립도는 저하되며, 국고보조사업 규모의 증가로 중앙정부 의존도는 더 심해지고 있다. 이는 "행정사무구조" 수준의 문제가 아닌, 조직간 그리고 정부간 관계의 구조적인 의존관계와 중앙의 "통제의지" 때문이다. 따라서 지방자치가 발전하려면 정치 분권이 먼저다. "국가와 지방자치단체"라는 관계구조, 그리고 행정 분권을 넘어 입법 분권과 사법 분권에 관한 논의가 필요하다. 정치적 측면에서 지방자치 중단과 부활 같은 제도적 급변은 급진적 혁명의 특성을 보였다. 그러나 일단 지방자치가 부활 되고 나서부터는 행정관료제가 중심에 있는 '단체자치' 패러다임이 그대로 유지되고 중앙의 통제와 관리가 이루어지는 구조가 남아 있다. 그동안 분권 개혁 노력에도 불구하고 구조적 변화 면에서는 점증주의적 진화의 특성이 있다.

세 번째 글(제4장)에서 김남철은 중앙과 지방간의 기능 분권에 대해 분석한다. 지방자치는 국가 권한 가운데 어느 것을 얼마나 지방으로 분권할 것인지에 따라 그 특성이 달라진다. 그중에서도 기능 분권은 국가와 지방의 사무를 배분하는 문제이다. 그동안은 특별법인 지방분권법상 '사무배분의 원칙과 기준'을 중심으로, 그것도 단지 '중앙행정권한의 지방이양'에 국한하여 사무이양이 추진되어왔다. 역대 추진기구들에 의해 지방이양에 나름대로 성과가 있었지만, 여전히 "국가중심적인" 구조와 이해 그리고 실무가 지속되고 있다. 지방자치단체로의 사무이양에 대한 중앙 행정기관들의 저항은 지자체들의 행정력 향상에 장애가 되고 있다. 획기적인 사무이양과 그에 따른 인적·재정적 자원 또한 이양될 수 있도록 헌법 개정을 포함한 논의가 필요하다.

네 번째 논문(제5장)에서 조임곤은 재정 분권에 관해 분석한다. 해방 직후의 사회적 혼란에 이어 60년대 이후 국가주도 경제발전을 위한 재원 마련 등의 이유로 지방자치를 위한 재정적 여력이 부족했다. 1980년대 중반에 이르러서야 그동안의 비약적 경제성장을 토대로 한 재정 능력 증대와 정치 민주화 등에 의해 지방자치가 시행될 수 있었다. 그러나 지방세와 지방재정조정제도 면에서는 실질적 재정분권보다는 재정제도의 변화에 따른 제도 보완 정도가 이루어졌다. 현재 국세-지방세 간의 비율은 '7대3'에도 미치지 못한다. 그럼에도 불구하고, 기획재정부의 강력한 반대와 일부 지자체들의 균형발전 요구 등으로 인해 조세권의 분권은 추진이 어려운 상태다. 재정분권 정책의 추진으로 오히려 수도권으로의 "부익부빈익빈" 현상이 발생하는 문제가 그것이다. 앞으로 재정분권 논의에서 균형발전, 그리고 세입분권에 더한 세출분권 등이 중요한 논제가 될 것이다.

다섯 번째 글(제6장)에서 김순은은 역대 행정부의 분권개혁 노력에 대해 추진 주체를 중심으로 분석한다. 1991년 지방의회 재구성과 1995년 지방자치단체장 직선제가 시작되던 무렵에는 자치권의 범위에 관해 미처 관심을 기울일 여유가 없었다. 그 후 지방자치단체의 실질적인 권한이 중요함을 점차적으로 인식하게 되고, 그에 따라 분권 개혁 노력이 기울여지기 시작했다. 분권 개혁은 정책설계, 정책결정자 및 관련 집단의 지지, 정치 환경, 정책집행 주체 등에 의해 영향받으며, 특히 분권의 핵심 집행자로서 추진위원회의 역할이 중요했다. 1999년 김대중 행정부에 의해 처음으로 지방분권을 위한 제도와 조직이 마련되었고, 그 후 노무현, 이명박, 박근혜, 문재인 행정부로 5대에 걸친 "중단 없는 지속적 노력"에 의해 "성숙 효과"가 나타날 수 있었다. 역대 분권 추진기구들은 제도적으로는 유사했으나, 의지와 성과 면에서는 의미 있는 차이가 있었다.

이상 다섯 장에서의 논의를 통해 한국의 중앙-지방 관계가 법, 정치, 기능, 재정의 측면에서 극히 중앙집권적이었으나, 점차 지방분권을 지향하는 노력에 의해 나름대로 의미 있는 변화도 이루어지고 있음을 알 수 있다. 법 그리고 정치의 측면에서는 간헐적으로 균형이 깨지는 단절적 진화가 이루어진 반면에, 기능 및 재정 분권의 측면에서는 좀 더 점증적인 진화가 이루어지는 변화의 특성이 발견되었다. 중요한 것은 변화 방향의 일관성이다. 지방자치제 부활이후 적어도 지방분권의 지향성과 시도에 관한한 — 지난 20여 년간 분권추진기구의 역할에서도 볼 수 있듯이 — 꾸준히 지속되고 있는 것이다. 다만, 점점 더 심화되고 있는 수도권 집중 및 재정적 중앙 의존도 문제는 난제로 남아 있다.

제2부(지방 치리)의 첫 번째 논문(제7장)에서 김상미는 지방의회의 제도화와 운영에 대해 긴 안목에서 분석한다. 저자는 지방의회의 기원을 조선시대 향회(鄕會)에서 찾는다. 16세기에서 18세기 중엽까지 향회는 향촌에서 안정적 지배권을 유지하기 위한 지방엘리트들의 비공식적 제도였으나, 점차 신분 차별이 옅어지고 새로운 기능도 부가되면서 자치 영역이 확대되는 전환점에 이른다. 19세기 격동기에 지방민들은 향회를 민의 수렴과 상호 연대 의식을 형성하기 위한 새로운 자치기구로 변모시킨다. 저자는 이를 "봉건제에서 자본제로 이행하는 과정에서 출현한 근대적 산물"인 것으로 해석한다. 1895년 한국 최초의 지방자치 관련 법규인 '향회조규'와 '향회판무규정'의 제정에서도 짐작할 수 있듯이 향회를 공식 제도화하려는 중앙정부의 시도도 있었다. 저자가 보기에 한국 근·현대사에서 지방에 자치기구가 존재하지 않았던 시기는 일제강점기(1910~1947)와 해방직후 혼란기(1945~1952) 그리고 권위주의 시대(1961~1991)뿐이다. 민주화로 지방의회가 부활된 이후에도 '의원 정수'와 신분 및 보수, 사무직원에 대한 인사권 등 여전히 개선이 필요한 사안들이 부지기수로 남아 있다.

두 번째 글(제8장)에서 금창호는 지자체가 그 존립 목적을 달성하기 위해 자율적으로 조직을 구성하고 운영할 수 있는 권한, 즉 '자치조직권'에 초점을 두어 지방행정조직의 변화를 추적한다. 지방자치 부활이후 중앙정부는 한편으로 '지방자치법'에 자치조직권의 근거를 규정함으로써 자치조직권을 확대하는 기본방침을 정했다. 그런가 하면, 다른 한편으로는 '지방자치단체의 행정기구와 정원기준 등에 관한 규정'을 두어 자치조직권에 제약을 가하는, 양면적 접근방법을 적용해 왔다. 예외가 있다면, 2005년에 '총액인건비제' 도입을 위해 중앙정부가 승인권을 다수 폐지한 경우가 유일하다. 행정기구와 정원산정 등에서 지자체들이 해당 지역의 특성에 맞게 자치권을 확보하고 운영하도록 하되, 지방의회와 시민사회 등의 견제를 통해 자치적으로 행정조직 남용이 방지되도록 하는, 보다 적극적이고 발전적인 변화가 필요하다.

세 번째 글(제9장)에서 권경득은 인사행정의 변화를 자율성·개방성·전문성·공정성·대표성에 초점을 두어 분석한다. 지방자치제가 부활되면서 지자체 공무원의 역량을 증진하기 위한 노력이 지속적으로 추진되었다. 자치인사권의 확대에 병행하여 성과중심의 인사관리체제 확립 등의 인사제도 개선도 시도돼 왔다. 그러나 지자체장의 인사권 남용, 계급제에 기초한 폐쇄적인 인사운영 등으로 인해 공직개방이나 능력·성과 중심의 인사관리시스템 구축은 여의치 않은 채로 있다. 행정업무 수행의 주체인 인적자원을 성과주의와 고객중심으로 관리하고 행정환경의 변화와 지역특성을 고려한 지방인사행정이 이루어지려면 제도형성에서 집행에 이르기까지 세부적이고 획일적으로 규정하는 중앙의 인사 관련 제도들을 최소화해야한다. 지자체가 책임성과 자율성을 바탕으로 지역실정에 맞게 운영할 수 있도록 인사권의 분권이 필요하다.

네 번째 글(제10장)에서 김구민과 라휘문은 지방재무행정에 관해 분석한다. 지자체의 재정운영에 관한 제도적 토대는 1963년 '지방재정법' 제정으로 마련되었다. 1948년 제헌헌법(제96조와 제97조)에 지방자치 관련 규정이 포함되고, 이듬해에 지방자치법이 제정되었으며, 1952년에는 지방자치제가 시행되었으나, 막상 지방재정법은 지방자치가 중단된 시기에 와서야 입법이 된 것이다. 1991년 지방자치제 부활과 더불어 지자체의 소위 '3대 자주권'(즉, 행정자주권, 입법자주권, 재정자주권)에 관한 논의가 이어졌다. 특히, 행정자주권 확보에 병행하여 재정분권도 수반되어야 한다는 점이 늘 강조되었다. 재정확충 및 자율성 확보 노력에 더해 재무행정(특히, 예산운영)의 합리화를 기하기 위한 노력이 기울여졌다. '품목별예산제도'(1948~2008)에서 '사업별예산제도'(2008~2016)로, 그리고 성과예산제도(2016~

현재)로 세 단계에 걸친 의미 있는 전환이 이루어졌다. 지방예산편성기준(2006), 복식부기제도(2007), 주민참여예산제도(2011), 성인지예산제도(2013)의 도입, 그리고 원가계산준칙 제정(2013) 등의 개혁도 이루어졌다. 지방자치가 부활하고 15년이 지난 시점부터 25년이 되던 해까지 약 10년간의 시기에 일련의 제도개혁이 집중적으로 이루어진 것이다.

다섯 번째 논문(제11장)에서 김수연과 하동현은 정부간 협력에 대해 제도변화의 흐름과 특징을 중심으로 분석한다. 저자들은 어떠한 대상과 시간 단위 속에서 변화를 주목하느냐에 따라 그 정도와 특징이 달라질 수 있다고 전제한다. 지자체들은 중앙정부와의 관계에서 자율성이 확보될 때 스스로를 활성화시키려고 노력하게 되며, 그 가운데 하나로 정부간 협력을 모색하게 된다. 실제로 지방자치가 부활되기 이전에는 정부간 협력에 관한 제도는 존재하지 않았다. 1991년 지방자치의 부활에 따라 점차 제도적 필요성이 증대되고 그에 따라 비로소 제도화가 이루어지기 시작했다. 그러나 여전히 지방의 제한된 자율성으로 인해 정부간 협력도 미미한 수준에서 "제도의 표류"가 이어져 온 상태다. 앞으로 자율성의 확대와 다양한 수준과 단위에서의 협력제도 등장이 기대된다.

제2부의 지방 치리 관련 논의를 종합해 보면, 시계(視界)를 3~4백년으로 넓혀 볼 때, 가히 급진적인 변화가 이루어진 것으로 볼 수 있다. 일제강점기 35년과 권위주의 시대 30년을 제외하면 나름대로 지방 수준의 자치 모습을 찾아볼 수 있다. 그러나 실질적인 면에서 지방의 치리는 심지어 근대적인 지방자치제가 실시된 지난 30년 동안에도 여전히 중앙집권적인 특성이 작용하고 있다. 지자체의 정책결정권, 조직권, 인사권, 재정권에서 지방자치 시행이라는 명목과 중앙의 통제라는 실제 간에는 적지 않은 괴리가 남아 있는 것이다.

제3부(지역발전 정책)의 첫 번째 논문(제12장)에서 곽현근은 지역공동체발전 정책에 대해 논한다. 지방자치에서 공동체발전 정책은 지방정부의 주체로서 혹은 정책대상으로서 접근할 수 있다. 저자는 적극적 시민성을 갖춘 주민의 집합체인 지역공동체가 지방정부의 주인으로서 지방정부의 민주성을 강화하는 역할에 초점을 둔다. 한국에서 지역공동체발전 정책이 민주성 강화를 위해 의식적이고 공식적으로 추진된 역사는 매우 일천하다. 정체성이 불분명한 채 혼란스러운 담론과 비효율적인 제도화가 진행돼 왔다. 앞으로 중앙정부 중심의 "파편화된 하향식

접근"이 아니라, "풀뿌리민주주의"의 시각에서 접근할 필요가 있다. 정책집행을 위한 수단으로서가 아니라 주권자이자 시민의 시각에서 지역공동체를 바라보는 인식의 전환이 필요하다. '마을만들기' 사업을 포함한 중앙 부처들의 관련 예산을 통합하여 기초지방정부로 하여금 지역여건을 감안한 종합적인 지역공동체정책 수립과 집행이 바람직하다.

두 번째 글(제13장)에서 손희준은 지역 경제·산업 정책에 관해 분석한다. 1960년대까지 제1차 산업이 40% 이상을 차지하던 산업구조가 1970년대 이후부터 제2·3차 산업 중심으로 빠르게 전환되었다. 1960년대 이후에 전개된 산업화 정책의 일부인 '거점(據點) 개발'이나 수출입이 용이한 남동 해안 지역 중심의 산업화로 인해 국토의 불균형 발전과 산업 및 인구의 수도권 집중이 심화되었다. 이를 극복하기 위해 수도권 공장 규제, 산업시설의 지방 이전, 지역 산업클러스터 육성 등 균형발전 정책이 추진되었다. 이 모든 정책의 추진에서 주체는 늘 중앙정부였고, 따라서 그 공과(功過)에 대한 평가도 중앙정부가 짊어지게 된다. 앞으로 지역의 특수성을 반영하기 위해 중앙정부 주도의 '천편일률적'인 하향식 지역 경제·산업 정책은 지양되어야 한다. 지역의 부존자원과 사람 중심으로 지자체가 정책을 개발하고, 재원과 기술 그리고 인적자원은 지방과 중앙이 서로 협력하여 추진할 수 있어야 한다.

세 번째 글(제14장)에서 조덕호는 지역 토지·주택·교통 정책에 대해 분석한다. 이 도시구성 요소들은 시대에 따라 역할에 변화가 있기 마련이고, 따라서 도시계획도 변화하게 된다. 이 요소들을 어떻게 결합하느냐에 따라 다양한 모습의 도시들이 발전한다. 공간계획은 (1) 전국 또는 국토의 일부를 대상으로 하는 '국토계획'과 '국토이용계획', (2) 도시 또는 도시 내 일부 지역을 대상으로 하는 '도시계획', (3) 개별건축물을 대상으로 하는 '건축계획'으로 나뉘어 관련 법규의 제정과 집행이 이루어졌다. 이 가운데 도시계획은 산업화와 도시화의 시대적 문제들을 해결하면서 변화했다. 1960년대는 도시의 경제적 빈곤과 주택·교통·기반시설 미비 등의 해결, 1970년대는 공업화에 따른 경제성장과 도시성장에 따른 무질서한 도시의 평면적 확산의 제한, 1980년대는 산업구조의 고도화에 따른 문제점 보완, 1990년대는 도시의 발달과 기능의 다양화에 대한 대응, 2000년대에는 도시의 팽창과 도시 간 상호연관 문제의 관리가 중요했다. '전후 복구'에 몰입했던 1950년대, 국가기반형성과 신속한 경제부흥을 위해 '요소투입' 위주의 불균형적 지역성장정책이 추진된 1960~1970년대, 그리고 균형발전정책을 통한 '집적이익' 분산과 지역간 발전격차 완화를 위한 정책기조 변화가 시작된 2000년대 이후로 공간정책의 변화가 전개되었다. 지방자치 부활과 더불어 도시계획 과정에서 민주성 및 투명성을 증대하기 위한, '주민공청회' 같은 제도화도 이루어지고 있다.

네 번째 글(제15장)에서 문태훈은 지역 환경 정책에 관해 논한다. 70여 년 동안 대한민국은 경제 선진국으로 발전했으며, 정치 민주화도 이루어냈다. 지방차지 부활 이후 30년 동안에는 환경 정책에 대한 자치권이 점진적으로 확대돼왔다. 처음에는 지방의 오염물질배출에 대한 지도·감독 능력 부족 때문에, 환경청(부) 설립 후에는 대형 오염물질발생 사고의 간헐적 발생으로 인해, 환경 정책권의 배분이 지방과 중앙을 오가는 상황이 되풀이되었다. 얼마간 지방이양이 이루어진 이후에도 '통합환경관리'라는 새로운 규제방식의 도입에 의해 실질적으로는 중앙에서 환경을 통제하는 상황이 유지되고 있다. 지금까지 사후적·소극적 환경정책의 영역에 머물러 있는 환경 정책을 보다 적극적·사전예방적·생태전략적인 지속가능발전목표 추구로 전환될 필요가 있다. 지금까지의 "대립적·저항적 규제"에서 "지도적·협력적 환경규제"로의 전환도 필요하다. 중앙정부(환경부)는 분권화를 추진하되, 지역의 환경 상태를 모니터링하고 지자체에 도움을 주는 역할 분담이 바람직하다. 지자체들이 '지속가능발전' 목표를 환경 정책에 포함시킬 수 있도록 자치권·자율성과 그에 상응하는 권한과 재원의 뒷받침이 필요하다.

다섯 번째 글(제16장)에서 정지범은 지역 재난·안전 정책에 대해 분석한다. 저자는 "모든 재난은 지역에서 발생한다"는 말로 논의를 시작한다. 재난에 일차적으로 대응하는 사람들도 지역주민과 공무원들이다. 따라서 지자체의 역할은 절대적으로 중요함에도, 인력·전문성·예산 부족의 어려움이 있다. 지난 70여 년 동안 지자체의 재난관리는 소방·치수·민방위 업무를 중심으로 발전해 왔다. 중앙정부에 종속된 제도·조직의 틀이 — 심지어 지방자치가 부활한 이후조차도 — 유지돼 왔다. 이처럼 중앙정부에 종속된 정책 체계를 지역 실정에 맞도록 개혁해야 하는 과제가 남아 있다. 기후변화, 신종 전염병, 초대형 재난 상황 등에서 중앙-지방간 그리고 지자체 간의 긴밀한 협력이 이루어지는 치리 체계의 제도화가 필요하다.

여섯 번째 글(제17장)에서 장익현은 지역 보건·복지 정책에 대해 분석한다. 인간 삶과 직접적으로 관련이 있는 보건·복지서비스 분야야말로 특히 지자체의 역할이 필요한 정책 영역이다. 그러나 지방에서 이루어지는 보건·복지서비스는 중앙정부의 결정을 지자체가 집행하는 수준의 형태로 유지돼왔다. 지자체가 독자적으로 수행하는 서비스는 많지 않으며, 자체적으로 시행할 수 있는 정책 권한과 재원도 제한적이다. 2004년의 '지방분권 5개년 종합실행계획'은 복지서비스에서의 지방이양을 지향한 것으로서 의의가 크다. 그러나 실제로는 재정 권한이 이양되지 않은 채 사업만 이양함으로써 지방에 책임만 지우고 재량은 제한하는 결과가 되었다. 저자가 보기에 복지 정책은 여전히 중앙정부가 주도적으로 결정하며, 지자체는 단지 그 범위 안에서 집행자로서의 역할을 수행할 뿐이다.

일곱 번째 글(제18장)에서 김미경은 지역 여성·가족 정책을 분석한다. 여성과 가족에 관한 사안은 사람들의 삶에 직접 관련되고, 따라서 가장 가까이에 위치하는 지자체의 역할이 중요하다. 여성·가족 관련 정책의 개발 그리고 법률의 제·개정은 여성문제에 대한 사회적 인식의 변화를 반영한다. 그동안 여성·가족정책은 '어머니로서의 여성' 관점에서 어머니이자 '일하는 여성' 관점으로, 그 후 '사회적 여권론'의 관점을 거쳐, 여성 중심적 복지서비스를 강조하는 '급진주의 여권론'으로 변화해 왔다. 지자체 수준에서도 '일과 가정의 양립'을 위해 근로자를 지원하는 다수의 노력이 전개되었다. 앞으로도 중앙에서 마련되는 기본계획의 틀을 존중하여 연도별 시행계획을 수립하는 것은 불가피할 것으로 보인다. 그런 가운데에서도 지자체의 제한된 자율성과 한정된 역할을 넘어 지방 고유의 상황을 반영할 수 있는, '지역맞춤형'의 지역 여성·가족정책으로 발전해 나아갈 수 있어야 한다.

여덟 번째 글(제19장)에서 배관표는 지역 문화·예술·체육·관광 정책에 관해 논의한다. 1972년 '문화예술진흥법' 제정을 계기로 문화예술 정책이 시작되었으나, 지역 수준에서는 지방자치가 부활한 이후부터 비로소 활성화되기 시작했다. 1988년에 개정된 '지방자치법'(제9조)에 지방사무로서 체육·문화·예술·관광·휴양 등에 관한 규정이 포함되고, 2020년 법제정 이후 지역 문화 관련 사무의 지방이양도 이루어져 왔다. 2001년에 '지역 문화의 해' 지정에 이어 2004년에 '지역 문화진흥의 원년'이 되었으나, '지역문화진흥법'은 2014년에 이르러서야 제정되었다. 지자체가 지역 문화 관련 사무들을 새로이 담당하게 되면서 전체 조례의 약 6%와 전체 예산의 약 5%를 할애하며 다양한 문화정책들을 추진하고 있다. 1990년대에는 지역별 도서관, 축제, 생활체육관, 지방문화원이, 그리고 2000년대에는 박물관, 미술관, 문화의집, 축구장, 지방 문화재단이 크게 늘었다. 그러나 지역 — 특히, 비수도권과 비도시권 — 주민들의 만족도는 여전히 낮은 채로 있다. 문화재단의 치리, 지역문화진흥기금의 지역단위 운영 등에 대한 개혁도 필요하다.

아홉 번째 글(제20장)에서 오세희는 교육자치와 교육 정책에 대해 분석한다. 1991년 '지방교육자치법' 제정으로 지방교육자치의 문이 열렸다. 그러나 2006년에 이르러서야 '지방교육자치에 관한 법률' 개정에 따라 지방의회에 교육의원을 통합하여 선출하기 시작했다. 2007년에 일부 지역에서부터 시작하여 2010년에는 전국의 교육감과 교육의원의 주민 직선이 이루어지면서 (고등교육을 제외한) 교육행정 및 정책의 지방자치화가 전면적으로 시작되었다. 그러나 지방교육자치가 제도적으로 도입된 이후에도 교육행정과 정책이 [중앙정부(교육부) → 시·도교육청 → 지역교육지원청 → 단위학교]로 이어지는 계층제적 구조와 운영은 여전하다. 교육에서 지역 특수성을 반영하기 위한 교육 정책의 마련과 집행을 위한 노력이 기울여지는 과정에서 교육부와 교육청, 그리고 지방자치단체와 교육청 간에 대립이나 갈등이 발생하기도 했다. 중앙에 비해 지방은 상대적으로 정책의 개발 및 조정 능력이 취약하다는 식의 비판은 교육자치행정 영역에서도 마찬가지로 나온다. 궁극적으로는 '단위학교'에서 필요한 과제 발굴과 해결이 이루어지는, 보다 분권화된 교육자치의 실현이 앞으로의 과제다.

열 번째 글(제21장)에서 홍형득은 지역 과학기술 정책과 지방대학의 발전에 관해 논한다. 20여 년 전부터 시작된 '저출산' 현상으로 인한 '지역소멸'과 지방대학의 위기, 그에 대한 정부의 대응과 그 효과성의 문제에 초점을 둔다. 지방대학은 고등교육의 공급자이자 지역 경제·문화·복지의 중심이다. 지방대학의 발전은 '지역혁신체제'의 과학기술역량과 밀접히 관련이 있다. 과학기술역량은 산·학·연 상호 간의 연관성이 바탕이 되며, 그 중심에 대학이 있다. 현재 비수도권 지역의 "소멸"에 더해 지역간 과학기술혁신역량의 심각한 편차가 늘어나는 추세다. 지역혁신사업에서 그 지역 대학들의 여타 주체들과의 교류, 학습을 통한 지식 창출 및 이전에 장애가 되는 연계성 부족의 문제도 있다. 지역 산업의 육성과 혁신역량 강화에 의한 지역 일자리 창출이 지역소멸과 지방대학 문제를 해결하는 열쇠다. 지역산업과 지방대학을 살리기 위해 정부는 "정원 위주의 억제 정책"이 아닌, "지방 우선의 탈규제 및 진흥의 정책"을 펴야 한다. 지방대학도 지역혁신에 기여할 수 있기 위한 "특성화"가 필요하다. 지방대학들의 특성화가 부진한 이유에는 대학 내부의 요인에 더해, 특성화 영역과 정부지원 영역 간의 불일치, 획일화된 지표로 인한 대학간의 서열화, '선택과 집중' 원리의 훼손 등의 외부 요인들이 포함된다.

제3부에서 저자들은 대체로 한국의 10개 분야별 지역발전 정책에서 지방자치 시행 이후 지자체들에 의한 보다 적극적인 변화가 추구되고 있음을 확인하고 있다. 그럼에도 불구하고, 여전히 지역발전 정책이 중앙정부에 의해 주도되고 있는 문제도 발견한다. 정책 분야에 따라서는 상대적으로 열성적인 변화가 이루어지고 있는 분야도 있다. 경제·산업 정책, 문화·관광 정책, 각종 서류발급 등 민원서비스 분야에서 볼 수 있듯이, 지역주민들의 선호에 대응하여 직선제 지자체장들이 심혈을 기울이는 정책들이 여기에 해당한다. 반면에 환경이나 재난·안전 분야처럼 정책결과의 편익이 그 지역으로 내부화(internalization)되는지 여부가 명확하지 않은 경우는 소극적이다. 또한, 지방 자치와 분권을 바탕으로 지역주민의 의지와 노력에 의해 선제적으로 추진되기보다는, 시대적 변화에 따른 필요성에 대개는 한발 늦게 대응하면서, 그것도 중앙의 계획에 의해 추진되는 경향이 있다.

이 책의 마지막 글(제22장)에서 이승종은 지방자치의 미래 과제에 관해 논한다. 저자는 세계의 "선진국은 지방자치 선진국"이기도 하다는 말로 논의를 시작한다. 지난 30년 동안 한국에서 지방자치는 민주주의와 지역자율성의 진전에 기여했으나, 효율성과 형평성에는 한계가 있었다는 세간의 평가를 전한다. 저자 스스로도 선진국들이 오랜 기간 이룩한 지방자치를 한국 "특유의 신속성"을 바탕으로 짧은 기간에 "압축적인 성과"를 이루어냈음을 인정하면서도, "열악한 자치여건과 시행착오"가 이어지는 가운데 "아직은 갈 길이 멀어" 보인다고 평가한다. 부활 30년으로 이제 "성년"이 되었으니, 자율성과 책임성이 조화되는 "성숙한 지방자치"로 발전해야 하는 데, "과정가치" 중심의 패러다임, 미흡한 분권, 부족한 책임성, 주민참여 아닌 "소외", 일부 공직자의 일탈, "방만 행정", "지역이기주의" 등의 문제 극복이 관건이다. 지방행정의 통합화, 기관구성의 다양화, 시도의 통합, 근린자치의 강화, 시읍면제의 도입, 지방정부간 협력 등의 과제도 있다. 기본적으로는 지역공동체와 지방자치에 대한 국민의 긍정적인 인식과 의지가 필요하다.

제 1 부

중앙–지방 관계

제2장 지방자치 관련 법 제도

▶▶▶ 이병현·홍준형

I 서론

지방자치제도는 민주정치의 요체이며 현대의 다원적 복합사회가 요구하는 정치적 다원주의를 실현시키기 위한 제도적 장치로서 지방의 공동관심사를 자율적으로 해결함과 동시에 주민의 자치역량을 배양하여 국민주권주의와 자유민주주의 이념구현에 이바지함을 목적으로 하는 제도이다 (홍준형, 2018: 929; 헌재 1991.3.11. 91헌마21, 판례집 3, 91, 100). 지방자치제도는 헌법규정에 의해서 창설되는 제도가 아니라 국가적 공동체 내에서 역사적으로 형성되어온 기존의 전통적 제도의 구체적인 내용을 법률에 의하여 규율하는 것으로 헌법상 제도보장(내지 제도적 보장)의 한 내용으로 이해되고 있다 (권영성, 2010: 184). 헌법재판소는 "제도적 보장은 기본권 보장의 경우와는 달리 그 본질적 내용을 침해하지 아니하는 범위 안에서 입법자에게 제도의 구체적인 내용과 형태의 형성권을 폭넓게 인정한다는 의미에서 '최소한 보장의 원칙'이 적용될 뿐이다"(헌재 1997. 4. 24. 95헌바48)라고 밝히면서, 지방자치제도의 내용적 변경이 문제시된 일련의 헌법소원심판사건들에서 입법자의 폭넓은 형성권을 존중하는 취지로 기각결정을 반복한 바가 있다 (이종수, 2010: 5).

이렇듯 한국의 지방자치는 헌법상 제도보장의 한 내용으로 이해되어 왔고, 헌법재판소는 입법자의 폭넓은 형성권을 존중해 왔다. 이에 '민주주의의 학교(Schule der Demokratie)'라고 불리는 지방자치제도의 역사적 변천 과정에는 한국의 굴곡진 근현대사가 그대로 투영되어 있다. 제정헌법에 지방자치가 규정되어 있었고, 지방자치법이 1949년 8월 15일에 시행되면서 지방자치제도가 도입되었지만, 한국의 지방자치제도는 한국 사회의 굴직한 역사적 사건들과 민주주의의 공고화 정도에 따라 빈번한 부침을 겪어 왔다.

1949년 지방자치법이 시행되면서 그동안 빈번한 법 개정이 있었지만, 2021년 1월 12일 통과된 지방자치법은 그간의 일부개정이나 전면개정과는 궤를 달리하고 있다. 이 법안은 문재인 정부가 2018년 3월에 발의한 정부 개헌안의 내용에 따라 자치분권 종합계획이 반영된 것으로써 문재인 정부는 연방제 수준의 지방분권 국가 실현과 주민주권 구현을 명시적으로 표명하였기에 주민의 권한과 역할에 큰 변화를 기대하게 하고 있다.

이 장에서는 지방자치를 하나의 제도로 이해하고, 1949년부터 2021년까지의 지방자치법의 주민 관련 법률 조항을 통하여 지방자치제도의 변화를 신제도주의(New Institutionalism) 관점에서 분석한다. 지방자치법의 주민 관련 법 조항의 변천 과정을 통하여 주민의 지위와 역할의 변화를 살펴본다. 시기적으로는 1949년 7월 4일에 법률 제32호로 제정된 지방자치법부터 2021년 1월 12일 전부개정 된 법률 제17893호 지방자치법을 그 대상으로 한다. 그리고 지방지치법의 주요 개정과 불가분의 관계에 있는 주요 헌법의 개정사항을 부수적으로 살펴보며, 지방자치법의 변동과 관련이 있는 역사적 사건과 제도적 맥락을 살펴보고자 한다. 이를 통해 지방자치제도가 어떠한 변화 과정을 거쳤는지 살펴보며, 지방자치제도가 제도화된 이후 공고화되고 심화되는 과정에서 점진적 제도변화의 동인으로 주목하고 있는 정책 아이디어는 어떠한 것이 있으며, 역할을 하고 있는지 분석해 보고자 한다.

II 지방자치법 변천과 지방자치제도의 근본적 변화

1. 지방자치제도 도입기(1948~1960)

1) 제도적 맥락

지방자치제도의 도입기와 관련하여 역사적 사건은 1948년 5월 10일 대한민국 제헌국회를 구성하기 위한 총선거가 실시되었고, 1948년 8월 15일 대한민국 정부가 수립되었다는 것이다. 총 선거결과를 바탕으로 제헌국회가 구성이 되었고, 1949년 7월 4일 지방자치법이 제정되고 시행됨에 따라서 지방자치체제가 도입되었다. 초대 대통령으로 선출된 이승만은 지방자치에 대해 특별한 의지가 없었던 것으로 보인다. 이승만 정부는 1948년 8월 정부의 수립 이후 1년 가까이 지나서야 지방자치법을 공포하였고, 첫 지방선거를 1952년에 이르러서야 전쟁 중에 수복지구에 한하여 실시된 것으로 미루어 보아 지방자치에 대한 태도가 그리 호의적이지 않았음을 보여준다고 (김순은, 2020: 4) 볼 수 있다.

최초의 지방자치 선거는 차일피일 연기되다가 1952년 4월 면의원 선거, 5월 도의원 선거가 수복된 지역에서 제한적으로 실시되었다. 지방자치 선거를 정부 수립 직후 바로 시행할 수 있었음에도 불구하고, 차일피일 연기되다가 1952년 전쟁 중에 지방선거가 실시된 것은 지방자치를 통해 민주주의를 발전·심화시키기보다는 자유당 정권의 공고화를 위한 정치적 수단이라고 볼 수 있으며, 이론적인 차원에서 민주주의의 학교라고 평가되는 지방자치가 한국에서는 반민주적 정치시도에 활용된 점은 역사적 아이러니(김순은, 2020: 5)라고 볼 수 있다. 강한 국가와 강한 대통령, 전쟁이라는 국가 위기 상황에서 처음 도입된 지방자치 선거는 지방자치와 지방분권의 사상적 기반에서 풀뿌리 민주주의의 기제로써 도입된 것이 아니라 중앙 정치의 동원(mobilization) 수단으로써 도입된 태생적인 한계를 지니게 되었다.

즉, 지방자치제도가 국민들의 역사적 경험과 노력의 산물로 도입된 것이 아니라 외삽된(implanted)[1] 제도라고 평가할 수 있으며, 강한 국가와 강한 대통령이 중앙 정치의 동원 차원에서 도입됨으로써 지방자치에 대한 기반이 매우 취약한 태생적 한계를 갖게 되었다고 할 수 있다. 김석태(2016)는 이에 대해서 헌법 규범과 현실과의 괴리가 가장 심했던 분야로 지방자치 분야를 들었으며, 지방의 자치에 대한 전통이 없는 한국에서 서구의 민주주의 정치사상과 전통적인 중앙집권의 유산이 조화되기 어렵다는 것을 보여준다고 평가하고 있다 (김석태, 2016: 19).

1 안청시(2001: 361)는 한국 민주주주의는 시민사회적 요소가 지극히 취약했던 사화와 문화에 급작스럽게 외삽된 체제와 제도로 출발하게 되었다고 평가하고 있으며, 선거 정치는 오랫동안 집권 엘리트들에게 조종되어 사실상 권력자와 집권세력의 권력장악이나 유지를 정당화하는 의제적 절차에 불과한 기능을 담당했다고 평가하고 있다.

2) 제도변화 – 지방자치제도의 도입

1948년 7월 17일 제헌헌법의 공포와 1948년 11월 17일「지방자치에 관한 임시조처법」및 1949년 7월 4일 지방자치법의 제정·공포로 지방자치제도가 도입되었다. 1949년 8월 15일 시행된 지방자치법에서 주민은 별도의 장으로 규정되지 않았으며, 주민의 자격과 주민의 의무에 관한 사항만을 규정하고 있었다. 1961년 10월 1일 시행된 지방자치에 관한 임시조치법이 시행되기 전까지 5번의 지방자치법 일부개정이 있었지만, 주민의 자격과 권리, 의무에 대한 조항은 변경되지 않았다.

다만 도입기(1948~1960)에서 지방자치단체장의 경우 1956년 서울특별시장을 제외한 시·읍면장을 주민직선으로 선출할 수 있었으며, 1960년에는 모든 지방자치단체장을 주민직선으로 선출할 수 있었다.

2. 지방자치제도 중단기(1961~1988)

1) 제도적 맥락

1960년 3월 15일에 실시된 대통령 선거의 개표조작으로 인하여, 1960년 4·19 혁명이 발생하고, 이 혁명의 결과에 따라 과도 정부를 거쳐 6월 15일 새로운 헌법 개정[2]과 함께 제 2공화국이 출범하였다. 하지만 곧이어 1961년 5·16 군사정변에 의하여 제3공화국이 수립되고 지방자치는 커다란 시련을 겪게 된다. 1961년 5.16 군사정변에 의해 수립된 군사정권과 제3, 제4공화국의 최고 통치자인 박정희와 1979년 12·12 군사 반란과 1980년 5·17 비상계엄을 전국으로 확대한 후 헌법 개정을 통해 등장한 제5공화국의 최고 통치자인 전두환은 권위주의적인 정치체계를 유지하였으며, 지방의 자치보다는 중앙의 통제와 일사불란한 중앙 정책의 집행을 선호하였다. 이 시기에는 국회와 대통령과의 힘의 균형이 현저하게 붕괴되었으며, 야당이나 시민사회의 영향력도 1987년 6월 민주항쟁 이전까지는 제도적인 변

---

2 지방자치 도입기(1948년~1960년) 사이의 지방선거에서 지방자치단체 장에 대한 선거가 임명제와 간선제, 직선제가 혼용되었기 때문에 기초 기방자치단체의 장에 대해서는 주민의 직접 선거를 헌법에 명시하였다. 3차 개정헌법 제97조 제2문 지방자치단체의 장의 선임방법은 법률로써 정하되 적어도 시, 읍, 면의 장은 그 주민이 직접 이를 선거한다 (1960. 6. 15. 신설규정).

화를 이끌만한 힘이 부족하였다.

2) 제도변화 – 지방자치제도의 중단

1961년 9월 1일 제정되어 1961년 10월 1일 시행된 「지방자치에 관한 임시조치법」[3]은 지방자치단체의 반발을 억누르고 중앙정부의 통제력을 강화시키기 위하여 제정된 법률로써, 동 법률의 제정·시행으로 인하여 사실상 「지방자치법」은 그 효력이 정지되었다 (법제연구원, 2020: 89). 「지방자치에 관한 임시조치법」은 임시조치법 명칭에도 불구하고 제3공화국의 지방자치 및 지방자치를 결정하는 기본법적인 성격을 지니고 있었으며, 1988년 5월 1일 지방자치법이 전면 개정되어 시행되기 전까지 효력을 발휘하였다. 이 법은 지방자치단체의 장을 선거로 선출하는 것이 아니라 임명제로 전환시켰고, 지방의회는 법 10조에 의하여 사실상 무력화 되었다. 1962년 12월 26일에 전부 개정된 제5차 개정헌법 부칙 제7조 제3항은 “이 헌법에 의한 최초의 지방의회의 구성시기에 관하여는 법률로 정한다.”고 규정되면서, 제5차 개정헌법은 지방의회의 구성시기를 구체적으로 정하지 않고 입법자의 재량에 맡겨버렸다. 그리고 국회는 제5차 개정헌법 부칙 제7조에 제3항에서 규정하고 있는 지방의회의 구성시기에 대한 아무런 입법을 하지 않았다.

이 시기를 지방자치의 암흑기라고 볼 수 있으며, 지방자치제도를 헌법상 명목적으로만 존재하는 제도로 만들었고, 사실상 헌법상 지방자치제도가 폐지되었던 시기라고 평가하고 있다 (홍정선, pp.9-11; 법제연구원 pp.72-74).

3. 지방자치제도 부활, 발전기(1988~현재)

1) 제도적 맥락

군사 정권과 이를 계승한 권위주의 정권에 대하여 범국민적인 민주화 운동이 전개되었고, 1987년 6월 전국적인 민주화 운동 결과 대통령 직선제 개헌을 토대로 한 야당과 시민사회의 요구를 대부분 수용한 6.29 선언을 발표하게 된다. 8개의

---

3 「지방자치에 관한 임시조치법」: 제10조 지방자치법중 의회의 의결을 요하는 사항은 도와 서울특별시에 있어서는 내무부장관의, 시와 군에 있어서는 도지사의 승인을 얻어 시행한다. 제11조 지방자치법 중 본법에 저촉되는 규정은 본법의 규정에 의한다.

시국수습방안으로 구성된 6.29 선언에는 '지방자치 실시'가 명시적으로 포함이 되어 있었고, 이후 여야 공동으로 헌법개정안이 발의되고, 국민투표로 확정되어 헌법이 개정되었다. 제9차 개정헌법의 내용중에서 지방자치와 관련된 규정은 제7차 개정헌법, 제8차 개정헌법과 동일하였으나, 제8차 개정헌법 부칙 제10조[4]의 내용은 제9차 개정헌법에서 삭제되었다. 따라서 현행헌법인 제9차 개정헌법이 발효되면서 지방자치제도의 시행을 저지하고 있던 헌법상 장애가 제거되었고, 1988년 8월 15일 개정 지방자치법의 발효로 지방자치는 다시 부활하게 되었다 (홍정선, pp.10-11).

2) 제도변화 - 지방자치제도의 부활·발전기

지방자치를 가로막고 있었던 헌법상 장애가 제거되고, 1988년 5월 1일 지방자치법이 전면개정되면서 「지방자치에 관한 임시조치법」이 폐지됨에 따라서 지방자치제도는 새로운 전기를 맞이하게 된다. 이 장에서는 1988년 이후의 지방자치제도를 지방자치제도의 부활·발전기로 구분하고자 한다. 이 시기에는 민주주의가 정착·발전함에 따라서 7명의 대통령이 존재하고 있고, 국회의 권력구조도 상당히 역동적으로 변화하였다. 하지만 민주화 이후 역대 정권에서 지방자치제도가 후퇴하거나 폐지된 적은 없으며 꾸준하게 발전해 왔다. 이를 반영하듯 지방자치법은 2번의 전면개정과 70여 건의 부분개정, 타법개정을 거치면서 정교하게 진화·발전해 왔다.

다만, 지방자치제도를 크게 도입기, 중단기, 부활·발전기로 구분한다면, 초기 역사적 제도주의에서 제도변화로 주목하고 있는 역사적 전환점(historical junctures)에서 한국 지방자치제도가 큰 폭으로 변화해 온 것을 알 수 있다. 역사적 제도주의에서는 정치적·경제적 사건과 위기에 따라 사회관계와 제도가 재형성되는 역사적 전환점에 주목한다. 제도가 근본적·결정적으로 변화하는 중대한 전환점(critical junctures)을 지나게 되면, 이렇게 형성된 제도는 새로운 경로를 밟게 되면서 제도가 안정적으로 유지되는 시기로 구분할 수 있다. 한국 지방자치제도 역시 '지방자치제도 도입기(1948~1960)', '지방자치제도 중단기(1961~1988)', '지방자치제도 부

4 제8차 개정헌법 부칙 제10조 "이 헌법에 의한 지방의회는 지방자치단체의 재정자립도를 감안하여 순차적으로 구성하되, 그 구성시기는 법률로 정한다."

〈표 2-1〉 지방자치제도의 결정적·근본적 변화 내용 정리

구분	1948~1960	1961~1987	1987~현재
제도적 맥락	역사적 사건, 대통령의 의지, 국회, 권력구조		
정치체계	권위주의		민주주의
기관구성	기관대립형 (지방의회+집행기관)	기관통합형 (지방의회 폐지)	기관대립형 (지방의회+집행기관)
단체장 선출 (서울시장, 도지사/ 시·읍· 면장	1기(1952년): 임명제/간선제 2기(1956년): 임명제/직선제 3기(1960년): 직선제/직선제	임명제	4기 이후: 직선제
의회의원 선출	1기~3기: 주민직선	의회폐지	4기 이후: 주민직선
제도변화	도입·형성	중단	부활·발전기

활, 발전기(1988~현재)'의 결정적·근본적 변화에는 중대한 전환점들이 존재하였지만, 도입기와 중단기의 시기 내에서는 특별한 제도변화가 이루어지지 않았다. 따라서 지방자치제도의 부활, 발전기의 변화까지는 제도의 외생적 변수에 의한 급진적이고 간헐적인 변화를 보였다는 분석이 타당하며, 1988년 지방자치제도의 부활·발전기 이후의 지방자치제도와 제도변화는 내생적 변수에 의한 점진적 변화를 보여왔다는 분석이 타당하다. 다음 장에서는 구체적으로 지방자치제도의 점진적 변화와 동인을 살펴보고자 한다. 이상의 지방자치제도의 변화를 요약하면 <표 2-1>과 같다.

III 지방자치제도 부활·발전기 시기의 주민의 법적 지위 변화

1949년 처음 제정되어 시행된 법률 제32호 지방자치법부터 2022년 1월 시행예정인 법률 제17893호까지 지방자치법에서 규정하고 있는 '주민의 자격' 조항과 '주민의 의무' 조항의 내용은 거의 유사하게 유지되어왔다. 즉, 주민의 자격은 해당

지방자치단체의 구역 안에 주소를 가진 자로 규정되어 왔고, 주민의 의무는 법령에 따라 소속 지방자치단체의 비용을 분담해야 하는 것으로 규정되어 왔다.

따라서 한국 지방자치제도의 발전과 지방자치법상의 주민의 역할과 권한 강화는 지방자치법상 주민의 권리 조항과 관련하여 이루어져 왔다. 이에 대해서 한국의 지방자치가 주민중심의 지방자치로 성숙하고 있음을 방증하는 것(홍정선·방동희, 2019: 15)이라고 평가하기도 한다. 지방자치법에서 규정하고 있는 주민의 권리는 크게 참정권, 수익권, 그리고 직접청구권으로 구분할 수 있으며, 개별적인 제도로 구분할 수도 있다. 이하에서는 개별적인 주민의 권리행사 제도의 도입 과정과 그 내용에 따라 지방자치법상 주민의 권한 변화를 살펴보고자 한다.

1. 지방자치법상 주민의 권리 조항 변동과 주민의 지위 변화

1) 참정권

참정권은 종래 대의제 민주주의의 원칙에 따라 주로 선거권과 피선거권으로 이루어지는 선거참여권을 의미한다 (홍준형, 2020: 594). 1988년 4월 6일 전부개정된 지방자치법의 주민 관련 법 조항의 가장 큰 특징은 '주민'을 별도의 장으로 신설하고, 주민의 자격과 권리, 의무를 별도의 조문 제정하였다는 것이다. 특히, 주민의 권리 가운데 '지방자치단체에서 실시하는 지방의회의원 및 지방자치단체의 장의 선거에 참여할 권리'를 명시하여 지방자치제도의 부활, 발전의 토대를 만들어 주었다.

이를 바탕으로 1991년 3월 26일에 지방의회의원선거법에 따라 기초의회 선거가 이루어졌으며, 1991년 6월 20일에는 광역의원에 대한 선거가 이루어져 30년만에 지방의회가 구성이 되었다. 1994년 지방자치법의 개정에 따라서 1995년에 지방자치단체장까지 선거직으로 전환이 되었으며, 1995년 6월 27일 제1회 동시지방선거가 비로소 이루어졌다. 헌법과 법률에 의하여 명목상으로 존재하였던 주민의 참정권이 최소한의 절차적 권리로써 보장된 것으로 1995년 제1회 동시지방선거의 실시를 한국 지방자치제도의 본격적인 도입과 정착으로 보는 견해도 존재한다. 그리고 1995년 동시지방선거를 기점으로 지방의회의원이나 단체장의 선거가 임명제나 간선제로 회귀한 적이 없다는 측면에서 지방자치제도의 참정권이 비로소 공고화(consolidation) 되었다고 평가할 수 있다.

2) 주민투표권(주민투표제)

주민투표권은 지방자치단체의 주요 현안에 대한 주민참여를 보장하는 동시에 정책 추진과정에서 주민의견 수렴이 이루어지도록 함으로써 대의제를 보완하는 의미를 가지는 제도이다 (홍준형, 2020: 596; 홍정선·안정민, 2008: 53). 주민투표권은 1994년 3월 16일 지방자치법이 개정되면서 도입되었다. 다만, 지방자치법 제13조2 제2항에서는 "주민투표의 대상·발의자·발의요건·기타 투표절차등에 관하여는 따로 법률로 정한다." 규정하고 있었는데, 이를 근거로 한 주민투표법은 2004년 1월 19일이 되어서야 제정되었다. 주민투표 실시를 위한 주민투표법 제정에 상당한 기간이 소요된 것은 당시 정부가 주민참여의 확대에 대하여 부정적인 시각을 가졌기 때문이라는 평가가 존재한다. 주민투표제도는 주민의 책임의식 제고와 주민의 자기결정권의 회복으로써 장점이 더 큰 제도라고 할 수 있으며, 주민이 해당 지방자치단체의 중요사항에 대한 의사결정에 직접 참여한다는 의미에서 직접 민주주의를 실현하는데 크게 기여하는 제도라고 평가 받고 있다 (노현수, 2020: 225).

주민투표제도는 2004년 1월 29일 주민투표법이 제정된 이후에 지방자치법상 주민투표 관련된 법률의 개정은 없다. 하지만, 주민투표제도는 지방자치제도가 정착되고 공고화 되어 심화 단계에 이르기까지 일관되게 주민의 책임의식 제고와 주민의 자기결정권 회복의 수단, 그리고 주민의 참여를 확대하는 정책 아이디어(idea)의 강력한 뒷받침이 되는 가장 기본적인 제도라고 할 수 있다.

3) 조례의 제정·개폐 청구권(조례의 제정 및 개폐 청구 제도)

조례의 제정·개폐 청구제도는 일본 지방자치법상 주민직접청구제도를 모델로 삼아 도입된 제도로 자치입법에 대한 주민참여의 통로를 열어 민의 구현을 원활히 하려는 취지의 제도이다 (홍준형, 2020: 597). 1999년 8월 1일 지방자치법이 일부 개정되면서 도입되었으며, 1999년 법률에서는 조례의 제정·개폐 청구권자를 20세 이상으로 규정하고 있었으나, 2006년 지방자치법 주민의 대상 확대로 인하여 19세 이상으로 청구권자의 범위가 확대되었다. 또한, 2006년 지방자치법의 개정시 조례의 제정·개폐 청구와 관련하여 지방자치단체의 장은 청구인의 청구를 각하하는 경우에는 의견제출의 기회를 주도록 하였으며, 조례의 제정·개폐 청구를 받은 지방자치단체의 장이 부작위하는 경우를 방지하기 위하여 지방자치단체의 장이 청구를 수리한 날부터 60일 이내에 조례의 제정 또는 개폐안을 지방의회에 부여하도록 의무를 부여하고 있다. 또한, 지방자치단체의 장이 지방의회에 조례의 제정 또는 개폐안의 부의한 결과를 청구인의 대표자에게 통지하도록 하고 있다. 2009년 10월 2일 시행된 지방자치법은 조례의 제정·개폐 청구와 관련하여 주민의 범위를 재외동포와 외국인까지 확대하게 된다.[5] 2011년 10월 15일 시행된 지방자치법은 조례의 제정·개폐 청구뿐만 아니라, 기존에 제정된 조례의 폐지안까지 제출할 수 있도록 하여, 조례에 대한 주민들의 통제를 보다 능동적이며 적극적인 수단까지 가능하게 제도가 변화되었다. 2021년 10월 19일 제정된 「주민조례발안에 관한 법률」이 2022년 1월 13일에 시행된다. 지방자치단체의 주민들이 지방의회의 조례에 대한 주민의 직접참여를 보장하고 지방자치의 민주성과 책임성을 제고할 것으로 예상된다.

지방자치법상 조례의 제정·개폐 청구권은 1999년 신설되어 2006년 청구 절차의 보완, 2009년 재외동포와 외국인까지 주민의 범위 확대, 2011년 조례 폐지안 제출 가능, 2021년 주민조례발안에 관한 법률 제정까지 행정 환경 변화와 현실에서 제도의 구체적 운영 실태에 따라서 '제도의 정교화'가 꾸준하게 지속적으로 이루어졌다고 평가할 수 있다.

4) 감사청구권(감사청구제도)

주민의 감사청구제도는 1999년 8월 31일 지방자치법의 개정으로 조례의 제정·개폐 청구권과 함께 도입된 제도이다. 주민의 감사청구는 주민이 속한 지방자치단체가 아니라 감독청을 상대로 한다. 즉, 시·도의 사무와 관련해서는 주무부장관에게, 시·군 및 자치구에 있어서는 시·도지사에게 감사를 청구한다. 2011년 10

5 [시행 2009. 10. 2.] [법률 제9577호] 제15조 (조례의 제정과 개폐 청구); 2. 「재외동포의 출입국과 법적 지위에 관한 법률」 제6조 제1항에 따라 해당 지방자치단체의 국내거소신고인명부에 올라 있는 국민; 3. 「출입국관리법」 제10조에 따른 영주의 체류자격 취득일 후 3년이 경과한 외국인으로서 같은 법 제34조에 따라 해당 지방자치단체의 외국인등록대장에 올라 있는 사람

월 15일 시행된 지방자치법에서는 주민의 감사청구를 처리할 때 주민의 감사청구가 '각하'시에도 청구인의 대표자에게 반드시 증거 제출 및 의견 진술의 기회를 주도록 개정되었다. 이는 감사청구를 받은 상급행정기관이 주민의 감사청구가 '각하'에 해당하는 경우 실무적으로 청구인의 대표자에게 의견 진술 기회를 생략하는 관행에 대해서 청구인의 절차적 권리와 절차를 보완하는 취지에서 개정된 것으로 보인다. 2014년 1월 21일에 시행된 지방자치법은 주민의 감사청구사항이 '이미 감사한 사항이거나 감사 중인 사항'이면 청구인의 대표자와 해당 기관에 '지체 없이' 감사결과를 통보하도록 되어 있어, 기존 법률에서 통보시기에 대한 규정이 존재하지 않아 청구인의 대표자가 감사결과를 적시에 통보받지 못하는 문제점을 개선하였다. 2022년 1월 13일에 시행 예정인 지방자치법은 감사청구원의 연대 서명 인원수를 축소하고, 연령을 19세에서 18세로 확대하여 주민감사 청구 제도가 주민의 권익침해에 대한 실질적인 구제 수단으로 활용될 수 있도록 개선되었다 (홍준형, 2020: 597-8).

지방자치법상 감사청구권 역시 1999년 제도의 도입 이후, 2011년 지방자치법의 개정시에는 '각하'시에도 필수적으로 의견 제출의 기회를 부여하고, 2014년 지방자치법 개정에는 다른 기관에서 '감사를 완료하였거나 감사 중'인 청구에 대해서 청구인의 대표자에게 결과를 '지체 없이' 통보하는 규정을 두어 실효성을 확보하였다. 더욱이 2022년 시행 예정인 지방자치법에서는 감사청구의 연대 서명 인원수를 축소하고, 연령을 확대함으로써 주민의 감사청구가 보다 용이하게 실행될 수 있도록 개정되었다. 주민의 감사청구 관련된 법률 조항도 현실에서 제도의 구체적 운영 실태에 따라서 '제도의 정교화'가 꾸준하게 지속적으로 이루어진 것으로 보인다.

5) 주민소송권(주민소송제도)

주민소송은 주민감사청구제도의 실효성을 담보하기 위한 소송상의 수단이며 (홍준형, 2020a: 598), 지방분권로드맵의 일환으로 주민의 직접참여에 의한 지방행정의 공정성과 투명성 강화를 위하여 (한국법제연구원, 2020: 101) 2005년 1월 27일 시행된 지방자치법에서 처음으로 도입되었다. 주민소송은 지방자치단체의 재정에 관한 사항에 대하여 감사청구 한 주민에게 감사결과와 관련한 위법행위나 해태 사실에 대하여 지방자치단체장을 상대로 소송을 제기할 권리를 부여하고 있으며, 주민소송은 원칙적으로 지방자치단체의 재무회계에 관한 사항의 처리를 직접 목적으로 하는 행위에 대하여 제기할 수 있고, 주민소송의 대상은 주민감사를 청구한 사항과 관련이 있는 것으로 충분하고 주민감사를 청구한 사항과 반드시 동일할 필요는 없다는 것이 대법원 판례이다 (홍준형, 2020: 598-602).

주민소송제도는 2005년 시행된 지방자치법에서 처음으로 규정될 때, 주민소송에 대한 대상과 절차 등을 상세하게 규정하여 형식적이고 상징적인 입법 조항이 아닌 실질적이고 구체적인 입법이 이루어졌다.

6) 주민소환권(주민소환제)

주민소환제는 주민의 의사를 제대로 반영하지 못하는 대표를 주민이 직접 나서서 해직시킬 수 있는 제도라는 점에서 주민이 지방자치단체장과 지방의회의원을 직접 견제할 수 있는 가장 강력한 수단이다 (홍준형, 2020:603). 주민소환제는 2006년 5월 24일 시행된 지방자치법에서 처음으로 도입되었으며, 2007년 5월 25일 「주민소환에 관한 법률」이 제정되어 시행되고 있다.

지방자치법상 주민투표 관련 규정이 신설되고, 별도의 주민투표법이 제정되기까지 약 10년 정도의 시간이 소요된 것과 달리 주민소환제는 지방자치법상 주민소환 관련 규정이 신설되고, 주민소환에 관한 법률이 제정되기까지 1년 정도만 소요되었다. 이는 지방자치제도에 대한 기반이 탄탄해지고, 지방자치에 대한 시각이 과거와 변화되었다는 것을 알 수 있다.

7) 2022년 1월 13일 새롭게 도입되는 제도

2021년 1월 12일에 전부개정 된 지방자치법은 '자치분권 2.0'시대라고 평가될 만큼 지방자치제도의 다양한 분야와 영역에서 혁신적인 변화를 예고하고 있다. 이 중 '주민'과 관련된 내용을 살펴보면, 우선 주민의 권리와 관련하여 '주민생활에 영향을 미치는 지방자치단체의 정책의 결정 및 집행 과정에 참여할 권리'를 명시하고 있다. 이 조항을 근거로 주민이 어떠한 권리를 행사할 수 있을지는 아직 분명하지 않지만, 향후 지방자치단체의 정책의 결정 및 집행 과정에서 주민들의 다양한 정책참여가 활성화될 수 있는 법적 거점이 될 것으로 기대된다 (홍준형, 2021: 25).

2022년 새롭게 도입되는 제도 중 하나는 그동안 주민들이 지방의회의 조례에 대해서만 제정과 개폐를 청구할 수 있었으나, 앞으로는 지방자치단체의 장이 제정·운영하는 규칙에 대해서도 규칙의 제정과 개정·폐지에 대한 의견 제출이 가능하게 함으로써 지방자치단체의 규칙에 대한 주민의 의사가 반영될 수 있는 법적·제도적 장치가 마련되었다.

마지막으로 주민에 대한 정보공개 조항이 신설되어 지방자치단체는 '지방자치정보'[6]를 공개하도록 의무를 부과하고 있고, 행정안전부장관은 지방자치정보를 체계적으로 수집하고 주민에게 제공하기 위한 정보공개시스템을 구축·운영할 수 있도록 규정하고 있다.

2. 지방자치제도의 정착·공고화·심화 과정의 종합적인 평가

1987년 범국민적인 민주화 운동의 결과 8개항의 시국수습방안(6.29 선언)에 지방자치가 포함이 되면서, 지방자치는 협의의 정치 개념[7]하에서 민주주의를 이행하는 차원에서 받아들여지고, 이해되어 왔다. 그 결과 1987년 6.29 선언 이후에 전부개정된 지방자치법에서 신설된 조항은 주민의 참정권과 관련된 조항이였다. 한국 지방자치제도가 정착이 되고, 공고화, 심화되는 과정에서 지방자치의 제도적 요소들은 주민의 권리와 권한을 강화하는 방향으로 변화하여 왔다. 지방자치법의 주민의 권한과 관련하여 대표적인 제도들의 신설과 제도의 정교화 과정들은 위에서 살펴본 바와 같다. 이하에서는 이러한 제도들이 신설되고 제정되는데 중요하게 작용한 아이디어를 살펴보고자 한다.

1) 시민참여(civic engagement): 협의의 정치 차원

1987년 대한민국의 사회적 가치는 권위주의 정치체계에서 민주주의로의 이행

---

6 제26조(주민에 대한 정보공개) ① 지방자치단체는 사무처리의 투명성을 높이기 위하여 「공공기관의 정보공개에 관한 법률」에서 정하는 바에 따라 지방의회의 의정활동, 집행기관의 조직, 재무 등 지방자치에 관한 정보(이하 "지방자치정보"라 한다)를 주민에게 공개하여야 한다.

7 여기에서 협의의 정치란 "국가권력의 획득과 유지에 국한된" 정치를 의미한다 (서창훈, 2009: 112).

이며, 민주주의의 착근이었다. 권위주의 정치체계에서 민주주의 정치체계로의 전환을 위해서 87년 민주화 세력은 대통령 직선제와 지방자치의 부활을 요구하였고, 6.29 민주화 선언에 그 내용이 담기게 되었다. 지방자치가 민주주의 이행 과정에서 중요한 제도적 장치로 선택된 것은 지방자치가 민주주의의 학교이자, 꽃이며 풀뿌리 민주주의의 역할을 기대해서가 아니라, 대한민국 수립 이후 권위주의 체계하에서 시행되었던 많은 선거들에서 '관권 선거'의 부작용에 대한 자성과 반발에서 시작된 것이다. 지방의회가 폐쇄되고, 지방자치단체의 장이 임명직으로 지명됨에 따라서 권위주의 체계의 지방 통제와 중앙정치의 동원의 기제로 지방자치단체의 조직이 활용되는 것을 경험했기 때문에, 지방자치가 대통령 선거를 비롯하여 대한민국 대의제 민주주의를 제도적으로 잘 이행할 수 있는 공정한 선거를 위해 필요한 최소한의 절차적 제도라는 것을 민주화 세력이 깊이 공감하고 인식하였기 때문이다.

따라서 1987년 6.29선언과 1988년 지방자치법의 전부개정, 1995년 제1회 동시지방선거에서의 지방자치는 절차적 민주주의를 이행하는 기본적이며 필수적인 제도로 인식되었다. 그리고 이렇게 도입된 지방자치는 대의제 민주주의를 보완하는 '시민참여(civic engagement)'라는 정책 아이디어와 결합하여, 다양한 주민참여적인 제도를 하나, 둘씩 도입하고, 진화·발전해 왔다. 1988년 지방자치법이 전부개정된 이래, 지방자치법에 주민관련 제도의 변화는 모두 주민의 지방자치단체 및 지방의회, 지방자치단체장에 대한 '참여'적 요소를 도입한 제도들이다. 특히, 정권에 따라 지방자치에 주민 참여적 요소를 도입하는 범위와 폭은 조금씩 달랐지만, 1988년 노태우 정부 이후 역대 모든 정권에서 지방자치법에서 주민참여적 요소가 후퇴한 적이 없고, 지속적으로 확대해 왔다는 것은 지방자치제도의 점진적 변화과정에 있어서 주민참여가 강력한 '공공의 정서로서의 아이디어(idea as public sentiments)'로써 규범적 차원에서 뒷받침해왔다는 것을 방증한다고 할 수 있다.

2) 주민주권(residents sovereignty): 생활 정치 차원

최근 '자치분권 2.0'으로 불리는 지방자치법의 전부개정에서 이러한 정책 아이디어의 변화가 감지되고 있다. 지방자치 1.0[8]이 "국가권력의 획득과 유지에 국

8 이 글에서 지방자치 1.0은 1988년 지방자치법이 전부개정 되고, 이후 정착, 공고화, 심화되

한된” 협의의 정치[9] 개념 속에서 민주주의 이행차원에서 이해되고, 대의제 민주주의를 보완하기 위한 참여 민주주의의 ‘시민참여’ 요소의 가미로 인한 주민참여적인 제도들의 도입되었다면, 2021년에 전부 개정된 지방자치법은 생활정치(life politics)[10]차원에서 ‘주민주권’이라는 새로운 정책 아이디어를 기반으로 다양한 제도들이 도입되고 있다. 주민주권이라는 용어는 20세기 말에 일본을 중심으로 주로 사용이 되었으며, 지방정부의 레벨에서 실질적인 주민의, 주민에 의한, 주민을 위한 지방정부의 구현을 위한 사상적 토대로 이해되고 있다 (김순은, 2012: 3-4).

주민주권은 지역주민이 지역의 문제를 스스로 결정할 수 있는 자기결정권으로 중앙정부가 아닌 지방정부와 주민이 스스로 삶의 질[11]을 향상시키기 위하여 정책을 결정할 권리를 지니는 것이라고 말할 수 있다 (김석태 2016; 권자경 2016). 국민주권이 대내의 최고성과 대외의 독립성을 의미하는 주권 개념이라면 주민주권은 지역공동체내에서 주민의 삶의 질과 관련된 사항에 대하여 의견을 개진하고 결정할 수 있는 최고의 권리 개념이라고 정의할 수 있으며, 국민주권이 국가 단위의 권한에 관련된 것이라면 주민주권은 지역 단위에서 주민의 의사결정권을 지칭하는 개념이다 (김순은 2012; 이병렬·이종수 2015; 안철현 2017: 39). 지방의 일(matters of local concern)에 대해서는 주민들에게 모든 권한이 주어져야 한다 (김석태, 2016: 20)는 주민주권론이 활성화된다면 지방자치의 발전에 크게 기여할 것으로 기대(김순은, 2012: 27)되고 있으며 향후 지방자치의 발전의 과제는 주민주권 구현 (최승제, 2021: 295) 여부에 달린 것으로 평가되고 있다.

즉, 2021년 전부개정 된 지방자치법을 강력하게 지지하고 있는 정책 아이디어는 과거 시민참여에서 주민주권으로 변화되고 있으며, 학계와 지역사회에서 주민주권에 대한 논의가 풍부하게 이루어지고 있으며, 지역 문제를 주민 스스로 해

는 시기를 의미하며, 지방자치 2.0은 2021년 전부개정된 지방자치법이 시행되는 2022년으로 구분한다.

9 기든스의 정치 구분에 따를 때 협의의 정치는 ‘해방의 정치’에 해당한다. 해방의 정치 본질은 지배와 종속의 계급, 착취와 불평등, 억압의 폐지를 내용으로 한다 (정상호, 2009: 10-1).

10 생활정치를 처음으로 거론한 이는 하버마스였으며, 기든스는 정치를 해방의 정치와 생활정치로 구분하였다. 그리고 김기성(1999)는 생활정치를 시민자치의 관점에서 해석하고 있다. 정치담론으로서 ‘생활정치’에 대한 내용은 정상호(2009) 참고.

11 장미경(2002)은 생활정치를 중앙집권 정치와 대립하는 것으로서 아래로부터의 주장과 요구를 담아내고 개인적이고 일상적인 문제를 포함하는 새로운 정치 형태로 정의하였다.

결할 권한을 부여한다는 주민주권의 사상이 주민들에게 빠르게 확산·수용되고 있다.

Ⅳ 결론

이 장에서는 2021년 지방자치법이 전부 개정되고, '주민주권'이라는 사상적 기반을 바탕으로 주민중심의 지방자치를 완성해나가는 자치분권 2.0 시대를 맞이하여, 1948년 지방자치법 제정 이후 2021년 지방자치법 전부개정에 이르기까지 지방자치법의 '주민' 관련 법 조항의 변천 과정을 통해서 주민의 권리와 권한 변화를 신제도주의적 관점에서 살펴보고, 이를 통해 한국 지방자치제도의 발전과정을 되돌아보는 것을 목적으로 작성되었다.

한국의 지방자치는 지역 주민의 자치라는 사상적 기반에서 도입된 것이 아니라, 어느 날 갑자기 외삽된 제도로써 헌법과 법률에 도입이 되었고, 역사적으로도 지방자치에 대한 경험이 전무하여 지방자치에 대한 기반이 매우 취약하였으며, 중앙정치의 동원차원에서 지방자치가 도입되었다는 태생적 한계가 존재하였다. 그로 인하여 역사적 전환점에 따라서 지방자치제도가 일시에 중단되었다가 부활되는 급진적·근본적 제도변화의 과정을 겪어 왔다. 즉, 신제도주의의 역사적 제도주의에서 제도변화의 동인으로 주목하는 외생적 변수인 역사적 사건에 따라 지방자치제도가 급진적이며, 간헐적으로 변화를 해 왔다.

하지만, 1987년 민주주의 이행의 과정에서 지방자치가 기본적이며 필수적인 제도라는 인식하에서 1998년 지방자치법이 전부개정이 되고, 1995년 제1회 동시지방선거가 치러진 이후에는 지방자치제도가 최소한 절차적 측면에서 과거로의 회귀가 없었다는 측면에서 제도가 공고화 되었다고 할 수 있다. 그리고 공고화된 지방자치제도는 시민참여라는 공공 패러다임으로서의 아이디어의 뒷받침 속에서 다양한 주민 참여적인 제도들이 도입되었으며, 대통령의 국정 의지와 추진 기구, 국회의 권력구조에 따라 제도의 변화폭이 조금씩 상이하였지만, 지방자치제도가 점진적으로 정교화되고, 진화하고, 층화되어 왔다. 이는 신제도주의의 역사적 제도주의에서 주목받고 있는 제도의 점진적 변화에 해당하며, 제도의 내생적 변화에 해당한다. 지방자치제도의 내생적인 변화의 핵심 동인으로 시민참여라는 정책 아이디어가 이러한 지방자치제도의 점진적 변화와 발전을 이끌어 왔다고 할 수 있다.

이러한 정책 아이디어는 최근 지방자치 2.0 시대를 맞이하여 시민참여에서 주민주권으로 변화하고 있으며, 지역문제를 주민 스스로 해결하는 주민주권은 중앙정부와의 차원에서는 지방정부의 독립성과 자율성을 강조하고, 지역 차원에서는 대내적 최고 권리성을 지향하고 있다. 이는 지방자치 1.0 시대가 권위주의 정치체계에서 민주주로의 이행에 중요한 제도로써 작용을 하였다면, 지방자치 2.0 시대에서는 협의의 정치, 해방의 정치에서 생활정치 차원에서 보다 성숙한 근본적인 민주주의를 지향한다는 점에서 바람직한 변화 방향이라고 할 수 있다.

한국의 지방자치제도가 꾸준하게 발전해 왔으며, 주민의 역할과 권한이 지속적으로 높아진 것은 사실이지만, 아직도 한국 지방자치제도가 가야 할 길은 멀기만 하다. 대표적으로 지적되는 것은 지방자치제도가 아직도 중앙 정치나 중앙행정기관의 예속에서 벗어나지 못하였다는 것이다. 법적인 측면에서 「정부조직법」 제23조의 행정안전부의 사무 관장에는 지방자치제도, 지방자치단체의 사무지원·재정·세제[12]가 포함되어 있어 한국의 지방자치제도는 '관리된 지방자치(controlled local government)'라는 오명을 피할 수 없다. 더욱이 지방의 재정분권이 미약한 수준에서 중앙행정기관의 보통교부세 배분 등을 통해서 언제든지 지방정부를 통제할 정책적 수단이 존재하며, 이에 대한 우려가 항시 상존해 있다.[13] 또한, 문화와 행태적인 측면에서의 경로의존성(path dependence)을 무시할 수 없다.[14]

---

12 정부조직법 제34조(행정안전부) ① 행정안전부장관은…지방자치제도, 지방자치단체의 사무지원·재정·세제, 낙후지역 등 지원, 지방자치단체간 분쟁조정… 관한 사무를 관장한다.

13 김석태(2016: 1)는 보통교부세 배분 룰 변경을 통하여 중앙정부가 지방정부를 통제할 수 있으며, 박근혜 정부 시절 이러한 보통교부세 배분 룰 변경을 통하여 지방 통세가 강화되었으며, 지방분권이 약화되었다고 평가하고 있다.

14 한국의 역사는 전통적으로 잘 정비된 중앙집권 행정국가였으며, 지방자치에 대한 경험이 최근에 이르러 비로소 조금씩 싹트고 있는 실정이다. 주민들의 중앙집권적 행정국가에 의한 경로의존에 대해서는 2가지 사례를 통해서 설명할 수 있다. 첫째는 문재인 정부 들어 부쩍 늘어나고 있는 '청와대 국민청원'제도의 적극적인 활용이다. 주민들은 해결하고자 하는 문제의 속성과 담당 기관 등에 대한 적절한 고려 없이 가장 최상위의 행정기구인 청와대를 통해

지방자치제도에 또 다른 비판은 지방자치법에서 규정하고 있는 제도들의 문턱이 너무 높아 '상징입법(symbolic legislation)'[15]인 측면이 존재한다는 것이다. 지방자치법상 주민의 참여제도에 대한 운영현황을 살펴보면 지방자치법에서 규정하고 있는 주민참여적인 제도들이 현실에서 적용되기에는 벽이 매우 높다는 것을 알 수 있다. 가령 2007년 도입된 주민소환의 경우 2018년까지 총 93명에 대해서 주민소환이 추진되었지만 85건이 서명 미달, 포기, 궐의 등의 이유로 투표조차 되지 않았고, 투표된 8건의 경우에도 투표율 미달로 6건을 미개표하였다. 즉, 2007년 제도 도입 이후 투표가 진행되고 개표가 된 건은 단 2건에 불과하다. 조례 제정 및 개폐 청구관련 2014년 7월부터 2018년 6월까지의 가결 현황을 살펴보면 주민들이 청구한 건수는 36건으로 동 기간에 지방자치단체와 지방의회가 부의한 안건 74,197건에 비하여 너무나 그 숫자가 작다 (행정안전부, 2020: 232). 즉, 지방자치제도에서 주민의 참여와 관련한 제도들이 지방자치법의 규정상으로는 상징적으로만 접근하여 법적으로나 사실적으로 실효를 거두지 못하고, 입법을 통해 문제 해결을 가장하거나 집행 가능성이나 실효성에 대한 고려보다는 명분이나 심리 차원에서 실제 문제 해결보다는 입법 그 자체를 목표로 추진하는데 그치는 경우가 아닌가 하는 비판에서 자유로울 수 없다.[16]

그렇다면, 실질적인 주민주권을 구현하는 지방자치제도로 나아가기 위한 앞으로의 과제는 무엇인가? 무엇보다 헌법의 개정이 필요하다. 헌법 개정만이 능사는 아니고, 헌법만능주의에 빠져서도 안 된다. 하지만 헌법을 개정하지 않고 진정한

서 문제를 해결하고자 하는 열망과 의지가 강하다. 두 번째는 2021년 실시된 서울시장과 부산시장의 보궐선거에서 드러난 선거 이슈이다. 물론 서울과 부산 지역의 특수성이 존재한다고 할지라도, 서울시장과 부산시장의 보궐선거에서는 지역적 이슈보다는 국가적 차원의 이슈가 지속적으로 제기되었으며, 정치권도 중앙당 차원에서 적극적으로 지원·개입하는 행태를 보였다.

15 상징입법에 대한 논의는 미국의 법사회학에서 시작된 상징입법론을 배경으로 1980년대 독일에서 논란의 대상이 되었다. 그 계기는 놀(Noll)이 1981년 "상징입법(Symbolisch Gesetzgebung)"이란 선구적 논문에서 도구적 입법과 상징입법을 구별한데서 시작되었다. 그에 따르면 도구적 입법의 경우 입법의 효과(Effektivität)가 전면에 나타나는 반면, 상징입법에서는 현실에 영향을 미치려는 의도가 결여되어 있다고 한다 (홍준형, 2020b: 100).

16 1994년 지방자치법에서는 주민투표제를 도입하였지만, 주민투표를 실시하기 위한 주민투표법은 10년이 지난 2004년이 제정되어 시행되었다.

의미의 주민주권을 구현하는 지방자치제도를 실현할 수 없기 때문에 지방자치와 주민주권에 친화적인 헌법개정이 필요하다. 협의의 정치와 민주주의 이행과정에서 만들어진 1987년 제9차 헌법으로는 진정한 의미의 지방자치와 분권화를 실현할 수 없다. 지방자치 2.0과 진정한 주민주권 구현을 위해서는 지방자치에 장애가 되는 헌법적 요소들을 제거하는데 그치지 않고, 헌법에 지방자치의 적극적·실효적 구현을 위한 거점을 구축함으로써 헌법 자체를 지방자치와 분권화에 친화적인 헌법으로 만들어야 한다 (홍준형, 2021: 261). 헌법을 개정하지 않고서는 실현할 수 없는 과제들이 있으며, 대표적인 예로 지방자치법 제22조의 조례제정권의 제약을 들 수 있다. 자치입법권의 범위와 한계에 관한 헌법조항을 신설하는 등의 방법으로 그 헌법적 애로를 해소하는 것이 불가피하다 (홍준형, 2021: 262).

또한, 지방자치를 헌법상 제도보장으로 보는 견해를 넘어서야 한다. 최근 자치권에 대한 제도보장이론은 매우 비판적인 평가를 받고 있으며, 제도보장 이론을 통한 자치권에 대한 설명이 지방자치의 발전을 저해한다는 비판이 제기되고 있다 (서재호, 2020: 306). 제도보장 이론에 따른 지방자치의 자치권은 헌법과 법률이 규정하는 범위 내로 축소되며, 한국의 지방자치의 중단기, 부활·발전기의 역사에서도 나타난 바 있다. 따라서 지방자치를 헌법상 제도보장으로 보는 견해를 넘어서, 지방자치 보장에 관한 기본적 결단 및 구체적 내용에 대한 윤곽을 헌법에 구체적으로 명시할 필요가 있다.

〈참고 1〉 한국 지방자치제도의 정착·공고화·심화 과정의 제도변화와 동인

<table>
<tr><td></td><td>(1948~1960)
도입기</td><td>⇨</td><td>(1961~1987)
중단기</td><td>⇨</td><td>(1987~현재)
부활기</td><td>제도 변화</td></tr>
<tr><td>배경: 외삽된 지방자치 (중앙정치의 동원)</td><td colspan="5">역사적 전환점
(정부수립, 독재, 민주화)</td><td rowspan="3">• 단체장, 지방의회 의원 직선제
• 지방의회 폐지, 지방자치단체장 임명제
• 지방선거 부활</td></tr>
<tr><td>변화의 분류</td><td colspan="5">외생적 변화 / 급진적 변화</td></tr>
<tr><td>변화의 핵심 동인</td><td colspan="5">역사적 사건, 소극적 자유</td></tr>
<tr><td colspan="7">지방자치 1.0</td></tr>
<tr><td></td><td colspan="2">(1987년)
부활: 공고화</td><td colspan="2">⇨</td><td>(2021년)
심화</td><td>제도 변화</td></tr>
<tr><td>배경: 협의의 정치(민주주의 이행 차원)</td><td colspan="5">제도 정교화, 진화, 층화
(대통령 국정이념, 의회분포)</td><td rowspan="3">• 주민투표권 도입
• 조례의 제정 개폐 청구권 도입 및 확대
• 감사청구권 도입 및 확대
• 주민소송권 도입
• 주민소환권 도입</td></tr>
<tr><td>변화의 분류</td><td colspan="5">내생적 변화 / 점진적 변화</td></tr>
<tr><td>변화의 핵심 동인</td><td colspan="5">정책 아이디어: 시민참여, 적극적 자유</td></tr>
<tr><td colspan="7">지방자치 2.0</td></tr>
<tr><td></td><td colspan="5">(2022년)
심화 ⇨</td><td>제도 변화</td></tr>
<tr><td>배경: 생활 정치 (주민 자치 차원)</td><td colspan="5">제도 정교화, 진화, 층화
(대통령 국정이념, 의회분포)</td><td rowspan="3">• 정책 결정 및 집행 과정에 참여할 권리 명시
• 규칙 제정, 개정, 폐지 의견 제출
• 주민조례발안에 관한 법률 제정
• 감사청구권 완화
• 지방자치정보공개 의무 신설</td></tr>
<tr><td>변화의 분류</td><td colspan="5">내생적 변화 / 점진적 변화</td></tr>
<tr><td>변화의 핵심 동인</td><td colspan="5">정책 아이디어: 주민주권</td></tr>
</table>

[그림 2-1] 한국 지방자치제도 제도변화와 동인

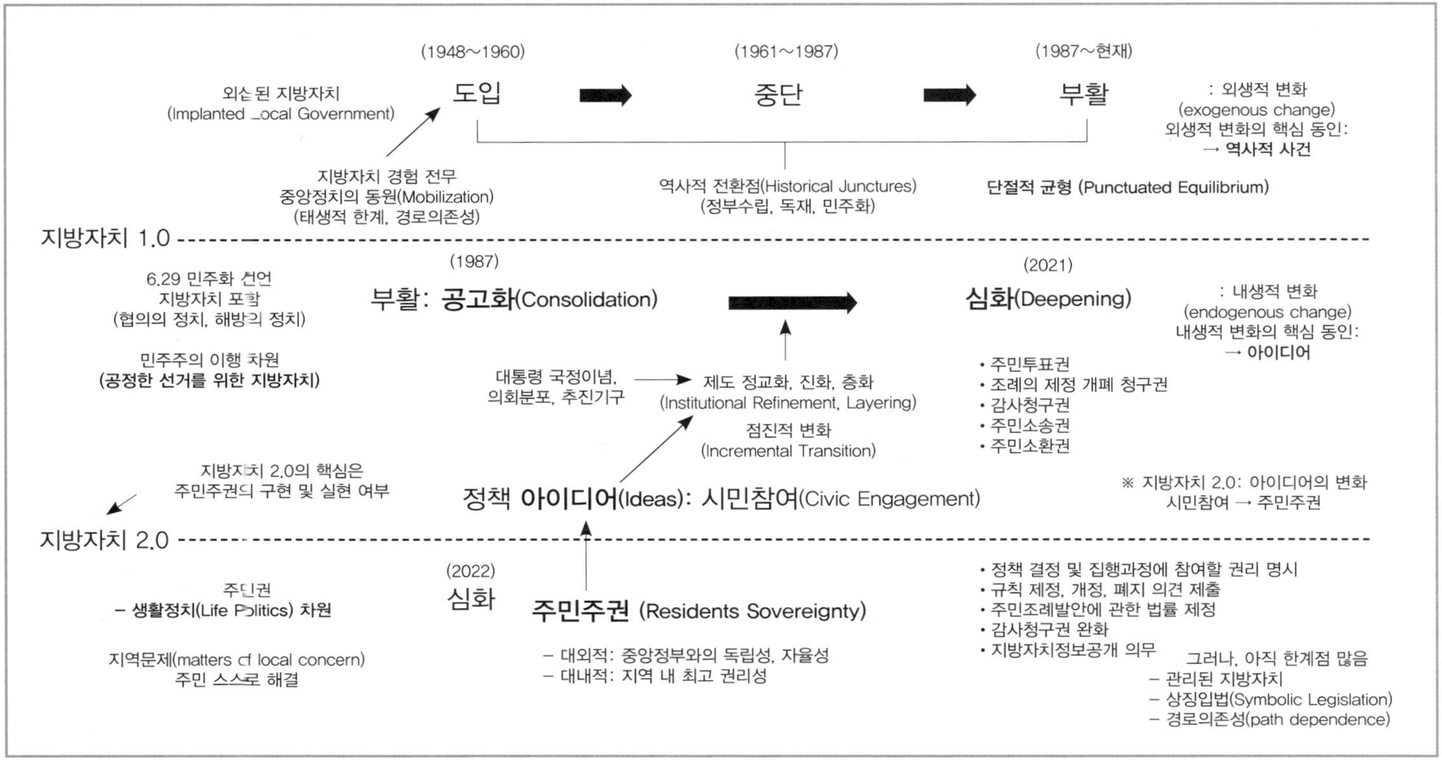

제3장 지방자치와 정치분권

▶▶▶ 김찬동

I 서론

지방자치제도를 재도입한지 30년이 지나고 있다. 지방자치는 지방의 문제를 지방이 스스로 해결하여 지역발전에 기여하고, 자기입법과 자기통제를 통하여 지역민의 행복과 다스림의 역량을 함양하는데 최선의 제도라고 할 수 있다. 또 지방자치는 중앙집권적인 국가운영시스템의 폐해를 개혁하고, 민주주의의 발전과 성장을 위한 풀뿌리의 학교이기도 하다. 그리고 지방자치는 시민사회의 시민성을 함양하여, 권력운영이 독재와 과두정으로 흘러가는 것을 막는 제도적 장치이기도 하다.

이렇게 민주주의 발전과 지역발전에 이상적이라고 여겨지는 지방자치제도가 한국에서는 지난 30년간의 운영에도 불구하고, 지방의 자치력을 함양하기보다는 오히려 중앙정부에 의존하는 현실이 심화되고 있으며, 수도권에 전 국민의 50%이상이 지속적으로 모여살고 있고, 지방은 소멸을 우려하는 상황이 나타나고 있다.

구체적으로 보면, 2021년의 지방자치단체의 재정자립도는 48.7%로서 지방자치제도가 재도입되던 1991년에 비하면, 20% 정도 더 낮아지고 있다. 1997년에 63%이었고, 1999년에 50%대로 떨어지기 시작했으며, 급기야 2021년에는 40%대로 떨어지고 있는 것이다. 한마디로 한국의 지방자치제도는 어디선가 고장이 난 것이다. 지방자치는 해를 거듭할수록 역주행을 하고 있는 셈이다. 무엇이 잘못되었는가?

〈표 3-1〉 지방자치단체 재정자립도 추이 (단위: %)

	1998	2003	2008	2013	2017	2021
전국평균	63.4	56.3	53.9	51.1	53.7	48.7
특광역시	90.0	82.2	73.8	66.8	67.0	58.9
도	42.1	39.4	39.5	34.1	38.3	36.5
시	54.1	38.0	40.7	36.8	39.2	32.3
군	22.9	16.3	17.2	16.1	18.8	17.3
자치구	49.7	42.3	37.1	33.9	30.8	28.5

자료: 행정안전부 2021년도 지방자치단체 통합재정 개요

구체적으로 보면, 더욱더 심각한 것은 특광역시의 재정자립도이다 1998년에 90%대이 이르렀던 것이 2021년에는 58%대로 떨어진 것이고, 일반시의 경우도 54%대에서 32%대로 떨어져서 도시의 재정자립도마저 급속히 하락하여, 자립적인 재정운영이 어려워지고 있다는 점이다. 군의 재정자립도는 1998년부터 20%대였던 것이고, 2021년에는 17%대로 떨어지고 있어, 자치를 할 수 있는 단체라고 할 수 있는 것인지 의문이다. 지방자치단체의 자치를 떼고, 지방행정단체로 바꾸는 것이 명실상부한 것은 아닐까 한다.

이렇게 재정자립도가 떨어지는 데는 몇 가지 원인으로 분류해서 정리할 수 있지만, 무엇보다도 눈에 띄는 것은 국고보조금의 급격한 증가이다. 2017년도에 59.6조원이던 국고보조금이 2021년에는 97.9조원으로 급증하고 있는 것이다. 국고보조금의 비중을 가장 많이 차지하고 있는 부처는 보건복지부로서 45조원으로 전체 국고보조금의 46.3%를 차지하고 있다. 그 다음은 국토교통부로서 8조7천억원(8.9%)이고, 농림축산식품부가 8조원(8.2%), 고용노동부 6조9천억(7.1%), 환경부 6.6조원(6.8%), 문화체육관광부 4조3천억(4.4%), 행정안전부 3조6천억원(3.8%)이다.

〈표 3-2〉 연도별 국고보조금 추이

회계연도	2017	2018	2019	2020	2021
국회확정예산 (조원)	59.60	66.90	77.90	86.70	97.90

자료: 기획재정부. e나라도움 통계센터(https://opn.gosims.go.kr/opn/il/il001/getIL001001QView.do#)

요컨대 한국의 지방자치제도는 그 제도설계에서 구조적인 문제가 있다는 것이고, 이 구조로서 10년이 더 지난다고 해서, 지방자치다운 자치를 경험하기 어려울 것이다. 본고에서는 그러한 구조적 원인들을 다양한 각도에서 탐색해 보면서, 단지 행정사무구조의 문제라기보다는 조직간 관계, 정부간 관계에서 구조적인 지방의 의존관계와 중앙의 통제의지가 작동하고 있다는 점을 확인해보고자 한다. 이를 통해, 한국의 지방자치의 성장과 분권개혁이 일어나기 위해서는 정치분권 없이는 소망이 없을 수 있다는 것을 고찰해 보고자 한다.

Ⅱ 중앙–지방 정부간 관계와 정치분권에 대한 구조적 논의

1. 중앙–지방 관계의 다양한 유형

중앙–지방정부간 관계에는 다양한 계층의 관계가 존재한다. 중앙정부와 지방정부간의 관계도 있지만, 조직(기관)간의 관계도 존재하며, 사무수준의 관계도 존재한다.

정부간 관계(IGR)라고 하면, 라이트(Deil D. Wright)의 모형을 통하여 설명하는 경우가 많은데, 연방정부와 주정부, 그리고 지방정부와의 관계가 어떠한가를 가지고 세 가지 유형으로 제시한다. 세 가지 유형은 권위가 어디에 어떻게 존재하는가를 가지고 구분하고 있는데, 첫째는 분리권위형으로서 연방정부, 주정부가 각각 대등한 각자의 권위를 가지고 있다고 하면서, 지방정부는 주정부의 통제를 받는 관계를 제시하고 있다. 미국 건국 시의 정부간 관계의 역사와 이상을 반영한 관계라고 할 수 있다.

둘째는 포괄권위형(inclusive authority model)으로서 연방정부가 주정부를 통제하고, 주정부가 지방정부를 통제하는 관계로서 설명하고 있다. 20세기 중후반 이후 연방정부의 권한이 확대되면서, 나타나는 정부간 관계로 설명하고 있다.

셋째는 중첩권위형(overlapping authority model)으로서 연방정부와 주정부는 물론 지방정부도 각자의 독립된 권위를 가지고 상호 독립적으로 존재하면서, 상호 의존하는 관계로서 제시한다. 현실적인 미국의 행정과 정책의 운영은 이러한 상호 의존하면서 각자의 권위를 가지는 중첩적 관계를 설명하기 위한 모델이다.

이 모형을 가지고 한국의 경우에 적용해 본다고 하면, 한국은 법제도적으로는 포괄권위형의 중앙-지방정부간 관계에 해당한다고 할 수 있는데, 이러한 관계를 보장하는 것이 기관위임사무제도라고 할 수 있다. 한편, 기관위임사무는 주로 중앙정부의 행정부와 지방자치단체와의 관계를 설명하는 개념이기에, 중앙정부를 구성하는 국회에 대해서 이러한 제도로서 설명하기는 어렵다. 국회와 지방의회와의 관계는 각자 별개의 기관이라고 해야 할 것이고, 국회만이 법률에 대한 입법권을 가지고 있는 반면, 지방자치단체의 지방의회는 법령의 범위 내에서 조례만을 제정할 수 있기에, 한정되고 제약된 범위 내에서의 입법권만을 가진 것으로 볼 수 있다. 이 점에서는 지방의회의 자치입법권은 제약되어 있으나, 지방의회는 지방자치단체의 입법권을 가진 독립된 기관이라고 할 것이다. 단, 지방의회의 의원들을 통제하는 것은 정당의 공천권을 통한 권한이라고 할 수 있다.

또 한국의 중앙-지방정부간 관계를 설명할 때, 중앙은 정부라고 하는데 비해, 지방은 단체라고 하는 점도 언급해야 할 것이다. 즉 지방은 정부가 아니라 단체라는 개념인데, 굳이 지방을 정부라고 하지 않는 것은 행정법학계 등에서 보는 인식으로서, 중앙정부에만 국가권력을 행사하는 근원이 있다는 국가주의적인 철학에서 유래한 것이 아닌가 한다. 또 국가를 절대주의 왕정의 역사를 가진 대륙계 행정법의 전통에서 국가주권론의 법적 인식으로 보고 있는 것으로서, 현대적 국가의 개념에서는 그 관점을 새롭게 전환하여야 하는 것이다. 특히 민주정의 국가개념은 주권자는 국민(혹은 주민)이고 정부는 중앙정부와 지방정부로 구성되고, 양자의 우선순위(priority)를 결정하는 것은 국민(혹은 주민)이어야 한다는 철학과 인식을 가지고 재구성되어야 할 것이다.

다음은 조직(기관)간의 관계로서 중앙정부와 지방정부와의 관계를 설명할 수도 있다. 즉 중앙정부의 조직(기관)과 지방자치단체의 조직(기관)과의 관계는 기관위임사무제도에 의하여, 대리인모형(agent model)으로 설명할 수 있다. 대리인 모형은 지방을 중앙의 대리인으로 보고, 중앙정부는 국가정책의 집행과정이나 재정운영에서 지방을 통제하는 모형이다. 이 모형에서 지방은 자원이나 능력에서 열위에 있어, 정책수행에 대한 자율성이나 재량권을 행사할 수 없고, 중앙에 의존하게 된다.

이 모형에 대해서 이달곤(2004)은 중앙정부의 관료들이 주요한 정책의제를 설정하고 결정하며, 사업추진 시에는 지방정부의 하부조직까지 위임하여 처리한다고 한다. 지방자치단체는 상급정부의 명령이나 지시, 위임에 순종하고, 중앙정부 부처의 기술적 재정적 지원에 의존한다는 것이다 (문유석, 2015:395).

동반자 모형은 중앙과 지방이 국정의 동반자로서 상호 협력하고 동등한 권한과 의무를 지는 관계로 보고, 지방정부의 의지가 양자간의 관계를 규정하는 중요한 요소라고 본다. 이 모형에서는 중앙정부가 법적인 통제나 강제, 자문이나 지침, 재정적 인센티브나 평가 등에 대한 수용여부는 지방자치단체의 재량이라고 본다. 즉, 중앙정부의 정책결정과정에 지방정부를 동반자로서 적극 참여시키고 그 의견을 반영하려고 한다. 이것은 주로 지역개발이나 환경정책, 복지정책과 같이 지방정부가 정책현장에 대한 정보를 가지고 정책대상자들과 직접적인 대응을 해야 하는 정책과정에서 나타나는 현상이라고 할 수 있다. 이 모형은 현실적으로 중앙과 지방의 불균형적이고 수직적인 관계를 외면하고 있는 것이라는 비판을 받는다.

다음으로 상호의존모형은 중앙정부와 지방정부가 상호 호혜적인 관계의 연결망이라는 관점에서 보고, 상호간에 영향력을 주고받는 동태적 과정에 초점을 맞춘다. 상호의존적인 양태는 법적 권한이나 재정적 지원, 정보와 전문성, 시민의 동의 등 다양한 측면에서 나타나고, 이들 요소들 간의 서로 영향을 주고받는 교환관계가 성립하거나 혹은 협상과정이 나타난다고 본다.

한국의 경우에는 기관위임사무제도를 통하여, 지방자치단체의 조직은 중앙정부 부처의 기관으로 인식되고, 기관에 대한 위임을 주고받는 관계로 파악되기에, 제도간의 관계는 전형적으로 대리인모형에 해당한다고 할 것이다. 그렇지만 지방자치제도를 재도입한지 30년이 되고 있기에 지방자치단체도 중앙정부에 대해 일정한 정도의 영향력을 가지고 있다는 상호의존모형을 지향하고는 있지만, 여전히 대리인모형의 틀을 벗어나는 것이 어렵다는 것을 알 수 있다. 즉 2018년 헌법 개정에서 분권형 정부간 관계를 규정하기도 하였지만, 좌절됨으로 인해, 여전히 중앙정부의 우월한 위상은 지속되고 있다고 할 것이다.

다음으로 사무수준의 관계를 보면, 국가사무와 지방자치단체의 고유사무, 그리고 단체위임사무와 기관위임사무로 구분되는데, 이것은 중앙과 지방이 각자의 독립적인 사무를 가지고 있지만, 국가는 지방에 위임하는 사무가 있고, 그 위임사무는 지방이 집행하지만, 그 평가와 예산은 중앙이 가지고 통제하여 사무에 대한 책임을 중앙이 지는 구조이다. 결과적으로 사무수준으로 보면, 중앙이 지방에 대하여 우월적 지위를 가지고, 지방의 고유사무에 대해서는 지방이 권한을 가지며, 이에 대한 민주적 통제는 지방의회에게 부여한다는 것이다. 사무수준에서 보면, 지방자치단체는 한정적 자치권을 가지고 있는 셈이다.

문제는 한국에서 중앙과 지방의 관계를 지배하는 것은 사무수준의 관계를 통하여 조직간 관계 및 정부 간 관계까지 영향을 미치는 부분이다. 즉 기관위임사무라는 제도를 통하여, 지방이 고유하게 가지고 있는 자치권한 마저 중앙정부의 법령이나 법률을 달리 정하는 것에 의하여, 통제받고 제약되어 자치권을 상실하도록 한 구조이다. 즉 표면적으로는 지방이 자치권을 가진 것으로 보이나, 이를 무력화시키는 중앙정부의 법령이 존재하고, 이것은 기관위임사무제도를 통하여 지방을 여전히 통제하고 있는 셈이다.

2. 기관위임사무에 의해 잡혀버린 지방자치제도

지방자치제도는 지방분권의 노력에 의하여 상당한 정도 발전한 측면은 있다. 예를 들어 지속적으로 사무를 이양하여 지방사무가 확대되었고, 조직이나 재정운영의 자율성이 제고되었으며, 자치입법의 확대 등이 성과라고 할 수 있다.

사무이양을 위하여 참여정부에서는 추진기구로서 지방이양추진위원회를 구성하였고, 이명박 정부의 지방분권촉진위원회나 박근혜정부의 지방자치발전위원회에서도 분권논의는 사무이양에 초점을 두는 구조는 그다지 변하지 않았다.

구체적으로 보면, 지방사무비율의 경우 1994년에 13.4%였던 것이 2013년에는 32.3%가 되었고[1], 조직 자율성의 부분에서도 1997년에 표준정원제에서 2007년에 총액인건비제, 2014년에 기준인건비제 등으로 조직운영의 자율성을 제고시켜 왔다. 또 재정자율성도 확대되었는데, 지방소득세, 소비세 도입을 하였고, 예산편성

---

1 참여정부에서는 국가사무 30,240개 중에서 937개의 사무를 발굴하여 지방으로 이양하여, 국가사무대 지방사무의 비율을 6:4로 하겠다는 목표를 달성하지 못하였음 (안성호, 2014:15-19). 박근혜 정부에서는 자치사무와 국가사무의 구분체계를 재정비하기로 하여, 법령 4,000개에 존재하는 국가사무 46,005개가 있음을 재집계하였고, 이를 제로베이스에서 재배분하기로 하였으나 그다지 성과가 높지 않았다.

지침을 2005년 이후 폐지하였으며, 2006년에 지방채의 발행 총액한도제를 도입하였다.

그러나 집행사무 위주의 이양으로 인하여, 지방자치권이 강화되었다고 하기는 어렵고, 역설적이게도 재정의존성은 심화되는 한계를 나타내고 있다. 즉 1995년에 63.5%였던 재정자립도는 2014년에 50.3%로 낮아진 것이다 (행정자치부, 2015).

또 2018년 10월에 지방이양일괄법이 국무회의를 통과하면서, 19개부처소관의 66개 법률의 일괄개정을 통하여 571개의 사무를 지방으로 이양하기로 하였다. 개별입법에 의한 이양방식을 넘어서 일괄이양방식으로 전환하여, 국가사무를 지방으로 신속하게 이양하기 위한 것이라고 한다. 571개의 사무 중에서 가장 많은 사무이양을 하겠다고 한 부처는 해수부(135개), 국토부(120개), 환경부(72개) 등이고, 이외에 여가부(51개), 산림청(33개), 고용부(27개), 문화부(26), 산업부(22개), 행안부(20개) 등이다.

지방이양의 일괄방식은 2004년에도 행정자치부와 지방이양추진위원회가 법제정을 시도하였던 것이지만, 국회의 소관 상임위원회의 지정이 어렵다는 것으로 국회접수가 어려워 난항을 겪었던 것인데, 문재인정부에서 지방이양일괄법 제정을 국정과제에 포함시켜서 여야대표가 합의한 것이었다.

그러다가, 이것이 국회 운영위원회를 통과한 것은 2019년 11월 29일이고, 중앙행정권한 및 사무 등의 지방일괄이양을 위한 물가안정에 관한 법률 등 46개 법률 일부개정을 위한 법률안(지방일괄이양법)이 통과되어, 400개 사무의 이양을 결정하였다. 즉 국무회의에서 결정된 것도 국회의 입법과정을 거치면서 사무이양의 건수도 축소된 것이다.

2021년 1월부터 이 법은 시행되어, 지역특성을 반영한 행정과 주민수요에 대한 신속한 대응이 가능해져 주민만족도가 향상될 것이라고 한다. 구체적으로 이양분야를 보면, 해수부의 권한 중 항만시설개발권과 운영권한이나, 국토교통부의 지역 내 개발 사업으로 인한 초과이익에 대한 개발 부담금 부과관련 20개 사무, 보건복지부의 외국인환자 유치의료기관 등록 등 9개 사무 등이다.

이처럼 사무이양을 통하여 지방자치를 활성화하려고 하는 방식은 현재의 헌법 규정에서부터 그 연원을 찾을 수 있다. 즉 헌법 제8장 지방자치의 장에서 지방자치단체는 주민의 복리에 관한 '사무'를 처리하고 재산을 관리하며, 법령의 범위 안에서 자치에 관한 규정을 제정할 수 있다(헌법 제117조 제1항)에서, 자치단체는 사무를 처리하는 역할과 기능이 부여된 것이다. 정부로서의 위상과 역할, 그리고 책임이 부여되지 않은 것이다.

그러면서, 지방자치단체의 종류는 법률로 정하도록 되어 있고, 지방자치법에서는 지방자치단체는 2종류가 있는데 그것은 '특별시, 광역시, 특별자치시, 도, 특별자치도'와 '시·군·구'로 되어 있다. 그리고 이들은 법인으로 한다고 지방자치법 제3조에서 규정하고 있다. 여기서 주목할 것은 읍면동은 지방자치법상 근거규정은 있지만 지방자치단체로 하고 있지 않다는 점이다. 즉 지방자치법 제3조 제3항에서 인구 50만 이상의 시에는 '자치구가 아닌 구'를 둘 수 있도록 하고 있고, 군에는 읍면을 두고, 시와 구(자치구포함)에는 동을, 또 읍면에는 리를 둔다고 하여, 지방자치단체가 아닌 '기관'을 두고 있는 점이다.

지방자치법의 규정 중에서 특이한 것은 시군구의 설치기준에 대한 규정대신에 법제7조에서 시읍의 설치기준을 규정하고 있다. 여기서 시는 대부분이 도시의 형태를 갖추고 인구 5만 이상이 되어야 한다고 하고, 예외적으로 시군이 통합한 지역이나, 인구 5만 이상의 도시 형태를 갖춘 지역이 있는 군, 인구 2만 이상의 도시 형태를 갖춘 2개 이상의 지역 인구가 5만 이상인 군, 국가의 정책으로 도시가 형성되고, 도의 출장소가 설치된 지역으로서 인구가 3만 이상이고 인구 15만 이상의 도농복합시의 일부인 지역이다. 읍의 설치기준은 도시의 형태를 갖추고 인구 2만 이상이어야 하나, 인구 2만 이하라도 군 사무소소재지의 면이나 읍이 없는 도농복합시의 면 중 1개면은 읍을 설치할 수 있다고 규정하고 있다. 문제는 이렇게 읍에 대한 설치기준을 정하고 있으나, 정작 지방자치단체가 아니기에 군의 사무의 일부를 위임받아 처리하는 하부행정기관으로서 자치를 할 수 있는 공간이 아니다. 즉 읍은 군의 기관위임사무를 수행할 뿐이다.

그리고 지방자치단체의 사무는 자치사무, 단체위임사무, 기관위임사무로 되어 있고, 기관위임사무에 대해서는 자치조례의 제정범위가 아니라고 하면서, 기관위임사무에 대해서는 지방자치단체가 권한쟁의심판청구를 할 수 없도록 하고 있다. 또 기관위임사무에 대해서는 행정협의조정위원회에서 협의하거나 조정할 수 있고, 그렇지 않을 경우, 시정명령으로 지방자치단체의 사무 처리를 취소하거나 정지할 수 있으며, 직무이행명령을 하고 미이행 시에는 직접 필요한 조치도 가능하다. 즉 중앙정부의 사무 처리에 대하여 월등히 우월한 지위에서 수직적인 명령과 통제가 가능한 관계이다.

이렇게 보면, 지방자치단체가 처리할 수 있는 사무는 과연 어떤 것인가가 중요하고, 이것은 지방자치를 자치답게 처리할 수 있는 구조이냐는 문제를 생각해 볼 필요가 있다. 지방자치법 제9조 1항과 2항을 보면, 지방자치단체는 자치사무와 법령으로부터 위임받은 사무를 처리하는데 6영역 57개의 사무를 예시하여 열거하고 있다. 지방자치에 관한 거의 모든 사무와 기능을 포괄적으로 열거하고 있는데, 지방자치단체의 구역 조직 행정관리 등에 관한 사무 (11개)외에 주민의 복리증진에 관한 사무(10개), 농림 상공업 등 산업진흥에 관한 사무(14개), 지역개발과 주민의 생활환경시설의 설치 관리에 관한 사무(15개), 교육체육문화 예술의 진흥에 관한 사무(5개), 지역민방위 및 지방소방에 관한 사무(2개)로 되어 있다.

다시 말해 구체적으로 지방자치단체가 거의 모든 사무를 처리할 수 있도록 하고 있는 듯하지만, 제9조 2항에서 '다만 법률에 이와 다른 규정이 있으면 그러하지 아니 한다'라고 하여, 지방자치법의 열거예시규정 자체를 무력화시키는 자기모순을 규정하고 있다.

즉 아무리 보충성의 원칙을 강조하여, 시군구가 시도보다는 자치사무의 처리를 우선하도록 하고, 국가보다도 우선하도록 지방자치를 하도록 한다고 하더라도, 결국 지방자치법 제9조2항에 의해, 중앙정부부처에서 법률을 입안하여 이러한 국가사무 혹은 기관위임사무로 규정하게 되면, 지방자치단체는 자치권을 행사할 수 없는 것이다. 중앙정부부처의 명령과 지시, 통제에 따라서 사무 처리를 해야 하는 것이다.

한편, 자치분권특별법은 지방자치의 특별한 진전을 위하여 만든 특별법이다. 그럼에도 불구하고 지방자치법 전부개정에서 이에 관한 조항이 빠져있는데 그 중에 대표적인 것이 기관위임사무제도의 폐지에 대한 것이다.[2]

즉 지방분권법(지방자치분권 및 지방행정체제개편에 관한 특별법) 제11조를 보면, 권한이양 및 사무구분체계의 정비 등에 관한 조항이 있다. 여기서 '국가는 사무배분의 원칙에 따라 그 권한 및 사무를 적극적으로 지방자치단체에 이양하여야 하

---

2 이외에도 민간에 대한 국가관여 최소, 교육자치의 일원화, 예산회계제도개선, 조례제정권 범위 확대, 지방의회 심의의결권 확대 등이 있다 (김성호, 2019:72).

고, 그 과정에서 국가사무 또는 시도의 사무로서 시도 또는 시군구의 장에게 위임된 사무는 원칙적으로 폐지하고 자치사무와 국가사무로 이분화하여야 한다'고 규정하고 있어 기관위임사무를 폐지하도록 규정하고 있지만, 2020년 12월 전부개정된 지방자치법에서도 기관위임사무의 폐지에 관한 내용은 결여되어 있다.

이처럼 기관위임사무제도에 대한 개혁을 하지 않는 구조에서는 기구와 인력의 효율적인 배치 및 예산조정에 필요한 조치(지방분권법 제11조 제4항)에 따른 개혁은 할 수가 없다. 또 특별지방행정기관은 국가사무를 처리하기 위하여 중앙정부가 정부조직법에 따라서 설치한 '기관'인데, 이들 특별지방행정기관이 수행하고 있는 '사무'중에서 지방자치단체가 수행하는 것이 더 효율적인 '사무'는 지방자치단체가 담당하도록 하여야 하며(지방분권법 제12조 제1항), 새로운 특별지방행정기관을 설치하고자 할 때는 그 '기능'이 지방자치단체가 수행하고 있는 기능과 유사하거나 중복되지 않도록 하여야 한다고 규정하고 있다.

또 국가는 교육 자치와 지방자치의 통합을 위하여 노력하여야 한다(지방분권법 제12조 제2항) 등의 규정을 가지고 있지만, 지방자치의 자치분권개혁에서 여전히 논외로 되고 있어, 한국의 지방자치가 자치다운 자치 제도로 재구조화되는 것이 어려운 것이 아닌가 한다.

3. 정치 분권과 입법 분권의 필요성

사무이양을 통하여 중앙–지방관계를 자치분권개혁이 되기 어려운 제도 구조를 가지고 있다면, 자치분권개혁의 초점과 대상을 달리해야 할 것이다. 즉 중앙–지방관계에서 행정부와 집행부의 '사무'에 초점을 둔 '사무이양을 통한 자치사무의 숫자적 증가'로서 더 이상 한국의 지방자치제도가 제대로 운영되기 어렵다는 것이다. 해를 거듭할수록 지방자치단체의 재정자립도는 더 낮아지고, 지방자치단체는 중앙정부 부처에 더욱더 의존적이게 될 것이다. 지방소멸의 문제나 지역발전의 문제를 스스로 해결할 수 있는 역량이 없게 되고, 결과적으로 중앙정부 부처의 정책이나 사업을 더 받기 위하여 단체장이나 지방공무원들은 중앙정부 부처의 담당자를 찾아가서 읍소하거나, 국회의 국회의원들에게 예산사업 배정을 청원할 수밖에 없게 된다.

이래서는 지방자치제도를 통하여 주민들의 생활문제와 삶의 문제를 스스로 해결하기 위한 대화와 토론, 공론장을 통한 합의를 만들어가는 참여와 자치는 점점 취약해질 수밖에 없다. 결과적으로 지역 간 격차문제나 지방소멸위기에 대한 대응도 지방자치단체나 주민들이 스스로 이 문제를 해결하려하기 보다는 중앙정부 부처의 국고보조사업을 더 확보하려는 경쟁에 뛰어들게 될 것이고, 추후 10년 후에 한국의 지방자치단체의 재정자립도는 30%대로 떨어질지도 모른다. 즉 특 광역시든 일반도시지역의 자치도 공염불이 되고, 군과 도는 중앙정부 부처의 하급행정기관화 될 것이다.

지방자치제도와 관련된 근원적인 구조에 대한 재탐색과 원인분석이 필요하고, 이에 근거한 자치분권개혁의 새로운 길을 열어야 한다. 이에 대한 문제제기는 선행연구들을 통하여 부분적으로 제기되고 있다.

금창호 · 라휘문(2015)은 정치 분권의 논의가 필요함을 제기하고 있다. 즉 현재의 지방분권논의가 지방분권을 구성하는 분야별 수준에 대한 논의가 미흡하다고 하면서, 재정분권과는 별도로 정치 분권의 논의가 필요하다고 제시하고 있다.

정치 분권은 지방분권을 구성하는 하나의 분야로서, 지방분권이 중앙정부로부터 지방정부로의 권한이 배분되고 이양되는 정도를 의미한다고 하면, 정치 분권은 '지방선거분권'과 '의사결정분권'으로 보고, 이에 따라서 지방분권의 독립된 영역으로서 논의되어야 한다는 것이다. 지방선거분권은 정당공천에서 중앙과 지방의 어느 쪽이 가지고 있는가라는 기준을 가지고 정치분권정도를 살펴보는 것이고, 지역정당의 존재여부를 가지고 살펴보는 것이다.

또 의사결정분권은 기능배분과 자치법규의 정도를 가지고 살펴보는데, 금창호 · 라휘문의 논문에서는 기능배분분석이라고 하면서, 국가사무와 지방사무의 비중을 제시하고 있는데, 국가사무는 67.7%이고, 지방사무는 32.3%(2013년 기준)을 제시하면서, 사무배분의 지방비중이 증대하고 있음을 제시하고 있다.

또 자치법규분석에서도 조례와 규칙의 제정 개수를 제시하면서, 자치법규가 '분권에 긍정적인 방향으로 전개된 것은 분명하나 전반적인 의사결정의 분권화를 신장한 것이라고 하기는 어렵다'는 평가를 하고 있다.

요컨대 정치 분권의 수준을 제고하기 위해서는 지역정당의 허용이나 현행의 정당공천을 폐지하고, 지방자치단체의 후보가 정당표방제를 하거나, 국민 참여경선이나 오픈 프라이머리 같은 상향적 공천절차를 활용하여 후보를 선출하도록 해야 하는 제도제안을 하고 있다 (금창호외, 2015 : 47).

다음으로 지방분권을 국가개혁으로 실시하기 위해서는 세 가지의 분권이 있다고 하면서, 행정(administrative), 재정(fiscal), 그리고 정치(political) 분권(decentralization)으로 구분하고, 정치분권은 거버넌스에 대한 지방정부의 정치적 역할을 중앙정부가 허용하는 것이라고 한다 (최상한, 2017 : 172-173).

최상한(2017)은 정치분권을 위해서는 지방정부의 대표성 확장을 위한 헌법개정, 선거개혁에 대한 정책설계를 해야 한다고 한다. 그러면서 행정분권과 재정분권 그리고 정치분권이 동시에 시행되지 못하면, 지방분권의 결과는 미흡할 수밖에 없다고 한다 (Bardhan & Mookherjee, 2006 ; 최상한, 2017 : 173). 본고의 문제제기에서 제기한 한국의 지방자치제도의 실태가 역주행하는 원인으로서 정치분권이 제대로 논의되지 않았기 때문이라고 해석할 수 있다.

또 최상한(2017)은 지방차원에서 지방분권이 성공하려면, 먼저 정치분권이 이루어지고, 그 후에 행정분권과 재정분권이 실시되어야 한다고 하고 있다.

또 정치분권의 종류에는 국가와 지방의 균등한 개혁을 강조하는 법제도빅뱅, 분권의 헌법적 보장, 지방선거의 직접 주기적 선거 및 정당허용을 제시하고 있다. 여기서 종합적 빅뱅분권은 분권관련의 법 제·개정이 1년 내지는 1년 반 정도에 이루어지는 전격적인 개혁을 말하고 있다. 중앙정부가 민주적인 경우에는 정치분권과 재정·행정분권에 대해서 종합적 빅뱅분석을 하는 경향이 있다고 하고, 비민주적인 국가에서는 제한적 혹은 부분적 분권이나 의미 있는 분권에 그치는 경향이 있다고 한다 (최상한, 2017 : 176)

최상한(2017)에 의하면, 한국의 역대정부의 분권화 유형에서 정치분권은 참여정부에서 '제한적 혹은 부분적 분권'이 있었고, 이명박 정부와 박근혜정부에는 '미약한 분권'에 불과하였다고 한다. 단, 재정과 행정분권에서는 '의미있는 분권'이 있었던 것으로 정리하고 있다 (전게서, 186).

다음으로 지방분권을 위한 종합적 설계는 지방정치에서 정치적 대표성을 제고하는 방향이어야 하고, 이를 위해서는 수평적 분권과 수직적 분권을 매개할 수 있는 연결고리가 필요한데 그것이 정당이라는 것이다 (박경미, 2018 : 103-104).

유권자와 주민의 다양한 참여와 의사소통의 채널이 다양한 지방자치를 위해서는 정당이 필수적이라고 하면서, 정당을 통한 정치적 대표성의 확보가 유권자의 정치적 자유를 확대한다는 것이다. 전국정당과는 독립적인 지위와 특성을 가진 지방정당을 허용하여, 중앙정치의 종속에서 벗어날 수 있는 수직적 분권이 이루어지고, 지방선거 선출직들이 유권자와 주민들과 소통하면서 참여하는 수평적 분권이 이루어져야 한다는 것이다. 이를 위해 지방정당의 부활은 지방 문제를 지방정치에서 논의할 수 있도록 하는 수직적 분권대안이라는 것이다.

이것이 가능하기 위해서는 현재의 정당법조항을 개정하여, 지방정당의 창당과 유권자와의 소통이 가능하도록 해야 하고, 공직선거법을 개정하여, 유권자와 정당의 정치적 자유를 확대하는 방향으로의 개혁이 이루어져야 실질적인 지방분권이 가능할 것이라는 것이다 (전게서, 104).

박경미(2018)는 지방분권이 실현되기 위해서는 지역의 요구와 필요를 정치적으로 조직되는 것이 필요하다고 하면서 (박경미, 2018:101), 현역의원의 유무에 따라서 당원협의회의 운영에 차이가 있다고 한다. 즉 현역의원의 경우에는 국회보좌진 등을 통해 지역구의 유권자를 관리할 수 있지만, 현역의원이 아닌 경우에는 유급의 사무직원을 둘 수 없어 지역이슈와 민원요구에 대응하기 어렵다는 것이다. 즉 정당법에서는 중앙당과 시·도당에 각각 100명 미만의 유급사무직원만을 둘 수 있도록 법 제30조에서 제약하고 있는 것이다.

그래서 지방정당의 부활을 통해서 유권자와 주민이 참여할 수 있는 지방차원의 정치적 의사를 결집하는 통로를 확보해야, 수평적 분권[3]을 이루는 동시에 중앙정치와 지방정치를 매개하는 수직적 분권의 연계고리로서 기능할 수 있을 것이다.

또 지방정당의 창당을 제한하는 정당법 조항들은 지방분권을 제약하는 요인들이라고 한다 (전게서, 98). 지방정당이 없는 가운데 치러지는 지방선거의 주도권은

3 수평적 분권은 유권자의 참여의 폭을 넓히는 것이고, 수직적 분권은 중앙정치의 권한을 지방정치에 이양하는 것이다. 지방분권이 성공하기 위해서는 양자를 별도로 나누어서 추진해서는 안 되고, 유기적으로 매개되도록 조정해야 한다고 한다. 즉 지방정치에서 정치성을 배제하려는 인식이 지배적인 상황에서 수직적 분권만 이루어진다면, 유권자를 위한 정치적 대표성이 사장될 수밖에 없다고 한다 (박경미, 2018:96). 유권자를 위한 정치적 대표성을 확보하기 위해 정당조직의 강화를 들고 있다. 이에 대해 필자는 유권자의 정치적 대표성을 주민총회를 통하여 선출된 근린의회의원들을 통해 확보하는 것도 하나의 방법이라고 생각하고, 한국적 맥락에서 이들은 비정당성을 가지고 시민사회의 리더가 될 수 있도록 지역거점대학이 사회교육의 일환으로서 일정한 역할을 해야 할 것이라고 본다.

결국 서울의 중앙당 중심으로 운영되는 전국정당에게 주어지고, 중앙당이 우월한 지위에서 결정권을 행사함으로 인해, 지역유권자들에게는 실질적 결정권이 부여되지 않는다는 것이다.

이런 상황이기에 지방자치분권을 주장하는 행정학 연구자들은 기초지방자치단체의 선거에서 정당의 후보공천권을 폐지하라고 일관되게 주장해 온 것이다.

요컨대, 중앙정부의 정당이 행사하는 공천권을 분권하는 정치분권이 이루어지지 않고 있기에 한국의 지방자치는 역주행을 하고 있는 셈이다.

임성학(2018)의 경우도 지방분권에 있어 핵심행위자는 정당이라고 하면서, 지방분권은 정당분권과 같이 논의되어야 한다고 주장하고 있다 (임성학, 2018: 109)[4]. 정당이 국민의 정치적 의사수렴과 형성에 효율적으로 기능하기 위해서는 정당의 지방조직이 활성화되어야 한다고 하면서, 한국의 정당분권은 행정적 분권에만 머물러 있어, 재정적, 정치적 분권은 저조하다고 한다. 즉 지방분권에서 정당분권을 따로 분리해서 논의해서는 안 된다는 주장이다.

또 진정한 지방분권이 이루어지기 위해서는 '지방분권의 핵심인 정당의 중앙-지방간 분권화가 필수적'이라고 하면서, 지방분권에서 정당분권의 중요성을 강조하고 있다 (전게서, 111). 그러면서, 기존의 지방분권연구에서는 협의의 정부개념인 중앙과 지방간의 행정간 관계에 초점을 두었고, 권력의 또 다른 핵심인 '중앙정부(국회)와 지방의회간의 관계'에 대한 연구는 무시되었다고 한다 (차재권· 전용주, 2017:98).

허석재 (2016:104)의 경우는 한국의 경우 지방분권이 중앙정부 주도로 시작되었기에, 분권화의 순서가 행정적 분권에서 시작하여, 재정적 분권, 정치적 분권의 순서로 진행되는 모형에 가깝다고 한다. 즉 1995년 이후 전국 동시지방선거부활 이후 정치적 분권이 진행되고 있지만, 재정적 분권은 제대로 이루어지지도 않았고, 중앙-지방정부간의 종속적 관계도 변하지 않았다고 한다. 그리고 중앙-지방정부간 권력관계의 변화는 자동적으로 일어나는 것은 아니라고 한다 (임성학, 2018:117).

---

4 특히, 한국의 지방분권의 논의에서 지방분권의 내용에 대한 것으로서 중앙정부와 지방정부간의 관계에 관심을 가지면서, 정작 지방분권 과정에서 중요한 행위자로서 정당에 대한 연구는 상대적으로 부족하다는 지적을 하고 있다 (임성학, 111).

그리고 분권화를 중앙이 주도 하는가 지방이 주도하는가에 따라서 분권화의 성격이 매우 달라진다고 하면서, 펠레티 (Felleti, 2005)는 역사제도적 관점에서 다양한 분권사례를 연구한 결과, 중앙정부 주도의 분권화는 행정적(administrative) 분권, 재정적(fiscal) 분권, 정치적(political) 분권의 순서로 선호한다는 것이다. 그래서 책임과 의무를 지방정부에 전가할 수 있는 행정적 분권을 중앙정부는 가장 선호하고, 재정적 자원은 가능한 중앙이 소유하고 필요한 경우에만 이양한다는 것이다. 그러면서 정책결정권을 이양하는 정치적 분권은 가장 덜 선호한다는 것이다. 그래서 중앙정부가 주도권을 가지고 지방분권을 하는 경우에는 행정적 분권이 가장 먼저 시도되고, 제한적 지방분권이 될 가능성이 높다는 것이다 (전게서, 116-117).[5]

요컨대, 한국의 지방자치분권이 역주행하면서 지방자치제도의 부활시보다 더 낮은 재정자립도를 가진 상태로 전락한 근본적 원인에는 정치 분권을 가장 하지 않으려는 중앙정부 주도의 분권화 정책에 있다고 할 수 있다. 행정적 분권에 그치고 있는 자치분권개혁의 한계를 극복하기 위해서는 재정적 분권을 실질화하여야 할 것이나, 정치적 분권을 지방정부 주도로 선도해 나가지 않고서는 한국의 지방자치는 더 이상 발전할 수 없을 뿐만 아니라, 퇴보할 뿐이다.

즉 중앙정부 주도의 분권화 정책의 행태가 자연스럽게 구조화된 것은 지방자치를 바라보는 패러다임이 단체자치적 제도적 인식과 가치가 지배적이었기 때문이라고 볼 수 있고, 지난 30년간의 자치분권 논의는 결국 이 패러다임 속에서 논의된 것이기 때문이다. 지방자치를 바라보는 패러다임이 주민자치로 대전환이 일어나지 않으면, 한국의 자치분권은 미래가 없다고 할 것이다.

---

5 한편, 지방정부가 주도하는 분권화는 정반대의 선호구조를 가지게 될 것이다. 그래서 분권화에서 지역의 정책을 결정할 사람을 스스로 선출하는 정치적 분권을 가장 선호하고, 그 다음으로 재정권한을 보장받으려 한다. 부담스러운 행정적 분권은 가장 덜 선호할 것이라고 한다 (임성학, 2018:117).

Ⅲ 단체자치제하에서의 30년간의 지방분권 논의

1. 행정사무이양에 의한 지방자치권 확대 논의

지방자치제도가 제대로 역할하기 위해서는 먼저 지방자치를 위한 플랫폼이 만들어져 있고, 지방분권이 이루어져야 한다. 즉 지방자치가 먼저이고, 지방분권은 지방자치를 자치답게 하는데 필요한 것이다.

지방자치가 먼저라고 하는 것은 성숙한 지방자치는 '지방자치단체가 그 지역에 관한 정책을 주민의 자발적 참여를 통해 자율적으로 결정하고, 스스로의 책임과 부담 하에 집행하도록 하며, 국가와 지방자치단체간의 합리적 역할분담을 통해, 지방의 특성을 반영한 창의적 지역발전과 지역주민의 삶의 질을 획기적으로 개선할 수 있는 정치구조'라고 정의할 때 (윤이화, 2017:102), 지방자치정부가 일단은 자치적으로 구성되어야 한다. 그 후에 중앙정부로부터의 분권과 협력이 있어야 하는 것이다.

다시 말해, 지방자치가 제 역할을 수행하기 위해서는 지방정부가 관할 지역 내에서 하나의 작은 국가로서 기능할 수 있도록, 스스로 통치할 수 있는 권한인 자치권을 충분히 가지고 있어야 한다. 이를 위해 지방분권이 요구된다.

여기서 지방분권은 중앙과 지방간의 관계에서 '의사결정권한'의 소유여부와 관련된 것으로서, 의사결정권한이 지방정부단위에 적정하게 배분되어 있는 조직구조와 조직형태를 의미한다 (윤이화, 2017:103). 지방분권은 의사결정과정상의 '참여주체'와 관련된 것이고, 지방의 정치인과 엘리트들이 지방정부의 정책결정과정에 어느 정도 관련되어 있는지, 어떤 방식으로 얼마나 많이 참여하는지를 의미하는 것이다 (김성호, 2013).

다시 말해, 지방분권은 의사결정권한의 소유여부와 의사결정과정상의 참여주체에 관한 것이지, 행정집행과정상의 행정사무의 '집행권'에 대한 것이 아니다.

자치분권을 단체자치의 패러다임에서 생각하다보니, 지방분권을 '의사결정권한' 아닌 '집행사무의 처리'에 대한 것으로 환원하여 지방분권 논의는 사무이양논의로 한정된 것이다. 주민자치 패러다임에서 자치분권논의를 하였다고 하면, 지방자치정부의 의사결정권을 지방의 대표자(representatives)가 어떻게 확보할 것인가를 중심으로 자치권확대 논의가 전개되었을 것이다.

지난 30년간의 지방자치와 지방분권 논의는 중앙정부가 가진 의사결정권한이나 조직기능이양에 대한 것이 아니라, 조직기능을 수행하기 위한 수많은 행정사무 중에서 일부 사무를 이양하는 것에 집중한 셈이다. 행정사무를 아무리 많이 이양해도 중앙정부와 지방정부의 의사결정권한에 관한 관계가 그대로라고 하면, 지방자치단체의 입장에서는 사무의 양만 늘어나는 것이고, 수많은 사무의 양이 이양되면, 일부의 조직기능이 이양되는 효과는 있을지언정, 중앙정부의 의사'결정' 권한이 이양되는 것은 아니라고 할 것이다.

사무이양은 노태우 정부에서부터 시작되었는데, 1991년 총무처에 지방이양합동심의회를 설치 운영하면서부터이다. 그러나 지방이양합동심의회는 비법정기구였기에 획기적인 사무이양을 하지 못하였다.

이에 2000년 김대중 정부는 지방사무 이양심의 의결기구인 지방이양추진위원회를 설립하고, 최초로 법적근거를 마련하였다. 노무현정부에서는 정부혁신지방분권위원회를 통하여 사무이양작업을 가속화였고, 이명박 정부는 지방분권촉진위원회를 통하여 지방사무 이양을 추진하였다. 이러한 사무이양의 노력에도 불구하고, 여전히 국가사무와 지방사무의 비중은 선진국 수준에 비해 낮다고 할 것이다.

각 정부별로 사무이양의 성과를 보면, 김대중 정부에서는 지방이양된 사무는 총 857건으로서 변동률은 4.1%였다.

〈표 3-3〉 김대중 정부 사무변동률 (단위: %)

구분		전체	국가사무	시도사무	국가/지방 공동사무	시군구사무	시도/시군구 공동사무
이양전총사무(a)		41,603	30,240	3,312	3,746	2,721	1,584
변동 사무	이양한사무(b)	857	379	358	116	2	2
	이양받은사무(c)	857	2	310	63	433	49
변동률(b+c/a)		4.1	1.2	20.2	4.8	16	3.2

자료: 백종승 (2004:29; 고광용, 2016:67).

또 김대중 정부에서는 국가사무전수조사를 2002년에 실시한 결과, 총 사무 41,603중에서 국가사무는 30,240개이고, 지방 사무는 시도사무 5,318개, 시군구 사무 2,950개, 시·도/시군구사무로서는 3,095개로 중첩된 사무의 비중이 상당함을 알 수 있다. 이 표에서 보듯이 시·도사무중에도 국가사무의 시도위임사무가 947개, 국가사무의 시군구 위임사무가 210개, 국가사무와 시·도, 시군구 사무가 1,511개로 중첩된 사무의 비중이 높음을 알 수 있다. 지방 사무들을 보면, 기관위임사무의 비중이 높고, 단순집행으로 이루어지는 기능위주의 사무가 많은 편이다.

여기서 국가사무와 지방사무의 비율은 3:1정도이고, 자치사무의 비율은 4,735개로서 자치사무비율은 지방사무 중에서 41.67%이다.

노무현정부에서는 사무이양을 위해 2004년에 지방일괄이양법을 제정하였다. 그리하여, 국가사무와 지방사무의 비중을 5:4구조를 만들려고 목표를 세웠다. 현

〈표 3-4〉 김대중 정부 국가사무와 지방사무(2002년)

전체사무총계		40,603	
국가사무(30,240)		중앙부처사무	17,172
		특별행정기관	3,798
		산하기관/소속기관	9,090
		국가사무 위탁사무	180
지방사무	시도사무(5,318)	시도자치사무	2,365
		국사사무의 시도위임사무	947
		국가/시도사무	2,006
	시군구사무(2,950)	시군구자치사무	2,370
		국가사무 시군구 위임사무	210
		국가사무의 시군구 재위임	13
		시도 자치사무의 시군구 위임	128
		국가/시군구위임	229
	시도/시군구사무(3,095)	시도/자치구 위임	1,443
		국가사무의 시도/시군구 위임	141
		국가/시도/시군구 사무	1,511

자료: 백종승(2004:29), 지방이양추진위원회(2002)

지성과 집행적 성격이 강한 사무와 업무처리 일관성을 고려하여 기능위주의 포괄적 이양을 시도하였고, 5년간 총 900건의 사무를 이양하였다.

사무이양이 확정된 대상사무 중 19.7%가 이양되지 않았는데, 이는 지방이양에 따른 기구 및 인력감축에 대한 우려와 지방자치단체의 전문성 부족과 전횡에 대한 우려가 있었기 때문이라고 한다 (이상호, 2007:128). 사무이양으로 정부간 사무소관이 달라진 것은 총 1,956개로 사무변동률은 4.7%로서, 김대중 정부보다 소폭 상승한 것이다.

이로 인해 노무현 정부에서는 전체사무 대비 지방사무의 비중은 2007년 33.1%로 증대하였다고 한다 (고광용, 2016:70). 또 지방사무 중에서 자치사무의 비율은 58%로 증가하였다고 한다 (전게서, 70). 이리하여, 국가사무와 지방사무의 비율이 6:4로 하겠다는 목표는 달성하지 못하였지만, 사무이양의 성과가 있었다고 할 수 있다.

다음으로 이명박 정부에서는 2008년 지방이양촉진법을 지방분권촉진에 관한 특별법으로 개정하고, 제10조1항에서 위임사무를 폐지하고, 국가사무와 자치사무로 이분화해야 한다는 규정을 통해, 위임사무 폐지를 국정과제로 하였다 (조성호외, 2011:27).

그리고 이명박 정부는 정부사무배분을 통해, 지방이양사무를 발굴하였고, 기관위임사무 1,527건을 심의 완료하여, 이중 602건을 이양하기로 하였다. 그러나 실제로 이양완료가 된 것은 532건에 불과하여, 사무 변동률은 2.56%로서 노무현정부보다 사무이양 성과가 오히려 낮아진 것이다.

한편, 이명박 정부의 전체사무대비 지방사무의 비율은 28.3%였는데, 이는 노무현 정부 임기 말의 33.1%보다 오히려 지방사무가 줄어든 것이다. 이것은 국가사무가 2,492개 늘어났고, 지방사무가 1,779개 감소하였기 때문이다. 한편, 이명박 정부에서 국가/시도 위임사무를 정비하였고, 지방 사무에서 자치사무가 차지하는 비중은 63.5%로 늘어나기는 했다.[6]

요컨대, 정권별로 사무이양의 노력은 3개의 정권을 거치면서 자치사무의 비율이 높아져왔지만, 거시적인 사무배분 구조를 변화시켰다고 할 수는 없다. 즉 자치

---

6 개수로는 광역자치단체의 자치사무가 3,727개, 기초자치단체의 자치사무가 3,888개로서 지방자치단체의 총자치사무는 7,615였다 (고광용, 2016:73).

사무의 비율은 김대중 정부 41.7%, 노무현 정부 57.9%, 이명박 정부 63.5%로 증가한 것이다. 이는 위임사무를 줄이고 고유사무를 증가시켰기 때문인데, 이는 사무이양에 따른 것이다. 즉 이러한 사무이양의 노력은 한국의 지방자치제도의 자치권을 실질적으로 증가시키는데 그다지 도움이 되지 않았다는 것을 알 수 있다.

2. 주민자치 제도 도입에 의한 풀뿌리민주주의 구현 논의

지방자치는 단체자치적 요소와 주민자치적 요소가 결합하여 이루어져야 민주주의 국가의 자치제도로서 존재할 수 있다. 만일 지방자치라고 하면서, 단체자치적 요소만 있고, 주민자치적 요소가 결여된다면, 건강한 지방자치라고 하기 어렵고, 국가중심적이고 중앙집권적인 지방자치 양태가 견고해질 것이다.

한국의 지방자치 제도 재도입 30년의 여정을 되돌아 볼 때, 단체자치적 패러다임에서 지방자치제도가 운영되었고, 주민자치적 요소는 광역시도와 시·군·구라고 하는 계층에만 부분적으로 도입된 것이 아닌가 한다. 즉 읍면동 계층이나 통리계층(혹은 근린구역이나 근린 블록단위)에는 주민자치적 요소가 도입되지 않아서, 한국의 지방자치제도가 기형적인 형태의 '역자치'라는 비판을 받게 되는 측면이 있는 것이 아닌가 하는 점이다.

그렇다면, 여기서 주민자치적 요소는 무엇이고 단체자치적 요소는 무엇인가? 1991년이 한국이 지방자치제도를 도입한다고 하면서, 단체자치적 요소에 입각하여 도입한 것이었고, 2000년 주민자치위원회를 도입하기로 하면서 주민자치적 요소가 도입된 것이라고 일반적으로 생각할 수 있다. 그런데, 주민자치위원회는 '자치'가 아니라 '행정참여'에 불과하다는 비판이나, '주민이 없는 자치'라는 비판도 받아왔던 것은 제대로 된 주민자치적 요소가 도입되지 못하였기 때문이었다고 할 수 있다.

2000년의 행정안전부에서 준비한 '주민자치센터 설치 및 운영조례 준칙'에 의하면, 주민자치센터의 기능을 6가지로 제시하고 있다. 주민자치기능, 문화여가기능, 지역복지기능, 주민편익기능, 시민교육기능, 지역사회진흥기능 등이 있지만, 실제로 운영되는 것은 교양이나 여가, 취미 프로그램 운영에 그쳐서 '자치'라기 보다는 '행정프로그램 참여'라고 해야 할 것이다.

또 조례준칙15조에서 읍면동 사무소의 자치센터 운영에 관한 사항을 심의하거나 의결하기 위하여, 읍면동사무소에 주민자치위원회를 둔다고 하고 있으면서, 의사결정권을 준 것으로 보이나, 실제로는 행정사무에 대한 심의의결이기에, 자치권이양에 대한 법제도적 근거가 없이는 그 심의의결에 대한 행정책임을 읍면동 사무소의 공무원들이 져야 되는 구조이기에, '자치권 승인에 따른 자치'라고 하기는 어렵다. 특히 위원들은 읍면동장이 위촉하도록 되어 있어, 관변조직으로서의 성격이 강하다.

다음으로 2013년 5월에 특별법을 제정하면서 주민자치회의 시범실시에 대한 근거조항을 두었다. 그 목적은 '풀뿌리자치의 활성화와 민주적 참여의식 고양'이라고 되어 있고, 28조에서는 주민자치회의 기능으로서 지방자치단체사무의 일부를 위탁하도록 되어 있어, 행정사무에 협치하기 위한 준행정조직으로 보여진다. 여기서도 제29조에서 주민자치회의 위원을 지방자치단체장이 위촉하도록 되어 있어, 자치의 대표성에 취약해지고 있다. 세 가지의 시범운영 모델이 2010년부터 지방자치학회 등을 중심으로 논의되었지만, 시범실시한 것은 협력형에 한정되었다. 세 가지의 모델은 다음 표와 같다.

〈표 3–5〉 주민자치회의 세 가지 모델

협력형	통합형	주민조직형
시·군·구(읍·면·동장임용)	시·군·구 (사무기구:공무원임용)	시·군·구(행재정지원)
	주민자치회(지휘감독)	주민자치회
읍·면·동–주민자치회	읍·면·동사무소	사무국(민료채용)

시범실시의 사례들도 행정예산을 받아서 이를 주민자치회가 심의의결하는 구조이기에 '행정 협치'조직으로 보이고, 주민으로부터 풀뿌리의 자치에 기반한 민주적 자치조직'이라고 하기는 어렵다.

한편, 문재인 정부 들어와서 2018년 7월 주민자치회 시범실시 및 설치운영에 관한 조례 준칙을 개정하였다. 여기서 읍면동에 주민자치회를 둔다고 하면서, 주민자치회의 위원은 '주민을 대표로 하는 구성원'이라고 하는 표현은 있으나, 주민의 대표가 '주민총회'에서 선거로 선출되어져야 한다는 구조가 빠져있다(조례준칙 제2조). 또 제14조의 2의 주민총회의 권한을 보면, 주민자치회의 대표선출권이 없는 것이다. 주민들의 직접투표나 총회에서의 선출과정이 없이 주민대표가 구성될 수 있다는 것은 '참여'로서의 구성방식이지 '자치'로서의 구성방식은 아니라고 할 것이다.

표준조례개정에서는 주민자치위원을 주민자치학교를 이수한 자 중에서 추첨으로 선출하도록 하고 있는데, 이 공개추첨과정에 참여할 수 있는 후보로서, '읍면동 소재의 학교 기관 단체 기타읍면동장이 인정하는 주민공동조직, 이통장연합회 등이 추천'을 하도록 되어 있어, 주민들의 '협의회'구조의 성격을 여전히 가지고 있는 셈이다.

만일 주민들이 읍면동 자치에 대한 주권을 가진 주민이라고 한다면, 주민자치의 임원들을 선발할 권리를 가지도록 총회에서 결정하거나 주민투표를 통해 선발하는 '의사결정구조'가 들어가 있어야 할 것이다.

이렇게 되지 않았던 것은 2013년 주민자치회의 시범실시의 세 가지 모델 중에서 가장 자치적이라고 할 수 있는 주민조직형이나 통합형 주민자치에 대한 법제처의 법률불합치 결정에 따른 것이라고 할 수 있다.

즉 지방자치에 대해서 단체자치의 패러다임을 가지고 주민자치를 바라보는 한, 읍면동에 대한 '자치권'의 부여가 불가능하고, 행정권한에 대한 '주민참여'의 확대에 대한 논의에 그치게 된다.

한국의 지방자치제도가 자치다운 자치로서 새로운 민주주의의 성장과 발전을 시도하려고 한다면, 지방자치를 바라보는 관점과 패러다임을 '주민자치'로 혁신적으로 전환하여야 하는 것이다.

Ⅳ 주민자치에 입각한 자치분권 제도개혁: 시도와 전망

1. 자치분권특별법에 의한 지방자치 개혁 논의

현재의 자치분권특별법에 의한 자치개혁 논의는 2013년 박근혜정부에서 시작되어 2017년 문재인 정부에서 6번의 개정을 거쳐서 현재에 이르고 있다. 정확히는 지방자치분권 및 지방행정체제개편에 관한 특별법으로 되어 있고, 약칭하여 지방분권법이라고 한다. 자치분권법이라고 하지 않고 국가법령센터에서는 '분권' 법이라고 하는 것도 자치는 분권이 되어져야 한다는 단체자치적 사고방식이 깔려 있는 것은 아닌가 하는 생각을 하게 한다.

지방분권법(지방자치분권 및 지방행정체제개편에 관한 특별법)의 제2조에 나타난 지방자치분권의 용어에 대한 설명을 보면, 이 양자에 대한 구분에 입각한 정의를 하고 있음을 알 수 있다. 즉 전반부는 단체자치적 요소를 설명하는 것이고, 후반부는 주민자치적 요소를 설명하는 것이다.

지방자치분권이라 함은 '국가 및 지방자치단체의 권한과 책임을 합리적으로 배분함으로서 국가 및 지방자치단체의 기능이 서로 조화를 이루도록 하고, 지방자치단체의 정책결정 및 집행과정에 주민의 직접적 참여를 확대하는 것을 말한다'고 되어 있다.

한편 자치분권의 기본이념을 보면, 주민자치적 요소를 전면에 내세우면서, 단체자치적 요소를 보완적으로 제시하는 것을 볼 수 있다. 즉 '주민의 자발적 참여를 통하여 지방자치단체가 그 지역에 관한 정책을 자율적으로 결정하고, 자기의 책임하에 집행하도록 하며, 국가와 지방자치단체간 또는 지방자치단체 상호간의 역할을 합리적으로 분담하도록 함으로써, 지방의 창의성 및 다양성이 존중되는 내실있는 지방자치를 실현함'을 그 기본이념으로 하고 있다.

그러면서 보충성의 원칙(제9조 제2항), 비중복성의 원칙(제9조 제1항), 포괄적 배분의 원칙(제9조 제3항), 민간부문자율성 존중과 국가 또는 지방자치단체 관여의 최소화원칙(제9조 제4항)을 제시하고 있다.

그러면서 자치분권의 추진과제로서 7가지 과제를 제시하고 있다. 권한이양 및 사무구분체계의 정비(제11조), 특별지방행정기관의 정비(제12조), 지방재정의 확충 및 건전성 강화(제13조), 지방의회의 활성화와 지방선거제도의 개선(제14조), 주민참여의 확대(제15조), 자치행정역량의 강화(제16조), 국가와 지방자치단체의 협력체제 정립(제17조)이다. 각 과제들의 구체적인 내용은 <표 3-6>과 같다.

〈표 3-6〉 특별법의 자치분권 추진과제와 내용

과제	조문	내용
권한이양 및 사무구분체계의 정비	제11조	사무이양, 위임사무폐지와 국가사무/자치사무로의 이분화 이양과 함께 행정적 재정적 지원병행 이양받은 사무처리를 위한 기구 인력의 효율적 배치와 예산조정
특별행정기관의 정비	제12조	특행기관사무중 지방자치단체로의 이양 새로운 특행기관 설치시 지방자치단체의 기능과 유사중복없게 교육자치와 지방자치의 통합 지방행정과 치안행정의 연계성 확보, 지역특성에 적합한 치안서비스제공을 위한 자치경찰제도
지방재정의 확충 및 건전성 강화	제13조	지방세의 비율확대, 국세의 지방세전환위한 세목확보, 낙후지역에 대한 재정조정책임강화 자치사무수행에 필요한 자체세입확충
지방의회의 활성화와 지방선거제도개선	제14조	자치입법권확대위한 조례제정범위확대 주요정책에 대한 지방의회의 심의의결권 확대 지방의회의원의 전문성제고, 지방의회소속공무원인사에 대한 독립적 권한 강화 단체장과 지방의원의 선출방법을 개선, 선거구를 합리적 조정, 선거공영제 확대
주민참여확대	제15조	주민직접참여제도 강화(주민투표제도, 주민소환제도, 주민소송제도, 주민발의제도 보완) 주민자원봉사활동장려하고 지원, 주민의 참여의식 높일 방안 마련
자치행정역량의 강화	제16조	행정의 공정성과 투명성 확보, 책임성과 효율성 강화 국가에 의한 지방자치단체의 행정 및 재정운영에 대한 진단평가 국가와 지방자치단체간 공무원인사교류활성화, 교육훈련제도개선
국가와 지방자치단체의 협력체제정립	제17조	협의체운영지원과 의견반영 분쟁조정기구의 기능활성화 특별지방자치단체제도 도입활용
지방행정체제 개편	제18조	지방자치 및 지방행정계층의 적정화 주민생활편의증진을 위한 자치구역의 조정 지방자치단체의 규모와 자치역량에 부합하는 역할과 기능의 부여 주거단위의 근린자치 활성화
	제27조	주민자치회 설치(풀뿌리자치의 활성화 및 민주적 참여의식고양, 읍면동에 해당 행정구역의 주민으로 구성되는 주민자치회)

그런데 이러한 특별법에 의한 자치분권과제들은 2020년 12월의 지방자치법 전부개정을 통하여 일부 반영되기도 하였지만, 전혀 반영되지 않은 과제들도 다수 존재한다. 제14조의 지방의회 전문인력제도도입(지방자치법 전부개정 제41조)나 지방의회의 인사권 독립(법 제103조)는 특별법의 과제를 반영한 대표적인 사례이다.

이외에도 자치입법권 보장강화(법 제28조), 중앙지방협력회의 도입(제186조), 국가-지방간 협력의무(제164조), 특별지방자치단체 설치 운영 규정 마련(제12장), 주민조례 발안제(제19조) 등은 특별법의 과제들이 반영된 것이라고 할 수 있다.

반영되지 않은 것의 대표적인 것은 주민자치 관련된 과제들이 빠진 것이다. 지방자치법 전부개정은 '주민중심의 지방자치'를 시작하겠다는 것이고, 주민주권을 구현하겠다는 문재인 정부의 공약이나 자치분권종합계획(2018) 등을 반영한 것이라고 하는데, 정작 주민자치를 법제도화하는 것은 입법논의과정에서 제외된 것이다.

요컨대, 특별법을 통하여 자치분권개혁을 위한 시도들이 행정부의 의사결정과정을 통하여, 입법예고되고, 국무회의를 통과하여 대통령을 통하여 국회에 입법제출되어도, 국회논의과정에서 여야 정당간에 합의되지 않으면, 제외되기도 하고, 입법정책의제로서 선정되기도 어려운 것이다. 다시 말해 한국의 자치분권개혁은 입법과정에서의 합의와 제도설계의 동의를 전제하면서 진행되어야 할 것이다.

2. 대선공약에 의한 지방자치 발전 논의

역대정부는 지방분권을 중요한 국정과제로 삼아왔다. 김대중의 국민의 정부에서는 권한이양과 사무이양에 초점을 두었고, 노무현의 참여정부는 국가균형발전과 지방분권을 주요과제로 추진하였다.

또 이명박 정부에서는 지방분권에 대한 의지는 참여정부에 비해 미흡하였지만(소순창, 2011; 최상한, 2017), 재정분권에서는 일정한 진전이 있었다. 박근혜 정부에서는 지방분권이 답보상태에 있었다고 하는데 (류영아·김필두, 2015), 지방자치발전계획을 국무회의에서 통과시키는 성과를 내기도 하였다.

참고로 참여정부 이후 3개의 역대정부에서 제시한 지방분권 관련의 국정과제를 비교해 보면, 참여정부는 7대 분야 47개의 과제를 제시하였고, 이명박 정부와 박근혜 정부는 20개정도의 과제를 제시하는데 그쳤다. 또 참여정부에서 제시한 지방분권의 3원칙인 보충성의 원칙, 선부권 후보완원칙, 포괄성의 원칙을 지방분권 특별법에서 제시하고 있는데 (안성호, 2014:8-9), 이것은 박근혜 정부에서 유지되었다 (최상한, 2017:180).

최상한(2017)은 자치분권의 실시는 정치적 선택이고, 빅뱅과 같은 대충격의 자치분권을 만들어 가기 위해서는 대선후보들의 공약에서 자치분권형 개헌을 단행해야 할 것을 제시하고 있다(전게서, 189).

자치분권형 개헌을 통하여 지방자치 '단체'를 지방 '정부'로 바꾸어야 하고, 지방정부가 지방자치의 주체로서 중앙정부와 상호협력과 상호 대등한 관계로 변화되어야 한다는 것이다. 지방정부로의 용어전환을 통해 지방자치에 뿌리내리고 있는 일제 강점기의 잔재를 청산해야 하는 출발점으로 삼아야 한다는 주장도 있다 (전게서, 190).

또 지방정부의 권한과 책임을 규정하여야 하며, 지방정부의 자치권으로서 행정권, 입법권, 조직권, 인사권, 재정권을 확보하여야 한다. 또 중앙정부와 지방정부의 역할을 명확히 구분하기 위하여, 중앙정부의 기능 중 교육, 문화예술체육, 복지, 사회, 주거, 환경, 안전, 교통, 치안 등 주민생활과 밀접한 영역을 지방정부의 권한과 역할로 규정하여야 한다는 것이다.

다음으로 지방과 지방정부의 권한과 역할을 책임지는 국가차원의 기구가 필요하고, '지방원'과 같은 광역과 기초지방정부의 대표로 구성된 헌법상의 기구가 필요하다는 것이다. 또 지방정부의 재정고권을 규정해야 하고, 국세와 지방세의 재분류와 비율조정을 통하여, 지방조세에 대한 헌법적 보장이 이루어져야 한다는 것이다 (강기홍, 2014, 5:249-250; 최상한, 2017:191)

이외에도 자치입법권을 확보하기 위해, 헌법 제117조의 제1항의 '법령의 범위 안에서'를 '법률'로 변경하여, 행정부의 시행령이 지방정부의 조례제정권을 제한하고, 통제감독하는 반자치입법규정을 폐지하여야 한다는 것이다. 중앙정부 부처의 법률선점에 의하여, 지방의 자치입법권이 침해되고 있는 것이다. 또 자치사법권의 보장을 위해, 지방정부 법원과 검찰제도를 도입하여, 광역자치계층에서 법원장, 검찰청장, 경찰청장 등을 선거로 선출하여 지방정부의 자치사법권을 확대하는 것이다. 중앙정부는 국가검찰과 국가경찰만을 운영하는 것으로 한정할 필요가 있다.

문재인정부는 2017년 6월 전국시도지사와의 정례회동에서, 개헌을 통해 연방제 수준의 지방분권을 강화하겠다고 주장했다. 또 전국시도지사 정례회동을 제2국무회의로 만들고, 지방자치단체의 자치입법권과 자치재정권을 보장하도록 헌법에 명문화하겠다고 하였다. 또 개헌과정에서 권력구조의 합의가 어렵게 되면, 지방분권강화를 위한 제한적 개헌이라고 하겠다고 하였다 (정영태, 2017). 2018년 1월의 신년기자회견에서도 자치분권에 대한 의지를 표명한 것이다.

대선공약에 의하여 자치분권에 대한 개혁 비전을 제시하고 있지만, 선거가 끝나고 나면, 시민사회 단체들과 협약을 맺고 합의하였던 사항이 정당의 기득권을 우선함으로 인하여 무산되는 경우가 생긴다. 또 대통령임기의 중반을 넘어서면서는 대선공약에서 제시한 자치분권개혁의 강도 약해지거나 추진력이 떨어져서, 용두사미형태의 개혁안으로 마무리되는 경우도 생긴다.

문제는 대선공약이 형성되는 과정에서 시민사회가 얼마나 자치분권개혁에 대한 비전과 구체적인 정책구조를 제시할 수 있는가가 중요하고, 임기 중에 지속적으로 자치분권의 개혁의 성과를 낼 수 있기 위해서는 선거공약에서 제시한 내용을 평가하고, 미추진되거나 공약이행이 안된 부분을 입법과정까지 이행해 낼 수 있도록 영향력을 지속할 수 있어야 하는 것이다. 이것은 보다 전문화된 시민사회 단체의 역량과 조직적 운동이 필요한 부분이다.

3. 헌법개정을 통한 자치분권 개혁

한국의 지방자치가 역주행을 하게 되는 여러 측면에서의 분석이 있을 수 있는데 여기서는 헌법에 주민자치적 요소가 도입되어 있지 않아서 그렇게 된 것이고, 이 관점에서 헌법개정과정속에서 주민자치권의 개념을 가지고 헌법구조를 새롭게 제안한 2018년 헌법개정안 논의 당시의 개혁내용을 소개하려고 한다.

한국의 헌법은 제8장 지방자치의 장에서 제117조와 제118조에서 지방의회를 구성하는 것으로서 지방자치를 보장하고 있다.

그런데 지방자치라고 하면, 자주성과 포괄성을 가지고 있어야 하는데, 자주성은 '국가의 통치권으로부터 어느 정도 독립성을 가지고 자주적으로 입법과 조직, 재정과 인사, 그리고 행정운영권을 가지고 있는가와 관련이 있다 (최창호외,

2014:201).

여기서 자주성을 어느 정도의 자주성을 가지는가에 대해서는 논자에 따라 그 견해가 갈린다. 즉 지방자치단체의 자치권은 국가주권아래의 권한으로서 그 범위는 국법에 의해 정해는 것이고, 국가(중앙정부)에 의해서 일정한 감독과 통제를 받는 것이라고 하는 관점과 국가는 중앙정부와 지방정부로 '명확한 역할분담'에 의하여, 수평적 관계로서 대등성을 가져야 한다는 견해이다.

문재인 정부의 자치분권개헌논의는 국가와 지방의 관계를 '연방주의에 버금가는 강력한 자치분권'을 지향한다는 관점에서 제시된 것인데, 국가와 지방의 관계를 대등성에 입각한 제도설계의 개혁을 하겠다는 것으로 인식되었다.

그래서 현재의 헌법에서 '지방자치단체'라고 하고 있는 것도 '지방정부'로 바꾸어 지방이 국가의 하위 행정조직으로서의 예속성을 가진 것이 아니라, 중앙정부와 대등한 '역할분담'을 하는 '지방정부'로서의 위상을 가지도록 해야 하는 것이다. 이것이 지방정부도 주권자인 주민들이 통제할 수 있도록 하는 것이고, 지방단위의 민주공화정이 작동할 수 있도록 하는 것이다.

바로 이것이 주민주권사상에 입각한 지방자치제도 설계라고 할 것이고, 민주주의가 풀뿌리에서 작동할 수 있는 기반이 되는 것이다.

개헌논의과정은 국회의 특위안과 문재인 대통령의 제안안이 있다. 2곳에 나타난 주민자치권에 대하여 분석하고, 행정안전부에서 제시한 자치분권로드맵에서 검토하고 있는 주민자치권 관련에 대해서 간단히 살펴보자.[7]

먼저, 국회개헌특별위원회의 안을 보면, 주민자치권을 직접 규정하고 있다. 그리고 주민이 자치권을 행사할 때는 직접 총회를 통해서 행사하거나 주민의 대표를 선출해서 이들 의원을 통해서 입법을 할 수 있는 근거규정을 명확히 하고 있다.

이외에도 국회 자문위 안은 지방자치제도의 새로운 재설계를 위하여 창의적인 조항들이 다수 신설하고 있다. 그 중에는 제118조의 2에서 지방정부도 입법권을 가지고 그 관할 구역에 효력을 가지는 '법률'을 제정할 수 있다는 것이나, 지방정부는 지역특성을 반영하는 행정관리, 지방세, 주택, 교육, 환경, 경찰, 소방 등에 대해서 중앙정부의 법률과 달리 정할 수 있다고 하는 '대등성'을 명시하고 있다.

---

7 이하의 내용은 김찬동(2019) 지방분권개헌과 주민자치권, 한국지방자치학회보(2019.3)을 인용하였다.

〈표 3-7〉 주민자치 관련 현행헌법과 국회자문위원회의 헌법개정안 비교

현행	2017 국회자문위안	비고
제117조1. 지방자치단체는 주민의 복리에 관한 사무를 처리하고 재산을 관리하며, 법령의 범위 안에서 자치에 관한 규정을 제정할 수 있다.	제117조1. 주민은 그 지방사무에 대해 자치권을 가진다. 주민은 자치권을 직접 또는 지방정부의 기관을 통해서 행사한다. 3. 정부간 사무배분과 수행은 보충성의 원칙에 따른다.	- 지방정부의 주민주권명시 - 총회형 자치 명시 - 마을자치, 구역자치, 지역자치로의 3층제로의 보충성의 원칙을 적용할 근거 명시

한편, 2018년의 대통령제안의 개헌안은 주민자치에 관한 한 지방자치의 실질화에서 상당히 후퇴한 것으로 보인다. 즉 제121조에서 "지방정부의 자치권은 주민으로부터 나온다" 고 함으로써, 주민주권을 명시하고 있어 일견 주민 자치권을 헌법으로 보장한 것으로 보인다.

그러나 그 다음을 보면, 제121조의 2에서 "지방정부의 종류 등 지방정부에 관한 주요 사항은 법률로 정한다"고 함으로써, 지방정부의 종류를 주민이 선택할 수 있는 자유가 없음을 명기하고 있다.

즉, 주민주권은 주민이 자신이 거주하는 공간의 문제를 해결하기 위하여 주민총회를 통해 공동체자치를 할 수도 있어야 하고, 선거를 통해 근린구역이나 생활단지의 자치체 자치를 위한 대표자도 선출할 수도 있는 권리를 가진 것인데, 국가가 법률로서 공동체 자치나 근린구역자치를 위한 '분권'을 규정하고 있지 않으면, '자치'할 수 없다는 셈이다.

그래서 대통령제안의 개헌안은 국회특위자문위안보다도 주민자치에 관한한 후퇴한 것으로 평가된다.

다음으로 행정안전부의 자치분권 로드맵 안을 보면, 5대 핵심과제 중에서 풀뿌리주민자치를 강화하겠다고 명시하고 있다 (행정안전부, 2018.2: 한국지방자치학회, 2018:23). 그리고 풀뿌리 주민자치를 강화하기 위한 정책수단으로 제시하고 있는 것이 첫째, 주민 자치형 공공서비스 구축이고 둘째, 주민직접 참여제도 개선이다.

여기서 주민 자치형 공공서비스 구축이란 지방자치의 최일선인 읍면동을 주민참여와 소통공간으로 혁신하는 것으로서 주민자치회의 역할을 확대하고, 읍면동 행정혁신을 추진하며, 다양한 마을모델을 발굴하여 주민을 위한 혁신읍면동을 오

〈표 3-8〉 주민자치관련의 국회자문위안과 대통령제안안의 비교

2017 국회자문위안	2018 대통령안	비고
제117조1. 주민은 그 지방사무에 대해 자치권을 가진다 주민은 자치권을 직접 또는 지방정부의 기관을 통해서 행사한다	제121조1. 지방정부의 자치권은 주민으로부터 나온다 주민은 지방정부를 조직하고 운영하는데 참여할 권리를 가진다. 2. 지방정부의 종류 등 지방정부에 관한 주요사항은 법률로 정한다.	– 주민자치권 명시 – 지방정부의 종류를 법률로만 정하도록 한정 – 총회형에 대한 직접민주정 언급 없음

픈하고자 하는 것이라고 한다. 그런데 이것은 주민 자치라기보다는 행정관리를 보다 혁신적으로 하고, 주민들과의 소통과 참여를 강화하는 것에 불과한 것은 아닐까?

다음으로 주민직접 참여제도 개선도 그 내용을 보면, 지역 정책결정에 주민이 실질적으로 참여하도록하기 위해 주민참여예산제도와 주민조례개폐청구권, 주민소환, 주민투표를 활성화시킨다고 한다. 그런데 이러한 제도는 대의제 민주주의의 한계를 보완하기 위하여 제시된 것으로서 주민자치의 적정규모라고 할 수 있는 근린구역이나 마을공동체에서의 주민자치에 대해서는 어떤 언급도 없는 것을 알 수 있다.

요컨대, 주민주권에 입각한 지방정부를 구성할 수 있는 지방민주주의, 혹은 생활민주주의를 가능하게 하는 주민 자치권을 헌법이나 지방자치법, 자치분권로드맵에서 여전히 제대로 제도설계를 하고 있지 않은 것을 알 수 있다.

V 결론

자치는 지방단위의 다스림이다. 자치는 국가에 대한 참여가 아니라, 지역에서의 통치이다. 지역의 주민들이 지역문제를 해결하기 위한 자기입법과 자기통제를 가진 정부이다. 다시 말해 지방자치는 본질적으로 정치와 행정으로 구성된 정부이고 이러한 정부의 구성을 위해서는 국가차원의 헌법적 혹은 정치적 결단이

있어야 한다. 특히 민주공화정의 정체(politeia)에서는 지방자치를 위한 어떤 국가제도설계를 하는 정치적 결단을 하였는가가 지방자치의 수준과 내용을 결정하게 된다.

한국의 지방자치의 역사를 제헌헌법에서부터 살펴보면, 헌법에 지방자치의 장을 두고, 조문을 두었다는 것은 지방자치를 하고자 하는 헌법적 결정이 있었던 것이다.[8] 그리고 그것이 법률차원에서 구현된 것은 1952년 4월에 실시된 시읍면선거였다. 한국전쟁으로 인하여 지방자치가 실시되기 어려운 상황이었지만, 이승만 대통령은 1951년 양원제 개헌안이 국회에서 부결되고, 직선제개헌을 지지해줄 전국적 지지기반을 마련하려고 지방의회 선거를 하게 된 것이다. 즉 한국에서 지방자치의 실시는 정치적 목적과 정치적 결단에 의하여 실시된 것이다.

그리고 지방자치의 중단도 1961년 5·16 군사정변에 의하여, 군사혁명위원회의 포고령 제4호로 지방의회를 해산시켰다. 1961년 9월 지방자치에 관한 임시조치법에 의해, 읍면자치를 군자치로 전환하였고, 읍면은 군의 하급행정기관으로 하였으며, 지방자치단체장은 국가공무원으로 임명하였다. 즉 행정 관료제에 의해, 지방은 통제되게 되었고, 지방의회는 행정관료제에 의해 대체되었다. 역시 정권적 결정에 의해 지방자치는 중단되었던 것이다.

그러다가, 제6공화국에 들어와서 민주화개혁의 일환으로서 1988년 4월에 지방자치법의 전부개정이 있었고, 시도자치와 시군구자치의 2층제자치가 도입되었다. 지방자치단체의 법적 구조를 강시장-약의회로 하였고, 단체장은 임명하는 체제로 하였다. 그러나 1988년 제13대 국회의원선거결과 정치구도가 여소야대가 되면서, 야3당은 독자적인 지방자치법 개정법률을 국회통과시켰지만, 노태우 대통령의 거부권으로 지방자치법개정은 무산되었다. 그러다가 1989년 12월 4당합의로 개정법률안이 국회를 통과하였고, 지방의회의원선거법이 제정되지 않아 의원선거가 이루어지지 못하다가, 1990년 12월 여야의 극적 타협으로 지방자치법 개

---

8 제헌헌법 제96조와 제97조에서 지방자치에 대한 헌법적 토대를 규정하고 있다. 제96조에서 '지방자치단체는 법령의 범위 내에서 그 자치에 관한 행정사무와 국가가 위임한 행정사무를 처리하고 재산을 관리하며, 법령의 범위내에서 자치에 관한 규정을 제정할 수 있다'이고 제97조에서는 '지방자치단체의 조직과 운영에 관한 사항은 법률로 정하며, 지방자치단체는 각각 의회를 두고, 지방의회의 권한과 의원의 선거는 법률로서 정한다'고 규정하고 있다.

정법률안이 국회 통과되어, 1991년 6월 30일 이내에 지방의원선거를 실시하게 된 것이었다.

요컨대, 한국의 지방자치는 중앙정부의 정치권의 결단에 의하여 그 시행여부가 좌우되었던 것이기에, 미래의 올바른 지방자치를 위해서도 정치권의 결단이 요구된다고 할 것이다.

다음으로 한국의 지방자치재도입 30년의 여정을 되돌아 보면, 지방자치제도의 도입을 통하여 주민들의 지역생활문제대하여 행정이 우선순위를 가지고 더 관심을 가지고, 민원문제에 대한 행정의 반응성이 높아진 것은 사실이다. 또 지역발전문제에 대해서도 지방자치단체가 지역의 의견을 수렴하고 지역발전문제를 해결하기 위하여 중앙정부의 예산이나 계획과정에 영향력을 행사하고, 지방자치단체의 단체장이나 의원들이 노력하고 있는 것은 사실이다.

그러나 위에서 살펴보았듯이 국가와 지방자치단체라는 관계구조를 가지고는 지방자치의 실질적 성장은 어려운 것을 알 수 있다. 이것은 지방자치단체의 재정자립도가 20%정도 떨어지고 있고, 국고보조사업의 규모가 최근 5년 사이에 2배나 증가하여 100조 규모가 되어가고 있어, 지방자치단체는 지역사업을 위하여 중앙정부에 의존하지 않을 수 없게 된 것이다.

이 문제를 직접 다루기 위해 헌법개정안이 국회와 대통령이 발안하였던 2018년의 개혁논의가 있었지만, 결국 분권국가형 지방자치에 대한 논의는 중단되었다. 또 문재인 정부에서도 선거공약을 통하여 '연방국가에 버금가는 자치분권' 개혁을 제시하였지만, 2020년 12월 지방자치법 전부개정에서 나타난 정도의 개혁에 그치고 있다.

여전히 한국의 지방자치는 실질적인 지방자치에서 거리가 멀어지고 있는 것으로 보이고, 근본적인 구조개혁이 필요한 시기라고 할 것이다. 이를 위하여 행정분권을 넘어 입법분권과 사법분권의 논의도 제시되었고, 이러한 논의 이슈들은 분권형 헌법개정과정에서 상당히 모습을 드러내었다고 할 수 있다.

여전히 한국의 지방자치분권 개혁은 진행형이다. 지방자치법 전부개정을 통하여 제시된 지방의회의 인사권독립과 정책지원인력제도, 주민조례 발안, 중앙-지방협력회의 등이 구체적인 모습을 그려가고 있고, 이에 대한 성과를 만들어내어서 시민사회와 주민주권자들에게 알리고 학습하고 체화하여 실천하는 현장을 만들어가야 할 것이다. 자치분권의 길은 여전히 멀고도 험한 길이다.

전체적으로 지방자치제도에서의 정치적 영향력이란 관점에서 보면, 지방자치의 중단이나 부활과 같은 제도적 급변은 급진적 혁명과 같은 성격을 가진다고 할 수 있다. 그러나 일단 지방자치제도가 부활되고 나서부터의 변화를 보면, 단체자치란 패러다임을 크게 벗어나는 것은 쉽지 않은 것임을 알 수 있다. 즉 단체자치의 중심에 해당하는 행정관료제가 여전히 강력한 영향력을 가지고 지방자치단체를 통제혹은 관리할 수 있는 구조가 관행적으로 남아있고, 행정분권의 노력에도 불구하고 큰 구조적 변화를 가져오기는 어려운 점증주의적 진화의 성격을 가졌던 것으로 평가할 수 있다.

제4장 지방자치와 기능 분권

▶▶▶ 김남철

I 서론

지방자치란 지역주민 스스로 그 지역을 다스리도록 함으로써 정치적 다원주의를 추구하는 정치이념으로, 지방자치행정은 이와 같은 지방자치의 이념을 바탕으로 공법상 독립한 법인인 지방자치단체가 자기의 권한과 책임으로 지역사무를 수행하는 것을 말한다 (김남철, 1998: 131; 김남철, 2021: 1012; 홍정선, 2013: 37; 이기우·하승수, 2007: 46).

지방자치단체의 자치권은 헌법 제117조 제1항에 의하여 제도적으로 보장되는데, 제도적 보장의 핵심적 내용은 헌법이 보장하는 지방자치제도는 입법에 의하여 제거될 수 없고, 입법에 의하여 제한되더라도 그 본질적인 내용을 침해할 수 없다는 것이다. 제도적 보장의 구체적 내용은 ① 지방자치'제도' 그 자체를 보장하여야 하고, ② 지방자치단체의 전권한성과 자기책임성을 보장하여야 하며, ③ 지방자치권의 침해를 방어 또는 배제할 수 있는 법적 수단이 보장되어야 한다는 것이다 (김남철, 2013: 4; 김남철, 2021: 1017).

이와 같은 지방자치권에 대한 제도적 보장, 특히 자기책임성의 보장에 따라 지방자치단체에게는 자기책임으로 지역사무를 수행할 수 있는 자치고권(Selbstverwaltungshoheiten)들이 보장되어야 하는데, 국가권한 중 ① 어떠한 권한들을, ② 어느 정도로, 지방으로 분권할 것인가에 따라 지방자치의 모습이 그 만큼 달라질 것이다.

이 장에서는, 국가권한의 분권을 정치적 분권, 기능적 분권, 재정적 분권으로 나누는 것을 전제, 이 가운데 '기능적 분권'에 관한 것이다. 국가권한의 기능적 분권 문제는 아무래도 국가와 지방자치단체 사이에서의 사무배분에 관한 문제라고 이해된다. 물론 사무배분은 –위에서 언급한 바와 같이– 정치적 분권이나 재정적 분권과 밀접하게 연결되어 있기는 하다. 다만 아래에서는 사무배분의 관점에 한정하여 기능적 분권의 문제를 설명해 보기로 한다.

자치분권위원회의 자치분권 종합계획은 중앙권한의 획기적인 지방이양을 추진과제로 하고, 중앙과 지방자치단체 간 사무 재배분을 그 내용으로 포함하고 있으며, 2020년 자치분권 시행계획[1]에서는 중앙–자치단체 간 사무 재배분을 추진과제로 설정하고 이를 추진해 왔다. 그러나 현행 지방자치법과 지방자치분권 및 지방행정체제개편에 관한 특별법(지방분권법)상 사무배분의 원칙과 기준에 대한 규정만으로는 '획기적인' 지방이양을 달성하는 데 일정한 한계가 있다.

이에 아래에서는 현행법상 사무배분의 기준, 이에 따른 사무배분의 현황과 성과 등을 살펴보고, 사무배분의 한계와 이를 해결하기 위한 방안들을 검토해 보기로 한다.

II 현행법상 국가와 지방자치단체 간의 사무배분에 관한 규정

1. 지방자치법

현행 지방자치법
제8조(사무처리의 기본원칙) ① 지방자치단체는 그 사무를 처리할 때 주민의 편의와 복리증진을 위하여 노력하여야 한다. ② 지방자치단체는 조직과 운영을 합리적으로 하고 그 규모를 적정하게 유지하여야 한다. ③ 지방자치단체는 법령이나 상급 지방자치단체의 조례를 위반하여 그 사무를 처리할 수 없다.

1 자치분권위원회, 정보자료, 정책자료(https://pcad.go.kr/section/board/bbs_view.html?seq= 6773&PID=expert&select_tab=report).

제10조(지방자치단체의 종류별 사무배분기준)
① 제9조에 따른 지방자치단체의 사무를 지방자치단체의 종류별로 배분하는 기준은 다음 각 호와 같다. 다만, 제9조제2항제1호의 사무는 각 지방자치단체에 공통된 사무로 한다.
1. 시·도
가. 행정처리 결과가 2개 이상의 시·군 및 자치구에 미치는 광역적 사무
나. 시·도 단위로 동일한 기준에 따라 처리되어야 할 성질의 사무
다. 지역적 특성을 살리면서 시·도 단위로 통일성을 유지할 필요가 있는 사무
라. 국가와 시·군 및 자치구 사이의 연락·조정 등의 사무
마. 시·군 및 자치구가 독자적으로 처리하기에 부적당한 사무
바. 2개 이상의 시·군 및 자치구가 공동으로 설치하는 것이 적당하다고 인정되는 규모의 시설을 설치하고 관리하는 사무
2. 시·군 및 자치구
제1호에서 시·도가 처리하는 것으로 되어 있는 사무를 제외한 사무. 다만, 인구 50만 이상의 시에 대하여는 도가 처리하는 사무의 일부를 직접 처리하게 할 수 있다.

제11조(국가사무의 처리제한) 지방자치단체는 다음 각 호에 해당하는 국가사무를 처리할 수 없다. 다만, 법률에 이와 다른 규정이 있는 경우에는 국가사무를 처리할 수 있다.
1. 외교, 국방, 사법(司法), 국세 등 국가의 존립에 필요한 사무
2. 물가정책, 금융정책, 수출입정책 등 전국적으로 통일적 처리를 요하는 사무
3. 농산물·임산물·축산물·수산물 및 양곡의 수급조절과 수출입 등 전국적 규모의 사무
4. 국가종합경제개발계획, 국가하천, 국유림, 국토종합개발계획, 지정항만, 고속국도·일반국도, 국립공원 등 전국적 규모나 이와 비슷한 규모의 사무
5. 근로기준, 측량단위 등 전국적으로 기준을 통일하고 조정하여야 할 필요가 있는 사무
6. 우편, 철도 등 전국적 규모나 이와 비슷한 규모의 사무
7. 고도의 기술을 요하는 검사·시험·연구, 항공관리, 기상행정, 원자력개발 등 지방자치단체의 기술과 재정능력으로 감당하기 어려운 사무

2. 지방자치분권 및 지방행정체제개편에 관한 특별법(지방분권법)

지방분권법
제9조(사무배분의 원칙) ① 국가는 지방자치단체가 행정을 종합적·자율적으로 수행할 수 있도록 국가와 지방자치단체 간 또는 지방자치단체 상호간의 사무를 주민의 편익증진, 집행의 효과 등을 고려하여 서로 중복되지 아니하도록 배분하여야 한다. ② 국가는 제1항에 따라 사무를 배분하는 경우 지역주민생활과 밀접한 관련이 있는 사무는 원칙적으로 시·군 및 자치구(이하 "시·군·구"라 한다)의 사무로, 시·군·구가 처리하기 어려운 사무는 특별시·광역시·특별자치시·도 및 특별자치도(이하 "시·도"라 한다)의 사무로, 시·도가 처리하기 어려운 사무는 국가의 사무로 각각 배분하여야 한다. ③ 국가가 지방자치단체에 사무를 배분하거나 지방자치단체가 사무를 다른 지방자치단체에 재배분하는 때에는 사무를 배분 또는 재배분 받는 지방자치단체가 그 사무를 자기의 책임하에 종합적으로 처리할 수 있도록 관련 사무를 포괄적으로 배분하여야 한다. ④ 국가 및 지방자치단체는 제1항부터 제3항까지의 규정에 따라 사무를 배분하는 때에는 민간부문의 자율성을 존중하여 국가 또는 지방자치단체의 관여를 최소화하여야 하며, 민간의 행정참여기회를 확대하여야 한다. 제11조(권한이양 및 사무구분체계의 정비 등) ① 국가는 제9조에 따른 사무배분의 원칙에 따라 그 권한 및 사무를 적극적으로 지방자치단체에 이양하여야 하며, 그 과정에서 국가사무 또는 시·도의 사무로서 시·도 또는 시·군·구의 장에게 위임된 사무는 원칙적으로 폐지하고 자치사무와 국가사무로 이분화하여야 한다. ② 국가는 권한 및 사무를 지방자치단체에 포괄적·일괄적으로 이양하기 위하여 필요한 법적 조치를 마련하여야 한다. ③ 국가는 지방자치단체에 이양한 권한 및 사무가 원활히 처리될 수 있도록 행정적·재정적 지원을 병행하여야 한다. ④ 지방자치단체는 이양받은 권한 및 사무를 원활히 처리할 수 있도록 기구·인력의 효율적인 배치 및 예산 조정 등 필요한 조치를 하여야 한다. <신설 2020.1. 29.>

제12조(특별지방행정기관의 정비 등)

① 국가는 「정부조직법」 제3조에 따른 특별지방행정기관이 수행하고 있는 사무 중 지방자치단체가 수행하는 것이 더 효율적인 사무는 지방자치단체가 담당하도록 하여야 하며, 새로운 특별지방행정기관을 설치하고자 하는 때에는 그 기능이 지방자치단체가 수행하고 있는 기능과 유사하거나 중복되지 아니하도록 하여야 한다.

② 국가는 교육자치와 지방자치의 통합을 위하여 노력하여야 한다.

③ 국가는 지방행정과 치안행정의 연계성을 확보하고 지역특성에 적합한 치안서비스를 제공하기 위하여 자치경찰제도를 도입하여야 한다.

④ 교육자치와 자치경찰제도의 실시에 관하여는 따로 법률로 정한다.

3. 지방자치법 전부개정법

지방자치법(2022.1.13. 시행)

제11조(사무배분의 기본원칙)

① 국가는 지방자치단체가 사무를 종합적·자율적으로 수행할 수 있도록 국가와 지방자치단체 간 또는 지방자치단체 상호 간의 사무를 주민의 편익증진, 집행의 효과 등을 고려하여 서로 중복되지 아니하도록 배분하여야 한다.

② 국가는 제1항에 따라 사무를 배분하는 경우 지역주민생활과 밀접한 관련이 있는 사무는 원칙적으로 시·군 및 자치구의 사무로, 시·군 및 자치구가 처리하기 어려운 사무는 시·도의 사무로, 시·도가 처리하기 어려운 사무는 국가의 사무로 각각 배분하여야 한다.

③ 국가가 지방자치단체에 사무를 배분하거나 지방자치단체가 사무를 다른 지방자치단체에 재배분할 때에는 사무를 배분받거나 재배분받는 지방자치단체가 그 사무를 자기의 책임하에 종합적으로 처리할 수 있도록 관련 사무를 포괄적으로 배분하여야 한다.

제12조(사무처리의 기본원칙)
① 지방자치단체는 사무를 처리할 때 주민의 편의와 복리증진을 위하여 노력하여야 한다.
② 지방자치단체는 조직과 운영을 합리적으로 하고 규모를 적절하게 유지하여야 한다.
③ 지방자치단체는 법령을 위반하여 사무를 처리할 수 없으며, 시·군 및 자치구는 해당 구역을 관할하는 시·도의 조례를 위반하여 사무를 처리할 수 없다.

제14조(지방자치단체의 종류별 사무배분기준): 현행 지방자치법 제10조와 동일
제15조(국가사무의 처리 제한): 현행 지방자치법 제11조와 동일

4. 소결

위 표에서 살펴보는 바와 같이, 지방자치법상 사무배분에 관해서는 그렇다 할 규정이 없었고, 그 동안은 주로 특별법인 지방분권법상의 사무배분의 원칙과 기준(① 중복금지, 보충성, 포괄적 이양 등, ② 기관위임의 원칙적 폐지, ③ 행·재정적 지원 병행, ④ 특별지방행정기관의 정비 등)을 중심으로 사무이양을 추진하여 왔다. 현재 지방자치법이 전부개정되어 2022.1.13.부터 시행되는데, 지방분권법 제9조의 내용이 개정법 제11조에 규정되는 것 이외에는 달라지는 것은 없다.

Ⅲ 사무배분 추진체계와 추진절차[2]

중앙행정권한의 지방이양이라 함은 중앙행정기관이 법령에 규정된 자기의 권한을 지방자치단체에 이양함으로써 중앙행정기관의 권한에 속하는 사무를 지방자치단체의 사무로 하고 지방자치단체로 하여금 자기의 권한과 책임 아래 그 사무를 처리하도록 하는 것을 말한다.[3]

---

2 이에 관하여 상세는, 김남철(2013: 3) 이하 참조.

3 구 중앙행정권한의지방이양촉진등에관한법률 제2조 제1호. 동법은「지방분권촉진에 관한

중앙행정권한의 지방이양은 중앙행정기관에 집중된 행정권한을 지방으로 '분권'함으로써 지방자치의 이념을 실현하기 위한 것이다. 다만 여기에서 중요한 점은, 지방자치는 국가권한 중 '행정권한'을 중앙과 지방으로 수직적으로 분권하는 것이라는 점에서 행정권한 이외의 국가권한(입법권·사법권)은 대상으로 삼고 있지 않지만, '국가권한의 지방분권'의 차원에서 헌법이 규정하기에 따라 행정권 이외의 입법권이나 사법권의 분권도 얼마든지 가능하다는 점이다.

이하에서는 지방자치법 및 지방분권법에 따른 '중앙행정권한의 지방이양'의 현황을 간략히 살펴보기로 한다.

1. 정부의 사무배분 추진체계

지방자치법과 지방분권법상 '국가행정사무의 지방이양'은 정부에 의하여 추진되었다. 이를 체계적으로 추진한 것은 1991년 설치된 '지방이양합동심의회'이다.

1999년 1월 29일 중앙행정권한의 지방이양을 위하여 '중앙행정권한의 지방이양 촉진 등에 관한 법률'을 제정하였고, 동법에 의거 지방이양을 전담하는 기구로서 대통령 소속하에 심의·의결 기능을 가진 '지방이양추진위원회'를 동년 8월 30일 발족하였다.

그 뒤를 이은 지방분권촉진위원회는 2008년 12월 2일 '지방분권촉진에 관한 특별법'에 따라 참여정부의 지방분권 추진기능을 담당하는 '정부혁신지방분권위원회'와 지방이양기능을 담당하는 '지방이양추진위원회'의 기능을 통합하여 대통령 소속 위원회로 출범하였다. 이 특별법은 5년마다 약간씩 명칭이나 내용이 변경되어 현재에 이르고 있지만, 이 특별법에 따른 사무이양을 심의하는 위원회제도는 지방자치발전위원회를 거쳐 현재의 자치분권위원회로 그 틀과 제도를 거의 그대로 유지하고 있다.

특별법」의 제정으로 2008. 8. 30. 폐지되었다.

2. 지방이양 추진절차

지방이양 추진절차는 크게는 ① 이양대상사무의 발굴·선정, ② 대상사무의 심의, ③ 지방이양확정사무의 사후관리의 3단계로 구분할 수 있다. 상세 절차는 아래 그림과 같다.

[그림 4–1] 지방이양 추진 절차

지방이양 대상사무 발굴	• 다양한 기관들을 통한 이양대상 사무 발굴 요청 – 중앙부처, 지방자치단체, 지방4단체, 위원, 전문가그룹 등 – 홈페이지, 공청회, 학계, 순회토론회 등
⇩	
의견 수렴 및 종합검토	• 지방이양대상사무에 대한 의견조사 – 지방자치단체 및 지방4단체, 전문단체 등 • 필요시 공청회 및 현장조사, 전문가 등 의견청취
⇩	
전문위원회	• 중앙·지방 의견청취 및 안건 심의·의결 – 관계기관의 설명 또는 자료 제출 – 관련부처, 지방자치단체 공무원 출석 및 의견진술 요구 • 위원 과반수 출석 및 출석위원 과반수 찬성
⇩	
분과위원회와 본위원회	• 중앙·지방 의견청취 및 안건 심의·의결 – 관계기관의 설명 또는 자료 제출 – 관련부처, 자치단체 공무원 출석 및 의견진술 요구 • 위원 과반수 출석 및 출석위원 과반수 찬성
⇩	
대통령 보고	• 국무회의 보고(필요한 경우) • 대통령 재가
⇩	
부처통보·공표	• 관계 중앙행정기관, 지방자치단체 등에 통보 • 홈페이지 등에 공표
⇩	
이행상황 점검·일괄이양법안 마련 등	• 지방이양 이행상황 점검 • 이행결과 국무회의 심의를 거쳐 대통령 보고 • 미이행사무에 대한 일괄이양법안 마련 및 법안 추진

Ⅳ 사무배분의 한계와 과제[4]

1. 지방이양에 대한 이해 '정립'

'사무배분'의 문제를 '중앙행정권한의 지방이양'이라고 표현하는 것이 일반적이다. 이는 현재 중앙행정기관의 권한으로 규정된 사무 중 일부를 지방자치단체로 이양한다는 의미이다. 그러나 여기에서 '중앙행정기관의 권한'이라는 표현에 대한 이해는 바르게 할 필요가 있다. 즉, 지방자치는 '지역문제를 지역주민들이 스스로 결정할 수 있는 자기주도적인 지방자치 시스템을 구축하는 것'이라는 점에서 국가 전체의 사무는 초기부터 국가사무와 지방자치단체의 사무로 구분이 되었어야 하는데, 한국의 경우 국가 중심의 행정체제가 오랫동안 자리를 잡은 이후의 시점에서 지방자치가 뒤늦게 실시되다 보니, 중앙행정기관이 가지고 있던 권한들을 –국가사무와 지방사무의 구분 원칙에 따라 분류해서– 지방이양을 하게 되었고, 이 과정에서 –적어도 외형상으로는– 국가의 권한을 지방에 –시혜적으로– 나누어 주는 모양새가 되었다.

현재도 추진되고 있는 국가권한의 지방이양은 –중앙행정기관이 자기권한으로 가지고 있던 것을 지방자치단체에 나누어 주는 것이 아니라– 본래 지방자치단체의 사무를 되찾는 과정이라는 점을 명백히 인식할 필요가 있다. 사무이양을 논의하는 과정에 참여하는 많은 '전문가'들이 현재 국가중심으로 구조화된 사무수행의 '현실'을 중요한 기준으로 삼아 이양 여부를 판단하는 경향들이 많다. 사무이양의 문제는 지방자치에서 비롯된 것이고, 지방자치는 '지방사무'를 전제로 한다. 여기서 지방사무는 '지역적' 사무를 말하는 것이지, '지방자치단체가 수행할 수 있는 사무 또는 수행해도 되는 사무'를 의미하는 것이 아니다.

사무배분과 관련하여 중앙부처의 공무원들도 '아직 제도초기라 제도가 성숙되면 이양하겠다'든지, '지방에 이양하면 전국적인 통계를 산출하기가 어려워서 더 이상 관리가 안 된다'든지, '각종의 관련 협회나 단체 등에 업무를 위탁하고 있어

4 이하의 내용 중 상당 부분은 김남철(2013: 29 이하)의 내용을 참조하여 이를 일부 수정·보완한 것이다.

이양이 어렵다'는 등의 사유로 이양에 부동의하는 사례가 많은데, 여기에도 '지역적인 사무'는 본래 지방자치단체의 사무라는 인식이 결여되어 있다. 이러한 의미에서 향후 지방이양을 계속해서 추진하는 경우, 지방이양의 목적은 본래 지방자치단체가 처리하여야 할 사무를 찾아서 돌려 줌으로써 지방자치를 실현하기 위한 것임이 반드시 전제되어야 한다. 이러한 전제 없는 사무이양 논의는 계속 겉돌 수밖에 없다.

2. 지방이양 정책의 일관성과 지속성 보장

역대 정부의 중앙행정권한의 지방이양과 관련하여 사무의 지방이양을 위한 다각적인 노력을 펼친 점에 대해서는 대체로 긍정적인 평가가 많으나, 지방이양의 추진결과에 대해서는 여전히 부족하다는 인식이 더 많은 것 같다.[5]

한편 역대 정부의 위원회에서 중앙행정권한을 지방으로 이양하기 위하여 많은 노력을 경주하여 소기의 성과를 올리기도 하였지만, 국가사무와 자치사무의 비율은 여전히 7:3 수준에 머물고 있다는 느낌이다.

이와 같은 결과가 시사한 바는, 한시적인 단기간의 노력만으로는 자치사무의 비율을 쉽게 끌어올릴 수 없다는 점이다. 과거 지방분권촉진법에서부터 현재의 지방분권법에 이르기까지 이들 특별법들은 일종의 한시법으로서 위원회의 활동도 이에 따라 한시적일 수밖에 없다는 한계가 있다. 그러나 지방분권을 촉진하여 지방자치를 실현하기 위한 정부의 노력은 한시적일 수 없다는 점에서 동법을 한시법으로 규정한 것 자체가 문제가 있었다고 생각한다. 국가와 지방자치단체와의 관계, 사무배분의 문제는 앞으로도 일관성을 가지고 지속적으로 추진하여야 할 과제라는 점을 고려하면, 특별법 제정을 통한 지방분권의 추진을 지양하고, 이를 지방자치법에 규정하는 방법을 고려해 볼 필요가 있겠다.

---

5 국가권한의 지방이양이나 사무배분에 관해서는 그 동안 많은 연구들이 있었다. 이에 관한 선행연구에 대해서는, 예컨대 김남철 (2013: 4면 각주 2) 참조.

3. 사무배분 기준의 구체화·명확화·엄격화

과거 지방분권추진위원회에서부터 현재의 자치분권위원회에 이르기까지 지방분권법상의 중복배제 원칙, 현지성 또는 보충성 원칙, 포괄적 배분 원칙에 따라 사무배분의 기준을 보다 구체화하여 정책기능과 생활자치기능·사무집행의 능률성 제고·관련 기능 위주의 포괄적 이양·주민의 복지 및 생활편의기능의 기초자치단체 우선 배분 등의 기준으로 지방이양사무를 심의하고 있다.

실제로 이양사무를 심의함에 있어 현실적으로 다양한 여건들과 복잡한 상황들이 존재하기 때문에 이양 여부를 판단하는 문제가 그리 간단치는 않았다는 점을 고려하더라도, 이와 같은 기준들이 대체로 이양 여부를 판단하는 기준으로 순기능을 하였다는 점에서 매우 긍정적으로 평가할 수 있다.

다만 향후 지방이양 여부의 심의에 있어서 이와 같은 원칙들을 더욱 발전시키고 지방자치의 이념에 부합하는 원칙을 확립하여야 한다. 이를 위하여 몇 가지를 지적하면 다음과 같다.

첫째, 그동안 위원회에서 '기능 중심의 포괄적 이양'을 하기 위한 다각도의 노력을 기울였지만, 위원의 임기가 1년이라 1년 단위로 위원회가 재구성되면서 위원들 간에도 이에 대한 이해가 부족하거나 이를 실행하기 위한 능력에 한계가 있다는 문제, '기능 중심'이라는 용어의 불명확성과 이에 따른 논란, 중앙행정기관의 거센 저항 등으로, '연계된 사무들의 포괄적 이양'은 사실상 불가능하였다. 그러다 보니 종래와 같이 '점(点)적인 이양'에 그치고 있는 상황이다 (김남철, 2018: 271).

둘째, 국가의 지방행정조직의 구성에는 일반지방행정기관화 하는 방안과 일반지방행정기관은 따로 두지 않고 특별지방행정기관만 두는 방안이 있는데, 한국는 후자를 택하고 있다. 이 경우 특별지방행정기관은 전문적이고 특수한 지방행정사무를 담당하여야 하는데 현실적으로는 일반적인 지방사무도 수행하는 경우가 허다하다.

셋째, 국가의 기관위임사무는 국가사무이지만 지방에서 집행되어야 할 사무로서 부득이하게 지방에 설치된 지방자치단체의 집행기관에 위임하여 수행하도록 하는 사무인데, 실제로 이와 같은 성질의 사무 이외에도 일반적인 지방사무에 해당하는 사무도 상당히 많다.

넷째, 국가는 국가법령을 제정하면서 지방자치법 제11조의 국가사무를 직접 수행하는데, 실제로는 여기에서 그치지 않고, 그 외에도 한국 행정사무의 대부분을 국가가 기획하고 스스로 집행까지 하는 경우가 허다하다. 심지어는 외부기관에 사무를 위탁하는 경우도 많은데, 이 가운데는 외부위탁사무인지 지방자치사무인지 모호한 경우도 상당히 많다.

이상의 문제제기를 종합하면 다음과 같은 원칙들이 정립될 필요가 있다. ① 국가는 전국적 통일성을 요하는 사무 이외에 기본적으로 기획·조정·관리에 해당하는 사무만 수행하고, 국가가 제정한 법령의 집행은 원칙적으로 지방자치단체가 하도록 하여야 한다. ② '연계사무'는 일괄하여 이양한다. ③ 특별지방행정기관은 지방자치단체가 수행하기 어려운, 전문적이고 특수한 지방행정사무만 담당한다. ④ 국가사무의 기관위임은 '국가사무(예: 국립공원)이지만 지방에서 집행되어야 할 사무(예: 국립공원에서의 시설관리)로서 부득이하게 지방자치단체의 집행기관에 위임하여 수행하는 사무'로 제한되어야 한다.

4. 후속 지방일괄이양법의 계속적 제정 및 행·재정의 포괄적 이양

위원회의 사무이양결정에 대해서는 대체로 중앙행정기관들이 소관 법률의 제·개정 등을 통하여 이를 반영하고 있는 편이지만, 다른 한편으로는 이를 이행하지 않고 지연시키는 경우도 많았다. 이에 따라 지난 지방분권촉진위원회에서부터 장기간 미이행되고 있는 사무들을 대상으로 이를 일괄 이양하기 위하여 지방일괄이양법안을 마련하였다. 일괄이양법은 하나의 법률을 통하여 여러 개의 법률들을 일괄하여 개정하는 법률이다 (김수연, 2020: 27 이하; 이지은, 2017: 3 이하; 최철호, 2020: 3면 이하). 일본이나 프랑스에는 이미 이러한 입법례가 존재하고 독일의 경우도 필요에 따라 수시로 '법률개정법률'을 통해서 일괄적으로 여러 개의 법률을 한꺼번에 개정하기도 한다. 이와 같은 일괄이양은 과거에서부터 꾸준히 추진되어 온 것인데, 과거 국회는 일괄이양법을 심의할 소관위원회가 없다는 이유로 일괄법안을 받아주지 않는 오류를 범하였다. 그러다가 현 정부에 들어와 정부의 분권추진의지에 힘입어 2020년 5월 국회는 운영위원회에서 일괄이양법안을 받아주기로 합의하면서 일괄이양법 제정이 급물살을 타기 시작했다. 이에 따라 자치분권위원회에서는 수차례에 걸쳐 중앙부처와 지방자치단체의 의견을 수렴하고 조정하는 절차를 거쳐 일괄이양법안을 만들어 국회에 제출하게 되었다. 일괄이양법은 그 동안 지방이양이 이루어지지 않았던 많은 사무들을 한꺼번에 이양하고, 앞으로도 유사한 상황이 발생하면 일괄이양의 방식으로 사무를 이양할 수 있는 선례가 된다는 점에서 지방자치에 미치는 파급효과가 매우 크다고 할 수 있다. 현재는 1차 일괄이양법 이후에 이양결정된 사무들을 대상으로 제2차 일괄이양법안을 마련한 상태인데, 또 다시 국회에서 법안심의가 별 다른 이유 없이 지연되고 있다. 일괄이양을 위하여 들인 그 동안의 수 많은 사람들의 시간과 노력과 비용을 생각하면, 국회의 태도가 너무 안이하다는 생각이다. 국회도 지방자치에 대한 책임 있는 자세를 보여야 한다.

일괄이양의 문제와 더불어, 다른 한편으로는 중앙행정권한을 지방에 이양하면서 사무이양에 따른 행정적·재정적 지원이 함께 고려되어 포괄적으로 이양하여야 하는데, 이에 대한 후속조치가 미흡하다는 문제도 있었다. 이에 따라 지방자치단체의 입장에서는 업무에 대한 부담만 늘어날 뿐이기 때문에 사무이양에 대하여 부정적이고 소극적이었다. 현재 자치분권위원회에서는 행·재정지원을 위한 노력을 기울이고 있는데, 사무이양에 따른 행·제재정의 이양이 뒤따르지 않으면 이는 사무이양이라고 할 수 없다는 점에서 이 문제는 매우 시급히 해결되어야 한다.

5. (가칭)사무이양위원회의 상설화 및 기능강화

'국가권한의 지방이양'을 통한 지방분권과 지방자치의 발전은 '한시적'으로 이루어질 수 있는 문제가 아니다. 더욱이 한국와 같이 5년 단임의 대통령제 아래에서는 '일관된 지방자치 정책의 실현'을 담보할 수도 없다. 이에 더하여 국가입법과정에의 참여제도나 제도적 보장을 위한 쟁송수단(예: 지방자치단체의 헌법소원)이 미비한 상태에서는 '정부의 사무배분' 이외에는 딱히 지방자치를 실현할 수 있는 제도가 마련되어 있다고 할 수도 없다. 이러한 점에서 현재의 자치분권위원회와 같이 지방분권과 지방자치를 위한 정부위원회가 상설화될 필요가 있다.

아울러 이와 같이 상설화된(가칭)사무이양위원회는 사무이양을 주된 기능으로 하면서 이 위원회의 결정에 실효성을 담보할 수 있는 권한을 부여하는 것도 중요하다. 즉 이 위원회에서 대상사무의 이양 여부를 심의하여 '의결'하면, 이 의결은 관련 행정기관을 기속하는 효력이 있고, 이에 따라 관련 행정기관은 관련 법령의 개정 등 필요한 조치를 취하여야 할 의무를 부담하게 되며, 이러한 의무를 이행하지 않을 경우에는 시정명령을 하고 그래도 이행하지 않으면 간접강제(배상명령)를 해서라도 이행을 강제하도록 하여야 한다. 이러한 위원회의 결정권한의 기속력은 어디까지나 관련 행정기관의 입법조치 등 지방이양을 위한 필요한 조치에까지만 미치는 것이고, 최종적으로 관련 부처에서 마련한 법률안이 국회를 통과하느냐 하는 문제는 국회의 몫이 되어야 할 것이다.

이와 같은 권한 이외에도 위원회에서는 상시로 중앙부처나 지방자치단체의 사무권한을 둘러싼 분쟁이나 이견에 대한 신청을 받아 권한의 귀속 여부를 판정해 주는 역할도 수행할 수 있다고 생각한다. 최종적인 권한침해에 대한 판단은 헌법재판소의 권한쟁의심판에 의하도록 하면 될 것이다.

이와 같이 위원회의 기능이 강화되려면, 이에 걸맞게 위원회의 전문성과 독립성이 보장되어야 한다. 따라서 지금의 위원의 자격에 관한 규정을 보다 세밀히 검토하고, 위원의 위촉과정도 공정하고 투명하게 함으로써 위원회의 지방자치법이나 지방자치행정에 대한 전문성을 보다 향상시켜야 할 것이다.

6. 연방제 수준의 지방분권

끝으로, 지방자치를 넘어 국가권력을 지방으로 나누는 문제(분권)는 궁극적으로는 헌법에 규정되어야 할 사항이다. 이번 정부 초기에 개헌에 관한 논의가 있었던 것처럼, 앞으로도 개헌에 관한 논의는 여전히 살아 있다고 생각한다.

현재 한국의 수도권집중 현상은 이미 그 한도를 초과한 지 오래다. 한 나라의 권력이 한 곳에 집중된 나라에서는 더 이상의 경쟁력을 기대하기 어렵다. 지방이 소멸하면 나라가 소멸하게 될 것이다. 이러한 의미에서 이제는 지방자치를 넘어 국가권력을 어떻게 분권할 것인가 하는 문제를 심각하게 논의할 때가 되었다고 생각한다.

이를 위해서는 연방국가에서의 '연방과 주의 관계'를 한국에도 차용(借用)하는 문제를 논의해 볼 필요가 있다. 즉, 헌법에서 국가와 광역지방자치단체 간의 국가

권력의 분담에 관한 규정을 두자는 것이다 (김남철, 2018: 303 이하; 김남철, 2018: 374 이하; 김남철, 2019: 72면 이하). 예컨대, 연방국가인 독일, 오스트리아, 스위스의 헌법, 단일국가인 스페인, 이탈리아, 대만의 헌법처럼, 국가와 광역지방자치단체 사이에서 국가의 입법권, 사법권, 행정권에 대한 분권을 규정하는 헌법개정이 필요하다. 이와 같은 분권 하에서, 지방자치는 기초지방자치단체를 중심으로 하는 '지역생활공동체의 생활자치'로 자리매김해 나아가야 할 것이다.

V 결론

지방자치를 통한 국가와 지방자치단체 사이의 사무배분의 문제를 '기능적 분권'의 관점에서 접근했다. 다만, 여기에서 '기능적'이라는 의미는 '지방자치제 아래에서의 국가의 기능과 지방자치단체의 기능'이라는 의미이지 국가와 지방자치단체가 국가의 전체사무를 서로 '기능적'으로 분배하자는 의미는 아니다. 지방자치라는 정치이념은 단순히 국가권한의 일부를 지방에 기능적으로 나누어주는 것이 아님을 명심하여야 한다. 이러한 점에서 지방자치제도를 보장하는 민주적 법치국가에서 국가가 담당할 역할이 무엇이고 지방자치단체가 담당할 역할이 무엇인지에 대한 '헌법적 고민'으로부터 사무배분의 논의가 시작되어야 한다. 이와 같은 국민적 합의를 토대로 할 때 사무배분정책도 수월하게 진행될 수 있을 것이다.

제5장 지방자치와 재정분권

▶▶▶ 조 임 곤

I 서론

이 장에서는 지방자치 시대의 재정분권 추진 현황을 살펴보고 앞으로의 과제를 제시한다. 이를 위하여 먼저 한국 재정 주체의 현황과 재정주체간의 재정흐름을 살펴보고, 지방자치와 관련된 정치적 변화와 지방자치를 가능하게 한 중앙정부 재정 변화를 먼저 살펴본다. 해방 이후는 한국 사회의 혼란, 60년대 이후에는 경제발전을 위한 재원 마련 등의 이유로 지방자치를 실시할 재원이 없었으나, 1980년대 중반의 한국 경제의 비약적 성장으로 중앙정부의 재정 여력이 생기고, 정치체제의 변화 등이 한국의 지방자치를 가능하게 하였다.

다음으로, 지방자치제 실시 이후 재정분권의 추진 배경을 살펴보기 위하여 지방세와 지방재정 조정제도의 변화를 살펴보았다. 한국의 경우, 지방세 제도 변화가 지방자치실시 이후에 실질적인 지방재정의 확충이라기보다는 여러 가지 재정제도 변화로 인한 지방세수입의 보전이라는 성격이 매우 강하게 나타나, 재정분권에 대한 주장이 강하게 제기되었다. 지방교부세 제도에서도 재원이 열악한 지역의 재원확충은 적고, 여러 가지 지방재정 조정제도의 변화에 따른 재원 이전이 주요한 제도 변화로 볼 수 있다. 결국 지방세와 지방재정 조정제도의 변화에서 실질적인 재정분권이라기 보다는 재정제도 변화에 따른 제도 보완으로 볼 수 있다.

재정분권에서는 재정분권 추진을 위한 제도적 변화를 살펴보고, 일본과 영국의 지방재정 제도 변화의 소개, 다양한 정의에 따른 국제비교를 통한 시사점을 소개하여 한국의 재정분권에의 시사점을 살펴보았다. 끝으로 재정분권의 과제에서는 재정분권 추진 결과로 부익부 빈익빈 현상이 발생하였기 때문에 앞으로 균형발전이라는 과제가 지방재정에서 매우 중요해질 전망이라는 점을 지적하고, 특히 정책자율성, 예산자율성, 투입자율성, 산출 및 모니터링 측면의 세출분권의 중요성을 강조하였다.

II 재정의 주체

정부는 조세, 세외수입(사용료·수수료·과태료·재산매각 등), 기금(부담금 등) 수입을 재원으로 하여 국가 유지를 위한 기본적 역할(국방·외교·공공안전 등)과 국가 발전을 목표로 다양한 경제활동(경제발전, SOC 건설, 사회복지, 사회통합, 교육, 과학기술 등)을 하는데 이를 재정이라고 한다.

한국 재정은 운용주체에 따라, 중앙정부가 운용하는 국가재정 또는 중앙정부재정과 243개 지방자치단체가 운용하는 지방재정, 교육자치단체인 교육청이 운용하는 지방교육재정으로 구분된다. 국가재정과 지방재정은 일반회계, 특별회계, 기금 등으로 구성되어 있으나, 지방교육재정 중 교육·학예에 관한 경비는 지방교육자치에 관한 법률(교육자치법) 제38조에 의해 설치·운영되는 교육비특별회계로 운용된다.

중앙정부의 재정수입은 소득세, 법인세, 부가가치세 등을 기반으로 하는 국세수입과 경상이전수입(과태료·가산금 등), 재산수입(재산매각수입, 출자배당수입 등), 공기업매각수입 등의 세외수입, 그리고 사회보장기여금 등의 기금수입으로 구성되어 있다. 2022년 기준으로 기업특별회계 5개 (우편사업, 우체국예금, 양곡관리, 조달, 책임운영기관), 기타특별회계 15개, 기금 68개 (2022년 기후대응기금 추가)로 구성되어 있다.

지방정부의 재정수입(교육재정 제외)은 자체수입(지방세와 세외수입), 의존수입(지방교부세, 조정교부금, 국고보조금, 시도비보조금 등), 지방채 발행수입 등으로 구성된다.

지방교육재정은 국가재정으로부터는 지방교육재정교부금과 소액의 국고보조금을 지원받고, 지방자치단체로부터는 의무적 법정전입금과 재량적 비법정전입금을 지원받는다. 국가로부터 교부되는 지방교육재정교부금과 시·도로부터 전입되는 법정전입금이 시·도교육청의 주요 세입원이다.

국가재정과 지방재정과의 관계는 보면 국가는 지방재정 중 일반재정에 지방교부세와 국고보조금을 이전하는데, 지방교부세는 용도가 지정되지 않은 이전재원이며, 국고보조금은 용도가 지정된 이전재원이다. 국가재정은 교육재정에 대해서는 지방재정교부금과 교육보조금을 이전하고 있다. 또한 지방재정 중 일반재정은 교육재정에 법적으로 의무적으로 재원을 이전하고 있을 뿐만 아니라 재량적으로 재원을 이전하고 있다.

[그림 5-1]은 통합재정 지출액 기준 국가와 지방재정규모를 보여주는 것으로 2021년 예산 기준으로 중앙정부재정은 558조원, 지방재정은 331조원 (일반재정 259조원과 교육재정 72조원)의 규모이다. 중앙정부의 558조원 중에서 185조원이 지방정부에 지원되고 있는데, 지방정부 일반재정에 126조원이 지방교부세와 국고보조금으로 이전되며, 교육청에는 58조원이 이전되고 있다. 지방정부 일반재정에서는 약 14조원이 교육재정에 의무전출과 재량전출로 이전되고 있다. 이상과 같은 이전되는 재원을 제외하면 중앙정부는 373조원, 지방정부 일반재정은 253조원, 교육재정은 75조원을 사용하여 한국 통합재정사용액은 701조원이 된다.

한편, 정부내부거래 등 중복된 거래 금액을 제외하면 한국 통합재정사용액은 564조원이 되는데, 중앙정부의 사용액이 241조원, 지방정부 일반재정이 248조원, 교육재정이 75조원을 사용하게 된다. 통합재정 지출규모와 순계 규모 차이가 발생하는 이유는 중앙정부 통합재정지출 규모는 558조이지만, 순계로 파악하게 되는 경우의 지출규모는 417조원이기 때문이다. 재정규모를 총량적으로 파악할 때에는 중앙정부 재정이 많이 사용하게 되지만, 실제로 사용하는 순계의 개념으로 파악하는 경우 지방정부가 중앙정부보다 더 많은 지출을 하고 있다.

중앙정부 재정규모와 교육재정을 제외한 지방정부 재정규모를 비교하면 다음과 같다. <표 5-1>에 나타난 수치는 내무부, 경제기획원, 한국은행, 행정자치부, 행정안전부 재정 자료를 이용하여 작성한 것인데, 과거 정부 발표의 통계수치는 연도별로 큰 차이가 있어서 같은 기관에서 발행하는 수치라도 통계항목에 큰 차이가 나는 경우가 있는데, 이를 합리적으로 조정하여 정리한 수치이다. 1956년의 재정수치가 없는 것은 한국의 회계연도가 4월에 시작하는 일본식의 회계연도에서 탈피하여 1월로 변경되는 과도기 형태에서 나타난 것으로 1956년도 재정지출액은

[그림 5-1] 통합재정 지출액 기준 국가와 지방재정

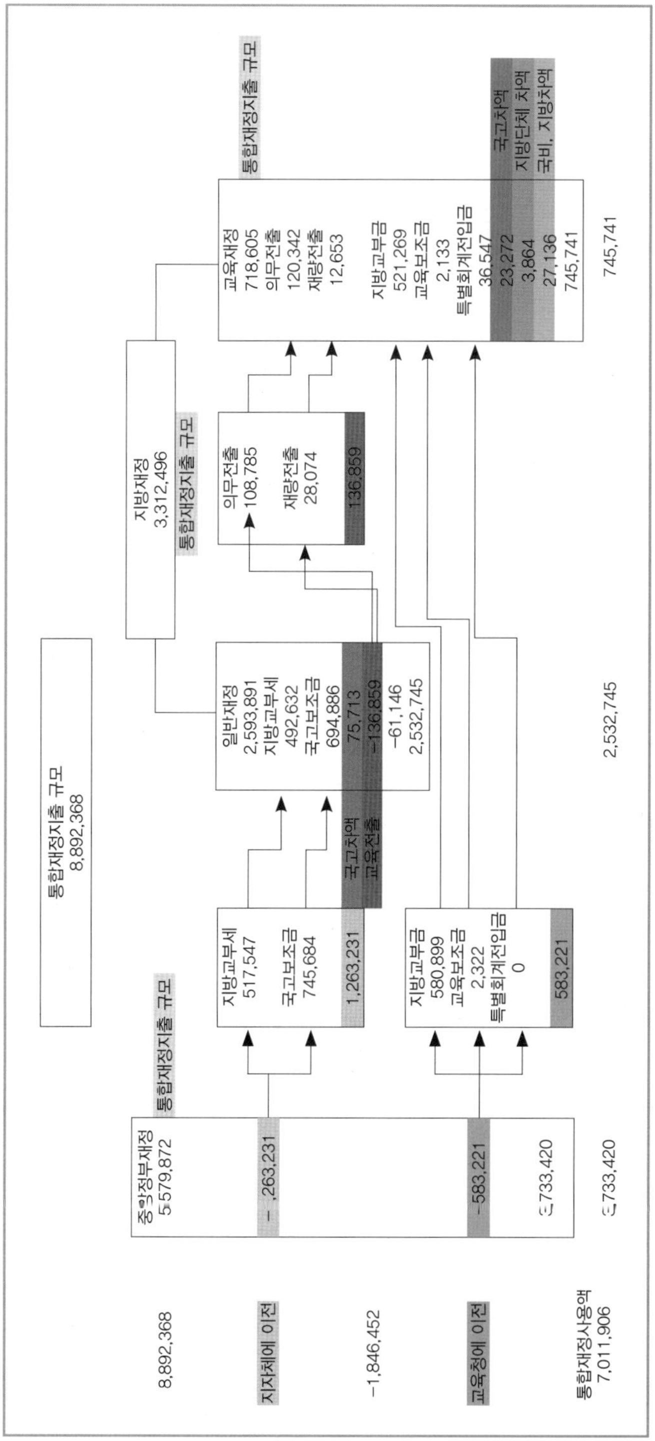

있지만, 1956년 회계연도 재정지출은 없다. 1951년과 1952년의 GDP 통계가 없는 것은 한국은행 통계에서 누락된 결과이다.

〈표 5-1〉 국가재정, 지방재정(교육재정 제외), GDP 추이(단위: 백만원)

연도	국가재정	지방재정	국세	지방세	교부세	보조금	GDP
1951	613	110	483	22	11	33	
1952	2,202	344	1,270	61	41	110	
1953	3,161	800	2,496	157	103	321	48
1954	6,703	2,913	5,784	596	223	1,450	66
1955	13,987	7,921	12,054	1,380	297	4,739	114
1956							152
1957	19,556	8,524	13,356	1,209	413	4,679	198
1958	27,960	10,622	16,780	1,516	613	5,913	208
1959	31,929	12,666	24,356	2,072	2,577	5,399	221
1960	37,041	13,713	27,272	2,124	3,093	6,058	250
1961	51,985	16,091	25,852	2,316	2,200	4,000	302
1962	75,550	13,701	32,477	5,211	2,200	3,900	366
1963	60,844	19,358	35,909	7,401	3,300	5,800	519
1964	63,151	21,552	41,950	8,824	3,900	5,300	740
1965	105,481	28,526	58,233	11,352	5,100	8,000	831
1966	153,777	45,500	95,147	16,152	14,700	8,800	1,066
1967	199,018	61,465	139,241	14,099	23,300	16,000	1,314
1968	275,717	76,549	210,689	19,357	25,100	21,200	1,693
1969	376,041	122,293	287,072	26,584	29,500	21,315	2,213
1970	445,856	145,430	364,824	33,232	51,100	29,986	2,797
1971	551,452	179,644	453,055	39,811	70,000	21,295	3,438
1972	605,315	251,087	476,346	46,608	67,300	33,778	4,268
1973	691,101	248,898	578,492	74,134	71,600	33,902	5,527
1974	1,188,717	344,946	913,673	107,986	81,500	30,600	7,905
1975	1,374,376	430,400	1,390,979	158,790	117,800	82,229	10,544

연도	국가재정	지방재정	국세	지방세	교부세	보조금	GDP
1976	2,298,309	660,817	2,092,747	220,566	151,500	86,300	14,473
1977	2,990,300	817,000	3,652,262	336,313	183,406	103,800	18,608
1978	5,914,000	1,086,000	4,761,708	445,734	246,907	130,400	25,155
1979	5,057,300	1,594,000	5,807,700	599,040	336,310	253,200	32,402
1980	6,653,200	1,945,400	5,807,700	767,700	410,006	328,500	39,725
1981	8,040,001	2,458,000	7,257,900	914,400	520,000	252,800	49,670
1982	9,313,725	2,902,000	8,405,400	1,119,200	700,905	340,700	57,287
1983	10,416,710	3,517,000	10,050,700	1,397,200	858,787	348,727	68,080
1984	11,172,929	4,094,000	10,899,700	1,508,400	1,019,950	479,538	78,591
1985	13,008,900	4,217,300	11,876,400	1,654,600	1,006,132	534,051	88,130
1986	14,699,339	4,757,000	13,606,300	1,809,700	1,295,903	518,400	102,986
1987	17,883,898	6,042,000	16,343,700	2,192,400	1,609,738	971,500	121,698
1988	22,040,761	7,892,000	19,484,200	3,100,000	1,720,829	1,135,567	145,995
1989	33,466,000	11,408,000	21,234,100	4,960,800	2,186,916	1,855,356	165,802
1990	31,304,600	15,491,000	26,847,500	6,367,400	2,764,654	2,068,131	200,556
1991	32,928,700	19,903,800	30,319,800	8,035,100	3,452,403	2,773,123	242,481
1992	34,534,100	22,078,700	35,218,400	9,462,200	3,925,124	3,142,220	277,541
1993	37,268,000	23,700,300	39,260,600	11,026,100	4,412,413	3,410,136	315,181
1994	42,794,700	30,280,000	47,261,800	13,230,900	4,859,979	4,906,465	372,493
1995	51,498,100	31,629,900	56,774,500	15,316,000	5,674,580	5,758,400	436,989
1996	58,822,800	31,798,600	64,960,200	17,394,700	6,377,734	7,487,200	490,851
1997	67,578,600	38,249,500	69,927,700	18,405,700	6,798,732	8,734,700	542,002
1998	70,263,500	41,024,900	67,797,700	17,149,700	7,039,226	10,628,300	537,215
1999	122,352,800	60,993,100	75,658,000	18,586,200	6,710,770	12,580,500	591,453
2000	133,347,700	77,176,100	92,934,700	20,600,600	8,266,546	13,559,500	651,634
2001	144,784,300	93,995,600	95,792,800	26,664,900	12,288,992	15,957,400	707,021
2002	149,713,300	110,507,800	103,967,800	31,525,700	12,259,425	15,112,900	784,741
2003	155,665,900	97,525,700	114,664,200	33,132,900	14,905,674	16,010,900	837,365
2004	159,434,300	87,284,000	117,795,700	34,201,700	14,469,054	16,897,900	908,439
2005	167,318,600	92,367,300	127,465,700	35,977,400	19,877,486	15,350,200	957,448

연도	국가재정	지방재정	국세	지방세	교부세	보조금	GDP
2006	175,388,200	101,352,200	138,044,300	41,293,700	21,461,392	20,708,400	1,005,602
2007	176,756,100	111,986,400	161,459,100	43,524,300	25,196,900	22,410,100	1,089,660
2008	195,100,300	124,966,600	167,306,000	45,479,700	31,098,993	26,571,700	1,154,217
2009	217,472,300	137,534,900	164,540,700	45,167,800	28,319,634	29,405,900	1,205,348
2010	225,941,300	139,856,500	177,718,400	49,159,800	28,012,760	31,639,200	1,322,611
2011	235,557,400	141,039,300	192,381,200	52,300,100	30,895,246	32,328,900	1,388,937
2012	248,612,500	151,095,000	203,014,900	53,938,100	34,186,188	34,196,500	1,440,111
2013	263,603,800	156,888,700	201,906,500	53,778,900	35,724,592	36,755,100	1,500,819
2014	274,667,300	163,579,300	205,519,800	61,725,000	35,698,180	40,009,700	1,562,929
2015	286,293,800	173,259,000	217,885,100	70,977,800	34,888,072	45,097,800	1,658,020
2016	295,720,700	184,582,500	242,561,700	75,531,700	37,967,278	46,043,400	1,740,780
2017	303,143,200	193,153,200	265,384,900	80,409,100	44,363,917	46,431,800	1,835,698
2018	330,841,400	210,678,400	293,570,400	84,318,300	49,044,581	50,176,300	1,898,193
2019	361,785,900	231,015,200	293,454,300	90,460,400	57,709,283	58,844,400	1,919,040
2020	386,237,900	253,226,300	291,996,900	90,950,100	52,206,826	65,595,600	1,924,453
2021	417,420,100	263,091,700	282,742,500	92,604,700	51,754,671	74,801,600	

자료: 내무부, 경제기획원, 한국은행, 행정자치부, 행정안전부 재정 자료를 이용하여 작성

Ⅲ 지방자치와 중앙정부 재정

1. 지방자치제도 변화

일제 강점기 전국적인 '3.1독립운동'에서 보듯이 한국인들은 민주주의에 대한 열망이 높았고, 이러한 열망은 제헌헌법 제8장 제96조와 제97조에 지방자치를 명문화하게 만들었다 (지방세연구원, 2019b). 그러나 한국의 지방자치는 정치적인 이유로 급변하게 되었는데, 헌법에서도 정치적인 변동으로 지방자치제도에 큰 변화를 보였다. 1960년 헌법 개정은 "지방자치단체의 장의 선임방법은 법률로써 정하되 적어도 시, 읍, 면의 장은 그 주민이 직접 이를 선거하는 것"으로 하였다. 이렇

듯, 제1공화국(1948~1960)과 제2공화국(1960~1961) 시대에서는 시도 및 시읍면이 지역사무를 결정하고 집행하는 자치가 허용되었다.

그러나 1962년 전문개정되어 1963년 실시된 헌법에서는 직접 선거에 대한 규정이 삭제되고, 지방자치법 개정으로 지방자치 단위가 광역화되고, 지방자치가 중단되어 시도와 시군은 자치단체로서의 지위를 상실하게 되었고, 시도와 시군 예산을 국가가 의결하여 지방재정은 국가재정에 종속되게 되었다.

1980년 전문개정 헌법에서는 부칙 제10조에 "이 헌법에 의한 지방의회는 지방자치단체의 재정자립도를 감안하여 순차적으로 구성하되, 그 구성시기는 법률로 정한다"를 신설하여 지방의회 구성이 다시 명문화되어 지방자치실시의 단초가 되었고, 1987년 전문개정되어 1988년 시행된 헌법에서는 이 부칙이 삭제되어 지방자치 실시의 길이 열리게 되었다. 특히 88올림픽을 앞두고 국제적 여론을 감안한 민주주의와 분권의 수용은 지방자치제 실시의 결정적 정치적 요인이다.

2. 지방자치를 가능하게 한 중앙정부 재정의 변화

여기에서는 지방자치를 가능하게 한 중앙정부 재정 변화를 살펴본다. 지방자치제 실시 직전에는 지방자치 실시를 위한 중앙정부 재정 여력은 없었다. 이를 자세히 살펴보면 다음과 같다. 요약하면 해방 이후는 한국 사회의 혼란, 60년대 이후에는 경제발전을 위한 재원 마련 등의 이유로 지방자치를 실시할 재원이 없었으나, 1980년대 중반의 한국 경제의 비약적 성장으로 중앙정부의 재정 여력이 생기고, 정치체제의 변화 등이 한국의 지방자치를 가능하게 하였다.

한국은 사전적 준비 없이 들어선 미군정이 재정적인 설계를 하였기 때문에 일제강점기 재정 제도가 많이 계승되었고, 대한민국 정부의 수립을 둘러싼 정치적인 갈등의 지속으로 예산안 부결, 세수부족으로 인한 미국 원조법안 의존 등의 한계를 경험하였다. 한국의 재정 회계연도가 4월에서 시작한 것은 일본 회계연도를 그대로 따른 것이고, 1954년의 회계연도가 7월에 시작한 것은 미국의 원조를 예산에 반영하기 위함인 것에서 이를 확인할 수 있다 (지방세연구원, 2019a). 한국의 회계연도는 1957년부터 현재와 같이 1월에 시작하였으며, 이러한 이유로 1956 회계연도는 한국의 재정통계에서 없게 된다.

한국의 지방자치제도는 정치적인 변동으로 급변하였는데, 오늘날의 지방자치를 가능하게 만든 결정적인 재정적 계기는 80년대 중반의 세계적인 경제 호황에 힘입은 한국의 고도 경제성장과 여기에서 연유된 중앙정부 재정력의 성장으로 볼 수 있다.

1945년 해방 이후 한국은 식량 사정 악화, 통화량 증가에 다른 화폐가치 하락, 악성 인플레이션 등 여러 문제를 안고 있었다. 한국전쟁 기간 중에는 세원 고갈과 세수 부족 때문에 필요한 경비를 조달하지 못하여, 증세, 담배 및 철도 요금 증가 등 특별회계 수입 증가, 유엔군 대여금의 예산편입, 원조물자 판매대금 활용 이외에 한국은행 차입금으로 전비를 조달하였다. 전쟁으로 인한 재정지출 증가, 전후 복구를 위한 재정 지출 등으로 재정적자는 크게 증가하여, 1951년 제정된 재정법 제5조는 결산상 잉여금이 있는 경우 50% 이상은 국채 차입금의 상환 재원에 충당하도록 하였다.

1960년대에 군사정부는 자유당 정부와 민주당 정부에서 준비하여 온 장기 7년 계획 작업을 토대로 1962년 1월에 제1차 경제개발 5개년계획을 마련하였고, 이를 수행할 조직으로 경제기획원을 새로이 신설하였다. 경제개발 5개년 계획이 시작되면서 미국 원조가 급격히 축소되었고, 정부는 투자재원을 마련하기 위하여 고소득층에 대한 중과세, 과세표준 현실화를 단행하였다. 정부는 이러한 과정에서 부족한 재원을 차관도입으로 해결하였다. 1961년도에는 일제시대 제정된 재정법을 예산회계법으로 대체하여 일제강점기 시대의 유산을 청산하였고, 예산의 효율적 활용을 위해 성과주의 예산제도를 1962년에 도입하였다. 경제개발 5개년 계획의 실행으로 국가의 모든 재원이 경제발전에 집중되어 지방재정 등에 대한 관심은 적었다.

1970년대에 들어와 한국 경제는 여러 가지 구조적 전환과제에 직면하게 되었다. 대내적으로는 농업의 상대적 낙후와 공업구조 취약 문제 등 산업구조에서 균형발전이 문제로 제기되었다. 대외적으로는 저임금을 기반으로 한 노동집약적 조립가공업이 임금상승과 기술낙후라는 한계를 나타내기 시작하였다. 경제개발 결과 형평한 분배도 문제로 등장하였다.

1972년에는 제3차 경제개발 5개년계획이 실시가 되었으나, 세계적으로는 스태그플레이션과 석유파동이 있었고, 국내적으로는 과도한 개발정책으로 인플레이션, 환율 상승, 소득격차 심화, 부동산 투자 등의 문제가 있었다. 정부는 이에 대한 대응으로 1972년 8월 3일에 대통령 긴급명령이라는 응급 비상조치를 취했다. 여기에는 지방교부세, 교육교부금, 도로정비부담금 등의 법정교부율 효력을 정지시키는 조치 등도 포함되어 지방재정은 암흑기에 접어들게 되었다. 8·3 조치로 인하여 낙후된 지방에 대한 재정적 지원이 예산편성이라는 정치적인 논리에 의존하게 되어 경제기획원과 내무부 소관의 중앙재정과 지방재정의 협조·조화관계는 크게 손상되었다.

1980년대에는 인플레이션을 극복하는 안정기반 구축이 경제정책의 기본방향이 되어, 재정운용에서는 건전재정 운용 원칙을 중요시되고, 1984년에 예산 동결에서 보는 것처럼 긴축재정운용이 강조되었다. 지방재정에서 다행스러운 점은 1982년 4월에 지방교부세법이 개정되어 8·3조치가 해제되어 낙후된 지방에 대한 재정지원이 제도적으로 보장되게 되었다는 점이다.

1986년부터 시작된 달러, 금리, 유가 등 '3저 호황'으로 한국경제는 연평균 12~13%라는 높은 성장을 유지하고, 경제성장으로 인하여 막대한 세계잉여금이 발생하였다. 국가재정의 여유가 증대됨과 동시에 86아시안게임과 88올림픽게임의 개최를 앞두고, 민주화와 분권에 대한 열망을 정치권이 전격적으로 수용하여, 지방자치시대가 열리게 되었다.

이러한 과정에서 대도시와 지방간 불균형 해소 논의가 활발하였는데, 많은 정치인의 출신지가 지방이었기 때문에, 담배소비세를 지방세로 만들고, 토지초과이득세의 절반을 지방에 이양하고, 도로건설을 위한 지방양여금제도를 신설하여 주세 전액과 교통세의 일부를 지방에 양여하였고 지방교부금을 확충 지원하여 지방자치시대를 열었다.

Ⅳ 지방세 및 지방재정조정제도

1. 지방세

1949년에 제정된 지방세법은 일제강점기에 적용되던 제도를 답습하였다 (지방세연구원, 2019a). 초창기 한국의 지방세제는 집을 표준으로 하여 징수하는 호별세 및 호별세 부가세가 약 40%를 차지하였으며, 그 다음은 지금의 재산세인 가옥세와 가옥세 부가세 및 취득세 등이 비중이 높았다. 1952년 세제개정은 취득세의 비중을 급격히 증가시켰다. 1954년 세법 개정으로 국세부가세인 영업세 부가세 비중이 지방세에서 26%를 차지할 정도로 높아졌다. 1961년까지는 국세와 비교한 지방세 비중은 5~10% 사이였다.

1961년에 제1차 5개년계획을 뒷받침하기 위해 대대적인 지방세제 개편을 단행하였는데, 1961년 국세와 지방세 조정에 관한 법률을 제정하고 지방세 18개 세목을 15개로 정비하고(지방세 중 특별행위세, 어업세, 교통세 등 3개 세목은 국세에 통합), 국세 4개 세목(자동차세, 유흥음식세, 마권세, 농지세)을 지방으로 이양하고, 소득세부가세, 법인세부가세, 재산세, 도시계획세 등 6개 세목을 신설하였다.

이에 따라 지방세 비중이 높아지기 시작하여 1964년에 17.2%까지 상승하였다. 그러나 이를 정점으로 지방세 비중은 다시 낮아져서 1980년대 중반까지 장기간 10~12% 수준 사이에서 맴돌다가 지방자치제 실시에 발맞추어 국세의 지방이양과 지방세제의 개편으로 1989년에 18.9%로 크게 상승하였고 이러한 추세가 지속되어 계속 20~22% 내외의 수준을 유지하게 되었다.

최초의 국세와 지방세의 조정에 관한 법률에서는 지방자치단체가 토지세, 유흥음식세, 재산세, 자동차세, 마권세, 취득세, 도축세, 면허세 등 8개의 독립세로 과세하고, 소득세부가세, 법인세부가세, 영업세부가세 등 3개의 부가세를 과세하고, 기타목적세를 과세하도록 하였다. 또한 국세 중 농지세, 유흥음식세, 자동차세, 광구세 및 마권세는 지방세에 통합하고, 지방세이었던 호별세와 동력세는 폐지하였다.

1966년에는 국세 부가세제도를 폐지하고 이 대신 지방교부세를 통하여 지방정부의 재원규모는 총량적으로 이전과 유사한 규모로 유지하였다. 1973년에는 주민세가 신설되고, 1976년에는 도세부가세 제도가 폐지되고, 등록세가 지방세로 이양(유흥음식세의 부가가치세 흡수 대가)되고, 사업소세가 신설되었다. 이후, 1984년 담배판매세 신설(전매익금 일부의 지방 이양), 1986년 토지과다보유세 신설, 1989년 담배소비세 신설(전매익금 전체 지방 이양), 1990년 종합토지세 시행(토지과다보유세 흡수), 1991년 광역과 기초자치제 실시에 맞추어 도세와 시·군세의 세목체계 개편, 지역개발세 신설, 사업소세 세율조정, 자동차세 탄력세율제도 채택 등, 1999년 주행세 신설, 2000년 지방교육세 신설, 농지세 명칭 농업소득세로 변경이 이루어졌다. 2001년에는 경주·마권세 명칭을 레저세로 변경하였고, 2005년에는 농업소득세 폐지와 부동산 보유세제 개편으로 국세인 종합부동산세가 신설되어 전액이 지방으로 배분되었으며, 2011년에는 지방소비세 및 지방소득세가 도입되고 지방세목이 11개로 단순화 되었다.

이상과 같은 지방세 제도의 변화와 지방자치 이후 지방세 확충을 요약하면 <표 5-2>와 같은데, 지방세 제도 변화가 지방자치실시 이후에 실질적인 지방재정의

〈표 5-2〉 지방세 제도의 변화와 지방자치 이후 지방세 확충

연도	지방세제 변화
1948	미군정하 도세 13개 세목 부읍면세 13개 세목, 교육구 2개 세목
1949	지방세법 제정
1951	전시체제 돌입으로 지방세 축소. 임시지방분여세 도입
1952	부동산취득세를 취득세로 명칭 변경. 지방분여세 도입
1954	국세 부가세 부활, 국세 일부 지방세로 이양
1958	자동차세 국세로 이전. 지방세인 차량세를 폐지하고 자동차세부가세 신설. 지방재정조정교부금 도입
1961	재산세 신설, 소득세부가세와 법인세부가세 신설. 국세 자동차세와 지방세 차량세 통합으로 자동차세를 지방세화. 진 농지세, 자동차세, 유흥음식세, 광구세 및 마권세 지방세 이양. 지방세 중 어업세, 특별행위세, 교통세 등은 국세로 전환. 호별세 폐지. 지방교부세법 제정
1966	국세부가세 폐지
1968	지방교부세법으로 내국세총액의 17.6%. 보통교부세는 16% 특별교부세 1.6%. 현재와 유사한 지방교부세 재원 시작
1972	지방교부세 법정교부세율 폐지
1977	농지임야에 대한 재산세 과세, 등록세와 유흥음식세 교환, 사업소세 신설, 토세 부가세 폐지
1983	지방교부세 법정률 부활. 내국세 13.27%
1985	농지세를 감면. 국세인 전매익금 중 일부를 담배판매세 신설하여 보전. 시군 보통세로 담배판매세를 신설
1986	서울시와 직할시의 구세로 면허세, 재산세, 사업소세를 독립세화. 담배판매세의 세율을 시는 2%에서 22%로, 군을 22%에서 55%로 상향조정

연도	지방세제 변화
1987	경제기획원 최초로 지방교부세라는 용어 사용
1989	지방자치세 실시와 관련하여 국세인 전매납부금, 교육세, 관세, 부가가치세, 방위세와 지방세는 시군담배판세 등 담배관련세제를 담배소비세로 단일화하여 전액 지방세로 이양
1990	종합토지세 시행
1991	지방양여금 신설
1992	지역개발세 신설, 공동시설세를 도세로 변경, 탄력세율제도 도입
1999	주행세 신설
2000	농지세를 농업소득세 명칭변경. 지방교육세 신설. 지방교부세 법정률 15.0%
2001	레저세 명칭변경
2005	종합토지세 재산세와 통폐합. 지방교부세 법정률 19.13%, 분권교부세 및 부동산교부세 신설, 증액교부금 및 지방양여금 폐지
2006	지방교부세 법정률 19.24%
2010	지방소비세 신설, 지방소득세 신설, 농업소득세 폐지. 도축세 폐지 지방세목 11개 세목. 취득세와 취득관련 등록세를 취득세, 재산세와 도시계획세를 재산세, 취득무관련 등록세와 면허세를 등록면허세, 공동시설세와 지역개발세를 지역자원시설세, 자동차세와 주행세를 자동차로로 통합.
2015	분권교부세 폐지, 소방안전교부세 신설
2020	소방안전교부세율 담배 개별소비세 45%
2021	고향세 도입 결정

자료: 지방세 연구원, 2019 지방세 연혁집, 한국지방세 60년사

확충이라기 보다는, 여러 가지 재정제도 변화로 인한 지방세수입의 보전이라는 성격이 매우 강하게 나타나, 재정분권에 대한 주장이 강하게 제기되었다.

2. 지방재정조정제도

한국의 지방재정조정제도는 크게 지방교부세제도와 국고보조금제도(지방양여금 포함)로 구분할 수 있다. 지방교부세는 지방정부가 자유롭게 용도를 변경하여 사용할 수 있으며, 국고보조금은 국가가 사용용도를 지정한다.

지방교부세제도는 1951년 임시지방분여세법에 기초를 두고 있다. 지방교부세

법정률은 1958년까지는 내국세의 2~3%였고, 1961년 말에 지방교부세법이 제정되었지만, 1965까지도 지방교부세 법정률은 한 자릿수의 낮은 수준에 머물러 있었다. 1967년 획기적인 세법개정으로 내국세가 크게 늘고, 1968년 지방교부세법 개정을 통하여 법정률이 내국세의 17.6%로 된 이후, 1970년대 초에는 20% 수준까지 올라갔다. 그러나 1972년 8·3조치로 법정교부율은 일시 중단되고 약 11% 수준으로 되었다가 10년만인 1982년에 다시 부활되면서 법정률은 내국세의 13.27%가 되었다.

지방교부세의 법정률은 지방분권의 추진에 따라 2000년에 13.27%에서 15%로 인상되었다. 2005년에는 지방양여금을 폐지하면서 이의 재원을 지방교부세에 포함시켜 법정율은 18.3%로 인상되었다가, 분권교부세 신설로 법정률을 19.13%로 인상되었고, 2006년에는 분권교부세 규모가 확대되어 지방교부세의 법정률이 현재의 비율인 19.24%로 되었다.

국고보조금 제도에서는 지방자치의 실시와 더불어 지방양여금 제도가 신설되었다. 즉, 지방자치제 실시에 발맞추어 국세 수입의 일부를 지방자치단체에 양여하여 지방자치단체의 재정기반을 확충하고 지역간의 균형발전을 도모하기 위하여 1991년에 신설된 지방양여금은 지속적으로 양여 규모가 확대되어, 1991년에 0.6조원 규모였던 양여금 규모가 2003년에 4 .9조원 수준으로 증가하였으며, 지방사업에 대한 국고보조금 지원규모도 1990년 2조원에서 2003년 예산에서는 11.2조원으로 증가하였다.

그러나 지방양여금은 국고보조금 사업과의 중복 등의 이유로, 지방양여금은 2005년에 폐지되어, 재원은 지방교부세에 일부 포함되고, 일부는 도로분으로 몇 년간 지속되었다. 한편, 지방양여금은 폐지되었지만, 국가균형발전을 위하여 2005년에는 국가균형발전특별회계가 도입되었다.

정부는 2009년 국가균형발전특별법의 개정과 함께 국가균형발전특별회계를 광역·지역발전특별회계로 개편하면서, 지역개발사업의 투자효율성을 제고하기 위해 지역개발사업계정 내 200여개 사업을 24개 포괄보조사업으로 재편하고 지방자치단체의 실질적 자율성을 확대하기 위해 재원의 용도를 포괄적으로 지정하는 포괄보조금 제도를 도입하였다.

2015년에는 기존의 광역경제권이 행정구역 중심의 인위적 설정으로 인해 정책

효과를 체감하기 어렵다는 지적에 따라 지역발전특별회계로 명칭을 변경하고 지역개발계정, 광역발전계정을 각각 생활기반계정, 경제발전계정으로 변경하였다. 2018년에는 국가균형발전특별법의 개정과 함께 국가균형발전특별회계로 명칭을 변경하고, 생활기반계정, 경제발전계정을 각각 지역자율계정, 지역지원계정으로 변경하고 국가균형발전위원회의 역할을 강화하였다.

2022년 예산기준으로 국가균형발전특별회계 현황을 살펴보면, 4개 계정(지역자율계정, 지역지원계정, 세종특별자치시계정, 제주특별자치도계정)에 8개 사업군으로 구성되어 있으며, 총 10.3조원 규모로 운영되고 있다. 계정별로는 지역자율계정 2.3조원, 지역지원계정 7.6조원, 세종특별자치시 및 제주특별자치도계정이 0.2조원 및 0.3조원 규모이다.

지방교부세 제도에서도 재원이 열악한 지역의 재원확충은 적고, 여러 가지 지방재정 조정제도의 변화에 따른 재원 이전이 주요한 제도 변화로 볼 수 있다. 결국 지방세와 지방재정 조정제도의 변화에서 실질적인 재정분권이라기 보다는 재정제도 변화에 따른 제도 보완으로 볼 수 있다.

V 재정분권

1. 지방분권의 전제로서 재정분권

지방자치실시 이후, 지방분권과 관련하여, 정부는 1999년에 중앙행정기관 권한의 지방자치단체 이양을 위하여 재정분권보다는 자치분권에 초점을 둔 중앙행정권한의 지방이양촉진 등에 관한 법률을 제정하였다. 2004년에는 지방분권특별법을 제정하고, 2008년에 지방분권특별법을 전부 개정하여 지방분권을 효율적으로 추진하기 위한 지방분권촉진에 관한 특별법을 제정하였으며, 2013년에는 지방분권촉진에 관한 특별법과 지방행정체제 개편에 관한 특별법을 통합하여 지방분권 및 지방행정체제개편에 관한 특별법을 제정하였다.

2018년에 정부는 강력한 자치분권 추진을 위하여 지방자치분권 및 지방행정체제개편에 관한 특별법을 제정하여 새로운 자치분권 추진체계로서 자치분권위원회를 신설하였다. 지방자치분권 및 지방행정체제개편에 관한 특별법 제2조 제1호에서는 지방자치분권 또는 자치분권을 국가 및 지방자치단체 권한과 책임의 합리적 배분으로 기능 조화를 달성하고, 지방정부의 정책결정 및 집행과정에서 주민의 직접적 참여 확대로 정의하였다.

자치분권 또는 지방분권을 실시하기 위해서는 일반적으로 행정분권(의사결정의 권한 분산), 재정분권(Fiscal Decentralization), 정치분권이 요구된다 (Kis-Katos·Sjahrir, 2017). World Bank(2003)와 같은 세계 기구와 많은 연구는 지방분권이 민주적 거버넌스, 공공서비스 공급의 효율성과 효과성, 책임성 향상, 지방정부의 자치권과 재량권 제고로 주민의 신뢰성 및 만족도 제고, 분배 향상으로 인한 민주성 확보 등을 긍정적인 영향을 주는 것으로 파악하고 있다 (Faguet, 2004; Alatas et al., 2012). 그러나 지방정부가 재정적 자치권을 가지지 못하면 분권화는 실패하며, 외부효과 있는 경우와 지나친 지역간 경쟁이 있는 경우에도 실패한다 (Treisman, 2007). 지방분권의 전제로서 재정분권이 성공하기 위해서는 지역의 선호가 이질적이며 공공재의 외부효과가 없어야 한다 (Oates, 1972; Besley·Coate, 2003).

2. 재정분권의 정의

재정분권은 지출과 세입의 책임을 아래의 정부로 이전하는 것으로 정의되는데 (World Bank, 2001; Aslim·Neyapti, 2017), 분권을 위해서는 지방정부가 독립재원 또는 이전재원 등 충분한 세입을 가져야 하며 지출에 대한 결정권도 가져야 한다. 재정분권은 지방세 및 수수료 확충, 이전재원 확충, 지방채 발행 자율권 부여 등을 통하여서도 이루어진다. 재정분권은 크게 세출분권과 세입분권으로 구분될 수 있다.

세출분권은 중앙정부 또는 연방정부를 제외한 하위정부(subnational: 연방제 국가에서 연방정부 이외 정부)가 지출 배분 결정에서 보다 자율성을 가지는 것으로 정의된다. 세출분권을 측정하는 지표로서는 1) 지방정부 총지출에서 지방정부 자체수입지출이 자치하는 비중, 2) 중앙정부총지출 대비 지방정부총지출 비율, 3) 국방비, 사회보장 지출을 제외하고 총정부지출에서 지방정부 지출이 차지하는 비중, 4) 지방정부 경상이전 지출 비율 등으로 측정될 수 있다.

세출분권이 강조되는 것은 지방정부가 중앙정부의 의무지출을 지방이 단순 집행하거나, 지출에 대한 세부적인 중앙통제는 부적절하기 때문이다. 세출분권을 달성하기 위해서는 상위정부의 감시 및 지방정부 재정성과보고에 기반을 둔 투명성과 책임성이 필요하다. 한국의 경우는 세출분권에 대한 관심이 상대적으로 적었다.

세입분권은 1) 지방정부 총세입에서 자체수입이 차지하는 비중, 2) 지방정부 총세입이 중앙정부 총세입에서 차지하는 비중, 3) 총정부수입에서 지방정부수입이 차지하는 비중, 4) 지방정부 자체수입이 총정부수입에서 차지하는 비중 등으로 측정되며, 지방정부는 지역의 수요에 독자적이고 자율적으로 대응하기 위한 일정 정도 이상의 세입이 필요하다는 의미로 해석된다.[1]

하위정부의 세입은 사회복지 등 세출책임에 비하여 매우 적기 때문에, 이전재원, 국세에 대한 부가세, 판매세 등이 활용될 수 있다.

3. 일본과 영국의 지방재정 최근 변화

일본의 재정제도는 역사적인 관계에서 한국과 유사한 점이 많이 있다. 일본의 국세와 지방세 비중이 2020년 6:4이며,[2] 세출은 4:6으로 지방이 더 많은 지출을 하고 있다는 것은 재정분권 추진의 배경으로도 작용하였다. 현재 일본의 지방재정은 최근 코로나 19로 인한 지방세 및 지방교부세 재원이 되는 국세 5세(소득세, 법인세, 주세, 소비세, 지방 법인세)의 감소로 큰 어려움을 겪고 있지만 사회복지비의 증가로 재원부족액이 2020년에는 10.1조엔에 이르고 있고,[3] 2022년에는 지방재정 차입금은 193조원으로 GDP 대비 34.6%가 될 전망이다.

국세와 지방세의 비중에서는 지방세 비중이 감소하고 있지만, 일본의 일반재원

1 http://www1.worldbank.org/publicsector/decentralization/fiscal.htm

2 https://www.soumu.go.jp/main_sosiki/c-zaisei/
그러나 1998년 결산 기준 국세와 지방세의 비중은 58.8: 41.2였다가, 2009년 결산 기준 국세와 지방세의 비중은 53.4: 46.6으로 지방세 비중이 최대로 되었다가 이후 감소하여, 2018년 결산기준으로 국세와 지방세 비중은 61.2: 38.8가 되었다.

3 일본 지방법인세에는 법인주민세와 법인사업세가 있는데, 국세인 법인세액의 12.9%가 법인주민세의 법인세할이고 4.4%는 국세인 지방법인세이다.

구성에서 지방세가 차지하는 비중은 지방교부세의 감소로 증가하고 있다. 일반재원에서 지방세의 비중은 2013년 63.6%에서 2018년 67.8%로 증가하였고 지방교부세는 같은 기간 31.6%에서 27.5%로 감소하고 있다.

영국의 경우 2008/2009회계연도 카운슬세가 지방정부 총수입에서 차지하는 비중이 16.1%, 자체수입이 총수입에서 차지하는 비중이 30.4%였으나, 2019/2020회계연도에는 카운슬세가 지방정부 총수입에서 차지하는 비중이 19.0%, 자체수입이 총수입에서 차지하는 비중이 44.0%가 되었다.[4]

자체수입의 증가는 사업용레이트 제도가 2013년 4월에 변화되어 지방정부가 징수액의 절반과 추가증가액을 자체수입으로 가지게 되는 레이트제도수입(Retained Income from Rate Retention Scheme)이 도입된 결과이다. 이는 지방자치단체에 더 많은 자유 재량을 부여하고 지방자치단체가 지역 민간 부문 성장과 지역 경제 성장을 지원하도록 하기 위하여 사업용레이트의 지방세화 검토가 이루어진 결과이다.

4. 재정분권의 국제 비교

한국의 재정분권 수준을 국제적으로 비교하여 보기 위하여, 1995년부터 2018년까지 지방세가 GDP에서 차지하는 비중과 조세에서 지방세가 차지하는 비중을 OECD 국가별로 그려보면 다음의 [그림 5-2]와 [그림 5-3]과 같다. 그림에서 실선은 OECD 국가의 평균을 나타내며, 개별 국가의 값은 점으로 표시되었다. 지방세가 GDP에서 차지하는 비중은 덴마크, 스웨덴, 캐나다, 독일 등에서 높게 나타나고 있으며, 그리스, 남아공, 네덜란드, 뉴질랜드, 룩셈부르크, 리투아니아, 멕시코, 슬로바키아, 아일랜드, 에스토니아, 영국, 오스트리아, 이슬라엘, 체코, 칠레, 터키, 포르투갈, 헝가리 등에서는 지방세가 GDP에서 차지하는 비중이 낮게 나타나고 있다. 한국의 경우는 평균에 근접하고 있다.

지방세가 조세에서 차지하는 비중을 보면, 덴마크, 독일, 미국, 브라질, 스웨덴, 스위스, 아이슬란드, 일본, 캐나다, 핀란드 등이 높으며, 그리스, 남아공, 네덜란드, 뉴질랜드, 룩셈부르크, 리투아니아, 멕시코, 슬로바키아, 아일랜드, 에스토니아, 영국, 오스트리아, 이스라엘, 체코, 칠레, 터키, 포르투갈, 헝가리 등에서 낮게

4 DGLG(2009)와 MHCLG(2021)의 통계를 기반으로 작성된 것이다.

[그림 5-2] 지방세 GDP 대비 비중

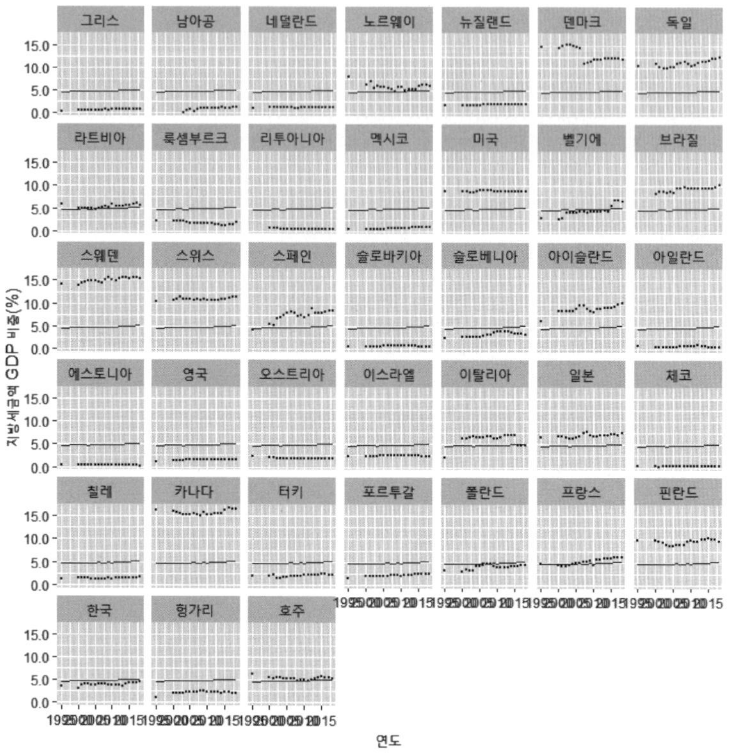

자료: https://www.oecd.org/tax/federalism/fiscal-decentralisation-database/

나타나고 있다. 한국의 경우는 어떠한 비중으로 보아도 중간적인 위치에 해당하고 있다.

지방정부 지출이 GDP에서 차지하는 비중을 보면 남아공, 덴마크, 미국, 스웨덴, 스위스, 스페인, 핀란드, 호주 등이 높으며, 그리스, 뉴질랜드, 리투아니아, 슬로바키아, 슬로베니아, 아일랜드, 영국, 포르투갈, 프랑스, 헝가리 등이 낮게 나타나고 있다. 한국의 경우는 평균에 근접하고 있다. 지방정부의 지출이 일반정부 지출에서 차지하는 비중을 보면, 남아공, 덴마크, 미국, 스웨덴, 스위스, 스페인, 핀란드, 호주 등이 높으며, 그리스, 뉴질랜드, 리투아니아, 슬로바키아, 슬로베니아, 아일랜드, 영국, 포르투갈, 프랑스, 헝가리 등이 낮게 나타나고 있다. 한국의 경우는 비교적 높게 나타나고 있다.

[그림 5-3] 조세 중 지방세 비중

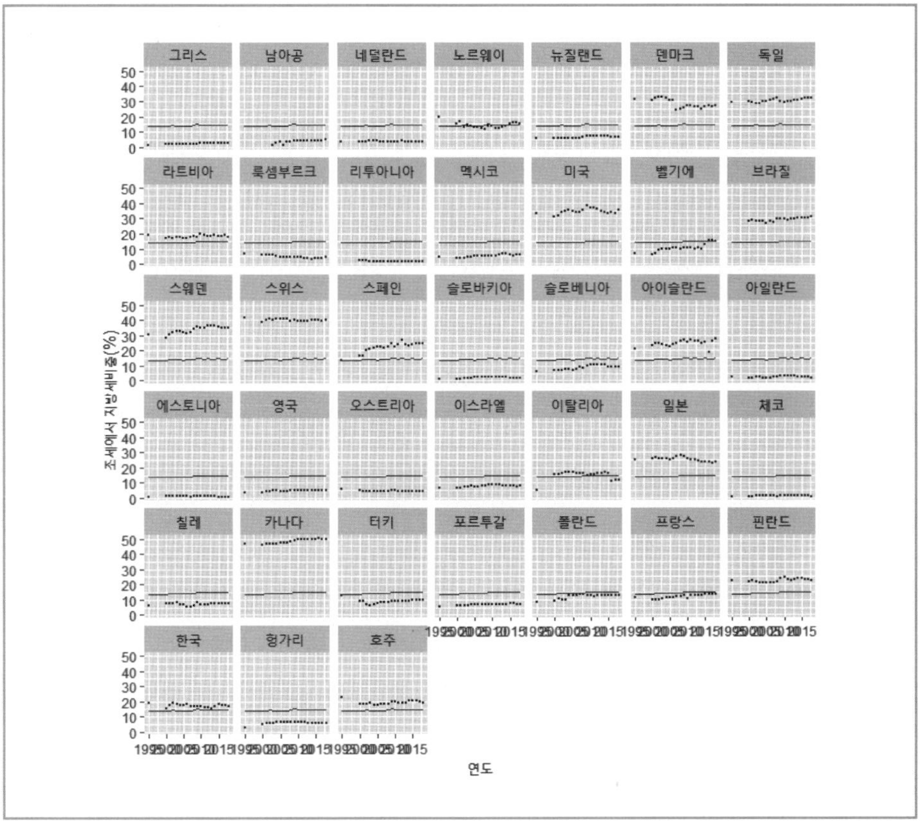

자료: https://www.oecd.org/tax/federalism/fiscal-decentralisation-database/

도허티(Dougherty Phillips, 2019)는 OECD 국가의 의료, 교육, 장기요양, 교통, 주택에 관한 지출분권화 연구를 통하여 정책자율성, 예산자율성, 투입자율성, 산출 및 모니터링 등 4가지 측면에서의 지출분권수준을 발표하였는데, 캐나다는 0.995로 가장 분권적이었으며 슬로베니아는 0.198로 가장 집권적이었다. 한국의 경우는 지표값이 0.503으로 하위권으로 분류되고 있는데 앞으로 한국의 경우는 정책자율성, 예산자율성, 투입자율성, 산출 및 모니터링 측면의 세출분권이 더욱 필요함을 시사하고 있다.

[그림 5-4] 지방정부 지출 GDP 대비 비중

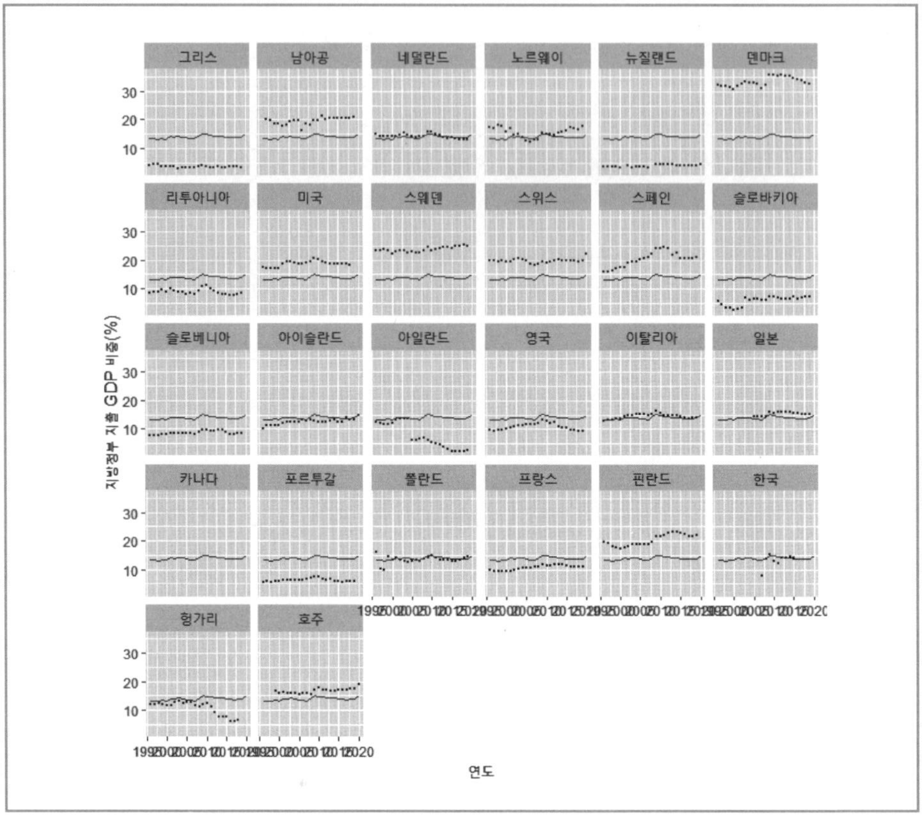

자료: https://www.imf.org/en/Data

5. 한국 재정분권의 추진

역대 정부에서는 지방분권을 시대적 요구로 보고, 분권의 추진을 위한 다양한 정책을 추진하여 왔다 (정부혁신지방분권위원회, 2007). 역대 정부의 재정 분권추진은 다음과 같이 요약할 수 있다.

김대중 정부(1998년~2003년)에서는 지방교부세율 인상, 주행세 도입, 지방교육세 신설 등의 세입확충이 이루어졌지만, 주행세는 자동차세 감소에 대한 보전, 지방교육세는 지방교육청 전출 과목의 명칭 변경이었기 때문에 실질적인 재원확충은 아니었다. 반면 지방교부세율 인상은 비록 총선용 선심이라는 비판도 있었지만, IMF 위기 이후 발생한 전국적인 지방세수 감소에 대한 대응으로 인한 실질적

[그림 5-5] 지방정부 지출 일반정부 비중

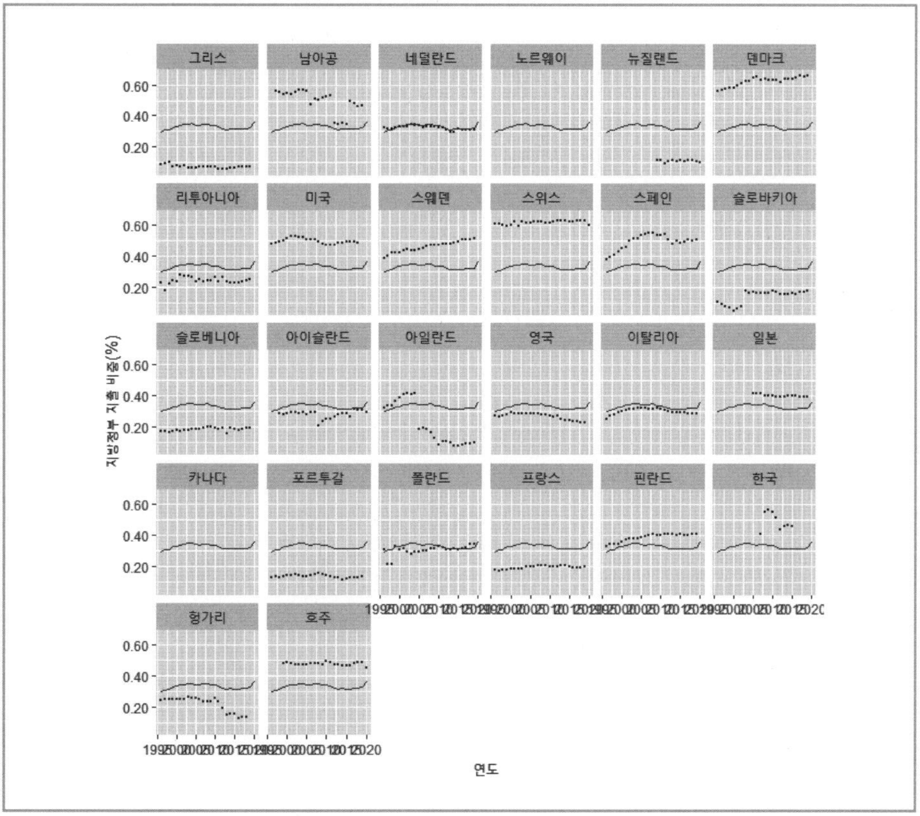

자료: https://www.imf.org/en/Data

[그림 5-6] 한국 세출분권 수준

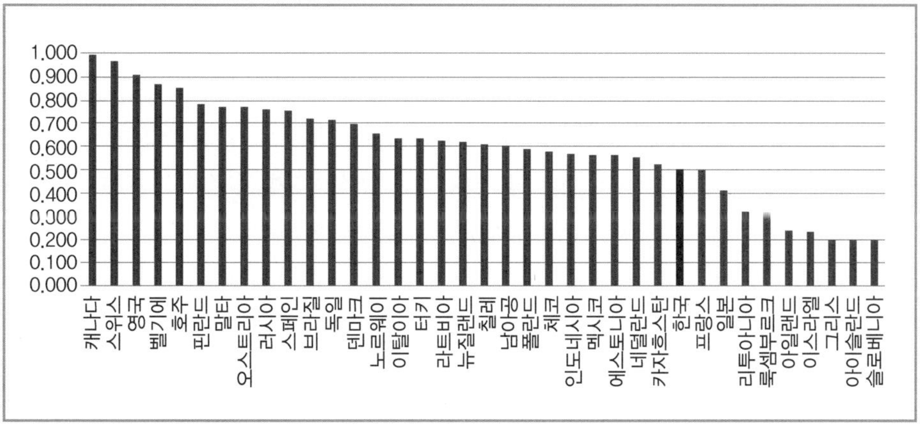

자료: Dougherty Phillips(2019)

인 재원 확충으로 볼 수 있다.

노무현 정부(2003년~2008년)에서는 세입분권에서는 지방재정력확충 및 불균형 완화와 지방세정제도 개선을 세출분권에서는 국고보조금정비, 예산편성지침 폐지, 지방채 발행승인제 개선, 지방재정평가 강화, 복식부기 회계제도 도입, 재정투명성 강화 등을 재정분권의 목표로 설정하고, 국고보조사업의 정비와 지방교부세율 인상 등이 추진되었고, 세출분권의 일환으로 재정공시제도 도입, 지방채발행총액한도제 등이 시행되었다. 다만, 너무 혁신적인 제도가 단기간에 도입되어 정책상의 혼란이 있었다.

이명박 정부(2008~2013년)는 지방세 세목체계 간소화 등 지방세 구조 개편을 추진하면서도 지방재정 확충을 위해 지방소득세와 지방소비세를 신설(2010년)하였고, 화력발전에 대한 지역자원시설세를 신설하였으며, 재정불균등 완화를 위하여 수도권의 지방소비세 세수 35%를 재원으로 하는 지역상생발전기금을 신설하였다. 지방소득세와 지방소비세는 국제금융위기를 극복하는 과정에서의 취득세율 인하에 대한 재원보전 측면에서 실행되었다. 지방세가 확충되면서 나타나는 지역불균형을 완화하기 위한 지역상생발전기금의 신설은 앞으로 한국의 재정분권에 많은 시사점을 주고 있다.

박근혜 정부(2013~2017년)는 지방소비세율 인상, 지방재정격차 완화, 국고보조율 매칭 부담 완화 등을 지방재정 관련 국정과제로 선정하고, 취득세율 인하에 따른 보전으로 지방소비세율 인상을 단행하고, 담배소비세율 인상 및 담배분 개별소비세의 20%로 소방안전교부세를 신설하고, 경기지역 재정불균등 완화를 위하여 특별재정보전금 제도를 폐지하였으며, 한시적으로 운영되었던 분권교부세를 폐지하였다.

문재인 정부는 지방소비세 및 지방소득세 인상, 법인세, 부동산분 양도소득세 등의 지방세 전환을 통한 국세와 지방세의 비율 개선, 지방세 전환에 따른 지방교부세 재원의 총량 규모 유지, 사회복지 국고보조사업의 국가 환원 등 강력한 재정분권 추진을 천명하면서 출발하였다. 현재까지 지방소비세율 인상, 중앙정부 기능이양소방안전교부세 확대 등의 1단계(2019~2020) 재정분권이 추진되었으며, 2단계(2021~2022) 재정분권이 지방소비세율 확대 등으로 발표되었고, 세출분권에 관하여 코로나 19 대응을 위한 지방공사채 발행한도 확대, 예산 편성 과정상 제한

〈표 5-3〉 역대 정부의 재정분권 추진 내용

연도	재정분권 추진 내용
2000	IMF 위기로 지방세수 급감에 대한 보전책으로 지방교부세율 13.27%에서 15%로 인상 (총선용이라는 비난). 한미 자동차세 협상에 따른 자동차세 감소분 보전으로 교통세액 3.2%를 주행세로 전환. 농지세를 농업소득세로 변경.
2001	교육세의 일부를 지방교육세로 전환 (지방재정수입 증가 없이 교육청으로 전출)
2002	제주국제자유도시특별법 제정, 소싸움 경기투표권을 레저세 과세대상으로 추가
2003	정부혁신지방분권위원회 구성, 지방분권 5개년계획 수립, 국가균형발전위원회, 정부혁신지방분권위원회 설치
2004	국가균형발전특별회계 설치
2005	지방양여금 제도 폐지로 도로정비사업 및 지역개발사업재원에 해당하는 2.8%는 지방교부세율 인상에 반영하고, 여기에 추가적으로 0.5p%를 더하여, 지방교부세율은 18.3%로 인상. 과거 지방양여금 사업 중 농어촌 지역개발사업 재원은 국가균형발전특별회계로 전환. 국고보조사업 지방이양에 따른 재원 이전으로 내국세 총액의 0.83%를 분권교부세로 신설. 사업별 예산제도를 도입, 원자력발전에 대한 지역개발세 신설
2006	부동산교부세 신설. 담배소비세율 인상. 담배소비세 확충 효과 미흡에 대한 보전으로 분권교부세율 0.94%로 인상. 재정공시제도 도입, 지방채발행총액한도제 시행
2010	지방소비세, 지방소득세 도입, 지역상생발전기금 도입, 광역지역발전특별회계명칭 변경
2011	세목 통합. 지방재정부담심의위원회 설치. 농업소득세, 도축세 폐지.
2012	화력발전에 대한 지역자원시설세 신설
2013	지방소비세 재원을 부가가치세 수입의 11%로 확대
2014	지방소득세 독립세화, 담배소비세 과세대상 확대
2014	조정교부금 제도 개선
2015	담배소비세 인상, 담배분 개별소비세 20% 소방안전교부세 도입. 분권교부세 폐지
2019	지방소비세 재원을 부가가치세 수입의 15%로 확대
2020	지방소비세 재원을 부가가치세 수입의 21%로 확대, 소방안전교부세율 담배 개별소비세 45%
2021	고향세 도입 국회 본 회의 의결 (2023년 1월 시행)
2022	지방소비세 재원을 부가가치세 수입의 23.7%로 확대, 지방소멸대응기금 1조원, 국고보조율 상향
2023	지방소비세 재원을 부가가치세 수입의 25.3%로 확대

자료: 지방세 연구원(2019a; 2019b), 행정안전부(2021), 신문기사 등에서 재정리

완화, 재정집행 자율성 확대, 통계 작성 부담 감소등 자율성 확대 방안도 발표되었다 (행정안전부, 2021). 또한 2021년에는 비거주 지방자치단체 기부금에 대한 세액공제와 답례품 혜택이 주어지는 고향세법이 통과되어 2023년 시행되게 되었다.

VI 재정분권의 과제

지방재정과 관련하여 문재인 정부에서는 출범 당시에 강력한 재정분권의 실시로 소위 이할자치 시대의 국세와 지방세 비율인 8대2를 7대3으로 낮추고 향후 6대4로 가는 기틀을 마련할 계획이었다. 지방자치단체 입장에서는 내심 지방세 비중이 40%까지 증가할 것이라는 기대감에 부풀었었다. 2021년 발표된 제2단계 재정분권에서는 부가가치세에서 지방소비세가 차지하는 비율을 현재 21%에서 2022년 23.7%, 2023년 25.3%로 인상하여 2023년까지 총 4.3%포인트 인상하였지만, 현재로서는 국세와 지방세 비율을 7대3으로까지 끌어올리지 못했다. 2021년 국세가 회복되고 부동산 경기가 침체되는 경우에는 국세와 지방세 비율은 더욱 더 7대3에서 멀어질 전망이다.

국세의 지방세로의 이양은 기획재정부의 강력한 반대가 있었기 때문에 어려운 이유도 있었지만, 지방소비세율이 증가되면서 지방자치단체에 미치는 영향이 복합적으로 작용하여 왔기 때문에 일부 지방자치단체에서 재정분권의 추진 방식에 의문을 제기하면서 국세의 지방세로의 이양이 크게 이루어지지 못한 탓도 있다. 다시 말하면, 다음의 [그림 5-7]에서 보는 바와 같이 재정분권의 추진으로 서울과 경기의 팽창이 두드러져 부익부 빈익빈이 나타나면서 지방세 확대에 대한 반대 의견이 많이 제기되었다. 문재인 정부에서 재정분권 추진 결과로 부익부 빈익빈 현상이 발생하였기 때문에 앞으로 균형발전이라는 과제가 지방재정에서 매우 중요해질 전망이다.

[그림 5-7] 광역별 예산 추이

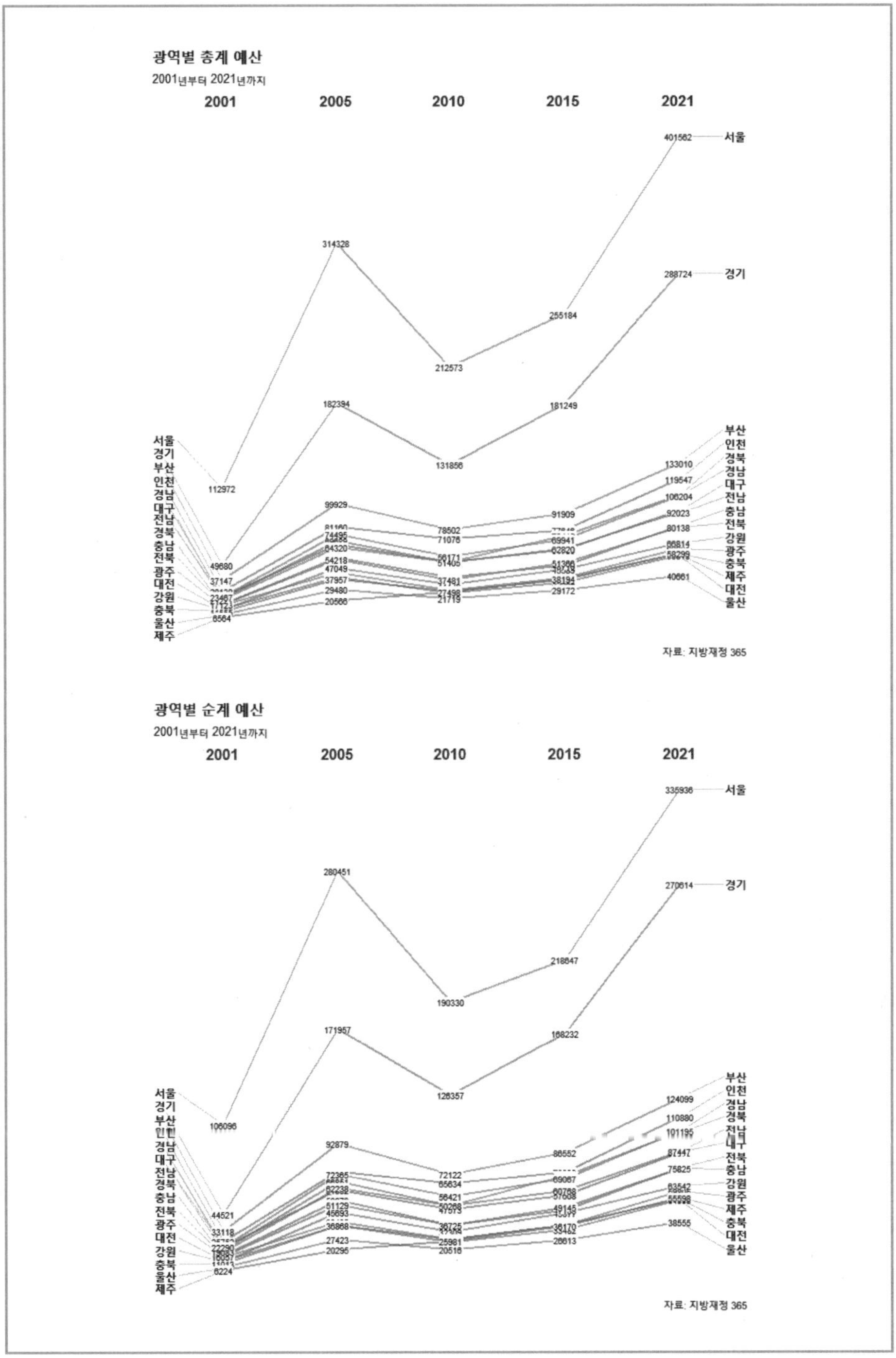

〈표 5-4〉 균특회계의 수도권 및 비수도권 예산 배분

연도	수도권	비수도권	수도권비중	비수도권비중
2008	0.8	8.0	9.3%	90.7%
2009	0.9	9.1	9.4%	90.6%
2010	1.1	8.5	11.8%	88.2%
2011	1.1	8.4	11.3%	88.7%
2012	1.0	8.4	10.6%	89.4%
2013	1.0	8.5	10.2%	89.8%
2014	1.0	8.2	11.1%	88.9%
2015	1.3	8.8	12.9%	87.1%
2016	1.4	9.2	13.1%	86.9%
2017	1.4	9.3	13.1%	86.9%
2018	1.4	9.6	12.8%	87.2%
2019	1.6	11.0	12.5%	87.5%
2020	1.4	7.0	17.0%	83.0%
2021	1.6	7.6	17.7%	82.3%

자료: 행정안전부 지방재정 365

지역간 균형발전을 위한 목표로 중앙정부는 2005년 5.4조원 규모로 국가균형발전특별회계(이하 균특회계)를 설치하여 운영하여 오고 있다. 그런데 최근 재정분권을 추진하면서 균특회계의 재원 규모와 세출 영역에 변화가 생겼고, 이러한 변화가 국가 균형발전에 저해가 된다는 지적이 많이 일고 있다. <표 5-4>에서 보는 것처럼 수도권의 균특회계 예산은 2008년 0.8조원에서 2021년 1.6조원으로 증가한 반면, 비수도권은 2008년 8.0조원에서 7.6조원으로 감소하고 있다. 현재, 화성과 평택 인구증가로 수도권 인구가 전국 인구의 50%가 넘어 서고 있는 것에서 알 수 있듯이, 균특회계 하나로는 수도권 집중을 막을 수 없지만, 균특회계가 균형발전을 위한 노력을 해야하는 것은 분명하기 때문에 이러한 재원배분은 균형발전의 관점에서 바람직하지 않다.

앞으로는 국가균형발전특별회계 예산 배분에서는 초점을 창의적인 포괄사업에 두기보다는 국가균형발전을 위한 불균등 해소에 초점을 두어야 한다. 이를 위

하여 국가균형발전특별회계 예산 배분에서 자치단체를 광역, 시, 군, 구로 구분한 뒤, 균형발전의 목표가 되는 여러 지표에 부합하는 예산 배분을 하여 균형발전에 대한 노력을 더욱 경주하여야 한다. 여기에서 사용되는 지표는 재정자립도를 기본으로 하되, 사업의 성격에 따른 적절한 지표에 의한 복합지표 구성에 의한 배분도 고려하여야 한다.

특히 균형발전을 위한 재원 배분에서는 국가균형발전특별회계 예산의 10% 정도는 재정력이나 복합지표가 낮은 곳 (가령 하위 60%)만 재원을 배분 받는 제도를 도입하여야 할 것이다.

끝으로, 한국의 재정분권은 현재까지 세입분권에 초점이 맞추어져 있었으나, 이제는 세출분권에 관심을 가져야 한다. 세출에 있어서 세출 책임을 명확히 하여야 책임성, 생산성 향상과 중복을 피할 수 있고, 공공서비스의 비용과 편익의 명확한 연계를 위하여 세출의 책임은 공공서비스 결정의 편익과 비용을 내재화하는 지리적 영역과 일치하는 것이 원칙이어야 한다. 지출에 대한 세부적인 중앙통제는 부적절하며, 보다 상위정부의 감시 및 지방정부 재정성과보고에 기반을 둔 투명성과 책임성이 필요하다. 또한, 한국의 경우는 정책자율성, 예산자율성, 투입자율성, 산출 및 모니터링 측면의 세출분권이 더욱 필요하다.

제6장 지방분권 추진주체

▶▶▶ 김순은

I 서론

지방자치가 부활된 1991년에는 자치단체의 권한 등에 관심을 갖기보다는 지방자치를 우선 실시하고 보자는 분위기였다. 불완전제도임에도 불구하고 지방자치가 서둘러 재개된 배경이다 (김순은, 2021a). 지방자치가 부활된 이후에는 점차 자치단체의 권한이 중요함을 인식하게 되었는데 이는 한국이 오랫동안 중앙집권 체제 하에서 운영되었기 때문이다.

처음으로 지방분권의 필요성을 인식하고 제도화한 정부가 김대중 정부이다. 김대중 대통령은 지방자치의 부활뿐만 아니라 지방분권의 관점에서도 역사적 족적을 남겼다. 김대중 대통령의 단식이 지방자치의 부활에 중대한 계기가 되었고 김대중 정부가 처음으로 지방분권을 위한 제도적 토대를 마련하였기 때문이다. 그 이후 노무현, 이명박, 박근혜, 문재인 정부에 들어 관련된 법률을 개정하면서 정책적 비중에는 차이가 크지만, 지방자치와 지방분권(이하 자치분권)이 이어져 왔다.

김대중 정부는 1999년 1월 '중앙행정권한의 지양이양 촉진 등에 관한 법률(이하 지방이양촉진법),' 노무현 정부는 2004년 '지방분권특별법,' 이명박 정부는 2008년 '지방분권 촉진에 관한 특별법(이하 지방분권촉진법)'과 2010년 '지방행정체제 개편에 관한 특별법(이하 지방행정체제개편법),' 박근혜 정부는 2013년 '지방분권 및 지방행정체제개편에 관한 특별법(이하 지방분권행정체제개편법),' 문재인 정부는 2017년 '지방자치분권 및 지방행정체제개편에 관한 특별법(이하 지방자치분권행정체제개편법)'을 제정하였다. 각 법들은 지방분권의 목표와 원칙 및 내용뿐만 아니라 추진기구에 관한 내용을 규정하고 있다.

추진기구는 자치분권 정책의 핵심적인 집행자였다. 개혁적 정책이 성공을 거두기 위해서는 다양한 요인이 순기능적으로 작동하여야 한다. 여기에는 정책설계와 관련된 요인, 정책결정자 및 정책 관련 집단의 지지 등의 요인, 환경적 요인 및 정책집행 주체와 관련된 요인이 포함된다 (김순은, 2004). 이 중에서도 정책집행자의 추진의지와 노력, 전략 등은 정책의 성과에 매우 중요하다.

지난 5개 정부 하에서 구성된 추진기구들은 제도상 매우 유사한 성격을 띠고 있지만 추진의지와 성과적인 측면에서는 커다란 차이를 보였다. 이에 이 글은 김대중 정부부터 문재인 정부까지 구성되었던 자치분권의 추진기구들을 비교·분석하였다.

Ⅱ 추진기구의 위상 및 성과비교의 틀

김대중 정부 이후 문재인 정부까지 자치분권 성과는 매우 차이가 크다. 이러한 차이는 다양한 용인이 복합적으로 작용하였기 때문이며, 중요한 변수 중 하나가 추진기구에 관한 요인들이다.

정책학의 관점에서 볼 때 추진기구는 정책 내용의 수단에 해당한다. 정책의 성공적 집행을 위하여 강제력의 동원, 인센티브의 제공 등의 수단이 사용된다. 그러나 5개의 정부가 추진한 자치분권은 추진기구의 변화를 통하여 달성하려고 하였다 (김순은, 2020a).

우선 추진체제의 추진기구의 특성과 크기, 정책적 의지, 기능 및 권한의 변화를 중심으로 추진체계를 비교분석하였다. 정책적 의지는 정책집행의 과정에 매우 중요한 변수이다. 주로 대통령 등 정책결정자의 의지가 집행의 추진기구를 통하여 반영된다. 일본의 지방분권도 지방분권추진위원회의 추진의지가 크게 좌우하였다. 특히 모로이 위원장의 리더십이 성과와 매우 밀접한 함수관계에 있음을 보였다 (西尾, 1999). 다음으로 추진기구의 크기는 회의의 효율성 및 민주성과 매우 밀접하다. 특히 추진기구가 위원회일 경우 위원의 수가 많으면 다양한 의견을 반영할 수 있어 민주성에서 유리하지만, 회의 시간의 과다로 소비로 효율적 진행이 어려울 수도 있다. 일본 지방분권추진위원회는 7명으로 구성하였다. 세 번째의 요인은 추진기구의 기능과 권한이다. 적절한 기능과 권한을 갖추고 있어야 정책목표를 달성하는데 유리하므로 추진체제의 기능과 권한은 정책과정의 중요한 수단이다.

이와 함께 각 추진기구들이 달성한 성과를 비교분석하였다. 성과의 지수로서는 자치분권 관련 법제가 예시하고 있는 추진과제, 사무이양방식, 특별지방행정기관의 정비, 대도시 특례, 자치경찰, 자치교육, 재정분권, 중앙-지방관계, 주민자치 등을 선정하였다.

Ⅲ 정부별 추진기구의 특성비교

1. 추진기구의 크기 및 특성

1) 김대중 정부의 추진기구

김대중 정부는 1999년 1월 지방이양촉진법을 제정하여 1991년부터 1998년까지 지방이양을 담당하였던 지방이양합동심의회의 활동을 제도적으로 개선하였다. 지방이양촉진법에 따라 지방이양의 추진기구로서 지방이양추진위원회를 설치하였다. 지방이양추진위원회는 자치분권을 담당하였던 최초의 법적 기구였다.

지방이양추진위원회는 국무총리, 행정자치부 장관, 기획예산처 장관, 국무조정실장, 법제처장 등 5명의 당연직 위원과 대통령이 위촉하는 민간위원, 국가공무원, 지방공무원 등 15명 총 20명으로 구성하였다. 단, 민간위원의 수가 과반수가 되어야 했다. 위원장은 국무총리와 대통령이 위촉한 민간위원 위원장으로 공동위원장 체제였으며 초대 민간위원장은 학계의 원로이신 김안제 서울대 교수가 임명되었다. 김대중 정부 내에 2회에 걸쳐 구성되었다(<표 3-1> 참조).

지방이양추진위원회는 김대중 정부에서 설립된 이후 제4기에 걸쳐 2008년 8월 종료되었다. 이명박 정부가 지방분권촉진법을 제정할 때까지 활동하였다. 자치분권의 효율성과 효과성 제고를 위하여 지방이양추진위원회를 대통령 소속으로 설

〈표 6-1〉 역대 위원회 위원구성 현황

추진기구	위원의 구성
지방이양 추진위원회	20명 – 위촉직 위원(15) 대통령 위촉위원, 국가공무원 및 지방공무원 – 당연직 위원(5) 국무총리(민간위원과 공동위원장), 행자부·기획예산처 장관, 국무조정실장, 법제처장
정부혁신 지방분권위 원회	20명 이상 30인 이내 – 위촉직 위원(18) – 당연직 위원(7) 재정경제부 장관, 대통령비서실 정책실장, 행자부·정통부·기획예산처 장관, 중앙인사위원회위원장, 국무조정실장 ※ 자치단체장, 지방의원(4) ※ 위원장이 위원으로 지명하여 회의참석
지방분권 촉진위원회	10명 – 위촉직 위원(8) 대통령2, 국회의장2, 지방4대협의체4 추천 – 당연직 위원(2) 행안부·기재부장관
지방행정체 제 개편추진위 원회	27명 – 위촉직 위원(24) 대통령6, 국회의장10, 지방4대협의체8 추천 – 당연직 위원(3) 행안부·기재부장관, 국무조정실장
지방자치 발전위원회	27명 – 위촉직 위원(24) 대통령6, 국회의장10, 지방4대협의체8 추천 – 당연직위원(3) 행안부·기재부장관, 국무총리실장
자치분권위 원회	27명 – 위촉직 위원(24) 대통령6, 국회의장10, 지방4대협의체8 추천 – 당연직위원(3) 행안부·기재부장관, 국무총리실장

자료: 한국 지방자치와 지방분권, 2020a: 330.

치하였다. 이후 모든 자치분권 추진기구가 대통령 소속으로 구성된다.

2) 노무현 정부의 추진기구

노무현 정부는 2003년 4월 제정한 '정부혁신·지방분권위원회 규정'과 2003년 12월 제정한 '지방분권특별법'을 통하여 자치분권의 제도적 틀을 마련하였다. 전자의 규정에 따라 정부혁신지방분권위원회가 설치되고 후자의 규정에 따라 '대통령 소속 하에 지방분권 추진을 위한 위원회'를 설치할 수 있었다(법 제17조). 2004년 2월 전자의 개정규정에 따라 정부혁신지방분권위원회가 법률 상 '지방분권 추진을 위한 위원회'의 역할과 기능을 수행하게 되었다. 김대중 정부가 설치된 지방이양추진위원회는 노무현 정부에서도 중앙행정권한의 지방이양을 담당하여 자치분권은 2원 체제로 전환되었다.

노무현 정부는 김대중 정부가 설치한 지방이양추진위원회를 존속시키고 정부혁신지방분권위원회를 추가로 자치분권 추진을 위한 추진기구로 규정하였다. 정부혁신지방분권위원회는 20명 이상 30인 이내에서 위촉되도록 규정되었다. 보통은 위촉직 위원 18명, 재정경제부 장관, 대통령비서실 정책실장, 행정자치부·정보통신부·기획예산처 장관, 중앙인사위원회위원장, 국무조정실장 등 당연직 위원 7명으로 구성하였다. 지방4단체 협의회 대표는 위원장의 허가를 받아 회의에 참석하였다. 이때 자치단체장, 지방의원 등 지방4단체 협의회 대표는 위원장이 위원으로 지명하여 회의에 참석하는 관행이 이루어졌다.

3) 이명박 정부의 추진기구

이명박 정부의 자치분권 추진기구의 제도적 기반은 2008년 2월 제정된 지방분권촉진법과 2010년 지방행정체제개편법이었다. 전자는 노무현 정부의 정부혁신지방분권위원회와 지방이양추진위원회를 대체하는 제도이었으며 후자는 이명박 정부의 새로운 정책을 반영한 것이었다.

이명박 정부는 17대 대통령 선거과정은 물론 20대 공약에도 자치분권에 관한 것은 의례적인 수준에 머물렀다. 노무현 정부의 추진기구를 대체하는 법률도 의원발의로 입법화되었다.

노무현 정부의 정부혁신지방분권위원회와 지방이양추진위원회를 폐지하고 지방분권촉진위원회를 설치하였다. 지방분권촉진위원회는 위원장을 포함하여 10명으로 구성되었다. 당연직 위원은 행정안전부 장관, 기획재정부 장관이었으며, 대통령이 2명, 지방분권촉진위원회에는 국회의장이 2명, 지방4대 협의회에서 각 2명씩 총 8명의 위촉직 위원이 포함되었다. 지방분권촉진위원회의 위원장으로 위촉된 인사들은 전문성과는 거리가 있었다.

또한, 이명박 정부는 지방분권촉진위원회 외에 지방행정체제개편위원회를 2010년 설치하여 자치분권으로부터 지방행정체제 개편을 분리하여 추진하는 체계를 구축하였다. 지방행정체제개편위원회는 당연직 3명, 위촉직 24명 등 총 27명으로 구성되었다. 행정안전부 장관, 기획재정부 장관, 국무조정실장이 당연직 위원이었으며 위촉직 위원은 대통령이 6명, 국회의장이 10명, 지방4대 협의체에서 각 2명씩 총 8명 등 24명이었다. 이명박 정부부터 추진기구의 구성에 국회의 역할이 제도적 보장되었다.

4) 박근혜 정부의 추진기구

제18대 대통령 선거에서도 자치분권은 중요한 선거공약으로 다루어지지 못했다. 복지정책이 지방재정을 압박하여 자치분권을 왜곡시킬 것이라는 예상 속에 박근혜 정부가 출범하였다. 이러한 예산은 2014~2015년 누리과정과 관련하여 제기된 중앙정부와 자치단체간의 갈등을 통하여 확인되었다 (김순은, 2020a).

박근혜 정부의 자치분권 추진기구의 특징은 2원화되었던 추진기구를 1원화하였다는 점이다. 지방분권촉진위원회와 지방행정체제개편위원회를 폐지하고 이를 통합한 지방자치발전위원회를 구성하였다. 추진기구의 효율적·통합적 운영이라는 측면에서 바람직한 개혁이었다. 문재인 정부도 1원적인 체제를 승계하였다. 지방자치발전위원회의 구성은 지방행정체제개편위원회의 틀을 활용하였다.

새로운 지방분권행정체제법에 따라 대통령 6명, 국회의장 10명, 지방4단체 협의회 8명(각 단체 2명씩), 당연직 3명으로 27명으로 구성되었다. 당연직 위원으로는 행정안전부 장관, 기획재정부 장관, 국무조정실장이었다. 부위원장제도를 신설하였고 행정 및 정치계의 원로, 정치인 출신, 학자를 중심으로 위원장, 부위원장을 임명하여 새로운 추진기구의 기대를 높였다.

5) 문재인 정부의 추진기구

대통령의 탄핵으로 정부인수위원회를 구성하지 못했던 시대적 상황으로 문재인 정부의 자치분권 추진기구는 제도적인 틀에서는 박근혜 정부의 대동소이하였다. 추진기구의 명칭을 지방자치발전위원회에서 자치분권위원회로 개칭한 것을 제외하곤 대부분의 내용이 동일하였다. 근거법의 명칭이 '지방자치분권 및 지방행정체제 개편에 관한 특별법'으로 변경되었다.

2017년 5월 문재인 정부가 출범하면서 지방자치발전위원회 위원장과 부위원장이 사임한 상태였다. 문재인 정부가 임명한 위원장이 2017년 8월 임기가 시작되었으며 제2기 지방자치발전위원회는 임기가 종료되어 1인 체제가 2018년 1월 22일까지 이어졌다. 문재인 정부 하에서 처음으로 구성된 추진기구의 명칭은 지방자치발전위원회였으며 2018년 3월 근거법이 지방자치분권체제개편법으로 개정됨에 따라 추진지구의 명칭도 자치분권위원회로 개칭되었다.

추진기구의 구성은 대통령 6명, 국회의장 10명, 지방4단체 협의회 8명, 당연직 위원 3명 등 총 27명으로 구성되었다. 지방자치발전위원회의 구성도 동일하였다. 자치분권 분야의 전문가들이 위원장과 부위원장으로 위촉되어 자치분권에 대한 기대가 매우 높았다.

2. 추진기구의 정책적 의지

1) 김대중 정부의 추진기구

김대중 정부의 자치분권에 대한 정책적 의지는 인정하여야 한다. 비록 영·호남 등 지역 간의 불균형을 시정하고자 하는 지역균형발전에 비하면 정책적 비중이 낮았지만 이전 지방이양합동심의회를 제도적 기구로 전환하는 지방이양촉진법을 제정하였다는 것만으로도 긍정적인 평가가 가능하다.

김대중 정부는 처음으로 국정과제에 자치분권을 포함시켰다(<표 3-2> 참조). 주민중심의 지방자치, 견실한 지방재정, 민간과 지방중심의 행정구조 개편이 국정과제에 포함되었다.

중앙부처에 대한 업무평가 시 행정자치부를 평가하는 항목으로 자치분권의 성

〈표 6-2〉 김대중 정부의 지방자치 관련 국정과제와 실천과제

구분	내용
100대 과제	• 자율과 책임이 조화된 지방자치 – 지방자치는 주민중심으로 – 지방재정을 지방화 시대에 걸맞게 – 민간과 지방중심으로 행정구조를 개편
실천과제	• 지방조직 통폐합, 인력감축방안 마련 • 특별지방행정기관 광역화 및 기능통합 • 중앙권한의 지방이양 확대방안 마련 • 기업경쟁력 제고를 위한 지방세제 개편

과를 지수로 공표하였다. 당시 전국의 시민단체들이 자치분권에 관심에 비하며 김대중 정부의 정책적 의지는 그리 크지는 않았다. 중앙행정권한을 단위사무별로 이양하는 지방이양촉진법의 기본 틀이나 지방이양추진위원회의 성과가 크지 않았기 때문이다. 아울러 자치교육이나 자치경찰과 같이 정치적으로 민감한 이슈에 대한 논의는 추진되기 어려웠다.

2) 노무현 정부의 추진기구

지역균형발전과 더불어 자치분권이 선거공약이 되었던 추진배경을 감안할 때 노무현 정부의 자치분권에 대한 의지는 매우 강했다. 노무현 정부의 자치분권에 대한 의지는 국정과제의 선정, 위원장의 선임, 정책추진 내용 등에서 확인할 수 있다. 자치분권이 비교적 상세하게 국정과제에 포함되었다.

제16대 대통령직 인수위원회는 '지방분권과 균형발전'을 국정의 핵심과제로 선정하고 분권과 분산이 국정의 새로운 패러다임이 되었다 (제16대 대통령직 인수위원회, 2003). 국정과제는 <표 6-3>과 같다.

노무현 대통령의 신임을 받았던 전문가를 정부혁신지방분권위원회 위원장으로 위촉하여 자치분권의 의지를 표명하였다. 정부혁신지방분권위원회는 지방분권 로드맵을 작성하였다. 지방분권 로드맵은 지방분권의 추진과제와 일정을 포함한 종합계획서였다. 지방분권 로드맵에 따라 2004년 2월 종합실행계획이 수립되었다.

2003년 12월 지방분권특별법이 제정된 이후에는 '지방분권 5개년 종합실행계

〈표 6-3〉 노무현 정부의 지방자치분야 국정과제

구분	내 용
지방분권과 국가균형발전: 지방분권의 획기적 추진	
중앙의 기능과 권한의 획기적인 지방이양추진	• 중앙정부 기능을 제외하고는 지방업무로 규정하는 '지방이양일괄법' 제정을 통한 대내적 권한 이양을 추진 • 특별지방행정기관을 과감히 통·폐합 추진 • 합리적인 자치경찰제 도입 추진
지방의 자치역량 강화	• 자치입법·조직·인사권 등 잔존하는 사전규제적 기능 전면 재검토 대폭 이양 • 주민투표제, 주민소환제 도입을 통한 주민의 직접참정권 확대
지방재정의 확충과 건전성 확보	• 지방의 자율성과 책임성 확보 • 지방의 재정 확충 노력과 연계된 지원 및 평가체제 확립 • 지방의 재정력 확충과 불균형 완화를 위해 지방소비세 신설, 국세와 지방세간 세목 교환, 차등보조율 적용을 검토
지방의견 수렴 및 환류체계 구축	

획'을 작성하여 정부 임기 내에 효율적인 지방분권을 위한 구체적인 추진일정을 제시하였다.

지방분권 로드맵에서는 7개 기본방향과 20대 주요과제를 제시하였다(<표 6-4> 참조). 지방분권 5개년 종합실행계획에서는 47개 과제로 증가하였다. 47개 추진과제는 위원회 주관과제 7개, 위원회 역점과제 9개, 부처주관과제 31개로 구분하여 정부혁신지방분권위원회와 중앙부처간의 역할을 명확히 분담하였다.

정부혁신지방분권위원회는 47개 과제 가운데 행정사무의 구분체계, 제주특별자치도의 추진, 교육자치제도의 개선, 자치경찰제도의 도입, 특별지방행정기관의 정비, 국고보조금의 정비, 분권형 도시계획체계의 구축을 위원회 주관과제로 선정하였다. 정치적으로 의의가 크고 자치분권의 파급효과가 커다란 과제들이었다. 지방교부세 법정률 단계적 상향조정, 지방교부세제 개선, 국세와 지방세의 합리적 조정, 자치입법권 확대, 자치조직권 강화, 지방의정 활동기반강화, 지방선거제도 개선, 지방자치단체에 대한 감사체계 개선, 주민자치제도의 개선 등이 정부혁신지방분권위원회의 역점과제였다. 상기와 같은 정부혁신지방분권위원회의 위원장 위촉, 지방분권 로드맵의 작성과 과제관리 등을 고려하면 노무현의 자치분권

〈표 6-4〉 정부혁신지방분권위원회의 지방분권 목표와 아젠다

목 표	아 젠 다
중앙-지방정부간 권한 재배분	• 지방분권 추진기반 강화 • 중앙권한의 획기적 지방이양 • 지방교육자치제도 개선 • 지방자치경찰제도 도입 • 특별지방행정기관 정비
획기적 재정분권의 추진	• 지방재정력 확충 및 불균형 완화 • 지방세정제도 개선 • 지방재정의 자율성 강화 • 지방재정운용의 투명성, 건전성 확보
지방정부의 자치행정역량 강화	• 지방자치권 강화 • 지방정부 내부혁신 및 공무원 역량 강화
지방의정 활성화 및 선거제도 개선	• 지방의정 활성화 • 지방선거제도 개선
지방정부의 책임성 강화	• 지방정부에 대한 민주적 통제체계 확립 • 지방정부에 대한 평가제도 개선
시민사회 활성화	• 다양한 주민참정제도 도입 • 시민사회 활성화 기반 강화
협력적 정부간 관계 정립	• 중앙-지방정부간 협력체계 강화 • 지방정부간 협력체계 강화 • 정부 간 분쟁조정기능 강화

자료: 정부혁신지방분권위원회, 2007: 119

에 대한 의지가 매우 컸음을 알 수 있다. 실제로 대통령 탄핵사건이 아니었더라도 자치분권의 추동력은 더욱 컸을 것으로 예상된다.

3) 이명박 정부의 추진기구

이명박 정부 내 자치분권 추진기구의 정책의지는 세 가지 관점에서 분석할 수 있다. 공약의 누락 및 국정과제에서의 채택, 늦어진 위원회 구성, 지방행정체제개편위원회 분리구성 등을 통하여 이명박 정부의 자치분권 의지를 확인할 수 있다.

제17대 대통령 선거과정에서는 자치분권이 공약으로 다루어지지 않았다. 이명박 정부가 출범한 이후 자치분권은 국정과제에는 비교적 상세하게 포함되었다 (이

〈표 6-5〉 이명박 정부의 지방자치분야 국정과제

구분	내용
지방분권 확대, 지역경제 살리기	
지방행정체제 개편	• 계층구조의 단순화 및 규모의 적정화 • 국가경쟁력 제고를 위한 기능 재배분
지방정부의 권한 확대	• 중앙권한 지방이양 • 기관위임사무 폐지 • 중앙-지방간 국정협력시스템 구축 • 지방자치단체 평가제도 개선 • 특별지방행정기관의 지방중심 개편
광역경제권 구축	• 광역경제권 구축을 통한 지역경제활성화 • 여수세계박람회 성공적 개최 • 제주특별자치도 추진
지방재원 확충	• 지방재원 확충 및 세원 불균형 완화 • 지방교부세제도의 발전적 개편
자치경찰제 도입	• 자치경찰법 제정, 시범실시, 전국 확대 실시

창균, 2010). 100대 국정과제에 자치분권 확대를 포함하고, 지방행정체제 개편, 지방정부의 권한 확대, 지방재원 확충, 자치경찰제 도입 등을 추진하고자 하였다.

지방분권촉진법은 2008년 2월에 제정되었음에도 추진기구인 지방분권촉진위원회는 12월 출범하여 자치분권의 의지는 약했다. 6개월 이상 자치분권을 위한 정부 활동이 부재하였다. 새롭게 위촉된 위원장들도 자치분권의 전문성과는 거리가 있었다.

지방분권촉진위원회 외에 2010년 새로운 지방행정체재개편위원회를 구성함으로써 이명박 정부의 정책의지는 자치분권보다는 지방행정체제개편에 있었다고 보인다. 지방행정체제개편위원회의 목표와 내용은 <표 6-6>과 같다.

4) 박근혜 정부의 추진기구

박근혜 정부 하에 설치된 지방자치발전위원회의 추진의지는 국정과제 포함, 위원장과 부위원장 인선, 활동내용, 대통령의 의사 등을 중심으로 논의하였다. 박근혜 정부는 <표 6-7>과 같이 자치분권을 국정과제에 포함하였다.

〈표 6-6〉 지방행정체제 개편 기본방향

구분	내용
목표: 지방의 역량강화·국가경쟁력 제고·주민의 편의와 복리증	
추진방향	• 지방자치 및 지방행정계층의 적정화 • 주민생활 편익증진을 위한 자치구역의 조정 • 자치단체의 규모와 자치역량에 부합하는 역할과 기능의 부여 • 주거단위의 근린자치 활성화
6대 과제	• 시·군·구 통합 • 읍·면·동 주민자치회 설치 • 특별·광역시 자치구·군의 개편 • 도 지위 및 기능 재정립 • 대도시 특례 발굴 • 지방분권 강화

〈표 6-7〉 박근혜정부의 지방자치분야 국정과제

구분	내용
지방재정 확충 및 건전성 강화	• 지방자치단체의 자체재원 비중 확대 • 지방재정조정제도 개선 • 지방재정의 건전성 및 투명성 대폭 강화
지방분권 강화	• 중앙권한의 지방이양 적극 추진 • 핵심 지방분권과제 추진 및 생산적 지방자치를 위한 제도개선 – 특별지방행정기관 정비, 지방의회 기능 활성화, 인구 100만 이상 대도시 특례방안 마련, 읍면동 주민자치회 시범실시, 지방인사위원회 역할 강화 등 인사시스템 혁신 추진 – 중앙과 지방이 참여하는 공식적 협의기구 법제화

지방자치발전위원회의 출범 초기에는 정치와 행정의 원로가 위원장과 부위원장으로 임명되어 추진기구의 추진의지가 매우 클 것으로 기대되었다. 초대 위원장으로 임명직, 선출직 도지사를 역임한 인사가 임명됨으로써 행정의 오랜 경험이 자치분권으로 이어지길 기대하였다. 국회의원도 역임하였기 때문에 정치권의 도움도 클 것으로 예상되었으며, 부위원장도 정치와 행정의 경험을 두루 거친 인사였기 때문에 지방자치발전위원회 내 지도부의 협력적 리더십이 예상되었다. 이를 토대로 2013년 10월부터 12월까지 전국을 순회하며 자치분권의 다양한 의견을

〈표 6-8〉 지방자치발전위원회 4대 분야, 20개 과제

분야	과제명
강력한 지방분권 기조 확립과 실천	자치사무와 국가사무의 구분체계 정비, 중앙권한 및 사무의 지방이양, 특별지방행정기관 정비, 국가와 지방자치단체의 협력체제 정립
자치기반 확충 및 자율과 책임성 강화	지방재정 확충 및 건전성 강화, 지방선거제도 개선, 지방의회 활성화 및 책임성 제고, 지방자치단체 평가제도 개선, 지방자치단체 간 행정협력체제 정립
주민중심 생활자치·근린자치 실현	자치경찰제도 도입, 교육자치와 지방자치 연계·통합 노력, 읍·면·동 주민자치회 도입, 지방자치단체 간 관할구역 경계조정 제도개선, 주민직접참여제도 강화, 지방자치단체 소규모 읍·면·동 통합
미래지향적 지방행정체제 구축	특별·광역시 자치구·군의 지위 및 기능 개편, 대도시 특례제도 개선, 지방자치단체 기관구성 형태 다양화, 도의 지위 및 기능 재정립, 시·군·구 통합 및 통합 지자체 특례 발굴

자료: 지방자치발전위원회(2014: 6).

수렴하였고 2014년 6월 20개 과제로 구성된 지방자치발전방안을 마련하였다. 총 4회의 국회와의 논의를 거쳐 2014년 12월 국무회의의 의결을 받았다. 국무회의의 의결을 받았다는 점이 두드러진 특징이었다 (지방자치발전위원회, 2017).

지방자치발전위원회의 추진의지는 지방자치발전 종합계획을 수립하는 데까지였다(<표 6-8> 참조). 대통령의 의지가 강하지 않았기 때문에 종합계획이 발표된 이후에는 계획을 시행을 위한 구체적인 조치가 이어지지 못했고 자치분권은 정치적 시련기에 접어들었다.

5) 문재인 정부의 추진기구

문재인 정부의 자치분권에 대한 정책적 추진의지는 역대 어느 정부보다도 강했다. 국정과제에도 5개 과제가 포함되었고(<표 6-9> 참조) 자치분권 종합계획을 통해서도 체계적으로 보여주고 있다(<표 6-10> 참조). 무엇보다도 문재인 대통령은 기회가 있을 때마다 차치분권의 중요성을 천명하고 이를 실행하는 의지를 보였다. '연방제 수준의 자치분권'을 강조하면서 2018년 자치분권형 헌법개정을 시도한 것이 대통령의 의지를 입증하는 사례이다. 대통령의 의지는 대통령실에 근무

〈표 6-9〉 문재인 정부의 자치분권 국정과제

국정과제 번호	국정과제 내용
13	국민의, 국민을 위한 권력기관 개혁(자치경찰 도입)
74	획기적인 자치분권 추진과 주민참여의 실질화
75	지방재정 자립을 위한 재정분권
76	교육 민주주의 회복 및 교육자치 강화
77	세종특별시 및 제주특별자치도 분권모델의 완성

〈표 6-10〉 문재인 정부의 자치분권 종합계획

추진전략	추진과제
주민주권 구현	주민참여권보장 숙의기반의 주민참여 방식 도입 주민자치회 대표성 제고 및 활성화 조례 제·개정의 주민직접발안제도 도입 주민소환 및 주민감사청구 요건의 합리적 완화 주민투표 청구대상 확대 주민참여예산제도 확대
중앙권한의 획기적인 지방이양	중앙-자치단체 간 사무 재배분 중앙권한의 기능중심 포괄이양 자치분권 법령 사전협의제 도입 특별지방행정기관 정비 대도시 특례 확대 광역단위 자치경찰제 도입 교육자치 강화 및 지방자치와의 연계·협력 활성화
재정분권의 강력한 추진	국제·지방세 구조 개선 지방세입 확충 기반강화 고향사랑 기부제 도입 국고보조사업 개편 지방교부세 형평기능 강화 지역상생발전기금 확대 및 합리적 개편
중앙-지방 및 자치단체간 협력 강화	중앙-지방 협력기구 설치·운영 자치단체간 협력 활성화 지원 제주·세종형 자치분권 모델 구현

추진전략	추진과제
자율단체의 자율성과 책임성 확대	지방의회 인사권 독립 및 의정활동정보 공개 자치조직권 강화 및 책임성 확보 지방인사제도 자율성 및 투명성 학보 지방공무원 전문성 강화 지방재정 운영의 자율성 제고 지방재정정보 공개 및 접근성 확대 자치분권형 평가체계 구축 자치단체 형태 다양화
지방행정체제 개편과 지방선거제도 개선	지방행정체제 개편방안 모색 지방선거제도 개선방안 모색

하는 비서관, 행정관들을 통해서 행정부처로 이어졌음은 물론이다.

대통령의 자치분권에 대한 의지는 추진기구의 의지와 밀접한 함수관계에 있었다. 자지분권 분야의 전문가들을 위원장과 부위원장으로 임명하고 직접 임명장을 수여하였다. 임명장을 수여하는 자리에서 대통령은 자치분권의 중요성과 성과달성에 진력해 달라는 주문이 이어졌다.

추진기구의 추진의지는 위원장, 부위원장의 리더십을 통해 국회의 더불어 민주당은 물론 야당과도 긴밀한 협력관계를 유지하였다. 자치분권은 여·야를 초월하는 과제임을 기회가 있을 때마다 강조하였다.

3. 추진기구의 기능과 권한

1) 김대중 정부의 추진기구

지방이양추진위원회는 이전의 지방이양합동심의회와 비교할 때 권한이 강했다. 지방이양촉진법이라는 제도에 근거하여 자치분권 정책의 권위를 제고하기 위하여 대통령 소속으로 설치하였다.

지방이양추진위원회는 2년마다 지방이양 기본계획 및 시행계획 수립, 지방이양 대상사무의 발굴 및 조사, 이양대상에 대한 심의·의결권을 가졌다. 지방이양추진위원회는 필요하다고 인정하는 경우 자료 및 서류의 제출요구, 이해관계인의 출석 및 의견진술의 요구, 소속 공무원과 관계 전문가에게 의견의 진술 및 자료제출의 요구권을 갖는다(법 제7조, 제11조, 제13조, 제14조).

지방이양추진위원회는 "선정한 사무를 심의·의결하여 중앙행정권한의 지방이양 및 지방자치단체간의 사무배분의 대상을 확정하고 국무회의의 심의를 거쳐 이를 대통령에게 보고하여야 하며, 관계 중앙행정기관의 장 및 지방자치단체의 장에게 지체없이 통보하여야 한다. 지방이양추진위원회는 필요하다고 인정하는 경우에는 앞의 규정의 대상사무를 관보에 게재하거나 기타 매체를 통하여 공표할 수 있다(법 제17조)."

"중앙행정기관의 장은 소관 사무에 대하여 위원회로부터 제17조 제1항의 규정에 의한 지방이양의 대상으로 확정되었음을 통보받거나 제18조제2항의 규정에 의한 환원의 대상으로 결정되었음을 통보받은 경우에는 이행계획을 제출하여야 하고, 위원회가 정한 기한 내에 관계 법령의 개정 등 필요한 조치를 취하여야 하며, 그 처리결과를 대통령령이 정하는 바에 따라 위원회에 제출하여야 한다(법 제19조)."

2) 노무현 정부의 추진기구

노무현 정부의 자치분권 2원 체제 하에서 중앙행정권한의 지방이양은 종전처럼 시행하고 정부혁신지방분권위원회는 자치분권의 기본방향 설정 및 추진계획의 수립에 관한 사항, 지방분권특별법 제9조 내지 제16조의 규정에 의한 지방분권추진과제의 추진에 관한 사항, 자치분권의 점검 및 평가에 관한 사항을 담당하였다.

정부혁신지방분권위원회는 지방분권의 기본방향설정 및 추진계획의 수립에 관한 사항, 지방분권특별법 제9조 내지 제16조의 규정에 의한 지방분권추진과제의 추진에 관한 사항, 지방분권의 점검 및 평가에 관한 사항에 대한 심의권을 가졌다(법 제18조). 정부혁신지방분권위원회는 심의사항의 내용과 정책의 추진상황에 대하여 정기적으로 대통령에게 보고하여야 하며 보고를 마친 때에는 즉시 중앙행정기관의 장이나 자치단체장에게 통보하여야 한다(법 제20조).

3) 이명박 정부의 추진기구

이명박 정부의 지방분권촉진위원회의 기능과 권한은 상기에서 논의한 정부혁신지방분권위원회의 기능과 권한과 유사하였다. 심의권이 심의·의결권으로 다소 강화된 느낌 외에는 대동소이하였다(법 18조). 2010년에 설치된 지방행정체제개편위원회는 지방분권촉진위원회의 기능과 권한 외에 지방행정체제 개편에 관한 사항을 담당하도록 설계되었다(법 제6조). 뒤에 설치된 지방행정체제개편위원회가 지방행정체제개편과 더불어 자치분권의 추진과제도 담당함으로써 지방분권촉진위원회의 기능중복이 불가피하였다.

4) 박근혜 정부의 추진기구

박근혜 정부 추진기구인 지방자치발전위원회의 기능과 권한은 지방분권촉진위원회와 지방행정체제개편위원회의 기능과 권한을 통합한 것이었다. 지방자치발전위원회는 자치분권과 지방행정체제 개편에 관한 사항을 심의·의결한 권한을 가졌다.

5) 문재인 정부의 추진기구

문재인 정부 하에 추진기구는 2017년 5월부터 2018년 3월까지는 지방자치발전위원회, 그 이후에는 자치분권위원회가 담당하였다. 두 기구의 제도상 기능과 권한은 대동소이하다.

4. 소론

제도상 자치분권을 도입한 김대중 정부 이후 문재인 정부까지 모든 정부가 자치분권을 중단 없이 추진하였음을 보았다. 모든 추진기구의 추진계획, 제도상 기능과 권한은 유사했음에도 불구하고 추진의지와 특성은 매우 상이하였다.

우선 각 정부마다 상이한 추진기구의 명칭을 사용하였다. 김대중 정부, 박근혜 정부, 문재인 정부는 1원 체제, 노무현 정부와 이명박 정부는 2원 체제를 채택하였다.

추진기구의 추진의지를 보면 문재인 정부와 노무현 정부가 강한 수준, 김대중 정부가 중간수준, 이명박 정부와 박근혜 정부가 약한 수준이라고 평가할 수 있다. 이러한 추진의지가 다음 장에서와 같은 성과 상의 차이를 낳았다.

Ⅳ 정부별 추진기구의 성과 및 의의 비교

1. 김대중 정부 추진기구의 성과와 의의

1) 계획

김대중 정부의 지방이양추진위원회는 지방이양에 관한 종합계획을 수립하기보다는 복지증진, 지역발전, 기초자치단체 우선의 단위사무를 이양하는 원칙을 수립하였다. 국정과제에서도 지방분권보다는 지방자치의 목표를 제시하였다(<표 6-2> 참조).

2) 성과

지방이양추진위원회의 성과 중의 하나는 2001년 3월부터 10개월에 걸쳐 법령 상의 국가사무를 전수·조사한 것이었다. 전수조사의 결과 국가사무의 총수는 41,603개로 나타났다. 이 중에서 중앙행정사무가 30,240개로 73%, 자치단체의 고유사무가 11,363개로 27%로 조사되었다. 전수조사의 결과는 향후 자치분권의 추진기구가 지방이양의 대상을 선정하는데 크게 기여하였다 (소순창, 2011).

김대중 정부 지방이양추진위원회[1]는 612건의 사무를 지방이양대상으로 확정하였으며 232건의 행정사무를 지방으로 이양하였다. 지방이양추진위원회가 2008년 8월 존속까지의 성과는 <표 6-11>과 같다. 비록 광역단위의 자치경찰이 논의되었으며 주민자치위원회 제도가 실시되었다.

3) 의의

김대중 정부는 정부가 처음으로 자치분권의 필요성을 인지하고 자치분권을 위한 지방이양촉진법이라는 제도를 도입한 정부라고 평가할 수 있다. 비록 행정권한의 단위사무를 이양하는 방식이었지만 훗날 노무현 정부를 거쳐 문재인 정부의 자치분권 2.0 시대를 여는 마중물이 되었다 (김병준, 1999).

---

1 1999년부터 2008년까지 총 1,568건의 지방이양사무를 확정하고 약 82%인 1,288건의 사무를 이양완료 하였다 (지방이양추진위원회, 2008: 16-9, 347).

〈표 6-11〉 지방이양추진위원회의 연도별 지방이양 현황

구분	합계	99년	00년	01년	02년	03년	04년	05년	06년	07년	08.8월
확정 건수	1,568	0	185	176	251	478	53	203	80	88	54
완료건수	1,288	0	2	92	146	164	204	436	43	131	70

자료: 지방이양추진위원회, 2008: 347

지방이양추진위원회의 권한이양 행정사무의 발굴, 지방이양에 대한 심의·의결, 부처에의 권고, 해당 법령의 개정으로 이어지는 업무관행이 정립되었다. 문재인 정부가 일괄법을 도입하기 전까지 이어진다.

2. 노무현 정부 추진기구의 성과

1) 계획

정부혁신지방분권위원회는 7개 분야 47개 과제를 담은 지방분권 종합계획을 수립하고 구체적인 지방분권 로드맵을 제시하였다. 추진과제가 다양하고 구체적이었다(<표 6-3>과 <표 6-4> 참조).

2) 성과

정부혁신지방분권위원회의 지방분권 5개년 종합실행에 따르면 완성된 과제의 수가 36개, 법개정 등 제도화의 단계에 속하는 과제의 수가 5개, 정책기회의 단계에 있는 과제가 6개로 발표되었다. 총 47개의 과제를 기초로 76%의 성과를 보였다 (김순은, 2020a).

이 중에서도 제주특별자치도의 출범, 주민투표, 주민소환, 주민소송제 등 직접 참정제도의 도입, 교육감과 교육위원희 선거제도입, 교육위원회의 지방의회 상임위원회 전환 등의 전환이 대표적 성과라고 평가할 수 있다. 기초지방의원의 정당공체제, 중선거구제, 월정수당제도 도입되었다.

3) 의의

정부혁신지방분권위원회는 자치분권에 대한 대통령의 의지를 바탕으로 종합계

획 및 실행계획을 수립하고 자치분권을 국정과제의 중요한 축으로 설정하는데 기여하였다. 지방분권의 혁신적 실행기 동안 중앙과 지방의 권한 재배분 외에도 재정분권, 자치역량 강화, 지방의회와 선거제도 등 지방분권을 강화하기 위한 목표를 가지고 이전에 비해 다양하고 보다 구체적인 과제를 선정하여 추진하였다. 이러한 활동은 이어진 정부에서 종합계획을 수립하는 모형이 되었다.

3. 이명박 정부 추진기구의 성과

1) 계획

지방분권촉진위원회와 지방행정체제개편위원회는 <표 6-6>과 <표 6-12>와 같은 지방분권과 지방행정체제에 관한 계획을 수립하였다. 기존의 계획과 큰 틀에서 유사하였다.

2) 성과

지방분권촉진위원회는 지방자치단체의 사무를 자치사무와 법정수임사무로 이분화하여, 기존의 기존위임사무를 폐지하는 내용의 지방자치법 개정(안)을 마련하

〈표 6-12〉 지방분권촉진위원회 4대 분야 20개 과제

분야	과제명
권한 및 기능 재배분(5)	사무구분체계 개선, 중앙행정권한의 지방이양, 특별지방행정기관 기능조정, 교육자치제도 개선, 자치경찰제도 도입
지방재정 확충(3)	국세와 지방세의 합리적 조정, 지방교부세제도 개선, 지방재정의 투명성·건전성 제고
자치역량 강화(6)	자치입법권 확대, 지방의회의 전문성·자율성 강화 주민직접참여제도 보완, 지방선거제도 개선, 지방자치단체 평가 기준 마련 및 진단·평가, 지방자치행정체제 정비
협력 및 공감대 확산(6)	정부 및 지방자치단체간 협력체제 강화, 분쟁조정 기능 강화, 특별지방자치단체제도 도입·활용, 지방공무원 인사교류 확대 및 교육훈련제도 개선, 자원봉사활동 장려·지원, 지방분권 홍보 및 공감대 확대

자료: 지방분권촉진위원회, 2013: 300

여 2012년 9월 국회에 제출하였으나 입법화에는 이르지 못했다.

중앙행정권한 중 1,587건의 지방이양 대상사무를 확정하였다. 특별지방행정기관과 관련해서는 국도·하천, 해양·항만, 식·의약품의 기능 이관을 위해 11개 법률과 15개 시행령 개정을 완료하고, 이와 관련한 인력 208명과 재원 3,969억원의 이관을 완료하였다.

부가가치세의 일부를 지방소비세로 전환하고 사업소세를 지방소득세로 전환하였다. 전자의 경우 5%를 지방세로 전환하였다. 수도권 규제완화에 대한 보상의 차원이었다.

지방행정체제개편위원회는 마산, 창원, 진해를 통합하여 통합 창원시가 탄생하는 성과를 거두었다.

3) 의의

정부혁신지방분권위원회보다는 자치분권에 대한 정책적 비중은 낮았으나 자치분권의 측면에서는 2가지 중요한 의의를 지녔다. 첫째의 의의는 지방이양대상으로 확정된 1,587건 사무들이 문재인 정부에서 지방일괄이양법으로 발전되었다는 점이다.

두 번째의 의의는 지방소비세의 도입이다. 이때 도입된 지방소비세가 박근혜 정부에서 6%, 문재인 정부에서 2020년까지 10%, 23년까지 4.3%씩 인상하게 된다.

4. 박근혜 정부 추진기구의 성과

1) 계획

<표 6-7>에서 같이 박근혜 정부의 지방자치분야 국정과제 하에 지방자치발전위원회는 <표 6-8>과 같은 4대 분야 20개 과제를 담은 지방자치발전 종합계획을 수립하여 2014년 12월 8일 「지방자치발전 종합계획」을 발표하였다. 이후 지방자치발전 20개 정책과제에 대한 과제별 추진방안을 마련하고 대통령, 국회 지방자치발전특별위원회에 종합계획을 보고하였다.

2) 성과

지방자치발전위원회는 종합계획을 수립하고 구체적인 시행에는 이르지 못하고 대통령 탄핵으로 활동이 중지되었다.

3) 의의

자치분권과는 다소 거리가 있지만 부동산 경기의 활성화를 위해 취해진 취득세 감면을 보전하기 위하여 지방소비세가 6%가 인상되어 지방소비세의 활용이 더욱 커졌다.

5. 문재인 정부 추진기구의 성과

1) 계획

<표 6-9>에서 보듯이 문재인 정부의 국정과제 하에 자치분권위원회는 <표 6-10>과 같은 2018년 9월 자치분권 종합계획을 수립하였다. 2019년부터 매년 자치분권 종합계획의 실행을 위한 실행계획이 수반되었다.

계획의 가장 중요한 특징은 실행력을 고려한 계획이라는 점이다. 이상적인 목표보다는 가시적인 목표를 우선시하였다.

두 번째의 특징은 지방세의 토대를 보완하는 것이었다. 재산세 중심의 지방세에 소비세를 강화하는 목표를 지녔다.

2) 성과

자치분권위원회는 역대 어느 추진기구보다도 자치분권의 성과를 가시화시켰다. 지방자치법 전부개정을 통하여 주민참여의 확대 및 지방의 권한과 책임성 강화, 중앙-지방, 자치단체 간 협력관계를 32년 만에 정립하였다.

주민주권의 구현이라는 차원에서 주민조례발안제도의 도입, 지방정부 기관구성의 다양화, 지방자치단체 정보공개 제도화가 이루어졌다.

자치권의 확대 차원에서 지방의회 인사권 독립, 정책지원전문인력제, 단체장 인수위원회 제도가 도입되었다. 중앙-지방, 지방정부 간 협력을 위해 특별지방자치단체의 구체화, 지방정부 간 협력의 활성화를 위한 지원제도, 중앙-지방협력회의제의 도입이 이루어졌다. 2021년 7월 중앙-지방협력회의의 구성과 운영에 관한 법률이 제정되어 내년부터 실행하게 되었다.

지방자치의 영역이 치안으로까지 확대된 것도 중요한 성과이다. 생활안전, 여성·청소년, 지역교통 등 지역주민 생활과 밀접한 분야의 치안서비스를 담당하는 자치경찰제가 도입되어 일반자치의 영역이 확대되었다. 자치경찰제의 도입으로 지방경찰청이 시도경찰청으로 전환됨으로써 특별지방행정기관의 정리라는 성과까지 거두었다 (김순은, 2021b).

2020년 2월 지방일괄이양법이 제정되어 16개 부처 소관 46개 법률의 400개 중앙행정권한을 자치단체로 일괄적으로 이양하였다. 행정권한 이양은 지방이양비용평가전문위원회를 통해 사무이양에 따른 인력·재정을 병행하여 이전하였다. 제2차 지방일괄법안을 2021년 10월 중에 국회에 제출될 예정이다.

제1, 제2단계 재정분권 추진으로 지방재정 13.8조원 확충하였다. 이로 인하여 국세와 지방세의 비율이 2018년 77.7:22:3에서 향후 72.6:27.4로 개선되어 지방재정의 자율성과 책임성이 강화될 것이다. 자치분권위원회는 제1단계 재정분권으로 지방세의 비율을 21%, 제2단계 재정분권으로 25.3% 총 14.3%를 높였다 (김순은, 2021a). 재정분권과 함께 균특회계의 포괄보조사업과 지역밀착형 국고보조사업을 이양하였다. 제1단계 3.6조원, 제2단계 2.3조원 총 5.9조원의 지역밀착형 국고보조사업을 이양하였다. 재정분권은 지방재정조정을 통하여 자치단체 간 재정불균형을 시정하였다. 지방소비세 지역별 차등배분, 수도권 지역상생기금 출연 등을 통하여 자치단체 간 재정조정을 실현하였다.

3) 의의

자치분권위원회의 자치분권 종합계획은 지방주의와 주민주권 및 국가거버넌스론에 기초하였다 (김순은, 2018). 국가주의에 대비한 지방주의, 지역의 주인은 주민이라는 주민주권 사상은 주민자치 중심의 자치분권이 전개될 것을 시사하였다. 국가와 자치단체의 관계가 지도·감독에서 상호 협력의 관계로 전환됨에 따라 향후 국정거버넌스에도 적지 않은 변화가 예상된다. 기존과는 상이한 자치분권 2.0 시대가 개막될 것이다.

어느 정부보다 문재인 대통령의 정책의지가 강하고 자치분권위원회에 대한 신뢰와 믿음이 강했다. 상기의 성과는 대통령의 적극적인 후원을 바탕으로 자치분권위원회의 조정적 리더십이 발휘된 결과이다. 관련 중앙부처, 국회, 지방4단체를 비롯한 지역의 의견, 시민단체 등 다양한 의견들이 자치분권위원회를 통하여 조정·합의되었다.

V 결론

김대중 정부의 지방이양추진위원회가 탄생된 이후 문재인 정부의 자치분권위원회까지 6개의 자치분권 추진기구가 출범하였다. 지방이양축진위원회, 정부혁신지방분권위원회, 지방분권촉진위원회, 지방행정제체개편위원회, 지방자치발전위원회, 자치분권위원회로 각 정부가 출범할 때마다 추진기구의 명칭을 변경하였다. 해당 정부의 자치분권에 대한 정책적 의지를 대외적으로 상징하는 의미를 지녔다고 보인다.

앞에서 분석하였듯이 각 추진기구의 크기와 특성은 정부에 따라 다소 상이했지만 제도상의 기능과 권한은 크게 다르지 않았다. 기구의 크기가 초기에는 20명 내외로 구성하였으나 지방행정체제개편위원회가 구성된 이후부터는 27명으로 확대되고 국회의장의 추천이 10명으로 추가되었다. 자치분권의 최종 절차가 국회의 입법임을 고려한 조치라고 보인다.

제도상의 기능과 권한은 유사했음에도 불구하고 각 추진기구의 성과는 상당히 큰 차이를 보였다. 추진기구의 정책의지에 크게 좌우되었다. 그런데 추진기구의 정책의지는 대통령 소속의 자문기구임을 감안할 때 대통령의 의지와 직결된다고 할 수 있다. 결국 대통령의 의지가 무엇보다도 중요한 변수임을 알 수 있다. 대통령의 지지와 후원을 받은 추진기구와 그렇지 못한 추진기구의 성과는 커다란 차이를 보였다.

대통령 지지와 후원을 토대로 이해 당사자간 조정적 리더십을 보인 대표적인 추진기구가 자치분권위원회이다. 자치분권위원회는 자치경찰제 논의 시에는 행정안전부, 경찰청, 기획재정부, 국회, 지방자치법 전부개정 시에는 행정안전부, 지방4단체, 국회, 시민단체, 재정분권 논의 시에는 행정안전부, 기획재정부, 교육부, 지방4단체 간 상이한 의견과 입장을 조정하고 합의안을 도출하는데 커다란 역할을 수행하였다.

그 결과 자치분권위원회는 2020년, 2021년 전에 없는 성과를 창출하였고 이를 바탕으로 자치분권 2.0 시대의 개막을 알리게 되었다. 주민이 주인이 되는 주민자치의 원년이 다가오고 있다. 주민주권의 시대가 열리는 된 데에는 자치분권위원회의 역할도 중요하게 작용하였지만, 기존의 5개 추진기구의 노력과 성과도 기여하였다. 각 추진기구의 성과는 차이가 있지만 시대적 중단 없이 지속적 자치분권의 노력이 자치분권위원회의 활동을 통해 성숙되는 성숙효과가 발생하였기 때문이다.

제 2 부

지방 치리

제7장 지방의회

▶▶▶ 김상미

I 서론

올해로서 지방의회가 부활한 지 30년이 되었다. 이 장에서는 한국에서 지방의회는 어떻게 존재하게 되었으며, 어떤 과정을 거쳐 발전해 왔고, 또 어떤 역할을 해 왔는가에 대해 그 변화를 분석한다.

먼저, 한국 지방의회의 역사적 근원을 규명해 본다. 지방의회의 기원에서부터 논의를 시작함으로써 보다 긴 안목에서 미래의 발전 방향을 모색해 볼 수 있을 것이라는 생각에서 이다. 이어서 대한민국의 건국과 통치주체로서의 지방의회 간의 상관관계를 살펴보려고 한다. 특히, 헌법에서 규정하는 지방의회의 모습에 대한 살펴본다.

다음, 지방의회의 실제를 이해하기 위해 그 내부 거버넌스 체계에 관해 분석한다. 이번 전부개정 지방자치법으로 상당한 제도개선이 이루었음에도 불구하고 여전히 개선이 필요한 지방의회의 '의원 정수', '지방의원의 신분과 보수', '사무직원 인사권'에 대한 변화를 추적한다.

끝으로, 지방의회의 역사적 방향 정립 문제에 관해 논의한다. 지방의회는 근대사회의 표상인 시민과 가장 가까운 시민정부로서 시민적 전통을 계승해야 할 필요성에 대해 논의한다. 그리고 지방의회가 더욱 참된 존재감을 지닌 민주적 제도로 발전하기 위해서는 헌법기관으로서의 역할 확장과 지방자치의 기초인 '풀뿌리자치'의 실시를 주민자치회와 관련하여 제시한다.

Ⅱ 한국 지방의회의 역사적 기원

1. 향촌의 최고 의결기구로서 향회와 자치

향회는 16~17세기 이래 조선의 재지사족들의 향촌지배를 위한 기구의 하나이었다. 율곡 이이의 '해주일향약속(海州一鄕約束)'에 의하면, 일향원의 정례적인 모임인 향회는 양반에 속하는 지배계층의 집합이었다. 18세기 중엽까지는 대체로 불평등한 신분제 속에서 지배체제를 안정적으로 유지하기 위한 비공식적인 제도였다. 그러나 향회의 자치 영역이 확대되는 가운데 신분상의 차별이 불필요해지고 향회에 새로운 기능이 부가되는 전환점에 도달하게 된다. 이 점을 1740년 임천(林川)대동계의 '대동계절목'에서 향회와 관련되는 몇 부분을 통해 알 수 있다 (안병욱, 2000).

〈표 7-1〉 향회의 주요 기능

① 신유년 겨울에 세금 낼 때 부득이 한번 향회를 열어야 한다.
② …. 그래서 유향이 합석한 회의를 열어 특별히 간사를 정해 임무를 맡기고 착실히 거행하게 한다.
③ 만일 향임이나 관리들이 조금이라도 불법을 행하거나, 소홀해졌는데도 단단히 단속하지 못한 일이 생기면 고을의 유향과 대소민에게 통문을 돌려 모두 모이게 해 해당 좌수를 엄히 벌주고 출향시킨다.
④ 설립 초에 유향이 모여 논의하여 절목을 만들고 차후 합의해야 할 큰 일이 있으면 수시로 회의를 소집한다.
⑤ 입마사역(立馬使役)이나 노세(路貰) 등은 좌수와 이방의 책임인데 시행한 관련 문서들을 갖추어 향회시에 검열 받아야 하고 만일 과람한 일이 있으면 경중에 따라 처벌한다.

이 문서에 기록된 것처럼, 향회는 실무 간사를 정하며, 향임과 향리를 통제하고, 주요 안건을 토의 결정하거나 집행된 일을 감사하고, 잘못에 대해서는 문책까지도 할 수 있는 향회가 향촌사회에서 최고 의결기구의 지위에 있었던 것이다.

2. 한국 최초 지방자치법: 관치기구로서 법제화

1) 새로운 역사적 기구로서 향회

조선사회는 18세기 영·정조대가 정치적으로 비교적 안정기였음에 반해, 19세기부터는 격동기의 혼란에 처해 있었다. 그런 까닭에 지방사회는 향회라는 자치조직을 확대시킴으로써 정당성을 상실한 지배층으로부터의 피해를 줄이면서 권리신장을 위해 민의를 수렴하여 집약하고, 그들 간의 상호 연대의식을 형성시키기 위한 새로운 역사적 기구로 변모하게 되었다. 평상시에는 자치 기능을 수행하던 향회가 19세기 임술민란(壬戌民亂)에서 보듯이 체제모순을 제거하기 위해 저항하는 운동의 장이자 매개체로 작용했다. 당시에 홉스적 딜레마를 해결해야 하는 상황에서 주민들은 스스로 문제를 직접 해결할 수밖에 없다는 입장에서 새로운 방식을 창안했던 것이다.

2) 최초 지방자치법으로서 향회조규와 관치화

구한말에 이르러 향회를 중앙정부 차원에서 제도화하려는 시도가 이루어졌다.

〈표 7-2〉 향회조규(鄕會條規) 중 향회의 회의사항

제1조 향회는 대중소 3회로 정함.

……

제5조 향회에 회의하는 사항대강은 좌와 같음.

① 교육에 관한 사항
② 호적 및 지적에 관한 사항
③ 위생에 관한 사항
④ 社倉에 관한 사항
⑤ 도로교량에 관한 사항
⑥ 殖産餘業에 관한 사항
⑦ 공공삼림 및 隄堰洑港에 관한 사항
⑧ 제반 세목 및 납세에 관한 사항
⑨ 환곡 및 환란의 구휼에 관한 사항
⑩ 공공복역에 관한 사항
⑪ 諸般稧會에 관한 사항
⑫ 新式令飭에 관한 사항

자료: 송병기·박용옥·박한설. (1970~1972). 1895.10.26. pp.600.~601.

'동학농민전쟁', '청일전쟁', 그리고 '갑오개혁'이라는 국가의 격동기였다. 1895년(고종32년) 11월 3일 한국 최초의 지방자치에 관한 법규인 '향회조규(鄕會條規)'와 그 부속법령인 '향회판무규정(鄕會辨務規程)'이 공포되었다. 향회조규(제1조~제18조)에 따르면 리·면·군에 리회(小會)·면회(中會)·군회(大會)라는 3회를 설치하였으며(제1조), 군에는 의결기관만 주민이 구성하도록 하였다.

각 향회에서 논의되는 사항에는 기존 향회의 주요 업무인 조세납부에 더해 교육·호적·위생·도로 등 지방행정 각 부분으로 그 영역이 확대되었다. 각 단위의 향회는 출신성분에 관계없이 호주 및 선출된 대표자가 참여하고, 집행기관도 향회에서 선출하였다. 그러나 기층사회에서 자연발생적으로 발생한 향회가 아닌 중앙정부의 법규에 의해 운영되는 관치기구로 변화되었다.

3. 일제의 향회 해산과 말살 정책

1905년 을사보호조약으로 사실상 한국에 대한 통치권을 확보한 일제는 지방제도를 식민통치에 적합한 상태로 전환하기 위해 1906년 4월 지방제도의 개편을 시도하였다. 종전부터 유지되어온 향회나 새로 생겨난 '민의소'와 같은 주민조직이 저항세력이 될 것을 우려한 일제는 다음과 같이 이를 철저히 통제하고 장애가 되는 조직은 해산시켰다.

첫째, '군 주사제'의 실시이다. 본래 지방수령의 업무를 보좌하는 향장은 그 지역 주민 중에서 지명하여 주민의 의사를 물어 임명하는 체제였다. 그러나 일제는 향회의 권한을 억제하기 위해 군 주사제로 전환시키고, 주민의 의사를 묻는 과정을 거치지 않았다. 1908년부터는 타 지역출신도 군주사로 임명하였고, 1909년부터는 일본인도 군주사로 임명하였다. 종전에는 군수 밑에서 업무를 보좌하는, 해당 지역출신의 인사가 향회나 기타 지역사회 유력인사들의 의사를 군 행정에 반영하는 매개자 역할을 하였다. 일제는 이러한 체제를 없애고 군 주사를 완전한 군청의 행정관리 담당자로 전환시켰다.

둘째, 향회에 대응하는 지방위원회의 설치이다. 종전의 향회가 지역사회의 모든 관심사를 논의한 것과는 달리, 지방위원회는 단순한 세금징수의 협조기관으로 제도화되었다.

셋째, 향회를 탄압하고 해산시켰다. 지방자치를 준비한다는 명목으로 지방위원회를 설치하였으나, 기존의 향회가 통감부의 각종 시책에 반발하자 주동자를 구금하고 향회의 회비를 징수하지 못하게 하면서 조직의 해산을 유도하였다. 이때를 전후하여 한국의 향회 조직은 일제의 적극적인 말살정책에 의하여 무너졌다 (김용진, 1998).

Ⅲ 통치주체로서 지방의회의 역사적 선택과 변화

1. 대한민국 건국헌법과 지방의회의 동시성

1) 건국 가치 실현의 통치주체로서 지방의회의 선택

1948년 8월 15일 대한민국 정부수립이 선포되었다. 이날 밤 12시를 기해 미군정청이 대한민국 정부에 통치권을 이양함으로써 국가 구성의 필수요소인 영토, 국민, 정부, 주권을 완비한 독립국가가 탄생되었다.

그로부터 10일 후인 1948년 8월 25일 북한에서도 조선최고인민회의가 성립되어, 헌법을 제정하고 승인한 후 9월 9일 건국을 선포하였다. 그러나 9월 8일 공포한[1] 북한의 헌법은 1936년의 스탈린 헌법을 모체로 그 원리에 따라 만들어진 것이다 (법제처, 1991). 실제로는 소련이 만든 북한 헌법과 달리 대한민국 건국헌법은 임시정부 헌법에 뿌리를 두고 있다 (이주영, 2013).

1948년 5월 31일 개원한 제헌국회 의장[2]에 이승만(대한독립촉성국민회)이 선출되었고, 그는 일주일 후 다음과 같은 기자회견을 하였다.

> "한국에서는 … 40여 년 전에 민주정부를 수립할 것을 세계에 공포한 이상 우리는 민주 정체로서 민주정치를 실현해야 할 것이다 (1948.6.7. 이승만 국회의장 기자회견)."

1 북한은 1948년 4월 29일 제헌헌법을 채택하고도 외부에는 1948년 9월 8일에 공포하였다 (박선영, 2015).

2 이승만은 1948.5.31.~7.24.까지 의장을 역임했다.

제헌국회는 제정헌법(1948.7.17.) 제97조에 "지방자치단체에는 각각 의회를 둔다. 지방의회의 조직, 권한과 의원의 선거는 법률로써 정한다"고 규정함으로써 지방의회가 민주정부로서 지방자치의 본질적 가치임을 선언하였다. 제헌헌법에 지방의회를 두는 것을 규정한 일차적 의도는 민주정부 수립을 위한 열망일 것이다. 1년 후 제정지방자치법(1949.7.4.) 제11조에 "지방의회라 함은 지방자치단체의 의회를 말한다"고 재규정하였다.

그러나 지방의회가 구성된 것은 지방자치법이 제정된 지 3년이 지난 1952년이다. 지방자치제 실시 당초부터 '6.25 한국전쟁'의 소용돌이 속에서 지방의회 없는 자치제도를 경험한 것이다. 지방의회 구성을 위한 지방선거의 실시는 이승만 대통령의 다음과 같은 담화에 기인한다 (내무부·한국지방행정연구원, 1988).

> "지방자치에 관하여 나는 최초로 지방선거를 주장해왔으나 치안상 관계로 인연해서 다소간 침체하여 오다가, … 1952년 3월 말경에 진행되도록 준비할 수 있을 것이니 선거사무에 관련된 각 도당국은 이 한도 내에서 준비하는 것이 좋을 것이다."

지방자치법이 제정된 이래 국내·외 정세의 불안정과 국내치안유지를 이유로 지방의회 구성을 연기해오던 정부가 전쟁 중에, 그것도 피난수도에서 지방의회 구성을 위한 지방선거 실시를 공포한 것이다 (공보처, 1953). "자유당 집권 시기에는 지방의회 의원을 정치세력화하여 개헌 지지 세력으로 이용하려한데 그 실시목적이 있었으므로 민주주의를 정착시키려는 의도가 거의 없었던 것으로 판단된다 (정세욱, 1999)."는 견지와 같이, 이승만 대통령은 자신을 지지해줄 강력한 원외세력의 규합과 정치세력화가 필요하였고, 1952년 8월 5일 제2대 대통령 선거에 대비하기 위해 지방의회 제도를 도입하기에 이른 것이다.

마르크스주의 전통에서는 지방의회가 자본주의 국가의 대리인인 일련의 사회관계임을 강조한다. '지방정부(local government)'보다는 '지방국가(local state)'라는 용어를 사용한 콕번(Cynthia Cockburn)이 대표적인 학자다. 한국에서 1952년에 지방의회가 처음으로 도입된 배경을 — 마르크스주의자들이 주장하는 — 국가의 일부로서 중앙정부의 특정 국면에서 채택된 것이라는 설명할 수도 있을 것이다. 그렇다고는 해도, 한국에서 지방의회는 1961년 '5·16 군사혁명위원회' 포고 제4호로 해산되기까지 9년 동안 민(民)의, 민에 의한, 민을 위한 소중한 의정활동 경험의 기간이었다. 지방의회 해산포고 후 한 달이 안 된 6월 6일 국가재건비상조치법 제20조에 의해 단체장이 임명직으로 전환됨으로써, 지방의회는 역사 속으로 다시금 사라지게 되었다.

2) 시민의 역사적 선택과 지방의회의 재등장

이승만 정부 이래 권위주의 정치권력에 대한 저항세력은 대학생 집단에게 한정되었으나, 1980년대에는 일반시민들이 가담함으로써 민주화운동의 지평이 확대되었다. 권위주의 정권의 권력기반 강화에 기여했던 급속한 경제성장과 높은 교육열이 시민사회의 역량을 성장시킨 것이다.

1987년 6월의 시민항쟁은 광범위한 계층의 '시민주도적(citizen-initiated)'유대가 형성되어 민주화 흐름을 이끌어내는데 성공하였다. '6·10 시민항쟁'으로 인한 시민사회의 압력에 의해 당시 노태우 대통령 후보는 지방자치제의 재실시를 포함한 헌법개정을 약속하는 '6·29선언'을 발표하여 정치적 위기를 민주주의 새 시대로 여는 기회로 활용하였다.

1987년 10월 29일 전부개정 헌법 제118조 제1항에 "지방자치단체에 의회를 둔다." 제2항에 "지방의회의 조직·권한·의원선거와 지방자치단체의 장의 선임방법 기타 지방자치단체의 조직과 운영에 관한 사항은 법률로 정한다."라고 하여 지방자치의 본질적 가치가 지방의회에게 있음을 재규정하였다. 1년 후 1988년 4월 6일 전부개정 지방자치법 제26조의 "지방자치단체에 의회를 둔다."라고 하였으나 1949년 제정 지방자치법 제11조의 "지방의회라 함은 지방자치단체의 의회를 말한다."라는 표현이 더 정확하다.

실제 지방의회가 재구성된 것은 — 1952년 지방의회 구성과 마찬가지로 — 지방자치법이 전부개정 된 지 3년이 지난 1991년이었다. 이때 재구성된 275개의 지방의회는 총 11회에 걸친 지방선거로 관료정부와 대비되는 243개의 시민정부를 구현하고 있다. 시민이 참여하는 역사가 가치 있는 역사적 변화를 이끈 것이다. 그러나 헌법과 지방자치법은 지방정부가 아닌 지방자치단체로 규정하고 있으며, 지방의회를 지방자치단체의 한 축을 구성하는 하나의 조직에 불과한 것으로 간주하고 있다 (김상미, 2005).

2. 지방자치 '원형(archetype)기관'으로서 헌법기관인 지방의회

1) 헌법상 기관통합형 기관구성 명시

한국 통치원리의 '기본법'으로서 헌법 제118조제2항의 기관구성 원리는 지방자치법으로 정하도록 명시하고 있으나, 헌법 자체 내용으로 보면 <표 7-3>의 ②에 해당하는 지방의회 선임에 의한 기관통합형의 원리를 제시하고 있다는 해석이 타당하다.

다만 헌법 제118조 제1항은 "지방자치단체에 의회를 둔다"라고 규정하고 있어 지방자치단체의 기관대립형 기관구성을 제도화 한 것으로 해석될 여지가 있으나, '52년 기관구성을 기관통합형으로 운영한 경험이 있고, 1960년 6월 15일 개정된 헌법 제118조제2항에서는 "지방자치단체의 장의 선임방법은 법률로써 정하되 적어도 시, 읍, 면의 장은 그 주민이 직접 이를 선거한다"라고 하여 자치단체장을 직선하는 경우에는 '선임'이 아닌 '선거'라는 용어를 선택함으로써 차별화하였기 때문이다.

2) 전부개정 지방자치법과 지방자치단체 기관구성 형태 다양화

(1) '강시장-약의회'의 기관대립형 기관구성의 문제

현재 지방자치단체는 기관구성을 '강시장-약의회 형'(strong mayor-weak council form)을 택하였기 때문에 자치단체장 중심으로 운영될 수밖에 없다. 더구나 자치단체장은 지방의회의 의결에 재의요구권을 폭넓게 행사할 수 있어 지방의회의 권한 행사가 어려운 기관 구조이다.

(2) 전부개정 지방자치법 제4조의 특례와 개별법 제정의 의미

전부개정 지방자치법 제4조의 특례는 강시장-약의회 형의 지방정치 권력구조

〈표 7-3〉 헌법상 선임의 의미

① 중앙정부에 의한 선임 – 진정한 의미의 지방자치가 실현되기 전의 방식
② 지방의회에 의한 선임 – 기관통합형의 가능성
③ 주민에 의한 직접 선출 – 현행 제도

자료: 강주영, 2021.

를 변경할 수 있는 가장 혁신적인 조치로 주민에게 선택권을 부여하였음이 주요 특징이다. 그러나 "따로 법률로 정하는 바에 따라" 구성하도록 함으로써 개별법을 만드는 주체의 관점과 의견이 반영될 수 있다.

(3) 지방자치단체 기관구성 형태 검토

① 기관통합형 모델 개발

자치단체장 선임방식, 지방의회와 자치단체장 간의 권한 배분 및 업무수행 절차 등과 관련하여 기관통합형과 기관대립형 그리고 책임행정관제 등 다양한 유형을 검토할 수 있다. 2000년에 기관구성 다양화를 시도한 영국의 경우 기관통합형과 기관분리형의 2개 유형의 지방정부가 공존하는 개혁이 진행 중이다. 이를 감안하면, 기관통합형 모델 개발에 비중을 두는 것이 바람직하다. 이는 헌법 제117조와 제118조에 부합하는 것이기도 하다. 헌법이 한국 통치체제와 관련된 최고 상위법이라는 점에서 74년간 일관되게 유지하고 있는 헌법정신이 존중되어야 한다.

② 기관통합형 특별지방자치단체 설치의 함의

전부개정 지방자치법 제199조에는 새로 구성하는 특별지방자치단체의 경우 기관통합형으로 설립할 수 있게 하였다. 이 경우 지방자치법 제204조제2항에 의해 지방의원은 특별지방자치단체 의회에 겸직할 수 있다. 동법 제205조[3]에 의하여 특별지방자치단체 의회는 구성 지방자치단체의 의회의원으로 구성하며, 집행기관의 장도 특별지방자치단체의 의회에서 선출하므로 기관통합형 기관구성 원리를 적용하였다.

3. 시사점

1952년부터 2018년까지 총 11회에 걸친 지방의원 선출로 시민정부를 지역 주민의 손으로 직접 구성하게 된 것은 그 이전부터의 역사적인 힘의 축적과 배경이 보대로 구축된 것이다. 다만, 문제는 이원대표제를 표방하는 지방자치단체의 기관구성에서 권력의 핵심을 어디에 두어야 할 것인가이다. 헌법 제8장 지방자치의 장

3 "① 특별지방자치단체의 장은 규약으로 정하는 바에 따라 특별지방자치단체의 의회에서 선출한다"

에서는 자치단체장에 의해 구성되는 관료정부보다는 시민정부인 지방의회에 지방권력의 핵심을 두는 것을 구상하였다.

이는 제헌헌법에서 지방의회를 도입한 1차 의도가 민주정부 건설에 기여함이고 지방의회가 지방민주주의 일환으로 도입된 것이라는 점에서 자연스러운 귀결이다. 지방자치제를 실현하는 지방 권력구조 및 지방 정치구조는 어떠한 형태이어야 하는가에 대해서 헌법은 헌법상 기관인 지방의회가 지방자치제의 핵심 기관이라고 말하고 있는 것이다.

Ⅳ 지방의회의 실천구조와 역사적 변화

1. 삼권분립 원리 적용과 지방의회 사무직원 인사권 부여

1) 지방의회 사무직원 인사권한의 변화과정

(1) 의장에게 임명권 부여

대한민국 최초 지방의회 사무직원에 대한 인사권한은 제정지방자치법(1949.7.4.) 제30조에 “지방의회에 서무를 정리하기 위하여 간사와 서기 약간인을 둘 수 있다. 간사와 서기는 의장이 임명한다”고 하여 의장에게 임명권을 부여하였다.

(2) 지방자치단체장에게 임명권 부여

① 의장에게 협의권 부여

그러나 1961년 지방의회가 해산된 지 28년후 제6공화국의 1988.4.6. 전부개정 지방자치법 제83조제2항에 “사무직원은 지방의회의 의장과 협의하여 당해 지방자치단체의 장이 임명한다”라고 함으로써 지방자치단체장이 임명하도록 인사권 행사의 주체자가 역전되었다.

② 의장에게 추천권 부여와 사무처장·국장·과장에게 임용권 위임

1994.3.16. “사무직원은 지방의회의 의장의 추천에 의하여 당해 지방자치단체의 장이 임명한다”로 의장 추천권이 부여된 후 2007.5.11. 지방자치법 제91조제2

[그림 7-1] 지방의회 사무직원에 대한 임명권자의 변화

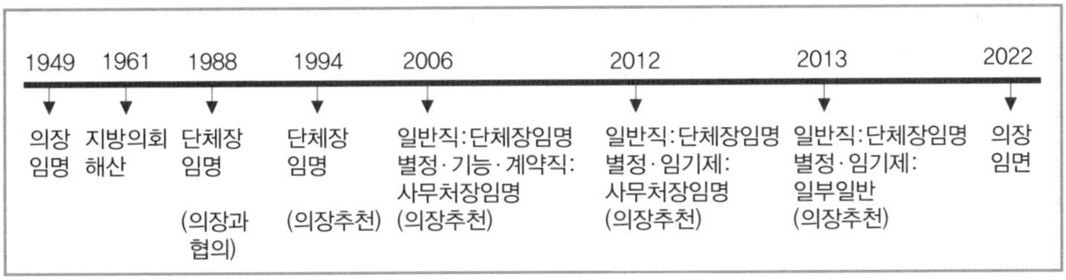

자료: 강장석. 2008. 내용을 저자가 수정.

항에 "사무직원은 지방의회의 의장의 추천에 따라 그 지방자치단체의 장이 임명한다. 다만, 지방자치단체의 장은 사무직원 중 별정직·기능직·계약직 공무원에 대한 임용권은 지방의회 사무처장·사무국장·사무과장에게 위임하여야 한다"로 변경되었다.

2013.7.16. 지방자치법 제91조의2에 "사무직원은 지방의회의 의장의 추천에 따라 그 지방자치단체의 장이 임명한다. 다만, 지방자치단체의 장은 사무직원 중 다음 각 호의 어느 하나[4]에 해당하는 공무원에 대한 임용권은 지방의회 사무처장·사무국장·사무과장에게 위임하여야 한다"는 조항으로써 임용권을 일부 위임하였으나 '88년 이후 지방의회 사무기구의 인적 자원을 제공하는 권한은 자치단체장이 주도하고 있다.

2) 2014년 지방자치법 제91조 2항에 대한 헌법재판소의 판단

청구인(경기도의회 의장)은 2012.6.20. 경기도의회 사무처 사무직원의 임용 등에 관한 조례안과 관련하여 지방자치법 제91조제2항의 위헌 확인을 구하는 헌법소원 심판을 청구하였다.

(1) 청구인(경기도의회 의장)의 주장

심판대상조항은 헌법상 권력분립의 원리에 비추어 위헌이다. 자치단체장이 지방의회 소속 공무원들의 인사권을 갖는 것은 지방의회를 통제·장악하게 되는 결과를 초래한다. 지방의회의 인사권 독립 보장은 헌법이 보장하는 지방자치제도의

4 1. 별정직 공무원, 2. 지방공무원법 제25조의 5에 따른 임기제 공무원, 3. 대통령령으로 정하는 일반직 공무원

〈표 7-4〉 경기도의회 사무처 사무직원의 임용 등에 관한 조례안

- 발의자: 안병원·이필구 의원 등 58명
- 주요내용: 사무직원의 임용은 의장이 행하도록 하고, 의장은 의회사무 처리의 지원을 위하여 경기도지사 및 경기도교육감에게 그 소속 직원의 파견을 요청하는 등 상호 간의 인사교류를 시행하여 사무직원의 전문성 확보에 노력하도록 하며, 의장은 사무처장으로 하여금 의회의 사무를 총괄하고, 소속직원을 지휘·감독하게 함(안 제3조)
- 조치사항: 재석의원 102명 중 찬성 100명, 반대 1명, 기권 1명으로 원안가결

핵심적 요소임에도 심판대상조항은 헌법상 제도적 보장의 원칙에 어긋난다.

(2) 헌법재판소의 판단: 구체적 검토

지방의회는 지방의회의원 개인을 중심으로 한 구조이며, 사무직원은 지방의회의원을 보조하는 지위를 가진다. 이러한 인적 구조 아래서 지방의회 사무직원의 임용권의 귀속 및 운영 문제를 지방자치제도의 본질적인 내용이라고 볼 수는 없다.

지방의회 사무 담당 적임자에 관한 인사정보 또한 지방자치단체를 통할하는 지방자치단체의 장에게 집적될 수밖에 없으므로 그 적임자를 적재적소에 배치함으로써 지방의회 사무직원의 전문성을 높일 수 있는 주체 또한 자치단체장이 적합하다. 자치단체장의 사무직원 임용권은 집행기관의 장으로서가 아니라 지방자치법 제101조·제105조에 따른 자치단체 사무 총괄자로서 소속직원 임면권을 구체화한 것이라 볼 수 있다.

오히려 지방의회와 집행기관 사이의 견제와 균형의 원리를 침해하지 않으면서도 지방의회 사무직원 인력수급의 문제를 해결하는 방안은 '지방의회 의장의 추천권'의 정상적인 행사에서 찾을 수 있다. 특히 지방의회 의장의 추천권이 적극적이고 실질적으로 발휘된다면 지방의회 사무직원 임용권이 자치단체장에게 있다 하더라도 지방의회와 집행기관 사이의 상호견제와 균형의 원리를 침해할 우려로 확대된다거나 지방자치제도의 본질적 내용을 침해한다고 볼 수는 없다(헌재 2020.3.26. 2018헌바3).

(3) 헌법재판소의 결론

2014년 1월 28일 관여 재판관 전원일치 의견으로 심판대상조항의 합헌 결정을 하였다.

3) 지방의회 사무직원 인사권한과 삼권분립 원리 적용

(1) 헌법재판소 판결에 대한 보완적 해석

헌법재판소는 지방의회 사무직원의 임용권의 귀속 및 운영 주체가 자치단체장에게 있다 하더라도 지방의회와 집행기관 사이의 상호견제와 균형의 원리를 침해할 우려로 확대된다거나 지방자치제도의 본질적 내용을 침해한다고 볼 수는 없다고 판결하였다. 그러나 삼권분립의 원리상 지방의회에서 집행기관에 대한 인사권을 행사하는 것은 가능하나 집행기관에서 지방의회에 인사권을 행사하는 것은 삼권분립의 원리에 맞지 않는다.

(2) 지방의회 의장에게 사무직원 임면권 부여

전부개정 지방자치법 제103조의2[5]에 지방의회 의장에게 지방의회 사무직원에 대한 임면권을 부여하였다.

삼권분립 원리가 비로소 반영되었음을 보여주는 대표적인 조항이나, 일본 지방자치법 제138조 제5항[6]과 유사한 면이 있어 일본과 유사한 문제가 발생할 소지가 있다. 대한민국 지방의회가 건국가치 실현을 위한 통치주체로서 선택되었음을 감안한다면 일본의 제도보다 더 나은 대안이 모색되어야 한다.

2. 지방의회의 존재론적 구성요소로서 의원정수

1) 지방의회와 존재론

(1) 지방자치단체장 대비 지방의회의 존재론적 규정 부재

지방자치단체장의 경우 1988.6.4. 전부개정 지방자치법 제92조에 "지방자치단체의 통할대표권"이 명시되었으나, 지방의회는 동법 제26조에 "지방자치단체에

5 "지방의회의 의장은 지방의회 사무직원을 지휘·감독하고 법령과 조례·의회규칙으로 정하는 바에 따라 그 임면·교육·훈련·복무·징계 등에 관한 사항을 처리한다."

6 일본 지방자치법 제138조제5항의 "지방의회의 사무국장, 서기장, 서기 기타 직원은 의장이 이들을 임면한다"는 규정에 의하여 의장이 임면권을 행사한다. 일본 지방자치법 제6조(임명권자)에 따라 지방의회 의장이 의회사무국 직원에 대한 임명, 휴직, 면직 및 징계 등을 실시할 수 있는 권한을 부여받고 있다.

의회를 둔다"고 하였을 뿐 존재론적 내용이 부재하였다.

(2) 지방의회의 존재론적 명시와 주민 책임성 강화

2014.1.21. 지방자치법 제30조에 "지방자치단체에 주민의 대의기관인 의회를 둔다."라고 지방의회의 존재론적 근거가 주민의 대의기관임을 명시함으로써 주민에 대한 책임성이 강화되었다.

2) 주민대의기관으로서 책임성 제고와 지방의원 정수

(1) 주민대의기관으로서 위상 저하

<표 7-5>에서와 같이 지속적인 지방의회 의원정수 감축으로 제1대 지방의원 1인이 대표하여야 할 평균 주민 수 8,471명에서 제8대 지방의원 1인이 대표하여야 할 평균 주민 수는 13,797명으로 증가함으로써 주민대의기관으로서 지방의회의 위상 약화가 진행되고 있다[7].

(2) 지방공무원 정원 비교시 지방의원의 집행기관 견제감시기능 저하

지방자치가 부활한 1991년 지방공무원 수는 25만 3천명에서 2020년 기준 35만 9천명으로 42% 증가하였다. 광역의원 수는 1991년 866명에서 2018년 824명으로 4.8% 감소하였고 기초의원 수는 1991년 4,304명에서 2018년 기준 2,926명으로 32% 감소하였다. 지방공무원 수는 파킨슨 법칙에 의하여 증가하고 있는 상황에서 지방의원 수는 감소하므로 강시장-약의회제를 더욱 강화하는 메커니즘으로 작용하고 있다. 지방공무원 1인당 주민수 150명[8]과 비교하여도 지방의원은 주민을 과다대표하고 있다.

〈표 7-5〉 지방의회 기수별 지방의원 정수의 변천 과정 (단위: 명)

구분	제1기	제2기	제3기	제4기	제5기	제6기	제7기	제8기
연도	1991	1995	1998	2002	2006	2010	2014	2018
계	5,170	5,513(97)	4,180(74)	4,167(73)	3,626(453)	3,731(457)	3,692(463)	3,756(473)

자료: 행정안전부(2020). 2020행정안전통계연보. * ( )는 비례대표의원 수

7 2018년 10월 말 기준 인구수 51,821,881명 기준. 1991년 인구 43,800천명 기준

8 행정안전부(2020), 「2020행정안전통계연보」. 지방공무원 1인당 주민 수('19.12.31.)

[그림 7-2] 연도별 지방공무원 정원 변동 추이 (단위: 천 명)

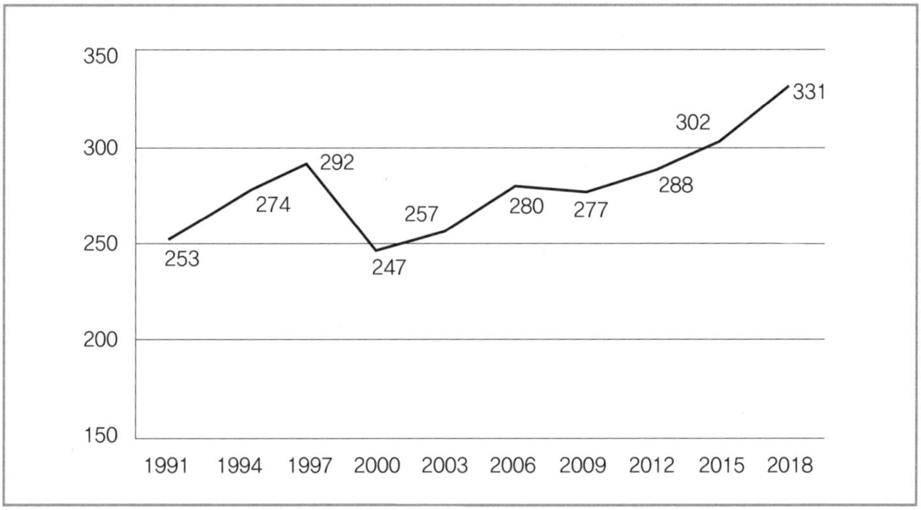

자료: 한국지방자치학회. 2019. 내용수정.

[그림 7-3] 연도별 지방의회의원 정원 변동 추이 (단위: 명)

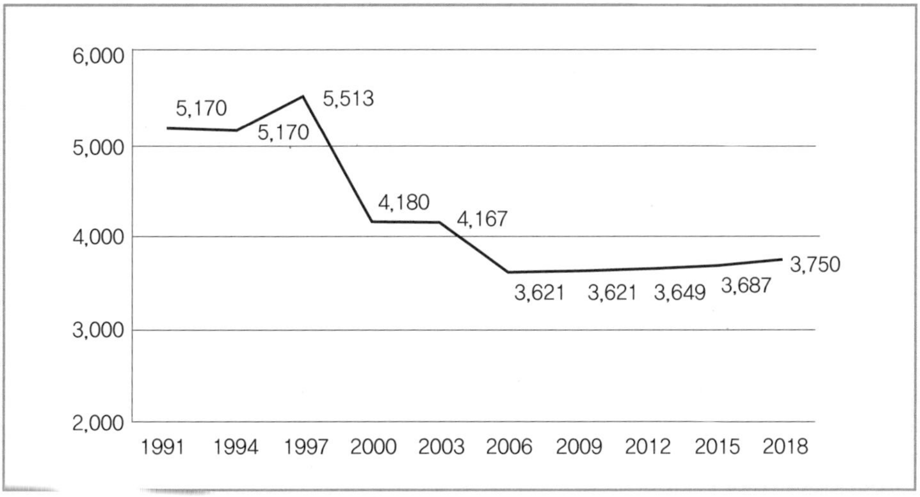

자료: 한국지방자치학회. 2019. 내용수정.

3) 지방공무원 정원은 자율적 관리

지방공무원 정원관리제도는 지방자치법 제112조제2항에 “제1항에 따른 행정기구의 설치와 지방공무원의 정원은 인건비 등 대통령령으로 정하는 기준에 따라 그 지방자치단체의 조례로 정한다."로 개정(2007.5.11.)한 이후, 총정원제를 폐지하고 기준인건비 범위 내에서 자율적으로 관리하고 있다.

4) 인구수 중심 의원정수 산정과 선거구 인구편차 조정

지방의원의 경우 지방자치법 제29조에 의거하여 공직선거법에서 의원정수에 관한 사항을 규정하고 있으며, 의원정수 산정 기준에 행정구역이 주요 기준으로 되어 있다. 행정구역이 주요 기준이 되어, 2020년 기준 주민 수 9,077명인 울릉군의회나 주민 수 230,705명인 오산시의회의 의원정수가 7명인 점을 감안하면 기초의원 최소 정수인 7인은 지나치게 적다.

지방의회는 주민대의기관이기 때문에 주민수인 인구수를 기본적인 산정 기준으로 하고 그 근거 규정도 조례에 위임하여 지역에 자율권을 부여할 필요가 있다(한국지방자치학회, 2019). 최근 헌법재판소는 2021년 6월 24일 재판관 전원일치 의견으로[9] "인구편차 50%를 초과할 경우 선거권 및 평등권을 침해하므로…, 2021년 12월 31일을 개정시한으로" 못 박았다(2018헌마405). 국회가 이때까지 공직선거법을 개정하지 않으면 해당 부분은 효력을 상실하지만, 2022년 6.1지방선거부터 인구비례 3:1의 바뀐 기준을 적용하여야 한다. 아울러 표의 등가성과 선거권의 평등의 이상에 접근하기 위해서는 지방의회의원 선거구 인구편차 4:1을 국회와 같은 2:1로 맞출 필요가 있다.

3. 지방의원 신분과 보수의 변화

1) 명예직 신분의 종결

1949.7.4. 제정지방자치법 제16조에 지방의원 신분을 명예직으로 시작한 이래 1988.4.6. 전부개정 지방자치법 제32조에도 명예직을 유지하였다.

2003.7.18. 지방자치법 제32조에 54년간 유지되어 온 명예직 규정을 삭제하고 지방의원에게 비용을 지급한다고 명시함으로써 명예직 신분이 종결되었다. 이는 더 이상 봉사정신에 입각한 의정활동이 바람직하지 않다는 판단 기인한다.

---

9 인구편차 상하 50%(인구비례 3:1) 초과시 위헌 결정으로 2021.12.31. 개정시한을 명시하였다(헌재 2021.6.24. 2018헌마405).

〈표 7-6〉 지방의원 신분의 변천과정

1949.7.4. 제정 지방자치법 제16조: 지방의회의 의원은 명예직으로 한다.

⇩ ⇩

1988.4.6. 전부개정 지방자치법 제32조(의원의 보수): 지방의회의원은 명예직으로 한다.

⇩ ⇩

2003.7.18. 지방자치법 제32조(의원의 의정활동비 등) ① 지방의회의원에게 다음 각호의 비용을 지급한다. <개정 1999.8.31., 2003.7.18.>

1. 의정자료의 수집·연구와 이를 위한 보조활동에 소요되는 비용을 보전하기 위하여 매월 지급하는 의정활동비
2. 본회의 또는 위원회의 의결이나 의장의 명에 의하여 공무로 여행할 때 지급하는 여비
3. 회기 중의 활동을 지원하기 위하여 지급하는 회기수당

2) 유급직 근거로서 지방의원 보수 개념 변화과정

(1) 보수 개념에서 → 비용 개념으로 → 수당 개념으로 변경

지방의원은 "의원의 보수" 개념에 의하여 1988년과 1991년 지방자치법상 일비

〈표 7-7〉 보수 기준에서 비용 기준으로 변경

1949.7.4. 제정 지방자치법 제16조 …… 단, 일비와 여비를 받을 수 있으되 이에 관한 규정은 내무부장관의 승인을 얻어 조례로써 정한다.

⇩ ⇩

1988.4.6. 전부개정 지방자치법 제32조(의원의 보수) …… 다만, 회기중에 한하여 일비와 여비를 지급할 수 있으며, 이의 지급기준은 대통령령으로 정한다.

⇩ ⇩

1991.5.23. 지방자치법 제32조(의원의 보수) ① 지방의회의원은 명예직으로 하되, 일비와 여비를 지급할 수 있다. 다만, 일비는 회기중에 한하여, 여비는 지방의회의 회의(이하 "본회의"라 한다) 또는 위원회의 의결이나 의장의 명에 의하여 공무로 여행할 때에 한하여 지급할 수 있다.

⇩ ⇩

1994.3.16. 지방자치법 제32조(의원의 의정활동비 등) ① 지방의회의원은 명예직으로 하되, 다음 각호의 비용을 지급한다.

1. 의정자료의 수집·연구와 이를 위한 보조활동에 소요되는 비용을 보전하기 위하여 매월 지급하는 의정활동비. 다만, 의정자료의 수집·연구를 위한 보조활동의 비용은 시·도의회의원에 한한다.
2. 본회의 또는 위원회의 의결이나 의장의 명에 의하여 공무로 여행할 때 지급하는 여비
3. 회기 중에 지급하는 회의수당

와 여비만을 지급받다가, 1994년에는 "의원의 보수" 개념을 "의원의 의정활동비 등"의 '비용 개념'으로 변경하고 일비를 의정활동비로 개정 후 회의수당을 신설하였다. 2007년에는 의원의 의정활동비 등 보수 개념을 "의정활동비·여비 및 월정수당의 지급기준 등"의 '수당 개념'으로 변경하였다.

(2) 직무여건 관점의 수당 지급

1994년부터 "의원의 의정활동비 등" 비용 관점에서 지급되었다는 것은 지방공무원보수규정 제3조[10]에 의한 보수 개념이 아니다. 2007년부터는 "의원의 의정활동비 등" 비용 관점이 "의정활동비·여비 및 월정수당의 지급기준 등"의 수당 관점으로 변경하여 유지되고 있다. 이는 지방공무원보수규정에 따르면 '수당'의 관점에서 지급되는 것으로서 동 규정에 의하면 '수당'이란 직무여건 및 생활여건 등에 따라 지급되는 부가급여를(제3조제3항) 의미한다.

지방의원의 의정활동비, 여비, 월정수당은 지방공무원에게 지급되는 수당 중에서 직무여건에 해당하는 지급이지 생활여건에 따라 지급되는 수당의 개념은 아니다. 지방의원의 생활여건을 감안한다면 한국노총이 2021년 책정한 가구규모별 월 표준생계비인 4인 가구(Ⅰ) 6,098,339원, 4인 가구(Ⅱ) 6,837,999원, 4인 가구(Ⅲ) 7,277,228원이 고려될 필요가 있다.

3) 유급직 기반과 월정수당 지급과의 관계

(1) 월정수당 신설

2005.8.4. 지방자치법 제32조 3.에 '회기수당' 대신에 직무활동에 대하여 지급하는 '월정수당'을 신설하여 유급직 기반을 만들었지만, 유급직이 정착된 것은 아니다.

〈표 7-8〉 지방의원 신분의 유급직 근거

2005.8.4. 지방자치법 제32조(의원의 의정활동비 등) ①지방의회의원에게 다음 각호의 비용을 지급한다. <개정 1999.8.31., 2003.7.18., 2005.8.4.> ……
3. 지방의회의원의 직무활동에 대하여 지급하는 월정수당

10 지방공무원보수규정에 따르면 '보수'란 봉급과 기타 각종 수당을 합산한 금액을 의미한다(제3조 제1항).

〈표 7-9〉 의정비심의위원회 구성의 변화

2007.10.4. 지방자치법 제34조(의정비심의위원회의 구성 등) ① 의정비심의위원회는 법 제33조 제1항 각 호에 따른 비용 지급기준의 결정이 필요한 경우에 10명의 위원으로 구성하되, 위원은 지방자치단체의 장 및 지방의회의 의장이 학계·법조계·언론계 및 시민단체 등으로부터 추천을 받은 자 중에서 각각 5명씩 선정하고, 지방자치단체의 장이 위촉한다.
⇩ ⇩
지방자치법 시행령 제34조(의정비심의위원회의 구성 등) ① 심의회는 법 제33조 제1항 각 호에 따른 비용 지급기준의 결정이 필요한 경우에 10명의 위원으로 구성하되, 교육계·법조계·언론계·시민사회단체, 통·리의 장 및 지방의회 의장 등으로부터 추천을 받아 지방자치단체의 장이 위촉한다. 이 경우 지방자치단체의 장은 위원이 다양하게 구성되도록 하여야 한다. <개정 2008.10.8., 2018.10.30.>

(2) 월정수당 지급 주체: 의정비심의위원회

월정수당 지급의 경우 각 지방자치단체의 '의정비심의위원회'가 결정하는 금액 이내로 하여 조례로 정하도록 하였기 때문에 각 지방의회 간 격차가 심하고 균형이 되지 않고 있다.

'의정비심의위원회'는 <표 7-9>에서와 같이 교육계·법조계·언론계·시민사회단체, 통리의 장 및 지방의회 의장 등으로부터 추천을 받아 지방자치단체의 장이 위촉하고 있다. 각 지역의 의정비심의위원회 구성이 원칙적으로 지방자치의 원칙을 구현하기 위함인데 의원의 직무활동에 대한 수당 결정에 의장이 위촉하지 않고 자치단체장이 위촉하게 함으로써 지방자치의 기관 구성 및 권력분립의 원리에 맞지 않는다.

4) 지방의원 신분과 직업으로서 지방의원직 정착

(1) 지방의원 겸직금지 강화의 의미

전부개정 지방자치법 제43조에서 지방의원 겸직금지 규정을 강화하였다. 국회법 제29조에 겸직금지가 규정된 국회의원보다 겸직금지 범위가 더 넓다. 지방의원 겸직금지 범위를 확대하였다는 것은 지방의원직을 전업직으로 인정한다는 의미이므로 직업으로서 지방의원직이 정착될 시점이다.

(2) 지방의원 신분에 대한 제 해석

① 헌법재판소의 해석

2020년 3월 26일 헌법재판소는 2018헌바3 판결로 "건전한 상식과 법 감정을 가진 사람이라면 공직선거법 제85조2항에서 공무원에 지방의회의원도 포함됨을 알 수 있다"고 하여 공무원에 지방의원도 해당한다고 판시하였다.

② 지방자치법과 동법 시행령의 해석

지방자치법 시행령 제34조의 공청회나 여론조사를 하여야하는 기준점이 지방공무원 보수인상률 초과이므로 이는 지방의원의 신분을 지방공무원으로 간주하는 조치라고 해석된다. 전부개정 지방자치법 제40조에서 지방의원의 여비를 공무원 여비규정의 기준 범위 내에서 조례로 정할 수 있도록 개정한 취지도 지방의원 신분을 지방공무원으로 간주한 조치로 해석된다.

(3) 지방공무원 보수 결정의 원칙 적용

지방공무원법 제44조제3항은 "경력직 공무원 간, 경력직 공무원과 특수경력직 공무원 간 보수의 균형을 도모하여야 한다"는 보수결정원칙을 선언하고 있다. 공무원 수당과 관련하여 "과거부터 정부·노조는 임금 인상률이 낮다고 공표해놓고 국민 모르게 수당을 슬쩍 올려왔다"며 "18종에 달하는 공무원 수당을 통·폐합하고 수당 결정 과정, 실수령 현황, 감시·감독 체계를 투명하게 운영해야 한다"는 지적이 있다 (정경포커스, 2020.8.3.). 지방의원과 국회의원 및 공무원 수당과의 균형 원칙이 적용되어야 한다.

V 지방의회의 역사적 방향 정립

1. 지방의회의 역사적 변화와 계보학적 두 계통

역사는 인간이 만든 하나의 과정이다. 헤르더(Johann Gottfried von Herder)는 역사란 '시간과 국가 안에 존재하는 인간의 영혼에 관한 책'이라고 하였다. 데리다

(Jacques Derrida)는 '타자 전체가 있는 그대로 나타난다는 것, 바로 이것이 모든 역사다'라고 하였다.

대한민국 정부를 수립한 1948년부터 2021년까지 74년의 역사에서 지방의회는 1952년부터 1961년까지 9년 동안 민(民)을 위한 짧은 의정활동의 역사를 축적하였다. 1991년 부활된 지방의회는 2021년까지 31년 간 민을 위한 의정활동사를 축적하고 있다. 총 40년에 걸친 지방의회사라는 한국 지방의회를 형성하는 거대한 서사에는 서로 다른 두 개의 계통이 내재되어 있다. 하나는 시민적 전통을 계승하는 흐름이고 다른 하나는 국회, 중앙정부 등 타자적 계열을 계승하는 흐름이다.

역사 속 정부가 '민주제적', '관료제적', '전제적·독재적' 특징을 어느 정도 가지느냐에 따라서 지방의회는 '지방의회 활성화', '상징적 지방의회', '지방의회 해산'이라는 모습으로 비교적 정확하게 대응하고 있었다.

1) 시민적 전통과 지방의회

고대에는 시민이 지주와 동일시되었으나, 중세에 들어서면서 봉건영주의 통제에 저항하는 도시의 상인 및 수공업자들을 지칭하는 용어로서 사용되었다. 역사적으로 시민사회는 봉건제에서 자본제로의 이행과정에서 형성되었으며, 이러한 과정에서 출현한 근대사회의 표상이다 (유병용·박병련, 1999). 즉, 시민과 시민사회는 서구의 근대적 산물의 소산인 것이다.

한국 지방의회의 기원은 주민들이 자신들의 삶에 주도권을 쥐기 위해 자신들이 참여할 수 있는 공공영역(common-public space: koinonia kosmos)[11]으로서 향회를 풀뿌리 자치기관으로 변형하기 시작했다는 점에서 봉건제에서 자본제로 이행하는 과정에서 출현한 근대적 산물의 소산이다.

대한민국 건국과 지방의회의 동시적 도입 계기는 "지방자치에 관하여 나는 최초로 지방선거를 주장해왔으나"라는 이승만 대통령의 담화에서 보듯이, 이승만 국회의장의 선진경험과 당시 상대적으로 높은 교육적 배경[12]에 기인하는 것으로

---

11 한나 아렌트는 공공영역으로서 koinonia kosmos(코이노니아 코스모스: 모두와 더불어 협력하며 실천적 소통을 통해 공존하는 삶의 공간)를 강조하였다.

12 그는 조지워싱턴 대학, 하버드 대학원에서 석사, 프린스턴 대학원에서 정치학박사 학위를 받았다.

해석된다. 부활한 지방의회 역시 경제력과 교육열의 향상으로 인한 시민의식이 반영된 것이다. 토크빌의 전통을 따르는 연구들은 사회자본의 형성을 통해 등장하는 활성화된 시민사회가 없다면 민주주의는 발전할 수 없다고 주장한다 (유석춘·장미혜, 2003). 시민과 불가분의 관계에 있는 주민 대의기관인 지방의회를 통해서 지역 주민들과의 결속력이 증진된다면 지역사회 전체적으로 지방민주주의 증진이라는 지역 구성원 공동의 목표를 성취하는 집합적인 능력이 향상될 수 있기 때문이다.

2) 타자적 계열과 지방의회

(1) 권위주의 정부와 지방의회 해산

역사 속에서 향회의 해산과 지방의회의 해산으로 지방의회가 존재하지 않았던 시기는 일제강점기 이후(1910~1947)와 군사정부(1961~1990) 기간으로 민주정치 실현과 거리가 먼 정부라는 공통점이 있다.

전부개정 지방자치법에서 지방의회 사무직원에 대한 인사권 부여가 의장에게 부여되었지만, 지방의회 사무직원에 대한 인사권 행사 주체가 의장에게서 지방자치단체의 장에게로 역전된 시점이 제6공화국이었다는 사실은 우연이 아니다.

(2) 관료제적 지향성과 상징적 지방의회

헌법과 지방자치법에 의하여 지방의회의 도입 목적이 잘 성취되도록 설계된다면 지방의회의 존속에 순기능으로 작용하겠지만, 특정 입장을 위해 왜곡되거나 부적절하게 설계된다면 역기능을 초래할 것이라는 가정이 가능하다.

이원대표제를 표방하나 지방의회 부활 이후 지방공무원의 수는 42% 증가하였지만 광역의원은 4.8%, 기초의원은 32% 감소하였다. 지방공무원 1인당 주민수는 150명이나 지방의원 1인당 주민수는 13,797명으로 강시장-약의회제를 더욱 강화하는 메커니즘으로 작용하고 있어 기관대립형 도입 취지를 무력화하고 있다.

지방의원의 수당은 월정수당이 유일하나 지급주체인 의정비심의위원회 위원을 지방자치단체장이 위촉하고 있다. 월정수당 지급기준을 보면 2007년 기준 ① 지역주민의 소득수준, ② 지방공무원 보수인상률, ③ 물가상승률, ④ 지방의회의 의정활동 실적 등을 종합적으로 고려하여 월정수당을 결정하였다. 현재는 ① 지방자치단체의 주민 수, ② 재정 능력, ③ 지방공무원 보수인상률, ④ 지방의회의 의정활동 실적을 종합적으로 고려하여 월정수당을 결정하고 있다. 지역주민의 소득수준과 물가상승률을 삭제하고 지방자치단체의 인구력과 재정력을 고려하는 변수로 대체한 것이다. 지방자치단체 통할대표권을 가진 지방자치단체장도, 지방공무원도, 수당을 결정하는데 4개의 지급변수에 의거 의장이 위촉하는 의정비심의위원회가 결정하는 경우는 찾아볼 수 없는 제도설계이다.

지방의회를 만들 당시부터 정권의 정당성 획득을 위한 수단이 된다거나 잘 정착시키겠다는 의도가 미약한 상태, 또는 민주주의 상징이라는 사회적 정당성 획득을 위한 상징적 존재로 설계될 경우 형식주의로 될 소지가 많다. 이는 지방의회의 본래적 가치를 성취하려는 목적보다도 지방의회의 존재만으로도 상징적 목적이 달성되기 때문에 나타나는 것을 의미한다. 이 경우에는 지방의회 취약성 내지는 실패의 원인이 될 가능성이 높다. 또한 지방의회가 견제·감시하여야 할 관료들에 의한 제도설계는 합리적 선택 신제도주의의 합리적 행위자의 자기 이익 추구에 따른 동기부여의 부산물로도 해석될 수 있다. 이 경우에는 규칙을 창출하고자 하는 자들의 기본적인 목적은 다른 행위자와의 관계에 있어 전략적 우위를 차지하고자 하는 것으로 이 역시 지방의회 취약성 내지는 실패의 원인이 될 가능성이 높다 (김상미, 2005).

2. 참된 존재론을 향한 지방의회의 진격

1) 헌법기관으로서의 역할 확장

이원대표제를 표방하고 있으나, 주민의 대의기관을 표방하는 기관은 지방의회만이 유일하다. 지방의회 제도를 창출하는 권한은 국회와 정부가 가지고 있으나 타자의 입장에서 설계한다는 근본적 한계가 있다.

「강한 민주주의」는 Mary, Parker Follett의 저술을 원용하여 "'함께하는 권력'에는 일부 사람에 의한 일방적인 지배 대신, 결정과정에서 참여자들의 욕구에 대한 협력적 통합이 포함된다"고 주장한다. 헌법 제40조는 입법권을 국회에 귀속하고 있다. 헌법 제52조는 국회의원과 정부에게만 법률안 제출권을 부여하고 있다. 헌법 개정 시 헌법기관으로서 지방의회의 독립성을 확보하기 위하여 입법권이 국민 또는 주민으로부터 나올 수 있도록 입법권의 귀속 주체를 확장할 필요가 있다.

2) 주민자치의 기초로서 풀뿌리 자치의 복원

2020년 12월 2일 국회 행정안전위원회 제1소위원회에서 지방자치법 전부개정 법률안 제25조의 주민자치회 조항 전문을 삭제함으로써 전부개정 지방자치법에 주민자치회의 근거조항이 없는 상태이다. 주민자치회의 설치가 지방자치분권 및 지방행정체제 개편에 관한 특별법 제27조[13]에 근거하게 되었다. 제27조에 의해 "풀뿌리자치의 활성화와 민주적 참여 의식고양을 위하여" 읍·면·동에 주민자치회를 설치할 수 있으나 민주적 참여 의식고양보다는 풀뿌리자치 활성화 이행에 더 중점을 둘 필요가 있다.

풀뿌리자치 활성화 이행을 위해서는 지방자치분권 및 지방행정체제 개편에 관한 특별법 제27조~제29조에서 규정하고 있는 주민자치회가 한국 주민자치 전통을 수용하기 위한 새로운 시도로 접근되어야 한다. 풀뿌리자치 제도로 읍·면의회 선거는 '52년 '56년 '60년 3차례에 걸쳐 모두 실시된 경험이 있다. 1923년 간행된 「조선문명사」에는 특이하게도 '옛부터의 자치적 관습'에 착안, 특히 '자치의 기초로서의 촌제'를 강조, "대소사무는 이임(里任) 등이 집행하나 촌중의 일은 촌회(村會)를 열어 촌민(村民)의 총결로서 행하였다 (김용덕, 1992)"라고 8도 모든 시골에 있었던 보편적 자치 제도임을 시사하고 있다.

대한민국 정부수립 100주년을 향해 지방소멸위기 극복을 위한 국가적 차원의 역량이 집중되어야 되는 시점이다. 최근 지역소멸의 대안으로 고향사랑기부금법이 통과되었으나 이는 2차적인 대안이므로 시범실시를 통해서 풀뿌리자치를 실시한다면 주민들이 살고 싶은 지역으로 소생할 수 있는 대안이 나올 수 있을 것이다.

13 "풀뿌리자치의 활성화와 민주적 참여 의식고양을 위하여 읍·면·동에 해당 행정구역의 주민으로 구성되는 주민자치회를 둘 수 있다."

VI 결론

지금까지 살펴본 바와 같이 지방의회는 많은 변화과정을 겪었지만 한국 지방자치의 원형기관으로서 더욱 긍정적인 변화를 산출하여야 한다. 한국 지방의회의 역사적 특성을 알아야 지방의회의 원초적 기능과 앞으로 발휘하여야 할 기능의 전망이 가능하다. 과거를 배제해버린 지방의회의 전망이란 있을 수 없기에 과거 지평으로서 최초 지방의회가 위민행정(爲民行政)이라는 통치자의 선의에 입각한 통치를 기대할 수 없는 환경에서 발생되었음을 확인하였다. 현재에서 벗어난 지방의회의 전망도 있을 수 없기에 현재 지평으로서 현 지방의회가 지방민주주의의 핵심인 시민에 의한 통치기구가 되는데 필요불가결한 세 가지 사례를 분석하였다.

지역사회 구성원들의 대표자들이 결정한 의사는 곧 지역사회 구성원들의 '일반의사'로 전제되므로 지방의회는 그 지역사회의 핵심 리더로서 공동체 지향 지방정부에 속하는 역할을 한다. 오래전 힐러리(Hillery, G.)는 공동체라는 용어가 수록된 책자들을 섭렵해 공동체라는 개념 정의에 동원된 의미를 귀납적으로 조사한 바 있다. 그 결과 '지리적 영역과 구성원'이 당시 공동체 개념의 일차적 요건임을 밝혀내었는데, 구성원은 사실상 공동체의 형성적 조건에 해당하므로 '지역성'이 공동체 정의의 핵심 요소로 간주 된다고 하였다 (김문조, 2005; Hillery, 1955).

"현장에 답이 있다"고 한다. 자신들 지역의 문제는 그 지역민이 가장 잘 아는 것이다. 따라서 지역사회의 모든 문제는 그 지역의 지방의회를 통하여 해결되는 것이 당연한 이치이다. "가장 지역적인 것이 가장 세계적인 것"이듯 자기 지역의 고유한 지역성이라는 가치를 반영하여 자기 지역을 넘어 세계 모범이 되는 지방의회 역할을 지향하기를 기대한다.

제8장 지방행정조직

▶▶▶ 금 창 호

I 서론

지방행정조직은 다양한 시각에도 불구하고, 지방자치단체의 존립목적을 달성하기 위한 일종의 공식적 집단을 의미한다. 일반적인 조직의 개념에서 지방자치단체라는 범위가 제한적으로 부여된 행정조직을 말하는 것이다. 이와 같은 지방행정조직은 지방자치의 관점에서는 조직이 갖는 일반적인 관계적 요소보다는 자치권의 하나로 접근되는 것이 지배적이다. 다시 말하면, 지방행정조직에 대한 접근은 지방자치단체가 존립목적을 달성하기 위하여 자율적으로 조직을 구성하고 운영할 수 있는 권한의 보유정도에 주된 초점이 있다는 것이다.

지방자치의 실시와 더불어 자치권의 하나인 자치조직권은 「지방자치법」과 「지방자치단체의 행정기구와 정원기준 등에 관한 규정」을 통하여 점진적으로 확대의 과정을 거쳐 왔다. 「지방자치법」에서 자치조직권의 근거를 규정하는 동시에 「지방자치단체의 행정기구와 정원기준 등에 관한 규정」을 통하여 자치조직권을 제약하는 근거를 두어 지방행정조직의 자율성과 책임성을 적절히 조화시키는 접근을 적용하였다. 그럼에도 불구하고, 지방자치의 전체 역사를 대상으로 보면 자치조직권의 수준은 전반적으로 확대의 기조를 유지한 것으로 평가된다. 다만, 기존의 자치조직권의 확대기조가 바람직한 수준의 달성을 의미하지는 않는다. 지방자치단체는 자치조직권에 대해서 여전히 긍정적인 평가를 하지 않으며, 현실적으로도 해결이 필요한 과제는 많다. 특히, 최근으로 올수록 「지방자치단체의 행정기구와 정원기준 등에 관한 규정」이 구체화되면서 자치조직권의 일반적인 기조와 달리 오히려 제약으로 기능할 우려도 없지 않다.

따라서 여기에서는 지방자치의 도입 이후 현재까지 자치조직권의 전반적인 변천과정을 분석하고, 그 결과를 토대로 향후의 개선과제를 살펴보고자 한다. 자치조직권은 기본적으로 지역의 특성에 부합하는 탄력적 활용이 요구되면서도 한편으로는 수요와 무관한 기구와 인력의 남용을 초래하는 부작용도 없지 않다. 이와 같은 특성을 전제로 자치조직권에 대한 정책적 대응과 변천을 고찰하고, 개선이 필요한 과제들을 도출하고자 한다. 다만, 지방행정조직의 개선과제는 현실성과 규범성을 동시에 고려하되, 구체적 내용의 설계보다는 방향성을 중심으로 논의하고자 한다.

Ⅱ 지방행정조직의 경과

1. 분석방법

지방행정조직은 크게 행정기구와 행정인력을 구성요소로 하고 있다. 따라서 지방행정조직의 역사적 변천을 분석하기 위해서는 기본적으로 행정기구의 설치와 행정인력의 산정에 대한 지방자치단체의 자율성의 수준을 그 대상으로 하는 것이 타당하다. 다만, 이와 같은 지방자치단체의 자치조직권은 관련법령에 근거하여 확보되고 있다.

전술한 논의에 따라서 지방행정조직의 역사적 변천은 다음과 같은 방법을 활용하여 분석하고자 한다. 우선, 분석대상은 관련법령의 변천과 조직관리의 경과 및 관리권한의 이양 등으로 선정하고, 분석내용은 각각의 변천과정을 살펴보는 것이다. 여기에서 관련법령은 「지방자치법」과 대통령령인 「지방자치단체의 행정기구와 정원기준 등에 관한 규정」등을 대상으로 하고, 조직관리는 행정기구와 정원기준에 관한 제도들을 의미한다. 그리고 관리권한의 이양은 중앙정부에서 지방자치단체로 이양된 조직관리에 관한 허가와 승인 등의 권한 전체를 말한다.

2. 관련법령 변천분석

1) 지방자치법

지방자치단체의 행정조직에 관한 「지방자치법」의 근거규정은 1949년 제정이후 2회에 걸쳐 변화되어 왔다. 1988년의 「지방자치법」전부개정에서 처음으로 변경되었고, 이후 총액인건비제의 전면실시를 앞두고 2006년에 다시 변경된 것이 그것이다.

1949년 「지방자치법」의 제정 당시에 지방행정조직에 관한 근거는 다음과 같이 규정하고 있다. 동법 제116조에서는 도의 행정기구 설치를 규정하고 있으며, 도는 행정사무를 분장하기 위하여 내무국과 교육국, 사회국, 농림국, 상공국 및 경찰국을 설치할 수 있도록 하고 있다. 그리고 동법 제117조에서는 서울특별시의 행정기구 설치를 규정하고 있으며, 서울특별시는 행정사무를 분장하기 위하여 내무국과 재무국, 교육국, 산업국, 건설국, 사회국 및 경찰국을 설치할 수 있도록 하고 있다. 또한, 동법 제118조에서는 국의 하부조직을 설치하되, 내무부장관의 승인을 얻도록 하고 있으며, 시·읍·면의 행정기구는 도지사의 승인을 얻도록 하고 있다. 한편, 동법 제115조에서는 수입원과 지출원 및 기타 직원을 두되, 국가공무원으로 충당하도록 하고, 다만 조례가 정하는 바에 따라서 도 및 시비로 직원을 둘 수 있도록 하고 있다. 따라서 제정 당시의 「지방자치법」에서는 행정기구 설치를 개별적으로 지정하고 있으며, 인력산정의 기준에 대해서는 구체적으로 적시하고 있지 않다.

이후 1988년 「지방자치법」의 전부개정에서 지방행정조직에 관한 규정이 변경되고 있다. 동법에서는 제정 당시와 달리 행정기구에 관한 규정을 통합하여 단일의 조항으로 두고, 정원산정 기준에 대해서도 구체적으로 명시하고 있다. 동법 제102조에서는 행정사무를 분장하기 위해 필요한 행정기구를 두되, 시도는 대통령령으로 그리고 시군구는 시도지사의 승인을 얻도록 하고 있다. 한편, 동법 제103조에서는 당해 지방자치단체의 경비로 부담하는 지방공무원을 두되, 그 정원은 내무부령이 정한 기준을 적용하도록 하고 있다. 이처럼 1988년의 「지방자치법」에서는 행정기구와 정원산정에 대한 근거를 전반적으로 재정비하고 있다.

마지막으로 2006년 「지방자치법」의 부분개정에서 지방행정조직에 관한 규정을

〈표 8-1〉「지방자치법」의 지방행정조직 근거규정 변천내역

연도	근거규정	적용단위
1949.07.04	• 행정기구 설치 – 제116조: 도의 국 설치 – 제117조: 서울특별시의 국 설치 – 제118조 도·서울특별시 국 하부조직 설치 • 정원산정 기준 – 제115조: 국가공무원으로 수입원·지출원·기타 직원 배치	도·서울특별시
1988.04.06	• 행정기구 설치 – 제102조: 시도는 대통령령, 시군구는 시도지사의 승인으로 설치 • 정원산정 기준 – 제103조: 내무부령의 기준에 따라 규칙으로 산정	지방자치단체
2006.01.11	• 행정기구 설치 – 제102조: 대통령령의 기준에 따라 조례로 설치 • 정원기준 산정 – 제102조: 대통령령의 기준에 따라 조례로 산정	지방자치단체
현재	• 행정기구 설치 – 제102조: 대통령령의 기준에 따라 조례로 설치 • 정원기준 산정 – 제102조: 대통령령의 기준에 따라 조례로 산정	지방자치단체

변경하였다. 동법 제102조에서 사무분장을 위하여 필요한 행정기구와 지방공무원을 두되, 행정기구의 설치와 정원산정은 대통령령이 정하는 기준에 따라 조례로 규정하도록 하고 있다. 동법에서는 기존과 달리 행정기구와 정원산정에 관한 내용을 동일한 조항으로 통합하였고, 정원산정을 규칙이 아닌 조례로 정하도록 하였다.

2) 대통령령

지방행정조직에 관한 구체적 근거는 전술한「지방자치법」을 토대로 제정된「지방자치단체의 행정기구와 정원기준 등에 관한 규정」인 대통령령이다. 동 대통령령은 1949년 제정된 이래 명칭과 적용대상 등의 변경이 초래된 개정이 6회에 이르고 있다. 변경의 주요 내용을 보면, 다음과 같다. 첫째, 관련법령의 형식에 대한

변화로 동일한 대통령령이지만, 1949년 제정 이후 1962년까지는 "건"이라는 명칭을 부여하였고, 1981년부터는 "규정"이라는 명칭을 적용하였다. 둘째, 규정내용으로 1988년까지는 행정기구를 대상으로 하고 있으나, 1991년부터는 행정기구와 정원기준으로 확대하고 있다. 셋째, 적용대상으로 1988년까지는 광역단위를 대상으로 하였지만, 1991년부터는 광역과 기초단위 전체를 대상으로 하고 있다.

1949년 제정 당시에는「도의 행정기구에 관한 건」으로 충청북도와 충청남도, 전라북도 및 강원도에는 농림국과 상공국을 합하여 산업국을 두고, 제주도에는 내무국과 교육국, 사회국, 농림국 및 상공국을 합하여 총무국을 두는 내용을 규정하고 있다. 따라서 일부 도의 국 설치에 관한 내용만 규정하여 적용대상의 제한성과 더불어 정원산정에 대한 규정은 부재하다. 1961년 개정에서는「도와 서울특별시의 행정기구에 관한 건」으로 명칭을 변경하는 동시에 서울특별시를 적용대상으로 추가하고 있다. 동 대통령령 제3조로 서울특별시의 국 설치를 지정하고 있으며, 행정사무를 분장하기 위하여 공보실과 내무국, 재무국, 교육국, 보건사회국, 산업국, 건설국, 수도국 및 경찰국을 두도록 하고 있다. 뿐만 아니라 제6조에서는 각령으로 도와 서울특별시에 배치할 국가공무원의 정원을 규정하고 있다. 1962년 개정에서는「도와 부산시의 행정기구에 관한 건」으로 명칭을 변경하고, 적용대상을 도는 그대로 두고 서울특별시를 부산시로 대체하고 있다. 근거법인「지방자치법」에서 내용적 변경이 없는 상황에서 대통령령에서 적용대상을 변경한 것이다. 동 대통령령 제2조의2에서는 부산시의 행정사무 분장을 위하여 공보실과 내무국, 재무국, 교육국, 보건사회국, 산업국, 건설국, 수도국 및 경찰국을 두도록 하고 있다. 1981년 개정에서는「도와 직할시의 행정기구에 관한 건」으로 명칭을 변경하고 적용대상을 도는 그대로 두고 부산시를 직할시로 대체하고 있다. 이는 1963년 부산직할시 설치에 이어 1981년 대구직할시와 인천직할시가 설치됨에 따라 도와 구분되는 직할시에 대한 행정기구 운영에 대한 내용을 포함하기 위한 것이다. 1988년 개정에서는「직할시와 도의 행정기구에 관한 규정」으로 명칭을 변경하고, 관련내용도 조정하였다. 우선, 법의 명칭에서는 기존의 "건"에서 "규정"으로 변경되었고, 법령의 내용에서는 도와 직할시의 순서를 바꾸었다. 1991년 개정에서는「지방자치단체의 기구와 정원에 관한 규정」으로 명칭을 변경하고 관련내용도 대폭적으로 확충하였다. 우선, 정원에 관한 내용이 법령의 명칭으로 명시되어서 기구와 정원이 동시에 포함되었다. 법령의 내용에서는 1988년의 대통령령에서 전체 6조로 구성되었던 것이 4장 17조로 확대되었다. 이어서 1994년 개정에서는 현재와 같은 「지방자치단체의 행정기구와 정원기준 등에 관한 규정」으로 변경되었다. 법령의 내용은 6장 23조로 확대되었고, 총칙과 행정기구, 정원기준 및 보칙의 구성체계를 갖추게 되었다. 현재의 법령은 1994년의 개정내용을 토대로 각 장별 내용을 보다 구체화하고 있다.

〈표 8-2〉「지방자치단체의 행정기구와 정원기준 등에 관한 규정」의 변천내역

연도	법령내용	적용단위
1949.08.13	•「도의 행정기구에 관한 건」 – 일부 도의 국 지정: 충청북도·충청남도·전라북도·강원도의 산업국 설치, 제주도의 총무국 설치	도
1961.10.06	•「도와 서울특별시의 행정기구에 관한 건」 – 제1조(목적) – 제2조(도) – 제3조(서울특별시) – 제4조(과의 설치) – 제5조(기획조정관과 국장, 실장, 과장) – 제6조(공무원의 정원)	도/ 서울특별시
1962.12.27	•「도와 부산시의 행정기구에 관한 건」 – 제1조(목적) – 제2조(도) – 제2조의2(부산시) – 제3조(과의 설치) – 제4조(기획조정관과 국장, 실장, 과장) – 제5조(공무원의 정원)	도/ 부산시
1981.06.17	•「도와 직할시의 행정기구에 관한 규정」 – 제1조(목적) – 제2조(부지사·부시장) – 제3조(도) – 제4조(직할시) – 제5조(과 등의 설치) – 제6조(실장·담당관·국장·과장) – 제7조(비상대책담당관) – 제8조(공무원의 정원)	도/ 직할시

연도	법령내용	적용단위
1988.06.18	•「직할시와 도의 행정기구에 관한 규정」 – 제1조(목적) – 제2조(직할시) – 제3조(도) – 제4조(과 등의 설치) – 제5조(실자·담당관·국장·과장) – 제6조(공무원의 정원)	직할시/ 도
1991.02.01	•「지방자치단체의 기구와 정원에 관한 규정」 – 제1장 총칙 – 제1조(목적) – 제2장 직할시와 도의 행정기구 – 제2조(직할시) – 제3조(도) – 제4조(과 등의 설치) – 제5조(실장·담당관·국장·과장) – 제3장 지방농촌진흥기구 – 제6조(도 농촌진흥원) – 제7조(직할시·시·군 농촌지도소) – 제4장 지방자치단쳉 두는 국가공무원 정원 – 제8조(공무원의 정원) – 제9조(정원의 배경) – 제10조(보고) – 제5장 지방공무원교육원 – 제11조(직무) – 제12조(원장) – 제13조(하부조직) – 제14조(공무원의 정원) – 제15조(서무과) – 제16조(교수부) – 제17조(위임규정)	지자체
	•「지방자치단체의 행정기구와 정원기준 등에 관한 규정」 – 제1장 총칙 – 제1조(목적) – 제2조(정의) – 제3조(기구와 정원의 관리목표) – 제2장 시·도의 기구 – 제4조(기구의 설치시 고려사항) – 제5조(기구설치의 일반요건)	지자체

연도	법령내용	적용단위
1994.12.31	– 제6조(한시기구의 설치운영) – 제7조(실·국·본부 등 기구의 설치) – 제8조(실장·국장·본부장·담당관·과장 등의 직급) – 제9조(과·담당관 등의 설치) – 제3장 시·군·자치구의 기구 – 제10조(시·군·자치구의 기구 설치기준) – 제4장 직속기관 – 제11조(지방농촌진흥기구) – 제12조(지방공무원교육원) – 제5장 지방공무원의 정원 – 제13조(정원책정의 일반기준) – 제14조(총정원의 책정) – 제15조(정원의 관리) – 제16조(별정직 정원) – 제17조(우대승진에 따른 정원관리) – 제18조(근속승진에 따른 정원관리) – 제19조(한시정원) – 제20조(직급별 정원) – 제21조(정원의 규정) – 제6장 보칙 – 제22조(시정요구) – 제23조(조직운영진단)	지자체
현재	• 「지방자치단체의 행정기구와 정원기준 등에 관한 규정」 – 제1장 총칙 – 제1조(목적) – 제2조(정의) – 제3조(기구와 정원의 관리목표) – 제4조(기준인건비– 제 운영) – 제5조(기구의 설치시 고려사항) – 제6조(기구설치의 일반요건) – 제7조(기구설치기준의 적용) – 제8조(한시기구의 설치운영) – 제2장 시·도의 기구 – 제9조(시·도의 기구설치기준) – 제9조의2(시·도의 기구설치기준에 대한 특례) – 제10조(시·도의 실장·국장·본부장·담당관·과장 등의 직급 기준 등) – 제11조(시·도의 과·담당관 등의 설치) – 제11조의2(시·도자치경찰위원회)	지자체

연도	법령내용	적용단위
	– 제12조(제주특별자치도의 행정기구에 두는 실장·국장·본부장·담당관·과장 등의 직급기준 등) – 제3장 시·군·구의 기구 – 제13조(시·군·자치구의 기구 설치기준) – 제14조(시·군·구의 실장·국장·담당관·과장 등의 직급기준) – 제4장 시·도, 시·군·구의 의회사무기구 및 직속기관 등 – 제15조(의히사무기구의 설치기준 등) – 제16조(지방농촌진흥기구) – 제17조(지방공립대학 등) – 제18조(지방공무원교육훈련기관) – 제19조(보건환경연구원 등) – 제20조(사업소, 출장소, 사업본부 및 지역본부 등) – 제21조(한시기구 등 설치시 직급책정 협의) – 제5장 지방공무원의 정원 – 제22조(정원책정의 일반기준) – 제23조(인력운용계획의 수립·시행) – 제24조(정원의 관리) – 제25조(별정직 정원) – 제26조(우대승진에 따른 정원관리) – 제27조(근속승진에 따른 정원관리) – 제28조(한시정원) – 제29조(직급별 정원) – 제30조(정원의 규정) – 제31조(개방형직위운영에 따른 직급기준의 특례 등) – 제32조(통합시 설치 등에 따른 한시기구 등에 대한 특례) – 제6장 보칙 – 제33조(시정요구) – 제34조(조직분석·진단 등) – 제35조(조직관리지침의 통보) – 제36조(기구와 정원조례의 제안과 의결) – 제37조(기구와 정원규칙의 제출) – 제38조(기구와 정원에 관한 조례·규칙의 입법예고) – 제39조(조직관리위원회의 설치 등) – 제40조(기구·정원 운영 현황의 공개 등)	지자체

3. 조직관리 경과분석

1) 조직관리 연혁

지방행정조직의 관리는 전술한 「지방자치법」과 「지방자치단체의 행정기구와 정원기준 등에 관한 규정」에 근거하여 이루어져 왔다. 1949년 「지방자치법」의 제정 이후부터 현재까지의 조직관리는 크게 5회에 걸친 변화가 있어 왔다. 그리고 지방자치가 부활한 1991년을 기점으로 보면 3회에 걸쳐 변화되었다.

1949년 「지방자치법」의 제정으로 지방자치가 도입된 시기와 이후의 1961년 「지방자치에 관한 임시조치법」에 따라 지방자치가 중단된 시기까지는 기본적으로 내무부 등에 의해 개별 지방자치단체별 승인이 이루어지는 「개별승인제」가 적용되었다. 1988년 「지방자치법」전부개정이 단행되면서 「기준정원제」가 도입되었고,

[그림 8-1] 지방자치단체 조직관리의 변천과정

	1987년	1988년	1994년	2007년	2014년
제도	개별승인제 ⇒	기준정원제 ⇒	표준정원제 ⇒	총액인건비제 ⇒	기준인건비제
관계법령	「지방자치에 관한임시조치법」	「지방자치단체의지방공무원정원기준등에관한규칙(내무부령)」 「지방행정기관의조직과정원에관한통칙(내무부훈령)」	「지방자치단체의행정기구및정원기준등에관한규정(대통령령)」	「지방자치단체의행정기구및정원기준등에관한규정(대통령령)」	「지방자치단체의행정기구및정원기준등에관한규정(대통령령)」
주요내용	행정기구 및 정원의 대통령령 및 내무부장관 승인	기준범위 내에서 규칙으로 정함	기준범위 내에서 조례 또는 규칙으로 정하되, 인력불균형을 다소 시정	총 인건비 범위 내에서 조례로 정함	재정력 근거 총액인건비 운영

자료: 금창호(2015)b.

민선단체장체제의 출범을 앞둔 1994에 「표준정원제」로 전환되었으며, 2007년에는 조직관리의 자율성을 대폭적으로 확대하는 「총액인건비제」가 도입되었으며, 2014년에는 지방자치단체의 재정력을 반영하는 「기준인건비제」로 전환한 것이다.

2) 개별승인제

개별승인제는 1988년 「지방자치법」의 전부개정이 이루어지기 전까지 시행된 조직관리 모형이다. 지방자치가 도입된 초기에도 행정기구의 설치 등에 대하여 개별적인 규정을 두고 있었으나, 본격적으로는 지방자치 중단기에 적용되었다. 지방자치가 중단되면서 지방자치단체의 자치조직권이 잠정적으로 유보되고, 조직운영에 관한 모든 사항을 내무부장관의 승인을 받도록 하였다 (금창호 외, 2007). 행정기구의 설치는 도와 직할시는 대통령령에 규정하고, 시와 군은 내무부장관의 승인을 받도록 하였다(「지방자치에 관한 임시조치법」 제6조). 또한 지방공무원의 정원 역시 내무부장관의 승인을 받도록 하였다(「지방자치에 관한 임시조치법」 제7조 제2항).

이와 같은 개별승인제는 객관적이고 합리적인 기준에 의하여 행정기구의 설치나 정원산정이 이루어진 것이 아니므로 지방자치단체의 수요 대응성이 확보되지 못하거나 인력규모의 불균형 문제가 발생되었다. 물론, 인력규모의 불균형은 이후의 다른 관리모형에서 초래된 것이므로 개별승인제에 국한된 문제로 평가하기는 어렵다.

3) 기준정원제

기준정원제는 1988년 「지방자치법」의 전부개정으로 도입된 조직관리 모형이다. 기준정원제는 정원관리의 기본이념에 입각하여 실시된 최초의 제도로서 지방자치단체별 자주적으로 정원관리가 이루어지도록 과도한 구체성을 지양하고, 나아가 지방자치단체간 인력규모의 균형을 도모하고자 하는 목적이 내포되어 있다 (금창호 외, 2007). 이에 따라 지방자치단체를 15개의 유형으로 구분하고, 유형별로 기준정원을 설정하여 기준정원의 범위 내에서 정원을 관리하도록 하였으며, 더불어서 분야별과 직종별 및 직급별 정원도 제시된 기준에 따라서 관리하하는 것이다. 이러한 기준정원제는 사무량을 측정하여 정원의 기준을 정하는 미시적 접근보다는 다른 지방자치단체와 비교를 통하여 정원을 확정하는 거시적 접근방법이다.

따라서 전술한 개별승인제에 비해서는 지방자치단체의 조직관리 자율성이 한층 신장된 효과를 가져 온다.

그러나 기준정원제 역시 한계가 없지 않다. 자치조직권의 측면에서는 개별승인제에 비하여 자율성이 강화되었으나, 분야별과 직종별 및 직급별 관리기준을 설정하여 제약성이 완전히 제거되지 않았고, 정원관리 측면에서는 정원산정의 방법을 거시적 접근방법을 활용하여 업무량과 질적인 행정수요의 반영이 어려워 지방자치단체별 행정수요량 대비 적정인력의 산정이 곤란하며, 운영적 측면에서는 시와 자치구에서 행정동수를 정원산정의 기본변수로 설정하여 지방자치단체간 기준정원의 불균형을 초래하고 있다 (금창호 외, 2007).

〈표 8-3〉 기준정원제의 정원산식

구분		산식
광역자치단체	특별시	• 〔−20,573+(0.00329×인구수)〕×1.10
	직할시	• 〔−258.4014+(0.0013×인구수)〕×1.05
	도	• 〔1,086.2456+(0.00015×인구수)〕×1.05
기초자치단체	시	• (Ⅰ)유형: 수원, 성남, 안양, 부천, 청주, 전주, 울산 − 〔−404.7350+(0.002397×인구수)+(18.2485×행정동수)〕×1.05 • (Ⅱ)유형: 춘천, 목포, 여수, 포항, 진주, 진해 − 〔156.7693+(0.001702×인구수)+(13.6654×행정동수)〕×1.05 • (Ⅲ)유형: 광명, 원주, 강릉, 군산, 이리, 안동, 구미, 창원, 충무, 제주 − 〔−907.8673+(0.001977×인구수)+(68.5731×행정동수)〕×1.05 • (Ⅳ)유형: 의정부, 안산, 동해, 태백, 속초, 충주, 제천, 천안, 순천, 경주, 김천, 영주, 삼천포 − 〔−133.9033+(0.002239×인구수)+(32.6617×행정동수)〕×1.05 • (Ⅴ)유형: 그 외의 시 − 〔166.0756+(0.000786×인구수)+(17.5262×행정동수)〕×1.05
	군	• (Ⅰ)유형: 남양주, 평택, 화성, 시흥, 파주, 고양, 광주, 김포, 청원, 논산, 부여, 남원, 정읍, 고창, 김제, 익산, 고흥, 해남, 신안, 의성, 안동, 영일, 금릉, 상주, 진양, 창령, 고성, 합천 − 〔135.5057+(0.0014×인구수)+(0.0913×면적)+(19.8152×읍면수)〕×1.05 • (Ⅱ)유형: 양주, 포천, 이천, 용인, 안성, 강화, 괴산, 중원, 대덕, 연기, 서천, 홍성, 예산, 당진, 부안, 옥구, 여천, 화순, 나주, 완도, 경산, 의령, 울주, 통영, 거제

구분		산식
기초 자치 단체	군	- 〔212.9163+(0.0012×인구수)+(0.0311×면적)+(19.8956×읍면수)〕×1.05 • (Ⅲ)유형: 양평, 철원, 보은, 영동, 공주, 보령, 태안, 아산, 천원, 완주, 진안, 임실, 순창, 담양, 곡성, 광양, 승주, 보성, 영암, 무안, 함평, 영광, 장성, 진도, 달성, 경주, 영천, 예천, 울릉, 밀양, 양산, 김해, 의창, 사천, 남해, 하동, 산청, 함양, 거창 - 〔145.7507+(0.0017×인구수)+(0.0251×면적)+(21.2925×읍면수)〕×1.05 • (Ⅳ)유형: 여주, 옹진, 홍천, 정선, 옥천, 진천, 음성, 금산, 청양, 서산, 구례, 장흥, 강진, 영덕, 고령, 성주, 선산, 영풍, 봉화, 울진, 함안, 북제주, 남제주 - 〔302.3011+(0.0015×인구수)+(0.0420×면적)+(7.3300×읍면수)〕×1.05 • (Ⅴ)유형: 고성, 양양, 명주, 삼척, 제천, 단양, 무주, 장수, 군위, 청송, 영양, 청도, 칠곡, 문경 - 〔192.9768+(0.0023×인구수)+(0.0277×면적)+(14.8889×읍면수)〕×1.05
	자치구	• 서울특별시의 자치구 - 〔613.02082+(0.00036×인구수)+(24.53364×행정동수)〕×1.05 • 직할시의 자치구 - 〔207.648+(0.000509×인구수)+(11.8097×행정동수)〕×1.05

자료: 금창호 외(2007).

4) 표준정원제

표준정원제는 지방자치단체의 행정기구와 정원을 통합하여 관리하는 제도로 개별 지방자치단체의 행정기구 설치범위와 정원의 범위를 규정하고, 이러한 범위 내에서 조직관리의 자율성을 부여하는 제도이다 (금창호 외, 2007). 따라서 표준정원제는 기존의 기준정원제와 제도적 맥락은 유사하나, 지방자치단체의 조직관리에 대한 자율성을 보다 강화하는 것에 초점을 두고 있다.

우선, 표준정원제는 행정기구의 관리를 위하여 실·국·본부 및 과·담당관 단위까지의 설치범위를 설정하고, 이러한 범위 내에서 지방자치단체가 자율적으로 관리하도록 하였다 (금창호 외, 2007). 물론 기구설치의 범위를 결정하는 기준은 인구규모를 변수로 적용하고 있다. 다만, 인구규모를 적용하는 전제로서 광역과 기초의 법적 종류를 유형으로 제시하였다.

〈표 8–4〉 표준정원제의 기구설치범위 기준

구분		실·국·본부	과·담당관
서울특별시		13개 이내	74개 이내
광역시	인구 300만 이상 500만 미만	11개 이내	51개 이내
	인구 200만 이상 300만 미만	10개 이내	44개 이내
	인구 200만 미만	9개 이내	39개 이내
도	경기도	16개 이내	65개 이내
	인구 200만 이상 400만 미만	9개 이내	40개 이내
	인구 100만 이상 200만 미만	8개 이내	36개 이내
	제주도	7개 이내	29개 이내
시	계룡시	–	94개 이내
	인구 10만 미만	2개 이내	15개 이내
	인구 10만 미만(지방자치법 제7조제2항제1호의 도농복합형태의 시)		17개 이내
	인구 10만 이상 15만 미만	2개 이내	17개 이내
	인구 15만 이상 20만 미만	3개 이내	18개 이내
	인구 20만 이상 30만 미만	4개 이내	21개 이내
	인구 30만 이상 50만 미만	5개 이내	23개 이내
	인구 50만 이상(구를 설치하지 아니한 시)	6개 이내	26개 이내
	인구 50만 이상 70만 미만(구를 설치한 시)	4개 이내	20개 이내
	인구 70만 이상 90만 미만(구를 설치한 시)	5개 이내	23개 이내
	인구 90만 이상(구를 설치한 시)	6개 이내	26개 이내
군	옹진군·울릉군	–	8개 이내
	증평군	–	9개 이내
	인구 3만 미만	–	9개 이내
	인구 3만 이상 5만 미만	–	10개 이내
	인구 5만 이상 10만 미만	–	12개 이내
	인구 10만 이상 15만 미만	–	14개 이내
	인구 15만 이상	–	16개 이내
	인구 15만 이상(광역시 관할구역안의 군)	3개 이내	16개 이내

구분			실·국·본부	과·담당관
자치구	특별시의 자치구	인구 50만 미만	5개 이내	22개 이내
		인구 50만 이상	5개 이내	23개 이내
	광역시의 자치구	인구 10만 미만	–	14개 이내
		인구 10만 이상 15만 미만	3개 이내	14개 이내
		인구 15만 이상 50만 미만	3개 이내	15개 이내
		인구 50만 이상	4개 이내	18개 이내

또한 표준정원제의 정원산정 방식은 기준정원제와 달리 기존의 인구와 면적 및 행정동수에 일반회계 결산액과 읍면동수를 추가하고, 개별 지방자치단체의 표준화지수를 개발하여 적용하였다. 이를 통해서 기준정원제에 비하여 개별 지방자치단체의 정원규모를 보다 현실화하는 효과를 확보한 것이다 (금창호 외, 2007). 뿐만 아니라 기준정원제에서는 기준정원의 범위 내에서 세부적 정원관리 기준으로 분야별, 직종별 및 직급별 기준을 규정한 것에 비하여 표준정원제에서는 직종별 및 직급별 정원관리 기준을 제시함으로써 분야별 정원관리 기준을 폐지하였고, 이를 통하여 인력관리에 대한 지방자치단체의 자율성이 다소나마 신장된 것으로 간주할 수 있다 (금창호 외, 2007).

전술한 바와 같이 표준정원제는 기준정원제에 비하여 지방자치단체의 자치조직권이 강화되었음에도 불구하고, 기준정원제와 유사한 한계점을 보이고 있다(금창호 외, 2007). 자치조직권 측면에서는 기준정원제와 마찬가지로 중앙정부의 통제원칙이 원칙적으로 고수되고 있고, 행정기구 설치에서는 법령 또는 승인권을 활용하여 설치범위를 제한하고 있으며, 정원책정에서는 분야별 관리기준을 폐지했음에도 직종별 및 직급별 관리기준은 그대로 유지하였다. 뿐만 아니라 제도적 측면에서는 표준정원의 산정방식이 기준정원제와 마찬가지로 거시적 방식을 그대로 적용함으로써 행정수요량 대비 필요인력의 산출이 근본적으로 어렵고, 운영적 측면에서는 정원산정의 기본변수 구체화와 보정변수의 활용을 통하여 지방자치단체별 특성반영을 제고하였으나, 인구와 면적 및 행정수요량이 유사한 지방자치단체간 인력규모의 불균형을 원천적으로 해소하는 데는 한계가 있었다 (금창호 외, 2007).

〈표 8-5〉 표준정원제의 정원산정 방식

구분		산식
광역 자치 단체	특별시	• 〔466.94+(0.00098596×인구수)〕×표준화지수(0.95946)
	직할시	• EXP〔-4.1213+(0.6413×1n인구수)×(0.1911×1n일반회계결산액)〕×표준화지수
	도	• 경기도: EXP〔2.8245+(0.31244×1n인구수)〕×표준화지수(0.93614) • 경기도 외의 도: EXP〔4.0302+(0.19949×1n인구수)+(0.16011×1n시군수)〕×표준화지수
기초 자치 단체	시	• 일반시: 〔139.91+(0.000582×인구수)+(0.0007241×일반회계결산액)+(0.16818×면적)+(25.964×읍면동수)〕×표준화지수 • 도농복합형태의 시: 〔222.49+(0.0012×인구수)+(0.11698×면적)+(24.752×읍면동수)〕×표준화지수 • 인구 50만 이상의 시: 〔550.4+(0.0007336×인구수)+(0.29412×면적)+(9.862×읍면동수)+(147.08×행정구수)〕×표준화지수
기초 자치 단체	군	• 〔227.67+(0.000913×인구수)×(0.00085×일반회계결산액)+(0.029088×면적)+(16.9621×읍면동수)〕×표준화지수
	자치구	• 특별시의 자치구: EXP〔2.7217+(0.05765×1n인구수)+(0.28806×1n일반회계결산액)+(0.0781×1n행정동수)〕×표준화지수 • 광역시의 자치구: EXP〔2.992+(0.03748×1n인구수)+(0.16709×1n일반회계결산액)+(0.01526×1n면적)+(0.37226×1n행정동수)〕×표준화지수

5) 총액인건비제

총액인건비제는 지방자치단체가 기구 및 정원의 운영에 수반되는 인건비 경비의 총액을 기준으로 기구와 정원을 자율적으로 관리하고, 그 결과에 대하여 책임을 지도록 하는 제도이다 (금창호 외, 2004). 총액인건비란 지방자치단체의 정원 및 조직운영에 수반되는 인건비성 예산의 총액을 의미하는 것으로 예산과목상 인건비 목과 인건비 목은 아니지만 성질상 인건비로 간주할 수 있는 인건비성 경비를 합산한 금액을 말한다.

총액인건비제의 주요내용 및 특징은 기존의 조직관리에서 근간이 되어 온 표준정원제와의 비교를 통하여 보다 명확히 할 수 있다. 우선, 표준정원제는 각 지방자치단체가 운용할 수 있는 공무원 정원의 한도를 정하여 조직운영의 자율권을 주는 제도로서 정원이 같더라도 상위직급 책정, 기구증설 등을 통해 조직팽창이 가능

〈표 8-6〉 표준정원제와 총액인건비제 비교

구분	표준정원제	총액인건비제
본청 기구	• 본청기구 설치기준(국·과) 설정 및 직급기준 적용	• 본청 4급(시군구는 5급)이하 과단위 기구는 자율설치, 직급기준 유지 – 다만, 국단위(국을 둘 수 없는 곳은 과단위) 기구는 기준 설정
소속 기관	• 한시기구 및 직속기관·출장소·사업소 등 소속기관 설치시 행안부장관 승인 • 직급기준 적용	• 소속기관 등은 조례로 자율설치 • 직급기준 유지 – 시도 3급, 시군구 4급, 국을 둘 수 없는 시군구 5급이상 기구는 직급책정시 사전협의
정원	• 총정원(표준정원+보정정원) 초과시 행안부장관 승인 • 과장급 이상 상위직 책정시 행안부장관 승인	• 총액인건비 기준으로 자율운영

자료: 금창호 외(2007); 윤영근 외(2017).

하므로 법령기준, 승인절차 등의 통제장치를 추가로 적용하고 있었으나, 총액인건비제도는 정원과 상위직급 책정, 기구설치를 총액인건비라는 하나의 기준으로 관리하는 제도로서 총액인건비 기준 이외에 기구 및 정원에 대한 승인절차를 완전히 폐지하여 자치조직권의 대폭 확대를 모색할 수 있는 것이다 (금창호 외, 2007).

한편, 총액인건비제를 실시하기 위한 전제요건으로 기존의 행정기구 설치 등에 관한 다양한 승인권한 등을 폐지하였다. 예를 들면, 자치조직권의 확대를 위해 한시기구의 설치승인권, 직속기관의 설치승인권 및 시도 5급 정원책정 승인권 등을 폐지한 것이다.

다만, 총액인건비제의 실시과정에서는 당초의 계획과 달리 시도와 시군구의 본청에 대한 기구설치 범위는 존속을 시켰다. 2007년 총액인건비제 시행계획에 따르면, 시·도와 국을 둘 수 있는 시·군·구에 대해서는 각각 3급 국단위 기구와 4급 국단위 기구를 현행 기구설치 기구 수에 여유기구를 포함한 것을 기준으로 그 범위를 정한다고 규정하고 있다(행정자치부, 2006). 또한 국단위를 설치할 수 없는 시·군·구에 대해서는 5급 과단위에 동일한 규정을 적용토록 하고 있다(행정자치부, 2006). 이와 같은 규정은 총액인건비제의 시행에 따라 지방자치단체가 자치조

〈표 8-7〉 조직관련 중앙정부의 승인권폐지 실태

구분		조치	비고
행정안전부장관 승인권(12개)	한시기구 설치 승인권	폐지	'04.12
	기술직렬 조정 승인권	폐지	'04.12
	합의제기관 설치 승인권	폐지	'05.04
	자문기관 설치 승인권	폐지	'05.04
	직속기관 설치 승인권	폐지	'05.04
	출장소 설치 승인권	폐지	'05.04
	사업소 설치 승인권	폐지	'05.08
	시도 5급 정원책정 승인권	폐지	'05.02
	동장 정원책정 승인권	폐지	'05.02
	별정직 정원책정 승인권	폐지	'05.10
	4급이상(기초 5급) 정원책정 승인권	폐지	'06.12
	보정정원 초과 정원책정 승인권	폐지	'06.12

자료: 금창호 외(2007); 윤영근 외(2017).

직권에 대한 자율성을 확보하게 되면, 상위직급의 남설이라는 문제가 초래될 것을 미연에 방지하기 위함이다 (금창호 외, 2007).

〈표 8-8〉 총액인건비제의 기구설치범위 기준

구분			실·국·본부	실·과·담당관
광역	서울특별시		14개 이내	
	광역시	인구 300만 이상 500만 미만	12개 이내	
		인구 200만 이상 300만 미만	11개 이내	
		인구 200만 미만	10개 이내	
	도	경기도	18개 이내	
		인구 300만 이상 400만 미만	11개 이내	
		인구 200만 이상 300만 미만	10개 이내	
		인구 100만 이상 200만 미만	9개 이내	
기초	시	계룡시		11개 이내
		인구 10만 미만		17개 이내

<table>
<tr><th colspan="4">구분</th><th>실·국·본부</th><th>실·과·담당관</th></tr>
<tr><td rowspan="28">기초</td><td rowspan="10">시</td><td colspan="2">인구 10만 미만(지방자치법 제7조제2항제1호의 도농복합형태의 시)</td><td>2개 이내</td><td></td></tr>
<tr><td colspan="2">인구 10만 이상 15만 미만</td><td>2개 이내</td><td></td></tr>
<tr><td colspan="2">인구 15만 이상 20만 미만</td><td>3개 이내</td><td></td></tr>
<tr><td colspan="2">인구 20만 이상 30만 미만</td><td>4개 이내</td><td></td></tr>
<tr><td colspan="2">인구 30만 이상 50만 미만</td><td>5개 이내</td><td></td></tr>
<tr><td colspan="2">인구 50만 이상(구를 설치하지 아니한 시)</td><td>6개 이내</td><td></td></tr>
<tr><td colspan="2">인구 50만 이상 70만 미만(구를 설치한 시)</td><td>4개 이내</td><td></td></tr>
<tr><td colspan="2">인구 70만 이상 90만 미만(구를 설치한 시)</td><td>5개 이내</td><td></td></tr>
<tr><td colspan="2">인구 90만 이상 100만 미만(구를 설치한 시)</td><td>6개 이내</td><td></td></tr>
<tr><td colspan="2">인구 100만 이상(구를 설치한 시)</td><td>7개 이내</td><td></td></tr>
<tr><td rowspan="8">군</td><td colspan="2">울릉군·옹진군</td><td></td><td>10개 이내</td></tr>
<tr><td colspan="2">증평군</td><td></td><td>11개 이내</td></tr>
<tr><td colspan="2">인구 3만 미만</td><td></td><td>11개 이내</td></tr>
<tr><td colspan="2">인구 3만 이상 5만 미만</td><td></td><td>12개 이내</td></tr>
<tr><td colspan="2">인구 5만 이상 10만 미만</td><td></td><td>14개 이내</td></tr>
<tr><td colspan="2">인구 10만 이상 15만 미만</td><td></td><td>16개 이내</td></tr>
<tr><td colspan="2">인구 15만 이상</td><td></td><td>18개 이내</td></tr>
<tr><td colspan="2">인구 15만 이상(광역시 관할구역 안의 군)</td><td>3개 이내</td><td></td></tr>
<tr><td rowspan="6">구</td><td rowspan="2">특별시의 자치구</td><td>인구 50만 미만</td><td>5개 이내</td><td></td></tr>
<tr><td>인구 50만 이상</td><td>5개 이내</td><td></td></tr>
<tr><td rowspan="4">광역시의 자치구</td><td>인구 10만 미만</td><td></td><td>16개 이내</td></tr>
<tr><td>인구 10만 이상 15만 미만</td><td>3개 이내</td><td></td></tr>
<tr><td>인구 15만 이상 50만 미만</td><td>3개 이내</td><td></td></tr>
<tr><td>인구 50만 이상</td><td>4개 이내</td><td></td></tr>
</table>

6) 기준인건비제

기준인건비제는 전술한 총액인건비제에 규정된 경직성을 다소 완화하기 위하여 2014년부터 도입된 제도이다. 따라서 기준인건비제는 지방자치단체의 정원관리에 관한 자율운영의 범위를 확대하고 있지만, 원칙적으로 총액인건비제에 기초

〈표 8-9〉 총액인건비제도와 기준인건비 제도의 비교

구분	총액인건비제	기준인건비제
개념	- 행정자치부에서 총 정원의 수와 총액의 한도를 이중으로 관리	- 행정자치부에서 기준이 되는 인건비만을 제시하고 지자체별 정원관리를 자율화 - 자율운영범위 1-3% 추가 허용
패널티 부여	- 총액인건비 초과 시 부여 - 총정원 초과 시 부여	- 기준인건비와 자율범위초과 시 부여
교부세 반영 여부	- 총액인건비는 교부세 반영	- 기준인건비에 한해 교부세 반영 - 자율범위의 인건비는 미반영

자료: 금창호 외(2015a).

하고 있다는 특징이 있다 (주재복 외, 2019).

기준인건비제는 정원관리 자율성을 확대하기 위하여 지방자치단체별 재정력에 따라 1~3% 범위 내에서 자율적 운영을 허용하고 있으며, 지방자치단체에서는 기준인건비와 자율범위 내에서 행정안전부의 별도의 승인이 없이 자율적인 운영이 가능하도록 하고 있다 (금창호 외, 2015a).

기준인건비제가 총액인건비제를 기초로 설계된 것이기 때문에 행정기구의 설치에 관한 기준도 그대로 승계되고 있다. 다만, 현재 활용되고 있는 행정기구의 설치기준은 총액인건비제와 달리 설치범위에 대한 탄력성을 부여하고 있다. 특히, 시도에 대해서는 설치기준에 더하여 20/100의 범위에서 조례로 추가설치가 가능하도록 하고 있다. 뿐만 아니라 군에 대해서도 본청에 국을 설치할 수 있도록 변경되었다.

한편, 기준인건비제의 인건비는 기준인력에 인건비 단가를 곱하고 기타직 인건비를 합하는 방식을 적용하고 있으며, 인건비의 항목별 산정방식은 별도로 규정하고 있다.

〈표 8-10〉 기준인건비제의 기구설치범위 기준

구분			실·국·본부
광역	서울특별시		16개 이상 18개 이하
	광역시	인구 350만 이상 400만 미만	14개 이상 16개 이하
		인구 300만 이상 350만 미만	13개 이상 15개 이하

구분				실·국·본부
광역	광역시	인구 250만 이상 300만 미만		12개 이상 14개 이하
		인구 200만 이상 250만 미만		11개 이상 13개 이하
		인구 200만 미만		10개 이상 12개 이하
	세종특별자치시			6개 이상 8개 이하
	도	경기도		20개 이상 22개 이하
		인구 300만 이상 400만 미만		11개 이상 13개 이하
		인구 200만 이상 250만 미만		10개 이상 12개 이하
		인구 100만 이상 200만 미만		9개 이상 11개 이하
기초	시	인구 10만 미만		1개 이상 3개 이하
		인구 10만 이상 15만 미만		1개 이상 3개 이하
		인구 10만 이상 15만 미만(법 제7조제2항제1호에 따른 도농복합형태의 시)		2개 이상 4개 이하
		인구 15만 이상 20만 미만		2개 이상 4개 이하
		인구 20만 이상 30만 미만		3개 이상 5개 이하
		인구 30만 이상 50만 미만		4개 이상 6개 이하
		인구 50만 이상(구를 설치하지 않은 시)		5개 이상 7개 이하
		인구 50만 이상 70만 미만(구를 설치한 시)		3개 이상 5개 이하
		인구 70만 이상 90만 미만(구를 설치한 시)		4개 이상 6개 이하
		인구 90만 이상 100만 미만(구를 설치한 시)		5개 이상 7개 이하
		인구 100만 이상 120만 미만(구를 설치한 시)		6개 이상 8개 이하
		인구 120만 이상(구를 설치한 시)		7개 이상 9개 이하
	군	인구 15만 미만		1개 이상 3개 이하
		인구 15만 이상 20만 미만		2개 이상 4개 이하
		인구 20만 이상		3개 이상 5개 이하
	구	특별시의 자치구		4개 이상 6개 이하
		광역시의 자치구	인구 10만 미만	1개 이상 3개 이하
			인구 10만 이상 30만 미만	2개 이상 4개 이하
			인구 30만 이상 50만 미만	3개 이상 5개 이하
			인구 50만 이상	4개 이상 6개 이하

[그림 8–3] 기준인건비제의 인건비 산정방식

기준 인건비	=	기준인력	×	인건비 단가	+	기타직 인건비 (청원경찰, 계약직 등)
		공무원 (일반직, 소방직), 무기계약근로자		공무원 (일반직, 소방직), 무기계약근로자		

구분	내용
행정수요 지표 반영	– 행정수요 유발 10개* 지표를 변수로 하는 정원 수요함수(회귀분석)로 적정인력 산출 후 편차의 일부(10%) 반영 * ① 인구, ② 면적, ③ 주간인구, ④ 65세이상 인구, ⑤ 사업체수, ⑥ 자동차수, ⑦ 장애인수, ⑧ 법정민원수, ⑨ 외국인 인구, ⑩ 농경지면적
소방인력	– (현장인력) 구조대·구급대 중심으로 소방력기준을 고려하여 증원 * 기준인력 대비 未증원 지자체 증원수요 배제, 他 지자체 증원수요로 추가 보강 – '17년 개청예정인 관서에 한하여 증원, 기존 관서에서의 이체 및 현장인력 증원 규모를 감안하여 조정 반영
복지인력	복지공무원 1인당 수급자 수를 고려하여 현장인력* 배분 및 '16년 신설된 고용·복지+센터에 복지상담 인력 추가 배정 * 읍면동 복지허브화 추진을 위한 '맞춤형복지팀'에 배치 ※ 인력구조개선분(재배치+자연결원대체) 인센티브·페널티, 순증 未확충분 인건비 회수(누적) – '16년 말~'17년 개소 예정인 고용복지+센터의 관할 지자체에 인력 반영 ※ '17년 고용복지+센터 개소 실태 파악후 사후정산(未 개소시 인력 회수)
국가정책 수요	– 시·도 역학조사관('16.2.1 통보), 감염병 대응체계('16.8.10 통보) – 지진대응 인력 보강, 지역공동체 전담인력, 저출산관련 대응체계, 자치법규역량 강화 및 소나무 재선충병 방제인력 등
지역현안 수요	– 지역특성 및 특수 보정지표를 감안하여 필요인력 일부반영 (기타) 지역특수성 등을 감안한 지역특화사업 반영
별도정원	– 국제행사 개최, 국가기관에서의 업무 수행 등을 위한 파견에 따른 결원 보충 인력의 일부 반영 ※ 지자체 본연의 상시적 업무 추진을 위한 파견은 원칙적 불인정
기 타	– 시간선택제 채용공무원 인건비 추가 부담분 반영 – 2016년 정원관리 실태 감사결과 반영 – 기능·인력 재배치 목표대비 달성 결과 반영 – 국가정책 수요 未증원 인력 감축* 및 기능이관 등에 따른 정원 조정

자료: 금창호 외(2017).

4. 관리권한 이양분석

지방행정조직의 관리권한을 지방자치단체로 이양하기 시작한 것은 민선단체장 체제가 출범한 1995년부터이다. 다만, 실질적이고 본격적으로 관리권한이 이양된 계기는 2007년 총액인건비제를 준비하면서 시작된 것으로 보는 것이 타당하다. 이는 전술한 바이기도 하지만, 총액인건비제의 제도취지가 인건비를 통하여 지방자치단체의 조직 건전성을 확보하는 것이므로 행정기구와 관련된 다수의 승인권 등은 불필요하기 때문이다.

지방자치단체로 이양된 관리권한은 크게 기구설치권과 정원관리권으로 구분되고, 조직관리 모형에 따라서 다소의 편차가 존재하기는 하지만, 대체적으로 확대기조를 유지하여 왔다. 우선, 기구관리권에서는 지방자치단체 조직기구의 일부에 대해 상당부분 자율적 설치를 허용하고 있으며, 한편으로는 과도한 팽창을 막기 위해 일정부분 기준을 제시하여 책임성을 확보하고 있다. 다음, 정원관리권에서는 주어진 기준인건비 하에서 지방자치단체가 자율적으로 정원을 책정할 수 있도록 함에 따라 상당한 수준의 자율성을 확보한 것으로 보인다.

〈표 8-11〉 기구설치권 및 정원관리권 이양 실적

연도	항목	운영규정
1995	기구설치 및 정원책정에 대한 자율성 제고	• 1995년 7월 민선단체장 출범에 따라 자치단체별로 지역특성에 맞는 탄력적인 지방조직 개편이 나타남 • 자치단체별로 국, 과, 계 등의 기구에 대해 법률기준 범위 내에서 지역실정에 맞게 재배치
1998	구조조정을 통한 적정규모 관리	• 감축관리를 위해 지방행정조직의 유사 중복기능을 통폐합하고 한시기구 폐지 – 한시적 업무를 담당해 온 기획단, 개발 사업단 등은 일반부서로 통폐합 – 기획조정 및 정책개발 기능 담당 부서는 기획관리(담당)실로 통합운용 • 광역자치단체의 국, 과: 평균 3개국 6개과씩 축소 • 시, 군, 구의 행정조직: 10만명 미만의 경우 4과 / 10–15만명 1국 3과/ 20만–30만명 1국2과/ 50만명 이상 3과/ 50만명–70만명 1국 1과씩 축소

연도	항목	운영규정
2004	여유기구제 도입	• 2004년 7월 행자부 장관 승인 없이 탄력적으로 운용 가능한 여유기구제 도입 • 여유기구는 기구설치의 자율권이 제약되는 상황에서 과도기적으로 운영할 수 있도록 여유분으로 확보한 기구를 말하며, 기존의 정규기구에서 담당하기에 적절하지 않은 사무를 처리함 • 시·도: 1개 실·국 (3급), 2개 과·담당관 (4급) 이내 – 서울특별시 및 경기도의 경우 인구 특수성을 감안하여 1과 추가 • 시·군·구: 1개 과·담당관 (5급) – 인구 50만 이상의 시는 대도시 특수성을 감안하여 2개과 이내 설치 가능
	기구설치 및 정원책정에 대한 자율성 제고	• 2004년 12월 소방방재청 출범 및 지방 재난관리조직 보강 시각 시도·시군구 재난관리전담과 신설에 대해 재량권 허가 • 2004년 12월 한시기구 설치 승인제도 폐지시도 5급 이상 기술직렬 정원조정 승인제도 폐지
2005	기구설치 및 정원책정에 대한 자율성 제고	• 2005년 2월 시도 5급 지방공무원 정원책정 승인제도 폐지 행정동 설치 시 동장정원책정 승인제도 폐지 • 2005년 10월 경기도 소방본부장 계급을 소방준감에서 소방감으로 조정 • 2005년 10월 팀제 도입을 위한 지자체 기구정원규정 개정 명칭 개편 (실·국 → 본부·단·부 / 과·담당관 → 팀)
2006	기구설치 및 정원책정에 대한 자율성 제고	• 2006년 5월 경기도 소방준감 1인 정원(국가직) 배정실·국·본부 (16개 → 17개), 과·담당관 수 (65개 → 67개) 조정
	제주 특별자치도 행정직급 기준 선정	• 2006년 4월 「제주특별자치도 설치 및 국제자유도시 조성을 위한 특별법」 및 「제주도 행정체제 등에 관한 특별법」 제정 • 차등적 분권을 통한 고도의 자치 실현을 위해 보조기관·하부행정기관의 장 등 직급기준만을 기구정원규정으로 규정 • 행정기구 설치 및 정원기준, 직속 및 하부기관, 사무분장 등은 자율적 조례로 제정
2007	기구설치 및 정원책정 에 대한 자율성 제고	• 시도와 국을 둘 수 있는 시군구의 실·국과 국을 둘 수 없는 시군구의 과 단위 기구(이에 상응하는 소속기관 기구 포함) 즉, 지자체의 상위직 기구에 대해 이를 적정하게 관리하기 위한 설치 기준 설정– 시도와 국이 있는 시군구에서는 과 단위 이하 기구는 자율적으로 설치 가능– 국이 없는 시군구에서는 과 단위는 기준 내에서 운영하되 6급 이하 인력은 자율적으로 책정 가능

연도	항목	운영규정
2014	기구설치 및 정원책정에 대한 자율성 제고	• 2014년 12월 행정기구 및 직급기준에 관련한 법령 개정 – 인구 100만명 또는 200만명 단위의 광역시에 대해서 실·국·본부 설치 기준을 인구 50만명 단위로 세분화 – 인구가 동일 구간에서 2년간 연속하여 상위 구간에 근접하게 증가하는 지방자치단체에 대해서 추가 기구증설 허용
2015	재난대응 관련기구 설치 자율성 제고	• 2015년 4월 재난안전대응과 관련한 본부 증설 및 직속 설치 허용 – 시·도의 효율적인 재난안전대응을 위해 시·도에 재난안전 업무 담당 실·국·본부를 증설함 – 재난에 대한 시·도지사 책임 강화를 위해 재난안전 업무를 담당하는 실·국·본부에 대해서 행정자치부 장관과 협의를 거쳐 시·도지사 직속으로 설치할 수 있도록 함
2017	행정기구 수의 자율범위 설정	• 지자체의 인구범위에 따라 획일적으로 설정하던 행정기구 설치기준을 보다 탄력적으로 조정하기 위하여 자율범위를 설정함 – 인구 50만명 이상 100만명 미만인 시의 실·국 중 1개의 직급을 3급 또는 4급 일반직지방공무원으로 상향 조정 – 지방의원 정수가 10명 이상이면서 실·국이 설치된 군은 의회사무국 설치를 허용
	직급운영의 탄력성 제고	• 직급기준 운영의 탄력성 제고 등(별표 6 및 별표 7 등) – 인구 10만명 이상 15만명 미만의 시·군·구가 본청의 실·국 1개 이상을 감축 운영하는 경우, 사업소장의 직급을 4급 일반직지방공무원으로 임명 – 인구 10만명 이상의 시·군이 본청의 농업행정과 관련된 과와 농업기술센터를 통·폐합하는 경우 농업기술센터의 소장을 4급이나 지방농촌지도관으로 정할 수 있도록 함 – 제주특별자치도의 자치경찰단 과장 중 1명의 직급을 자치경정에서 자치총경 또는 자치경정으로 상향 조정
2018	기구설치 및 정원관리의 탄력성 제고	• 2018년 2월 「자치단체 기구정원규정」 개정을 통한 시도 부단체장 확대, 기구설치 및 정원관리 자율화 – 기구정원규정(대통령령) 개정 주요 내용은 1) 정원관리 자율화, 2) 과 설치 자율화, 3) 맞춤형 조직제도 개선임 – 정원관리 자율화: 기준인건비를 초과하는 경우 부과하던 보통교부세 감액 페널티 폐지 – 과 설치 자율화: 인구 10만 미만 시·군에 존치하던 과 설치 상한기준 폐지 및 국 설치 허용(1~3개) – 맞춤형 조직제도 개선: 인구 100만 이상 대도시의 직급기준 탄력성 확대, 인구 10~15만 도농복합시 기구설치 기준 합리화 등

연도	항목	운영규정
2019	시도 행정기구 체계 개편	• 시·도의 실·국·본부 추가 설치 허용(제9조의2 신설, 제40조) – 현행 시·도에 설치할 수 있는 실·국·본부의 수의 100분의 20의 범위에서 시·도가 자율적으로 실·국·본부 추가설치 허용 – 추가로 설치하는 실·국·본부의 존속기간은 2년의 범위에서 조례로 정하되, 성과 평가를 통하여 존속기간 연장, 상시기구로 전환 또는 기구의 폐지를 결정하고, 시·도지사는 관련 사항을 행정안전부장관에게 통보 – 시·도지사는 추가로 설치하는 실·국·본부에 대한 성과 평가 결과를 인터넷 홈페이지 등에 공개하고, 지방의회에 제출
	기구설치 및 직급운영의 자율성 확대	• 지방자치단체의 기구 설치 및 직급 운영의 자율성 확대(별표 1 및 별표 3) – 시·도별 실·국·본부의 수와 시·군·구별 실·국의 수를 각 지방자치단체가 조례로 자율적으로 정할 수 있도록 함 – 광역시 자치구의 인구 규모에 따른 기구설치기준을 일부 확대하여, 인구 30만 이상 50만 미만인 자치구의 경우 시·군·구별 실·국의 수를 현행 최대 4개에서 5개로, 인구 50만 이상인 자치구의 경우 현행 최대 5개에서 6개로 상향조정 – 인구 10만 미만인 시·군이 실·국을 감축하는 수만큼 과장·읍장 등을 4급 또는 5급으로 임명할 수 있도록 하는 범위를 현행 2명에서 3명으로 확대

Ⅲ 결론

1. 제도변화의 특징

자치조직권의 기준에서 지방행정조직의 변천과정을 살펴보면, 다음과 같은 특징들이 나타나고 있다. 다만, 1961년의 「지방자치에 관한 임시조치법」에 따른 지방자치 유보기간을 제외한 분석의 결과이다.

첫째는 자치조직권의 확대기조를 유지하되, 점진성과 급격성이 동시에 나타나고 있다는 점이다. 2005년을 기점으로 전후의 기간은 자치조직권의 점진적 확대가 지배적이나 2005년은 급진적 확대로 평가할 수 있다. 예를 들면, 2005년에는 총액인건비제의 도입을 위하여 기존의 승인권을 다수 폐지하여 자치조직권의 수준을 일거에 확대하였다. 이에 비하여 다른 기간에는 기존제도의 운영 탄력성을 강화한 것으로 자치조직권을 제약하는 제도는 그대로 존치되어 있다는 점이다.

둘째는 행정기구와 정원산성에 대한 접근이 차별적이라는 점이다. 행정기구에 대한 접근은 기본적으로 자율성을 신장하는 기조를 지속적으로 유지하여 온 것에 비하여 정원산정에 대한 접근은 합리성을 제고하는 기조를 적용하여 왔다. 그간의 사례들을 보면, 행정기구 설치에 관한 다수의 권한들은 폐지되거나 이양이 되어 왔으나, 정원산정에 대해서는 산정모형의 발전적 변경만 모색하고 실질적인 권한의 폐지 또는 이양은 없다. 예를 들면 표준정원제의 인력산정에서 기준인건비제의 인건비 산정으로 산정기준이 전환되었을 뿐 실질적인 권한의 변동은 없다.

셋째는 자치조직권의 확대를 위한 방향성은 비교적 타당한 것으로 나타나고 있다. 행정기구와 정원산정에 대한 접근방향이 초기에는 행정기구에 중기에는 행정기구와 정원산정을 통합하여 그리고 최근에서는 정원산정에 초점을 두는 변화를 보여 왔다. 지역특성의 부합성과 조직관리의 건전성을 고려할 때 행정기구의 중요성이 상대적으로 크다는 점에서 타당한 접근방법으로 평가할 수 있다.

2. 향후 조직관리의 발전방향

자치조직권의 관점에서 지방행정조직의 관리방향은 완전한 자율성을 확보하는 것이 규범적인 목표이다. 지방자치 선진국으로 지칭되는 대부분의 국가들이 완전한 자치조직권을 보장하고 있으며, 최근에는 일본도 마지막으로 정권관리권을 폐지하였다. 다만, 현실적인 측면에서 보면 일거에 완전한 자치조직권의 보장이 쉽지 않으므로 장단기의 단계적이고 점진적인 발전방향을 모색하는 것이 타당하다.

우선, 단기적인 발전방향에서는 행정기구의 관리권한을 폐지하는 방안이 모색될 필요가 있다. 총액인건비제를 설계할 당시에도 원칙적으로 인건비를 제외한 행정기구의 설치에 관한 모든 관리권한은 폐지 또는 이양이 목표였다. 다만 2회의 시범실시를 통하여 행정기구의 남설을 우려하여 일부 관리권한을 존치한 것이다. 그러나 외국의 사례 등에 비추어 보면, 정원관리권을 통하여 지방자치단체의 조직 건전성을 충분히 확보할 수 있다. 따라서 일종의 부가적 관리권한으로 간주되는 행정기구에 대한 관리권한은 폐지하는 것이 바람직하다.

다음, 장기적인 발전방향에서는 정원관리권도 폐지하여 완전한 자치조직권을 보장하는 것이다. 중앙정부와 지방정부의 관계가 중앙정부 중심으로 구조화되는 포괄형이 아닌 한 자치조직권은 완전한 보장이 일반적이고 바람직하다. 따라서 지방자치단체의 특수한 여건에 부합하는 조직운영이 가능하도록 자치조직권은 완전히 보장하고, 자치행정권과 자치재정권 등을 활용하여 중앙정부와 지방정부의 협력관계를 구축하는 것이 필요하다.

마지막으로, 자치조직권에 대한 제약은 근본적으로 지방자치단체의 조직 건전성에 대한 우려에 기인하고 있다. 따라서 단기적으로 행정기구의 관리권한을 폐지하거나 장기적으로 완전한 자치조직권을 보장하는 대안과 별개로 지방자치단체의 조직 건전성을 확보하기 위한 대안들이 검토될 필요가 있다. 기존에도 논의된 것이기는 하지만, 지방자치단체의 자율적인 건전성 확보방안으로 조직진단의 실질화와 지방의회의 합리적 대응 및 조직관련 정보공시를 통한 시민사회의 감시 등이 체계화될 필요가 있다.

제9장 지방인사행정

▶▶▶ 권 경 득

I 서론

한국의 지방자치는 지방자치법(1949) 제정 이래 지방자치에 관한 임시조치법(1961)으로 중단이 되었다. 그러나 지방자치법 전면 개정(1988)으로 지방의회(1991)가 부활되고, 민선지방자치단체장 선출(1995)로 진정한 지방자치의 시대가 시작되었다. 1991년 지방의회 구성을 통해 지방자치가 부활된 시점을 기준으로 30여년이 경과되었다. 지방자치 30주년을 맞이하여 지방인사제도가 어떻게 발전되었으며, 앞으로 어떤 방향으로 지방인사제도와 운영이 발전되어야 하는지에 대한 관심이 높아지고 있다.

지방자치의 성과에 대해서는 그 동안 다양한 의견이 개진되어 왔다. 긍정적인 측면에서 살펴보면, 한국 사회 전반에 걸쳐 지방자치에 대한 관심이 높아진 계기가 되었다는 평가가 있는 반면에 지역사회 수준에서 여전히 갈등과 대립을 유발하고, 행정비용의 증가를 초래하였다는 비판도 제기되고 있다.

한국 정부는 지방자치단체의 혁신 및 지방공무원의 역량을 지속적으로 추진하였으며, 자치인사권의 확대를 통해 자율성과 책임성을 기반으로 한 성과중심의 인사관리체제를 확립하는 등 지방인사제도의 개선을 도모하였다. 그럼에도 불구하고 중앙집권적인 각종 조직 및 인사관련 제도와 법령들은 지방자치단체의 자율성을 제한하고 있다. 또한, 지방자치단체장의 인사권 남용, 계급제에 기초한 폐쇄적인 인사운영 등으로 공직개방과 경쟁을 통한 능력과 성과중심의 인사관리시스템을 구축하는데 많은 어려움이 있는 실정이다.

지방자치단체가 경쟁력을 강화하기 위해서는 성과와 고객중심의 관리체계로 개편되어야 한다. 이를 위해서는 조직구조의 개편뿐만 아니라 업무수행의 주체인 인적자원을 효율적으로 관리하는 것이 필요하다 (김판석·권경득, 1999).

이러한 관점에서 이 장에서는 지난 30여 년간 지방인사제도 및 운영의 성과를 살펴보고, 지방자치단체의 인사관리체계를 개방과 경쟁을 통한 성과중심의 관리체계로 개선하는 방안을 모색하고자 한다. 보다 구체적으로 지난 30여 년간 지방인사제도 및 운영실적을 지방인사의 자율성, 개방성, 전문성, 공정성 및 대표성의 관점에서 평가하여 성과와 문제점을 도출하고, 개선방안을 모색하고자 한다.

Ⅱ 지방인사제도와 분석틀

1. 지방인사행정의 변화

지방자치제 실시 이전에는 중앙정부가 지방자치단체의 인사운영과 관련하여 각종 협의 및 승인 등을 통해 지방인사의 자율성을 제약하였다. 지방자치 실시이후에는 중앙정부의 각종 통제(승인, 협의, 조정 등)을 점진적으로 개선하여 지방자치단체의 인사자율성을 확대하는 방향으로 개선하고 있다. 특히 1990년대 IMF관리체제 이후 공공부문의 경쟁력 강화라는 구조조정의 차원에서 지방인사의 전문성, 개방성 및 공정성 제고를 위한 제도적 혁신이 이루어졌다.

그러나 한국 지방자치단체의 인사제도는 성과중심의 효율적인 인력관리와 고객중심의 전문적인 행정서비스를 제공하기에는 아직도 많은 제약을 받고 있다. 현행 제도는 여전히 중앙집권적인 인사행정의 관행으로 지방공무원의 채용과 승진, 정원책정, 근무성적평정, 교육훈련, 파견, 전보, 인사교류 등에 있어서 지방자치단체의 인사관리의 자율성이 여전히 제약을 받고 있다. 특히 지방자치단체의 인사권은 "지방자치단체의 행정기구와 정원기준 등에 관한 규정"을 포함한 각종 법령과 행정명령 등에 의해 제약을 받고 있어서 자율적인 지방인사 운영이 어려운 실정이다.

따라서 지방자치단체의 지역특성과 행정수요 등을 고려한 자율적이고 효율적인 인력관리의 필요성이 부각되었으며, 지방공무원의 역량강화가 지방자치단체

개혁의 핵심적인 과제로 대두되었다.

지난 30여 년간 지방인사행정과 관련된 중요한 환경변화를 살펴보면(김판석·정흥원, 2002), 먼저 지방자치단체 대외적 환경변화로는 ① 민주화와 분권화로 인한 각계각층의 참여욕구 다변화, ② ICT 기술혁신 진보와 노동환경의 급속한 변화, ③ 세계화의 진전 등으로 국가간 경쟁의 심화 등을 들 수 있다. 반면에 지방자치단체 대내적 환경변화로는 ① 고객중심과 성과주의의 확산, ② 거버넌스 개념의 확산, ③ 계층, 이념, 세대 간 갈등과 변화의 욕구 분출 등이 확산되고 있다.

이러한 변화에 대응하기 위해 지방자치단체는 개방형 직위제도 등을 도입하였으며, 공무원 보수의 현실화, 성과연봉제와 성과상여금제의 도입, 다면평가제 도입, 목표관리제/성과계약평가제의 도입, 정부간 인사교류 활성화, 지방인사위원회 구성 및 운영의 개선 등을 포함하여 공직개방과 경쟁을 통한 성과중심의 효율적인 인사관리방안을 지속적으로 모색하였다.

최근 지방인사행정 패러다임의 변화는 성과와 실적을 중시하고, 고객의 욕구에 신속하게 대응하며, 지방공무원의 자율성과 책임성을 강조하고 있다. 지방인사제도의 개혁의 방향을 살펴보면 <표 9-1>과 같다.

〈표 9-1〉 지방인사제도 개혁의 방향

기능	전통적 인사제도		개혁적 인사제도
인사기능 및 관리	• 행정적 기능, 분절적 기능 • 인간중심의 주종적 관계	➡ 패러다임 변화 ➡	• 전략적 기능, 상호 연계 중시 • 과업중심의 합리적 관리
임용	• 규격화된 정기 임용, 그물형 채용, 신분보장		• 유연한 수시임용, 낚시형 채용, 경력보장
교육훈련	• 공급자 및 교육훈련기관중심 교육		• 수요자 및 역량기반중심의 맞춤형 교육
보수체계	• 연공적 보수체계(일률적, 획일적)		• 성과급 보수체계(다양화, 차별화)
근무평정	• 처벌중시, 비공개주의		• 역할과 성과중시, 공개주의, 자기개발 피드백
경력 및 복무 관리	• Generalist, 순환보직 • 고정근무, 처벌징계위주		• Specialist, 전문적 경력관리 • 탄력근무, 보상과 포상활용

자료: 김판석·권경득(1999).

2. 분석틀

지방자치단체의 인사행정 전반에 대한 실태분석 또는 평가에 대한 기존 연구를 살펴보면 김판석·권경득(1999)은 지방자치단체 인사행정의 각 분야별(채용, 배치·보직관리, 승진, 인사교류 등)로 실태를 분석하고 개선방안을 제시하였다. 강성철·권경득·강재호(2004)는 지방자치단체 인사관리시스템을 자율성, 개방성, 전문성, 공정성, 대표성의 관점에서 분석하고 지방자치단체 인사관리시스템의 개선과제를 도출하였다. 행정자치부 외(2005)는 민선 지방자치 10년을 맞이하여 지방자치단체의 인사역량을 개방성, 전문성, 공정성의 관점에서 성과와 문제점을 분석하고 개선방안을 모색하였다. 권경득(2006)은 참여정부의 10대 인사개혁 아젠다의 관점에서 지방자치단체의 인력계획, 임용관리, 인력개발 및 복무관리 영역의 10개 분야에 있어서 지방공무원의 인사개혁을 평가하고 개선방안을 모색하였다. 행정자치부(2015)는 민선지방자치 20년을 평가하면서 지방자치단체의 인사역량 및 지방공무원을 전문성, 공정성, 자율성 등을 중심으로 실태를 분석하고 개선방안을 제시하였다.[1]

이 장에서는 지방인사제도 및 운영의 성과를 분석하기 위해 기존 지방자치단체 인사행정에 대한 실태분석 및 평가기준을 중심으로 지방인사의 ① 자율성, ② 개방성, ③ 전문성, ④ 공정성, ⑤ 대표성을 중심으로 살펴보았다 (<표 9-2> 참조). 지방인사의 자율성은 자치인사권 확보와 인사위원회의 구성과 운영의 자율성을 의미한다. 지방인사의 개방성은 개방형직위 확대 및 인사교류의 활성화를 의미한다. 반면에 지방인사의 전문성은 인사전담부서의 운영과 전문직위제도 및 전문경력관제도 등을 통한 전문성 있는 인력의 충원을 의미한다. 지방인사의 공정성은 승진임용과 평정체제의 공정성을 의미한다. 마지막으로 지방인사의 대표성은 지방자치단체내 여성공무원의 대표성 확대를 의미한다 (<표 9-2> 참조).

이 글에서는 첫째, 지방자치단체의 인사관리가 독자적이고 자율적으로 이루어지고 있는지? 둘째, 지방자치단체의 인사관리가 개방적으로 이루어지고 있는지?

1 필자는 민선 지방자치 10년 평가에는 연구팀으로 참여하였으며(2005년), 민선 지방자치 20년 평가에는 평가위원으로 참여하였다 (2015년).

〈표 9-2〉 지방인사제도 및 운영의 분석틀

기준	지방인사제도 및 운영(분석대상)
자율성	자치인사권, 지방인사위원회의 구성과 운영
개방성	개방형직위, 인사교류, 계약직/임기제 공무원
전문성	인사전담기구의 구성과 운영, 전문직위제도, 전문경력관제도
공정성	성과계약평가제도, 다면평가제, 역량평가제
대표성	여성공무원의 대표성

셋째, 지방자치단체가 지방공무원의 전문성 확보를 위해 노력하고 있는지? 넷째, 지방자치단체의 인사관리가 공정하게 이루어지고 있는지? 다섯째, 지방자치단체 내 여성공무원과 여성관리자의 대표성 등을 중심으로 지방인사제도 및 운영의 성과와 개선방안을 살펴보고자 한다.

Ⅲ 지방인사제도의 운영 실태

1. 지방공무원 인사제도의 개요

지방공무원은 지방자치단체 소속으로 근무하는 공무원으로서 임명의 주체와 경비부담의 주체를 기준으로 국가공무원과 구별이 된다. 지방공무원은 「지방공무원법」과 「지방자치법」의 적용을 받으며, 임용권자는 지방자치단체의 장이며 지방사무를 담당한다.[2] 지방자치단체 인사제도 관련 법령을 살펴보면, 지방자치에 관한 헌법 제117조에 의하여 지방공무원 제도에 관한 법령은 벌률(지방공무원법, 지방무원 교육훈련법 등), 대통령령(지방공무원 임용령, 지방공무원 보수규정 등), 부령 및 지방자치단체의 조례·규칙(지방공무원 복무조례, 지방공무원 인사규칙 등) 등이 있다(행정자치부, 2015).

지방공무원의 종류는 1981년 이후 경력직 공무원(일반직, 특정직, 기능직)과 특수

2 지방공무원이 항상 지방사무만을 수행하는 것은 아니며, 국가공무원의 경우에도 지방사무를 수행하는 경우가 있다.

경력직 공무원(정무직, 별정직, 계약직)으로 구분되어 운영되었다. 그러나 행정환경의 변화에 능동적으로 대응하기 위해 2013년에 지방공무원 직종별 개편이 시행되었다. 경력직 중 기능직이 폐지되고 일반직으로 통합되었으며, 특수경력직 중 별정직은 비서관, 비서, 정무적 지위(정무부지사, 전문위원 등)는 그대로 별정직으로 남고, 그 외 별정직은 일반직으로 전환하여 유사 직렬로 통합되었다. 계약직은 폐지되고, 일반직에 통합되어 일반임기제 공무원과 전문임기제 공무원으로 분류되었다.

지방공무원의 정원을 살펴보면(<표 9-3> 참조), 1995년 283,358명에서 2000년 246,762명으로 감소하였으며, 2010년 281,173명으로 증가하고, 2020년 359,588명으로 증가하였다. 반면에 공무원의 현원은 1995년 277,387명에서 2001년에

〈표 9-3〉 지방공무원의 인력변화 추이 (단위: 명)

연도	공무원의 수		연도	공무원의 수	
	정원	현원		정원	현원
1995	283,358	277,387	2008	274,871	275,321
1996	289,531	283,343	2009	277,122	278,303
1997	291,673	285,899	2010	281,173	279,636
1998	256,139	268,908	2011	283,477	281,035
1999	250,822	256,426	2012	287,961	284,355
2000	246,762	248,515	2013	291,406	287,299
2001	242,797	243,859	2014	295,669	289,914
2002	248,141	245,031	2015	302,070	296,273
2003	256,581	248,524	2016	207,313	303,401
2004	264,533	256,424	2017	316,853	310,654
2005	274,400	266,176	2018	330,641	322,862
2006	279,826	272,584	2019	345,992	337,084
2007	282,476	275,484	2020	359,588	292,182

자료: 행정안전부(행정자치부). 통계연보. 1996~2021. 지방자치단체공무원인사통계. 2004~2020. 2015년부터 지방공무원 정원은 지방자치단체장 및 지방에 두는 국가직 공무원을 제외함, 행정안전부(행정자치부).

[그림 9-1] 지방공무원의 인력변화 추이

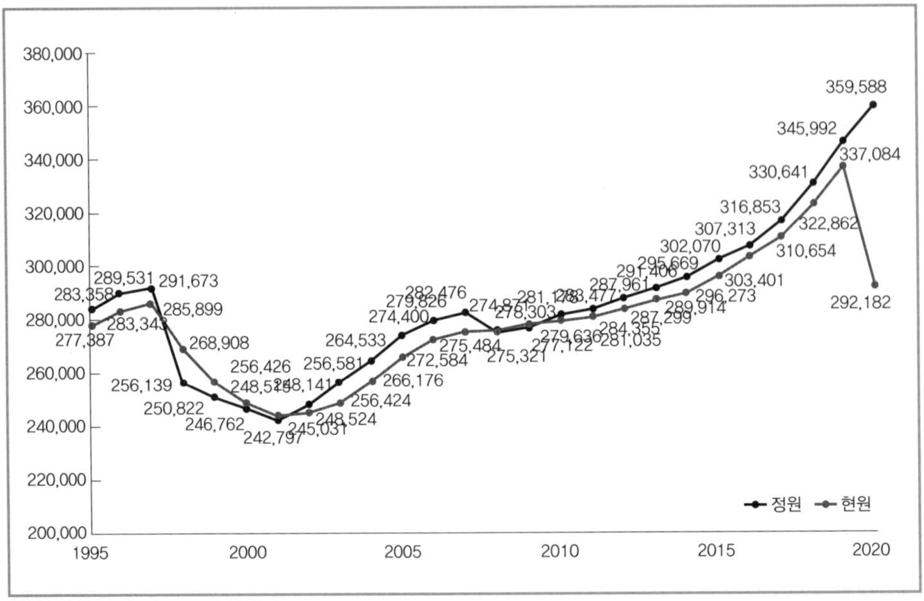

243,859명으로 감소하였으며, 2010년 281,173명으로 증가하고 2020년 359,588명으로 지속적으로 증가하였다. 1998년부터 지방공무원의 수가 급격히 감소하고 있는데 이는 IMF관리체제하에서 공공부문의 인력이 감축된 것에 기인한다. 반면에 2002년 이후 지방공무원의 수(현원)가 지속적으로 증가하고 있는데 이는 지방행정서비스의 고객만족도를 제고하기 위해 지방공무원의 수를 확충한 것에 기인하고 있다. 지방자치부활 이후 지방공무원의 수는 지속적으로 증가하고 있다 (<표 9-3> 참조). 다만, 2020년에 지방직 소방공무원 52,516명이 국가공무원으로 전환되었다.

지방공무원 직종별 인원의 변화추이를 살펴보면(<표 9-4> 참조), 일반직 현원의 경우, 1995년 173,760명에서 2005년 183,548명, 2015년 253,712명, 2020년 290,417명으로 증가하고 있다. 특정직의 경우 1995년 20,440명에서 2005년 29,115명, 2015년 41,788명으로 증가하였으나 2020년에는 946명으로 나타나고 있다. 정무직의 경우 1995년 248명에서 2005년 250명, 2015년 239명, 2020년 244명으로 나타나고 있다. 별정직의 경우에도 1995년 11,759명에서 2005년 3,639명, 2015년 495명, 2020년 575명으로 나타나고 있다.

〈표 9-4〉 직종별 정원/현원 변화 추이[3] (단위: 명, %)

대상 구분	1995		2005		2015		2020	
	정원	현원	정원	현원	정원	현원	정원	현원
일반직	182,200	173,760	191,747	183,548	250,407	253,712	288,593	290,417
특정직	21,231	20,440	30,186	29,115	–	41,788	–	946
기능직	64,027	64,052	49,443	42,271	–	–	–	–
정무직	248	248	253	250	5	239	5	244
별정직	9,097	11,759	3,771	3,639	763	495	909	575
계약직	–	852	–	2,348	–	–	–	–
고용직	6,573	6,277	–	5	–	–	–	–
기타					50,895	39	70,081	
합계	283,368	277,387	274,400	266,176	302,070	296,273	359,588	292,182

자료: 행정안전부(행정자치부), 통계연보, 1996~2021.

1995년 민선지방자치를 실시하면서 지방의 우수인력을 확보하기 위해 지방고시 제도를 도입·운영하였다. 그러나 지방고시합격자들에 대한 시군구의 초임보직의 부적합성과 지방고시에 대한 선호도 저하 등으로 지방고시의 응시자수가 급격히 하락하였다. 따라서 2004년부터는 5급 공채(지방직)에 포함하여 운영하고 있다.

지방고시 선발예정인원과 합격자 수를 살펴보면(<표 9-5> 참조), 1995년 93명을 선발하였으며, 2000년에는 그 수가 급격히 감소하여 26명, 2010년에는 41명,

〈표 9-5〉 5급 지방고시(지방직) 선발인원 및 합격자수 변화 추이 (단위: 명, %)

구분	1995	2000	2003	2010	2015	2020
선발예정 인원	100	27	18	42	45	38
합격자 수	93	26	16	41	45	36
경쟁률	69:1	19:1	25:1	41.2:1	31.5:1	30.2:1

자료: 행정안전부(행정자치부). 통계연보. 1996~2021. 인사혁신처 사이버국가고시센터 시험별 통계자료(2020).

3 2015년, 2020년 정원 기타에는 연구직, 지도직, 소방직, 경찰직, 교육직이 포함됨, 2015년 현원 기타에는 고위공무원 39명이 포함됨.

2015년에는 45명 2020년에는 36명으로 나타나고 있다. 다만, 5급 지방고시 또는 지방직의 경쟁률은 1995년 69대 1에서 2003년 25대 1, 2015년 31.5대 1, 2020년 30.2대 1로 점차 낮아지고 있다.

2. 지방인사의 자율성

1) 자치인사권

민선 지방자치 출범 당시, 지방인사관련 법·제도는 지방자차단체의 인사권을 지나치게 제약하여 지역의 특성을 고려한 지방공무원의 효율적 관리에 많은 문제점을 노정하였다. 지방공무원의 임용, 보수, 정원관리 등 인사행정 제 분야는 대통령령과 행정자치부령을 포함한 20여종의 행정명령에 의하여 제약을 받았다 (김판석·권경득, 1999). 당시 중앙정부는 지방인사제도에 관하여 지나치게 지방자치단체간 균형을 강조하였다. 이와 같은 중앙정부의 통제는 통일성과 획일성을 강화하여 직업공무원제를 유지하는 장점이 있는 반면에 성과중심의 자율적인 지방인사관리에는 부정적인 영향을 미치고 있다 (지방자치평가단, 1997).

그럼에도 불구하고 지방인사의 자율성은 꾸준히 확대되어 과거 중앙정부에서 직접 행사하던 권한의 이양이나 지방자치단체장의 인사권 행사와 관련된 중앙정부의 각종 승인·협의권 및 지도·감독권한을 지방에 점차 이양하여 지방인사의 자율성을 확대하고 있다 (행정자치부, 2015). 대표적인 사례로 5급 승진제도의 경우, 「지방공무원 임용령」(2005)을 개정하여 지방공무원 5급 승진방법으로 승진시험, 지방인사위원회의 승진의결 또는 승진시험과 지방인사위원회의 승진의결을 병행하는 방법 중에서 지방자치단체가 자율적으로 결정할 수 있도록 제도를 개선하였다. 이밖에 지방공무원 교육훈련에 대한 권한을 강화하고, 각종 인사운영과 관련된 행정안전부 장관의 승인권을 폐지하여 지방자치단체의 자율성을 점차 강화하고 있다.

2) 지방인사위원회의 구성 및 운영

지방인사위원회는 지방자치단체의 인사운영과 관련된 주요 사항을 심의 및 의결하는 기구이다. 지방인사운영과 관련된 사전심의 또는 의결을 통해 각종 인사기준을 설정하고, 보직관리, 승진심사, 징계의결 등을 수행하여 지방자치단체장의 인사권 행사를 보조하는 동시에 견제하는 중요한 제도적 장치로 기능하고 있다. 지방자치단체별로 인사위원회를 설치·운영하고 있으며, 광역자치단체의 경우에는 복수의 인사위원회를 설치할 수 있다.

민선 지방자치이후 지방자치단체장의 권한이 보다 커짐에 따라 승진 및 보직관리에 있어서 보다 공정하고 투명한 인사시스템에 대한 요구가 급증함에 따라 지방인사위원회의 독립성과 기능을 점진적으로 강화하였다. 주요 내용을 살펴보면, 외부 전문가 위촉위원의 수를 지속적으로 확대하였으며, 보직관리 기준 및 승진·전보임용의 기준을 지방인사위원회의 의결을 거치도록 하여 권한과 기능을 강화하였다.

특히 2005년에는 「지방공무원법」을 개정하여 인사위원회의 수를 5~7명에서 7~9명으로 확대하였으며, 외부 위촉위원의 자격요건을 강화하고, 내부위원으로 여성공무원의 참여를 제도화하였다. 지방의회에서도 외부 위촉위원 1명을 추천할 수 있도록 하여 지방인사위원회 구성의 대표성을 강화하였다. 2012년에는 지방인사위원회 구성에 풀(pool)제도를 도입하여 16명이상 20명이하의 위원으로 구성하고, 인사위원회는 회의는 위원장(부단체장) 1명을 포함한 9명의 위원으로 개최하도록 하였다(외부 위촉위원은 과반수 이상). 또한, 지방인사위원회의 심의 결과의 기속력을 강화하여 승진임용 심의결과를 임용권자가 자의적으로 변경할 수 없도록 「지방공무원 임용령」을 개정하여 지방인사위원회의 독립성과 자율성을 보다 강화하였다.

최근 행정안전부와 공무원 노조가 정책협의과정에서 지방인사위원회 외부 위촉위원의 경우, 조직내부 정보의 파악에 한계가 있는 점 등을 지적하며 외부 위촉위원의 축소를 건의하고 있는 실정이다 (행정자치부, 2021). 그러나 전문성 있는 외부 위촉위원을 임용하면 지방인사위원회의 전문성을 확보할 수 있고, 독립성, 투명성 및 공정성 등을 제고할 수 있을 것으로 기대된다. 공무원 노조가 건의한 "외부 위촉위원의 축소"는 지방인사위원회 운영의 공정성, 객관성 및 전문성을 저해하는 요인으로 작용할 수 있으며, 인사전문가들이 제시한 지방인사위원회의 개선방안과는 다소 거리가 있는 제안이다 (김판석·권경득, 1999: 강성철 외. 2004).

최근 행정안전부(2021)가 전국 243개 지방자치단체 인사담당자의 의견을 조사한 결과 응답자의 대다수(82.3%)가 지방인사위원회 외부 위촉의원의 수를 과반수 이상으로 구성하는 현행 방식이 현실적으로 타당성 있는 방안으로 선호하고 있는 것으로 나타나고 있다 (행정안전부, 2021).

3. 지방인사의 개방성

1) 개방형 직위제도

개방형 직위제도는 공직내부 또는 공직외부에서 적격자를 임용하는 제도로서 2001년에 지방공무원의 경쟁력을 강화하기 위해 도입하였다. 지방자치단체장은 전문성이 특히 요구되거나 효율적인 정책결정수립을 위하여 필요하다고 판단되는 직위를 개방형 직위로 운영할 수 있도록 하고 있다(지방공무원법 제29조의4). 개방형직위 적용대상은 시·도의 경우 1-5급 직위가 해당되며,[4] 1-5급 직위 총수의 100분의 10의 범위내에서 지정하여 운영하도록 하고 있다. 2005년에는 개방형직위 지정 및 변경시에 행정자치부 장관과 협의하도록 하던 규정을 폐지하여 지방자치단체의 수요에 보다 유연하고 탄력성 있게 개방형직위제도를 운영할 수 있도록 하였다.

개방형직위에 외부 인재를 적극적으로 유치하고, 유능한 인재를 객관적으로 선발하며, 공정한 시험관리를 위해 선발위원회의 외부 심사위원의 비중을 위원 총수의 1/2에서 2/3로 확대하였다(위원장, 민간위원). 또한 개방형직위 지정대상을 시군구의 2급부터 6급까지 지정할 수 있도록 지정대상 범위를 확대하였다.

개방형직위 지정 및 임용변화의 추이를 살펴보면(<표 9-6> 참조), 지방자치단체의 개방형직위대상과 지정직위는 점차 증가하고 있는 것으로 나타나고 있다. 그러나 민간인 채용비율은 그다지 높지 않은 것으로 나타나고 있다. 17개 시·도의 개방형 직위제도 운영비율을 살펴보면 관련 법령에서 규정하고 있는 운영비율(10%)에 크게 못 미치는 5% 수준에 그치고 있는 것으로 나타나고 있다. 개방형직위로 지정된 직위 중 민간인 채용비율은 2006년 74.1%에서, 2010년 68.0%, 2013년 58.3%로 점점 낮아지고 있는 것으로 나타나고 있다 (노영숙, 2014: 228).

---

4 개방형직위제도 시행초기에는 1-4급 직위를 대상으로 하였으나 2005년부터는 적용대상을 1-5급 직위로 그 적용범위를 확대하였다.

〈표 9-6〉 개방형 직위 지정 및 임용 변화 추이(시·도) (단위: 명, %)

직급＼대상	2003	2006. 6. 30	2010. 6. 30	2013. 6. 30
대상직위	1,319	2,162	2,472	2,806
지정직위	59	54	100	156
민간인	-	40(74.1%)	68(68.0%)	91(58.3%)

자료: 행정자치부 외(2005),「민선지방자치 10년 평가」. 노영숙(2014: 228).

또한, 한부영(2013)의 연구에 의하면 2013년 7월 현재 지방자치단체 개방형 직위 총수는 23,437개 직위이며, 이 중 311개(1.3%)(광역 197개, 기초 114개)만이 지정·운영되고 있다고 분석하고 있다. 개방형직위로 지정된 311개 직위 중 92.3%인 287개 직위를 임용하였으며, 공직내부 55.4%, 공직외부 44.6%로 공무원의 임용비율이 높게 나타나고 있다고 분석하고 있다.「공공감사에 의한 법률」에 따라 지방자치단체 감사기구의 개방형직위는 시·도(제주특별자치시 제외, 17개) 및 인구 30만 이상 시군구(63개)에는 감사관을 개방형직위로 임용하도록 하고 있다. 그러나 임용된 사람의 대부분이 전·현직 공무원출신이고(72명), 변호사, 회계사 등 외부 민간전문가 출신은 16명에 불과한 실정이다 (한부영, 2014: 4-8).

또한, 2008년 지방공무원법이 전면 개정되면서 공직사회에 경쟁분위기를 조성하고 지방자치단체의 경쟁력을 제고하기 위해 공모직위제를 도입하였다. 공모직위제는 주요 업무나 현업부서의 직무의 중요성과 업무의 복잡성 및 전문성이 요구되는 직위에 대하여 조직 내외부의 공무원들간 개방과 경쟁을 통해 적재적소에 인력을 배치하여 직무수행의 효율성을 높이기 위한 제도이다. 지방자치단체 임용권자는 해당 기관의 직위 중 업무의 효율적인 처리를 위하여 해당 기관 내부 또는 외부의 공무원(국가공무원 포함)중에서 적격자를 임용할 필요가 있는 직위를 공모직위로 지정하여 운영할 수 있다.

2) 인사교류

지방자치단체의 인사교류는 기관 상호간의 직무분야가 유사한 범위내에서 이루어지는 공무원의 수평적 이동을 의미한다. 인사교류는 조직의 개방성과 유연성을 확장하는데 매우 유용하다. 지방자치단체 인사교류의 유형에는 중앙정부와 지

〈표 9-7〉 지방공무원의 인사교류 변화 추이[5] (단위: 명)

도	국가-지방	지방-지방	합계	연도	국가-지방	지방-지방	합계
1995	166	5,101	5,267	2011	323	4,521	4,844
1998	69	2,429	2,498	2012	406	4,657	4,251
2000	157	4,349	4,506	2013	344	4,788	5,132
2003	73	3,645	3,718	2014	304	4,037	4,341
2004	206	4,544	4,750	2015	337	4,725	5,062
2005	147	5,227	5,374	2016	291	3,884	4,175
2006	326	4,540	4,866	2017	257	4,050	4,307
2007	239	4,700	4,939	2018	271	4,524	4,795
2008	249	3,595	3,844	2019	355	4,643	4,998
2009	117	4,294	4,611	2020	236	4,592	4,828
2010	345	4,177	4,522				

자료: 행정안전부(행정자치부). 통계연보. 1996~2021. 지방자치단체 공무원 인사통계. 2004~2020.

방자치단체간, 지방자치단체간, 민간부문과 지방자치단체간 인사교류 등이 있다.

지방자치단체 인사교류 현황과 추이를 살펴보면(<표 9-7> 참조), 1995년 민선지방단체장이 선출되기 전까지는 국가와 지방자치단체, 지방자치단체간 인사교류가 5,267명이었으나 1998년에는 2,498명으로 급격히 감소하는 추세를 보이고 있다. 2000년대 이후 중앙-지방자치단체간 인사교류가 증감을 반복하는 현상을 보이고 있으며, 지방자치단체간 인사교류도 증감을 반복하는 현상을 보이고 있다. 그러나 전체적으로 지방공무원의 인사교류는 2010년대 이후 2020년까지 조금씩 증가하는 현상을 보이고 있다.

3) 계약직 및 임기제 공무원

계약직 공무원의 수는 민선단체장 선출이후 2012년까지 지속적으로 증가하고 있는 것으로 나타나고 있다. 2013년부터는 계약직이 일반직과 별정직으로 개편이 이루어져서 계약직이 폐지되었다. 따라서 <표 9-8>에서 2013년부터는 일반임기

5 광역자치단체 기준 인사교류 통계 시도를 기준으로 ① 국가-지방은 국가기관과의 인사교류, ② 지방-지방은 타 시도 및 관내 시군구와의 인사교류 통계이다.

〈표 9-8〉 계약직/임기제 공무원 변화 추이 (단위: 명)

연도	지방공무원 현원	계약직(임기제) 공무원	비율	연도	지방공무원 현원	계약직(임기제) 공무원	비율
1995	277,387	852	0.31%	2010	279,636	3,859	1.38%
1998	268,908	1,119	0.42%	2011	281,035	4,032	1.43%
2000	248,515	1,282	0.52%	2012	284,355	4,222	1.48%
2001	243,859	1,367	0.56%	2013	287,299	4,242	1.48%
2002	245,031	1,459	0.60%	2014	289,914	4,568	1.58%
2003	248,524	1,702	0.68%	2015	296,273	4,936	1.67%
2004	256,424	2,068	0.81%	2016	303,401	5,236	1.73%
2005	266,176	2,348	0.88%	2017	310,654	5,498	1.77%
2006	272,584	2,605	0.96%	2018	322,862	5,753	1.78%
2007	275,484	3,089	1.12%	2019	337,084	6,243	1.85%
2008	275,321	3,450	1.25%	2020	292,182	6,522	2.23%
2009	275,321	3,657	1.33%				

자료: 행정안전부(행정자치부). 통계연보. 1996~2021.

제 공무원 통계를 활용하였다. 2012년까지 계약직의 비율이 점차 증가하고 있는 것으로 나타나고 있으며. 2013년 이후에도 일반임기제 공무원의 비율도 지속적으로 증가하고 있는 것으로 나타나고 있다. 2020년도 현재 일반임기제 공무원이 수는 6,522명이며, 전체 지방공무원의 2.23%를 차지하고 있다.

4. 지방인사의 전문성

1) 인사전담부서

지방자치단체 인사관리의 전문성은 지방인사에 대한 전문적인 지식과 기술을 통해 조직내 유능한 인적자원을 확보, 유지 및 개발할 수 있는 역량을 의미한다. 지방인사의 전문성을 인사전담부서의 구성과 운영측면에서 살펴보면, 민선지방자치 초기에는 지방자치단체에서 인사업무만을 전담하는 공무원이 부족하였으며, 순환보직을 통해 인사담당부서에 임명된 공무원이 인사업무를 담당하였다.

서울특별시를 비롯한 일부 지방자치단체만이 조직상 "인사과"라는 과 단위의 인사전담기구를 설치하였으며, 대부분의 지방자치단체에서는 자치행정국 산하의 총무과나 자치행정과, 행정지원과 등의 팀 단위에서 인사업무를 담당하였다.

이와 같이 지방자치단체의 인사관리의 전문성을 확보하기 위한 인사전담기구의 부재는 전문적인 인사관리를 어렵게 하였다. 또한 지방자치단체 인사담당자는 잦은 순환보직으로 인하여 인사관리에 대한 전문성을 확보할 수 없었고, 지방자치단체장의 인사관리에 대한 인식도 그다지 높지 않아서 인사담당 공무원의 능력개발과 동기유발이라는 적극적 인사관리가 적절하게 이루어지지 않았다. 따라서 지방인사시스템이 통제중심의 인사관리나 충원관리에 치우친 인사관리의 수준을 벗어나지 못하였다 (강성철 외, 2004).

그러나 최근에는 17개 시·도 중에 10개 시·도에서 인사과 또는 인사정책관 등의 인사전담부서를 신설하여 인적자원관리 또는 인적자본관리의 관점에서 지방공무원을 관리하고 있다.

2) 전문직위제도

지방공무원의 전문성을 제고하기 위해 2001년부터 국제전문직위제도(1995)를 확대하여 전문직위제도가 도입·운영하고 있다. 이는 지방자치단체내 전문성이 요구되는 직위를 지정하여 경력과 자격을 갖춘 사람을 전문관으로 선발하여 최소 3년간 재직하도록 하여 해당 업무에 대한 전문성을 강화하기 위한 제도이다. 지방자치단체장은 해당 기관의 직위 중 전문성이 특히 요구되는 직위를 전문직위로 지정하여 운영할 수 있다. 전문직위에 대해서는 일정한 직무수행요건을 설정하고, 해당 직위의 직무수행요건을 갖춘 사람을 전문관으로 선발하여 임용할 수 있다. 전문직위에 임용된 공무원은 특별한 사유가 없는 한 임용된 날부터 3년간 다른 직위에 전보할 수 없도록 규정하고 있다.

또한, 2013년에는 지방공무원 직종개편으로 지방전문경력관제도가 신설되었다. 지방전문경력관은 특정 전문성이나 경험이 필요하여 순환전보가 곤란한 직위에 장기 재직을 유도하기 위해 도입된 제도이다. 지방전문경력관은 2013년에는 594명, 2015년에는 562명, 2017년에는 559명, 2020년에는 552명으로 나타나고 있다 (행정안전부, 2013~2020). 이밖에 공직의 개방과 경쟁을 촉진하고 지방행정의 환경변화에 대응하기 위해 민간전문가 공직파견제를 도입하였으며, 공무원이 민간기업에 근무하여 직무전문성을 향상시킬 수 있는 민간근무휴직제를 도입·운영하고 있다(2002년 12월 31일 도입).

5. 지방인사의 공정성

1) 성과계약평가제도

지방자치단체의 정책이나 사업에 대한 성과관리를 통해 성과에 상응하는 보상체계를 구축하여 공직사회내에 경쟁을 촉진하기 위해 1999년부터 목표관리제를 도입·운영하였다. 목표관리제는 정부의 생산성 향상과 경쟁력 제고를 위해 실시되고 있으며, 4급 이상의 공무원을 대상으로 하였다. 2008년부터는 개인에 대한 성과평가를 통해 조직의 성과향상을 도모하기 위해 성과계약평가제도를 도입·운영하고 있다.

지방자치단체가 성과를 관리하는 목적은 행정서비스의 고객이라고 할 수 있는 지역주민에게 미치는 편익 또는 정책영향을 극대화하는 것이다. 그러나 종래의 성과평가시스템은 산출물에 대한 평가에 치중한 측면이 있어서 고객에게 미치는 최종결과를 제대로 평가하기 어려운 측면이 있었다. 또한, 정책수립 등 질적인 부분에도 성과평가를 위한 노력이 있어야 한다는 비판이 제기되어 성과에 대한 책임성 강화를 추구하기 위해 성과계약평가제도가 도입되었다 (박천오·권경득 외, 2020).

성과계약평가는 4급 이상 공무원 및 5급 이하 공무원 중 성과계약평가가 적합하다고 인정하는 공무원에 대해 실시하고 있다. 평가대상자의 업무수행과정 및 성과를 직접 관찰할 수 있는 직근 상급자가 평가를 수행하고, 평가결과는 성과연봉 및 성과상여금 평가 등 인사운영의 기초자료로 활용되고 있다 (행정자치부, 2015: 277).

2) 다면평가제도

정부 인사평가의 공정성을 도모하기 위해 1999년부터 다면평가제도를 도입·운영하고 있다. 다면평가제도는 구성원을 평가할 때 직속상사만이 평가하는 것이 아니라 상급자, 동료, 하급자, 고객 등 다수의 평가자가 평가하는 제도이다, 다면

평가제는 다수의 사람이 평가자로 참여하기 때문에 소수 평가자의 주관과 편견을 줄일 수 있으며, 평가의 객관성과 공정성을 높일 수 있는 장점이 있다. 다면평가제도의 결과는 승진, 상여금 지급, 교육훈련, 보직관리 등 인사관리에 반영된다. 지방자치단체의 경우에는 2004년부터 의무적으로 다면평가를 실시하도록 제도화하였다. 그러나 다면평가제는 다수의 평가자가 참여하기 때문에 평가자 선정과 관리, 교육훈련 등에 많은 시간과 비용이 소요되고, 평가대상자의 업무성과보다는 원만한 대인관계 지향적 행태를 조장하고, 평가자들의 담합 및 음해성의 여지가 있으며, 관리자들의 인기위주의 행태 등으로 운영과정에서 여러 가지 부작용이 발생하였다 (행정자치부 외, 2005). 다면평가제도의 실시가 평가의 객관성과 공정성을 확보하는 것이라는 인식하에 개선방안이 논의되었으며, 현재 대부분의 지방자치단체에서 다면평가의 결과를 인사관리의 참고자료로 활용하고 있는 실정이다.

3) 역량평가제도

지방자치단체는 기존 연공서열 위주의 인사평가를 능력과 역량중심의 공정한 인사관리로 전환하고, 지방공무원의 역량 강화와 전문성 제고를 위해 역량평가제를 도입·운영하고 있다(지방공무원임용령 제8조의 5). 역량평가제는 역량평가대상자에게 현업과 유사한 상황의 모의과제를 제시하고, 이를 수행하게 하여 승진 및 선발 직급에서 요구되는 역량을 보유하고 있는지를 평가하는 제도이다.

지방행정연수원은 2017년부터 시·도 국장급 후보자 역량평가를 실시하였으며, 2018년부터는 시·도 과장급 후보자 역량평가를 실시하고 있다. 2021년에는 지방자치인재개발원에 지방자치역량평가센터를 설치·운영하고 있다. 지방자치역량평가센터의 기능은 ① 지방공무원 역량평가 및 역량 교육운영계획 수립·실시, ② 역량평가·역량교육제도 개선연구, ③ 역량평가·역량교육 모델 및 과제개발 연구, ④ 역량평가·역량교육 전문인력 양성 및 관리, ⑤ 역량진단·평가시스템 운영 및 시·도 역량평가 및 역량교육 지원 등이다.

개별 지방자치단체의 경우, 서울특별시가 승진심사과정의 객관성 및 공정성 확보를 위해 2008년도에 지방자치단체 최초로 5급 승진대상자 역량평가제를 도입하였다. 또한, 간부공무원으로서 탁월한 성과창출에 필요한 역량을 진단 및 평가하여 직위에 부합하는 역량개발의 동기를 부여하고, 인사평가의 신뢰성과 공정성을 확보하고, 역량있는 간부공무원을 육성하고자 4급 승진대상자 역량평가제를 도입·운영하고 있다.

현재에는 경기도(4급 승진대상자 2013년 도입), 충청남도(3, 4, 5급 승진대상자, 2016), 부산광역시(4급 승진대상자 2015, 3급 승진대상자 2016), 대구광역시(5급 승진대상자, 2017), 인천광역시(4급 승진대상자, 2020), 광주광역시(3, 4급 승진대상자, 2021) 등으로 역량평가제가 점차 확산되고 있다. 역량평가의 결과는 패스제(pass/fail), 이수제(평가형 이수제, 교육형 이수제), 승진참고용 등 다양한 용도로 활용되고 있다(서울시, 2021).

6. 지방인사의 대표성

여성공무원의 수는 1995년 19.64%에서 2005년 26.51%, 2015년 33.71%, 2020년 46.57%로 비약적으로 증가하였다(<표 9-9> 참조). 이는 1990년대 초에 시행된 여성채용목표제 등을 통해 공직에 여성공무원의 수가 지속적으로 증가한 것에 기인하고 있다. 현재는 양성채용목표제를 실시하여 공직에 양성이 일정 비율이상 채용될 수 있는 제도적 장치를 마련하고 있다.

5급 이상 관리직 여성공무원의 경우에도 1995년 604명에서 2005년 1,036명, 2015년 2,535명, 2020년 5,165명으로 비약적으로 증가하였다. 전체 5급 이상 관리직 공무원에서 여성 공무원이 차지하는 비율을 살펴보면, 1995년 3.6%에서, 2005년 5.9%, 2015년 11.6%, 2020년에는 20.8%로 나타나고 있다(<표 9-10> 참조). 이는 정부의 5급 이상 여성관리직 공무원 임용목표제 등을 통해 여성관리자의 임용을 확대한 것에 기인하고 있다.

〈표 9-9〉 여성공무원의 증가 추이 (단위: 명, %)

구분	1995	2000	2005	2010	2015	2020
공무원 현원	277,387	248,515	266,176	279,636	296,273	292,182
여성공무원	54,472	55,002	70,568	83,282	99,865	136,071
비율(%)	19.64%	22.13%	26.51%	29.78%	33.71%	46.57%

자료: 행정안전부(행정자치부). 통계연보. 1996~2021.

〈표 9-10〉 5급 이상 관리직 여성공무원의 증가 추이 (단위: 명, %)

구분	1995	2000	2005	2010	2015	2020
5급 이상 관리직 공무원	16,876	15,461	17,496	20,078	21,787	–
5급 이상 관리직 여성 공무원	604	619	1,036	1,730	2,535	5,165
비율(%)	3.6%	4.0%	5.9%	6.6%	11.6%	20.8%

자료: 행정안전부(행정자치부). 통계연보. 1996~2021.

Ⅵ 지방인사제도 및 운영의 평가

이 글에서는 지방인사의 자율성, 개방성, 전문성, 공정성 및 대표성을 기준으로는 지방자치 부활이후 지난 30여 년간 지방인사제도의 주요 현황과 실태를 살펴보고, 지방인사제도의 성과와 문제점을 진단하였다.[6]

분석결과, 지방자치단체가 직면하고 있는 주요한 과제 중의 하나는 공직의 개방과 경쟁을 통한 지방공무원의 역량강화와 지역의 특성과 행정수요를 고려한 효율적인 인사관리시스템의 구축이라고 할 수 있다. 보다 구체적으로 살펴보면 다음과 같다.

첫째, 지방인사의 자율성의 측면에서 볼 때, 무엇보다도 지방자치단체의 인사관리의 독자성이 미흡하다. 현행 지방공무원제도는 국가공무원제도와 거의 유사하다. 따라서 국가공무원제도와는 차별화된 인사관리시스템의 구축이 필요하다. 또한 현행 법·제도는 지방자치단체의 인사권을 여전히 제약하고 있어 지역의 특성을 고려한 인사관리에 많은 문제점을 노정시키고 있다. 지방자치단체는 인력운영에 있어서 「지방자치단체의 행정기구와 정원기준 등에 관한 규정」의 적용을 받

6 지방공무원을 대상으로 한 지방인사개혁의 평가에 관한 연구에 의하면 5점 만점을 기준으로 ① 자치단체장의 공정인사 실천의지(3.39점), ② 실적/성과급 지급의 공정성(2.80점), ③ 다면평가운영의 적절성(3.06점), ④ 직위공모제 활용정도(2.83점), ⑤ 실적(성과)중심의 근무성적평정(2.85점), ⑥ 여성공무원에 대한 공정한 인사(3.24점) 등으로 나타나고 있다(권경득, 2006: 86).

고 있다. 행정안전부는 「기구·정원규정 개정에 따른 시행지침」 등을 통하여 지역의 실정을 고려한 자율적인 인력운영을 권장하고 있으나 「지방자치단체의 행정기구와 정원기준 등에 관한 규정」의 적용으로 말미암아 지방자치단체가 지방행정의 환경변화에 능동적으로 대응하고 행정수요의 변화를 적절히 반영할 수 있도록 효율적으로 인력을 관리하는데 제약을 받고 있는 실정이다.

지방인사위원회 운영의 경우, 공정성과 전문성을 확보하기 위해 지속적으로 지방인사위원회 위원 중 외부 위촉위원을 과반수이상 임용하고, 자격요건을 강화하는 등 개선노력이 있었다. 그러나 현행 지방공무원법에 의하면 지방자치단체의 부단체장이 인사위원회의 위원장이지만 자치단체장이 실질적인 전권을 행사하고 있으며, 인사위원회 위원의 구성이 제한적이라 할 수 있다. 1995년 민선자치단체장 선출이후 지속적으로 제기되어 온 문제 중의 하나는 지방자치단체의 인사관리의 공정성과 객관성을 담보하기 위해 지방인사위원회의 운영을 개선해야 된다는 것이었다. 제도 개선의 방향으로는 지방자치단체 인사위원회의 구성과 운영에 있어서 외부 전문가의 활용과 비율을 보다 확대하고, 이들 중에서 위원장을 선출함으로써 지방인사위원회 운영의 공정성, 객관성 및 전문성을 보다 제고할 수 있다는 것이다.

둘째, 지방인사의 개방성의 측면에서 볼 때, 지방자치단체 개방형 직위의 대상이 당초 1–4급에서 5급 이상 광범위한 직렬로 확대되고, 계약직/임기제 공무원의 경우에도 연구기술분야에서 모든 직무를 대상으로 하고 있으며, 채용기간도 기존 3년에서 5년으로 연장되는 등 지속적인 개선노력이 있었다. 지방자치단체의 인사교류는 거시적인 관점에서 점차 증가하는 현상을 보이고 있다. 다만, 개방형직위 수의 확대에도 불구하고 여전히 외부 인력의 충원비율이 높지 않은 것이 문제점으로 지적되고 있다.

개방형 충원제도는 폐쇄형 충원제도와 달리 공직의 모든 계층에 대해 외부에서 유능한 인력을 충원할 수 있는 장점이 있는 제도이다. 개방형직위제를 활성화하기 위해서는 무엇보다도 내부 인력의 저항을 최소화할 수 있는 방안이 모색되어야 한다. 또한, 개방형직위 지정의 합리성을 제고하여야 한다. 내부 승진임용보다 외부 임용이 해당 직무를 더 잘 수행할 수 있는 것으로 확신되는 직위를 개방형직위로 지정해야 합리성이 높아지고, 제도의 효과도 기대할 수 있을 것이다 (노영숙,

2014: 230).

셋째, 지방인사의 전문성의 측면에서 볼 때, 인사관리의 전문성을 확보하기 위해서는 인사전담부서의 설치·운영이 필요하다. 1990년대 후반에는 서울특별시를 비롯한 일부 지방자치단체만이 인사과를 설치·운영하고 있었으나 2021년 12월 현재 17개 시·도 중에서 과반수가 넘는 10개 시·도에서 인사과를 설치 및 운영하고 있다. 아울러 전문직위제도를 도입하여 지방자치단체내 전문성이 요구되는 직위를 전문직위로 지정하여 경력과 자격을 갖춘 사람을 전문관으로 선발하여 최소한 3년간 재직하도록 하여 해당 업무에 대한 전문성을 강화하고 있다. 또한, 지방전문경력관제도를 신설하여 순환보직을 지양하고, 직무특성을 반영한 업무의 전문성을 강화하기 위한 지속적인 노력을 경주하였다.[7]

그러나 약 40% 정도의 시·도가 여전히 효율적인 인력기획, 인력관리, 능력개발, 인사관리의 전문화를 위하여 인사업무를 전문적으로 관장하는 독립적인 과(課) 수준의 인사전담부서가 부재하여 지방인사관리의 전문성을 저해하고 있다. 인사전담부서는 당해 지방자치단체의 인력계획을 수립하고, 실적과 성과위주의 인사관리체계의 확립을 통하여 인사관리의 객관성, 공정성 및 투명성 확보에 기여할 수 있다. 또한, 인사운영에 관한 연간기본계획을 체계적으로 수립하여 이를 모든 구성원에게 공개함으로써 투명하고 예측가능한 인사운영의 기반을 조성할 수 있다. 이러한 인사운영의 기본계획에는 지방자치단체의 인사운영의 기본방향, 전보 및 승진임용의 기준, 정기인사계획, 인사교류계획 등 사전예고사항을 포함시켜서 인사관리의 투명성, 공정성 및 객관성 확보와 지방자치단체장의 인사권 남용을 사전에 방지할 수 있는 장치가 될 수 있다.

넷째, 지방인사의 공정성의 측면[8]에서 볼 때, 기관의 책임자와 관리자간에 공식적인 성과계약을 체결하여 성과목표 및 지표 등에 관해 합의하고, 해당 연도의 성과계약에 의해 개인의 목표달성도를 평가하여 그 결과를 인사관리에 반영하는 성과계약평가제도를 운영하였다. 이는 조직목표와 개인목표를 유기적으로 연계하

---

7 민선 지방자치 10년의 평가 중 지방공무원의 "전문성"에 대해 응답자의 21.3%가 "높다", 48.9%가 "보통이다", 29.4%가 "낮다"라고 평가하고 있다.

8 민선 지방자치 10년의 평가 중 지방공무원 인사의 "공정성"에 대해 응답자의 49.7%가 "향상되었다", 50.3%가 "향상되지 않았다"라고 평가하고 있다.

고, 결과중심의 성과지표를 설정함으로써 조직의 성과향상에 기여하였다. 이와 같이 체계적인 성과관리를 통해 성과에 상응하는 보상체계를 보장하고, 공직사회 내 선의의 경쟁을 촉진시킨 점은 긍정적으로 평가되고 있다. 다면평가제의 경우, 현재에는 지방자치단체의 특성 및 여건에 따라 평가항목을 설정하고, 평가단을 구성하는 등 신축적으로 운영되고 있다. 대부분의 지방자치단체에서 평가결과를 지방공무원의 역량개발, 교육훈련 등에 활용하고 있으며, 승진이나 승급, 전보, 성과급 지급 등에 참고자료로 활용하고 있다.

지방자치단체 역량평가제 운영이 점차 확산되고 있는 추세이다. 지방공무원의 역량을 제고하기 위해서는 역량기반의 인적자원관리시스템의 구축이 필요하다. 채용, 보직관리, 교육훈련 및 보상에 있어서 개인별 보유 역량을 기반으로 하는 시스템의 구축이 필요하다.

다섯째, 지방인사의 대표성의 측면에서 볼 때, 지난 30여 년간 지방자치단체내 여성공무원과 여성관리자의 수가 비약적으로 증가하였다. 그럼에도 불구하고 여성관리자의 비율은 여전히 20%를 약간 상회하고 있는 실정이다. 앞으로도 여성관리자의 임용 확대 및 육성이 지방인사관리의 중요한 과제로 부상할 것으로 전망된다.

V 결론

지방분권은 1980년대 이후 세계적인 추세이며, 한국도 지방분권형 국가운영시스템의 구축을 위해 지속적으로 노력하고 있다. 지방분권의 핵심은 지방자치단체의 자율성을 확대하는 것이다. 따라서 지방인사에 있어서도 "제도에서 집행에 이르는 세부사항까지 법령으로 구체적이고 획일적으로 규정"하는 종래의 방식에서 벗어나 필요한 최소한의 원칙과 주요 내용만을 법령으로 정하고, 이러한 원칙과 주요 법령의 범위 안에서 지방자치단체가 책임성을 가지고 자율적으로 지역실정에 맞는 구체적인 제도와 운영방식을 선택하는 것이 필요하다.

지난 30여년의 성과에도 불구하고 한국 지방자치단체의 인사제도 및 운영은 성과중심의 효율적인 인력관리와 고객중심의 전문적인 행정서비스를 제공하기에는 여전히 미흡한 수준이다. 지방인사의 자율성, 개방성, 전문성, 공정성 측면에서 보다 유연하고 탄력적인 지방인사정책의 수행과 지방인사의 책임성 증대를 위한 획기적인 지방인사의 개혁이 절실히 요구되고 있다.

특히, 지방자치단체의 행정환경과 지역적 특성을 고려한 지방인사제도의 도입 및 운영과 더불어 인사관리의 제 기능들이 유기적으로 연계되어 전략적으로 지방공무원을 관리할 수 있는 방향으로 혁신을 도모할 필요가 있다.

제 10 장 지방재무행정

▶▶▶ 김 구 민·라 휘 문

I 서론

한국의 지방자치제는 지방자치제에 대한 도입 논의(1949년), 지방자치제의 도입과 중단(1972년) 그리고 지방자치제의 재실시(1991년) 등의 과정을 거쳐 현재에 이르고 있다.[1] 구체적으로 살펴보면 한국의 지방자치제는 1949년 7월 4일 지방자치법의 제정과 함께 도입되었으나 1950년 발발한 한국전쟁으로 인해 제대로 시행되지는 못하였다. 그러다가 1952년 부산 피난정부 시절에 지방의원선거를 최초로 실시하면서 지방자치제를 실시하게 되었다. 그 이후 지방자치제도는 다양한 제도적 변화를 거치다가 1972년 10월에 제정된 유신헌법 부칙에 "지방의회는 조국 통일이 이루어질 때까지 구성하지 아니한다"고 규정함으로써 중단되었다. 그러다가 여소야대의 정국 속에서 지방자치제의 재실시 관련 논의를 하였고 그 결과 1988년 4월 6일 지방자치법이 전면 개정되었다. 한국은 전면 개정된 지방자치법에 의거하여 1991년에 지방의회의원을 주민의 직접선거로 선출하면서 지방자치제를 재실시하게 되었다. 그리고 1995년에는 광역자치단체장, 기초자치단체장, 광역의회의원 그리고 기초의회의원을 주민이 직접 선출하는 전국동시지방선거를 실시하였다.

1 1948년 7월 17일 제정한 대한민국헌법 제96조와 제97조에 지방자치와 관련된 내용을 포함하였고, 1949년 7월 4일 지방자치법을 제정하여 지방자치제의 기틀을 마련하였으며, 1963년 11월 11일에는 지방재정법을 제정하여 지방자치제를 운영하는데 핵심적인 사항 중 하나인 지방재정의 건전한 운영과 엄정한 관리를 위한 기반을 구축하였다. 물론 대한민국헌법, 지방자치법 그리고 지방재정법은 다수의 개정과정을 거친 후 현행 지방자치제의 모습을 마련한 것이다.

지방자치제의 재실시와 함께 지방자치단체의 자주권을 확대하여야 한다는 주장이 있어 왔다. 행정자주권, 입법자주권 그리고 재정자주권 등 3대 자주권은 지방자치제를 구성하고 운영하는데 있어 매우 중요한 요소이다. 특히, 재정자주권은 지방자치단체가 행정자주권을 실현할 수 있도록 지원하는 역할을 수행한다는 점에서 핵심적인 역할이라고 볼 수 있을 것이다. 이러한 점 때문에 지방분권을 통하여 행정자주권을 확보하되, 재정분권이 수반되어야 한다는 점을 강조하고 있는 것이다. 각 정부에서 추진하고 있는 재정분권이 성공적으로 추진되면 지방자치단체는 재정을 확충할 수 있을 뿐만 아니라 재정자율성이 제고될 수 있었을 것이다.

지방자치단체는 재정확충 및 자율성 확보노력과 함께 재무행정에 대한 재설계 노력을 하여야 한다. 즉, 지방자치단체는 지방자치제의 실시 목적인 지역경제 활성화와 지역의 복리증진을 도모하기 위하여 어느 정도의 재원과 물자를 어떤 경로를 통하여 조달 및 동원한 후 이를 어디에 지출할 것인지를 결정하는 지방재무행정의 역할을 수행하여야 한다는 것이다.[2] 지방재무행정은 기구, 인력, 제도 등 다양한 측면에서 검토할 수 있으나 기구와 인력의 운영을 가능하게 하는 것이 예산이라는 점에서 지방예산제도에 보다 많은 관심을 가질 필요가 있다. 지방예산제도는 예산의 편성과 집행에 있어 추구하는 목적, 분류기법, 집행방법, 집행결과 분석 등에 따라 운영하는 원리와 체계를 제도화한 것 (이성근 외, 2016)이기 때문이다. 지방예산제도는 심의·의결의 편의성, 집행결과에 대한 달성도 측정의 용이성, 한정된 자원의 효율적 배분 등 다양한 이유와 함께 변화되어 왔고 한국 역시 예외는 아니다.

이와 같은 배경하에서 본고는 지방자치제의 실시 이후 현재까지 지방예산제도가 어떤 변화를 하였는지 살펴본 후 문제점을 도출하고 향후 나아갈 방향을 제안하고자 하는 목적을 가지고 있다. 구체적으로는 첫째, 지방예산제도의 변화와 내용을 살펴보았고, 둘째 지방예산제도가 가지고 있는 쟁점을 도출하였으며, 셋째 미래의 지방예산제도의 모습을 제언하였다.

---

2 지방재무행정은 지방자치단체가 효율적으로 조직을 유지하고 임무를 수행하는데 필요한 재원과 물자를 조달·관리·사용하는 일체의 행위를 의미한다. 물론 넓은 의미로 지방재무행정을 정의하면 지방자치단체의 인간·조직·제도 등이 포함 된다. 여기에서는 논의의 편의를 위하여 좁은 의미로 재무행정을 개념화한다.

Ⅱ 지방예산제도의 변화와 내용

1. 지방자치제 재실시 이전의 예산제도: 품목별 예산제도(~2008년)

지방자치제의 실시 이전부터 지방예산제도는 존재하여 왔다. 예산의 편성, 집행 그리고 결산을 위해서는 일정한 예산제도를 보유하여야 하기 때문이다. 한국의 지방예산제도는 품목별예산제도, 사업별예산제도 그리고 성과예산제도로 변화하였고, 특정목적 수행을 위한 다수의 예산제도들이 도입되었다.

한국의 지방예산제도는 지방자치제 실시 이전부터 재실시 이후 일정 기간 동안 품목별 예산제도에 의하여 운영되었다. 즉, 품목별예산제도가 지방예산제도의 근간이었다고 볼 수 있다.

품목별예산제도는 예산을 지출대상(품목)별로 분류해 편성하는 예산제도 (윤영진, 2010: 376)이다. 지출대상(품목)은 예산과목의 목(目)에 해당하는 것으로 인건비, 물건비 등을 의미한다. 품목별 예산제도는 예산집행에 대한 회계책임을 분명히 하고 공무원의 재량을 제한함으로써 부패방지와 능률향상 등 경비지출의 적정화를 도모하기 위하여 필요하지만 정부의 활동이나 사업계획을 나타내지 못하는 단점이 있다 (지방자치인재개발원·시도공무원교육원, 2020: 60).[3]

한국은 품목별예산제도의 단점을 보완하기 위하여 사업별예산제도를 도입하였다. 즉, 한국은 지방자치제 재실시 이후 일정기간까지 품목별 예산제도를 운영하다가 2008년부터 사업별 예산제도로 전환하였다(<표 10-1> 참조).

2. 지방자치제 재실시 이후의 예산제도(2008년~현재)

지방자치제의 재실시 이후 지방예산제도는 두 가지의 방향으로 변화하였다. 첫째, 지방예산제도의 근본적인 변화가 있었다. 즉, 한국의 지방예산제도를 기존의

3 품목별예산제도를 보다 쉽게 설명하면 이 돈의 책임자가 누구이며, 무슨 사업에다 이 돈을 써야 하며 또 그 돈의 사용처까지 예산에 명기하고 그에 따라서 지출행위를 하는 제도 (나중식, 2007: 323)를 말한다.

〈표 10-1〉 품목별예산제도와 사업예산제도의 비교

구 분	품목예산제도	사업별예산제도
편성	• 예산과목 위주 편성 – 익년도 업무계획과 예산(안) 별도 작성 – 목표, 계획, 예산 연계 미흡	• 사업 중심으로 편성 – 중장기 목표에 입각하여 성과계획서와 예산(안) 동시 작성 – 목표, 계획, 예산의 연계
예산서 형식	• 품목별 예산서: 품목별 편성 • 목별 사업예산 내역	• 성과중심 예산서: 사업단위 편성 • 성과목표별 사업내역
예산운용	• 통제위주 예산운용	• 성과위주 예산운용
결산	• 단편적·품목별 결산	• 종합적·사업단위 결산
심사평가	• 사업진도분석 수준의 심사평가	• 목표와 연계된 성과중심의 평가
환류	• 평가장치가 없어 집행 결과가 다음 연도 예산에 반영되지 않음	• 성과보고서를 통한 성과 평가 및 다음 연도 예산에 반영
주민에 대한 효과	• 품목 중심의 편제로 지방자치단체가 어떠한 사업을 수행하고 있는지 파악하기 곤란	• 사업을 파악하기 용이 • 투명한 예산운영 유도

자료: 행정자치부(2008). 「2008년도 지방자치단체 사업예산 운영규정」

품목별예산제도에서 사업별예산제도 그리고 성과예산제도로 변화시킨 것이다. 품목별예산제도에서 사업예산제도로의 변화는 예산의 편성방식 등이 근본적으로 변화하는 것을 의미하기 때문에 급격한 변화의 성격을 보유하고 있다고 보아야 할 것이다. 반면 사업예산제도에서 성과예산제도로의 변화는 사업의 성과를 강조하는 방향으로 변화된다는 점에서 점증적 변화의 성격을 가지고 있다고 볼 수 있을 것이다.

둘째, 또 다른 변화의 방향은 지방예산제도의 본질적인 변화는 아니나 성인지예산제도와 같이 특정목적의 달성을 위하여 새롭게 도입한 제도들이 있다. 여기에는 성인지예산제도 이외에도 지방예산편성기준, 주민참여예산제도, 복식부기제도, 원가계산준칙 등이 포함된다([그림 10-1] 참조).

[그림 10-1] 지방자치제 재실시 이후 예산제도의 변화

예산제도 변화	품목별예산 제도(~2008년)	→	사업별예산 제도(2008년)	→	성과예산 제도(2016년)
새로운 예산제도 도입	• 지방예산편성기준 도입(2006년) • 복식부기제도 도입(2007년) • 주민참여예산제도 도입(2011년) • 성인지예산제도 도입(2013년) • 원가계산준칙 제정(2013년)				

자료: 금창호 외(2017).

1) 예산제도 변화

(1) 사업별예산제도(2008년)

사업별예산제도는 지방자치단체의 정책이 체계적으로 반영될 수 있도록 사업(정책, 단위, 세부사업)을 중심으로 예산을 편성·배정·집행·평가함으로써 재정성과를 극대화하기 위한 예산제도이다 (행정자치부, 2008: 2). 사업예산은 정책과 예산의 연계 및 재정성과 제고를 위해 기존의 품목 중심이 아니라 성과관리가 용이하도록 정책사업(프로그램) 단위 중심으로 설정한 예산체계를 말한다. 여기서 정책사업(프로그램)이란 정부기능을 수행하기 위한 세부목표로서 동일한 정책목표를 달성하기 위한 단위사업의 묶음을 의미한다 (임성일·이효, 2015). 사업별예산제도에서는 사업이 체계적으로 편성될 수 있도록 일정한 계층 구조를 형성한다. 지방자치단체 전체 재정을 정책사업, 행정운영경비, 재무활동으로 구분하고, 정책사업 하위에 단위사업 및 세부사업을 설정하는 것이다. 그리고 세부사업 하위에 편성목과 통계목을 설정하고 통계목 하위에 산출근거를 설정한다 (라휘문, 2021; 손희준, 2019).

과거 품목예산제도 하에서는 사업을 예산과목에 맞추어 편성함으로써 사업에 소요되는 지출내역을 일목요연하게 파악하기가 매우 어려웠으나 사업예산제도의 도입으로 예산을 사업별로 분류하여 편성함으로써 사업별 예산규모와 경비내역을 쉽게 파악할 수 있다. 또한 정보시스템 개발에 따라 사업예산 내역 및 세부사항

을 주민에게 공개함으로써 재정운영의 책무성과 투명성을 강화하는데 기여할 수 있다. 사업예산제도의 도입은 조직부서의 책임성과 효율성을 제고하기 위한 제도로서 정책목표를 달성하기 위한 정책·사업을 명확하게 설정하고 실제로 이들 사업들이 목표달성에 어느 정도 기여하고 있는가를 측정할 수 있다. 이에 따라 사업별로 성과지표를 설정·측정하고 이러한 성과측정의 결과는 다음해 기획단계와 예산편성에 반영함으로써 재정관리의 실질적 개선을 유도할 수 있을 것이다 (이상용·이효, 2008: 1).

(2) 성과예산제도(2016년)

2008년부터 본격 도입·시행하고 있는 사업별예산제도가 정착되었다는 판단하에 한 단계 발전된 성과중심의 예산제도로의 전환을 시도하였다. 중앙정부가 2009년부터 성과계획서의 작성을 의무화하고 있었기 때문에 지방자치단체의 예산 역시 성과예산으로 전환하였다고 볼 수 있을 것이다.

성과예산제도는 지방예산의 효율적인 집행과 성과의 극대화 등을 위해 자치단체별 사업예산과 성과관리를 긴밀하게 연계하기 위한 시도라고 볼 수 있다. 성과예산서는 구조화된 예산사업의 성과목표·지표, 평가결과 환류의 관리가 가능하도록 성과계획과 예산을 통합한 것이다. 예산과 성과의 직접 연계를 위하여 총성과관리에서 재정성과(총성과관리의 부분집합)를 융합하여 관리하는 것이다. 총성과관리와 재정성과관리를 융합·관리함으로서 예산목적과 집행의 결과에 입각한 예산성과를 보다 체계적으로 관리할 수 있을 것이다.

2) 예산제도의 변화

(1) 지방예산편성지침의 폐지 및 지방예산편성기준의 도입(2006년)

한국은 지방재정운영의 자율성 강화를 위하여 지방예산편성지침을 폐지한 후 새롭게 지방예산편성기준을 도입하였다.

지방예산편성기준이 가지는 의미는 자율통제가 가능한 경비를 자율화하여 지방자치단체별로 지역적 특성에 따라 자율적으로 기준을 설정 운영할 수 있도록 조치하였다는 점이다. 그만큼 지방자치단체의 자율성이 신장되었다는 것을 의미한다.

지방예산편성기준은 2006년부터 시행되었는데, 연도별로 업무추진비, 지방의회관련 경비, 사회단체보조금, 통리반장활동보상금 등과 같은 4대 경비에 대한 기준경비를 제시하고 있다.

(2) 복식부기제도(2007년)

복식부기 회계제도는 지방재정 운영성과(수익, 비용)와 재정상태(자산, 부채)의 변동내역을 일반회계원칙에 입각하여 기록·분류하여 의회, 주민 등 이해관계자가 필요로 하는 재무정보를 제공하는 제도이다. 정부부문도 상장기업처럼 일반회계원칙에 입각한 회계처리와 재무 보고서를 작성, 공개하는 제도이다 (행정안전부, 2016: 10).

복식부기회계제도의 추진배경을 보면 복식부기 회계제도의 도입 필요성을 인식한 이후 1999년부터 국정과제로 선정, 재정경제부(중앙)와 행정안전부(지방)에서 추진해 왔다. 특히, 참여정부 이후 정부혁신지방분권위원회의 재정·세제 로드맵에 반영(2003. 4) 및 국정과제(정부혁신지방분권과제)로 채택(2004. 1)되어 추진되었다. 또한 복식부기 회계제도는 기존의 현금주의, 단식부기제도가 가지고 있는 문제점을 개선하기 위해서 도입되었다. 기존의 현금주의·단식부기는 현금의 수입과 지출에 한정함으로써 일정기간의 사업성과와 일정시점의 재정상태를 파악하는 것이 불가능하였다. 또한 자산의 비용화(감가상각비) 개념이 없어 기간별 성과와 자산의 교체시기에 대한 정보를 제공하는데 어려움이 있었다. 그리고 지방자치단체간 또는 조직단위간 투입비용과 정책성과를 비교하기가 곤란하다는 문제점이 도출되었다. 결국 지방재정 운영결과에 관한 일목요연한 파악과 분석에 한계가 있는 바, 이에 대한 개선대안으로써 발생주의, 복식부기 회계제도를 도입한 것이다.

(3) 주민참여예산제도 도입(2011년)

주민참여예산제도는 집행부가 독점하여 왔던 예산편성을 주민참여라는 형식을 통해 지역주민이 예산편성 과정에 참여하는 것이다. 행정부제출예산제도가 법제화된 이후 지방자치단체의 행정기관이 독점적으로 행사해왔던 예산 편성권을 지역사회와 지역주민에게로의 분권화 또는 권한이양을 통해 예산편성 과정에 해당 지역주민들이 직접 참여하는 것을 법적·제도적으로 보장하는 주민참여 제도의 일종이다 (박상렬, 2008). 주민참여예산제도는 1989년에 브라질의 포르투 알레그리

〈표 10-2〉 온라인 플랫폼을 활용한 주민참여예산제 운영 여부 (단위: 개, %)

구분	홈페이지		별도 플랫폼		미운영		계	
특별·광역시	7	(87.5)	1	(12.5)	0	(0.0)	8	(100.0)
도	6	(66.7)	3	(33.3)	0	(0.0)	9	(100.0)
시	68	(90.7)	5	(6.7)	2	(2.7)	73	(97.3)
군	74	(90.2)	0	(0.0)	8	(9.8)	74	(90.2)
자치구	67	(97.1)	2	(2.9)	0	(0.0)	69	(100.0)
계	222	(91.4)	11	(4.5)	10	(4.1)	233	(95.9)

자료: 임성일 외(2021).

(Porto Alegre)시에서 세계 최초로 실시된 이후 지난 약 30년 간 지구촌 전체로 확산되었으며, 현재는 세계적으로 약 2,000개 이상의 지역에서 실시되고 있다 (임성일·서정섭·이희재, 2020: 9).

한국은 2000년대 초에 소수의 지방자치단체를 중심으로 초보단계의 참여예산을 실시하다가 정부가 전면적인 법 개정(2011년)에 나서면서 전국의 지방자치단체들이 의무적으로 시행해야 하는 제도로서 위치 매김을 하였다.

주민참여예산제도는 주민의 참여가 무엇보다 중요하다. 이를 위해서는 충분한 홍보를 통해 주민참여예산제도에 대한 인지도가 높아야 하고, 참여수단이 다양화되어 있어 주민들이 쉽게 참여할 수 있어야 한다. 행정안전부의 조사결과에 의하면 현재 온라인 플랫폼을 활용하여 주민참여예산제를 운영하고 있는 지방자치단체는 전체의 95.9%이나 대다수가 홈페이지를 활용(91.4%)하고 있을 뿐 별도의 플랫폼(4.5%)을 활용하고 있지는 않다. 이는 홍보기능에 초점을 맞추고 있을 뿐 이용자의 이용편의성을 도모하고 있다고 보기에는 어려움이 있다(<표 10-2> 참조).

(4) 성인지예산제도 도입(2013년)

성인지예산이란 예산이 여성과 남성에게 미칠 영향을 미리 분석하여 이를 예산편성에 반영·집행하고, 여성과 남성이 동등하게 예산의 수혜를 받고 예산이 성차별을 개선하는 방향으로 집행되었는지를 평가하여 다음연도 예산편성에 반영하는 제도를 말한다. 예산이 여성과 남성에게 미치는 효과를 예산의 편성, 심의, 집행, 결산 과정에서 고려하여 국가재원이 효율적이고 성평등한 방식으로 사용될 수 있도록 예산의 배분구조와 준칙을 변화시키고자 하는 것이며, 성인지 예산은 예산의 특정범주가 아니라 성평등한 자원배분의 과정이다 (한국여성정책연구원, 2007).

성인지예산서는 예산서 중 여성 및 남성과 관련된 예산을 별도 선정하고 성인지 예산의 개요, 규모 및 각각의 사업별로 성평등 기대효과, 성과목표, 성별 수혜분석 등을 작성한 예산보고서를 말한다. 그리고 성인지결산서는 성인지예산에 대한 결산개요, 집행실적, 성평등 효과 및 평가 등을 작성한 보고서이다 (행정안전부, 2012: 2).

성인지 예산제도는 1995년 북경세계여성대회와 2001년 브뤼셀 고위급회의를 계기로 전 세계적으로 급속하게 확대되고 있는 여성정책의 흐름 중 하나이며, 한국도 예산이 남성과 여성에게 미치는 효과를 평가하고 그 결과를 예산편성에 반영할 필요성이 지속 제기됨에 따라 정부는 국가재정법(제26조, 제57조)을 개정('06.10.4)하여 2010회계연도부터 성인지 예·결산서를 작성 국회에 제출하였다. 지방자치단체도 지방재정법(제36조의2, 제53조의2)을 개정('11.3.8)하여 2013회계연도부터 성인지 예·결산서를 지방의회에 제출토록 의무화하고 있다.

추진절차와 체계를 보면 먼저 행정안전부가 성인지예산서 작성기준을 마련하여 지방자치단체에 통보한다. 성인지예산서 작성기준을 통보받은 지방자치단체는 성인지예산서를 작성한다. 구체적으로 보면 각 지방자치단체는 자체 성평등 목표를 수립한 다음 수립한 자체 성평등 목표를 고려하여 대상사업을 확정한 후 성인지예산서를 작성하고 이를 사업(성과)예산안에 반영한다. 각 지방자치단체의 예산부서에서 사업(성과)예산서와 성인지예산서를 동시에 심사·확정 후 지방자치단체의 장의 결재를 받아 의회에 제출한다. 이때 성인지예산에서 중요한 성별영향분석은 경기도가족여성재단(경기도 양성평등센터)과 같이 시도 공공기관에서 시행하고 있다. 경기도 양성평등센터는 경기도 및 31개 시군의 정책 성별영향평가 및 성인지예산제도 추진을 지원하고 도민 대상 성평등 문화 확산 사업을 수행하고 있다.

(5) 지방자치단체 원가계산준칙 제정(2013년)

지방자치단체 원가계산준칙은 지방자치단체가 수행하는 사업 등의 원가에 관한 정보를 집계·분류·요약하고 해석하는 세부사항과 작성방법을 정하여 지방자치단체가 재정운영보고서를 작성할 수 있도록 하는데 목적이 있다 (행정안전부, 2013). 한국은 사업예산과 성과평가, 결산정보 간의 핵심 연계고리인 원가정보의 산출을 위해 2010년 지방자치단체 원가계산준칙을 제정하였고, 2012년에 244개 전 지방자치단체가 참여함으로써 제도화되었다고 볼 수 있다.

한국에서 지방자치단체 원가계산준칙을 제정한 이유는 원가정보의 중요성 때문이라고 볼 수 있다. 원가정보를 산출하기 위해서는 원가계산을 하여야 하는데 이를 용이하게 위해서 원가계산준칙을 제정하였다고 볼 수 있다. 사업별 원가정보는 몇 가지 측면에서 유용성을 가지고 있기 때문에 중요하다. 첫째, 사업관리자들에게 일별(daily)로 사업의 순원가 정보를 제공한다. 이들 정보는 사업관리 및 모니터링에 활용하고, 환경변화 등에 대응하여 시행착오를 방지하게 하고, 재정투융자나 행사성 사업, 예산사업 등의 계획과 실제 운영을 비교 분석하는데 활용된다. 둘째, 통제경비인 관리운영비 정보를 제공하여, 재정의 투명성을 확보하고 경비 집행의 관리통제 및 외부 감시 기능을 수행한다. 예를 들어, 복리후생비, 운영경비 등의 방만한 집행이 문제되는 것을 막고, 호화청사 등 과도한 청사운영비를 방지하는데 유용하다. 셋째, 자산관리를 사업과 연관하여 자산의 사용원가인 감가상각비 비용을 인식 하여 성과 평가함으로써 정부자산이 무상재(free goods)라는 인식을 없애는 등 자산관리의 효율화를 달성하는데 유용하다. 넷째, 사업별 원가정보 등에 의해 운영계획 및 예산편성을 위한 기초정보를 제공하는 가장 최상위 단계이다. 다섯째, 원가정보 사용자 중 의회나 시민단체, 언론 등에게, 주민들에게 가장 중요하며 원가발생에 직접 영향을 준 각 사업에 대한 원가정보와 관리운영비를 투명하게 공개하여 회계책임성 평가 개선과 투명성 개선 (이원희, 강인재, 2013)에 도움을 줄 수 있다.[4]

4 행정안전부(2013)는 원가계산의 필요성을 네 가지로 제시하고 있다. 첫째, 원가정보는 사업관리 및 모니터링, 사업계획 및 예산편성의 기초 정보를 제공하는 기능을 수행하기 때문에 필요하다. 둘째, 원가정보는 원가회수 정보 및 독립채산제 달성 여부에 대한 정보를 제공하기 때문에 필요하다. 셋째, 원가정보는 성과관리 및 관리방법 등의 개선에 원가정보가 필요하다. 넷째, 원가정보는 회계책임성 평가와 투명성 개선에 도움이 된다는 것이다.

Ⅲ 지방예산제도 관련 쟁점: 성과와 문제점

1. 지방예산제도의 변화과정 분석

1) 분류기준

제2장에서 살펴본 한국의 지방예산제도 관련 쟁점을 도출한 후 미래의 방향을 설정하기 위해서는 제도변화의 종합화 과정과 쟁점을 도출하기 위한 기준의 설정 그리고 쟁점 도출의 과정을 거쳐야 한다.

여기에서는 먼저 지방예산제도의 변화과정에 대한 종합화 시도를 하고자 한다. 지방예산제도를 종합화할 때에는 일정한 기준이 있어야 하는바 두 가지의 기준을 적용할 수 있을 것이다. 하나는 지방예산제도의 변화결과를 예산과정에 따라 분류하는 것이다. 예산과정은 학자에 따라 차이가 있기는 하나 종합하면 지방예산이 형성되어 기능을 완료하기까지의 전반적인 과정을 말하며 구체적으로는 지방예산의 편성, 심의·의결, 집행, 회계검사·결산으로 이루어진 단계적 순환적 과정을 말한다 (이희봉, 2011). 살펴본 것처럼 4단계의 과정을 거치나 이를 좀 더 넓게 유형화하면 예산편성·심의·의결, 예산집행 그리고 결산 및 회계검사라 구분할 수 있을 것이다. 여기에서도 3단계의 과정으로 분류하여 살펴보고자 하였다. 다른 하나는 지방예산제도의 도입시기와 한국 지방자치제의 역사를 연계하여 분류하는 것이 될 것이다. 지방자치제의 역사는 도입기, 성장기, 정착기 등으로 분류하는 방식도 있고, 민선지방자치제의 재실시 이전과 이후로 분류하는 방법도 있을 것이다. 여기에서는 지방자치제의 재실시 이전과 재실시 이후로 분류하는 방법을 취하였다. 특히, 지방자치제의 재실시 이후는 민선1기부터 민선7기까지 세부적으로 유형화하여 살펴보고자 하였다. 이러한 분류기준을 채택한 이유는 한국의 지방자치제 역사는 정부수립 이후부터 현재까지로 할 때 73년 정도의 기간이기 때문에 그리 짧지 않은 시간이라 볼 수 있으나 그에 비해 지방예산제도의 변화내용은 많지 않다는 점을 고려하였다.

2) 지방예산제도의 종합화 결과

(1) 지방예산과정에 의한 분류

지방예산제도를 예산과정에 따라 분류할 수 있다. 지방예산제도는 근본적인 변화와 그 이외의 변화로 구분할 수 있다. 근본적인 변화는 품목별예산제도(2008년 이전)에서 사업별예산제도(2008년)를 통해 성과예산제도(2016년)로 변화한 것을 의미하고, 그 이외의 변화는 지방예산편성기준 도입(2006년), 복식부기제도 도입(2007년), 주민참여예산제도 도입(2011년), 성인지예산제도 도입(2013년), 원가계산준칙 제정(2013년) 등이다.

근본적인 변화라고 분류한 품목별예산제도(2008년 이전), 사업별예산제도(2008년), 성과예산제도(2016년)는 예산편성, 예산집행 그리고 결산 및 회계검사의 전 예산과정에 영향을 미친다. 예산편성단계에서 예산을 품목별로 편성하면 품목별예산제도가 되고, 사업별로 편성하면 사업별예산제도 그리고 여기에 성과정보를 추가하면 성과예산제도가 되는 것이다. 예산이 편성되면 편성된 내역에 따라 예산이 집행되기 때문에 각 예산제도는 집행단계에도 영향을 미친다고 보아야 할 것이다. 그리고 결산 및 회계검사 단계에서도 해당 목적의 달성여부를 판단한다는 점에서 각 예산제도는 영향을 미친다고 보여진다.

반면, 지방예산편성기준 도입(2006년), 복식부기제도 도입(2007년), 주민참여예산제도 도입(2011년), 성인지예산제도 도입(2013년), 원가계산준칙 제정(2013년) 등은 주민참여예산제도를 제외할 때 지방예산과정 전반에 적용되는 것이 아니라 특정 단계에만 적용된다고 보아야 한다. 즉, 각 예산제도들은 특정 단계에서 특정 목적을 달성하기 위하여 도입하였다고 보아야 할 것이다.

구체적으로 살펴보면 지방예산편성기준(2006년)은 예산편성단계에 적용된다고 볼 수 있다. 지방예산편성기준은 지방예산편성지침을 폐지하고 새롭게 도입한 제도이다. 지방예산편성기준은 지방자치단체가 예산을 편성할 때 자율성을 가질 수 있도록 하기 위하여 도입한 제도이기 때문에 예산편성단계에 해당된다고 볼 수 있다.

복식부기제도(2007년)는 지방재정 운영성과와 재정상태의 변동내역을 일반회계원칙에 입각하여 기록·분류한 후 그 결과를 의회, 주민 등 이해관계자에게 재무정보를 제공하는 제도이다. 이러한 작업은 예산편성단계에서 이루어지는 것이 아니

〈표 10-3〉 주민참여예산제 관련 법조문 변화 내용

개정 이전	개정 이후
지방자치단체의 장은 대통령령으로 정하는 바에 따라 지방예산 편성 과정에 주민이 참여할 수 있는 절차를 마련하여 시행하여야 한다.	지방자치단체의 장은 대통령령으로 정하는 바에 따라 지방예산 편성 등 예산과정에 주민이 참여할 수 있는 제도를 마련하여 시행하여야 한다.

라 결산 및 회계검사의 단계에서 이루어진다.

주민참여예산제도(2011년)는 도입 후 2018년까지는 예산편성과정에만 적용되었으나 2018년 3월 27일 개정된 지방재정법(<표 10-3> 참조)에 따라 지방예산편성 등 예산과정에 주민이 참여할 수 있도록 하였기 때문에 예산편성, 집행 그리고 결산 및 회계검사의 전 과정에 참여할 수 있다.

성인지예산제도(2013년)는 예산을 편성할 때 예산이 남성과 여성에게 미치는 효과를 평가하고 그 결과를 예산편성에 반영하고 그 결과를 확인하기 위하여 도입한 제도라고 볼 수 있다. 구체적인 내용을 보면 예산이 여성과 남성에게 미치는 효과를 예산의 편성, 심의, 집행, 결산 과정에서 고려하여 국가재원이 효율적이고 성평등한 방식으로 사용될 수 있도록 예산의 배분구조와 준칙을 변화(한국여성정책연구원, 2007)시키는 것이기는 하나 예산편성단계와 당초 설정한 목표에 대한 달성정도에 집중되는 경향을 보인다고 볼 수 있다. 결국 성인지예산서는 예산편성단계와 결산 및 회계검사단계에 해당한다고 볼 수 있을 것이다.

원가계산준칙(2013년)은 지방자치단체가 수행하는 사업 등의 원가에 관한 정보를 집계·분류·요약하고 해석하는 세부사항과 작성방법을 정하여 지방자치단체가 재정운영보고서를 작성할 수 있도록 하기 위하여 도입한 제도이다. 원가계산과 관련된 주된 작업은 결산 및 회계검사에서 이루어지기 때문에 결산 및 회계검사단계로 분류하였다.

지방예산과정에 의하여 지방예산제도를 분류한 결과를 종합하면 [그림 10-2]와 같다. 유형화결과를 보면 한국의 지방예산제도들은 예산편성단계와 결산 및 회계검사단계, 특히 결산 및 회계검사단계에 집중되는 경향이 있다고 보여진다. 이는 성과의 강조필요성, 주민에 대한 정보공개의 필요성 등에 초점을 맞출 수밖

[그림 10-2] 지방예산과정에 의한 지방예산제도의 분류

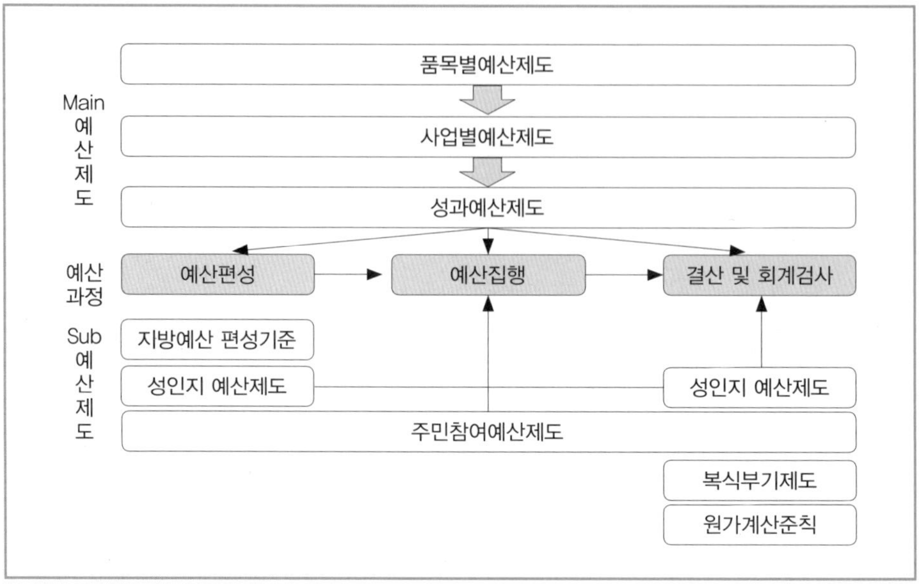

에 없었던 시대적 배경과 무관하지 않을 것이다.[5]

(2) 지방예산제도의 도입시기와 지방자치제의 역사에 의한 분류

앞에서 살펴본 다수의 지방예산제도를 각 제도의 도입시기와 지방자치제의 역사를 연계하여 분류할 수 있을 것이다.

품목별예산제도는 지방자치제의 재실시 이전부터 2008년까지 적용되었고, 그 이후 2008년에 사업별예산제도 그리고 2016년에 성과예산제도가 도입되었다. 즉, 품목별예산제도는 민선4기 중반에 도입된 사업별예산제도로 대체될 때까지 한국의 지방예산제도로서의 위상을 가지고 있었고, 사업별예산제도는 민선6기에 도입된 성과예산제도로 변경되었다.

지방자치제 재실시 초기에는 지방자치제의 도입목적을 달성하려면 지방자치단체가 자율성을 가지고 있어야 한다는 판단 하에 자율성 신장과 관련된 요구가 많았던 시기이다. 특히, 기구설치기준, 인력규모 그리고 재정에 대한 자율성 요구가 높았던 시기이다. 이러한 점을 반영하여 지방예산편성지침을 폐지하고 민선3기인

5 지방예산제도의 시대적 배경과 관련된 구체적인 내용은 다음에서 살펴볼 지방예산제도의 도입시기와 지방자치제의 역사에 의한 분류에서 다루고자 한다.

2006년에 지방예산편성기준을 마련하게 된 것이다. 지방자치제 재실시 이후 15년 동안 지속적으로 재정자율성을 요구하였고 그 결과 지방예산편성지침의 폐지라는 결실을 맺게 된 것이다. 민선4기에는 복식부기회계제도(2007년)가 도입되었고, 민선5기에는 주민참여예산제도(2011년), 성인지예산제도(2013년), 원가계산준칙(2013년) 등의 새로운 제도가 도입되었다.

살펴본 것처럼 지방예산제도는 민선4기와 민선5기에 집중되어 변화하게 된다. 민선4기와 5기에 다수의 지방예산제도에 대한 변화가 발생한 이유는 그 당시 한국의 정부변화와 대내외 경제환경과 무관하지 않다. 민선4기와 민선5기는 노무현 정부와 이명박 정부 그리고 박근혜 정부 시기이다. 노무현 정부는 2003년 2월 25일부터 2008년 2월 25일, 이명박 정부는 2008년 2월 25일부터 2013년 2월 25일, 박근혜 정부는 2013년 2월 25일부터 2017년 3월 10일까지이기 때문에 민선4기는 노무현 정부 후반부부터 이명박 정부 전반기까지이고 민선5기는 이명박 정부 후반부부터 박근혜 정부 전반부와 연계된다. 다만 제도의 도입이 준비기간 없이 만들어지는 것이 아니라는 점을 고려하면 노무현 정부부터 이명박 정부가 민선4기 및 민신5기와 연계되어 있다고 볼 수 있을 것이다.

각종 지방예산제도의 개선과 새로운 제도의 도입 배경을 살펴보기 위해서는 노무현정부와 이명박 정부 출범 시기의 경제적 환경을 살펴볼 필요가 있을 것이다. 노무현정부가 출범할 당시의 대외적 환경은 미국과 이라크의 전쟁 등의 영향으로 인하여 평균유가가 대폭 상승하였고, 북핵문제로 인해 국내외 투자자의 불안감이 고조되고 있었다. 또한 미국 등 선진국의 경기부진이 지속되고 있었고 사스의 발발로 인해 세계경제의 회복이 지연되고 있는 실정이었다. 대내적 환경은 2002년 말부터 국내경기가 둔화되고 경제전반의 불안도 확산되고 있었다. 경제심리가 위축되고 소비와 투자가 크게 부진하였으며, 급속한 가계대출 증가의 후유증으로 카드연체율이 높아지고 신용불량자도 지속적으로 증가하고 있는 실정이었다. 그리고 이명박정부가 출범할 시기인 2007년에는 미국의 서브프라임 모기지 부실사태에 의한 금융회사들의 연쇄파산이 있었고 이러한 현상은 2008년 9월 미국의 리먼브라더스가 문을 닫으면서 최고점에 달했다. 따라서 이명박 당시후보는 747(7% 경제성장, 국민소득 4만 달러, 세계7대 경제대국) 대선공약과 4대강 사업 및 일자리 300만개 창출 등 경제성장과 발전을 위한 약속이 국민들의 지지를 이끌어냈다. 따라서 지방재정 역시 재원배분이나 지방분권보다는 지역경제 활성화와 취업난 해결 등 경제난 해결에 초점을 두었다. 이런 경제개발과 성장위주의 정책기조는 정부가 경제위기 탈출을 공식적으로 밝힐 때 까지 지속되었으나, 2010년 그리스가 디폴트를 선언하면서, 이탈리아와 스페인 등 남유럽으로 계속 번지고 있어 또다시 세계경제에 먹구름이 드리우고 있었다 (손희준, 2012). 이러한 경제적 환경의 부정적인 측면들은 예산제도의 변화로 연계되었다고 볼 수 있다. 즉, 새로운 정부정책을 설계한 후 이를 집행하기 위해서는 재정투입에 따른 사업의 성과에 대한 정보가 필요하였다. 이러한 점 때문에 품목별예산제도를 사업별예산제도 그리고 성과예산제도로 변경하였고, 복식부기회계제도와 원가계산준칙 등의 제도를 도입하였다고 볼 수 있다. 노무현정부와 이명박정부에서 추진한 모든 계획이 성공하지는 못하였으나 지방자치단체의 자율성을 높이고, 주민들의 참여와 이를 위하여 필요한 각종 정보제공 등을 위한 제도의 도입과 개선을 위한 노력이 있었다고 판단할 수 있을 것이다.

지금까지의 논의를 종합하여 각 예산제도의 도입시기와 지방자치제의 역사를 연계하여 지방예산제도를 분류하면 [그림 10-3]과 같다. [그림 10-3]에 의하면

[그림 10-3] 도입시기와 지방자치제의 역사를 연계한 지방예산제도의 분류

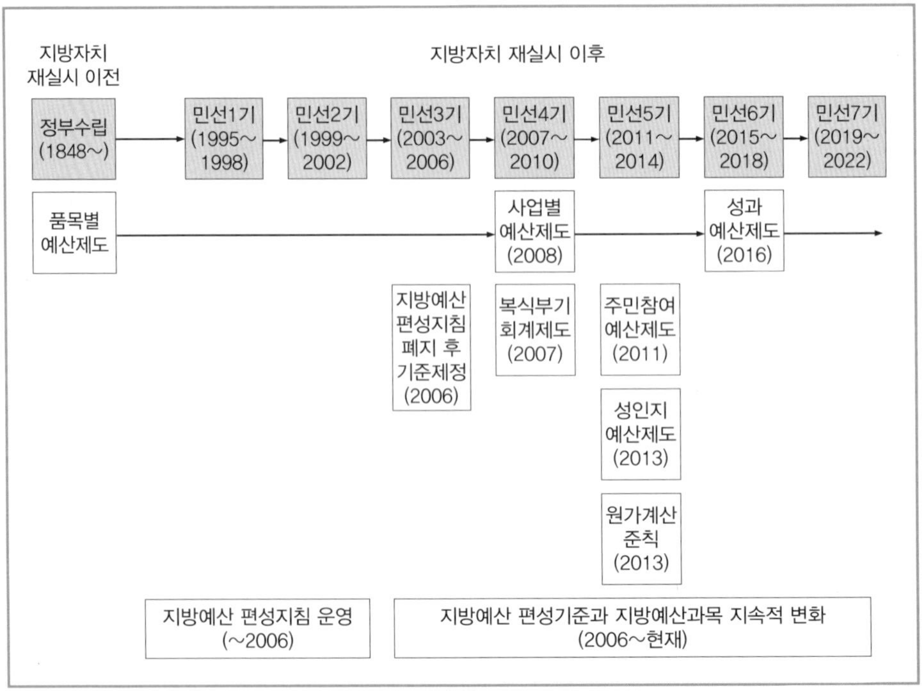

민선4기와 민선5기에 지방예산제도의 개선과 새로운 제도의 도입이 있었음을 알 수 있다.

2. 지방예산제도의 쟁점도출 기준

지금까지 지방예산제도의 변화내용을 일정한 기준에 의거하여 분류하였다. 다음으로는 지방예산제도에 문제점은 없는지를 파악할 필요가 있을 것이다. 이를 위해서는 쟁점도출을 위한 기준을 마련하여야 한다. 쟁점 도출을 위한 기준은 명확하게 정해져 있지는 않기 때문에 다양한 대안이 가능할 것이다. 양적인 분석을 통하여 쟁점을 도출하는 방식도 있고, 질적인 접근을 통하여 쟁점을 도출할 수도 있을 것이다. 어떤 방법이나 기준을 설정하여 쟁점을 도출한다고 하더라도 객관성을 확보할 필요성은 있을 것이다.

여기에서는 지방예산제도의 개선과 새로운 지방예산제도의 도입 후 해당 제도가 정착될 수 있도록 노력을 하였는지, 그리고 지방예산제도의 개선과 새로운 지방예산제도의 도입목적을 달성하였는지를 기준으로 설정하고자 한다. 해당 기준을 적용하려면 보다 더 구체적인 기준이 필요하기 때문에 여기에서는 다음과 같이 세분화하였다. 첫째, 제도의 구현을 위한 노력도를 세분화 하였다. 지방예산제도가 개선되거나 새롭게 도입된 지방예산제도가 구현되기 위해서는 기관 역량의 투입이 필요할 것이다. 이때의 기관 역량에는 기구, 인력, 법 제도 등이 포함된다. 따라서 각 제도 별 전담 기구, 전담 인력, 관련 법 제도의 정비 관련 노력을 살펴보았다. 둘째, 지방예산제도 도입의 목적 달성도를 세분화하였다. 지방예산제도를 개선 및 새로운 지방예산제도를 도입하였을 때에는 달성하고자 하는 지향 목표가 있다. 예를 들면 성인지예산은 여성과 남성이 동등하게 예산의 수혜를 받고 예산이 성차별을 개선하는 방향으로 집행되었는지를 평가하여 다음연도 예산편성에 반영하는 제도이기 때문에 성차별 개선 등과 같은 궁극적인 지향목표를 가진다. 이러한 점을 반영하여 각 제도가 지향하는 목표의 달성 정도를 살펴보았다([그림 10-4] 참조).

[그림 10-4] 지방예산제도의 쟁점도출을 위한 분석기준

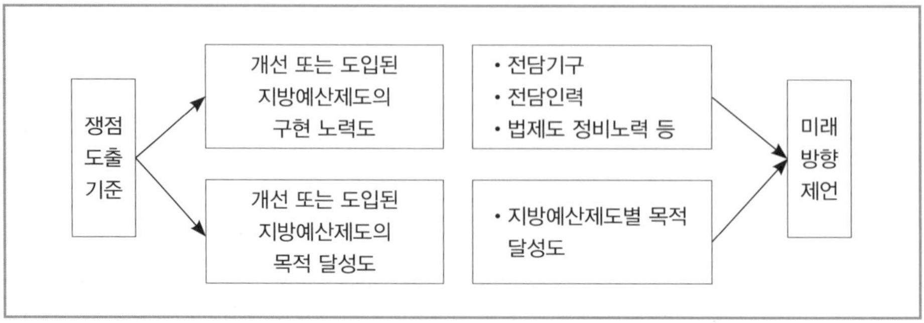

3. 지방예산제도의 쟁점들

1) 지방예산제도의 실현을 위한 노력도

(1) 전담기구와 전담인력의 확보 정도

지방예산제도가 정상적으로 작동되기 위해서는 전담기구와 인력 등 기반이 구축되어 있어야 한다. 따라서 지방예산제도 관련 전담기구와 인력 등에 대하여 논의하고자 한다. 예산제도인 품목별예산제도, 사업별예산제도, 성과예산제도 관련 기구는 광역자치단체의 경우 예산담당관실과 자치행정국의 회계과 등에서 담당하고 있고, 기초자치단체는 기획예산과 등에서 담당하고 있다. 이러한 점을 고려하면 전담기구와 전담인력은 존재한다고 볼 수 있다. 그 이외의 예산제도를 보면, 지방예산편성기준은 행정안전부에서 마련한 후 이를 지방자치단체의 예산부서로 하달하는 방식이기 때문에 전담부서와 인력은 존재한다고 볼 수 있다. 실제로 행정안전부가 하달한 지방예산편성기준에 의거하여 예산을 편성하고 있다. 성인지예산제도는 행정안전부가 여성가족부와 협의하여 성인지대상사업 등을 결정한 후 이를 지방자치단체로 시달하고 있다. 광역자치단체는 여성가족 관련 국, 기초자치단체는 여성가족 관련 과에서 성인지예산 관련 업무를 담당하고 있다. 다만, 성인지예산 관련 핵심요소인 성별영향분석은 시도 출연 공공기관 등에서 수행(예: 경기도 가족여성재단)하고 있다. 복식부기 회계제도, 원가계산준칙은 행정안전부에서 마련한 후 이를 지방자치단체 회계관련 부서로 시달하여 운영하고 있다. 복식부기회계제도와 원가계산준칙이 정상적으로 운영되기 위해서는 담당업

무를 수행하는 공무원의 높은 전문성이 요구되고 있기 때문에 담당공무원의 역량이 높아야 한다. 그러나 공무원은 2~3년을 주기로 인력을 순환배치하고 있기 때문에 높은 역량을 보유하는데 한계가 있 수밖에 없다. 주민참여예산제도 역시 행정안전부의 지침에 의하여 지방자치단체가 시행하고 있다. 지방자치단체의 담당부서는 광역자치단체와 기초자치단체 모두 예산담당부서이다.

이러한 점을 종합하면 해당 제도의 실현을 위한 기구와 인력은 있다고 보아야 할 것이다. 실제로 부서의 명칭은 지방자치단체별로 차이가 있을 수 있으나 모든 지방자치단체에는 해당 제도를 담당하고 있는 기구와 인력은 있다. 다만 해당 제도만을 수행하는 전담기구와 인력으로 간주하기에는 어려움이 있을 수 있다. 또한 순환보직제도에 의하여 2~3년을 주기로 순환배치되고 있다는 점을 고려하면 담당 공무원의 전문성 함양을 위한 지속적인 노력은 필요하다고 볼 수 있다.

(2) 법제도적 기반 구축 정도

다음으로는 관련 법 제도의 정비 노력을 살펴볼 필요가 있다. 지방예산제도 관련 법제도적 기반이 확보되어야 실제적으로 추진될 가능성이 커지기 때문이다. 지방예산제도의 도입을 위해서는 법적인 기반이 마련되어야 하는바 현재 개선되었거나 새롭게 도입된 지방예산제도는 모두 법적인 근거를 가지고 있다. 품목별 예산제도, 사업별예산제도, 성과예산제도는 지방재정법에 근거가 있다. 특히 성과예산제도는 지방재정법 제5조(성과중심의 지방재정운용)에 근거를 두고 있다.[6] 그리고 지방예산편성기준은 지방재정법 제38조 제2항,[7] 주민참여예산제도는 지방재정법 제39조,[8] 성인지예산제도는 지방재정법 제36조의2[9]에 근거를 두고 있고,

---

6 지방재정법 제5조 제1항은 "지방자치단체의 장은 재정활동의 성과관리체계를 구축하여야 한다". 제2항은 "지방자치단체의 장은 행정안전부령으로 정하는 바에 따라 예산의 성과계획서 및 성과보고서를 작성하여야 한다"고 되어 있다.

7 지방재정법 제38조 제2항은 "지방재정의 건전한 운용과 지방자치단체 간 재정운용의 균형을 확보하기 위하여 필요한 회계연도별 지방자치단체 예산편성기준은 행정안전부령으로 정한다"고 되어 있다.

8 지방재정법 제39조 제1항은 "지방자치단체의 장은 대통령령으로 정하는 바에 따라 지방예산 편성 등 예산과정에 주민이 참여할 수 있는 제도를 마련하여 시행하여야 한다"고 되어 있다.

9 지방재정법 제36조의 2 제1항은 "지방자치단체의 장은 예산이 여성과 남성에게 미칠 영향을

복식부기제도와 지방자치단체 원가계산준칙은 행정안전부 훈령인 지방자치단체 재무회계 운영규정 등에 근거를 두고 있다.

이와 같은 점을 종합하면 다음과 같은 쟁점을 도출할 수 있을 것이다. 첫째, 각각의 지방예산제도를 도입한 후 정상적으로 운영하기 위하여 필요한 전담기구와 인력요건은 일정 부분 충족하고 있다는 것을 알 수 있다. 물론 해당 지방예산제도를 전담하는 기구와 인력이라고 볼 수 있는지에 대해서는 의문이 있을 수 있으나 일단은 기구와 인력은 존재한다고 볼 수 있다. 다만, 시도의 공공기관에서 성별영향평가 등을 실시함으로써 부족한 전문성을 보완할 수 있는 성인지예산제도를 제외할 경우 여타의 지방예산제도들은 순환보직제 등으로 인해 전문성이 부족할 수 있을 것이다. 특히, 복식부기제도, 원가계산준칙 등의 경우 다른 지방예산제도와 비교할 때 보다 많은 전문성이 필요한바 문제해결노력이 있어야 할 것이다.

둘째, 지방예산제도를 도입하기 전에 관련 법령을 개정하는 등의 노력이 추진되었다는 것을 알 수 있다. 즉, 지방예산제도를 정상적으로 운영하기 위하여 필요한 법 제도의 정비 노력은 있었다고 볼 수 있을 것이다.

2) 지방예산제도의 도입목적 달성도

(1) 사업별예산제도와 성과예산제도

사업별예산제도는 정책, 단위사업, 세부사업을 중심으로 예산을 편성·배정·집행·평가함으로써 재정성과를 극대화하기 위한 예산제도이고, 성과예산제도는 지방예산의 효율적인 집행과 성과의 극대화 등을 위해 지방자치단체별 성과계획과 사업예산을 통합하였다. 결국 사업별예산제도와 성과예산제도의 도입목적은 추진하고 있는 사업이 일정수준의 성과를 창출하였는지를 살펴보고자 하는 목적이 있다.

사업별예산제도와 성과예산제도는 앞의 제도소개에서 살펴본 것처럼 성과창출 정도를 파악할 수 있도록 예산형식이 갖추어져 있다. 그러나 성과달성의 정도를 판단하기 위해서는 원가정보 등이 필요하나 이에 대한 기반구축 노력은 부족하다. 동시에 현재 지방자치단체에서 운영하고 있는 성과관리제도(또는 자체평가제도)와

미리 분석한 보고서를 작성하여야 한다"고 되어 있다.

의 연계성이 부족하다. 사업별예산제도와 성과예산제도는 예산부서, 자체평가제도는 평가부서에서 담당하고 있기 때문에 현재 상호 연계운영되고 있지 못하고 있다. 유사한 목적을 가지고 있는 제도가 연계되지 않은 채 분리 운영됨으로써 평가결과의 차이로 인한 혼란, 예산의 낭비와 비율성 등의 문제가 대두될 수 있을 것이다.

이러한 점을 고려하면 사업별예산제도와 성과예산제도의 도입목적 달성 정도는 높지 않다고 볼 수 있는바 원가정보에 기반한 성과지표 발굴 및 시행이 필요하다. 동시에 현재 모든 지방자치단체에서 운영하고 있는 성과관리제도(또는 자체평가제도)와의 연계성을 확보하기 위한 노력이 필요하다고 볼 수 있다.

(2) 지방예산편성기준

지방예산편성지침을 폐지하고 지방예산편성기준을 새롭게 도입한 이유는 지방재정운영의 자율성 강화를 위해서라고 볼 수 있다. 최소한의 기준만을 정하여 준수하도록 하고 여타 항목에 대해서는 자율적으로 예산을 편성 및 집행할 수 있도록 하겠다는 의미를 가지고 있다.

지방예산편성기준을 도입한 이후에는 기준경비를 제외한 나머지 경비의 경우 지방자치단체의 자율성을 일정 수준 보장하고 있기 때문에 상당한 수준의 자율성은 확보되었다고 평가할 수 있다.

다만, 세입자치를 존중하지 않는 현행 재정체계 하에서 세출자치를 일정 수준 인정한다고 하는 것이 자율성을 강화한 제도라고 볼 수 있는지는 의문이 된다. 즉, 형식적인 측면에서는 자율성이 신장되었다고 볼 수 있으나 좀 더 실질적으로 보면 세입적인 측면에서의 자율성은 신장되지 않았다고 판단할 수 있다.

이러한 문제의 해소를 위해서는 재정자립도 향상을 위한 국세의 지방세 이양, 지방세 과세자주권(조례주의 등) 확대, 지방채발행제도 개선 등 다양한 개선대안을 마련하여 추진할 필요가 있을 것이다.

(3) 복식부기회계제도, 원가계산준칙

복식부기회계제도와 원가계산준칙의 도입목적은 유사한 점이 있다. 복식부기제도는 지방자치단체의 재정상태와 재정운영 현황을 객관적으로 파악하며, 궁극적으로는 사업별 원가정보를 산출하고, 비용을 관리하도록 하여 사업 관리의 효율성을 기하는 계기를 마련하려는데 있다. 원가계산준칙은 사업예산과 성과평가, 결산정보 간의 핵심 연계고리인 원가정보를 객관적으로 산출하고자 하는데 목적이 있다. 복식부기제도와 원가계산준칙을 종합하면 성과관리를 위한 원가정보를 산출하고자 하는 목적을 가지고 있는 제도라고 볼 수 있을 것이다.

현재 복식부기제도와 원가계산준칙이 운영되고 있으나 실제로는 단위 원가를 산출하기 보다는 기관의 재무정보를 창출하는데 초점을 맞추고 있다고 볼 수 있다. 즉, 기관의 재무제표, 손익계산서 등을 산출하고 있다. 즉, 각각의 원가를 객관적으로 도출하는 데에는 한계가 있다. 이러한 점을 고려하면 복식부기회계제도와 지방자치단체 원가계산준칙의 도입목적을 달성하였다고 간주하기에는 어려움이 있다. 공무원들이 원가정보를 산출하는데 어려움을 가지는 이유는 다양하나 그 중에 하나는 담당공무원의 전문성과도 연계된다. 앞에서 살펴본 것처럼 현재 담당공무원은 2~3년을 주기로 순환배치되고 있기 때문에 전문성을 축적하는데 한계가 있다고 보아야 할 것이다. 이러한 문제를 해소하기 위해서는 원가정보를 산출할 수 있도록 좀 더 정교화 노력이 있어야 하고, 담당공무원의 전문성 함양 노력이 있어야 할 것이다.

(4) 주민참여예산제도

주민참여예산제도는 집행부가 독점하여 왔던 예산편성을 주민참여라는 형식을 통해 지역주민이 예산편성 과정에 참여할 수 있도록 하기 위하여 도입한 제도이다.

실제 운영과정을 보면 주민참여의 수준이 높지 않을 뿐만 아니라 주민참여예산 규모 역시 많지 않은 수준이다. 주민참여의 수준이 높지 않은 이유는 주민참여예산제도에 대한 홍보부족으로 인한 인지도 부족, 참여기제의 제한 문제 등도 존재한다. 주민참여예산제의 참여기제는 오프라인을 중심으로 설계되어 있기 때문에 온라인 참여를 희망하는 참여자의 참여가 제한된다고 볼 수 있을 것이다. 또한 경기도의 주민참여예산규모는 총예산에 비하여 매우 낮은 수준이다. 경기도의 2021년 예산(제4회 추경예산 기준)이 40조 1,558억원이고, 2021년 주민참여예산의 규모가 154억원이라는 점을 고려하면 주민참여예산의 규모가 매우 미미한 수준임을 알 수 있다.

주민참여예산제에 대한 높지 않은 인지도, 참여기제의 부족과 소규모의 주민참여예산의 규모로 인해 주민참여예산위원회, 시민단체 등 일부만이 참여 하는 형태로 제도가 운영되고 있는 실정이다.

(5) 성인지예산제도

성인지예산제도는 예산이 여성과 남성에게 미칠 영향을 미리 분석하여 이를 예산편성에 반영·집행하고, 여성과 남성이 동등하게 예산의 수혜를 받고 예산이 성차별을 개선하는 방향으로 집행되었는지를 평가하여 다음연도 예산편성에 반영하는 제도이다.

성인지예산서의 실제 운영절차를 보면 성인지예산서를 집행부가 작성한 후 이를 의회에 보고한다. 성인지예산서와 관련하여 중요한 요소 중 하나인 성별영향분석(평가)은 시도 공공기관에서 전담하고 있다.

이러한 점을 종합하면 성인지예산제도는 비교적 정상적으로 운영하고 있다고 볼 수 있다. 특히, 성인지예산의 성공요건 중 하나인 성별영향분석(평가)이 각 지역의 전문기관(공공기관)에 의하여 수행되고 있다는 점에서 목표의 달성정도가 높다고 판단 가능하다. 다만, 성인지예산사업에 대한 이력관리가 충실하게 이루어져 있지 않아 해당 사업의 장기적 관리에 장애가 있는바 이에 대한 개선대책이 마련되어야 할 것이다.

Ⅳ 결론: 미래를 위한 제언

지방예산제도에 대해 살펴보았고 이를 통해 해소되어야 할 쟁점을 도출할 수 있었다. 지방예산제도가 바람직한 모습으로 정착되기 위해서는 도출된 쟁점에 대한 해소대안이 마련되어야 할 것이다. 쟁점에 대한 해소대안은 두 가지 방향 하에서 마련될 수 있을 것이다. 하나는 각 제도별로 도출된 문제점을 해소하는 것이고 다른 하나는 연계협력의 방식을 적용하는 것이다. 즉, 유사제도와 지방예산제도 간 연계, 지방예산제도 간 연계 협력을 통하여 도출된 문제를 해소하는 것이 될 것이다.

먼저, 각 제도별로 도출된 쟁점에 대해 살펴볼 필요가 있다. 첫째, 사업별예산제도와 성과예산제도는 지방자치단체에서 시행하고 있는 자체평가제도와 연계 운영할 필요가 있을 것이다. 또한 추진 사업에 대한 원가정보를 창출할 수 있도록 복식부기회계제도, 원가계산 준칙과 연계 운영할 필요가 있다. 둘째, 지방예산편성기준은 지방자치단체의 자율성 제고에 초점이 맞추어져 있는바 세출자치 뿐만 아니라 세입자치를 인정할 수 있는 방향으로 제도개선노력이 있어야 할 것이다. 셋째, 복식부기, 원가계산준칙은 전담인력의 전문성 함양 노력을 추진하여야 하고, 원가정보를 생성할 수 있도록 지속적 노력이 필요하며, 전문기관을 신설 또는 지정하여 운영하는 방안도 강구되어야 할 것이다. 넷째, 주민참여예산제도는 오프라인 중심의 참여방식에서 온라인 참여기제 마련 후 주민들이 적극적으로 참여할 수 있도록 유도하는 방안을 마련하여야 할 것이다. 또한 다양한 그리고 다수의 홍보채널을 활용하여 인지도를 높일 필요가 있다. 다섯째, 성인지예산제도는 이력관리를 통하여 성인지예산사업에 대해 지속적으로 관리할 수 있도록 체계를 구축할 필요가 있을 것이다.

[그림 10-5] 바람직한 지방예산제도의 미래상을 위한 연계협력도

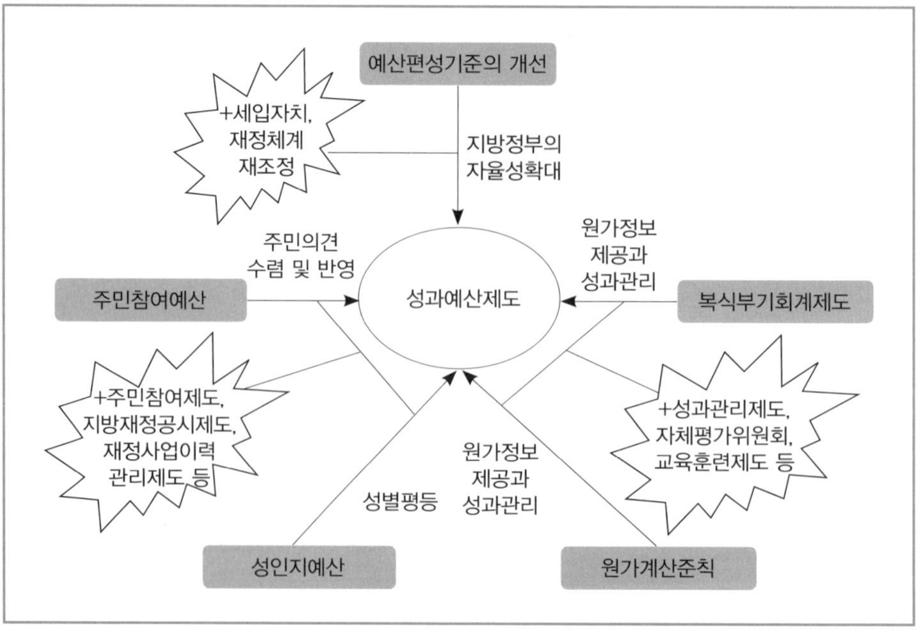

다음으로는 연계협력의 방식에서 지방예산제도의 미래모습을 살펴보는 것이 될 것이다. 지방예산제도의 개선은 단순하게 접근할 수 있는 문제가 아니라 지방자치단체에서 시행하고 있는 모든 제도와 연계 추진, 재정체계 개편 등과 동시에 추진될 필요가 있다는 것이다. 현재 지방예산제도의 개선과 새로운 제도의 도입이 독립적, 단편적으로 추진되었기 때문에 각 제도의 도입목적을 달성하는 것이 어려웠다고 보여진다. 미래에는 지방자치단체의 전체 운영 틀을 고려하면서 지방예산제도들을 연계할 수 있도록 노력할 필요가 있을 것이다. 이를 종합하면 [그림 10-5]와 같은 틀을 고려해 볼 수 있을 것이다.

제11장 정부간 협력

▶▶▶ 김수연·하동현

I 서론

대한민국이 출범하면서 지방자치는 통치구조의 주요 방식으로 채택되었다. 제헌헌법의 정신 속에 흡입, 안착되면서 지방자치라는 제도적 공간이 확보된 것이다. 그동안 일련의 정치 변혁을 통해 우여곡절은 있었지만 통치질서의 안정과 균형이 점차 구축되어 왔다. 특히 1995년 지방자치제가 완전히 부활하고 2020년 30년 만에 지방자치법이 개정되면서 지방자치는 새로운 전환기를 맞이하고 있다.

이 장에서는 한국에서 정부간 협력, 특히 지방 간 협력을 대상으로 제도변화의 경향성을 파악할 것을 목적으로 한다. 정부간 협력이란 지방의 자율성이 어느 정도 확보된 이후 발현될 수 있는 산물이라는 전제에서 접근한다. 중앙집권성이 강한 한국 지방자치는 중앙-지방의 관계를 기반으로 지방-지방 간 협력이 발생하는 태생적 구조를 바탕으로 하고 있다. 집권성은 중앙과 지방간 관계가 수직적이고 종속적으로 구축된 것이다. 예를 들어 국가 사무로 분류되는 행정의 제공서비스가 많으면 많을수록 '집권형'이라고 할 수 있다 (西尾, 2001: 81). 이런 경우 지방과 지방간 관계 역시 중앙의 지시에 의존적이다. 지방분권이란 이러한 다차원적 관계성이 새로운 접점에서 재구조화 된다는 것을 의미한다. 고도의 집권성이 완화되면서 지방의 책임성이 높아지고, 필요에 따라 지방과 지방간의 상호의존성이 더욱 높아진다. 이러한 조건 속에서 협력이나 분쟁의 가능성이 야기된다. 결국 중앙-지방의 관계 속에서 규정되는 자율적인 지방의 영역이 어느 정도 충족되어질 때 협력의 가능성은 커지고 외연이 확장될 수 있다. 정부간 협력은 그러한 제도적 변용의 결과, 즉 지방분권 상황의 소산이라고 할 수 있다.

Ⅱ 정부간 협력의 의의와 제도화

1. 정부간 협력 제도의 의의

한국에서 지방자치가 재가동되면서 지방정부[1]의 역할이 점차 확대되었다. 여기에는 지역 주민에 대한 행정서비스의 질적 개선만이 아니라 중앙정부와의 관계에서 지방정부의 기능 강화를 포함하고 있다. 지역 주민들의 행정수요에 대응하면서도 행정의 효율성을 제고하는 차원에서 광역행정의 필요성, 즉 상호 연대와 협력이 요청되고 있다는 의미이다 (김수연, 2020).

이러한 변화는 직접적으로는 사무 배분에서 나타난다. 광역행정 사무는 주로 국가에서 담당하고 있고 국가의 특별지방행정기관을 통해 수행해 왔다. 하지만 그러한 국가사무를 지방으로 이양하여 다수 지방정부가 공동으로 수행할 수 있도록 전환하는 기제가 구축되어야 한다. 사무 수행 주체의 변화에 따라 국가의 재정을 지방으로 이양하는 것이 필요하게 되었다. 지방정부 간 협력은 사무의 변화에 따른 연계 작용으로서 국가와 지방 간 재정배분에 있어서도 변화가 뒤따르게 되는 것이 원칙이다.

둘 이상의 지방정부가 상호 협력하여 공동으로 사업 또는 사무를 추진하겠다는 의지를 표방하고, 지방에서 협력을 통해 성공적으로 특정 사업 또는 사무의 추진이 이뤄질 경우 지속적인 분권화 요구의 중요한 근거가 될 수 있다 (김수연, 2020). 또한 지방정부 간 협력이 원활하게 이뤄질 경우에는 이해관계 있는 지방정부 간의 소모적인 경쟁으로 인한 갈등과 분쟁을 사전적으로 예방할 수 있고, 사후에 나타날 수 있는 갈등을 해결하는데도 유용하다 (김재선, 2018).

2. 지방정부간 협력의 제도화

한국에서 정부간 협력 제도는 크게 세 가지 방향에서 제도화되었다. 첫째, 개별

1 지방정부 상호 간의 협력제도를 종합적으로 검토하려는 이 장에서 기본적으로는 '지방정부'라는 용어를 사용하려고 한다. 다만, 헌법과 지방자치법에서 '지방자치단체'로 표현하고 있으므로, 법률 내용을 인용하여 언급하는 부분에서는 '지방자치단체'로 사용하기로 한다.

〈표 11-1〉 지방정부의 상호 협력제도

	운영목적	관련규정(21년 현재)
협력사업	지방자치단체는 다른 지방자치단체로부터 사무의 공동처리, 사무처리의 협의/조정/승인 또는 지원요청이 있는 경우 법령의 범위내에서 협력	지방자치법 제147조
사무위탁	지방자치단체 또는 그 장은 소관사무의 일부를 다른 지방자치단체 또는 그 장에게 위탁, 처리	지방자치법 제151조
행정협의회	지방자치단체는 2개 이상의 지방자치단체와 관련된 사무의 일부를 공동 처리	지방자치법 제152조 내지 제158조
지방자치단체 조합	2개 이상 지방자치단체가 하나 또는 둘 이상의 사무를 공동 처리	지방자치법 제159조 내지 제164조
지방자치단체장 등 협의체	지방자치단체장 또는 지방의회 의장은 상호간 교류와 협력증진, 공동의 문제를 협의하기 위해 전국적 협의체 설립	지방자치법 제165조

자료: 행정안전부, 2019: 7.

지방정부들 간의 협력방식 구성이다. 1988년 지방자치법 전부개정안에서 처음 등장하였다. 제8장에 지방자치단체 상호 간의 관계가 구성되면서 협력과 분쟁조정에 관한 조항들이 신설되었다. 개별 조로 2가지 방식이 규정되었고(제1절 제139조 협력사업, 제1절 제141조 사무위탁) 행정협의회(제2절 제142조~제148조)와 지방자치단체조합(제3절 제149조~제154조)은 별도의 절로써 구체화되었다. 조합의 경우 담당 사무를 명확히 하는 추가적인 법개정(89년 3월)이 있었다. 지방자치의 실시를 앞두고 지방정부 간의 협력방식을 제도적으로 마련했다는 것에 큰 의미가 있었다.

둘째, 분쟁해결의 방식이다. 중앙정부와 지방정부, 지방정부 간에 발생하는 분쟁을 조정하고자 고안되었다. 1988년 지방자치법 전부개정안에서 지방자치단체 상호간의 분쟁조정 조항(제140조)이 신설되면서 분쟁의 당사자에 따라 주무장관 혹은 시도지사가 조정을 하도록 하였다. 이후 체계적으로 대응하기 위하여 분쟁조정위원회로 재편되었다.

'지방자치단체 중앙분쟁조정위원회'는 시·도간 또는 시·도를 달리하는 시·군간의 분쟁을 조정하기 위하여 1994년 3월에 설치근거가 마련되었다. 정부 소속으로 2000년 4월에 제1기 중앙분쟁조정위원회가 출범하였다. 매립지 등 신규토지의

〈표 11-2〉 분쟁조정제도

	운영목적	관련 규정(21년 현재)
지방자치단체 중앙분쟁조정위원회	시도간 또는 시도를 달리하는 시군구간 분쟁 및 시도와 지방자치단체조합간 분쟁, 매립지 등 신규 토지의 귀속 지방자치단체 결정 등 심의, 의결	지방자치법 제4조, 제148조 내지 제150조
지방자치단체 지방분쟁조정위원회	동일 광역자치단체 내 기초자치단체간 분쟁 심의, 의결	지방자치법 제148조 내지 제150조
행정협의조정위원회	중앙행정기관의 장과 지방자치단체장이 사무를 처리함에 있어 의견을 달리하는 경우 협의, 조정	지방자치법 제168조

자료: 행정안전부(2019:57)

귀속 결정 관련 조정 기능이 추가되었다(09년 4월). '지방자치단체 지방분쟁조정위원회'는 동일한 시·도내의 기초 간에 분쟁이 발생할 경우 조정하는 기구이다. 시도 소속으로 설치되며 중앙분쟁조정위원회와 동일하게 1994년에 설치근거가 마련되었고 위원회가 운영되기 시작했다. '행정협의조정위원회'는 중앙과 지방 간의 분쟁을 조정하기 위해 99년 8월에 설치근거가 마련되었고 2000년 3월부터 시행되었다. 2년 임기의 '행정협의조정위원회'가 출범하여 현재 제11기를 맞이하고 있다.

셋째, 지방정부 간의 협의체 구성이다. 1999년 8월의 지방자치법 개정으로 지방자치단체장 등의 협의체를 출범시킬 수 있게 되었다. 광역의 지방자치단체장과 의회 의장, 기초의 지방자치단체장과 의회 의장들은 상호 교류와 협력, 공동의 문제에 풀어나가기 위하여 각각 전국적 차원의 연합체를 설립할 수 있도록 하였다. 2011년 7월에는 단순한 친목에 머무르지 않고 지방자치법 제·개정 등과 관련된 협의체의 구체적인 역할을 인정하는 '협의체의 의견제출권'을 인정하였다. 의견제출이 되면 중앙기관의 장은 검토결과를 2개월 내에 통보할 의무를 가진다.

Ⅲ 제도의 운영 실태와 변화

1. 정부간 협력의 운영실태

지역 간 밀접성이 증가하고 지역 생활권과 경제권과 불일치하면서 스스로만으로 대응하기 어려운 광역적 행정수요가 늘어나고 있다. 수평적인 협력과 사무의 공동처리 등 다양한 협력 논리가 활용된다. 한편 지방의 독자적인 행정이 실행되는 과정에서 갈등과 충돌도 잦아지고 있다. 지방의 독자의식이 강화되고 상호 경쟁이 치열해지면서 지방 간의 분쟁이 확대되는 것이다. 어떻게 해결할 것인가 자율성이 커질수록 분화로 인한 조화가 더욱 필요하게 되었다.

1) 협력제도

첫째, 협력사업이다. 현재의 지방자치법(제147조)에서는 지방자치단체가 다른 지방자치단체로부터 사무의 공동처리에 관한 요청이나 협의·조정·승인·지원의 요청을 받으면 법령의 테두리 안에서 협력해야 한다고 규정한다. 대체로 협력 대상 사무를 판단하여 상호 업무협의를 통해 진행방법과 절차, 부담금액 등을 논의하고 MOU 등 협약서를 체결하여 진행된다.

1995년에서 2015년까지 지방정부간 협력사업은 총 458건이 실시되었다. 매년의 등락은 있으나 평균적으로 매년 40여 건 정도이다. 주로 광역지방자치단체 간(269건) 혹은 기초지방자치단체 간(153건) 등 동일 행정 계층 간의 수평적인 사업이 가장 많은 비중을 차지했다. 지역 간 공동 관심사에 대한 연구용역, 박람회개최, 산업단지 조성 등의 형태로 추진되고 있고 경제성과 갈등예방의 측면에서 활성화된다는 평가이다 (행정안전부, 2015:294). 사업 분야도 행정기능(204건)과 지역개발(145건)에서 가장 빈번했고 폐기물처리(41건), 상수도 관리(38건) 등도 주요 대상이었다.

2019년 이루어진 협력사업을 보면 서울과 경북이 귀농희망 서울시민을 위한 맞춤형 지원 사업을 실시하였고 거제-통영-고성이 공동기업 유치를 통한 지역 일자리 창출 사업을 추진하기로 합의했다. 또한 진천-음성은 재활용선별시설을 광

〈표 11-3〉 분야별 협력사업 현황 (2015년 12월 31일 기준)

합계	상수도관리	하수처리	폐기물처리	지역개발	행정기능
458	38	30	41	145	204

자료: 행정안전부(2016)

〈표 11-4〉 단체별 협력사업 현황 (2015년 12월 31일 기준)

합계	광역-광역	광역-기초	기초-기초	지방-중앙
458	269	29	153	7

자료: 행정안전부(2016)

역시설로 추진하여 중복투자를 줄이기로 하였다. 앞으로 지역과 권역별로 지역특성화, 지역 산업 구축, 님비시설에의 공동 대응, 지역행사의 관광 활성화 등 다양한 방식이 협력사업 추진이 활발해질 것으로 보인다.

둘째, 사무위탁이다. 이는 지방자치단체가 예산의 중복을 피하고 효율적으로 업무를 수행하기 위하여 사무 일부를 다른 지방자치단체에 위탁하여 처리하도록 하는 것이다. 지방자치법(제151조 제1항)에도 명시되어 있는데 위탁하는 지방자치단체와 위탁받는 지방자치단체가 협의를 통해 위탁사무의 내용과 범위, 처리방법, 경비 부담 방법 등이 포함된 규약을 제정하고 홈페이지와 공보등에 고시하면서 실시된다.

1988년에서 2019년까지 사무위탁은 총 27건이 실시되었다. 주로 상하수 처리(13건), 쓰레기처리(6건)가 위탁되었고, 공동화장시설 건립 1건, 교육훈련 3건, 기타 4건 등도 일부 있었다(행정안전부, 2019). 1989년 남양주시가 왕숙천 유역의 하수를 구리시 하수처리장에 처리한 것을 최초의 지방자치단체 간 사무위탁이다. 2000년 의왕시가 과천시의 소각장에 가연성 쓰레기를 반입, 처리하도록 하면서 쓰레기처리 운반비를 절감하기도 하였다. 2017년에는 경북의 청송이 안동시 고용복지+센터에 주민의 맞춤형 복지상담 업무를 위탁하기도 하였다.

지금까지 사무위탁의 사례는 매우 저조하다고 볼 수 있다. 제도화 된지 30여 년이 흘렀지만 실제 빈도는 1년에 1건도 되지 못한 수준이다. 하지만 지방소멸 등으로 인구감소 지역에서의 행정기능과 관련된 사무위탁은 더욱 늘어날 것으로 보인

〈표 11-5〉 행정협의회 현황 (2019년 9월 기준)

구분	계	권역별		기능별
		광역권	기초권	
누계	92	9	29	54

자료: 행정안전부(2019)

다. 특히 사무위탁은 이를 활용하는 법적 규율이 비교적 용이하고 비용부담은 낮은 편으로 평가되면서 접근성 높은 협력방법이다.

셋째, 행정협의회이다. 행정협의회는 2개 이상의 지방자치단체에 관련된 사무 일부를 공동으로 처리하기 위하여 구성된다. 현재의 지방자치법(제152조 제1항)에도 규정되고 있고 주로 광역계획과 집행, 공공시설의 공동설치, 행정정보의 교환, 행정재정업무의 조정이 그 대상 업무였다. 조합과 비교할 때 협의회는 법인이 아니므로 상대적으로 의무감이 약한 협력방식이다. 지방자치단체 상호 간의 협의를 거쳐 규약을 제정한다. 규약에는 참여하는 지방자치단체, 처리 사무, 경비부담 방법, 대표선출 등의 내용이 포함된다. 각 지방의회가 이를 의결하고 공보에 고시하면 행정협의회는 운영에 들어간다.

2019년 9월 현재, 총 92개의 행정협의회가 운영되고 있다 (행정안전부, 2019:26). 권역별 협의회는 38개(광역권 9개, 기초권 29개), 기능별협의회는 54개로, 지역 단위보다는 특정 목적을 위한 협의회를 구성한 사례가 더 많다.

광역수준에서는 1989년에 결성된 '광주전남상생발전위원회'를 시초로, 2016년에 경북, 대전, 세종 등이 참여하는 '중부권정책협의회'가 결성되었고 2017년에는 울산, 포항, 경주가 참여하는 '동해남부권해오름동맹상생협의회' 등 광역권 행정협의회가 활동하고 있다. 기초수준에서는 2014년 무주, 진안, 장수가 참여하는 '무진장행복생활권협의회', 2018년 '거제-통영-고성행정협의회' 등이 있다. 기능별로는 2013년에 성북구 등 26개 기초지방자치단체로 구성된 '전국사회연대경제지방정부협의회', 2017년도에는 25개 기초지방자치단체가 참여하는 '한국인권도시행정협의회'등을 들 수 있다.

행정협의회는 그 자체가 실제의 당면과제를 해결한다기보다는 향후 자치단체 간 인식을 공유하고 상호 협력을 창출하기 위한 사전 포석을 두는 성격이 강하다고 할 수 있다.

넷째, 지방자치단체조합이다. 조합은 2개 이상의 지방자치단체가 하나 또는 둘 이상의 사무를 공동으로 처리할 필요가 있을 때 구성된다. 조합은 행정협의회와는 달리 법인격을 지닌 행정주체로 지방자치단체들이 구성원으로 참여한다. 조례 제정권은 보유하지 않지만 별도의 의사결정기관과 집행기관을 가지고 있어 실질적인 사무 처리에 유리하다. 88년에 도입되고 89년에 일부 개정된 이후, 제도 자체는 변화 없이 현재의 지방자치법에 규정되고 있다(제159조 제1항, 제2항).

조합은 구성원인 지방자치단체가 규약을 정하고 각각 지방의회의 의결을 거쳐 설립한다. 이때 시·도는 행정안전부장관, 시·군·구는 광역지방자치단체장의 승인이 필요하다. 역으로 조합을 해산할 때도 지방의회의 의결을 거쳐 관련 취득재산을 처분하고 해산 신청을 통한 등기가 이루어진다.

지방자치단체조합은 2019년 4월을 기준으로 총 7건이 운영되고 있다. 제도가 시행된 시일에 비해 활용도는 매우 떨어진다고 볼 수 있다. 2004년 1월에 부산 진해 경제자유구역청과 광양만권 경제자유구역청이 조합으로 처음 설립되었다. 경제자유구역 내 각 종 인허가사무와 외자유치가 대상 업무였다. 2008년 8월에 지리산 인근 7개 시·군이 관광개발사업을 공동으로 추진하고자 지리산권 관광개발 조합이 출범하였다. 2018년에는 강원 남부권 관광개발 조합(태백, 횡성, 영월, 평창, 정선)이 시작되었다. 역으로 조합이 다른 사업자로 전환하거나 해산되는 경우도 있다. 2005년 2월부터 수도권 교통본부(서울, 인천, 경기도)가 운영되기 시작했으나 2019년 4월에 조합이 해산되었다. '대도시관광역교통위원회'가 2019년 3월에 출발했기 때문이다. '부산김해경량전철조합'(11년 12월)과 '황해경제자유구역청'(14년 12월)도 해산되었다. 2003년 1월에 구성된 자치정보화조합은 08년 2월에 한국지

〈표 11-6〉 협력제도의 운영현황

협력제도	활용
협력사업	총 458건(1995년~2015년)
사무위탁	총 27건(2000년 4월~2019년 9월)
행정협의회	총 92건 (1988년 5월~2019년 9월)
지방자치단체조합	총 7건(1988년 5월~2019년 4월)

역정보개발원으로 전환되었다.

2) 분쟁해결제도

첫째, 중앙분쟁조정위원회이다. 시·도간 또는 시·도를 달리하는 시군간 분쟁이 발생할 경우, 이를 심의 조정하는 기구이다.

분쟁조정제도는 1988년에 도입되었으나 내무부장관이 직접 조정하였다. 1994년에 위원회의 설치 근거가 마련되면서 중앙분쟁조정위원회와 지방분쟁조정위원회가 설치할 수 있게 되었다. 이후 위원회의 기능이 강화되었는데, 1999년에는 민간위원을 위촉하고 필요하다면 직권조정을 할 수 있도록 하였고, 2009년에는 매립지 등 신규토지 관할권을 결정할 수 있도록 하였다. 2000년 4월 제1기가 출범하였고 2021년 10월 현재, 제7기에 이르고 있다. 위원회는 임기 3년으로 당연직 5명과 위촉위원을 포함하여 총 11명으로 구성된다.

2000년 4월 이후부터 2019년 8월까지(제6기) 중앙분쟁조정위원회가 협의·조정한 사례들은 총 293건을 처리하였다(행정안전부, 2019). 이 중 분쟁조정은 총 24건이었다. 조정 8건, 기각 1건, 각하 2건, 취하 4건으로 결정되었다.

첫 조정사례는 평택시가 충남 당진군을 대상으로 신청한 사례이다. 당진군이 준공된 항만시설을 독자적으로 등록하자 2000년 3월 평택시가 이의를 제기하였고 2001년 1월에 분쟁조정 신청이 각하되면서 당진군 관할권으로 확인되었다. 최근 사례로는 까치울터널 유지관리기관의 결정 분쟁이다. 부천시가 사업시행 관리자임을 주장하였고 반대 입장인 서울시를 상대로 2018년 4월에 조정신청을 하였다. 2019년 4월에 위원회는 각하 결정을 내렸다. 한편 분쟁 이외에 신규토지의 관할을 결정한 사례는 총 269건(2019년 9월기준)이다. 2009년 8월 울산 울주군의 온산읍 원산리 앞바다 매립지를 시작으로 하여 공유수면 등을 귀속 결정을 내렸다.

둘째, 지방분쟁조정위원회이다. 동일 시·도(광역지방자치단체) 내의 기초지방자치단체 간에 분쟁이 발생할 경우, 동 위원회가 조정에 들어간다. 제도의 도입과 기능 강화는 중앙분쟁조정위원회와 동일하다. 위원회는 시·도 소속으로 조례로 정하는 당연직 5명(지방자치단체 소속 공무원)과 위촉위원을 포함하여 총 11명으로 구성된다. 구성과 운영 등 필요 사항은 시·도의 조례로 정한다.

제도도입 이후 2019년 9월 기준으로 지방분쟁조정위원회가 조정 결정한 사례들

〈표 11-7〉 분쟁제도의 활용〉

조정자	활용
지방자치단체 중앙분쟁조정위원회	총 293건(2000년 4월~2019년 9월)
지방자치단체 지방분쟁조정위원회	총 9건(2000년 4월~2019년 9월)
행정협의 조정위원회	총 18건 (2000년 5월~2019년 9월)

은 총 9건이다. 구체적으로는 조정 5건, 기각 2건, 각하 1건, 취하 1건이었다. 경기도가 5건으로 가장 많으며, 1건도 발생하지 않는 시·도가 대부분이다. 진주시와 사천시가 광역쓰레기 매립장을 둘러싼 분쟁이 첫 사례이며 2001년 1월 조정이 이루어졌다.

셋째, 행정협의조정위원회이다. 1999년 8월에 지방자치법에 설치근거가 마련된 2000년 5월에 제1기 위원회가 출범하였다. 2021년 10월 현재, 제11기에 이르고 있다. 현 지방자치법에도 근거규정이 유지되고 있다(지방자치법 제168조). 임기 2년의 위촉직 4명, 당연직 5명, 지명직 2~4명의 위원장 포함 13명 이내로 구성된다. 위원회의 구성사항을 시행령에서 법률로 상향시켰다.

2019년 9월 기준으로 동 위원회가 협의·조정한 사례들은 총 18건이다. 조정 9건, 각하 2건, 종결 1건, 취하 6건으로 결론지어졌다. 1년에 1건 정도의 빈도이다. 첫 사례는 군산 개야도 어촌계의 어업권 연장 손실 보상건으로 전북 군산시가 손실보상금을 당시 건설교통부에 청구하였으나 건설교통부가 거부하면서 시작되었다. 군산시는 2000년 11월에 위원회에 신청하였고 2001년 11월에 보상 금액의 범위에서 도로 포장사업을 지원하는 조정안이 제시되었다. 최근은 세종시와 행정중심복합도시건설청(이하, 행복청) 간의 사례이다. 세종시는 국가 기반시설 설치의 주체가 행복청이라는 입장에서 상환을 요청하였다. 2014년 12월 조정을 통해 상환주체는 행복청이 아니라 세종시가 수도사업자로서 설치비용을 부담하도록 하였다.

3) 단체장 등의 협의체 활동

협의체는 지방자치단체의 장 또는 지방의회의 의장을 구성원으로 하여 상호 간의 교류와 협력을 증진하고 공동의 문제를 협의하기 위하여 구성된다(지방자치법

제165조 제1항). 지방자치단체장과 지방의회가 각각 계층별로 대한민국시·도지사협의회, 대한민국시·도의회의장협의회, 전국시장·군수·구청장 협의회, 전국시·군·자치구의회의장협의회의 4대 협의체가 운영되고 있다. 또한 각 협의체는 필요에 따라 모두가 참여하는 연합체를 만들 수 있다(지방자치법 제165조 제2항)

이전에는 동일한 계층의 지방자치단체장이나 지방의회 간의 개별적 이익을 중앙정부에 건의하는 수준이었으나 지방분권이 논의되고 몇 가지 권한이 부여되면서 역할이 강화되고 있다. 대표적인 것으로 지방자치법 제165조(전부개정 지방자치법 제182조)에 의하면 협의체는 지방자치에 직접적인 영향을 미치는 법령 등에 관하여 주무 장관을 거쳐 의견을 제시하며 정부는 그 결과를 통보를 해야 한다. 참고로 지난 2005년부터 2020년까지 시도지사협의회가 제출한 대정부 과제는 총 496개로, 수용률은 일부수용을 포함하여 약 43%에 불과하다 (대한민국시도지사협의회, 2021).

또한 국회에도 서면으로 의견을 제출할 수 있다. 국회에 계류된 법률안에 대한 의견을 제출할 수 있으나, 실제로 제출한 의견이 국회에서 제대로 검토되는지 여부는 불확실하고, 제출된 의견이 반영되는 사례도 상당히 미약하다.

한편, 중앙과 지방의 대표자들이 지방관련 정책을 논의하는 자리로 설계된 중앙지방협력회의(이른바, 제2국무회의)도 기본적으로는 협의체 내지 협의체의 대표를 기본 파트너로 보고 있다 (김수연, 2016).

따라서 이러한 제도들은 실효성을 높이기 위해 제도적 개선이 필요하지만, 일본의 '국가와 지방의 협의의 장'사례와 같이, 지방분권개혁의 논의과정에서 주요한 역할을 할 것으로 예상된다.

2. 정부간 협력 제도의 변화양상

협력제도 변화의 특징은 크게 두 가지로 나누어 볼 수 있다.

첫째는 제도의 표류이다. 헌법 속에 지방자치가 다시 회귀하면서 1988년 지방자치법에 정부간 협력제도가 도입되었다. 실질적인 제도의 구동은 1995년 민선이 시작된 1995년 이후부터라고 볼 수 있다. 각 지자체들은 제한된 권한이지만 주민들에게 적합한 행정서비스를 제공하고자 다양한 노력을 기울여 왔다. 그러한 과정에서 지방자치법 상의 협력제도들이 활용되었다. 대립과 충돌이 발생할 때에는 중재 제도를 통한 해결도 모색되어 왔다. 하지만, 제도활용의 면에서 보면 제도의 형해화라고 할 수 있을 정도로 실적은 미비하다. 협력제도에서는 협력사업만이 비교적 활성화되었고 사무위탁이나 조합은 거의 활용되지 못했다. 분쟁제도에서도 중앙분쟁조정위원회만이 상대적으로 활발한 것으로 보이나 그 대부분은 관할권 결정 사안이었다. 이는 정부간 협력의 전제조건인 권한 사무 등의 지방의 자율성이 아직 충분히 확보되지 않은 상황에서 지방정부간 협력은 요원하다는 것을 입증한다. 제도는 도입되었지만 조건이 구비되지 않아 효과나 영향력이 약한 '제도적 표류'로 볼 수 있다.

둘째는 2020년 개정된 지방자치법으로 통한 제도변화이다. 2000년 이후 지방분권은 대다수의 정권에서 주요 과제로 추진되어 왔는데, 특히 노무현 정부, 문재인 정부에서 우선순위가 높이 설정되었다. 주로 중앙-지방관계를 재설정을 통해, 권한과 재원 면에서의 지방의 자율적 범위를 확대하는 시도를 해 왔고, 지방자치법 전부개정안도 그 성과의 일부이다. 정부간 협력제도의 일환으로, 특별지방자치단체를 실제로 운용할 수 있도록 제도가 정비되었다. 연계협약 등 절차적으로 용이하면서도 책임성을 확보하는 제도도 마련되고 있다. 부산·울산·경남의 초광역경제권, 광주·전남의 행정통합 등 특별지방자치단체를 추진하는 권역들이 증가하고 있다. 정부 역시 이를 지원해 나가겠다는 입장이다. 지방의 자율성이 제도와 운용 면에서 어느 정도 확보되고 숙성되면서 지방의 시선으로 협력을 위해 주민복리를 달성하려는 지방의 시도가 점차 증가할 것이며 이를 위한 제도적 보완들이 이루어지고 있다고 할 수 있다.

Ⅳ 결론: 전부개정 지방자치법과 협력제도의 진화

정부간 협력 제도의 시기별 제도변화를 요약하면 다음과 같이 정리할 수 있다.

지방자치법 전부개정으로 지방정부 간 협력에서도 한걸음 진화한 단계로 들어서게 되었는바, 다양한 협력 제도가 얼마나 활용되어 활성화될지 여부와 함께, 보

〈표 11-8〉 한국 정부간 협력의 제도변화

시기 구분	헌법	지방자치법	정부간 협력의 제도변화	
제도 원형구축기	제헌헌법	지방자치법의 제정	제도 미도입	
제도 단절기	5·16 조치, 유신헌법, 제5공화국: 지방자치 유보조항	국가동원형 지방행정체제	제도 미도입	
제도 부활기	제9차헌법개정	1988년 지방자치법	협력제도의 도입	자치의 부활과 제도적 필요성 증대
				제한된 지방자율성으로 인한 협력발생의 부재: 제도의 표류
도약기	현행 헌법의 유지? 또는 제10차 헌법개정?	2021년 지방자치법	협력제도의 진화	다양한 단위의 협력제도의 등장. 앞으로의 활용가능성?

다 큰 틀에서 헌법개정을 통해 지방자치제도가 한 단계 더 도약하게 될지 여부는 지켜볼 일이다.

끝으로 2022년부터 발효될 지방자치법 전부개정안 가운데 정부 간 협력에 관해 향후 주목할 부분들을 검토하면서 종결짓는다. 지방 간의 협력이 더욱 활성화 될 수 있는 보완적 제도라고 할 수 있다.

첫째, 지방의 자율적 협의에 의한 결과를 존중하는 방향이다. 매립지 관할 결정이나 관할 구역 경계변경의 경우, 지방의 자율적 협의 내지 합의를 우선적으로 진행하도록 유도하고, 합의에 성공한 경우에는 중앙정부의 개입을 최소화하여 절차를 간소화하였다는 점이다. 이는 근본적으로 지방의 자치권을 확대한 것으로 해석하기는 무리가 있지만, 지방의 자율적 합의에 일정한 법적 효과를 부여한 점에서 의의가 있다.

둘째 특별지방자치단체의 도입이다. 그동안 특별지방자치단체는 일반 혹은 보통지방자치단체와 대비되는 개념으로, 현행 지방자치법에서도 규정하고 있으나, 설치·운영에 관하여 필요한 사항을 대통령령으로 정한 바가 없었다. 따라서 실제 운영되지는 못했다. 하지만 이번 개정안에 구체적으로 규정(제12장 제199조~제211

〈표 11-9〉 지방자치법 전부개정안과 정부간 협력

분야	현행	개정
중앙지방 협력회의 (제186조)	- 규정없음 ※ 대통령-시도지사 간담회 운영	- '중앙지방협력회의' 신설(별도법 제정)
국가-지방 간 협력 (제164조)	- 규정없음	- 균형적 공공서비스 제공, 균형발전 등을 위한 국가-자치단체, 자치단체간 협력의무 신설
자치단체 사무에 대한 지도·지원 (제184조)	- 중앙행정기관의 장이나 시·도지사는 관할 지방자치단체의 사무에 대한 조언·권고·지도 가능	- 중앙행정기관의 장이나 시·도지사의 조언·권고·지도에 대한 단체장의 의견제출권 신설
매립지 관할 결정 절차 개선 (제5조)	- 매립지 관할 관련 이견이 없는 경우에도 중분위 절차를 거쳐 결정	- 분쟁 없는 경우 별도 심의의결 절차 생략 등 결정 가능
경계조정 절차 신설 (제6조)	- 규정없음	- 자치단체 간 자율협의체를 통해 경계조정 협의 추진 - 미해결시 중분위 심의를 거쳐 조정 가능
행정협의회 활성화 (제169조)	- 설립시 지방의회의 의결 필요 - 자치단체 간 협력에 대한 지원근거 없음	- 설립시 지방의회에 보고로 간소화 - 관계 중앙행정기관의 장은 협력활성화를 위해 필요한 지원 가능
특별지방자치단체 (제12장)	- 세부사항 미규정 ※ 현행 법 제2조제3·4항에 특별지방자치단체의 설치·운영에 관하여 필요한 사항은 대통령령으로 정하도록 규정(대통령령 미규정)	- 2개 이상의 자치단체가 공동으로 광역사무 처리를 위해 필요시특별지방자치단체 설치·운영 근거 규정

자료: 행정안전부 보도자료(2020. 12. 9.)

조)되면서 앞으로 제도를 본격 운용할 수 있게 되었다. 여기에는 두 가지의 제도적 특징이 발견된다. 먼저 조합과 활용이 구분되는 제도라는 점이다. 특별지방자치단체는 넓은 의미의 '조합'의 유형으로, 지방자치법 체계상으로는 조합과 구별되는 특수한 형태의 지방자치단체 연합 내지 협력체의 유형으로도 볼 수 있다. 전부개정 지방자치법에서는 조합 관련 규정을 특별지방자치단체에 적용하는 것을 배제하고 있다. 따라서 양자를 구별하여 운용하겠다는 입법 취지가 있는 것으로 해석된다. 두 번째는 특별지방자치단체는 협력제도의 일환이라는 점이다. 특별지방자치단체의 규정이 '제8장 지방자치단체 상호 간의 관계'에서 포함되지 않고 제12장에서 별도로 제시되어 있다. 체계상 지방정부의 협력제도와 별개로 볼 수 있다는 해석도 있을 수 있으나, 2개 이상의 지방자치단체가 특정 목적을 달성하기 위하여 규약을 정하고 구성하는 것이므로, 지방정부 간 협력제도의 일환으로 보는 것이 타당하다고 할 것이다 (김수연, 2020).[2]

이상 지방정부간 협력제도를 지방자치법의 변화와 실체적 활용사례를 중심으로 살펴보았다. 과거 지방자치가 민주주의적 관점에서 가치가 인정되었다면, 이제는 실효적인 관점에서 그 중요성이 부각되고 있고, 정부간 협력도 그 바탕에서 자치와 분권을 강화하는 방향으로 발전해 왔다. 실질적으로 32년만의 전부개정으로 일컬어지는 지방자치법 전부개정에 따라, 지방의 자율적 합의를 존중하여 지방에 우선적 결정권을 부여하는 방향으로의 발전과 '특별지방자치단체'라는 새로운 유형의 지방정부 간 협력제도의 활성화를 통해 한국 지방자치의 획기적인 도약을 기대해 본다.

---

2 특별지방자치단체의 의의에도 불구하고, 제도적으로는 다음과 같은 한계가 있다. 첫째, 특별지방자치단체의 설치부터 해산까지 행안부 장관의 승인을 얻도록 하는 규정 체계는 자율성을 바탕으로 출발하는 특별지방자치단체의 도입 취지에 부합한다고 보기 어렵다. 둘째, 전부개정 지방자치법에서 국가사무 또는 시·도사무의 위임에 관한 규정만 있을 뿐, 사무의 이양에 관한 내용이 없는 것은 특별지방자치단체 구성의 활성화에 한계가 될 것으로 본다. 셋째, 나아가 특별지방자치단체를 설치하기 위하여 국가 또는 시·도 사무의 위임이 필요할 때에는 구성 지방자치단체의 장이 관계 중앙행정기관의 장 또는 시·도지사에게 그 사무의 위임을 요청할 수 있다는 규정만 있을 뿐, 그 요청이 있을 때 중앙행정기관의 장 또는 시·도지사가 그 위임의 요청에 대하여 의무적으로 따라야 하는지, 또는 검토 등의 절차를 어떤 방식으로 진행하여야 하는지 등에 관해서는 전혀 규정이 없다. 특별지방자치단체의 설치가 활성화되기 위해서는 이를 통해 지방의 자치권이 확대될 수 있는 방향으로 제도가 설계되어야 지방 입장에서 긍정적이고, 적극적으로 활용할 수 있을 것이라는 기대가 가능할 것이다(대한민국시도지사협의회, 2021).

제 3 부

지역발전 정책

제12장 지역공동체발전 정책

▶▶▶ 곽 현 근

I 서론

지방자치와 지역공동체(local community)와의 관계는 다양한 관점에서 접근할 수 있다. 지방자치를 지방정부의 제도화 관점에서 바라볼 때, 지역공동체는 지방정부의 민주적 정당성을 부여하는 주체이면서 지방정부의 정책과 서비스의 대상으로서의 성격을 갖는다. 결과적으로 지방자치의 맥락에서 '지역공동체발전 정책(local community development policy)'의 개념을 적용할 때, 해당 정책이 지방정부 주인으로서 지역공동체의 역할을 강화하기 위한 것인지 아니면 지역공동체를 정책대상으로 바라보고 다양한 분야의 정책을 통해 해당 지역공동체의 삶의 질을 향상시키기 위한 것인가에 대한 구분이 요구된다.

후자의 관점에서 접근할 때, 중앙정부와 지방정부의 모든 정책 결정과 집행이 지역공동체발전 정책으로 해석될 수 있다. 지방자치와 연관된 다양한 정책분야의 성과는 이미 다른 장에서 다루어지기 때문에 특별히 지역공동체발전 정책의 주제를 분리할 필요성이 사라지게 된다. 반면, 적극적 시민성을 갖춘 주민의 집합체로서 지역공동체를 지방정부의 주인으로 바라보고, 지방정부의 민주성을 강화하는 시각에서 지역공동체발전 정책을 접근하게 될 때 좀 더 풍요로운 논의가 가능해질 수 있다.

이 글은 성숙한 지방자치를 위해서는 지방정부의 민주성이 강화될 필요가 있고, 그러한 민주성강화를 위한 중요한 전략이 지역공동체발전 정책과 맞물려 있다는 전제에서 출발한다. 대한민국의 지방자치제도의 역사에서 지방정부의 민주성강화를 위한 의식적이고 공식적인 지역공동체발전 정책의 역사는 그리 오래되지 않았다는 것이 확인된다. 더욱이 지방자치제도의 맥락에서 지역공동체발전 정책의 정체성이 명확히 수립되지 못함으로써 여전히 해당 정책에 관한 혼란스러운 담론과 비효율적인 제도화가 진행되고 있다. 이러한 맥락에서 본 연구는 지방자치의 민주성 원리의 토대가 되는 풀뿌리민주주의(grassroot democracy)와의 이론적 연계를 통해 지역공동체발전 정책의 의미를 재해석하고, 대한민국의 지역공동체발전 정책의 진화과정을 진단한 후, 향후 지역공동체 정책의 발전방안을 제시해 보고자 한다.

Ⅱ 지역공동체발전 정책과 풀뿌리민주주의

1. 지역공동체의 개념

지역공동체란 학술적으로 '일정한 지역에 살면서 자신이 살고 있는 지역과 이웃 주민들에 대해 사회적·심리적 유대를 가진 사람들'을 의미한다 (Mattessich & Monsey, 1997). 지역공동체의 '지역'(local)은 일상적으로 생생한 경험을 할 수 있는 규모의 장소를 뜻한다. 개념에 내포된 친근한 장소의 의미를 고려할 때, 지역의 공간단위는 인접한 주거지를 중심으로 지역주민들이 대면적인 일련의 상호작용에 관여하는 '마을' 또는 '동네'로부터 출발한다(Davies and Herbert, 1993). 한편, 지역공동체는 일정한 지리적 공간 또는 장소에 기반을 두고 있다는 측면에서 장소와는 무관하게 공동의 관심사나 배경을 매개로 하는 다른 공동체 유형과는 차별화된다. 결과적으로 지역공동체는 다른 유형의 공동체와 마찬가지로 사회적 상호작용(social interactions), 공동의 유대(common ties) 같은 사회적 속성이 강조되는 반면, 구성원이 모여 사는 지역경계성(territory)이 강조된다는 점에서 차별성을 갖는다.[1]

지역공동체를 마을의 관점에서 접근할 때, 마을의 규모를 규정하는 방식과 규

1 지역공동체를 일반적인 공동체로부터 구분하기 위해 공동체 앞에 지역(local)이라는 수식어를 붙이는 경우도 있지만 통상적으로 많은 영어 문헌들은 지역공동체를 단순히 공동체(community)로 표기하는 경향이 강하다. 이 글에서는 지역공동체 개념을 일관되게 사용하되 지역공동체의 영어표기는 community를 사용하기로 한다.

모 간의 관계에 주목할 필요가 있다 (Suttles, 1972; Hunter, 2008; Somerville, 2011). 하나의 마을은 더 큰 사회적 규모의 공간구조에 배태되어 있기 때문에 서로 다른 마을규모 각각의 차별화된 사회적 과정뿐만 아니라 다양한 마을규모 사이의 수직적 상호작용을 이해하기 위한 '다중규모'(multiscalarity) 관점의 접근이 요구된다. 한국의 맥락에서 지역공동체발전 정책을 위한 마을규모는 마을공동체 사업의 통상적인 단위가 되는 읍면동보다 작은 규모의 마을로부터 지방정부의 최하위 행정조직과 지역공동체와의 공식적인 상호작용이 가능한 읍면동 규모를 구분해서 접근할 수 있다 (곽현근, 2015, 2017).

2. 지역공동체발전 정책의 개념과 접근방식

1) 지역공동체발전 정책의 개념

지역공동체발전(community development)의 개념에 대한 합의된 정의는 존재하지 않는다. 지역공동체발전은 "지역공동체가 그 자신의 사회적, 경제적, 그리고 환경적 상황을 향상시키는데 목적을 둔 과정에 스스로 관여하는 것" 또는 "공동체구성원들의 집합적 행동을 취하기 위해 함께 모여서 공동의 문제에 대한 해결책을 생성하는 과정"을 의미한다 (Cavaye, 1999: 1). 마타리타 카스칸테와 브레난(Matarrita-Cascante & Brennan, 2012: 297)은 공동체발전을 "사람들로 하여금 자신이 살고 싶은 공동체를 창조하는 방법들을 확립하는 것을 허용하는 조직, 촉진, 그리고 행위를 동반하는 과정"으로 정의내리고 있다.

지역공동체발전의 다양한 정의의 공통분모는 지역공동체가 공동체발전의 수단이자 목적이 된다는 것이다. 지역공동체 스스로 행동을 취하고 구성원들이 함께 참여함으로써 지역공동체가 그 자체로서 강력하게 기능하고 활성화될 뿐만 아니라 지역의 다양한 조건과 상황을 개선하는데도 공헌하게 된다. 결과적으로 지역공동체발전의 '발전'의 의미는 지역의 물리적·경제적 소선의 항상뿐만 아니다, 지역주민들과 그들의 조직 및 네트워크의 발전까지도 포함하게 된다.

이러한 맥락에서 지역공동체발전정책은 지역의 물리적, 경제적, 환경적 목표와 병행하여 '지역공동체부문(community sector)'을 강화하는 구체적 목표를 세우는 것을 요구한다. 건강한 지역공동체부문은 광범위하게 분포하는 지역공동체

[그림 12-1] 지역공동체발전 정책의 논리

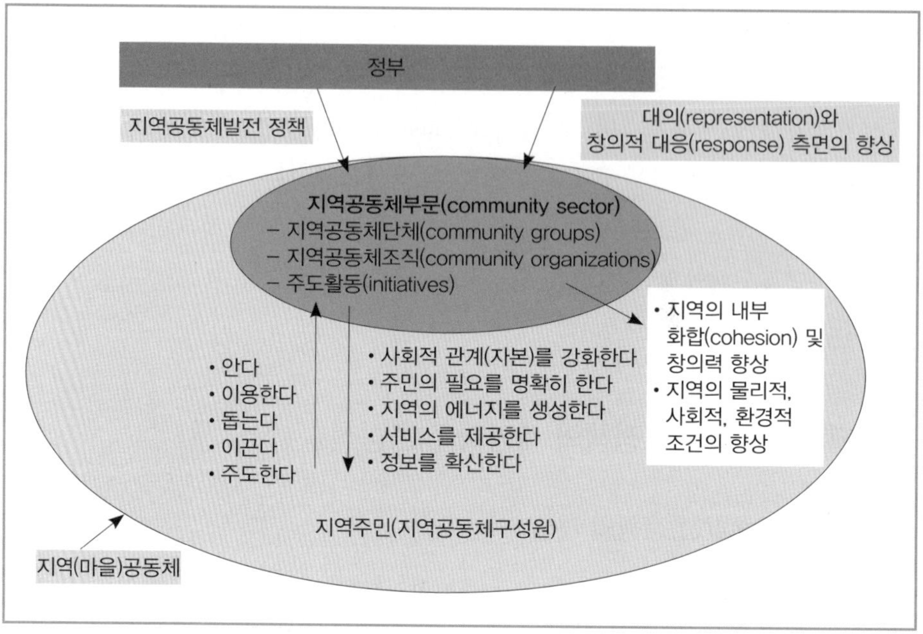

자료: Chanan(1999: 5, 14)을 참고로 필자가 재구성함

단체 및 조직들, 숙련된 마을활동가들, 지역사정에 밝은 주민대표들, 진취적인 (enterprising) 지역공동체 리더와 같은 요인을 통해 형성된다 (Chanan, 1999). 지역공동체부문에 초점을 둔 지역공동체발전 정책은 다양한 지역공동체조직(단체)의 촉진 및 활성화, 지역공동체 조직(단체) 사이의 네트워크화와 협력 촉진, 공동체부문의 장기적 자산의 형성, 그리고 지역공동체부문과 정부기관과의 대화 또는 포럼을 수행하는 통솔조직(지역공동체주축조직)의 제도화 등을 포함한다.

지역공동체부문에 초점을 두는 지역공동체발전 정책에 힘입어 지역공동체부문은 지역주민들 사이의 좀 더 건설적인 활동과 사회적 조화를 만들어낼 뿐만 아니라 정부의 서비스와 공공가치를 지원하는 지역주민의 창의적인 에너지의 동원을 가능하게 만든다. 이상의 논의에 기초해 지역공동체부문에 초점을 둔 지역공동체발전정책의 논리를 요약해보면 [그림 12-1]과 같다.

2) 지역공동체발전 정책의 접근방식으로서의 풀뿌리민주주의

(1) 정부부처 정책수요 관점의 지역공동체발전 정책

지역공동체발전은 많은 정책분야의 수요와 관심사의 교차점에 놓여 있다. 구체적으로 지역공동체발전은 복지, 도시재생, 고용, 교육, 문화, 환경 등 다양한 정책분야에서 정책지원을 위한 도구로서 다른 정책수단에 첨부되는 방식으로 다루어져 왔다. 각 정책분야의 정책수단으로서 지역공동체가 강조되는 것은 국가차원의 정치 및 예산의 영향 속에서 정책의 전달방식에 우선적인 초점을 둔다. 국가 중앙부처의 독자적인 지역공동체 프로젝트는 지역공동체가 관여하는 광범위한 의제의 확장을 가져올 수 있다. 하지만 그러한 프로젝트들이 어떻게 지역공동체부문을 전체로서 강화하고 지속가능한 것으로 만들 것인가의 핵심문제는 소홀히 다루게 된다.

칸막이 부처별 지역공동체 참여 정책은 지역공동체부문 전체의 역량강화보다는 지역공동체 관여를 자신의 문제해결 관점에서 정의하게 되면서 전문성에 기초한 단기적 문제해결 프로젝트에 그칠 가능성이 높다. 또한 지역공동체발전목표가 정부서비스 전달의 목표와 연동되면서 정부의제와는 다른 비판적이거나 대안적인 의제발굴이 어려워지면서 지역공동체발전 목표가 정부에 의해 포섭되거나 차별성을 잃게 되는 경향이 강화된다. 정책분야별 지역공동체발전정책은 각자의 정책분야와 이해관계를 가진 지역공동체 조직(단체)을 구성하고 해당 조직에만 의존하려는 성향을 띤다. 또한 사업의 집행단계에서 지역공동체와 상담할 필요성 또는 자원봉사활동 수준의 참여를 강조하게 된다. 무엇보다 정책수요 관점은 지역공동체발전을 주권자로서 주민의 정치적 과정이 아니라 관리적 절차로 다루게 된다. 결과적으로 지역공동체발전에 관여하는 주민 또는 활동가는 정부와의 관계에서 주인의식을 갖기보다는 스스로를 특정 정책분야의 활동가로 인식한다.

(2) 지방민주주의 강화를 위한 풀뿌리민주주의 관점의 지역공동체발전 정책

정부부처의 정책수요의 관점과 차별화되는 지역공동체발전의 또 다른 접근방식은 '정치(politics)'의 관점에서 접근하는 것이다 (Shaw, 2011, 2018 ; Crother et al., 2008). 정치의 관점은 지역공동체에 살고 있는 주민의 상향식 열망들(aspirations)에 초점을 두고, 그러한 열망을 키우고 표현하며 실현해나가는 민주적 참여공간의 필요성을 강조한다. 정치적 관점은 마을단위 주민의 지역공동체역량으로부터 출발해 정부와의 민주적이고 생산적인 관계를 지향하는 상향적 접근을 취한다. 이 관점에서 지역공동체구성원은 정부정책의 대리인으로 관리되는 자원이 아니라 민주주의가 요구하는 주권자이자 '적극적 시민성(active citizenship)'을 지닌 시민으로 활동한다. 생산적인 지역의 문제해결을 위해서 정치적 접근은 다양한 정책분야의 성과에 영향을 미치는 것이 동일한 지역공동체임을 인식하고, 지역공동체발전정책 그 자체를 독립적이고 차별화된 정책분야로 간주하고 접근한다.

정치적 관점의 상향식 지역공동체발전정책은 지방자치의 제도화 원리로서 '지방민주주의'(local democracy)와 밀접한 관계를 가진다. 지방민주주의는 지방정부의 주인으로서 주민의 위상을 강조하면서 주민의 의사와 통제에 따라 운영되는 지방정부의 제도화에 초점을 둔다. 지방자치 제도화의 역사 속에서 가장 지배적인 지방민주주의 형태는 대의민주제이다. 하지만 대의민주제의 '민주성결함'에 대한 반성과 함께 다양한 형태의 보완적인 민주주의 제도가 확산되어가고 있다. 지역공동체발전정책과 맞물려 주목할 수 있는 민주주의가 바로 '풀뿌리민주주의'다.

풀뿌리민주주의는 1935년 미국 공화당 전당대회에서 의회제로 대표되는 대의민주주의를 반대하면서, 시민운동·주민운동 차원에서 참여민주주의를 강조한데서 유래한 것으로 알려져 있다. 풀뿌리민주주의는 정당 같은 거대조직의 토대위에서 작동하는 대의적(代議的) 과정이 아니라, 일반 시민 또는 민초(民草)의 자발적 조직화와 정치과정의 직접참여를 통한 정치과정의 활성화를 강조한다. 풀뿌리민주주의는 지역주민의 유권자로서의 참여를 넘어서서 지역의 문제해결과 발전을 위한 결사체의 구성과 참여를 통해 지역공동체의 집합적 역량(collective capacity)을 키우고, 그러한 역량을 적극적으로 활용해 지역공동체 영향력을 지방정부의 정치행정과정에까지 확대해나가는 실증적·규범적 원리를 반영한다 (곽현근, 2017). 풀뿌리민주주의는 단순히 지역주민의 사회적 '연대(solidarity)'의 의미를 넘어서서 지역주민의 도덕적 선택과 정치적 능력에 기초한 '행위자(agent)'로서 적극적 시민성을 발현하는 것에 대한 기대를 반영한다 (Bhattacharyya, 2004; 곽현근, 2017).

풀뿌리민주주의 관점의 지역공동체발전정책은 지방자치의 '보충성(subsidiarity)'의 원리를 적용하기 위한 출발점에 대한 처방의 의미를 갖는다. 일반적으로 보충성의 원리는 정부기능 배분의 원칙으로 "가까운 정부에 우선적인 관할권을 인정한다는 국가조직의 원리로서 민간이 처리할 수 있는 경우에 국가공동체가 관여해서는 한 되며, 가까운 지방정부가 처리할 수 있는 업무를 상급지방정부나 중앙정부가 관여해서는 안 된다는 원칙"으로 이해된다 (유민봉, 2021: 374). 풀뿌리민주주의 관점의 보충성의 원리는 일차적으로 지역공동체의 역량을 특별히 존중하면서 주민의 자발적이고 결사적인 집합적 역량에 기초해 그들 스스로 할 수 있는 것으로부터 출발할 것을 강조한다. 그 다음 단계는 지역공동체가 약간의 외부기관의 도움과 함께 할 수 있는 것을 찾는 것이 된다. 마지막으로 지역공동체 수준에서 수행할 수 없기 때문에 외부 행위자 또는 기관이 자신들을 위해 해주기를 바라는 것을 집합적으로 결정하는 과정에 관여하게 된다. 풀뿌리민주주의 관점의 보충성의 원리는 행정 또는 정부의 공공서비스를 보충 또는 보완하는 차원에서 지역공동체 관여를 강조해온 정부정책 수요의 관점과는 차별화된다.

Ⅲ 한국의 지역공동체발전 정책의 진화과정

1. 1990년대 사회운동 성격의 지역공동체발전

한국사회에서 정부정책과 무관하게 지역공동체발전을 위한 노력은 70년대 권위주의 정권 하에서도 지역주민운동 또는 지역사회운동 등의 이름으로 전개된 것이 사실이다. 도시재개발로 인한 도시빈민의 재정착을 위해 종교계가 주도한 도시빈민운동이 대표적이다.

하지만, 대한민국에서 2000년대 들어 공식적으로 지역공동체발전 정책의 등장 배경에는 1990년대 시작된 주민 또는 시민사회단체 주도의 '마을만들기' 운동의 영향이 큰 것으로 알려져 있다. 1990년대 한국사회에서 마을만들기 용어가 광범위하게 사용된 것은 일본의 마치츠쿠리(まちつくり)의 영향이 컸다. 1970년대 국가 주도의 개발정책에 대한 비판과 반성에서 촉발된 일본의 마치츠쿠리는 1980년대 후반 본격화되면서 단순히 주민운동의 성격을 넘어서서 정부와 지자체의 제도적 지원의 경로를 걷게 된다.

일본의 마치츠쿠리 용어에 해당하는 '마을만들기'는 주민주도로 마을의 물리적·사회적·경제적 환경의 개선을 통해 지속가능한 마을공동체를 만들어가는 활동을 포착하기 위한 개념으로서 '지역공동체발전'의 개념과도 일맥상통한다. 한국의 마을만들기 운동은 1990년대 들어 시민단체뿐만 아니라 주민이 주도하는 사회운동 형태로 시작되었다. 1994년 젊은 맞벌이 부부들이 전국 최초의 공동육아 협동조합 어린이집을 운영하는 것에서 출발해 생활협동조합, 대안학교(성미산학교), 마을극장 등으로 진화해나간 서울 마포구의 성미산마을공동체가 대표적이다. 1996년 도시연대가 주도한 '걷고 싶은 서울만들기 운동', '차 없는 거리 조성', '꽃길 골목 가꾸기' 등 작은 마을단위의 주거환경개선 운동은 시민단체 주도의 대표적인 마을만들기 사례로 꼽힌다. 1998년 대구사랑시민운동시민회가 추진한 '대구 삼덕동 담장허물기 운동'은 마을만들기 운동의 전국적인 확산을 가져오는 계기가 되었다.

지역공동체발전 정책은 지역공동체 주도의 지역발전원리가 작동하도록 정부의 공식적인 의사결정에 따른 지원체계가 마련된 것을 전제로 한다. 마을만들기 운동은 주민의 자율성이라는 긍정적인 측면에도 불구하고, 조력자로서 행정의 역할을 찾아볼 수 없다는 점에서 지역공동체발전 정책의 의미를 부여할 수 없다. 지방민주주의 강화를 위한 풀뿌리민주주의는 정부와는 독립적인 주민들만의 참여공간인 '민초의 공간(popular space)'에서의 활동을 넘어서서 지방정부 주인으로서 정부의 공식 참여제도인 '초대된 공간(invited space)'에서의 활동까지를 포함한다. 풀뿌리민주주의 관점에서 바라볼 때, 마을만들기 운동은 민초의 공간 형성의 의미를 가지지만, 민초의 공간에서 형성된 공동체역량이 초대된 공간의 활동으로 연계되지 못한 한계를 가진다.

대부분의 마을만들기 운동은 읍면동보다 작은 마을단위를 중심으로 전개되었다. 작은 마을 중심의 마을만들기 운동이 스스로 조직한 폐쇄적 네트워크에 지나치게 의존하게 될 때, 지역이기주의(NIMBY) 또는 마을공동체 내부의 파벌형성과 분열의 가능성을 배제할 수 없다. 또한 현실적으로 주권국가가 정의한 지방정부의 관할구역과 조직을 배제하고 지방자치제도를 이야기하기 어렵다. 주민이 자발적으로 형성한 작은 마을 단위 자치가 지나치게 강조될 때, 지방자치 개념의 혼란뿐만 아니라 공식적인 지방자치제도와의 충돌로 인한 공공갈등의 가능성도 그만큼 높아지게 된다 (Pratchett, 2004 ; 곽현근, 2021).

2. 정부의 정책수요 관점의 지역공동체발전 정책

1) 정부 정책수요 관점의 지역공동체발전 정책의 실태

2000년대 들어 마을만들기 운동의 영향을 받아 한국에서도 마을만들기 사업을 포함한 지역공동체발전정책이 중앙정부와 지방정부의 주목을 받기 시작했다. 2006년 시작된 국토해양부의 '살고싶은 도시/마을만들기 사업'과 행정안전부의 '살기 좋은 지역만들기 사업'이 정부부처의 마을만들기 사업을 중심으로 한 지역공동체발전정책을 촉발하는 계기를 만들었다.

중앙부처에 앞서 지방정부도 지역공동체발전 정책을 앞 다투어 도입하게 된다. 기초정부로서는 광주광역시 북구가 2004년 마을만들기 지원조례를 최초로 도입하였다. 이보다 앞서 서울특별시는 2000년부터 '북촌 한옥 마을가꾸기' 사업을 시작으로 2008년에는 '살기 좋은 마을만들기 시범사업', '서울휴먼타운사업' 등을 추진하기 시작했다 (정석, 2012). 2021년 현재 전국 17개 광역정부 모두가 마을만들기 관련 조례를 제정한 상황이고, 2018년 3월 기준 전국 117개의 기초정부가 관련 조례를 제정한 상황이다 (장유미·유한별·하연섭, 2019).

2020년 행정안전부 지원을 받아 하현상 외(2020)가 수행한 중앙정부 부처의 지역공동체사업의 현황 진단 결과에 따르면, 지역공동체 분야 전문가들이 파악한 중앙정부가 주도하는 마을만들기를 포함한 지역공동체 관련 사업은 <표 12-1>에

〈표 12-1〉 중앙정부 부처의 지역공동체 사업

부처	사업명
기획재정부	사회적협동조합
고용노동부	사회적기업(지역공헌형)
행정안전부	마을기업육성사업 (주민자치형공공서비스구축사업) 주민자치회시범실시 마을공동체지원사업 인구감소지역통합지원사업 특수상황지역(접경·도서) 개발사업 마을공방육성사업 지역사회활성화기반조성사업 청년공동체 활성화 사업 청년들이살기좋은마을만들기

부처	사업명
농림식품수산부	농촌공동체회사우수사업지원사업 농촌신활력플러스사업 농촌중심지활성화사업 기초생활거점조성사업 시군역량강화사업 창조적마을만들기사업 취약지역생활여건개조사업 농촌교육·문화·복지지원사업 사회적농업활성화지원사업 농촌축제지원사업
산림청	산림일자리발전소운영사업 산림휴양치유마을사업 백두대간지역주민지원사업 산림에너지자립마을조성사업 산촌종합개발사업 소규모재생사업
국토교통부	도시재생뉴딜사업 ① 우리동네살리기(소규모주거) 도시재생뉴딜사업 ② 주거지원형(주거) 도시재생뉴딜사업 ③ 일반근린형(준주거) 도시재생뉴딜사업 ④ 중심시가지형(상업) 새뜰마을조성사업
문화체육관광부	(문화특화지역조성사업) 문화도시형, 문화마을형 마을미술프로젝트 생활문화센터활성화지원사업 [생활문화센터운영활성화프로그램지원] 작은도서관독서문화프로그램운영사업 생활문화공동체만들기사업 관광두레사업
보건복지부	다함께돌봄 지역사회통합돌봄선도사업
여성가족부	돌봄공동체지원사업 공동육아나눔터운영지원사업
해양수산부	어촌뉴딜300 사업 명품어촌테마마을조성 어울림마을조성
방송통신위원회	마을공동체 미디어 교육 사업

자료: 하현상 외 2020: 14-15.

서처럼 2020년 11월말 현재 46개인 것으로 나타났다.

한편, 하현상 외(2020)에 따르면, 17개 광역정부의 지역공동체 담당자들이 확인한 지역공동체발전 관련 사업은 2020년 11월말 현재 99개인 것으로 나타났다.[2]

〈표 12-2〉 광역정부 지역공동체 관련 사업 현황

시도	지역공동체 관련 사업
서울 (11개)	자치구 마을생태계 조성, 커뮤니티공간 운영 지원, 아파트 마을공동체, 에너지자립마을 에너지공동체조성지원, 마을예술창작소, 마을미디어 사업, 육아공동체지원사업, 부모 커뮤니티 활성화 사업, 지역 생태계 조성사업, 희망지 사업, 우리마을 지원사업
부산 (3개)	마을공동체 역량강화 사업, 행복마을 만들기 사업, 공동주택 공동체 활성화 사업
대구 (4개)	마을공동체만들기사업, 우리마을 교육나눔, 가족친화마을 조성, 공동주택 공동체 활성화 사업
인천 (3개)	마을공동체 만들기 지원사업, 마을공동체 공간 지원사업, 마을계획 수입 지원사업
광주 (14개)	마을공동체지원사업(마을공동체 형성지원), 마을공동체지원사업(자치구 자유공모사업), 마을공동체지원사업(광주형 협치마을 모델사업), 마을공동체지원사업(마을의제 실현사업 지원), 광주마을분쟁해결센터운영(소통방), 마을교육공동체지원, 마을커뮤니티공간조성사업, 공유단체(기업) 지정 및 공유촉진사업, 광주마을복지공동체사업, 인권마을 만들기 사업, 생태문화마을만들기 사업, 도시정원 조성사업, 작은도서관 활성화 지원사업, 여성가족친화마을
대전 (6개)	공동체 마을계획 수립사업, 마을리빙랩 사업, 시민공유공간 지원사업, 풀뿌리 마을미디어 활성화사업, 마을공동체 역량강화 사업, 대전형 좋은마을 만들기 사업
울산 (5개)	지역특성형 안전마을 만들기, 마을계획단 운영시범사업, 마을공동체활성화 구.군 공모사업 지원, 울산평생학습 마을학교 운영, 울산형 소규모 도시재생사업
세종 (4개)	마을공동체육성지원사업, 여성중심마을공동체활성화사업, 공동주택 관리 지원사업, 농촌체험휴양마을 활성화 사업
경기 (6개)	마을공동체 네트워크 활성화 지원사업, 시군 공동체 기반조성, 경기도형 아동돌봄공동체 조성 공모사업, 청년공동체 활동지원 공모사업, 마을자치 공동체지원 공모사업, 마을공동체 주민제안 공모사업

2 이 자료는 광역정부의 지역공동체 담당자들의 지역공동체 관련 사업의 주관적 인식에 기초한 것이기 때문에 엄격한 학술적 지역공동체 사업 개념에 기초한 객관적 자료로 보기 어렵다.

시도	지역공동체 관련 사업
강원 (4개)	강원도 마을공동체 지원, 농촌마을 공동급식 지원, 기업형 새농촌 마을만들기, 폐광지역 주민창업기업 지원
충북 (6개)	지역공동체 활성화 제안 공모사업, 지역공동체 컨설팅사업, 쾌적한환경 행복한공동체 만들기, 다목적광장 및 쉼터조성, 풍경이 있는 농촌마을 만들기사업, 행복마을사업
충남 (6개)	내포신도시 주민공동체 활성화사업, 도농교류 활성화 지원, 희망마을 선행사업, 주민참여 혁신모델사업(동네자치 시범공동체), 마을교육공동체 활성화 사업, 읍면동 마을공동체 지원사업
전북 (4개)	공유경제 활성화 시범사업, 마을공동체 시설 개보수 지원, 생생마을만들기 기초단계 추진, 농번기 공동급식 지원
전남 (7개)	마을공동체 활동지원 공모사업, 사회혁신 공모사업, 농촌체험휴양마을 지원사업, 마을 기업형 에너지 자립마을 시범사업, 가고싶은섬 가꾸기 사업, 주민·단체 참여숲 조성사업
경북 (3개)	농촌마을 공동급식시설 지원, 농촌체험마을운영 활성화기반구축, 이웃사촌시범마을 중간지원조직지원
경남 (8개)	공동체활동지원 주민공모사업, 아파트커뮤니티 공간조성 지원사업, 시군 소통거점공간 조성 지원사업, 학교 안 마을배움터 조성사업, 경남 공동체협력지원가 운영지원사업, 사회혁신활동가 양성교육사업, 마을-대학 상생공동체 사업, 시군 사회혁신 공모사업
제주 (5개)	지역역량강화사업, 농촌체험휴양마을 지원사업, 정착주민과 함께 하는 지역공동체 활성화 공모사업, 정착주민 지역공동체 조성사업, 마을기반시설(마을회관) 디자인 재생을 통한마을활성화사업

자료: 하현상 외 2020: 17~19.

하현상 외(2020)는 지역공동체 관련 사업의 목적을 소득 및 일자리 창출형, 돌봄교육형, 문화예술형, 주민화합형, 생활환경개선형, 복합형으로 재분류한 후 중앙부처와 광역시도의 지역공동체의 현황을 <표 12-3>과 같이 제시하고 있다.

중앙부처와 광역시도의 지역공동체 관련 사업을 통해 전국적으로 지원받는 지역공동체 사업 수는 <표 12-4>에 나타난 것과 같이 2020년 11월 현재 15,000개에 이르고 있다.

〈표 12-3〉 목적별 지역공동체 관련 사업 현황

빈도(%)

구분	소득 및 일자리 창출형	주민 화합형	생활환경 개선형	돌봄 교육형	문화 예술형	복합형	총합계
중앙	9(19.6)	4(8.7)	5(10.9)	5(10.9)	5(10.9)	18(39.1)	46(100)
광역	7(7.1)	17(17.2)	10(10.1)	11(11.1)	1(1.0)	53(53.5)	99(100)
총계	16(11.0)	21(14.5)	15(10.3)	16(11.0)	6(4.1)	71(59.0)	145(100)

자료: 하현상 외(2020: 120)를 재구성

〈표 12-4〉 지원목적별 중앙 및 광역정부 지역공동체 사업 지원 수(2016년 이후)

빈도(%)

구분	소득 및 일자리 창출형	돌봄교육형	문화예술형	생활환경 개선형	주민화합형	복합형	총합계
중앙	3,847 (62.6)	82 (1.3)	87 (1.4)	145 (2.4)	607 (9.9)	1,380 (22.4)	6,148 (100)
광역	60 (0.7)	251 (2.9)	88 (1.8)	291 (3.3)	1,532 (17.5)	6,555 (74.7)	8,777 (100)
총계	3,907 (26.2)	333 (2.2)	175 (1.2)	436 (2.9)	2,139 (14.3)	7,935 (53.2)	14,925 (100)

자료: 하현상 외(2020: 122)를 재구성

2) 정부의 정책수요 관점의 지역공동체발전 정책의 진단

중앙정부와 광역정부 및 기초정부 주도로 활발히 추진해온 마을만들기를 포함한 지역공동체 관련 사업의 성과는 사업 참여 지자체 수의 확대와 지역공동체발전을 위한 다양한 정책의제의 범위를 넓히는데 공헌한 점에서 찾을 수 있다. 또한 다양한 분야의 사업을 통해 주민역량 강화의 기회를 제공하고, 단계적이고 장기적인 사업추진의 필요성에 대한 인식을 강화하는 계기를 만들었다 (국토연구원, 2019). 구체적인 지역공동체발전 정책의 모범사례는 2007년부터 농촌 최초로 마을공동체 사업을 체계적으로 추진한 전북 진안군 사례에서 찾을 수 있다. 진안군 사례는 지역공동체발전을 측면에서 지원하는데 초점을 맞추고, 정책수립, 예산지원, 모니터링 등을 통해 주민참여 및 학습과정을 지원하는 행정역할의 중요성을 보여준다 (국토연구원 도시재생지원사업단, 2011). 뿐만 아니라 진안군 사례는 지원조례 제정, 마을만들기 전담팀 신설, 관련 부서 사이의 협력을 위한 지원체계 구축뿐만 아니라 담당공무원의 잦은 교체와 같은 관행의 과감한 탈피의 필요성을 보여주고 있다.

정부주도의 지역공동체발전 정책은 순기능만큼이나 다양한 문제점이 지적되어 왔다. 우선 중앙부처는 부처설립 목적에 따른 전문성에 기초한 단위행정의 성향이 강하다는 점에서 종합행정 성격의 지방정부와는 차별화된다. 중앙부처 주도의 지역공동체발전 정책은 부처가 추구하는 가치와 기능에 부합하는 주제를 가지고 공모방식으로 대상지역을 선정한 후, 지역주민의 참여를 이끌어내는 방식으로 진행된다. 정부부처가 지역공동체발전사업을 지역별 공모방식으로 추진하다보니 지역의 여건과 수요보다는 중앙정부 예산유치에 목적을 두고 지방정부들 사이의 지나친 경쟁양상으로 치닫는 현상이 발생하게 된다. 결과적으로 주민주도의 지역공동체 형성과 삶의 질 향상이라는 본래의 목적보다는 사업유치에만 급급하게 되고 관주도의 부실한 결과로 이어지게 되면서 지방정부의 보여 주기식의 실적 쌓기라는 비판의 목소리가 높다 (곽현근·이현국, 2017). 많은 부처의 지역공동체발전 사업이 개발과 조성사업 위주로 진행되면서 주민 스스로 마을문제를 해결하는 역량을 키우는 지역공동체의 기본 목적달성에도 한계를 보여주고 있다 (전라남도, 2016).

서로 다른 주관부처 사이에 정보가 공유되지 않음으로써 각종 사업의 중복 지원 또는 사각지대가 발생하면서 자원의 편중현상과 함께 비효율적인 자원 사용의 원인이 되고 있다. 일부 부처의 유사한 사업내용으로 인해 현장에서는 특정 부처 사업에 공모했다가 탈락하면 사업명만 바꿔 다른 부처에 공모하는 현상도 빈번하게 발생한다.

부처별 사업의 분산 시행은 광역정부 및 기초정부의 관련 분야 실국의 칸막이로 이어지면서 지역단위에서 상호 관련된 사업들의 종합화 또는 체계화뿐만 아니라 통일된 지원체계를 구축하는데 커다란 장벽이 되고 있다. 주민역량을 고려하지 않은 보조금 지원, 장기적인 마을종합계획의 부재, 민관 교량역할을 할 수 있는 중간지원조직의 비활성화 등도 여전히 지역공동체발전 사업의 장애요인으로 작용하고 있다 (행정자치부, 2015). 지역공동체발전 사업이 자치단체장의 선거를 의식한 단기 프로젝트로 진행되는 경우도 많고, 그나마 자치단체장이 바뀌거나 지원이 끊기면 사업들이 중단되는 경우도 자주 발생한다 (곽현근·이현국, 2017).

한국에서의 정부주도의 지역공동체발전 정책의 근본적인 한계는 사회문제해결 또는 지역발전의 도구적 수준에서 지역공동체를 바라보면서 풀뿌리민주주의의 정치적 관점이 결여된 것에서 찾을 수 있다. 많은 정부주도의 지역공동체정책들이 사전에 정부에 의해 구조화된 의제중심의 참여로 인해 물질적 유인을 위한 참여나 기능적 수준의 참여에 그치는 한계를 그대로 보여준다. 주민의 관심사와 문제의식에서 출발하는 자유로운 의제발굴의 기회가 주어지지 않거나 그러한 의제가 발굴되더라도 초대된 공간에서 지방정부와 충분히 논의되고 검토될 수 있는 구조가 결여되어 있다. 대부분의 지역공동체발전정책이 지방정부 주인으로서 적극적인 시민성을 갖춘 시민으로 주민을 바라보기보다는 정부기능을 보충하면서 정부에 의해 관리되는 자원봉사활동차원의 자원으로 바라보는 성향이 강하다. 지역공동체조직(단체)의 촉진 및 네트워크에 기초한 지역공동체부문의 효과적인 지원을 위한 전략적 차원의 지리적 규모(경계)에 대한 문제의식도 찾아볼 수 없다. 결과적으로 정책분야별 칸막이 접근에 더해 정부편의에 맞춘 지역규모의 일관성 없는 지정은 지역발전을 위한 사회적 기반으로서 일정한 마을규모에서의 독립적인 지역공동체부문을 구축하는 것을 방해하고 있다.

3. 풀뿌리민주주의 관점의 읍면동 지역공동체발전 정책: 주민자치회 제도화

현재 한국에서 풀뿌리민주주의 관점의 지역공동체발전 정책의 의미를 부여할 수 있는 것은 읍면동 '주민자치회'의 제도화이다. 주민자치회는 2010년 제정된 「지방행정체제개편에 관한 특별법」(이하 '특별법')에 근거를 두고 있다. 지역공동체 주민조직으로서 주민자치회의 성격에 대한 일치된 의견은 존재하지 않는다. 하지만 특별법에서 언급된 "풀뿌리자치의 활성화와 민주적 참여의식의 고양"이라는 설치 목적에 비추어볼 때, 주민자치회는 지방자치의 민주성을 강화하기 위한 제도적 노력으로 간주할 수 있다. 주민자치회는 2018년 9월 발표된 자치분권종합계획의 핵심전략인 '주민주권 구현'의 주요 과제에 포함되면서 문재인 정부 내내 자치분권을 위한 제도화 논의의 대상이 되었다.

2013년 행정안전부의 31개 지역 시범사업이 시작된 이래, 다양한 유형의 지방정부 모형으로 진화하면서 2021년 10월 말 현재 전국 958개 읍면동에 주민자치회가 설치된 것으로 알려져 있다 (주민복지서비스개편추진단, 2021). "주민자치회의 설치 및 운영에 필요한 사항은 따로 법률로 정한다."는 특별법의 규정에 따라 2020년 말 전면 개정된 「지방자치법」에 관련 사항을 담으려는 시도가 있었지만 실패로 돌아갔다. 이후 2021년 말 현재 7개의 주민자치회 관련 법안이 국회에서 논의되고 있다.

주민자치회는 공식적으로 지방자치의 근간인 '풀뿌리자치의 활성화'를 위해 도입되었다는 차원에서 1991년 지방자치제의 부활 이전 국가주도에 의해 전국단위 조직의 말단조직으로 탄생한 읍면동의 자생단체들과는 성격을 달리한다. 뿐만 아니라 1998년 읍면동기능전환에 따른 주민자치센터 설치와 병행해 기존의 읍면동정자문위원회가 주민자치센터의 운영위원회의 기능을 부여받으면서 탄생한 주민자치위원회와도 차별화된다. 주민자치회는 법적 근거를 가지고 풀뿌리주민자치 강화를 목적으로 최하위행정계층에 도입된 최초의 상향식 주민조직 제도설계의 의미를 부여할 수 있다.

특별법 제정 이래 11년에 걸친 주민자치회의 학술적·제도적 논의는 풀뿌리자치에 대한 관심을 높이고, 제도설계를 위한 상상력을 이끌어내는 계기를 만들었다. 시범사업 초기만 하더라도 주민자치회가 기존의 주민자치위원회의 역할과 기능과 차별성을 갖지 못한다는 평가가 지배적이었다. 하지만 2017년부터 마을계획 및 주민참여예산제와 연계한 서울형 주민자치회 모형이 등장한 이래 지방정부주도로 다양한 모형들로 진화해나가면서 과거 중앙정부주도의 획일화된 제도설계의 관행과는 차별화된 모습을 보여주고 있다. 무엇보다 풀뿌리민주주의를 위한 생태계를 조성한다는 관점에서 다양한 지역공동체 관련 제도들을 연계한 제도모형들이 등장하고 있다는 점에 주목할 필요가 있다.

세종특별자치시의 모형이 대표적이다. [그림 12-2]에서 보여주듯이 세종시의 풀뿌리주민자치 모형은 주민자치회, 마을계획, 주민총회, 마을공동체, 주민참여예산제, 읍면동장시민추천제, 자치분권특별회계, 중간지원조직 등을 유기적으로 연결하려는 것을 특징으로 하고 있다.

세종시 모형에서 주민자치회 주도로 읍면동보다 작은 마을단위의 지역공동체

[그림 12-2] 세종특별자치시 풀뿌리주민자치 생태계 모형

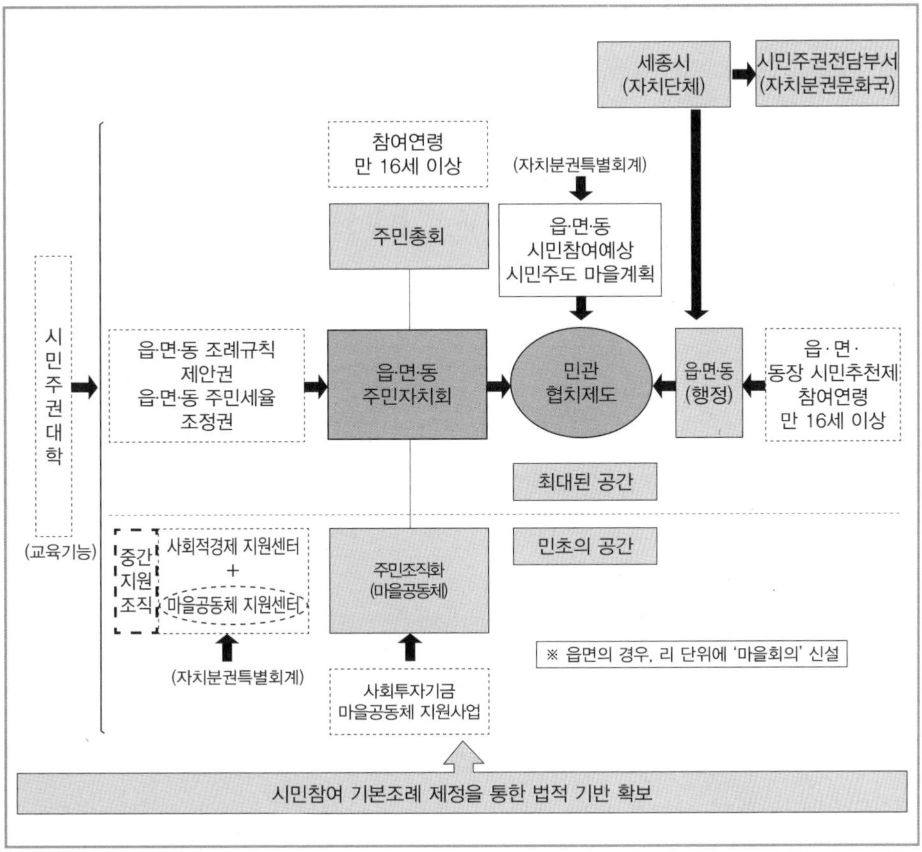

자료: 김흥주, 2019: 213.

조직의 활동과 수요를 반영하고, 읍면동의 다양한 의제를 발굴한 후 주민총회를 통해 주민들의 동의를 구하는 활동은 '민초의 공간'을 형성하는 노력으로 해석할 수 있다. 또한 세종시 모형은 읍면동을 대상으로 지역공동체부문을 강화하는 것과 동시에 주민참여예산제와 같은 참여제도('초대된 공간')와의 연계를 통해 지역공동체의 목소리가 행정에 전달되는 공식장치를 마련하고 있다. 특히 주민자치회가 작은 마을단위의 지역공동체(마을공동체)의 조직화를 지원하거나 기존의 지역공동체조직(단체)들과의 협력을 통해 읍면동 주민조직의 플랫폼 또는 지역공동체주축조직(community anchor organization)의 역할을 수행하는 것은 읍면동 단위 지역공동체부문의 역량강화를 의미하는 것이기도 하다.

풀뿌리민주주의 관점의 주민자치회 모형과 일부 우수사례의 등장에도 불구하고, 많은 지역의 주민자치회가 작동하는 방식은 기존의 관행을 벗어나지 못하고 있다. 풀뿌리민주주의 관점의 지역공동체주축조직으로의 역할을 가로막는 가장 큰 이유 중의 하나는 기존의 자생단체와 주민자치위원회의 위원들이 대거 주민자치회 위원이 되었다는데서 찾을 수 있다. 오랜 세월 형성된 읍면동의 권력관계와 이해관계의 경로의존성을 탈피하지 못하고, 행정 의존적이고 자선사업 성격의 자원봉사활동 수준의 참여수준에 머물고 있는 것이다. 많은 주민자치회가 지방민주주의를 위한 새로운 게임이라는 인식의 부재 속에 주민과의 새로운 관계 형성 노력보다도 여전히 행정과의 관계형성에만 집착하는 모습을 보여주고 있다. 주민자치회의 제도 실험은 단순히 새로운 게임규칙의 부과만으로 주민참여의 행태와 문화가 쉽게 변하지 않는다는 것을 새삼 확인시켜주고 있다.

Ⅳ 지역공동체발전 정책의 방향과 과제

향후 지역공동체발전 정책은 중앙정부의 정책중심의 파편화된 하향식 접근이 아니라 지방민주주의 강화를 위한 풀뿌리민주주의 관점에서 접근할 필요가 있다. 무엇보다 정부정책 집행을 위한 자원으로서가 아니라 민주주의가 요구하는 주권자이자 적극적 시민의 관점에서 주민과 지역공동체를 바라보는 인식의 전환이 요구된다. 제도차원에서는 각 부처의 마을만들기 사업을 포함한 지역공동체발전정책의 예산을 통합 기금화해서 기초지방정부로 하여금 지역여건을 고려해 종합적인 지역공동체정책을 수립하고 집행하도록 지원하는 방식으로의 전환이 필요하다.

풀뿌리민주주의를 위한 지역공동체발전 정책은 제도적 생태계(institutional ecology)를 조성하는 관점에서 접근할 필요가 있다. 제도설계이론은 지역공동체 기반의 풀뿌리민주주의가 작동하기 위해서는 일련의 규칙을 특정 조직이나 사람에게 적용하는 것보다 일정한 생태적 틀 속에서 주요 행위자들 사이의 상호작용과 개입의 방향을 보여주는 것이 효과적이라는 것을 말해주고 있다 (Lowndes & Roberts, 2013). 풀뿌리민주주의 생태계 조성을 위해서는 세종특별자치시 모형에서처럼 지역공동체와 관련된 다양한 제도가 독립적인 모듈로 기능하면서도 적절한 인터페이스를 통해 유기적으로 연계되는 모듈화(modularization)의 전략이 요구된다. 이 과정에서 마을규모에 따른 제도의 수직적 연계 또는 인터페이스를 만들기 위한 의식적이 노력이 병행될 필요가 있다.

지역공동체 기반의 풀뿌리민주주의를 위한 촘촘한 제도적 생태계를 만드는 기본 공간단위로 읍면동에 초점을 둘 필요가 있다. 풀뿌리민주주의가 단순히 민초의 공간에서의 주민활동만을 의미하는 것을 넘어서서 초대된 공간에서의 정부와의 상호작용까지를 의미한다면, 최하위 행정조직이 존재하는 읍면동이 최적의 단위로 간주될 수 있다. 특히 포스트코로나 시대 행정과 지역공동체와의 협력을 통해 현장의 탄탄한 회복탄력성(resilience)의 역량을 키워나갈 필요성이 강조되고 있음을 감안할 때, 읍면동에서의 지역공동체의 제도적 생태계는 포스트코로나 시대를 대비한 행정혁신의 의미를 담고 있다.

읍면동 단위의 지역공동체를 위한 제도적 생태계 조성은 자연스럽게 읍면동의 지역공동체부문의 강화를 의미한다. 지역공동체부문이 다른 부문과 차별화되는 것은 지역공동체조직(단체)이 결사적인(associative) 성격을 띤다는 것이다. 결사체 활동이 황무지인 상황에서 지역공동체 발전을 기대할 수 없지만, 결사체들의 밀도가 높다고 해서 그것이 곧 지역공동체 형성을 의미하는 것은 아니다. 지역공동체부문의 강화를 위해서는 지역공동체조직의 양적인 성장만큼이나 '결사체 사이의 사회적 자본(associational social capital)'을 위한 의식적인 노력이 요구된다. 읍면동 지역공동체발전 정책은 내부구성원의 관계를 강조하는 '결속형(bonding)' 지역공동체조직(단체)의 촉진뿐만 아니라 지역공동체 조직 사이의 가교형(bridging) 사회적 자본의 형성을 위한 제도적 노력을 필요로 한다.

읍면동의 풀뿌리민주주의를 위한 지역공동체발전정책이 의미를 갖기 위해서는 공동생산(co-production)의 새로운 행정패러다임과 접목될 필요가 있다. 풀뿌리민주주의는 공공참여의 의미를 갖는 초대된 공간에서의 지역공동체 참여가 과연 정부 대응을 통해 주민들에게 실질적 의미를 가지는 가시적 성과와 변화를 이끌어낼 수 있는가의 문제를 빼놓고 이야기할 수 없다. 공동생산의 핵심 아이디어는 공공서비스 조직들이 시민을 '대상으로 실행하는 것(doing to)' 또는 시민을 '위해 실행하는 것(doing for)'이 아니라 시민과 '함께 실행하는 것(doing with)'에서 찾을 수 있다. 이 과정에서 공동생산의 관점은 지역공동체를 필요와 수요를 가진 수동적 대상이 아니라 자산과 역량을 가진 동반자로 간주한다. 공동생산은 지역발전을 위한 지역공동체의 독립적인 활동의 연장선상에서 공공조직의 자원과 역량을 보충해준다는 의미를 가진다. 따라서 공동생산은 지역공동체로부터 출발하는 '보충성'의 원리를 실현하기 위한 전략으로 해석할 수 있다 (Russel1, 2021). 역으로 현존하는 공공부문의 서비스와 활동의 보완적 차원에서 정부조직이 지역공동체를 초대하는 방식도 유효하다. 읍면동에서의 공동생산이 실질적인 의미를 가지기 위해서는 지역공동체의 참여와 활동이 집합적 효능감으로 귀결될 수 있도록 현장성이 요구되는 사무와 기능을 적극적으로 읍면동으로 이양하는 분권화 노력이 요구된다.

제 13 장 경제·산업 정책

▶▶▶ 손 희 준

I 서론

1948년 대한민국 정부 수립 이후 73년 동안 한국 경제는 압축성장과 산업화 및 세계화로 요약된다 (국토교통부, 2019). 1960년대까지 40% 이상이었던 농림어업의 1차 산업에서 2·3차 산업으로 산업구조를 빠르게 전환하면서 압축적인 경제성장을 달성하였다. 특히 1962년 제1차 경제개발5개년계획부터 정부 주도의 강력한 산업화 정책에 의해 중화학공업 중심의 수출 지향적 발전전략이 성공적으로 추진되었다고 평가된다 (오은주, 2013; 김찬규 외, 2013).

그러나 1980년대 국내외 경제 상황이 급변하면서 구조조정의 압력이 강해졌고, 인적 자원 개발과 R&D 투자 확대 및 혁신 필요성이 전 산업 분야로 확산되었다. 또한 공공에서 민간으로 발전의 추동력이 옮겨갔고, 재벌 대기업이 한국 경제에서 차지하는 위상은 더욱 커졌다 (국토교통부, 2019). 동시에 민주화에 대한 국민 열망과 요구는 대통령직선제 도입과 1988년 서울올림픽 개최 및 1991년 지방자치 재도입 등 한국 사회 전반으로 투영되었다.

하지만 이런 압축성장과 산업화는 국토 공간에도 반영되어 산업과 인구가 수도권에 집중되고, 경부축을 중심으로 개발이익이 집중되는 현상을 초래했다. 60년대부터의 정부 주도 산업화 정책으로 특정 지역의 거점(據點) 개발이 추진되었고, 수출 지향적인 산업 육성은 수출입이 용이한 남동 해안 지역을 공업 도시로 개발하였다. 이러한 국토의 불균형 발전에 대한 대안으로 수도권 공장 규제, 산업 시설의 지방 이전, 지역 산업클러스터 육성 등 균형발전 정책이 중앙주도로 일부 추진되기도 하였다 (박진경·이제연, 2018).

그러나 지금까지 지역경제·산업정책에 대한 명확한 개념 정립도 이루어지지 않고, 그동안 지방자치의 성과에 대한 평가도 상반되는 점 (김순은, 2014; 손희준, 2018 등) 등을 반영하여, 이 글도 역시 지방자치 30주년을 통해 현재까지의 지역경제·산업정책에 대한 변화 추이와 성과 등을 조심스럽게 확인하고, 향후 보다 바람직한 방향을 모색하고자 한다. 따라서 이 글은 대부분의 선행연구를 토대로, 지역의 경제·산업정책에 대해 탐색적이며 시론적인 접근임을 밝힌다.

II 지역경제·산업 정책의 개념과 대상

1. 지역경제·산업 정책의 정의

경제산업은 경제와 산업을 지칭하는 용어이다. 경제는 인간이 공동생활을 영위하는데 필요한 재화나 용역을 생산·분배·소비하는 활동 전반을 의미하며, 산업은 이러한 활동 중 생산을 목적으로 하는 사업 전반과 활동 영역으로서 대체로 농업, 수산업, 임업, 공업 등 유형물의 생산과 직결되는 사업을 지칭한다. 하지만 그 범위를 넓혀 상업, 금융업, 서비스업 등 유형물의 생산과 직결되지는 않으나, 국민 경제에 불가결한 사업도 포함하는 것이 일반적이다 (네이버 지식백과). 또한 정책을 공공의 문제를 해결하기 위한 의도적인 계획과 실행이라고 정의한다 (정용덕 외, 2021). 그렇다면 지역경제·산업 정책은 지역단위의 경제·산업정책이라고 할 수 있다.

흔히 지방(local)과 지역(region)을 구분하는데, 지역을 지방보다 더 넓으며, 상급단체를 지칭하는 것으로 인식하지만, 이에 대해서도 이견이 많다. 지방 개념과 관련하여, 첫째, 전국(全國)에 대한 상대적인 개념으로, 둘째, 중앙(中央)에 대한 지방 개념으로, 셋째는 특정 지역을 가리키는 의미로 역사적 산물로서 문화적 동질성과 귀속성 등을 전제로 하기로 하며, 넷째, 지역은 주로 기능적·정책적 의미를 강조하지만, 지방은 정치·행정적이며 인지적인 의미를 가진 것으로 이해하기도 한다 (김안제 외, 1994: 95). 예를 들면 서울은 하나의 지역이지만 결코 지방은 아니라고 주장한다 (최상철, 1985). 이처럼 지방과 지역에 대해서도 명확한 개념 정의가 쉽지 않다.

일반적으로 지역경제론(regional economics)이나 지역경제 활성화 등은 그나마 사용하지만(최재선, 1984; 박인호, 1985), 지방경제는 어색하며, 지역의 산업 정책(regional industrial development policy)은 주로 산업발전 정책 또는 산업육성의 범주로 인식하기도 하여, 우선 지역의 경제·산업 정책에 대한 개념 정의 및 연구범위와 대상 등에 대한 연구가 선행되어야 한다고 할 수 있다.

이런 상황을 반영하여 기존의 지역경제·산업 정책 관련 선행연구들을 보면, 지역경제·산업 정책을 지역경제 정책 및 지역균형발 전정책과 연관시키거나, 지방정부의 지역산업육성 정책 또는 지방의 산업 정책 등으로 규정하고 있는 것을 알 수 있다 (권오혁, 2007; 장재홍 외, 2013; 오은주, 2013).

결국 이 글에서는 지역경제·산업 정책을 지역의 발전을 위한 지역경제 및 지역산업육성 정책을 포괄하는 것으로 정의하고자 한다.

2. 지역경제·산업 정책의 관련 이슈

지역경제·산업 정책의 개념과 관련된 다양한 논점을 파악하면 다음과 같다.

첫째, 지역경제·산업 정책의 추진 주체가 과연 국가 또는 중앙정부인지, 아니면 지방자치단체로 국한해야 하는지 등 정책 주체의 쟁점이 있다. 결국 개선방향 관련해서도 지방이 주도적으로 추진해야 하는지 아니면 중앙과 지방이 협력하는 것이 나은지 등을 고려해야 하며, 물론 지역의 민간기업과 연구소와 대학 등과의 연계협력 방안도 무시할 수는 없다.

둘째, 지역경제 부문에 지역 금융과 지방재정이 포함되는지에 대한 논란이 있는데, 아직 지방재정과 지역경제의 연계가 미약하고, 기초단위의 주민소득과 지방 소비 및 생산 관련 통계가 생산되지 않고 있는 현실을 무시할 수 없다.

셋째, 지역경제 발전을 위한 지역 산업육성 정책의 성과를 단순히 계량적으로만 평가하는 것이 적절한지에 대해서도 논란이 있다. 지역주민들의 주관적인 만족도와 지역사회발전(community development) 정도와의 연관도 무시할 수 없기 때문이다.

넷째, 성장전략과 관련하여 과거의 불균형성장 전략이 여전히 유효한지, 아니면 최근 강조하는 균형발전(balanced development) 전략이 지역경제 개발에 주효한 것인지에 대한 실증적인 평가와 증거가 축적되지 않았다.

다섯째, 지역발전 전략의 방향과 관련하여 최근 내생적(endogeneous) 발전전략의 중요성이 강조되고 있지만, 지방의 특수성과 성장 잠재력, 지역주민과 지방정부 등 정책 주체의 역량(capacity) 및 전문성과 관련하여 일방적으로 어느 방향이 적절하다고 단정하기 어렵다.

여섯째, 한국의 전국적인 추세인 저출산·고령화로 인한 지방소멸과 인구절벽에 대한 우려가 극심한데, 특정 지역의 인구 추세 변화와 소득증대와 산업구조 개편 등을 개별 지방이 자체적으로 주도적으로 감당할 수 있는지에 대한 쟁점 등이 있다.

이런 다양한 쟁점은 지역경제·산업정책의 성과평가와 관련해서도 검토되어야 할 것이며, 개선방안의 제시와 관련해서도 함께 고려해야 할 것이다.

3. 지역경제·산업정책의 범위와 대상

OECD(2012)는 정책대상을 장소와 사람, 정책목표를 기회와 소득으로 분류하면서, 국가 정책과 지역 정책으로 구분하는데, 지역 정책은 다시 장소 간 소득격차를

[그림 13-1] 국가정책과 지역정책의 구분

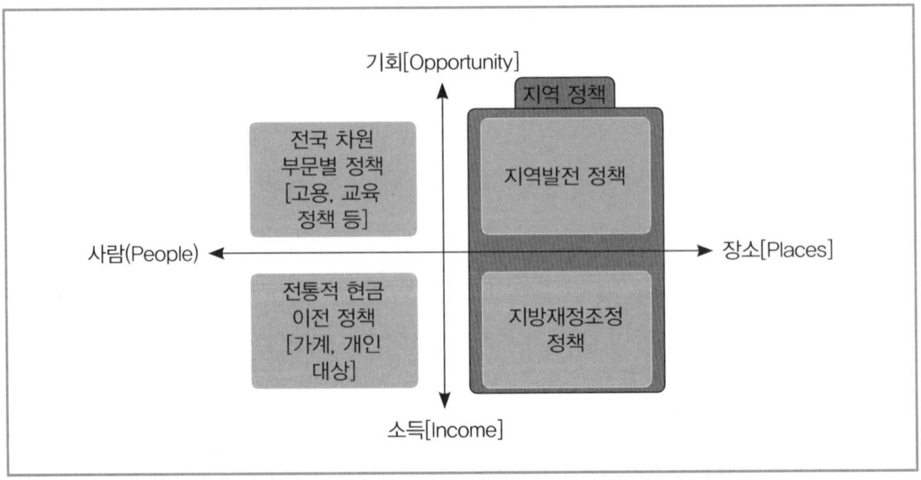

자료: OECD(2012), 오은주(2013)에서 재인용.

보전해 주는 지방재정조정 정책과 중장기적으로 미래의 지역소득 향상을 위한 지역발전 정책으로 구분하였다 (장재홍 외, 2012; 오은주, 2013에서 재인용). 이에 따라 지역경제·산업 정책은 지역단위의 정책으로서 지역발전 정책의 특징을 지닌다고 할 수 있다.

따라서 지역경제·산업 정책의 범위와 대상은 전국적인 차원의 부문별 정책이나 전국의 기업이나 개인을 대상으로 하는 전통적 현금 이전(cash transfer) 정책이 아니라, 지역이나 지방이라는 공간에서의 지역경제 활성화 정책과 지역산업 육성과 발전을 지향하는 정책으로 하고자 한다.

그러나 실제로는 지역정책(regional policy)을 대상으로 하되, 중앙정부가 추진하는 지역단위의 경제·산업 육성정책인 국가균형발전특별회계[1] 사업을 주로 하고, 개별 지역단위에서의 지방정부 주도적인 지역산업 정책과 지역경제 관련 정책을 모두 포함할 수 없어서, 중앙정부 차원의 경제·산업정책과 이에 따른 전체 지방재정 지출에서의 대응 실태 등을 분석하고자 한다.

Ⅲ 지방자치 도입과 경제·산업 정책의 변화

1. 역대 정부별 지역경제·산업 정책의 환경과 변화

1991년 지방자치 재도입 전후 정부별 지역경제·산업정책의 환경인 지방자치 도입 및 사회 전반적 정치·경제 상황의 변화가 어떠했는지 그리고 정부별 지역경제·산업정책의 전략과 방향을 파악하면 다음과 같다.

1) 지방자치 재도입 이전(1962~1992): 경제개발 위주의 불균형성장 전략

1961년 5.16 군사쿠데타로 집권한 박정희 정부는 1962년 제1차 경제개발 5개년 계획을 시작으로 1991년 제6차까지, 한정된 국가자원의 배분을 산업화에 집중하여 수출주도적 불균형 성장전략을 추진하였으며, 특히 제3차 계획부터는 중화학

1 2005년 「국가균형발전특별법」 제정에 의해 약 5조원 규모로 설치되었고, 이후 광역·지역발전특별회계 등으로 변경되기도 하였다.

공업 육성에 집중하여, 지역에는 주로 성장거점도시 중심의 산업단지 입지전략을 추진하였고, 전두환 정부의 제5차 계획부터는 '경제사회발전계획'으로 변경하여 사회적 측면을 강조하기도 하였으나, 큰 성과는 없었다.

이러한 경제개발계획으로 인해, 1차 산업중심에서 중화학공업 및 공산품 위주의 수출구조로 변화하였고 1961년 83달러이던 1인당 국민총생산이 1991년 6,757달러로 성장하였고, 수출액은 32.8백만 달러(1960년)에서 718.7억 달러(1991년)로 급성장하였다. 그러나 이때까지 지역의 경제·산업 정책은 전무(全無)한 실정이었다.

그나마 1988년 서울올림픽을 계기로 지방에 대한 인식이 촉발되었으나, 1991년 지방자치의 도입과정은 결코 순탄하지 않았다. 1987년 민주화 운동에 의한 전 국민의 대통령직선제 요구에 따라 노태우 대표는 6·29 선언으로 대통령직선제와 지방자치 실시를 공언하고 여당의 대선공약으로 12월 선거를 통해 당선되었고, 여야 모두 전폭적으로 지지하였으나, 여야 합의에 이르지 못하고, 1988년 3월에 단체장 선출은 제외하고 지방의회만 구성하는 지방자치법 개정안을 여당 단독으로 처리했다.

그러나 제13대 총선(1988.4.26) 결과 여소야대 국회에서 야당 합의로 지방선거 실시법안을 통과시켰지만, 대통령의 거부권 행사로 무산되었고 재논의를 통해 1989년 12월 여야 합의로 단체장 직선과 지방선거 실시 시기를 규정한 지방자치법을 개정했다. 하지만 1990년 1월 22일 당시 민주정의당과 통일민주당, 신민주공화당 등 3당 합당으로 민주자유당이 출범하면서 거대 여당이 되자, 기존의 합의를 번복하고 1995년 이후로 연기하는 법안을 개정하였다. 이에 반발한 김대중 대표가 단식투쟁 끝에 지방선거 실시를 여야 간에 합의하여 1991년 지방의원 선거가 확정되었다.

2) 김영삼 정부(1993.2~1998.2): 신경제 5개년 계획

1992년 12월 대통령 선거에서 김영삼 후보가 당선되었지만, 당시 여당은 열악한 재정자립도를 핑계로 선거 연기를 모색하였다. 하지만 대선공약 실천을 위해 1995년 6월 27일 제1회 전국동시지방선거를 실시하였다.

문민정부는 지방화보다는 세계화(globalization) 전략에 치중하였고, 1996년 경제협력개발기구(OECD)에 가입했다.

세계화 및 자유무역 체제 등 국제 경제질서가 변화하고, 한국 경제 규모가 확대되고 동시에 자율과 개방이 강조됨에 따라 정부주도형 경제개발 계획을 더 이상 추진할 수 없게 되었다. 이에 민간의 역량을 중시하는 유도계획으로의 전환이 필요하게 되어 1993년 7월 경제사회발전 5개년 계획을 중단하고, 국민의 자율적 참여와 창의를 경제발전의 원동력으로 삼고자 하는 '신경제 5개년 계획'을 수립하였는데, '경제활력 회복과 선진국 경제권 진입'을 목표로, ① 산업의 경쟁력 강화, ② 사회적 형평성 제고와 균형 발전, ③ 국제화 및 자율화의 추진과 통일기반 조성을 기본 방향으로 설정하였다. 이를 위해 개발연대의 상징인 경제기획원과 재무부를 재정경제원으로 통합하고, 1996년에 통상산업부를 출범하였다.

그러나 1997년 11월 대규모 경상수지적자 누적과 유동성 부족으로 IMF로부터 구제 금융을 신청하는 경제위기를 맞았다. 이런 위기는 사회 전반적인 극심한 고통을 불러왔고, 정권교체의 밑바탕이 되었다.

3) 김대중 정부(1998.2～2003.2): 민주주의와 시장경제 병행

1997년의 외환 위기 상황에서 출범한 김대중 정부는 국가 장기발전계획보다는 '민주주의와 시장경제의 병행발전'과 '생산적 복지'를 바탕으로 압축성장과 불균형 개발전략으로 인한 각 부문의 구조적 문제 해결에 집중하였다.

특히 국민의 정부는 IMF 프로그램에 기반한 경제개혁 조치를 금융과 노동, 그리고 공공부문의 구조조정에 집중하여 외환 위기 극복과 경제활력 회복이라는 현안 과제 해결에 주력하였다.

기업, 금융, 노동, 공공의 '4대 부문 구조조정'에 주력하면서 2001년 공식적으로 IMF 관리체제에서 벗어났으며, 9월 11일 미국 뉴욕에 대한 테러가 발생하였고, 2002년 6월 한·일 월드컵이 동시 개최되면서, 민선 3기를 위한 통합 지방선거일이 13일로 조정되었다.

정권 초기 여소야대 국회로 인해 기형적인 기획예산위원회와 예산청으로 중앙예산기관을 분리하였고, 통상부문을 외교부로 넘기고 산업자원부로, 내무부와 총무처를 합쳐 행정자치부로 개편하였다. 그러나 1999년 조직개편을 통해 다시 기획예산처로 통합하고, 2001년에는 재정경제부와 교육인적자원부 장관을 부총리로 격상하였다.

4) 노무현 정부(2003.2~2008.2): 정부혁신 지방분권 및 지방혁신

2002년 월드컵 4강의 여파가 한국 사회를 크게 변화시켰고, 미군 장갑차에 의한 여중생 사망 사건이 발생해 반미감정이 나타나 연말 대선을 통해서 새천년민주당의 노무현 후보가 당선되었다. 2003년 3월에는 미국의 이라크전쟁으로 인한 파병 문제가 쟁점이 되었다.

참여정부는 정부혁신과 지방분권을 국정방향으로 제시하고, 국가균형발전특별법 제정과 신행정수도 건설 및 혁신도시와 기업도시 등 분산정책을 축으로, 분권과 분업 등 삼분(三分)정책을 추진하자, 2004년 3월 12일 대통령 탄핵소추가 국회에서 의결되었지만, 2004년 5월 14일 헌재에서 기각되었다.

세계무역 시장의 단일화 추세, 지식기반경제로의 전환, BRICs라는 새로운 성장국가의 부상이라는 국제환경 변화와 함께 한국은 외환위기 이후 잠재성장률의 둔화, 저출산·고령화, 양극화 등 장기적이며 구조적인 도전에 직면하게 되어, 세계시장에서의 경쟁력 확보와 동시에 내부의 구조적 문제에 체계적으로 대응하고자 장기적이며 종합적 비전과 전략 및 이를 실천하기 위한 재정전략을 포함한 '함께 가는 희망 한국 비전 2030'을 수립하였다.

성장과 복지가 함께 가는 '동반성장'으로의 패러다임 전환을 통해 성장과 분배의 선순환 구조를 정착시켜 지속적인 발전이 가능하도록 하겠다는 장기종합전략이었다.

5) 이명박 정부(2008.2~2013.2): 녹색성장 국가전략

2007년 미국의 Lehman Brothers 파산 및 subprime mortgage 사태로 인한 세계경제 위기극복을 위해 이명박 후보가 대통령에 당선되었다.

실용정부 또는 MB정부는 2008년 집권 초기 친기업정책과 '5+2 광역경제권'과 4대강 사업을 추진하였고, 기획예산처와 재무부를 통합하여 기획재정부로 개편하고, 정보통신부의 IT 업무와 우정사업 등을 합쳐 지식경제부로 신설하였고, 행정자치부를 행정안전부로 개편하였다.

선진국을 중심으로 녹색성장(green growth)에 대한 관심이 높아지는 가운데, 기존의 제조업 중심의 산업발전전략의 적실성 저하로 저성장을 극복하기 위해서는 새로운 성장동력의 필요성이 대두되었다 (김찬규 외, 2015). 이에 MB정부는 요소

투입 위주의 경제성장 방식은 환경적 · 경제적 한계에 도달했다는 판단에 따라, 환경과 경제의 조화로운 발전이라는 새로운 패러다임을 통해 일자리를 창출하고, 미래성장동력을 확충하려는 종합 발전전략으로 녹색성장 전략을 제시하면서 4대강 사업과 광역경제권 개발전략을 제시했다.

그러나 2008년 4월 광우병 사태에 따른 촛불시위가 이어졌고, 2009년 노무현, 김대중 전직 대통령의 사망이 이어졌다. 또한 2010년 3월 천안함 사건과 11월 연평도 포격 사건이 발생해 남북관계가 경색되고, 2011년 12월 17일 김정일이 사망하면서 김정은이 집권하였다. 또한 2012년 8월 이명박 대통령의 독도(獨島) 방문으로 한일관계도 악화되었다.

6) 박근혜 정부(2013.2~2017.3): 경제혁신 3개년 계획

남북 간 긴장 고조는 2012년 제19대 총선에서 여당 승리로 이어졌고, 12월 대선에서도 박근혜 후보가 당선되었다. 2013년 출범한 박근혜 정부는 '국민 행복 시대와 정부 3.0'을 국정과제로 제시하면서 지식경제부를 산업통상자원부로, 행정안전부를 안전행정부로 개편하였다.

세계 경제가 2008년의 금융 위기에서 완전히 회복하지 못한 가운데 국내의 비정상적인 제도와 관행, 추격형 성장전략의 한계, 부문 간 불균형 등 구조적인 문제에 직면하여 저성장이 지속되고 있었다. 이러한 비정상적인 문제를 해결하고 선진경제로 도약하기 위해, 박근혜 정부는 상상력과 창의성을 과학기술과 ICT에 접목하여 신산업과 시장을 창출하는 창조경제를 핵심으로 하는 '경제혁신 3개년 계획'을 수립하여, 2017년 고용률 70%, 4%대 잠재성장률, 국민소득 4만 달러를 달성하겠다는 목표를 제시하였다.

그러나 2011년 말 시작된 무상보육과 기초연금 등 대형 복지사업을 둘러싸고, 중앙과 지방의 갈등이 커지고, 2014년 4월 16일 세월호 사건과 2015년 5월 중동호흡기증후군(메르스) 확산 및 2016년 6월 영국의 EU 탈퇴(Brexit)가 확정되고, 7월 경북 성주군에 사드(Thaad) 배치로 한중 관계가 경색되었다.

이런 다양한 사회적 불만이 2016년 7월 최순실 사건과 연결되어 광화문 광장의 촛불시위는 결국 박근혜 대통령의 탄핵소추로 이어지고, 2017년 3월 탄핵이 인용되었다.

7) 문재인 정부(2017.5~현재): 소득주도 성장 + 지역균형발전

2017년 대선을 통해 문재인 정부가 출범하면서 '국민의 나라 정의로운 대한민국'을 국가비전으로 제시하고, 포용국가와 사회적 경제, 고르게 발전하는 지역 등 대부분 참여정부의 분권정책을 계승하였다. 이를 위해 과학기술정보통신부, 중소벤처기업부, 행정안전부 등의 정부 조직개편을 단행했다.

2018년 2월 평창 동계올림픽과 4월 27일의 남북 정상회담 등 남북한 긴장완화에 따라 지방의회 비례대표까지 선출하는 지방선거에서 여당이 압승했다. 2019년 1월 2차 북미 정상회담과 6월에 남북미 3자 정상회담이 이어졌으나, 일본이 한국을 백색국가에서 제외하면서 한일관계가 유착되고, 조국 장관사태로 국민 간 갈등이 확대되었다. 또한 2019년 12월 시작된 covid-19 팬데믹이 현재까지 이어지면서 확장적 재정정책과 국가부채가 증가하는 등 재정적 불확실성이 증대되고 있다.

4차 산업혁명과 저성장 및 대규모 실업 등 다양한 경제적 요구에 부응하기 위해 문재인 정부는 소득주도 성장을 위한 일자리 경제, 공정 및 민생경제, 혁신성장을 국정전략으로 제시하고, 고르게 발전하는 지역을 국정목표로 제시하였으나 코로나 사태로 인한 대재난 극복을 위해 2020년 '한국판 뉴딜정책'을 추진하고 있다.

2. 지방자치 이후 지역경제·산업 정책의 내용과 변화

일반적으로 전문가들은 지역의 산업 정책이 본격화된 시점을 1999년 '지역산업진흥사업'으로 인정하고 있다 (김찬규, 2015; 오은주, 2013 등).

따라서 지역단위의 경제·산업 정책의 추진은 2000년대 들어 본격화되었으며, 지역과 지방에 대한 인식과 계획대상으로서의 인식도 이 시기부터라고 보아야 할 것이다. 결국 지방분권을 국정과제로 채택한 참여정부부터 지역단위에서의 경제발전 전략과 산업정책이 추진되었다고 할 수 있다.

1) 노무현 정부

참여정부는 수도권 과밀화에 따른 지역 불균형, 지역감정으로 표출되는 지방의 열등감 등을 핵심 문제로 인식하였다. 이에 따라 지역 정책목표를 '다핵형·창조형 선진국가 건설'로 설정하고, 혁신 주도형 발전, 다극 분산형 발전, 공간과 삶의 질을 중시하는 질적 발전 등을 하위 정책목표로 제시하였다. 또한 실질적인 정책 수단으로 혁신, 균형, 공간정책, 산업정책, 질적 발전정책을 제시하고, 이를 위한 정책실행 조직으로 국가균형발전위원회를 설치하고 국가균형발전특별회계를 신설했다.

따라서 참여정부의 주요 정책은 신행정 수도, 혁신도시, 기업도시, 경제자유 구역 건설과 혁신클러스터 조성 및 농촌을 대상으로 하는 신활력 사업 등이다.

참여정부의 지역 관련 정책의 성과는 지역정책의 위상 격상, 지역정책 추진을 위한 안정적·제도적 기반구축, 비수도권 내 성장지표 개선 등이지만, 여전히 중앙정부 주도의 정책추진, 균형 발전정책에 대한 지방의 체감도 미흡, 소규모 분산투자, 유사·중복사업 등을 한계로 지적하고 있다.

2) 이명박 정부

이명박 정부는 지역의 글로벌 경쟁력 취약, 행정구역 단위의 소규모 분산투자와 지역주도적 발전 역량 미흡, 지역 간 소모적 경쟁과 갈등 등을 핵심 지역문제로 인식하였다. 이에 따라 세계화에 대응하는 광역경제권 구축, 지역개성을 살린 특화발전, 지방분권·자율을 통한 지역주도 발전, 지역 간 협력과 동반 발전을 하위 정책 목표로 하였다.

이명박 정부는 정책목표 달성을 위해 전 국토의 성장잠재력 극대화, 신성장 동력 발굴 및 지역 특화발전, 행·재정 권한의 지방이양, 수도권과 지방의 상생 발전, 기존 지역발전 시책의 발전·보완을 실질적 정책 수단으로 제시하고, 실행수단으로 지역발전위원회 중심의 추진체계와 광역·지역발전특별회계를 운용하였다.

아울러 이명박 정부는 기존의 광역지자체를 5+2 광역경제권에 포함하여 선도산업, 인재 양성 사업, 30대 SOC사업을 전개하고, 7개의 초광역 개발권 벨트를 통해 광역경제권 간 연계협력, 해외 인접 국가와의 협력을 촉진하고자 하였다.

이러한 지역정책의 성과는 규모의 경제 추구, 연결망 경제를 구현할 수 있는 기초생활권, 광역경제권, 초광역개발권 등 새로운 지역 정책의 단위 제시 등이나, 전반적으로 중앙정부 주도의 지역정책 지속, 광역경제권 정책의 성과창출 한계, 실제 지역주민들이 체감할 수 있는 성과 미흡 등이 한계로 지적되었다.

[그림 13-2] 이명박 정부의 광역경제권 정책

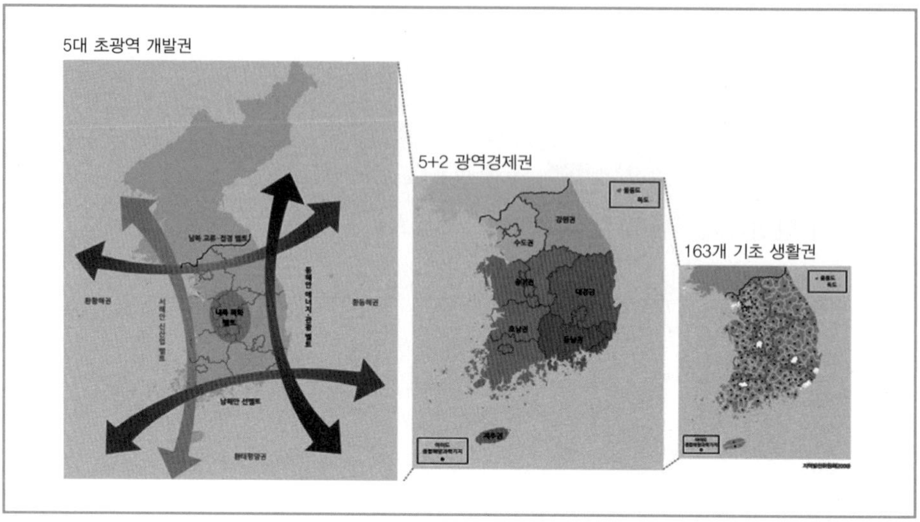

3) 박근혜 정부

박근혜 정부는 '국민에게 행복을, 지역에 희망을'이란 지역정책의 새로운 비전을 설정하고, 주민이 실생활에서 행복과 희망을 체감하고(happiness), 행복한 삶의 기회를 고르게 보장하며(opportunity), 자율적 참여와 협업의 동반자 (partnership) 관계를 통해, 전국 어디에서나(everywhere) 정책의 사각지대가 없도록 하는 지역희망(HOPE) 프로젝트를 추진하였다.

이를 위해 첫째, 전국 어디서나 주민 불편이 없도록 기초 인프라뿐만 아니라 일자리·교육·문화·복지 등 고차 서비스 충족을 지향하는 지역 행복생활권 전략, 둘째, 지역주민의 행복과 희망 증진 효과가 높은 과제를 가급적 패키지 형태로 추진하는 맞춤형·패키지지원 전략, 셋째, 사업기획과 집행과정에서 지자체의 재량과 책임 범위 확대 및 지역공동체와 주민참여 활성화 등을 내용으로 하는 지역주도 및 협력 강화 전략 등 3대 추진전략을 제시하였다.

그러나 이러한 지역정책의 성과 역시 추진사업 규모의 빈약성, 새뜰마을 사업에 대한 체감도 부족 및 실질적 지역의 일자리 창출 성과 미흡 등으로 나타났다.

4) 문재인 정부

문재인 정부는 2018년 현재 전 국토의 12%에 불과한 수도권에 인구의 50%, 대

[그림 13-3] 문재인 정부의 지역균형 뉴딜

구분	내용	예시
한국판 뉴딜 지역사업	한국판 뉴딜에 포함된 지역사업(지방비 매칭사업 등)	• 첨단도로 교통체계 구축 • 그린 스마트 스쿨 조성 • 신재생에너지 보급지원 등
지자체 주도형 뉴딜사업	한국판 뉴딜과 연계, 지자체가 자체 재원과 민자로 추진하는 사업	• 신축 건축 제로에너지 건축(ZEB)가속화 추진(서울) • 로봇화공장 롤모델 구축(대구)
공공기관 선도형 뉴딜사업	공공기관이 자체재원을 활용하여 지자체와 협업하여 추진하는 사업	• K-스마트 교육 시범도시 구축(정보통신산업진흥원, 충북혁신도시)

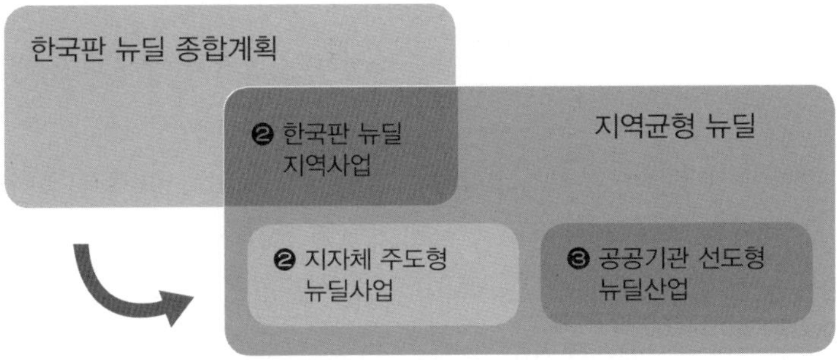

자료: 관계부처합동2020.10.13.). 지역과 함께하는「지역균형 뉴딜」추진 방안, p.3

기업의 본사 74%가 밀집된 상황에서, 중앙집권적 국가운영 방식의 지속은 저성장, 양극화, 저출산, 고령화, 지방소멸 등 국가적 당면과제를 해결하기 어렵다는 점을 직시하면서 분권, 포용, 혁신의 가치를 기반으로 새로운 국가균형발전 비전과 전략을 수립하였다.

문재인 정부의 지역정책은 국가균형발전위원회의 위상 강화와 혁신도시 season2 정책을 통해 참여정부의 정책을 계승한다는 점과 균형발전 총괄지표를 고려한 지역 간 차등지원, 인구감소지역 대응, 기본적 삶의 질 보상을 위한 보건복지 체계 등을 통한 낙후 지역에 대한 특별 배려가 특징이다.

그러나 2019년 예상하지 못한 코로나19로 인한 경기침체와 재난위기를 극복하기 위해 코로나 이후의 글로벌경제를 선도하기 위해 2020년 7월 문재인 정부는 한국판 뉴딜사업의 종합계획을 발표하였다.

한국판 뉴딜정책은 디지털(digital) 뉴딜과 그린(green) 뉴딜 및 사회 안전망 강화를 방향으로 추진하되, 국민이 체감할 수 있는 가시적인 성과를 위해 한국판 뉴딜의 지역 확산을 도모하는 지역균형 뉴딜을 추가로 발표하였다.

지역균형 뉴딜은 지방정부가 주도적으로 자체재원과 민간자본 등을 활용하여 지역 활력을 제고하고 국가균형발전 정책과 연계하여 지역발전을 추구하는 전략이다.

3. 지방자치 이후 지역경제·산업 정책과 지방의 대응

지방 주도의 실질적인 지역경제·산업 육성에 대한 계획이 추진된 시점이 지난 2000년대부터이지만, 아직까지 대부분 중앙정부의 정책과 재정적 지원을 통해서 이루어지고 있는 것이 현실이다.

가장 대표적인 재정정책 수단이 1991년 지방자치 도입과 함께 신설한 지방양여금을 폐지하고, 일부 국고보조사업을 통합하면서 약 5조 원으로 2005년에 설치한 국가균형발전특별회계인데, 이명박 정부에서는 광역·지역발전특별회계, 박근혜 정부는 지역발전특별회계, 문재인 정부는 다시 국가균형발전특별회계로 변경하였고, 대상 사업 역시 참여정부는 지역혁신사업, 신활력사업과 산업클러스터사업 등이었으나, 이명박 정부는 5+2 광역경제권사업, 박근혜 정부는 지역행복생활권사업, 문재인 정부는 지역혁신체계, 혁신융복합사업, 도시재생사업 등으로 변경하였다.

따라서 참여정부부터 정부별로 중앙정부 차원의 지역경제·산업 지원정책의 구조와 계획 대상지역, 주요 정책 수단 및 실질적인 주요 정책 등을 요약하면 다음 <표 13-1>과 같다.

이러한 중앙정부 정책 변화에 따른 지방비부담금(matching fund) 등 지방자치단체의 대응 실태를 지방재정 세출의 변화 및 추세를 통해 파악하면, 다음 <표 13-2>, <표 13-3>과 같다 (장재홍 외, 2013).

지방재정 세출의 기능별 분류가 1996년부터 5대 분류[2]로 변경되고, 2008년 사

2 1996년 한국의 OECD 가입에 따라 변경했는데, 이전의 의회비는 일반행정비에, 사회복지비

〈표 13-1〉 역대 정부의 국가균형발전 정책구조

구분	노무현 정부	이명박 정부	박근혜 정부	문재인 정부
정책 목표	혁신주도의 공간적 균형발전 (기능분산형 국가균형발전)	지역의 경쟁력 강화 및 특화발전 (일자리 창출)	지역행복 및 삶의 질 향상 (HOPE)	지역주도 자립적 성장기반 마련 (지방분권형 국가균형발전)
정책 대상	• 행정구역	• 행정구역+광역권 (초광역권, 광역경제권, 기초생활권)	• 행정구역+광역권 (지역행복생활권)	• 행정구역+계획계약 (포괄지원협약)
정책 수단	• 국가균형발전5개년계획 (2004~2008) • 국가균형발전위원회 • 국가균형발전특별회계 • 국가균형발전특별법	• 지역발전5개년계획(2009~2013) • 지역발전위원회 • 광역지역발전특별회계 • 국가균형발전특별법	• 지역발전5개년계획(2014~2018) • 지역발전위원회 • 지역발전특별회계 • 국가균형발전특별법	• 국가균형발전5개년계획 (2018~2022) • 국가균형발전위원회 • 국가균형발전특별회계 • 국가균형발전특별법
주요 정책	• 혁신정책(RIS사업) • 균형정책(신활력사업) • 산업정책(시도전략사업) • 공간정책(세종시/혁신·기업도시) • 질적 발전정책	• 5+2광역경제권 정책 • 기초생활권, 광역경제권, 초광역개발권 • 행·재정 권한 지방이양 등 분권 강화 • 수도권-지방 상생발전	• 지역행복생활권 정책 • 지역경제 활력 제고 • 교육여건개선·인재양성 • 문화·환경·복지·의료	• 지역혁신체계 구축 및 혁신성장 • 국가혁신융복합단지 지정·육성 • 지역발전 투자협약 • 도시재생 뉴딜 • 혁신도시 활성화
	▶국가균형발전 체계정비	▶지역 간 연계발전 강조	▶맞춤형▶패키지 지원 강조	▶국가균형발전 체계 재정비

자료: 박진경(2018).

업예산(program budget) 도입에 따른 변화되어, 일관성 있는 시계열분석(time-series analysis)은 거의 불가능하다 (손희준, 2019b).

와 문화 및 체육비는 사회개발비에, 산업경제비와 지역개발비는 경제개발비에 합산했다 (손희준, 2019a; 388).

〈표 13-2〉 기능별 지방세출 결산순계 추이(일반회계+특별회계) (단위: 억 원, %)

구분	1991	1995	1997	1999	2001	2003	2005	2007
합계	218,501 (100.0)	366,642 (100.0)	509,589 (100.0)	539,793 (100.0)	675,048 (100.0)	821,860 (100.0)	955,835 (100.0)	1,507,893 (100.0)
일반행정비	34,405 (15.8)	72,185 (19.7)	89,846 (17.5)	88,898 (16.5)	113,093 (16.8)	134,379 (16.3)	165,707 (17.3)	196,503 (13.0)
사회개발비	29,487 (13.5)	58,224 (15.9)	200,293 (39.3)	232,210 (43.0)	323,029 (47.9)	376,090 (45.8)	468,640 (49.0)	771,593 (51.2)
경제개발비	141,923 (64.9)	225,141 (61.4)	202,771 (39.3)	198,455 (36.8)	213,071 (31.6)	280,707 (34.1)	287,285 (30.0)	412,126 (27.3)
민방위비	3,874 (1.7)	6,329 (1.7)	11,294 (2.2)	10,253 (1.9)	12,793 (1.9)	17,096 (2.0)	20,013 (2.0)	23,189 (1.5)
지원 및 기타	8,802 (4.1)	4,758 (1.3)	5,383 (1.0)	9,977 (1.8)	13,061 (1.9)	13,586 (1.6)	14,188 (1.4)	104,480 (6.9)

자료: 행정안전부, 「지방재정연감」, 매연도

〈표 13-3〉 변경된 기능별 지방세출 예산순계(일반회계+특별회계) (단위: 억 원, %)

구분	2009[1)]	2011	2013	2015	2017	2019	2021
합계	1,567,028 (100.0)	1,410,393 (100.0)	1,568,887 (100.0)	1,732,590 (100.0)	1,931,532 (100.0)	2,310,152 (100.0)	2,630,917 (100.0)
일반공공 행정	118,293 (7.5)	125,034 (8.8)	129,895 (8.2)	142,136 (8.2)	118,834 (6.2)	125,331 (5.4)	134,496 (5.1)
공공질서 및 안전	26,516 (1.6)	23,366 (1.6)	28,862 (1.8)	30,438 (1.8)	34,356 (1.8)	40,336 (1.7)	52,800 (2.0)
교육	83,366 (5.3)	90,143 (6.4)	100,180 (6.3)	101,299 (5.8)	116,795 (6.0)	134,422 (5.8)	140,329 (5.3)
문화 및 관광	83,535 (5.3)	69,872 (4.9)	78,408 (4.9)	86,489 (5.0)	98,145 (5.1)	110,233 (4.8)	119,744 (4.6)
환경보호	168,942 (10.7)	150,305 (10.6)	157,925 (10.0)	170,868 (9.9)	191,119 (9.9)	226,708 (9.8)	263,631 (10.0)
사회복지	291,648 (18.6)	284,632 (20.1)	349,921 (22.3)	440,629 (25.4)	494,509 (25.6)	661,588 (28.6)	804,767 (30.6)
보 건	24,264 (1.5)	20,082 (1.4)	23,323 (1.4)	26,935 (1.6)	31,505 (1.6)	37,002 (1.6)	44,091 (1.7)

구분	20091)	2011	2013	2015	2017	2019	2021
농림 해양수산	109,547 (6.9)	97,944 (6.9)	108,898 (6.9)	114,575 (6.6)	122,738 (6.4)	141,542 (6.1)	172,441 (6.6)
산업·중소 기업 및 에너지	41,631 (2.6)	30,437 (2.1)	32,213 (2.0)	32,439 (1.9)	39,831 (2.1)	48,202 (2.1)	72,277 (2.7)
수송 및 교통	220,058 (14.0)	151,118 (10.7)	154,683 (9.8)	156,332 (9.0)	172,689 (8.9)	190,101 (8.2)	209,007 (7.9)
국토 및 지역개발	166,516 (10.6)	116,385 (8.2)	122,118 (7.7)	114,570 (6.6)	131,627 (6.8)	165,482 (7.2)	163,007 (6.2)
과학기술	7,670 (0.4)	3,293 (0.2)	6,254 (0.3)	5,426 (0.3)	4,801 (0.2)	5,601 (0.2)	3,349 (0.1)
예비비	19,841 (1.2)	23,125 (1.6)	31,038 (1.9)	34,180 (2.0)	49,054 (2.5)	56,047 (2.4)	39,518 (1.5)
인력운영비	205,193 (13.0)	224,657 (15.3)	245,168 (15.6)	230,273 (13.3)	258,539 (13.4)	298,994 (12.9)	330,141 (12.5)
기본경비 등				46,000 (2.7)	66,990 (3.5)	68,562 (3.0)	81,320 (3.1)

주: 1) 2009년은 최종예산 기준.
자료: 행정안전부, 매연도.

기능별 분류를 통해 파악하면 가장 특징적인 것이 1991년 64.9%로 가장 높은 비중을 차지하던 경제개발비가 이후 계속 감소하는 반면, 사회개발비[3]가 지방자치단체의 세출의 절반 이상으로 급증한 것이다. 또한 2008년 이후의 변화를 보면, 2009년 18.6%이던 사회복지비가 2021년 30.6%로, 전체세출의 1/3에 육박할 만큼 증가했다. 이는 무상보육과 기초생활보장 및 노인·청소년 지원 등 대규모 사회복지보조금의 확대에 따른 것으로, 특히 각종 사회복지단체에 대한 민간이전경비와 사회단체보조금 등 현재의 지방보조금이 쟁점이 되고 있다 (손희준, 2019a).

결국 이러한 과다한 사회복지지출로 인해 지방 스스로 지역경제·산업정책에 대해서는 가용재원의 부족 현상에 직면하고 있는 것이 문제이다.

3 기능별 분류체계 변화에 따라 과거의 보건 및 생활환경개선비와 주택 및 지역사회개발비 등이 사회개발비로 포함되어 그 비중이 자연 증가한 측면이 있다.

Ⅳ 지방자치 도입이후 지역경제·산업 정책의 결과

1. 지역내총생산(GRDP)과 주민소득

지역경제 지표 중 대표적인 것이 지역 내 총생산(gross regional domestic product: GRDP)과 1인당 주민소득이다. GRDP는 일정 시점 특정 지역 내에서 창출되는 최종생산 가치의 합, 즉 총부가가치를 의미한다. GRDP를 통해 각 지역의 경제 규모, 생산량, 산업구조 등을 파악할 수 있는데, [그림 13-4]를 보면, 1985년부터 2015년까지 수도권의 GRDP 증가율이 압도적이며, 다음 동남권, 충청권의 순이며, 나머지 지역은 저조하며, 강원과 제주는 거의 변화가 없다.

2017년 기준 1인당 주민소득 역시 수도권이 가장 높고, 그다음은 동남권과 세종시 및 충청권 등 GRDP의 추세와 거의 차이가 없다.

이는 결국 그동안의 다양한 지역경제·산업정책에도 불구하고 수도권과 비수도권의 개발격차가 확대되고 오히려 고착되고 있음을 입증하는 것이다.

[그림 13-4] 지역내총생산과 주민 1인당 소득 변화

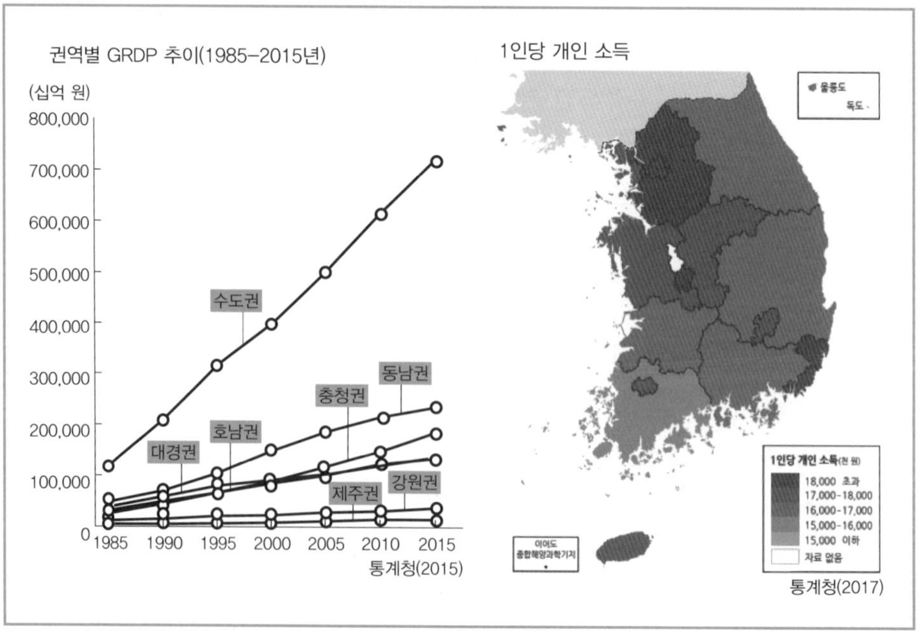

2. 인구 변화 및 추이

과거 한국은 인구증가가 경제성장의 동력으로 작용해 왔다. 인구증가는 노동력, 소비자, 시장의 증가를 의미하며, 이 과정에서 전체 인구 중 경제활동 인구(15~64세)가 차지하는 비율이 증가하는 '인구보너스(demographic bonus)' 상태가 되어 경제성장이 촉진되었다 (곽채기, 2016).

그러나 한국은 2020년 최초로 연간 출생자 수가 사망자 수보다 적은 '인구감소' 시대에 진입했고, 여기에 더해 지역 간 인구이동이 수도권으로 순 이동하여, 결국 전체 인구의 절반 이상이 수도권에 거주하는 상태가 되었다.

현재 지속되고 있는 저출산·고령화는 2029년부터 전체 인구가 감소하는 단계에 접어들고, 인구문제가 성장에 부담이 되는 '인구오너스(demographic onus)' 시기를 앞당기고 있다. 이에 비수도권 지역은 '지방소멸'[4]과 인구절벽에 직면하는 상태에 돌입하게 되었다.

결국 경제성장의 과실(果實)과 핵심 산업이 수도권에 집중되어 과밀과 집적의 폐해가 '규모의 경제' 효과를 상쇄하는 상태가 되었다.

[그림 13-5] 수도권 및 지방의 인구 추이

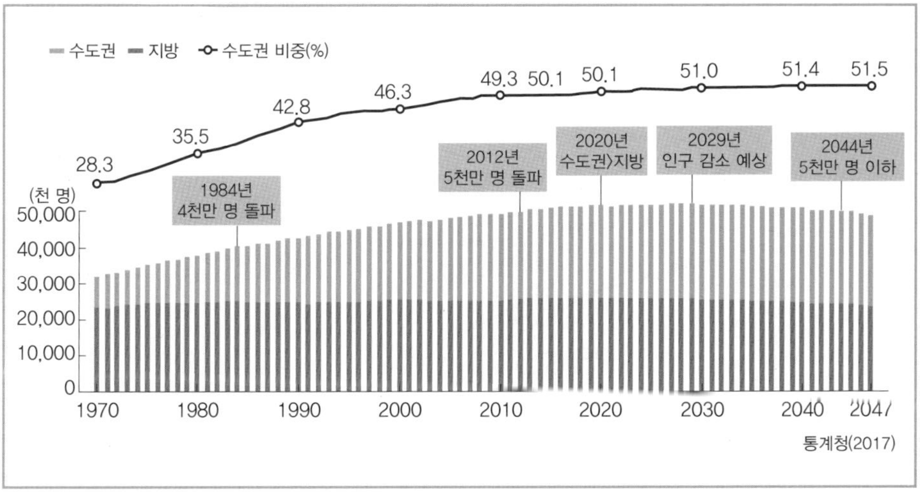

4 지방소멸은 2014년 일본 창성회 의장인 마스다 히로야(增田寬也)가 처음으로 소개하였다.

3. 지역경제 성장률과 삶의 질

지방자치 도입 이후 각종 경제·산업정책이 중앙정부 주도로 추진되었으며, 지방 역시 이에 부응하여 다양한 경제·산업시책을 개발하여 집행했으나, 결과는 이전과 크게 달라지지 않았다.

[그림 13-6]을 보면, 2000년 이후 저성장 기조 속에서 지역별 경제성장률이 둔화하는 모습을 보이는데, 특히 동남권, 대경권, 호남권의 잠재 경제성장률은 1% 대 이하까지 낮아졌으나, 상대적으로 수도권과 충청권은 양호한 편이다.

또한 삶의 질 관련 지표의 수도권과 비수도권 차이를 보면, 인구 10만 명당 문화시설을 제외하고는 상하수도 보급률, 도로 포장률, 도시가스, 의료시설 및 평생교육기관 등 대부분의 기본 생활 서비스수준에서 수도권이 상대적으로 우위에 있으며, 이러한 격차가 쉽게 좁혀지지 않고 있다.

최근 1차 산업혁명 시기부터 3차 산업혁명 시기까지 고도화된 산업들이 특정 지역에 집중되는 현상을 분석한 연구를 과학잡지인 'Nature'가 게재하였다고 한다(이상호, 2021에서 재인용). 같은 분석을 한국에 적용한 결과, 지식기반 제조업과 서

[그림 13-6] 지역별 성장률 추이 및 수도권과 지방의 차이

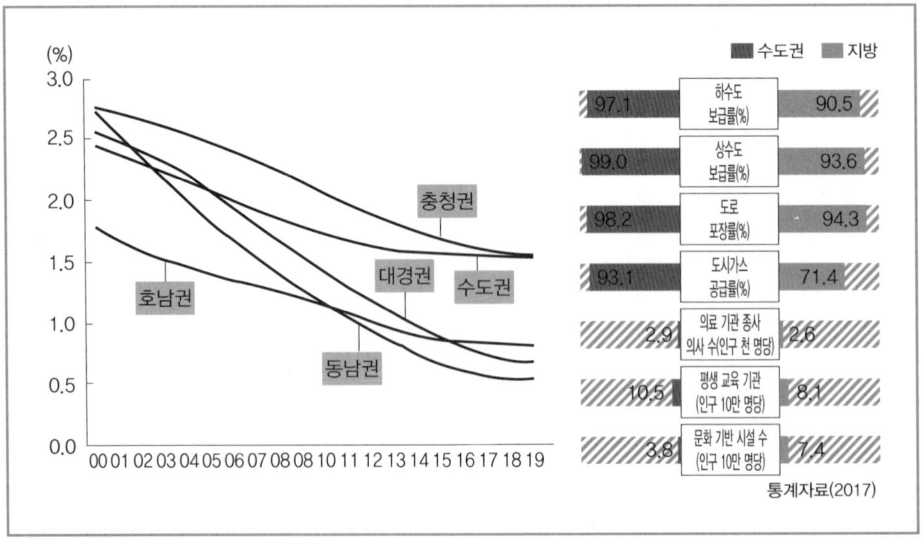

주) 권역별 hp filtered GRDP의 전년대비증가율.

자료: 통계청

[그림 13-7] 지역별 첨단산업의 변화

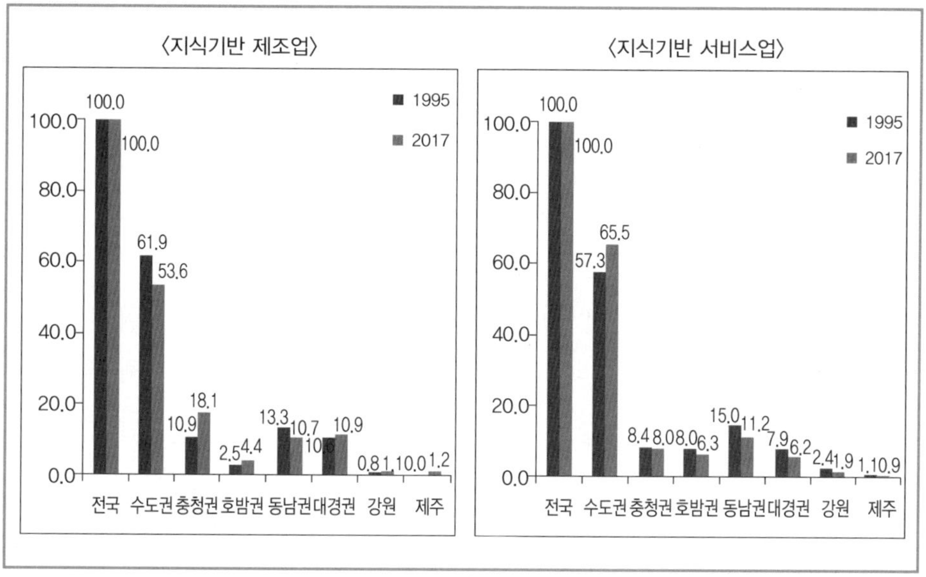

자료: 이상호(2021).

비스업의 수도권 지역에 대한 편중 현상이 1995년과 2017년에도 거의 유사하게 나타나, 수도권으로의 집중 현상이 결코 감소하지 않고 오히려 더욱 증가하는 것을 발견하였다 (이상호, 2021).

V 지역경제·산업 정책의 문제점과 개선방향

1. 지역경제·산업 정책의 문제점

지난 73년 동안의 지역경제·산업 정책 문제점을 간략하게 정리하기는 쉽지 않다. 왜냐하면 지역경제·산업 문제에 대한 인식, 정책추진 체계, 집행과정과 절차, 재정지원과 배분, 성과평가와 환류 등 매우 복잡하고도 다양한 접근과 분석이 요구되기 때문이다. 하지만 그럼에도 불구하고 지난 30여년 지방자치 도입 이후 지역경제·산업 정책에 나타나고 있는 문제는 다음과 같다.

첫째, 중앙정부 의존성의 지속화이다. 지방자치의 경험이 30년이 되었지만, 이전 43년의 집권적이고 국가중심적 사고방식과 인식체계가 일거에 불식되기는 어렵다. 현재까지도 거의 모든 경제·산업 정책이 중앙 주도로 결정되고, 이를 실현할 수 있는 막대한 예산 역시 중앙정부가 일방적으로 배분하기 때문에 지역은 스스로 자신들에게 특화된 정책을 수립하고 자체적으로 이를 추진하기 매우 어려운 구조이다. 참여정부와 문재인 정부가 지방분권과 주민자치를 국정과제로 제시했지만, 추진과정과 성과는 결코 만족할 만한 수준이 아니다.

둘째, 정책추진 체계의 단절성과 유사·중복의 문제이다. 문민정부 이후 정권이 교체되다 보니, 이전 정부 정책과의 차별성을 위해 지역 정책 관장조직을 교체하고, 정부 조직개편을 통해 담당부처를 통·폐합하여, 유사·중복 업무가 추진되었다. 특히 산업 정책은 통상산업부, 산업자원부, 지식경제부, 산업통상자원부, 과학기술정보통신부, 중소벤처기업부 등 끊임없이 재편되었고, 이에 의한 지역단위의 대응 역시 매우 혼란스럽고 일관적이지 않다.

그러다 보니, 중앙은 근시안적이고 경직된 지원 방식과 규제시스템을 고집하게 되며, 지방은 잠재역량과 사회적 자본이 부족한 상태이어서 정해진 틀 내에서만 사업을 운영할 수밖에 없는 구조이다.

셋째, 사업과 재원의 괴리(乖離)현상이다. 그나마 참여정부 때 국가균형발전특별회계를 설치했으나, 이후 세부 사업 변경에 따라 지역경제·산업 정책의 실효성을 담보할 만한 충분한 재원이 지원되지 않고, 보여주기식 단편적 보조사업이 추진되고, 재원이 부족하면 경쟁적인 공모사업이 추진되어 한정된 지방재정이 징발되는 악순환이 반복되고 있다. 예를 들어 현 정부 1단계 재정분권에 의해 균특회계 사업의 지방이양 등 상위계획에 의한 사업변경이 빈번하여 안정적이지 않다. 게다가 기초연금과 무상보육비 등 대선공약에 의한 대규모 현금성 사회복지 보조사업 때문에 지방은 이에 대한 매칭비 부담으로 지역경제·산업 정책에 투입할 재원 부족 현상마저 겪고 있다.

넷째, 지방의 경험과 역량 부족이다. 동어반복이지만 중앙정부 정책에 의존하다 보니, 지방은 지역 특수성이나 잠재력 향상보다는 중앙의 보조사업과 재정지원계획에 적절한 사업발굴과 추진으로, 지역 중심적 학습효과가 축적되지 않아 종속적이며 형식적인 경제산업정책의 추진이 반복된다. 이에 더해 인구 변화에 따른 지역인재 유출과 지역자원을 어떻게 연계하고 통합하면 가장 좋은 성과를 낼 수 있는지에 대한 아이디어 부재로 지역의 부존자원 역시 적극적으로 활용되지 않고 있다.

다섯째는 정책 거버넌스의 부재이다. 현재까지도 지역산업이 육성되고 선진화되어 지역경제가 발전하면, 주민소득이 증가하여 지방의 부(富)가 축적되면, 재정수입도 증가하는, 지역경제·산업 육성→지방소득증대→재정수입 증가로 이어지는 선순환(善循環) 구조가 부재하여, 지방주도적 경제·산업정책 추진의 거버넌스가 구축될 여지가 거의 없었다. 지방 역시 지역 내 산·관·학·연 유관기관들의 연계·협력체계 구축 및 중앙과 지방 간 협력체계 구축을 위한 노력이 부족한 실정이다.

2. 지역경제·산업 정책의 개선방향

지역경제·산업 정책의 복잡하고 다양한 문제를 해결하기 위해서는 보다 객관적 분석과 방안을 가지고 접근해야 하지만, 우선 정책의 주체별 역할과 기능을 중심으로 파악하면 다음과 같다.

첫째, 중앙정부의 역할과 기능을 재정립해야 한다. 하향식 집권적 중앙정부 주도형 정책 수립보다는 분권과 상향식 지방주도적 정책추진을 위한 패러다임 전환(paradigm shift)이 요구된다. 중앙정부는 지방이 잘 할 수 있는 지역의 경제산업 발전 계획에 대해, 지역 간 균형발전과 국토 공간의 활용이라는 차원에서 조정자(control tower) 역할을 하면서, 지방이 할 수 없는 영역과 국가 자원의 배분 및 재정지원 등의 기능에 집중할 필요가 있다.

특히 대외경제 환경의 변화 및 첨단기술과 산업의 구조조정 방향과 전(全) 지구적 기후와 에너지 위기, 국제정치 상황 등에 대한 선도적인 예측과 분석 결과 등을 시의에 제공하여 시기적절한 경제산업 정책의 개발과 집행에 도움을 주어야 한다. 동시에 개별 지방이 지역특화의 경제·산업정책 추진에 걸림돌이 되는 각종 규제와 법령 및 제도 정비 등을 선제적으로 개혁해야 한다.

무엇보다 중앙정부의 일방적이고 획일적인 국고보조사업의 추진으로 인한 지방재정의 압박을 축소하기 위해서는 더욱 강화된 재정분권을 추진해야 한다. 이를 통해 지방이 더 이상 중앙부처의 대리인 역할에서 벗어나, 지역의 문제와 주민들의 요구를 더 많이 반영할 수 있어야 하기 때문이다.

둘째, 지방정부의 주도적인 역할과 적극적인 자세가 필요하다. 지역발전과 성장의 핵심 주체는 지방정부이어야 하고, 그동안의 수동적이고 의존적 자세에서 벗어나 지역경제와 산업 및 재정의 선순환 고리와 지역 내 산·관·학·연 연구개발 시스템을 구축해야 한다. 이를 통해 지역인재 양성과 지방소멸을 극복할 수 있는 보다 행복한 정주(定住) 공간을 제공할 수 있어야 한다.

구체적으로는 5년 주기의 중기(mid-term) 지역경제·산업발전계획을 수립하고, 이를 중기재정계획과 연동(連動) 하여 계획의 추진동력을 확보하여, 지역경제·산업 육성을 위한 지방 주도의 자체역량 강화프로그램을 운용한다. 이를 통해 개별 지방은 지역 고유의 문화와 정체성을 살릴 수 있는 지역특화 산업을 육성하여야 한다.

동시에 지역주민들의 적극적인 참여를 통해 지역 스스로의 문제 해결 능력을 배양한다. 결국 지역 젊은이들이 적극적으로 참여하고 즐길 수 있는 장(場)을 만들어 지원해야 한다. 또한 지역 중소기업 간 협력과 경쟁을 위한 플랫폼을 구축한다. 아직 대부분의 지역기업은 중소기업과 스타트업(start-up) 기업인 경우가 많아, 이들은 인력과 자금 및 판로 부족에 어려워한다. 따라서 지역의 중소기업이 성장할 수 있는 기반을 제공해야 한다.

이외에도 지역별 경제산업 잠재 역량조사와 관련 통계 및 DB 구축 등 지역경제·산업정책 추진을 위한 기반 조성사업 등은 중앙과 지방의 협력으로 시행해야 할 것이다.

Ⅵ 결론

지난 73년 동안의 중앙집권적 하향식 경제·산업 정책에 익숙해 왔던, 한국 사회가 1991년 지방자치 도입에 따라 자치와 분권 가치를 누리게 되었다.

그러나 대외경제 여건의 불안정과 장기적인 저성장 기조 및 저출산 고령화, 예측불허의 코로나19 등 대규모 재난과 불확실성이 고조되는 상황에서 지역경제·산업 정책의 중요성은 매우 크다. 왜냐하면 중앙정부 주도의 천편일률적 하향식 지역정책은 그 규모가 크고, 아무리 정교해도, 지역의 특수한 여건을 충분히 반영하기 어렵고 주민들의 자긍심과 참여를 불러오기 어렵기 때문이다.

지역산업 클러스터 전문가인 Cooke(1998)는 지역혁신체제를 위해 지방금융과 자본 조달방식이 중요한데, 무엇보다 지방정부가 자신의 재정지출을 직접 결정할 수 있는 '재정분권'의 중요성을 강조했다는 점을 확실히 해야 한다.

지역의 경제·산업 정책인만큼 지방이 주도적이며 적극적으로 자신의 문제를 인식하고, 지역문제 해결을 위해서도 지역의 부존자원과 사람 중심으로 정책을 개발하되, 이를 위한 돈과 기술 등 지원체제는 지방과 중앙이 서로 협력하여 추진할 수 있어야 할 것이다. 그나마 지방자치를 통해 지방에 대한 중요성과 인식이 변화하면서 지방이 곧 국가라는 점을 명심하여, 지역경제와 산업발전이 국가경쟁력 확보의 지름길이 되어야 할 것이다.

제14장 토지·주택·교통 정책

▶▶▶ 조덕호

I 서론

토지, 주택, 교통 등 도시를 구성하는 요소들은 시대에 따라 역할이 조금씩 다르다. 도시계획은 계획의 개념이 도입된 이래 변화를 거듭하며 각 요소의 결합 방법에 따라 다양한 도시 모습으로 나타나게 된다. 지금은 제4차 산업혁명으로 인한 디지털 대전환, 기후변화와 탄소 중립, 시장경제의 변화와 구독경제, 소유주택과 구독 주택, 디지털 모빌리티와 신유목민 사회 등 각 분야에서 큰 변화를 겪고 있다. 정보통신기술(Information Communication Technology: ICT)의 발달과 함께 코로나19 팬데믹으로 업무, 소비, 교육, 여가 등 일상에서 디지털 대전환이 일어나고 있다. 특히 ICT 발달에 따른 인터넷과 가상현실의 등장은 도시계획에 대한 접근방식의 근본적인 변화를 요구하고 있다. 이처럼 사회 전반에 걸쳐서 엄청난 변화와 함께 환경오염, 기후변화 등 위기가 다가오고 있다. 이와 같은 상황은 역사상 인류가 겪어 보지 못한 것으로 과연 인간은 모두가 행복한 사회로 발전할 수 있을지에 대한 근본적인 의문을 제기하고 있다.

기후변화, 도덕적 타락, 환경의 악화 등으로 지구는 사람과 생명체가 살기 어려운 환경으로 변하고 있어서 인간이 갈구해 온 경제적 이득을 추구하면서 발전(Environmentally Sound and Sustainable Development: ESSD)을 지속할 수 없는 지경에 이르렀다. 따라서 앞으로는 '자연을 극복의 대상으로 보지 말고 함께 조화롭게 살아가는 스스로 그러한' 이른바 지속 가능한 변화(Environmentally Sound and Sustainable Change: ESSC)를 추구할 때가 도래한 것으로 판단된다.

이처럼 시대적인 대전환과 함께 정치적으로도 지방의회가 구성된 지 30년이 지났으며, 이로 인해 지역 주민의 삶의 다양성과 자치권의 확대 등 큰 변화가 있었지만, 교통 및 통신 기술의 발달로 광역행정의 확대와 코로나19 팬데믹으로 국가 중심주의가 확산하고 있다. 이와 같은 상반된 발전 지향점을 추구하는 시점에서 주민자치에 근거를 둔 풀뿌리 민주주의와 동시에 토지, 주택, 교통 등 도시의 구성 요소들에 대한 효율적인 관리를 위한 국가 중심주의가 어떻게 변화되었는지에 대해 검토할 필요가 있다. 본 연구에서는 디지털 대전환과 자치분권 시대를 맞이하여 토지, 교통, 주택 등의 요소들이 시대에 따라 어떻게 역할이 정립되고 활용되는지를 검토하여 향후 도시계획 및 지방자치에 어떤 방향으로 발전해야 할 것인가에 대한 정책대안을 제시하고자 한다.

II 도시계획 체계의 발전과정

1. 공간계획 체계와 도시계획의 발달과정

1) 공간계획 체계

한국의 지방자치는 1949년 지방자치법의 제정과 1952년 지방선거를 시작으로 지방자치 시대가 열리는 듯하였으나, 1961년 군사쿠데타로 30년간 중단되었다가 1991년 지방의원 선거와 1995년 자치단체장 선거로 본격적인 지방자치가 시작되었다. 한편, 국토공간계획은 국토건설종합계획법(1963)에 의한 국토계획, 국토이용관리법(1972)에 의한 국토이용계획, 도시계획법(1962)에 근거한 도시계획 그리고 건축법(1962)에 따른 건축계획을 들 수 있다. 국토계획과 국토이용계획은 전국 또는 국토의 일부 지역을 계획 대상으로 하며 도시계획은 도시 또는 도시 내 일부 지역을, 건축계획은 개별건축물을 대상으로 한다. 국토계획은 전국계획, 특정지역계획, 광역권계획, 도계획, 군계획으로 나누어지고, 도시계획은 도시기본계획과 도시관리계획으로 나누어지며, 그 하위에 지구단위계획이 있다.

(1) 국토계획

헌법 제120조 제2항은 국토와 자원은 국가의 보호를 받으며 국가는 균형 있는 개발과 이용을 위하여 필요한 계획을 수립한다고 규정하고 있다. 이와 같은 헌법 정신에 바탕을 두고, 국토계획은 국토를 둘러싼 대내외 여건을 고려하여 국토 공간의 바람직한 미래상과 이를 달성하기 위한 장기적인 정책 방향을 제시하고, 국토의 균형발전과 사회간접자본(Social Objective Capital: SOC)을 확충하고, 생활환경을 개선하여 국토의 생산성을 높이고 국민 생활의 질을 향상하는 데 그 목적이 있다.

국토건설종합계획법(1963년 제정)에 '건설교통부는 국토 여건을 종합적으로 고려하여 국토의 이용·개발 및 보전하며, 산업입지와 생활환경의 적정화를 기하고 국토의 경제·사회·문화적 발전을 이룩하여 국민의 복지향상에 이바지함을 목적으로 한다'고 규정하고 있다. 따라서 이 법은 국토계획의 성격, 국토의 이용·개발·보전에 관한 장기적·종합적 국가계획이다.

(2) 도시계획

도시계획법은 도시의 발전과 미래상을 제시하는 도시기본계획과 그 기본계획의 바탕 위에 구체적인 개발 방향과 규제를 가하는 도시관리계획으로 구분된다. 보다 구체적으로 후자는 토지이용과 건축물에 제한을 가하게 되는 용도지역, 지구, 구역의 지정 및 변경에 관한 계획, 도시공공시설인 도시계획시설의 설치, 정비, 개량에 관한 계획, 토지구획정리사업, 일단의 주택단지조성사업, 일단의 공업단지조성사업, 재개발사업 등 도시개발에 관한 계획의 수립과 그 집행에 관한 전반적인 사항을 규정하고 있다.

도시의 발전을 위해서 제도적인 성격을 갖는 도시계획의 효과는 행정에 있어서 시행착오를 배제하고 일관성 있는 정책을 지속적으로 추진함으로써 도시발전의 안정화에 이바지하고, 목적과 수단을 합리적으로 연결하는 과정을 거침으로 정책과 행정의 타당성을 높이고자 한다. 한정된 자원을 우선순위에 따라 합리적으로 배정하여 투자의 효과를 극대화하고, 여건의 변화를 예측하여 능동적으로 대처하고, 바람직한 방향으로 변화를 유도하여 도시발전을 도모하고 향후 정책의 평가에도 활용된다.

2) 도시계획의 발달과정

한국의 도시문제는 1960년대 이후 산업화와 맥을 같이 하는 데 도시화에 따른 문제점을 해결하기 위해 관련 법률이 발달하게 되었다. 1960년대는 도시의 경제적인 빈곤과 주택, 교통, 기반 시설의 미비 등의 도시문제를 해결하기 위해 '조선시가지계획령'에서 1962년 도시계획법과 건축법으로 분리, 제정하였다. 도시계획법은 조선시가지계획령에 일단의 불량지구개량 추가, 도시계획사업목적 이외에 국, 공유지처분의 제한, 위생, 교육, 공공지구제의 신설, 도시계획시설로서 녹지, 유원지, 학교, 도서관 등을 추가하고 중앙도시계획위원회의 의결을 거쳐 도시계획을 결정토록 하는 제도적인 장치를 마련하고 있다.

1970년대는 공업화에 따른 경제성장과 도시 성장에 따른 새로운 도시계획이 필요하게 되며, 무질서한 도시의 평면적인 확산을 막기 위해 1971년 도시계획법이 전면 개정됨으로써, 도시계획법의 체계가 3부 35조에서 7부 93조로 변경되었다. 법 개정 전에는 도시계획법은 시설정비에 중점을 두었으나 개정 후에는 건전한 시가지의 발전을 위해 지역지구제의 보완과 구역제의 신설 등 토지이용계획을 강조하였다. 또한, 공익성을 갖는 도로, 주차장, 공원, 광장, 시장의 시설을 세분화하고 고속도로 자동차 정류장, 공용의 청사 등을 도시계획시설에 포함하였다.

1980년대는 1981년 3월에 고도 경제성장으로 인해 발생하는 문제점을 보완하기 위해 대폭 개정하였는데 골자는 장기적 도시개발의 방향을 제시하고 법정 도시계획 입안의 지침을 제공할 목적으로 도시기본계획 제도가 도입됨으로써 도시기본계획-도시계획재정비-사업실시계획의 3단계로 도시계획체제가 확정되었다. 이 과정에서 도시계획의 민주화, 공개화를 위해 계획의 입안 결정전에 주민공청회를 거쳐 주민의 의사를 도시계획에 반영토록 하였다. 1988년 2월 다양한 도시활동을 수용하기 위해 12개 용도지역으로 세분화하였고 도시방재지구를 신설 보완하였으며, 매년 단위로 수립 집행되던 계획을 3년 이내에 실행할 1년 단위집행계획과 3년 이후에 집행할 2단계 집행계획으로 구분함으로써 제도의 융통성을 부여하였다.

1990년대에는 1993년 3월 도시의 발달과 기능의 다양화로 용도지역과 지구가 구체적으로 세분되었으며 용도지역은 13개로 분류되고(도시계획법 17조, 령 15조) 용도지구는 13개로 구분되는데 이는 풍치지구, 미관지구, 고도지구, 방화지구, 보존, 주차장정비, 공항, 시설보호, 도시설계, 아파트, 방제, 위락, 자연취락지구로 구분되며, 미관지구는 1~5종으로 구분되고 시설보호지구는 학교시설, 공용시설, 항만시설지구로 세분된다(도시계획법 18조, 령 16조). 구역으로는 특정시설 제한구역, 시가화 조정구역, 상세계획구역, 광역계획구역, 개발제한구역, 개발예정구역으로 구분된다(동법 20조, 22조, 54조).

2000년대에는 2000년 1월 도시의 팽창과 도시 간의 상호 연관되는 문제를 효과적으로 관리하기 위해서 광역계획이 추가되었다. 광역도시계획이란 국토의 계획 및 이용에 관한 법률 제2장(10~17조)의 규정에 따라 지정된 광역도시권의 장기발전 방향을 제시하는 계획을 말한다.

1960년 이후 경제성장을 위해 국가주도의 경제개발 5개년계획에 따라 도시계획은 주로 효율성에 기반을 둔 거점 위주의 지역 성장정책을 추진하였다. 그 후 2000년대에 들어서면서 수도권 및 대도시의 집적이익을 분산시키고 지역 간 발전격차를 완화하기 위한 균형발전정책으로 정책의 기조가 변화하기 시작하였다. 2003년 출범한 참여정부는 지역개발정책의 중요한 전환점이 된다. 2004년 지방살리기 3대 특별법을 제정하고, 국가균형발전위원회와 국가균형발전특별회계를 설치하는 등 제도개혁을 단행함으로써 불균형성장정책을 균형발전정책으로 전환하는 계기를 마련하였다.

Ⅲ '지방자치1.0'과 도시계획

1991년 지방의회가 부활하고, 1995년 지방자치단체장 선거가 시행되면서 본격적인 지방자치 시대가 열리고 도시계획에도 많은 변화를 가져왔다. 지방자치1.0 시대는 지방자치의 부활에 무게를 두었다면, 자치분권2.0 시대는 자치분권의 실현에 중점을 두고 있다. 전자가 지방자치단체를 주체로 하였다면 지방자치법 전부 개정으로 개막되는 자치분권2.0 시대는 지방자치 주인이 명실공히 시민이 되는 것이다. 실질적으로 지방자치는 지방자치단체별 중복투자 및 과도한 지역개발사업 등 여러 가지 부작용을 초래하였지만, 민주주의를 정착시키는 중요한 계기가 되었으며, 주민자치를 이루는 중요한 전환점이 되었다.

1960~70년대 전후 복구 이후 국가기반형성과 신속한 경제부흥을 위해서 투자의 효율성을 도모하는 요소투입 위주(Factor Investment-Driven)의 불균형 지역 성장 정책을 추진하기 시작했다. 제1차 경제개발 5개년계획(1962~1967) 및 제1차 국토종합개발계획(1972~1981)을 시작으로 투자 효율성이 높은 성장거점(Growth Pole)을 조속히 개발하기 위하여 국가주도로 서울, 부산 등 핵심거점을 지정하고, 대규모 산업단지를 조성하는 등 지역개발 정책을 추진하였다. 그 결과 급격한 산업화·도시화가 진행되어 경제성장을 통한 국가의 경쟁력은 가파르게 상승했으나 서울을 포함한 수도권과 대도시에 인구, 산업, 자본, 정보, 권력 등이 과도하게 집중되면서 수도권 및 대도시에서는 과밀로 인한 집적의 불경제가 발생하고 비수도권에서는 지역자원이 충분히 활용되지 못하는 등 지역 격차 문제가 심각해져 갔다(박진경, 2018).

2000년대 이후의 각 정부의 지역 균형발전 및 지방자치에 대한 노력을 정리하면 <표 14-1>과 같다 (박진경, 2018). 2003년에 출범한 참여정부는 지역개발 정책의 비전을 '전국이 개성 있게 골고루 잘사는 사회'의 건설로 설정하였다. 정책목표를 달성하기 위하여 자립형 지방화와 지역혁신체계 구축, 4+9 지역전략산업 육성 및 낙후지역의 발전기회를 제공하는 신활력사업 추진, 수도권 공공기관의 지방이전 및 혁신·기업도시 건설 등을 설정하고 혁신 정책, 균형 정책, 산업 정책, 공간 정책, 질적 발전 정책 등의 5대 세부 정책을 추진하였다.

참여정부는 지역 간 불균형을 바로잡기 위해 통합되고 일관된 균형발전 추진시스템을 구축하였고 이를 균형발전특별법으로 제도화했지만, 공간적인 분산형 지역개발에 과도하게 집중하다 보니 지역 주민 삶의 질 향상은 다소 미흡했다는 평가를 받고 있다. 그렇지만, 공간 단위를 4+α 초광역개발권, 5+2 광역경제권, 163개 기초생활권으로 구분함으로써 3차원적 지역발전 정책을 추진하였다. '5+2 광역경제권 정책'은 시·도 경계를 넘는 광역 현안 해결 및 지역의 국제 경쟁력 강화를 강조하여 규모의 경제를 실현하는 지역 간 연계 발전의 필요성을 제시한 측면은 긍정적이었으나 지자체의 역할이 많이 축소되었고, 지역 정책의 전반적인 추진체계가 중앙주도로 변화하였다는 평가를 받고 있다.

2013년 출범한 박근혜 정부는 '국민에게 행복을 지역에 희망을'이라는 지역행복

〈표 14-1〉 각 정부의 지역균형발전 및 지방자치 관련 노력

구분	노무현 정부 ('04-'08) 국가균형발전정책	이명박 정부 ('09-'13) 신지역발전정책	박근혜 정부 ('14~'17) 지역행복(HOPE)정책	문재인 정부 ('18-'22) 국가균형발전정책
정책 목표	혁신주도의 공간적 균형발전 (기능분산형 국가균형발전)	지역의 경쟁력 강화 및 특화발전 (일자리 창출)	지역행복 및 삶의 질 향상 (HOPE)	지역주도 자립적 성장기반 마련 (지방분권형 국가균형발전)
정책 대상	• 행정구역	• 행정구역 + 광역권(초광역개발권, 광역경제권, 기초생활권)	• 행정구역+생활권(지역행복생활권)	• 행정구역+계획계약(포괄자원협의대상
정책 수단	• 국가균형발전 5개년계획(2004-2008) • 국가발전위원회 • 국가균형발전특별회계 • 국가균형발전특별법	• 지역발전 5개년계획(2009-2013) • 지역발전위원회 • 광역지역발전특별회계 • 국가균형발전특별법	• 지역발전 5개년계획(2014-2018) • 지역발전위원회 • 지역발전특별회계 • 국가균형발전특별법	• 국가균형발전 5개년계획(2018-2022) • 국가균형발전위원회 • 국가균형발전특별회계 • 국가균형발전특별법
주요 정책	• 혁신정책(RIS 사업) • 균형정책(신활력사업) • 산업정책(시도 전략산업) • 공간정책(세종시/혁신 기업도시) • 질적 발전정책	• 5+2광역경제권 정책 • 기초생활권, 광역경제권, 초광역개발권 • 행·재정 권한 지방이양 등 분권강화 • 수도권-지방 상생발전	• 지역행복생활권 정책 • 지역경제 활력 제고 • 교육여건개선·인재양성 • 문화·환경·복지·의료	• 지역혁신체계 구축 및 혁신성장 • 국가혁신융복합단지 지정·육성 • 지역발전투자협약 • 도시재생 뉴딜 • 혁신도시 활성화
	• 국가균형발전 체계정비	• 지역 간 연계발전 강조	• 맞춤형·패키지 지원 강조	• 국가균형발전 체계 재정비
성과	• 국가균형발전의 토대마련 • 균형발전 통합적 추진체계 구축	• 지역 간 연계발전 • 포괄보조금, 지역상생발전기금, 지방소비세·지방소득세 신설	• 주민 체감도 제고 • 지자체 자율성과 책임성 강화	• 디지털 대전환과 지역균형 뉴딜

구분	노무현 정부 ('04-'08)	이명박 정부 ('09-'13)	박근혜 정부 ('14~'17)	문재인 정부 ('18-'22)
	국가균형발전정책	신지역발전정책	지역행복(HOPE)정책	국가균형발전정책
한계	• 물리적 분산정책 • 중복투자, 비효율 • 삶의 질 향상 미흡	• 지자체 역할 축소 • 중앙주도적 시스템 • 위원회 역할 미약	• 정책 이미지 부실 • 지역일자리 대응 소홀	• 구체적인 정책대안 부재

박진경(2018), p.37을 수정 보완하였다.

정책의 비전하에서 생활권 단위에서의 지역 간 연계사업, 취약지역 생활여건 개조사업인 새뜰마을사업, 지역 중심지 활성화 사업에 역점을 두었다. 지역행복 정책은 지역과 주민이 안고 있는 문제해결, 주민 체감도 제고 측면에서는 긍정적이었으나 정책 내용이나 예산 규모 등에서 사업이 빈약하고 미시적인 생활권 문제에 과도하게 치중하다 보니 지역의 경쟁력 강화 및 일자리 위기대응에 소홀했다는 평가를 받고 있다.

문재인 정부는 국정운영5개년계획(2017년)에 따라 '고르게 발전하는 지역'을 5대 국정 목표 중 하나로 정하고 4대 복합·혁신과제 중 하나로 '국가의 고른 발전을 위한 자치분권과 균형발전'을 선정하였다. 이는 국가균형발전의 중요성을 절실하게 인식하고 있음을 표명하고, 지속 가능한 국가발전을 위한 해법으로써 국가균형발전을 제시한 것이다. 국가균형발전 비전과 전략의 수립은 분권·포용·혁신의 가치를 기반으로, 지속 가능한 국가균형발전 패러다임으로의 대전환을 통해 지역이 문제해결의 주체가 되고 국민이 어디서나 잘 사는 나라로 힘차게 도약하기 위한 목표 설정과 추진전략이다 (진승호, 2021). 그렇지만 이와 같은 목표와 추진체계와는 달리 구체적인 정책대안이나, 지역균형발전 정책이 부족한 상태로 코로나19와 맞물리면서 유동성이 증가하면서 수도권 지가 상승으로 수도권 쏠림현상이 강화되는 방향으로 연결되는 부작용을 낳았다. 노무현 정부에서 문재인 정부에 이르기까지 지방자치와 지역균형발전의 정책목표, 대상, 수단, 대책, 성과 및 한계를 정리하면 <표 14-1>과 같다. 특히 보수정당과 진보정당이 추구하는 이념이 상당히 다른 것으로 평가되고 있다.

역대 정부에서 추구한 지역균형발전은 수도권 집중화와 시장 지상주의에 매몰되면서 성공적인 결과를 도출하지 못하였다고 평가될 수 있다. 민주성, 효율성, 효과성, 책임성을 확보하는 성숙한 지방자치를 달성하기 위해서는 도시계획가의 역할이 무엇보다도 중요하며, 계획의 패러다임 변화에 대한 정확한 인식이 필요하다 (한경원, 2015).

첫째, 가장 중요한 변화는 저출산·고령화와 저성장 시대의 도래이다. 대한민국은 전 세계에서 가장 빨리 늙어가고 있는 나라가 되었다. 통계청(2021) 발표 자료에 의하면, 생산가능인구(15살–65세)의 비중은 지난해 세계 10위 수준인 73.1%를 정점으로, 2015년부터 하락해 2030년 63%, 2060년 49.7%로 세계 최하위 수준인 199위로 떨어진다고 한다. 이 같은 변화는 국가 전체적으로 잠재성장률이 저하되고, 지방정부 차원에서는 재정수입이 제약된 조건 가운데 복지지출이 급증함을 의미한다.

둘째, 국토 공간구조에서의 변화이다. 국가 경제성장을 위해서는 대도시권의 역할이 중요하지만, 대도시 인구는 감소 추세이다. 도시 확산과 함께 도심부가 쇠퇴했으며 전국적으로 대부분 중소도시가 쇠퇴했거나 쇠퇴 징후를 보인다. 특히 농어촌지역은 출생률이 낮은 가운데 자연적인 요인에 의한 인구감소, 과소화 문제가 더욱 심각해져 소멸위기에 직면하고 있다.

셋째, 삶의 질과 행복을 중시하는 소프트 사회의 도래다. 포스트 모던 사회 시민들은 개성을 추구하며 자아실현, 무엇보다 건강과 행복을 추구한다. 그런데 한국은 성과 위주의 지나친 경쟁 사회로 내몰리면서 OECD 국가 중에서 11년째 자살률 1위라는 불명예를 안고 있고, 삶의 질 만족도 순위가 세계 117위(2014 글로벌 웰빙 순위)에 불과할 만큼 우울한 사회가 되었다.

넷째, 네트워크 사회이다 (김재익 외 4인, 2003). ICT의 발달에 따라 개인, 기업 혹은 지역 간의 협력이 점차 중요시되며, 교통도 점차 지역 간 협력이 중요하다. 더구나 에너지 고갈과 기후변화 등 지구환경문제는 세계적인 협력이 요구된다. 이처럼 지역내/도시내 네트워크, 지역간/도시간 네트워크, 글로벌 네트워크로 구분되며 협력 네트워크를 도형화하면 [그림 14–1]와 같다.

[그림 14-1] 네트워크의 구조

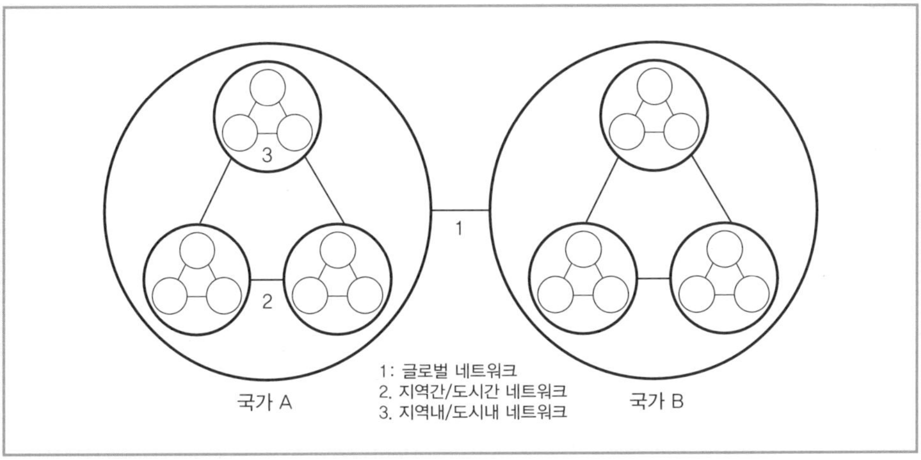

자료: 김재익 외 4인, p.12

Ⅳ '지방자치2.0'과 도시계획 패러다임 대전환

지방자치2.0 시대가 본격화되면서 본격적으로 자치분권 시대가 열리게 되었다. 구체적인 내용은 주민주권의 구현, 중앙권한의 획기적인 이양, 재정 분권의 추진, 중앙과 지방간의 협력강화, 자치단체의 자율성 강화 및 행정체계의 개편 등 다양한 변화가 시도되고 있다(대통령 소속 자치분권위원회, 2021). 또한, 제4차 산업혁명으로 인해 디지털 대전환이 일어나면서 토지, 주택, 교통 등도 일대 패러다임의 대전환이 예측된다. 따라서 지방자치2.0 시대를 단순히 정치적인 측면에서 분권, 풀뿌리 민주주의 등의 시각에서 볼 것이 아니라 패러다임의 대전환으로 인한 제4차 산업혁명과 디지털 트랜스포메이션 차원에서 접근할 필요가 있다.

1. 제4차 산업혁명과 신 유목민(New Nomad) 시대의 도래

제4차 산업혁명은 여러 가지 시각에서 논의될 수 있지만, 핵심은 디지털 대전환이다. 첫째 디지털 산업을 중심으로 생산과 유통에서 한계비용이 제로인 시대로 돌입하고 있어서 과거와는 전혀 다른 새로운 비즈니스 모델이 창출되고 있다. 둘째 사이버·물리시스템으로 사물인터넷과 인공지능을 활용하여 빅데이터를 생산, 가공, 분석하여 가상공간과 현실 공간이 융합되어 재구성되고 개선되는 시스템으로 전환하게 된다. 셋째 디지털 혁명을 바탕으로 물리, 디지털, 바이오, 나노 등의 기술 영역이 서로 융합되는 과정이다. 이와 같은 과정은 단계적으로 진행되는 것이 아니라 동시다발적으로 진행되면서 세상은 눈부신 속도로 변화하고 있다.

기존의 산업혁명들은 인간의 노동력을 기계화하고 자동화를 했던 반면 제4차 산업혁명은 인간의 두뇌 자체를 대체하는 혁명적인 변화를 추구하고 있다. 한국을 포함한 미국, 일본, 독일 등 선진국들은 제조업 혁신을 위해 제조업에 ICT를 적용하고, 센서·빅데이터·로봇 등에 기반을 둔 스마트공장을 추진하고 있다. 인터넷이나 모바일을 활용한 개인 맞춤형 제품이나 서비스도 증가하고 플랫폼 기반 비즈니스도 확산하고 있다. 제4차 산업혁명은 ICT의 급격한 발전과 함께 거의 모든 산업에서 퍼지고 있다 (김은경, 문영민, 2016). 이와 관련한 경제, 사회, 문화, 교육 등 사회 전 분야에서 새로운 변화가 생기기 시작하며, 특히 경제 분야에서 지금까지 겪어 보지 못한 새로운 사업모델이 등장하게 되며, 사물인터넷(Internet of Things: IoT)과 인공지능(Artificial Intelligence: AI)을 활용한 신유목민 사회로 진입하게 될 것이다.

2. 포스트 코로나19의 사회·경제변화

코로나19와 변이 바이러스의 대유행은 사회적, 경제적, 정책적인 측면에 많은 변화를 초래하고 있으며, 앞으로도 상당 기간 지속할 것이 예상된다. 코로나19의 대유행은 사회의 4가지 명제를 제시하고 있다. 첫째, 활동을 삼가는 정지 명제, 즉 정체 사회(Stagnant Society)를 요구하고 있다. 각종 모임이나, 쇼핑, 여행 등이 대거 축소되거나 연기되고 있으며, 이와 같은 현상은 경제영역과 사회 전 영역으로 퍼지고 있다. 둘째, 접촉을 피하는 회피 명제인, 비대면 사회(Untact Society)가 전개된다 (정진수, 2020). 바이러스는 숨을 쉬거나 대화할 때 방출되는 비말을 매개로 확산하므로 가능하면 접촉을 피하는 활동이 요구되고 있다. 접촉의 개입이 덜한 원격교육, 원격근무, 원격거래 등이 매우 활발해지고 있으며, 특히 비대면 물류 산업이 크게 확대되고 있다. 셋째, 흩어져 살자는 분리 명제로 격리 사회

(Quarantine Society)를 지향한다. '뭉쳐야 산다'라는 통설을 넘어 타인의 간섭을 받지 않고 자기 뜻대로 살아가려는 독자적 생활양식이 점차 증가하고 있다. 2019년에는 1인 가구 비율이 30.2%로 늘어났으며, 혼술, 혼밥, 혼공, 혼행 등 홀로 족이 모든 연령대에서 증가하고 있다. 넷째, 전모를 밝히자는 공개 명제이다. 위성영상, 지리정보시스템, 통계정보시스템의 융합(위·지·통 빅데이터)으로 인한 감시 사회(surveillance society)로 데이터감시(data surveillance, dataveillance)체제의 등장이라 할 수 있다 (조덕호, 2021). 데이터 감시는 감시의 대상은 물론 감시의 주체까지 자료화하여 사회 전체를 언제 어디서 어느 방식으로든 정탐할 수 있는 상시적 감시체제가 가능하게 된다. 코로나19의 확산 방지를 위해 정부나 지자체가 확진자 신상이나 동선 정보를 즉각적으로 제공할 수 있는 것도 데이터감시체제가 작동하고 있기 때문이다 (김문조, 2020). 그렇지만, 최근 국가 주도적으로 진행되고 있는 이와 같은 정책은 지역분권의 시대적인 요구를 반영하지 못하고, 국토의 불균형 발전을 더욱 악화시킬 수 있다는 측면에서 더욱 신중한 접근이 필요한 것으로 예상한다.

3. 사이버국토와 디지털트윈

디지털트윈(Digital Twins)은 현실에 존재하는 객체 및 시스템을 컴퓨터의 가상공간에 '디지털 쌍둥이'를 구현하여 현실에서 발생할 수 있는 상황을 컴퓨터로 시뮬레이션하여 미래에 대한 운영결과 및 예측을 할 수 있는 기술이다 (최지석, 2021). 2000년대 초 이미 디지털 국토 혹은 사이버국토 구축에 대한 논의가 진행된 바 있으나, 당시 기술여건이 성숙하지 못해 개념적 담론 수준에 머물렀다. 2000년대 중후반 Ubiquitous computing 개념을 도시에 적용한 U-City가 등장하였고, 지금의 디지털트윈 기반 스마트시티와 유사한 개념이 논의되었다. 2010년대 중반부터 대용량 데이터의 실시간 수집·처리·분석 및 시각화를 가능하게 하는 4차 산업혁명 기술(IoT, Big Data Analytics, AI, 5G Network, Cloud Computing 등)이 등장하면서 디지털 대전환의 기반이 마련되어 Geographic Information System과 Land Information System이 본격적으로 구축되기 시작하였다.

토지를 포함한 가상국토 구현을 위한 디지털트윈 정책 방향은 코로나 사태와 함께 더욱 가속화된 디지털 대전환 요구에도 부합되며, 타 분야의 디지털 대전환 기반이 될 것이다 (서기환·오창화, 2020). 특히 IoT와 AI가 제4차 산업혁명을 주도적으로 이끌고 있으며, AI는 기계가 경험을 통해 학습하고 새로운 입력 내용에 따라 기존 지식을 조정하며 사람과 같은 방식으로 과제를 수행할 수 있도록 지원하는 기술로 인간의 두뇌가 미치는 거의 모든 영역에 보조적 혹은 주도적으로 활용될 수 있다 (김은경, 문영민, 2016).

IoT는 무선과 모바일 연결성, 나노 기술, RFID(Radio Frequency IDentification) 기술, 스마트 센서 기술 등 다양한 분야의 기술적 발전을 포함한 초연결된 세계로 상호 연계된 사물들에 의해 첨단화된 서비스를 가능하게 해주는 정보사회의 세계적인 연결망이다. 이는 빅데이터와 함께 새로운 비즈니스 모델을 만들고 서비스를 개선하며 생산의 효율성을 높이고 참살이를 제공하는 것에 이용될 수 있다. 사물인터넷은 사물 지능통신(Machine to Machine: M2M)뿐만 아니라 생활환경지능(Ambient Intelligence), 스마트환경(Smart Environments)을 포함한다. 이처럼 사물인터넷과 인공지능 기술이 융합될 때 인간의 모든 활동에서 시간과 장소의 제약을 극복하고, 어디에서든지 원하는 일을 할 수 있는 신 유목민 사회로 전환되게 될 것이다.

4. ICT와 도시계획

1) ICT와 토지

이처럼 제4차 산업혁명의 핵심 3대 요소는 인공지능(AI), 사물인터넷(IoT), 빅데이터(Big Data)로 인공지능 속에 들어 있는 수리적 알고리즘을 활용하여 빅데이터를 분석하고 그 결과를 일상생활에서 정부 정책에 이르기까지 모든 분야에서 이용하게 되었다. 코로나19의 확산정보를 실시간으로 분석하여 국민에게 제공하는 것도 빅데이터 활용의 하나의 예가 될 수 있다.

문재인 정부는 대통령 직속 4차산업혁명위원회 주도로 「개인정보 보호법」, 「정보통신망 이용촉진 및 정보보호 등에 관한 법률」, 「신용정보의 이용 및 보호에 관한 법률」 등 이른바 데이터 3법을 개정하였다. 그렇지만 이것만으로는 제4차 산업혁명에 대비하기에는 부족하며, 이에 대한 근본적인 대책이 요구된다. 다시 말하면, 거의 모든 데이터는 공중과 해양을 포함한 국토 공간 어디에서 수집된 것이지만 아직 데이터 생산의 원천인 위성, 지리정보, 통계 데이터의 융합하여 활용할 수 있는 대책은 없는 실정이다.

미국, 영국, 캐나다 등 주요 선진국들은 이미 1990연대부터 위성영상과 통계 데이터를 통합하는 작업을 시작하였으며, 국가 기반 데이터로 활용하고 있다. 빅데이터 생산의 핵심은 위성, 지리정보 및 통계 데이터에 위치 정보(Geo-code)를 공유하고, 각 데이터 구조를 통일시켜 언제든지 통합 활용이 가능하게 하는 것이다. 이를 위해 데이터의 생산, 분석, 활용에 관한 "빅데이터 기본법"이 제정되어야 한다. 또한, 각종 데이터의 수요기관과 국가기상위성센터, 국토지리정보원, 통계청 등 데이터 공급기관, 행안부, 국토부, 과기부 등 정부 부처와의 통합 빅데이터 통제 센터가 신속히 구축되어야 한다. 다만 개인정보보호를 위해서 빅데이터의 사용에는 세밀한 검토가 필요하지만, 이유를 막론하고 위·지·통 융합 빅데이터는 제4차 산업혁명의 기본이며, 선도국으로 발돋움하기 위한 국가 핵심 인프라이다(조덕호, 2021).

2) ICT와 주택

ICT의 발달로 재택근무가 가능하고, 이동이 쉬워지면서 경제도 시장경제, 공유경제를 넘어 구독경제로 발전하고 있다. 특히 코로나19의 대유행으로 소비 패턴이 인터넷을 통해 필요한 물품을 검색하여 저렴한 금액으로 구매함은 물론 필요한 순간 적정량만 소비하는 방식이 많이 증가하고 있다. 특히 경제불황 및 기술 발전에 따라 소비 방식이 바뀐 소비자들은 구매해야만 이용이 가능했던 기존 방식을 대체할 방법을 모색하여야 하며, 기술적으로 모바일 기반의 주문형 서비스의 확산, 소규모 사업자를 모아서 보여주는 플랫폼의 등장 등은 이러한 변화를 가속되고 있다 (Eckhardt, et al. 2019).

구독경제(Subscription Economy)는 사업자가 직접 소비자의 소비 패턴과 취향을 고려하여 특정 기간 혹은 주기에 맞춰 재화나 서비스를 제공하는 방식으로 소비자들이 금액을 지급하면 일정 주기로 정해진 양의 제품을 배달해주거나 정해진 한도에서 특정 서비스를 이용하는 방식으로 재화나 서비스를 구매하여 사용하는 방식으로 기존에 상품을 배타적으로 소비하는 방식에서 벗어나서 소비자가 필요로 하는 양, 필요한 시기에 맞춰 사업자가 상품을 제공해준다는 점에서 차이가 있다 (정영훈, 2019; Campbell, 2020; 조덕호·기정훈, 2021).

닛케이(2020)는 구독경제의 영역을 '입다', '먹다', '살다', '이동하다', '즐기다'의 영역으로 나누어 설명하고 있는데 첫째, '입다'의 영역은 명품가방 무제한 대여 서비스, 무제한 옷 대여 서비스, 고난도의 양복 대여 서비스, 명품 손목시계와 안경 구독서비스 등 일상생활의 영역으로 퍼지고 있다. 둘째, '먹다'의 영역으로 월 정액제 맥주 배달 서비스, 커피 이용 서비스, 맛집 서비스 등의 영역으로 확대되고 있다. 셋째, '살다'의 영역으로 월정액으로 농촌 빈집을 자유롭게 활용하는 분야, 법인이나 개별 가구의 가구 정기구독(Subscribe), 샴푸 및 콘택트렌즈 등 다양한 영역으로 확대일로에 있다. 특히 일본의 ADDress사는 인구감소 시대가 도래한 한국의 도시 및 농촌 빈집문제 해결의 실마리가 될 수 있을 것이다. 넷째, '이동하다'는 영역으로 신차 구독서비스가 대표적인 예이다 (조덕호·기정훈, 2021).

일본의 경우 젊은 층을 중심으로 주거공간 하나를 여럿이 공유하는 '셰어하우스(Share House)', 사무환경을 각종 집기와 함께 공유하는 '협업 공간(Co-working Space)'이 확산하면서 점차 이용자가 증가하고 있다. 그렇지만 이와 공유경제는 코로나19의 확산으로 점차 인기를 잃게 되고, 재화의 배타적인 소비에서 다시 배타적인 이용으로 바뀌고 있다. 자원을 공유하는 대신에 여기저기를 돌아다니며 생활하고 싶지만, 그와 같은 환경이 준비되어 있지 않았는데 일본의 ADDress사가 주택에 대한 구독서비스를 시작하여 점차 활성화되고 있다. 2019년 4월 이러한 요구를 해결하기 위해 셰어하우스와 협업 공간에 장점만을 활용한 서비스를 시작했다. 정해진 구독료를 지급하면, 일본 전역에 분포된 모든 계약시설에 무제한으로 머무를 수 있는 다거점 코리빙서비스(Co-living Service) ADDress이다 (닛케이, 2020; 조덕호·기정훈, 2021).

2014년 도쿄 도민의 41%가량이 지방으로 이주하고 싶다는 의사를 밝혔다. 특히 젊은 세대는 그 비중이 더 높은 것으로 나타났으며, 저출산 고령화로 인해 농촌지역의 빈집 증가가 큰 사회문제로 등장하게 되었다. 노무라 종합연구소에 따르면 2033년에는 전체 주택의 33%인 2,166만 호가 빈집으로 남게 될 것이다. 따라서 여기저기 옮겨 다니면서 살 수 있는 듀얼 라이프를 즐기는 '듀얼러'가 증가하게 되고, 농촌과 도시의 인구는 서로 공유되며, 농촌 빈집문제의 해결에도 기여할 수 있을 것으로 예상한다. 또한, 이와 같은 산업이 지역축제 혹은 문화재와 연계될 때 지역경제 활성화에도 이바지하게 되며 도·농간 공생의 길이 열리게 될 가능성이 크다 (조덕호·기정훈, 2021).

3) ICT와 교통

제4차 산업혁명의 진전으로 사람과 사물의 극단적인 연결성과 함께 도시문제의 복합성과 이로 인해 나타나는 도시 차원 상호작용의 복잡성은 미래의 도시를 계획하는데 전통적인 도시계획의 방법이 가진 한계를 뛰어넘는 방안을 요구한다. 미묘하고, 복잡하며, 종합적인 도시의 현실을 충실히 반영할 수 있는 수단이 필요하며, 4차 산업혁명의 기술이 투영된 스마트시티의 디지털 플랫폼에서 발전 가능성을 찾고자 하였다 (조준혁, 2018).

디지털 전환기에 교통은 내·외부적 요인으로부터 도출되는 문제들을 통합하기 위한 정책으로서 교통과 환경적인 부하를 조절하며 연계시키는 정책과 연구개발이 필요하다. 기후변화, 이산화탄소 감축 등이 큰 사회문제로 등장하고 최근 미세먼지로 인해 숨쉬기 힘든 환경에서 모든 국민이 걱정하며 살고 있다. 환경과 교통의 통합적 시각에서 이산화탄소와 미세먼지에 국한하지 않고, 이를 가능케 하는 요소로서 대중교통체계의 혁신과 자연스레 개별 승용차 수준의 새로운 기술로서 전기차, 수소차 등의 저탄소 배출 차량의 생산, 보급을 논하게 되었다 (최기주, 2019).

스마트시티에 디지털트윈을 적용하기 위해서는 디지털트윈을 단순 시스템의 구축 차원이 아닌 자원으로서의 데이터 역할을 강화하고 이를 활용할 수 있는 장기적 전략 수단으로 인식해야 한다. 또한, 데이터 거버넌스 체계를 구체화하여, 현재 데이터 보유 현황을 파악하고 권한 있는 조직이 앞장서서 관련 기술 및 데이터 축적을 지속적으로 추진하고, 데이터 표준 및 공통 플랫폼을 바탕으로 자원으로서의 데이터로부터 유의미한 가치를 창출할 수 있는 다양한 분석기법이 개발되어야 한다. 그렇지만 기존 개인정보보호 및 보안 등의 문제를 해결할 수 있는 암호화 방안을 마련하고, 이를 적극적으로 지원할 수 있는 제도적 방안을 마련하여야 하며, 데이터 민간개방을 통해 공공중심의 데이터 활용에서 민간참여를 확대하여야 한다.

미래 도시교통기술은 우리 생활에 가장 가까운 생활환경 요소로, 우리가 안전하고 행복하게 사는 미래를 만든다. 도시 인프라의 효율적 활용과 운영을 위해 스마트시티에 '디지털 트윈'을 적용하는 기술 개발이 점차 확대되고 있다. 대용량 도시모델 데이터 구축 기술, 빅데이터 처리 기술, 시시각각 변화하는 도시 환경에 대한 현행화 체계 구축 기술, 5G 통신 활용 기술 등 디지털트윈 구현을 위한 기술 개발이 요구되고 있으며, 급속도로 발전을 거듭하고 있다. 교통 분야에서는 자율주행 기술이 가장 큰 발전 화두이다. 자율주행 기술의 가장 큰 위험요소는 안전성으로, 정부 차원의 안전성 기준 제시와 이를 위한 연구가 시급한 상황이다. 미국에서는 자율주행차 정책수립 3대 핵심 분야 중 하나를 인적요인으로 선정했고, 미국 도로교통안전국(NHTSA)에서는 자율주행차 운전자 개입 레벨 2~3의 운전자 반응과 행동을 분석하는 연구도 수행하고 있다. 사람-자동차 간 상호작용(Human Vehicle Interaction: HVI) 연구가 꼭 필요하다. 자율주행 상황에서 운전자가 운전 제어권을 안전하게 넘겨받을 수 있는 제어권 전환 방법이 마련돼야 하며, 운전자 상태를 객관적으로 판단할 수 있는 인적요인 기반 안전성 기준도 제시해야 한다 (이인환, 2021).

V 결론

2020년 12월 일괄 개정된 지방자치법은 상당 부분 변화가 있었다. 주민의 권리, 지방의회의 정상화, 지방행정의 탄력성 및 효율성 제고, 지방정부 간의 관계 및 중앙-지방의 관계에 이르기까지 많은 진전이 있었다고 평가될 수 있다. 그렇지만 제4차 산업시대의 정보인프라와 인사 및 재정의 특성상 중앙 집권 현상이 더욱더 강하게 나타나고 있으며, 중앙정부 차원에서 여러 정책적인 대안에도 불구하고, 고령화, 인구감소, 지방소멸 위기가 점차 가중되고 있어 특별한 대책이 요구된다. 따라서 정보인프라 및 제4차 산업혁명 측면에서는 중앙집중화가 상대적으로 유리하고, 지역의 특성이나 주민의 삶 측면에서는 지방화, 분권화가 계속되고 있어서 적절한 접점을 찾기는 매우 어렵다. 그렇지만 이미 기울어진 운동장을 바로잡기 위해서는 지방분권 및 지역균형개발에 대한 노력이 더욱 요구된다고 할 수 있다.

1. 주민주권의 구현

개정된 지방자치법의 가장 두드러진 부분은 주민주권을 강화하기 위한 것이었다. 제1조의 목적에서 주민의 지방 자치행정 참여를 명시했고 제17조에서 주민의 생활에 영향을 미치는 정책 결정 및 집행과정에 참여할 권리를 신설했다. 주민주권의 구현을 위한 직접 참정제도의 신설 및 요건 완화도 주요한 개정 내용이다. 주민의 직접 발안 제도와 규칙제정과 개정·폐지의 의견제출권이 도입되었다.

지방의회와 지방행정의 주민에 대한 책무도 강화되고 있다. 지방정부의 정보공개 의무·방법 등이 강화되었으며, 의원들의 의정활동에 대한 주민의 접근성도 크게 개선되었다. 주민에 대한 적절한 서비스 제공과 지역 간 균형발전을 위해 국가와 지방정부 간의 협력 의무를 강조하였으며, 중앙과 지방의 거버넌스 체계도 강화하여 협력을 원활하게 하고 있다.

2. 지방정부의 권한 강화

행정사무에 대한 조례제정권의 범위가 "법령의 범위 안에서"부터 "법령의 범위에서"로 개정됨으로써 지방정부의 권한이 확대될 것으로 기대된다. 보충성, 중복배제, 포괄적 배분 등 사무 배분의 원칙이 규정되고 사무배분 기준에 대한 국가와 자치단체의 준수 의무를 부과했다. 지방정부의 사무에 국제교류 및 협력사무도 추가됐다. 1991년 이후 줄곧 주장된 지방의회 사무기구의 인사권독립과 정책지원 전문인력제도가 도입돼 지방의회의 전문성을 크게 높일 것으로 보인다. 지방의원의 발의 요건도 조례로 규정하도록 함으로써 지방의원 발의도 활성화될 것이다. 또한, 본회의에서 표결할 시 조례 또는 회의 규칙으로 정하는 표결방식에 의한 기록표결로 가부 결정을 해야 한다.

3. 지방행정의 효율성 강화

행정구역의 경계조정을 쉽도록 경계조정 신청에 따라 경계변경 자율협의체 구성을 통해 자치단체 간 상호 협의를 통해 조정하도록 하였다. 다만, 협의가 원만하지 않을 경우, 행·재정 분쟁 사항을 포함해 중앙분쟁조정위원회의 심의·의결을 통해 조정한다. 매립지, 등록 누락지역은 소속 자치단체의 결정에 이의제기가 없는 경우 행안부 장관이 결정하고, 이의제기 시 재정부담 조정사항을 포함해 중앙분쟁조정위원회의 심의·의결을 통해 행안부 장관이 결정한다.

시·도는 20명, 시·군·구는 15명 이내에서 임기 시작 후 20일 범위로 단체장 인수위원회를 구성해 존속할 수 있다. 100만 이상 대도시에 "특례시"라는 명칭을 부여할 수 있게 되었으며 실질적인 행정수요, 국가균형발전 및 지방소멸위기 등을 고려해 대통령령으로 정하는 기준과 절차에 따라 행안부 장관이 지정하는 시·군·구에 별도의 특례를 부여할 수 있다.

"주민에 대한 균형적인 서비스 제공과 지역 간 균형발전을 위한 협력 의무"를 명문화하였다. 중앙정부와 지방정부는 중앙-지방협력회의라는 제도를 통해 중요한 국정을 논의할 수 있게 되었다. 광역사무의 효율적 처리를 위해 특별지방자치단체제도를 도입하고 이의 설치, 구성, 운영 등에 관해 상세하게 규정하였다. 행정협의회 구성 시, 자치단체 간에 정한 규약을 지방의회의 의결에서 보고로 요건을 완화해 절차를 쉽게 하였다. 지역 간 재정 불균형 해소를 위해 국가-지방정부, 지방정부 간 재정조정을 하도록 국가와 지방정부의 노력 의무를 명시하였다. 지방정부 간의 협력을 촉진하기 위해 관계 중앙행정기관장은 지방정부 간 협력의 활성화를 위해 필요한 행·재정 지원을 할 수 있게 하였다.

코로나19 팬데믹에 대응한 사회적 거리 두기 과정에서 업무, 소비, 교육, 여가 등 일상생활의 디지털 전환이 광범위하게 일어나고 있다. 이는 이동과 회합의 감소로 연결되어 소상인과 대면 서비스 산업에 큰 타격을 주었으며 글로벌 가치 체인의 단절을 일으켰다. 코로나19 위기대응 과정에서 세계는 새로운 질서를 만들어가며 과거와는 다른 사회경제 체제로 이행하고 있다 (김순은, 2021).

방역·보건의료가 국가 역량에서 매우 중요한 비전통 안보 부문으로 주목받고, 경제와 고용 정책에서 국가의 역할이 중요해지면서 '큰 정부'의 등장을 예견하고 있다. 코로나19를 계기로 기후변화에 관한 관심의 고조와 사회적 거리 두기가 실행되면서, 세계는 탄소 중립경제, 디지털 전환과 제4차 산업혁명의 진전이라는 거대한 변화가 일어나고 있다. 도시에서는 원격 근무, 온라인 교실, 온라인 쇼핑, 랜선 콘서트 등 언택트 생활양식이 퍼지고 있으며, 내연기관 자동차의 퇴조와 친환경 에너지 기반 모빌리티 서비스로의 전환 움직임이 가시화되고 있다. 코로나19 충격과 무인화·자동화로 취약계층의 고용은 크게 악화하였으며, 생산부문보다 고용회복이 더딘 상황에 있다. 글로벌 금융위기와 코로나19 팬데믹의 원인을 제공한 '세계화'가 퇴조하고 자국 우선주의와 미중간 기술 냉전 등 블록화가 대두되고 있다.

결론적으로 한국은 포스트 코로나19 시대 도시와 산업의 새로운 단계로 발전을 위한 도전에 적절히 대응해야 한다. 우선 향후 어떠한 감염병 팬데믹에도 대처할 수 있는 방역·보건의료 시스템을 구축해야 한다. 둘째, 주거, 업무, 학습, 쇼핑, 여가, 교통 등 필수기능에서 언택트와 녹색 생활양식에 적합한 도시 구조와 디지털 인프라를 구축하고 디지털 격차 해소를 위한 체계적 대응이 필요하다. 셋째, 디지털 전환과 제4차 산업혁명의 촉진, 탄소 중립경제로의 이행을 통해 산업부문의 혁신과 도약을 이루어야 한다. IT·플랫폼, 전기차·자율주행, 신재생에너지, 바이오 등 선도부문의 혁신 역량과 창업 생태계를 강화해야 한다. 넷째, 코로나19로 충격을 받은 청년, 자영업자 등 취약계층과 플랫폼 노동자의 일자리를 안정화하기 위해 민간의 활력을 높이면서 국가와 공동체가 '최후의 고용주'로 역할을 담당하는 일자리 정책의 새로운 패러다임을 구축해야 한다 (이정훈, 2021).

도시 환경은 대내·외적으로 커다란 변화에 직면하고 있으며, 도시계획의 바탕을 이루는 도시기본계획도 큰 변화를 맞이하고 있다. 경제발전과 도시화가 일정 수준에 도달함에 따라 경제는 저성장 시대로 접어들었으며, 도시화가 90%를 넘어 정체되고 있다. 또한, 저출산·고령화, 인구절벽 및 인구감소, 1인 가구의 증가 등으로 인구와 가구구조가 양적·질적으로 변화하고 있다. 지역적으로는 수도권 지역 도시와 비수도권 지역의 도시 간의 성장격차가 벌어지고 있다. 이와 같은 현상은 지방자치가 본격화되어서도 계속되고 있으며, 특히 지방 중소도시의 쇠퇴는 더욱 가속화되고 있다.

사회환경의 변화는 도시계획에 대한 패러다임의 변화를 요구하고 있다. 고령화와 인구구조의 변화, 시민의식의 성숙과 시민참여의 확대, 지방자치와 지방화의 시대에 적절한 계획체계(planning system)와 함께 주민주도의 계획수립이 필요하다 (권일, 2020).

제15장 환경 정책

▶▶▶ 문태훈

I 서론

이 장에서는 해방 이후 지금까지 한국 환경 정책의 변화를 지방자치와 연계하여 지나온 궤적을 살피고, 앞으로의 방향을 모색한다. 1948년 해방 이후 2021년 까지 73년이란 세월이 흘렀다. 36년간의 혹독한 일제강점기와 6.25 전쟁을 겪으면서도 한국은 2021년 7월 유엔이 공식적으로 인정하는 선진국이 되었다.

경제적으로 한국은 이미 선진국가의 반열에 올라있다. 1963년 1인당 국민소득 US$ 100, 1964년 총수출액 US$ 1억이던 나라가 2018년에 1인당 국민소득이 US$ 31,000으로 3만불을 넘었고, 같은 해의 총수출액은 US$ 6,055억이었다. 해방 후 70년 만에 세계 10대권의 경제대국으로, 1963년 이후 55년 만에 1인당 국민소득 300배, 수출액 6,000배가 성장한 것이다. 그동안 정치 지평도 크게 변화하였다. 해방 이후 독재와 권위주의 정치는 이제 민주주의 정치로 변하였다.

정부조직도 국가재건기의 정부조직(1945~1950s), 권위적 발전주의 정부조직(1960s~1980s), 시장친화적 정부조직(1990s~2000s), 복지지향적 정부조직(2010s~2020s)이 순차적이면서 병렬적으로 발전해왔다.

1960년대 이후 명목상으로만 존재하던 지방자치도 1991년 지방의원의 선거를 시작으로 1995년 민선 지방자치단체장을 선출하고 2021년 지방자치 30주년을 맞게 되었다. 이 글은 이러한 변화의 흐름과 지방자치의 30년간의 맥락 속에서 지방자치의 환경정책이 어떻게 변화해 왔는지를 살펴보면서 그 발전방향을 모색해 보는 것이 목적이다. 이를 위해 우선 지방자치와 환경정책에 대한 이론적 쟁점, 지방환경정책의 변화의 흐름, 지방분권 이후 지방자치단체 환경정책의 성과, 지방자치 환경정책의 발전방향 등을 차례로 살펴본다. 연구방법으로는 질적 분석과 양적분석을 병행한 혼합연구방법을 지향하였고, 기존문헌 분석, 기존 데이터 분석, 기존의 면담자료 등을 활용하였다.

Ⅱ 정치경제 환경과 중앙정부 환경 정책의 변화

한국 환경 정책 변화를 정치경제적 환경변화의 맥락과 더불어, 환경 정책의 수단−명령강제방식, 경제적유인책, 사전예방책, 적극적 환경창조 방식−의 변화를 중심으로 보면 <표 15−1>, <표 15−2>와 같다. 환경문제는 정치경제적 환경변화와 밀접한 관련을 가지며 변해오고 있는데, 지방정부의 환경 정책은 1990년대 민선자치단체장이 선출되면서 변화가 시작되었다.

〈표 15−1〉 환경문제, 정치경제적 환경, 환경 정책의 변화

	1960년대	1970년대	1980년대	1990년대	2000, 2010 년대
환경문제	대기, 수질, 농작물 피해	대기, 수질 폐기물	− 온산공해병 − 오존층파괴 − 지구온난화	− 지속가능발전 − NGO, 시민참여 − 1991년, 1995년 지방자치제 시행과 지방분권	− 기후변화, − 생물종 멸종위기 생태계보전 − 플라스틱 폐기물 − 환경친화적토지이용 − 에너지문제 − 유해화학물질 − 안전한 먹거리 − 초미세먼지
정치경제적 환경	박정희 급속한 산업화정책	박정희, 최규하 중화학공업 육성정책	전두환, 노태우 − 정부의 시장개입축소, 민간주도 시장경제, 안정성장 − 대기업 경제력 집중가속화: 정책영향력증가	노태우, 김영삼, 김대중 − 1992. 지구정상회담: 지속가능발전모델 − 세계화: 규제완화와 난개발	김대중, 노무현, 이명박, 박근혜, 문재인 − IMF이후 경제구조의 변화: 청년실업률의 증가, 비정규직 근로자 증가

	1960년대	1970년대	1980년대	1990년대	2000, 2010 년대
			– 헌법 환경권조항의 신설 – 1986. 온산공해병	– 1994. 페놀오염사고 – 1997. IMF 금융위기	– 참여정부의 국토균형발전정책: 행복도시, 기업도시, 혁신도시 – 대형국책사업의추진 – 녹색성장
환경행정조직	– 1963. 공해방지법 – 1967. 보건사회부 위생계	– 1971. 공해방지법 개정 – 1977. 환경보전법	– 1980. 보건사회부외청 환경청발족 – 1986. 지방환경청	– 1990. 환경처 – 1990. 6개 환경관련 개별법 – 1994. 상하수도국, 4대강환경관리청4개지방환경관리청, 환경부 승격 – 1996. 지방자치제시행에 따른 지방분권흐름 – 1998. 국립공원관리 환경부 이관 – 1999. 조직축소개편 – 지구정상회의 이후 NGO 다양화, 참여확대	– 2000. 대통령 소속 지속가능발전위원회 설립 – 2001. 국토환경보전과 신설 – 2002. 배출업소지도단속업무 지방위임 – 2003 이후, 교통환경관리, 환경보건, 화학물질안전, 국토환경보전, 자원순환 기능 담당조직 신설 개편 – 2007. 지속가능발전기본법 제정 – 2008. 대통령 소속 지속가능발전위원회 – 2010. 대통령 소속 녹색성장위원회 – 2010. 환경부 소속 지속위

자료: 문태훈, 2008: 154를 토대로 재작성.

〈표 15-2〉 환경 정책의 변화

	1960년대	1970년대	1980년대	1990년대	2000, 2010년대
명령 강제 방식	1963. 공해방지법. 상징적.	- 1971. 공해방지법개정: 배출기준설정, 공해배출업소 행정처벌권한 - 1977. 환경보전법제정: 환경기준, 배출기준, 총량규제 개념 도입	- 1983. 대기환경기준 확대, 수질환경기준, 배출허용한도설정 - 1984. 이동오염원배출가스허용치 설정	- 지방자치지자체 조례에 의한 별도의 환경기준 설정 - 1994년 국토이용관련규제완화	- 2002. 배출업소지도단속권지방위임 - 2004 총량규제시행: 수질총량규제 - 2007. 대기오염물질총량제도 - 2013. 배출업소지도단속권 지방이양 - 2017. 통합환경관리 IPC
경제적 유인책			- 1983. 배출부과금제도도입, 시행	- 1994. 쓰레기종량제도입 - 1991. 배출부과금제도강화(기본부과금) - 환경개선부담금, 수질개선부담금, 폐기물처리예치금, 폐기물처리부담금	- 2002. 생산자책임재활용제도 - 배출권거래제도
사전예방책		1977. 환경영향평가제도 도입	- 1981. 환경영향평가제도 제한적 시행 - 1986. 환경영향평가대상사업을 사기업대규모개발사업으로 확대	- 1993. 환경영향평가법 - 1997. 시도조례로 환경영향평가 대상확대허용 - 협의기준초과부담금 도입	- 2001. 환경교통재해등에관한영향평가법: 누적평가. 환경영향재평가. 협의기준 초과부담금이행강화. - 2006. 전략환경영향평가(사전환경성검토) - 2004. 건교부. 전략환경영향평가업무처리규정

	1960년대	1970년대	1980년대	1990년대	2000, 2010년대
협력적 환경 창조				- 1994. 지방의제21 국내 소개와 확산 - 1997. 환경부 지방의제 21작성지침 수립 - 1996. 환경친화기업지정제도	- 한반도 생태네트워크의 구축: 2003. 백두대간보호에관한법률, 2005. 비무장지대 일원 생태계 보전대책, 2005. 특정도서관리기본계획, 2005. 도서연안 생태축 보전방안 - 지방의제21 확산 - 2015. UN SDGs, - 2017. IPC(통합환경관리) - 2018 K-SDGs, 의제2030

자료: 문태훈. 2008: 155를 참고하여 재작성.

[그림 15-1] 환경 정책의 변화 흐름

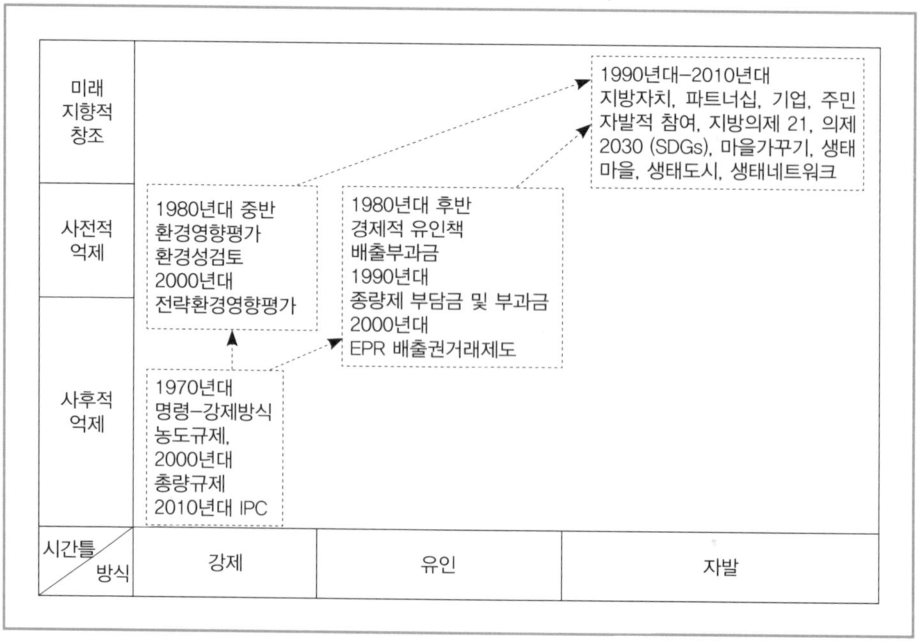

자료: 문태훈. 2008: 157을 수정.

EPR: 생산자책임재활용제도(Extended Producer's Responsibility, EPR), IPC:통합환경관리(Integrated Pollution Control, IPC)

III 이론적 쟁점과 기존 연구

1995년 6월 27일 자치단체장선거를 기점으로 본격적으로 시행된 지방자치에 대한 당시의 견해는 낙관론과 비관론 두 부류로 크게 갈라지고 있었다. 낙관론은 정치, 경제, 사회, 문화 등 모든 분야에서 중앙이 독무대를 차지해 오던 것이 앞으로는 민선단체장을 중심으로 각 지역으로 무게의 중심이 이동해 갈 것이라 보았다. 비관론은 지방자치단체의 약한 권한-인사, 조직, 재정-이 미약하다는 점, 중앙과 지방간의 업무 분배의 미진함으로 지방자치는 명분에만 그칠 것이라는 논리였다. 지방자치제에 대한 이러한 기본적인 시각의 차이는 지방자치단체의 환경보전 문제에도 그대로 적용된다. 자치제 낙관론자들은 지방자치의 본격적인 실시는 지역특성에 적합한 창의적 정책시도의 기회를 넓힐 것이므로 오염의 억제에 머물던 종래의 소극적인 '환경보전'에서 쾌적한 삶의 공간을 적극적으로 추구해 나가는 '환경창조'로 획기적인 전환을 이룩할 수 있을 것이라 본다. 그러나 자치제 비관론자들은 경제적 이해관계에 민감하게 영향받을 수 있는 지방자치단체가 재정적 곤란과 더불어 개발위주의 자치행정으로 나아가기가 쉬우며, 따라서 환경파괴는 더욱 심화될 것이라 본다. 지방자치단체의 빈약한 재정사정, 지역경제 발전의 중대성, 경제단체와 비교하여 절대적으로 약한 시민단체의 영향력, 지역간 이해관계의 상충 등이 자치 환경정책과 행정에 부정적인 영향을 미칠 것이라는 논지였다 (문태훈, 1997:535-538; 김종순·문태훈, 2013).

지방자치제도의 시행 초기에 수행된 지방자치와 환경정책에 관한 학계의 연구는 이러한 분위기를 잘 반영하고 있다. 중앙-지방간 환경규제 권한의 변화에 따른 지방자치단체의 규제활동 변화에 대한 연구 (유재원 외, 1995; 김재훈, 1996, 1997; 김창수, 2000), 중앙-지방 권한 배분에 관한 연구와 지방자치단체의 환경규제에 영향을 미치는 요인들에 대한 연구 (이수희, 1992, 1997, 2000; 이시경, 1993; 정회성, 1994, 2000; 김종순, 1995, 2001; 김재훈, 1996, 1997; 문태훈·김종래, 2000; 정용덕·김종순외, 2002; 김종순·문태훈·강황선, 2003), 지자체 환경정책 역량 평가방법에 관한 연구 (문태훈, 2003) 등이 주를 이루었다 (김종순·문태훈, 2013). 이중에서도 특히 지방자치에서 규제권한의 변동에 따른 지방자치단체의 규제활동 변화에 대한 연구가 활발하였다. 여기서 주된 질문은 환경부의 규제권한이 지방으로 위임되거나 이양된 이후 지자체의 오염물질배출업소에 대한 감시단속 행정이 완화 또는 강화 어느 쪽으로 변하고 있는지, 중앙과 지방간 역할분담은 어떻게 할 것인지에 대한 것이었다 (유재원 외, 1995; 김재훈, 1996; 이은국 외, 2007; 김창수, 2000; 고재경 외, 2006; 이희선, 2013; 김종순·문태훈, 2013; 박순애·이희선, 2013).

논리적으로 보면 환경부의 규제권한이 지방으로 위임되거나 이양된 후에도 지방의 규제준수에 대한 감시 활동과 위반에 대한 행정처분이 활발하게 수행되고 있다면 지방정부로의 권한배분이 더 커질 것이고 그 반대라면 지방으로의 권한 배분이 축소되거나 분배 방식의 변화가 있을 것으로 기대할 수 있다. 그러나 다음 절에서 중앙과 지방간 환경업무 분담이 변해온 과정을 살펴보면 반드시 합리적이거나 논리적인 측면에서 진행된 것만은 아니었다.

이러한 문제인식에 따른 것인지는 확실치 않지만 지방자치 시행 후 상당한 시간이 경과되고 있는 최근에 이르러서는 환경 정책 권한의 지방 배분을 일률적으로 볼 것이 아니라 양자간의 권한 배분이 적정하게 이루어진 것인지를 현지성과 보충성의 원칙 등 원칙과 기준을 마련하고, 평가하고, 이에 따라 사무배분의 범위를 정하고, 이양된 사무의 효과를 분석하여 이양이 필요한 사무와 지방분권의 범위를 밝히고 재설정하는 등 시스템 재정비에 대한 연구가 비교적 활발히 진행되고 있다 (최봉석 외, 2015; 황계영, 2015; 고경훈, 2015; 하혜영, 2017; 박순애 외, 2020:11-12).

지방분권은 지방의 특성에 맞는 환경 정책을 개발하고 이행함으로써 지방에 가장 적절한 환경 정책, 전국적으로 다양하고 창의적인 지방의 환경 정책이 나올 수 있고, 국가 전체의 환경 정책 발전을 촉진할 수 있다는 것이 큰 장점이다. 그러나 권한의 분배는 환경 정책의 전국적 통일성과 상반되는 효과가 있을 수 있다. 지방의 특성을 존중하는 것은 결국 지방에 따라 규제강도의 전국적 통일성이 약화될 수 있어 어느 지역에서 활동하는지에 따라 규제의 강도와 처분이 달라질 가능성이 크다. 이러한 상황에서는 규제의 정당성과 형평성이 약화되고 지역차별을 초래하기 쉽게 된다는 점을 고려하지 않을 수 없다. 결국 통일성은 환경부가 확보해야 할 과제로 남게 된다. 권한의 배분에 따른 다양성과 규제의 전국적 통일성을 환경부가 어떻게 동시에 확보할 수 있을지의 난제에 직면하게 되는 것이다.

이에 대한 접근방식으로 최근에는 목적지향적인 방식에 대한 관심이 커지고 있다. 목적을 가장 잘 달성할 수 있는 방식을 지자체가 취할 수 있도록 하는 분권을 강화하는 갓이다. 기후위기를 비롯하여 문제해결이 갈수록 어렵고, 복잡해지고, 상호 연계되는 경우가 많아지고 있는데 이에 대응하여 과감한 목적과 목표, 이를 위한 가치 공유를 바탕으로 여러 정책과 제도간의 정합성을 높이기 위한 연구들이 많이 진행되고 있다 (정정길, 2002; 성지은, 2009; 성지은 외 2009; 전영준·엄태호, 2019; 전상화, 2015). 예를 들어 기후위기를 완화하고 지구기온 상승폭을 산업혁명 이전 대비 1.5℃ 이하로 유지한다는 목표를 세우고 이를 달성하기 위한 목표로 2050 탄소중립 선언을 하고, 지자체의 정책과 조직들을 목표달성을 위해 유연하게 개편할 수 있도록 자율성을 부여하는 것 등이다.

Ⅳ 중앙과 지방간 환경업무 분담의 변화

2019년도를 기준으로 주요 환경사무의 지방분권 현황을 환경부와 지방정부간의 업무분담을 중심으로 살펴보기로 한다. <표 15-3>은 한국에서 환경 정책의 지방분권화는 지금까지 크게 4단계를 거치며 변화해 온 것을 보여준다.

1기(1977년-1984년 2월)는 시·도가 오염물질배출업소에 대한 허가, 지도·단속, 행정처분 권한을 행사하던 시기이다. 그러나 1기의 시·도 권한은 사실상 상징적인 것에 불과하였다. 한국 최초의 환경행정은 1967년 보건사회부의 위생계로 처음 출발하였으나 인력과 예산이 없는 부처조직이었다. 1980년 보건사회부의 외청으로 환경청이 설립되었으나 지방환경청이 1986년에 출범하였으니 이 시기는 지방의 오염물질 배출업소에 대한 감시·감독을 행사할 조직과 인력이 없던 시기였다.

2기(1984년 3월~2009년 10월)는 지방환경청이 설립되기 전에는 환경청은 중앙기동점검반을 두고 지도단속권만 행사하고 시도가 모든 배출업소에 대한 허가, 행정처분을 전담하였다. 지방 환경청 설립 후에는 환경청(1994년 이후 환경부로 승격)은 산업단지 내 업소와 산업단지 외 대형 배출업소에 대한 허가와 지도단속권을 가지고, 시도는 산업단지 외 소형배출 업소를 전담하는 분담체제로 시작하였다.

〈표 15-3〉 오염배출업소에 대한 감시·단속 관할기관의 변천

	기간	분담체제	환경부(지방환경청)	시·도
1기	1977 ~ 1984.2	시·도 전담		전담, 허가, 지도·단속, 행정처분, 전 지역 사업장
2기	1984.3 ~ 1986.12	중앙기동점검반과 시·도 분담	환경청 중앙기동점검반: 지도·단속권	모든 배출업소 허가·행정 처분 시·도가 전담
	1986.12 ~ 1992.6	지방환경청과 시·도 분담 (페놀사고 발생 1991)	지방환경청 신설: 산업단지 내 업소, 특정유해물질 배출업소, 산업단지외 대형배출업소 허가, 지도·단속·행정처분권	산업단지 외 소형배출업소
	1992.7 ~ 1994.5	시·도 전담 (낙동강 식수 오염 사고발생 , 1994)		허가, 지도·단속, 행정처분 전담
	1994.5 ~ 2002.9	환경부와 시·도 분담	지방환경청:산업단지내 배출업소, 허가·지도·단속·행정처분권	산업단지외 배출업소
3기	2002.10~ 2013.4	시·도 위임	환경부의 산업단지내 배출업소 감시·단속권한 지자체 위임. 지방환경청: 특별단속, 단속권	모든 배출업소
4기	2013.5~	시·도 이양 (대기환경보전법개정 2012.5)	대기오염물질배출업소에 대한 감시·단속 권한을 시·도로 이양, 시·도에서 허가, 지도·단속, 행정처분 전담	대기오염물질배출업소 시·도전담
5기	2017.1 ~	통합환경관리제도[a] (통합환경관리에 관한 법률, 2015. 12.22. 제정)	법 시행령 별표1에서 정하는 19개 업종 대상. 환경부 허가, 관리	

a) 발전업 등 동법 시행령 별표1에서 정하는 19개 업종, 대기오염물질 발생량 연간 20톤 이상 사업장, 일일 폐수배출량 700m^3 이상 사업장 대상. 2017.1.1.부터 단계적 시행, 2021.1.1. 대상 19개 업종 모두 적용.

자료: 정용덕 외, 2002:257; 정우현 외, 2019:34; 박순애 외, 2019:168; 국가법령정보센터 대기환경보전법 "재개정이유"; 통합환경관리법 등 참고

그러나 1991년 구미 공업단지 안의 두산전자에서 페놀이 유출되어 낙동강을 오염시키는 사고가 발생하자, 환경부는 시도가 모든 배출업소에 대한 허가와 지도단속권을 전담하도록 하였다. 그러나 1994년 낙동강 식수오염사고가 발생하자 환경부는 시·도 전담체제를 시·도 분담체제로 다시 변경한다. 환경부–시·도분담과 시·도 전담으로의 변화가 원칙 없이 수질사고가 날 때마다 원칙 없이 오가던 시대였다.

3기(2002년 10월~2013년 4월)는 배출업소에 대한 허가와 행정처분권이 모두 지방에 위임된 시기였고, 4기 (2013년 5월~2021년 11월 현재)는 대기오염물질 배출업소에 대한 허가와 행정처분권이 지방으로 이양된 시기이다. 시도의 오염물질배출업소에 대한 환경부의 권한이 완전히 지방으로 이양되어 현재에 이르고 있다.

5기(2017.1월~현재)는 2017년 1월부터 통합환경관리제도(Integrated Pollution Control, IPC)가 시행되기 시작하여 2021년 현재까지 4기와 병행되고 있는 시기이다. 통합환경관리제도는 배출업체에 대한 허가와 감시·감독이 대기, 수질, 폐기물 등 매체별로 허가와 관리를 하던 규제방식에서 여러 가지 오염물질 배출물을 통합적으로 허가하고 관리하는 규제방식이다. 통합환경관리시스템이 성공할지는 더 두고 보아야 알겠지만 이 제도가 지방분권의 관점에서 보면, 지방의 권한이 다시 중앙으로 회귀되는 것과 유사한 효과를 가질 가능성이 크다.

통합환경관리제도는 원래 영국에서 유래되었는데, 영국의 오염물질 배출업소 감시감독 체제는 적발과 처벌위주의 시스템이 아니라, 높은 전문성에 바탕하는 감시원에 대한 배출업소의 오랜 신뢰에 기반한 규제 시스템이다. 문제를 적발하는 것이 아니라 해결하도록 기술적 도움을 주는 해결사로서, 규제기준은 강제를 위한 기준이 아니라 해당업체에 적정한 합의기준을 만들기 위한 기준점이라는 관점에서 접근하는, 오랜 신뢰와 전통에 기반한 제도이다 (문태훈, 1999:279–324). 이런 맥락 속에서 작동되는 통합오염관리방식(IPC)이 한국의 상황에서 얼마나 성공적으로 안착될지는 미지수이다. 그러나 지방자치의 관점에서 환영할만한 정책으로는 보이지 않는다. 통합환경관리의 대상업체가 되려면 환경부의 허가를 받고, 환경부의 감시 감독의 관리대상이 된다. 또, 이 제도의 도입은 지방으로 이양된 권한이 다시 중앙으로 회귀하는 것을 의미할 수도 있는 변화이기 때문이다.

이상 대기오염물질 배출업소를 중심으로 중앙과 지방의 권한 분담의 변동에 대

〈표 15-4〉 주요 환경사무 지방분권 관련 현황

구분		내용
대기부문	비산먼지관리	• 국가, 시도 → 시도(2005년 9월)
	대기오염물질 배출업소 지도·점검	• 국가→시도(2002년 10월): 업무 위임 • 국가→시도(2013년): 업무 이양
물 환경	축산폐수의 처리	• 국가→시도(2003년 6월)
	폐수배출업소 지도·점검	• 국가→시도(2002년 10월): 업무 위임
토양환경	토양오염방지조치명령	• 시도→시군구(2005년 1월): 업무 이양

자료: 박순애 외 8인. 2019:169.

하여 설명하였다. 이외에도 환경 정책 권한이 지방으로 분배된 주요 환경 행정의 현황은 <표 15-4>와 같다.

V 대기오염물질배출 감시단속 정책의 변화

환경 정책의 지방분권화에 대한 찬성론과 비판론의 핵심 질문은 환경 정책의 지방분권화가 환경규제의 기본인 오염물질배출업소의 규제준수에 대한 감시 감독을 약화할 것인지에 대한 의문이다. 이 장에서는 2002년 10월 감시단속권한의 지방위임 후 2013년 5월 지방이양 전까지 대기분야 오염물질배출업소에 대한 감시단속의 빈도와 행정처분의 강도가 어떻게 변했는지를 살펴본다.

1. 2002년 5월 위임 후 2013년 5월 이양 전까지

<표 15-5>는 2002년 대기분야 감시단속 권한의 지방위임 이후 규제위반 업소수와 적발률의 추이를 보면 위반 업소수와 적발률[1] 둘 다 모두 2002년 위반 업소수 3,216개소, 적발률 8.2%에서 2009년 위반 업소수 1,407개소와 적발률 3.61%로

1 위반업소수는 총점검대상 업소중에서 실재로 점검한 업소에서 규제를 위반한 업소의 수. 위반율은 점검한 업소중에서 규제를 위반한 업소의 비율

계속 낮아지다가 2010년에는 위반 업소수 1,782개소와 적발률 4.8%로 높아졌다. 2002년 지방위임 이후부터 위반 업소수와 적발률이 낮아지다가 2010년도에 다시 약간 높아지는 모습을 보이고 있으나 전체적으로 적발률은 하락하는 추세를 보인다.

〈표 15-5〉 대기분야 감시·단속실적[a)] (단위: 건수, %)

연도	점검 업소 수	위 반 업소 수 (적발률)	위반내역				조치내용						
			기준 초과	비정상 운영	무허가	기타	개선 명령	조업 정지	사용 중지	폐쇄 명령	경고 등 기 타	순수 고발	병과
2002	39,426	3,216 (8.2)	319 (9.9)	204 (6.3)	1,709 (53.1)	984 (30.6)	349 (6.9)	166 (3.3)	1,025 (20.4)	692 (13.8)	942 (18.7)	42 (0.8)	1,809 (36.0)
2004	52,504	2,939 (6.0)	245 (8.3)	360 (12.2)	1,113 (37.9)	1,221 (41.5)	259 (5.8)	361 (8.1)	614 (13.7)	498 (11.1)	1,184 (26.4)	23 (0.5)	1,542 (34.4)
2005	52,731	2,288 (4.3)	309 (13.5)	253 (11.1)	774 (33.8)	952 (41.6)	311 (9.1)	276 (8.1)	463 (13.6)	310 (9.1)	921 (27.1)	7 (0.2)	1,116 (32.8)
2006	53,411	2,642 (4.9)	409 (15.5)	210 (7.9)	978 (37.0)	1,045 (39.6)	459 (11.7)	228 (5.8)	534 (13.6)	439 (11.2)	973 (24.7)	9 (0.2)	1,293 (32.9)
2007	48,094	2,063 (4.3)	293 (14.2)	177 (8.6)	841 (40.8)	752 (36.5)	289 (9.3)	182 (5.8)	469 (15.1)	376 (12.1)	743 (23.9)	4 (0.1)	1,050 (33.7)
2008	44,679	1,714 (3.8)	285 (16.6)	141 (8.2)	674 (39.3)	614 (35.8)	275 (11.1)	131 (5.3)	367 (14.8)	294 (11.9)	632 (25.5)	9 (0.4)	771 (31.1)
2009	38,815	1,407 (3.6)	208 (14.8)	99 (7.0)	591 (42.0)	509 (36.2)	210 (10.3)	98 (4.8)	319 (15.6)	270 (13.2)	498 (24.3)	12 (0.6)	641 (31.3)
2010	37,188	1,782 (4.8)	373 (20.9)	125 (7.0)	514 (28.8)	770 (43.2)	378 (16.1)	121 (5.1)	284 (12.1)	207 (8.8)	779 (33.1)	13 (0.6)	573 (24.3)
평균	45,856	5.0	14.2	8.5	39.1	38.1	10.0	5.8	14.9	11.4	25.5	0.4	32.1
최대	53,411	8.2	20.9	12.2	53.1	43.2	16.1	8.1	20.4	13.8	33.1	0.8	36.0
최소	37,188	3.6	8.3	6.3	28.8	30.6	5.8	3.3	12.1	8.8	18.7	0.1	24.3

자료: 환경부자료. 환경부, 2003~2010 각 년도,「시도배출업소지도점검 환경관리실태평가결과」

a) 2003년은 대기와 수질이 구분된 자료 없음. 병과는 행정처분과 고발을 같이 한 경우. 김종순·문태훈. 2013:241.

위반내역을 보면 기준초과가 2002년 9.9%에서 2010년 20.9%로 약간씩의 기복은 있지만 계속 높아지는 경향을 보이고 있다. 비정상운영은 증가, 무허가는 감소하는 경향을 보인다.

위반업소에 대한 조치내용을 보면 개선명령의 비율은 2002년 6.9%에서 2010년 16.1%로 증가, 조업정지는 3.3%에서 높아지는 추세를 보이고 있으나, 사용중지는 2002년 20.4%에서 2010년 12.1%로 감소, 폐쇄명령은 2002년 13.8%에서 2010년 8.8%로 낮아지는 경향을 보인다. 고발은 감소하다가 증가하고 고발과 행정처분을 동시에 하는 병과는 감소하는 경향을 보인다. 정리하면, 위임 이후 위반내역 중 비교적 경미한 위반인 기준초과나 비정상운영 위반은 증가하였고, 강한 처분인 사용중지와 폐쇄명령은 감소하였다. 그리고 경고는 증가한 반면 고발은 감소 후 증가, 병과는 감소하는 경향을 보인다. 종합하면, 위임이후 약한 위반의 적발은 많아진 반면 강한 위반의 적발은 감소하였다. 행정처분도 개선명령과 조업정지는 증가하였으나 사용중지와 폐쇄명령은 감소하였다. 단순고발은 감소하다가 증가하는 경향을, 고발과 행정처분을 겸하는 병과는 감소하는 경향을 보인다. 종합하면, 위임 이후 오염물질 배출업소에 대한 지방자치단체의 적발률, 위반내역, 행정처분에서 경미한 위반과 처분은 증가하였으나 강한 위반과 처분은 감소한 것으로 정리할 수 있다. 이러한 수치상의 추이가 환경정책관련 지방차지에 대한 비관론 또는 신중론의 입장을 경험적으로 확인하는 것이라는 단언을 하기는 어렵지만 그럴 가능성이 있다는 정도의 추론은 가능할 것으로 판단된다.

<표 15-6>은 2008년-2010년 3년간 대기와 수질 오염물질 배출업소의 감시 단속 실적을 비교한 표인데 전국적으로 지방자치단체간의 편차가 매우 크다는 것을 알 수 있다. <표 15-6>에서 점검률은 전체 점검대상 업소수(A) 대비 실재로 점검한 점검업소수(B)의 비율인 B/A를 %로 나타낸 것인데, 점검률의 전국적인 차이가 최소 0.5%에서 최고 1.3%로 약 3배의 차이를 보이고 있다. 점검대상 적발률(위반업소수/점검대상업소수)은 최소 0.9%와 최대 8.3%로 9배 정도의 차이를 보인다. 단속적발률(위반업소/점검업소수)은 최소 1.7%, 최대 6.8%로 4배 정도의 차이를 보인다. 오염물질 배출업소에 대한 감시단속 행정의 전국적인 격차가 커서 규제의 전국적인 통일성이 매우 약한 것으로 보인다.

단속적발률은 점검업소 수 대비 공무원의 수가 영향을 미칠 수 있는데 단속적

〈표 15-6〉 시·도별 오염물질 배출 단속실적(2008-2010, 3년 평균) (건수, %)

구분	점검대상 업소수 (A)	점검 업소수 (B)	위반 업소수 (C)	점검율% (D) = B/A	점검대상 적발율% (E) = C/A	단속 적발율% (F) = C/B	단속 공무원 수 (G)	점검업소수 대비 단속공무원 수% (H = G/A)
서울	3,608	4,652	301	1.29	8.34	6.47	136.7	3.79
부산	4,333	4,128	281	0.95	6.49	6.81	64.0	1.48
대구	3,102	3,585	117	1.16	3.77	3.26	54.0	1.74
인천	6,924	8,391	347	1.21	5.01	4.14	109.7	1.58
광주	1,588	1,581	47	1.00	2.96	2.97	41.7	2.62
대전	1,140	1,318	49	1.16	4.30	3.72	35.7	3.13
울산	1,596	2,021	67	1.27	4.20	3.32	36.7	2.30
경기	29,156	28,188	1,330	0.97	4.56	4.72	215.7	0.74
강원	3,038	2,764	98	0.91	3.23	3.55	43.7	1.44
충북	4,886	4,422	178	0.91	3.64	4.03	42.7	0.87
충남	5,976	4,692	132	0.79	2.21	2.81	58.0	0.97
전북	4,250	4,214	79	0.99	1.86	1.87	53.3	1.25
전남	4,447	3,600	87	0.81	1.96	2.42	56.0	1.26
경북	7,740	5,976	167	0.77	2.16	2.79	96.0	1.24
경남	8,730	6,743	305	0.77	3.49	4.52	107.0	1.23
제주	925	485	8	0.52	0.86	1.65	5.7	0.61
합계	91,439	86,761	3,592	0.95	3.93	4.14	1156.3	1.26
평균	10,758	10,207	423	1.0	3.7	3.7	136	1.6
최대	29,156	28,188	1,330	1.3	8.3	6.8	216	3.8
최소	925	485	8	0.5	0.9	1.7	5.7	0.6

자료: 환경부자료. 환경부, 2008-2010 각년도. 「시도 배출업소지도점검 환경관리실태평가 결과」. 김종순·문태훈. 2013:240.

발률과 점검업소 수 대비 단속공무원 수 비율과의 상관관계가 37.8%여서 양자간의 상관관계가 높지는 않다. 이는 도시간의 단순 수치비교에도 나타나는데 예를 들면 서울은 단속적발률이 6.5% 정도로 부산의 단속 적발률 6.8%와 더불어 전국에서 가장 높은 단속적발률을 보이고 있다. 그러나 서울과 부산의 점검업소수 대비 단속공무원 수를 비교하면 서울, 부산이 각각 3.79%와 1.48%로 부산의 단속공무원 비율이 서울의 반에도 못미치는데 부산의 단속적발률이 6.81%로 서울의 6.47%보다 더 높다. 지도단속 공무원의 비율이 높다고 단속적발률이 높아지는 것이 아닐 수 있다는 점을 시사한다.

<표 15-7>은 2008년부터 2010년 사이 대기부문 시도별 감시단속 실적인데 <표 15-6>과 유사한 패턴을 보이고 있다. 서울과 부산의 적발률이 8.6%, 7.9%로 가장 높고, 전북 0.9%, 전남 2.0%, 제주가 1.3% 낮은 군에 속한다. 위반에 대한 단속조치는 폐쇄명령이 부산과 인천이 27.8%, 17.7%로 높고 강원, 충남, 제주가 0%, 0.9%, 0%로 낮다. 전국적인 감시단속의 강도가 크게 다른 모습을 보이고 있다.

〈표 15-7〉 대기부문 시·도별 감시·단속실적(2008-2010) (단위:건수, %)

	점검 업소수	위반 업소수 (적발율)	위반내역				조치내용						
			기준 초과	비정상 운영	무허가	기타	개선 명령	조업 정지	사용 중지	폐쇄 명령	경고 등 기타	순수 고발	병과
서울	1,194	102 (8.6)	57 (44.2)	7 (5.7)	28 (22.0)	36 (28.2)	59 (53.8)	1 (0.9)	6 (5.5)	13 (11.9)	21 (19.5)	2 (1.8)	7 (6.7)
부산	1,985	156 (7.9)	17 (12.1)	4 (2.7)	52 (38.0)	65 (47.2)	5 (2.4)	2 (0.7)	8 (3.7)	62 (27.8)	77 (34.4)	2 (0.7)	67 (30.1)
대구	1,601	55 (3.4)	29 (50.6)	6 (9.9)	9 (15.1)	14 (24.4)	19 (26.6)	9 (13.1)	7 (9.3)	3 (3.7)	17 (23.4)	1 (0.9)	16 (22.9)
인천	3,963	145 (3.7)	59 (37.0)	13 (8.4)	37 (23.5)	49 (31.1)	14 (7.0)	13 (6.4)	20 (10.2)	35 (17.7)	63 (31.6)	0 (0.0)	54 (27.1)
광주	596	23 (3.9)	11 (49.3)	2 (10.4)	3 (14.9)	6 (25.4)	6 (20.7)	2 (6.5)	3 (9.8)	2 (7.6)	10 (31.5)	0 (0.0)	7 (23.9)
대전	410	28 (6.8)	11 (58.6)	1 (5.2)	3 (13.8)	4 (22.4)	16 (50.0)	3 (8.5)	2 (6.4)	3 (10.6)	4 (13.8)	0 (0.0)	3 (10.6)
울산	1,026	43 (4.2)	15 (37.6)	6 (15.4)	8 (20.5)	10 (26.5)	9 (15.3)	6 (9.6)	8 (14.1)	2 (3.4)	18 (31.1)	0 (0.0)	16 (26.6)
경기	13,700	644 (4.7)	167 (23.6)	53 (7.5)	240 (33.9)	247 (35.0)	67 (6.7)	45 (4.6)	175 (17.7)	114 (11.6)	240 (24.3)	2 (0.2)	346 (35.0)

	점검 업소수	위 반 업소수 (적발율)	위반내역				조치내용						
			기준 초과	비정상 운 영	무 허 가	기 타	개선 명령	조업 정지	사용 중지	폐쇄 명령	경고 등 기타	순수 고발	병과
강원	1,108	27 (2.5)	15 (38.7)	2 (4.2)	2 (5.9)	20 (51.3)	3 (8.3)	2 (7.3)	2 (6.3)	0 (0.0)	20 (62.5)	0.3 (1.0)	5 (14.6)
충북	2,039	59 (2.9)	32 (37.7)	6 (7.5)	16 (18.7)	30 (36.1)	11 (13.4)	8 (9.7)	11 (14.3)	2 (2.1)	27 (34.5)	0 (0.0)	21 (26.1)
충남	2,301	62 (2.7)	17 (26.3)	8 (11.9)	9 (13.9)	31 (47.9)	8 (11.1)	5 (6.2)	9 (12.4)	1 (0.9)	39 (51.3)	0.3 (0.4)	13 (17.7)
전북	1,894	17 (0.9)	17 (49.0)	3 (8.8)	3 (9.8)	11 (32.4)	7 (32.3)	2 (8.1)	2 (8.1)	1 (3.2)	6 (30.6)	0.3 (1.6)	3 (16.1)
전남	1,705	34 (2.0)	18 (43.5)	3 (8.1)	2 (4.0)	18 (44.4)	11 (28.4)	1 (2.6)	4 (10.3)	1 (2.6)	17 (43.1)	1 (1.7)	4 (11.2)
경북	3,000	81 (2.7)	33 (42.7)	8 (10.3)	9 (11.1)	28 (35.9)	30 (30.6)	6 (6.2)	9 (9.6)	3 (3.1)	32 (33.3)	1 (0.7)	16 (16.5)
경남	3,521	154 (4.4)	44 (27.8)	12 (7.4)	60 (37.7)	43 (27.2)	22 (9.4)	13 (5.5)	56 (23.7)	15 (6.4)	44 (18.9)	3 (1.3)	82 (34.8)
제주	185	2 (1.3)	2 (66.7)	0 (0.0)	0 (0.0)	1 (33.3)	2 (62.5)	0 (0.0)	0.3 (12.5)	0 (0.0)	0.3 (12.5)	0 (0.0)	0.3 (12.5)
합계	40,228	1,632 (4.1)	544 (30.7)	134 (7.6)	481 (27.1)	613 (34.6)	289 (12.6)	118 (5.1)	322 (14.0)	257 (11.2)	635 (27.7)	12 (0.6)	660 (28.8)
평균	2,514	4%	40	8	18	34	23	6	11	7	31	1	21
최대	13,700	9%	67	15	38	51	63	13	24	28	63	2	35
최소	185	1%	12	0	0	22	2	0	4	0	13	0	7

자료: 환경부 자료. 환경부, 2008~2010 각년도, 「시도배출업소지도점검 환경관리실태평가결과」 김종순·문태훈. 2013:242. 위반내역은 건수, ( )는 총위반건수 중 해당 위반내역 건수의 %, 조치내용도 동일

2. 2013년 이양 후 감시단속 실태의 변화

<표 15-8>은 2011년부터 2020년까지 대기오염물질 배출업소에 대한 감시단속과 행정조치 현황을 나타낸다. 환경부의 대기오염물질 배출업소에 대한 감시 단

속권한은 2012년에 이양이 결정되고 2013년부터 시행되었다. 이양 전후의 오염물질 배출업소에 대한 감시단속과 행정조치를 비교해 보면 환경부의 감시단속 업무의 지방이양에 따른 정책효과를 살펴볼 수 있다. 점검대상업소수와 점검업소수가 지자체별로 다르기 때문에 각종 행정조치의 건수의 변화를 연평균 건수의 변화로 비교하였다.

점검률은 감시단속 대상 전체 업소수 대비 점검 업소수의 비율을 %로 나타낸다. 위반율은 점검 업소수 대비 위반사항이 적발된 비율을 %로 나타낸 것이다. 이양 전후 점검률과 위반율을 비교하면 이양 전 2011–2012년도의 점검률은 평균 1.2%에서 이양 후 2013~2020년도에는 1.5%로 약간 증가하였다. 그러나 같은 기간에 점검률이 하락한 지역은 서울, 대전, 강원, 충북, 전북 등이고, 그 외의 광역시도는 점검률이 평균적으로 0.3% 포인트가 상승하였다. 가장 큰 상승률을 보이는 지역은 경기도와 경남으로 각 3배, 4배 정도의 상승률을 보이고 있다. 점검업소중 위반업소의 비율을 나타내는 위반율을 이양 전후로 살펴보면 이양전 평균 6.2%에서 이양후 평균 10.8%로 증가하였다. 위반율이 이양 이후 감소한 시도는 없다. 위반율이 이양 이후 적어도 2배 이상 크게 상승한 지역은 서울, 울산, 경기, 충남, 전북, 전남, 제주 등지로 이중에서도 전북, 제주의 상승률이 각각 약 3배, 4배 정도로 크게 나타나고 있다. 이양 이후 대기오염물질 배출업소에 대한 지방정부의 감시단속 점검과 위반 적발 노력은 강화되었다고 볼 수 있다. 적발된 업소에 대한 행정조치의 강도를 이양 전후로 비교해 보면, 경미한 조치라 할 수 있는 경고 등을 받은 위반업소수는 이양 전 총 1,124개소, 연평균 74.8개소에서 이양 후 총 2,358개소, 연평균 138.7개소로 2배 가까이 증가하였다. 그러나 개선명령 조치는 이양전 연평균 423 개소에서 이양 후 299개소로 감소하였다. 큰 폭의 감소를 보이는 시도는 대구, 인천, 충남, 경북 등으로 1/2에서 1/3 이상의 감소를 보이고 있다. 더 강한 행정조치인 조업정지를 보면 이양전 연평균 164개소에서 이양 후 257개소로 증가하고 있고 광역시도의 전체 평균치도 이양 전 14.5 개소에서 이양 후 19.6개소로 증가하였다. 사용중지도 이양전 연평균 361개소에서 이양후 연평균 426개소로 늘어나고 있다. 부산, 인천 등이 가장 큰 폭의 사용중지 처분의 증가를 보이고 있고, 전남, 경남은 감소하였다. 폐쇄명령은 이양전 연평균 165개소에서 이양 후 297개소로 늘어났다. 폐쇄명령은 서울, 부산, 인천, 경기 등에서 크게 증가하였고, 폐쇄조치가 없던 광주, 경남 등에서 폐쇄명령이 사용되었고, 대전, 강원, 충남, 전남 등은 폐쇄명령이 이양 전에는 연평균 최고 14.5건에서 최저 2.5건이었으나 이양 후에는 한 번도 발령되지 않았다. 광주, 경남 등지는 이양 전에는 사용되지 않던 폐쇄명령이 이양 후에는 사용되고 있는 모습을 보이고 있다. 고발도 이양전 연평균 12.5개소에서 이양 후 37.9개소로 증가하고 있는데 경기, 충북, 충남, 경북 등지는 이양 전 고발 제로에서 이양 후 고발이 최저 연평균 1.13회에서 최고 15.4건이 사용되고 있다. 경남은 이양 후 고발이 연평균 4.5회에서 2.5회로 줄어들었다.

이상 이양 전후 오염물질 배출업소에 대한 감시단속 행정과 조치내용 비교를 요약하면, 점검률과 위반율이 높아지고 있어 감시단속 행징의 빈도가 더 늘어나고 있으며, 경고 등의 행정조치가 늘어난 반면 개선명령은 대폭 감소하고 있다. 그러나 조업정지, 사용중지, 폐쇄명령, 고발등은 전체적으로 늘어나고 있다. 종합하면, 대기오염물질 배출업소에 대한 감시단속권한을 지방으로 이양한 후, 지방의 감시활동, 행정조치의 빈도와 강도가 증가되었다고 볼 수 있다.

<표 15-9>는 경고율, 개선명령률, 조업정지율 등 각종 행정조치가 이양 전후로 어떤 차이가 보이는지를 비율변화로 비교한 것이다. 먼저 경고율(경고처분업소수/점검사업장수)을 감시단속권의 이양전후를 비교해 보면 시도전체 평균은 이양 전 3.4%에서 이양 후 9.9%로 증가하였다. 해당기간 시도의 경고율(경고처분업수/점검사업장수)을 나타내는 합계 항목의 비율도 이양 전 3%에서 이양 후 8%로 높아졌다. 경고처분이 많아진 것이다. 개선명령률(개선명령처분업소수/점검사업장수)은 평균 1.6%에서 1.5%로 줄어들었는데 절반으로 감소한 지역은 대구, 광주, 경북, 경남이고 증가한 곳은 대전, 울산 두 곳으로 대전은 1%에서 2%로 상승하였다. 조업정지율은 평균 0.5%에서 0.7%로 높아졌는데 부산, 충남이 이양 전 조업정지율 0%에 이양 후 1%로 상승하였고, 충북, 전남은 1%에서 0%로 하락하였다. 사용중지율은 평균 0.7%에서 1.1%로 높아졌다. 사용중지율이 낮아진 지역은 없고 이양 후 높아진 지역은 대구, 인천, 광주, 세종, 강원, 충남, 전북 등이다. 폐쇄명령은 이양 후 평균 2배 이상 높아지고 있는데 서울이 가장 크게 증가하였고, 부산, 광주, 울산, 경기 등이 증가하였다. 고발은 이양 후 평균이 0.2%로 높아졌는데 각 시도 중 이양 후 고발률이 높아진 지역은 서울이 유일하다. 병과율(고발과 행정처분

을 병행) 평균도 이양 전 1.1%에서 이양 후 2.1%로 증가하였다. 대부분의 시도에서 병과율은 크게 증가하였는데 감소한 지역은 경남이 유일하다. 종합하면, 경고율은 이양 이후 행정처분 중 가장 큰 폭으로 상승하였으나 개선명령률은 감소하였다. 그러나 강한 처분인 조업정지율, 사용중지율, 폐쇄명령, 고발률은 더 높아진 것으로 나타나고 있다.

<표 15-8>, <표 15-9> 두 경우 모두 이양 전후 두 집단 간의 평균차이 검증은 2002년 이후 2020년까지의 일관된 장기 데이터가 확보되지 않아 수행하지 못하였다. 그러나 <표 15-8>과 <표 15-9>에서의 이양 전후의 가용 통계 현황을 종합하면, 이양 전후로 점검률, 위반율, 행정처분률, 강한 행정처분률의 강화 등 변화의 흐름은 뚜렷이 읽을 수 있다.

〈표 15-8〉 2011~2020 대기오염물질 배출업소 지도 점검 결과, 위임(2011~2012) 대 이양(2013~2020)

(단위: %)

	점검률 11-12	점검률 13-20	위반율 11-12	위반율 13-20	경고등 11-12	경고등 13-20	개선명령 11-12	개선명령 13-20	조업정지 11-12	조업정지 13-20	사용중지 11-12	사용중지 13-20	폐쇄명령 11-12	폐쇄명령 13-20	고발 11-12	고발 13-20	병과 11-12	병과 13-20
서울	1.32	↓ 1.14	6.35	↑ 12.2	12.50	36.88	35.50	36.13		10.75	1.50	3.38	6.50	↑ 25.5		4.5	5.00	↑ 19.1
부산	1.17	1.33	7.90	11.83	84.00	121.00	21.50	12.38	3.00	20.25	9.50	↑ 20.6	8.00	↑ 6.1			11.0	↑ 47.3
대구	1.27	1.40	5.75	6.88	40.00	77.38	30.00	↓ 8.63	8.50	8.50	3.50	9.38					8.00	↑ 17.7
인천	1.09	1.15	7.05	9.78	125.50	141.00	45.50	↓ 12.1	12.50	12.00	12.00	↑ 22.6	31.00	47.88			34.5	↑ 74.6
광주	1.41	1.84	8.55	10.27	35.50	57.38	9.00	8.25				6.88		5.63			3.00	↑ 15.0
대전	1.56	↓ 1.31	6.80	↑ 9.11	11.00	20.13	4.50	6.25			5.50	5.25	4.50				7.50	↓ 6.75
울산	1.59	1.62	5.95	↑ 12.9	28.00	↑ 70.9	21.00	26.25	6.00	10.25	8.50	13.25	2.50	4.75			12.5	↑ 28.4
세종		0.73		↑ 12.7		↑ 117.9						3.00						

	점검률 11-12	점검률 13-20	위반율 11-12	위반율 13-20	경고등 11-12	경고등 13-20	개선 명령 11-12	개선 명령 13-20	조업 정지 11-12	조업 정지 13-20	사용 중지 11-12	사용 중지 13-20	폐쇄 명령 11-12	폐쇄 명령 13-20	고발 11-12	고발 13-20	병과 11-12	병과 13-20
경기	0.97	↑ 3.29	6.50	↑ 13.8	341.00	↑ 826.4	92.00	71.38	65.00	129.1	187.5	221.5	81.50	↑ 151.7		15.4	297	↑ 413.
강원	1.35	↓ 1.09	4.45	8.69	31.00	↑ 46.6	5.50	7.38	1.00	1.38	3.00	4.00	2.50				5.50	7.38
충북	1.22	↓ 0.98	4.65	8.36	62.50	↑ 118.1	9.00	10.50	14.00	5.13	15.50	12.63				1.13	26.0	18.4
충남	0.82	1.08	7.10	↑ 14.4	105.00	↑ 185.8	21.50	↓ 11.0	8.50	8.00	8.50	11.38	2.50			2.13	8.00	↑ 20.3
전북	1.64	↓ 1.32	3.10	↑ 10.2	21.00	↑ 107.0	11.00	13.63			4.00	12.38			1.00		4.00	↑ 25.8
전남	1.00	1.05	6.30	↑ 14.9	38.50	↑ 154.9	25.50	19.38	9.50	4.50	16.50	↓ 8.63	14.50				19.0	
경북	0.78	0.87	6.40	↑ 8.58	69.50	111.88	38.00	↓ 18.1	10.50	9.75	16.00	17.75				2.63	24.0	33.3
경남	0.94	↑ 3.61	8.95	↑ 8.41	117.00	155.75	51.50	33.13	20.50	23.13	68.00	↓ 52.6		↑ 10.6	4.50	↓ 2.5	95.0	↓ 64.0
제주	0.98	0.99	2.70	↑ 10.9		9.25	2.50											
합계 a)	1.03	1.13	6.55	11.51	1,124.	2,358.	423.50	299.25	164.00	257.1	361.5	426.6	165.5	297.0	12.5	37.9	559	861
평균 b)	1.2	↑ 1.5	6.2	↑ 10.8	74.8	↑ 38.7	26.5	↓ 19.6	14.5	↑ 20.2	25.7	↓ 26.6	17.1	↑ 37.5	2.8	↑ 4.7	37.3	↑ 56.5
최소	0.8	0.7	2.7	6.9	11.0	9.3	2.5	6.3	1.0	1.4	1.5	3.0	2.5	4.8	1.0	1.1	3.0	6.8
최대	1.6	3.6	9.0	14.8	341.0	826.4	92.0	71.4	65.0	129.1	187.5	221.5	81.5	151.8	4.5	15.4	296.	413.

자료: 환경부 환경통계포털. 대기배출시설 단속 및 행정조치 현황(2011~2020) 자료를 이양(2013) 전후(2011~2012 vs. 2013~2020)를 비교하도록 가공한 수치임. 점검률=점검사업장수/점검대상업소, 위반율=위반사업장수/점검사업장수.

주: a) 합계항목에서, 점검률은 해당기간 전체 시도의 점검업소수/점검대상업소수, 위반율은 해당 기간 전체의 위반업소수/점검업소수 등 임. b) 평균은 표에서 세로 항목의 값들의 평균임. http://stat.me.go.kr/nesis/mesp2/webStatistics/stat_main.jsp?tblID=DT_106N_02_0200030&inq_gubun=1&lang=kor&list_id=106H_01_001005&l_interval=2 2021.10.9.

〈표 15-9〉 위임 대 이양 전후 행정처분의 변화

(단위: %)

	경고율 11-12	경고율 13-20	개선 명령률 11-12	개선 명령률 13-20	조업 정지율 11-12	조업 정지율 13-20	사용 중지율 11-12	사용 중지율 13-20	폐쇄명령률 11-12	폐쇄명령률 13-20	고발률 11-12	고발률 13-20	병과율 11-12	병과율 13-20
서울	1.0	↑4.0	4.0	4.0		1.0	0.0	0.0	1.0	↑3.0		1.0	1.0	↑2.0
부산	5.0	7.0	1.0	1.0	0.0	↑1.0	1.0	1.0	0.0	↑1.0			1.0	↑3.0
대구	3.0	5.0	2.0	↓1.0	1.0	1.0	0.0	↑1.0					1.0	1.0
인천	4.0	6.0	1.0	1.0	0.0	0.0	0.0	↑1.0	1.0	2.0			1.0	↑3.0
광주	6.0	7.0	2.0	↓1.0				↑1.0		↑1.0			1.0	↑2.0
대전	3.0	5.0	1.0	↑2.0			1.0	1.0	↓1.0				2.0	↑2.0
울산	3.0	↑8.0	2.0	3.0	1.0	1.0	1.0	1.0	0.0	↑1.0			1.0	↑3.0
세종		↑50						↑2.0						
경기	3.0	↑8.0	1.0	1.0	1.0	1.0	2.0	2.0	1.0	↑2.0		0.0	2.0	↑4.0
강원	3.0	↑7.0	1.0	1.0	0.0	0.0	0.0	↑1.0	0.0				1.0	↑1.0
충북	3.0	↑8.0	0.0	1.0	1.0	↓0.0	1.0	1.0				0.0	1.0	1.0
충남	5.0	↑14	1.0	1.0	0.0	↑1.0	0.0	↑1.0	0.0			0.0	0.0	↑1.0
전북	2.0	↑9.0	1.0	1.0			0.0	↑1.0			0.0		0.0	↑2.0
전남	3.0	↑13.	2.0	2.0	1.0	↓0.0	1.0	1.0	↓1.0				1.0	
경북	3.0	↑6.0	2.0	↓1.0	0.0	↑1.0	1.0	1.0				0.0	1.0	↑2.0
경남	4.0	5.0	2.0	↓1.0	1.0	1.0	2.0	2.0		0.0	0.0	0.0	3.0	↓2.0
제주		7.0	2.0											
합계a)	3.0	8.0	1.0	1.0	0.0	1.0	1.0	1.0	0.0	1.0	0.0	0.0	2.0	3.0
평균b)	3.4	↑9.9	1.6	↓1.5	0.5	↑0.7	0.7	↑1.1	0.6	↑1.4	0.0	↑0.2	1.1	2.1
최소	1.0	4.0	0.0	1.0	0.0	0.0	0.0	0.0	0.0	0.0	0.0	0.0	0.0	1.0
최대	6.0	50.0	4.0	4.0	1.0	1.0	2.0	2.0	1.0	3.0	0.0	1.0	3.0	4.0

자료: 2021.10.9. 각종 행정처분률(경고율11-12; 2011년 경고율과 2012년 경고율의 평균. 경고율 13-20 은 2013~2020년까지 연평균 경고율의 평균

경고율(%)=경고처분업소수/점검사업장수

a) 합계항목에서, 점검률은 해당기간 전체 시도의 점검업소수/점검대상업소수, 위반율은 해당기간 전체의 위반업소수/점검업소수 등 임.

b) 평균은 표에서 세로 항목의 값들에 대한 평균임

http://stat.me.go.kr/nesis/mesp2/webStatistics/stat_main.jsp?tblID=DT_106N_02_0200030&inq_gubun=1&lang=kor&list_id=106H_01_001005&l_interval=2.

이런 결과는 환경행정 권한의 지방이양 이후에 대한 종합적인 분석을 시도한 연구에서도 동일하게 나타나고 있다 (박순애 외 8인, 2020). 이 연구에 따르면, 대기오염물질 배출업소에 대한 지도점검의 경우 2003년 지방위임 이후 적발 및 강한 처분률이 줄어든 것으로 나타났고, 2008~2015년 사이에는 2013년 대기부문의 지방이양이 적발률에 유의미한 정(+)의 영향을 미친 것으로 나타났다 (박순애 외 8인, 2019: 201).

정리하면, 대기오염물질 배출업소에 대한 감시단속의 권한이 2003년 지방으로 위임된 이후에는 오염물질 배출업소에 대한 지방자치단체의 적발률, 경미한 위반과 행정처분은 증가하였으나 강한 위반과 처분은 감소한 반면, 2013년 지방 이양 이후에는 감시단속의 빈도와 행정처분의 강도가 강화되는 경향이 일관되게 나타나고 있다는 것이다.

이상의 결과를 종합하면, 지방정부로의 감시단속 권한 이양이 지방정부의 지역유착과 지역개발 우선 정책으로 약화될 수 있다는 우려는 경험적 근거가 약하며, 이양 후 오히려 감시단속의 빈도와 강도가 강해지고 있어 지방자치 관련 환경정책 낙관론적 주장이 더 큰 설득력을 가지는 것으로 나타나고 있다고 할 수 있다.

왜, 어떻게 위임 이후보다 지방이양 이후에 감시단속의 빈도와 강도가 강해지는지에 대한 설명은 면담을 비롯한 질적인 측면에서의 보완이 필요하다. 그러나 이상의 위임과 이양 전후의 추세만 놓고 본다면 적극적 환경정책 지방자치론자들이 그간 주장하던 지역에 적합한, 지역사정에 밝은, 지역에 의한 환경정책과 환경행정의 주장들이 더 큰 설득력을 가지는 것으로 생각된다.

VI 배출업소 감시단속 권한의 지방 위임 및 이양에 대한 질적 평가

대기오염물질 배출업소에 대한 감시단속권한의 지방분권에 대한 이상의 긍정적 평가와는 달리, 2005년~2016년 네이버 전체 신문기사를 중심으로 빅데이터 분석을 이용한 사무이양 대상 4가지 매체-대기, 자연환경, 환경보전, 자원순환-에 대한 사회적 평가는 긍정적이지 않다. 이 연구결과에 따르면 부정적 기사가

64.3%를 차지하고, 사무이양 대상 환경정책에 대해서도 긍정보다는 부정적 평가가 높은 것으로 나타났다. 부정적 이슈의 경우, 대기부문에서는 악취와 오염물질 배출, 수질의 경우 하수처리문제, 자원순환의 경우 폐기물 문제가, 생활보건의 경우 소음과 다중이용시설에 대한 부정적 기사 비중이 높은 것으로 나타났다 (박순애 외 8인. 2019: 제4장 환경사무 지방이양 성과분석, p.228). 이러한 조사결과는 행정단속과 행정조치의 지방이양 효과에 대한 연구가 목적이 아니었으므로 감시단속업무의 지방이양 효과를 설명하는 것은 부적합하다는 주장이 가능하다. 그러나 결국은 분권화의 효과가 지역주민들에게 긍정적으로 체감되지 못하고 있기 때문에 나오는 결과라면 위임과 이양의 효과를 행정적인 감시단속 관련 데이터상의 성과로만 평가하는데 한계가 있을 수밖에 없다는 측면도 감안하지 않을 수 없다.

면담조사를 수행한 연구에서 보이는 지자체와 환경부의 시각은 매우 다르다. 2012년 오염물질 배출업소에 대한 감시단속 업무의 지방위임 효과에 대한 연구 수행 중 광역시 환경공무원, 기초 환경공무원, 환경부 공무원과의 면담내용을 보면 3자의 시각차이가 매우 크다. 광역시 환경공무원은 환경부의 지도단속에 대하여,

"지도단속은 불이익을 주는 업무이다. 합동 단속도 지도가 아니라 적발위주로 진행된다. 위임 후 지도단속이 느슨해졌다고 하는데 우리가 보는 시각은 다르다. 자치단체장은 지역경제를 생각하지 않을 수 없고, 그러다 보면 지도단속이 우선되지 않을 수 있다. 그렇지만 위임 후 지금까지 지도점검 체계의 큰 틀이 전혀 바뀌질 않았다. 적발위주의 단속이고 업체에 도움을 주는 지도기능은 거의 없다. 사업장 소유자들도 환경문제에 대한 인식이 있다. 몰라서 못하는 경우도 많다" (OO광역시 환경녹지국 면담. 2012.4.12). (김종순·문태훈. 2013:255).

"환경부는 일할 시스템을 만들어주고 정책을 시행해야지 무조건 적발위주의 단속으로만 일관해서는 안 된다. 군청에 가면 1명이 지도단속 업무를 다하는 경우도 많다. 이 사람들 얘기를 들어보면 월보 만들기도 바쁘다고 한다. (이런 상황에서) 지도단속을 어떻게 하나? (중략) 이런 상황에서 적발위주로 감시·단속을 한다는 것은 문제이다. 일지를 써도 담당자가 2-3일에 한 번씩 같이 쓰는 경우가 많은데 이를 위반이라고 적발한다. 이런 적발이 환경개선에 무슨 실질적인 도움이 되겠나? …(중

략)… 위반행위가 실질적으로 환경에 해를 미치는지가 중요하다. 일지 며칠 안 적었다고 위반으로 잡으면 무슨 의미가 있나? 처분은 지자체에서 한다. 환경청은 단속위주로 하고 우리는 지도위주로 한다. (지방)환경청과 지자체의 차이다…(중략)…. 2011년 기준으로 보면 ○○시 점검대상 배출업체의 수는 (대기, 수질, 폐기물업체 모두) 2,151개 업체이다. 점검률이 중요한 것이 아니다. 대기질, 수질 평가나 하천의 수질상태가 궁극적으로 중요한 것이 아닌가?"(○○광역시 환경녹지국 면담. 2012.4.12). (김종순·문태훈. 2013:255).

기초의 환경공무원은, "4대강 유역 10km 감시벨트에 분기별로 환경부 합동단속이 있다. 이때 적발위주가 아니라 기술지원이 필요하다. 그런데 매일 같이 단속만 한다"…(중략)… "환경부의 지원이 없다. 장비구입에 대한 지원도 없다. 그리고 지방의 배출부과금 수입은 환경특별회계로 환경부로 모두 가고, 환경부가 이를 지자체에 교부하는데 5%가 도, 5%가 기초자치단체로 간다" (○○군청, 환경관리과 면담. 2012.4.12). (김종순·문태훈. 2013:256).

그러나 환경부 공무원은 "지자체의 감시·단속 인력이 부족한 것은 원래 감시·단속 업무를 2002년 지방으로 위임할 당시에 감시·단속 인원도 같이 지자체로 넘어갔는데, 이 인력들이 점차 다른 업무를 겸하게 되어 실질적으로 인력이 줄었다" (환경부 환경감시팀 면담. 2012.4). (김종순·문태훈. 2013:216)

요약하면, 지방 공무원은 환경부의 지도단속은 적발위주이고 "지도기능"은 없으며, 지방의 인력, 기술, 재정이 부족한 것을 알면서도 이에 상응하는 대책을 세우지 않고 위임이나 이양 이후 지도단속의 접근이 전혀 달라진 것 없이 적발위주라는 것이다. 또, 환경의 질과 같은 환경규제의 실질적인 효과와 지방사정에 맞는 감시단속이 필요하다는 것이다.

2017년 11월 환경정책, 지방자치, 거버넌스 등 관련분야의 공무원, 학계, 시민단체 전문가 20여명을 대상으로 한 환경정책 성과와 개선방안 등에 대한 집단 심층인터뷰 조사에서 나타난 감시·단속업무에 대한 중앙과 지방의 인식차이는 (박순애 외 8인. 2019:238-249) 앞서 설명한 2012년의 면담내용과 다르지 않다. 감시·

감독권의 지방 이양에 대한 공무원들의 인식과 평가는 중앙과 지방에 따라 여전히 크게 다르게 나타나고 있다. 중앙공무원은 지방정부의 정치적, 온정적 행태가 문제라고 인식하고 있으나, 지방공무원은 환경부나 지역 환경청이 해결하기 힘든 사안을 지자체에 위임, 이양의 형식으로 떠넘기고, 그에 합당한 권한을 주지 않고 있으며, 전문성이 적은 상태에서 업무량이 증가하여 효율적인 집행이 어렵다고 주장한다.

이양 후 감시·단속의 이행정도에 대해서 지방공무원을 제외한 전문가, 중앙공무원, 시민단체 모두가 단속 빈도와 강도측면에서 모두 완화된 것으로 평가하고 있다. 환경부 공무원은 감시·단속이 완화된 것으로 인식하고 있는데, 그 이유로 지자체의 업무량 증가로 인한 과부하, 인력과 전문성의 부족, 지역선거와 지역민과의 유착을 그 이유로 들고 있다. 그러나 지방 공무원들은 감시단속이 오히려 강화된 것으로 주장한다. 감시단속 현장의 여건과 지역특성에 대한 높은 이해도, 감시단속에 따른 즉각적 조치의 용이성, 집행성과 제고 노력 등을 그 이유로 들고 있다.

한편, 전문가 집단은 중앙정부가 지방정부 환경 정책의 실질적 성과에 무관심하고, 지방이양 사무에 대한 성과평가 및 관리가 부실하고, 사회적으로 이슈화되는 사안에 대해서만 규제와 관리를 강화하는 측면이 있어 정책의 일관성이 없다고 평가하였다. 화학물질, 수질 등의 분야에서 특히 감시 단속이 완화되었다고 평가하고 있으며, 이유로 인력부족, 전문성 부족(순환보직), 지자체장의 무관심, 지역개발 우선, 지역민과 기업인과의 유착 등을 들고 있다. 지방자치단체의 환경사무 담당 역량에 대해서 전문가들은 대체로 독립성과 업무권한 관련 역량은 일정 수준 이상 갖춰져 있다고 보지만 예산과 인력의 측면에서는 매우 부족하다는 의견을 보인다. 그러나 이와 동시에 독립성과 권한이 지방정부에 주어지더라도 지방선거, 시의회 예산편성, 지역민과의 유착 등에 따라 집행현장에서 훼손되는 경우가 빈번함을 지적하고 있다. 일부 전문가 중 긍정적인 시각은 환경부가 환경규제를 통합관리체계로 전환하고 최적가용기법을 방안을 도입하는 등 적절한 역할을 수행하고 있다는 평가를 하고 있다. 시민단체의 평가는 지방의 전문성이 부족하고, 인력 예산이 부족하며, 지역민과의 유착에 따른 문제를 지적하고 있다. 그리고 지자체의 독립성은 중간수준, 업무권한은 높은 수준이지만 예산, 인력이 모두 부족한

데 특히 인력이 부족하다고 평가하고 있다. 그리고 지자체의 집행성과에 대한 평가 및 관리미흡을 추가하여 지적하고 있다 (박순애 외 8인, 2019:238-249).

Ⅶ 지역환경 정책의 발전방향

지방차지 시행 30년간 지방의 환경정책에 대한 자치권은 점진적으로, 꾸준히 확대되어가는 양상을 보여 왔다. 그러나 점진적이라는 것이 원칙과 방향성, 전략과 계획이 수립된 상태에서 일관되게 장기적으로 점진적인 발전을 해온 것이라 보기는 힘들다. 중앙과 지방의 환경정책 권한분담은 초기에는 상징적 환경기능만 있는 시대에서 지방의 오염물질배출에 대한 지도감독 기능의 여력이 없어서, 그리고 환경청이 생기고 난 다음에는 대형 오염물질발생 사고에 따라 지방으로, 또는 중앙으로 이전되는 원칙 없는 권한분담이 계속되었다. 그리고 이양이 이루진 이후에도 통합환경관리라는 새로운 규제방식이 도입되어 이양된 환경정책의 권한이 실질적으로 중앙으로 회귀될 가능성이 크게 되었다. 이런 큰 흐름을 염두에 두고, 지방자치와 환경정책의 발전방향을 몇 가지 제시하면 다음과 같다.

우선 모든 정책과 행정이 그렇겠지만, 지방자치의 궁극적인 목적도 지역주민의 요구를 밀접하게 반영하면서 삶의 질을 향상시키고 주민을 행복하게 하는 것, 지역발전을 통해 사람들의 "자유로서의 발전"(Development as Freedom), 즉 개개인이 원하는 것을 할 수 있는 역량, 자유역량을 확대시키는 것이 발전의 궁극적인 목표일 될 것이다 (센, 1999). 이렇게 보면 중앙권한의 지방분권은 위임과 이양이 얼마나 주민 삶의 질을 개선하고, 주민의 행복과 주민의 역량을 발전시키는가에 따른 기준으로 평가될 필요가 있다. 이는 좋은 정치와 행정을 바탕으로 자연과 사람의 관계를 공생과 상생의 관계로 발전시키고, 사람간의 관계를 평등하고 공정하게 발전시켜 모두를 포용하는 지속가능한 발전을 추구하는 것과 밀접하게 관련된다.

두 번째로, 한국의 환경 정책은 지금까지 오염물질의 배출억제, 건강의 보호, 환경질의 개선이라는 사후적, 소극적 환경 정책의 영역에 머물러 있다. 지방의 환경정책 역시 마찬가지였다. 그러나 기후위기, 2050 탄소중립, 그리고 UN의 지속가능발전목표(UN SDGs, 2015), 이를 적극적으로 수용한 한국의 지속가능발전목표(K-SDGs, 2018)등의 환경변화는 환경 정책이 기존의 소극적 정책영역에서 더 적극적이고 사전예방적인 생태전략적 접근을 강화하는 방향으로 발전해 나가야 할 필요성을 증가시키고 있다. 즉, 환경오염과 훼손의 원인이 되는 자연자원의 관리, 에너지 이용, 토지이용 등에 대한 환경 정책의 역할과 기여가 확대되어 나가야 한다. 이런 면에서 지방정부는 중앙정부보다 훨씬 유연한 접근을 할 수 있다. 1992년 브라질 리우정상회의 이후 세계적으로 전파된 지방의제21을 중심으로 한국의 전국 시도와 기초지자체에서 반관 반민의 형태로 구성된 전국지속가능발전협의회는 지방의제21 시대뿐 아니라 유엔의 SDGs와 한국의 지속가능발전목표(K-SDGs)의 이행을 위해서 지방정부에 의해서 “지속가능발전 2030의제”가 수립되고 지방정부와 협력적 관계를 유지하며 활동하고 있다. 그리고 민간과 지방정부가 협력하여 만드는 “지속가능발전 2030 의제”들을 다양하게 수립하여 실천해 나가고 있다. 전국지속가능발전협의회에서 공모하는 민간과 지방정부가 협력하여 만들어내는 지속가능발전 이행계획들은 창의적이고 우수한 계획들을 다수 양산해 내고 있다. 환경부는 이러한 지방정부와 지속가능발전협의회의 이러한 역할을 적극 조장하고 지원하고 협력할 필요가 크다. 전국 226개의 지방정부에서 만들어내는 창의적 프로그램들에서 우수한 성과를 내는 프로그램들을 중앙 환경 정책으로 전국으로 확산시킬 기회가 그만큼 많아지기 때문이다. 그리고 기후위기 대응, 탄소중립, 지속가능발전은 결국 국민의 자발적이고 적극적인 참여 없이는 불가능할 것이기 때문이다.

세 번째로, 환경 정책의 기본을 구성하는 규제정책도 획기적으로 개선될 필요가 있다. 이런 점에서 영국의 환경 정책과 규제행정은 우리에게 중요한 시사점을 준다. 미국이 “경찰이 도둑 잡듯하는 오염물질배출에 대한 감시단속” 은 영국에서는 “의사가 환자를 치료하듯 하는 지도점검”으로 스타일을 달리한다 (Vogel, 1986; 문태훈, 1997:279-324). 그래서 영국에서 지도점검이 나오면 배출업소가 애로사항을 기술적으로, 개별규제로 해결해주는 감시단속원을 환영하는 반면, 미국에서 지도점검이 나오면 업출업소 책임자가 도망을 가거나 단속을 힘들게 하려고 굴뚝 사다리를 한 개씩 빼버리는 경우도 있었다고 한다. 높은 전문성, 적정한 인력, 대립적, 저항적 규제형태가 아닌 지도적, 협력적 규제형태의 차이를 보이고 있는 것이다. 물론 두 나라의 규제스타일은 점차 서로를 닮아가고 있지만 이러한 전통과 인식은 지금도 여전히 영국의 규제정책 접근의 근저를 이루고 있다.

네 번째로 같은 맥락에서, 환경부는 환경 정책의 여러 영역에서 지방정부의 환경상태를 면밀히 모니터링하고 그 정보를 지방정부는 물론 일반에게도 지속적으로 공개하는 환경정보 플랫폼을 구축할 필요가 있다. 전국 모든 광역시도, 기초시군 등을 대상으로 환경의 질, 배출업소의 오염물질 배출량, 감시단속 결과, 위반업소의 이력, 수질, 토양오염, 폐기물 재활용 등 통합적, 매체별 환경정보 플랫폼을 구축하여 정보를 제공하고, 이에 기반한 지방정부 지원과 협력적 프로그램 제공 등의 역할을 다할 필요가 있다. 환경부가 환경 정책의 분권화를 추진하면서 지방정부의 오염물질의 배출현황과 환경상테를 면밀히 모니터링하면서 지방정부가 환경의 질을 개선시키도록 돕고, 규제효과의 전국적 일관성을 확보하는 것은 중앙 부처로서의 의무에 해당한다. 미국의 환경청이 작지만 강한 규제기관으로 지속되고 있는 것은 주정부와 전국의 오염물질배출과 환경상태에 대한 면밀한 모니터링과 종합적, 부분적 환경정보플랫폼을 구축하고 공개하고 있기 때문이기도 하다.

마지막으로, 우리는 모두 지방에서 산다. 서울도 지방이다. 지방발전의 총합이 국가발전의 크기와 질을 결정짓는 것이다. 부산에서 젊은이들이 부산을 두고 “노인과 바다”라 한다고 한다 (MBC 로드맨, 2020). 젊은이들은 일자리를 찾아 다 서울로, 수도권으로 가고 부산에는 노인과 바다만 남았다는 것이다. 지역의 발전은 그 지역의 인적자원이 좌우한다. 한국 제2의 대도시가 청년이 떠나는 “노인과 바다”라면 비수도권의 다른 도시들은 어느 정도일까. 수도권-비수도권의 격차는 한국과 지방자치를 위협하는 수준으로 심화되고 있다. 수도권으로의 인구집중은 지방인구의 감소를 심화시키고 쇠약해지는 지방의 인구는 다시 수도권으로 집중되는 악순환이 되풀이 된다. 수도권, 비수도권의 삶의 질은 동반 하락하게 되고, 인구, 국토, 자원 관리의 효율은 낮아지고, 시방자치는 약화될 수밖에 없다. 기후위기 대응을 위한 2050 탄소중립은 결국은 환경문제에 대한 전 지구적 대응으로 지속가능한 발전을 그 궁극적 목표로 하고 있다. 지방 환경정책의 영역도 지속가능 발전을 포함할 수 있도록 자치권, 자율성, 그에 상응하는 권한과 재원이 보장될 수 있도록 개선되어야 한다.

제16장 재난안전 정책

▶▶▶ 정지범

I 서론

모든 재난은 지역적이다(All disasters are local). 모든 재난은 지역에서 발생하고, 그 재난에 처음 대응하는 사람들도 지역에 있는 사람들이다. 만일 재난의 피해가 커서 지역의 역량이 부족할 때는 중앙정부에 도움을 청하곤 한다. 그러나 재난의 1차적 당사자는 지역이기 때문에 무엇보다도 재난관리를 위한 지역의 역량이 중요하다.

지역에서의 재난관리는 1차 대응자(first responder)와 재난관리자(emergency manager)에 의해 이루어진다. 1차 대응자란 재난 현장에 직접 뛰어들어 이재민을 구하고, 재난이 더욱 커져서 이차 피해를 일으키는 것을 예방하기 위해 노력하는 사람들로서, 소방, 경찰 등을 의미한다. 코로나 19와 같은 방역 상황에서는 각 지역 보건소도 1차 대응자 역할을 수행한다. 재난관리자는 지역에서의 재난 대응을 위하여 전반적 상황을 파악하고, 다양한 분야의 역량과 자원을 모으고 조화롭게 운영되도록 지원하는(coordination) 역할을 하는 지방자치단체 재난관리 부서 담당자들을 의미한다.

현재 경찰 공무원들은 국가직인 상황이고, 문재인 정부 들어 소방 공무원들 역시 국가직으로 전환되고 있다. 소방의 국가직화에 대해서는 많은 논쟁이 있었다. 첫 번째 관점은 자치분권을 강조하는 문재인 정부가 지방직인 소방을 국가직으로 변경하는 것이 옳은 방향이냐 하는 것이다. 더구나 국가직인 경찰도 자치분권 강조를 위해 자치경찰제도를 도입하는 상황에서 말이다. 하지만 또 다른 관점은 최근 재난의 대형화 현상, 그리고 대형 재난에 대응하기 위해서는 한 지방자치단체

보다는 여러 지방자치단체가 협력하여 대응할 필요성이 있다는 것, 따라서 국가직 소방 공무원 등이 여러 지자체를 포괄하여 함께 대응하는 것에 더 바람직할 수 있다는 견해도 있다. 더구나 미국 등과 같이 국토 면적이 큰 나라에서는 자치소방제도를 택하는 것이 효율적일 수 있지만, 한국의 경우 국토 전체 면적이 미국 하나의 주에 해당할 정도로 좁은 상황에서 자치소방보다는 국가직 소방의 전반적 관할이 더 나을 것이라는 의견도 있다.

이 글에서는 소방 및 경찰 등 1차 대응자에 대한 내용보다는 지역재난안전관리를 전반적으로 담당하는 재난관리자에 대한 이야기에 집중하고자 한다. 지방자치단체 재난안전관리 분야의 조직, 인력, 예산 등의 문제점을 확인하고 미래지향적 개선 방안을 모색하고자 한다.

Ⅱ 지방 재난안전관리의 역사

전 세계적으로 재난관리의 대상과 범위는 꾸준히 확대되고 있다. 냉전시대 고전적 민방위 개념(civil defense)이 기후변화, 테러, 각종 대형 사고와 사회적 소요사태에 대한 대응을 위하여 국민보호(civil protection)의 개념으로 확대되면서 재난관리의 대상과 범위는 포괄적으로 확대되었다 (정지범, 2012). 물론 각국이 처한 상황에 따라 재난관리 혹은 위기관리 대상의 중심은 매우 다르다. 911 테러를 경험한 미국은 주로 테러와 국경보호에 관심을 두었고, 그에 따라 국토안보부(Department of Homeland Security)를 창설했다. 한편, 유럽, 일본 등은 기후변화나 자연재난, 그리고 각종 사회적 소요사태에 치중하는 것처럼 보인다.

한국의 경우 자연재난으로서 홍수가 가장 중요한 문제였고, 따라서 치수(治水)가 재난관리의 핵심이었다. 물론 한국전쟁을 경험한 분단국가로서 민방위는 지속적 관심의 대상이었고, 1990년대 들어 성수대교 붕괴, 삼풍백화점 붕괴 등 대형 인적재난을 경험하면서 각종 인적재난과 시설물 안전에 대한 관심도 높아졌다. 중앙정부와 지방자치단체의 조직 역시 이와 같은 국가적 관심도를 반영하면서 점진적으로 변화해 왔다.

1. 중앙정부 차원의 재난관리체계의 변화

대표적 유교문화권 국가이며 강력한 중앙집권제를 유지했던 한국은 "치산치수(治山治水)는 군왕의 덕목"으로 인식되어 재난관리에 국가의 책임을 강조해왔다(오윤경 · 정지범, 2016). 특히 홍수로 인한 피해가 대표적 자연재난이었기 때문에 치수가 바로 방재로 인식되었고, 치수 문제를 담당하는 건설행정부서가 최초 방재를 담당했다고 볼 수 있다. 해방 이후 주관부서로서 건설부 수자원국에 방재과가 만들어졌고, 1991년까지 운영되었다. 이 기간 동안 1962년 「재해구호법」, 1967년 「풍수해대책법」 등이 제정되어 주로 자연재해 대응의 기틀을 마련했다. 한편 베트남 패망 이후 「민방위 기본법」(1975)이 만들어지면서 민방위 조직이 창설, 운영되기 시작했는데, 민방위 부문 역시 한국 재난관리 역사의 중요한 한 축을 담당했다(정지범, 2012; 오윤경 · 정지범, 2016).

1990년 중부지방 호우로 인한 일산제방 붕괴를 계기로 지방자치단체 수준의 재난관리가 강조되면서 재난관리 업무가 내무부로 이관되었다. 이후 1994년 방재업무 부서가 방재국으로 확대 · 개편되면서 산하에 방재계획과, 방재대책과, 재해복구과를 두는 국 단위 조직으로 재편되었다 (한국방재협회, 2014).

1990년대에 들어서 한국사회는 급속한 압축성장의 부작용으로 대형 재난들을 경험한다. 1994년 성수대교 붕괴, 1995년 삼풍백화점 붕괴 사고는 가장 대표적이면서도 비극적이었던 90년대의 재난이었다. 이후 정부는 인적재난 대응을 위한 「재난관리법」(1995)을 제정하고, 내무부 민방위본부를 민방위재난통제본부로 확

1990년 일산제방 붕괴 현장 및 피해 모습

자료: 고양시청 블로그(https://goyangcity.tistory.com/31)

1994년 성수대교 붕괴 현장(우)과 1995년 삼풍백화점 붕괴 복구 현장(좌)

자료: 서울시 역사편찬원(https://history.seoul.go.kr/)

대·개편하여 민방위 조직과 재난관리 조직을 통합하였다.

2003년 대구 지하철 방화사고는 한국 사회에 엄청난 충격을 주었다. 참여정부는 이 사고를 계기로 대대적인 재난관리체계 정비에 나섰다. 기존 재난관리가 재난별로 파편화되어 포괄적이고 종합적인 대응이 부족했다는 문제의식에서 자연재난, 인적재난, 사회적 재난(기반시설 관리 등)을 포괄하는 기본법으로서 「재난 및 안전관리기본법」(2004)이 제정되었고(「재난관리법」 폐지), 기존의 민방위재난통제본부가 확대 개편되어 통합조직으로서 소방방재청이 신설되었다.

이후 대부처주의를 표방한 이명박 정부는 재난안전 분야의 통합적 확대를 지향했다. 행정안전부 설립을 통해 기존 비군사적 부문(자연재난, 인적재난 등)과 군사적 부문(비상대비 부문)의 통합을 추진했고, 국가적 차원의 총괄적 안전관리 및 안전문화를 담당하는 업무를 추가하는 등 국가 재난안전관리의 영역을 확대하였다(정지범, 2012).

박근혜 정부는 최상위 5대 국정목표 중 하나로 안전과 통합의 사회를 내세웠는데, 안전이 최상위 국정목표로 등장한 것은 이때가 처음이었다. 또한 행정안전부를 "안전행정부"로 개편하면서, 재난안전관리 부서를 안전관리본부(차관급)로 확대 개편했다. 안전관리본부 조직 개편의 가장 두드러진 특징 중 하나는 기존 재난관리 중심의 재난안전관리관 체계에서 안전정책국을 독립시키면서, '안전정책'과 '재난관리'를 병행시키는 형태로 전환했다는 것이다. 이는 박근혜 대통령이 후보자 시절부터 강조했던 4대악 근절(성폭력, 학교폭력, 불량식품, 가정파괴범) 정책의 일환이라 해석할 수 있지만, 다른 한편으로는 재난에서 포괄적 안전으로 중심을 이동하면서, 현장 대응력을 약화시킨 부적절한 개편이었을 수도 있었다. 2014년 세월호 사고 이후 정부는 형편없었던 현장 대응능력, 컨트롤타워 부재 등의 문제로 비판을 받았다. 이에 정부는 안전행정부의 재난안전기능을 분리하여 소방방재청과 통합하고 해양경찰청의 구조·구난·경비 기능을 포함하는 장관급의 국가안전처를 창설했다.

재난관리 분야가 최초의 장관급 조직을 가지게 되었지만, 모든 재난은 지역에서 발생하고, 재난관리의 핵심은 바로 지방자치단체라는 점을 감안하면 지방조직과 분리된 재난관리 총괄조직은 적절한 모습이 아니었다. 문재인 정부는 재난관리와 지방행정을 포괄하는 행정안전부로의 개편을 추진하였고, 산하에 차관급 총괄조직으로서 재난안전본부를 두었다.

2. 지방 재난관리체계의 변화

지방자치단체의 재난관리 조직은 상당 부분 중앙 조직 개편의 흐름에 따라 점진적으로 변화하고 발전해왔다. 전반적 흐름은 재난관리 부분과 다양한 시민안전 부분을 통합하는 형태로 진행되었고, 조직의 크기는 꾸준히 확대되어 왔다. 1995년부터 민선 지방자치가 부활했지만 그에 따른 독자적 변화는 확인되지 않았다.

1995년 민선 지방자치 이전까지 지방자치단체의 재난관리는 소방조직(소방본부)을 중심으로 홍수 등 치수 문제를 담당하는 건설토목 관련 조직(건설국)과 민방위 관련 조직(민방위국)이 중심이 되었다. 1986년 서울시의 경우를 보면, 3과 10계 체계의 소방본부를 중심으로, 3국 11계 체계의 민방위국과 상하수국의 치수과가 치수와 수방을 담당했다. 결국 광역시 단위에서 7개과 정도가 재난안전 관리를 담당한 것으로 볼 수 있다. [그림 16-1]은 1986년 서울특별시의 조직도이다. 치수, 민방위, 소방 등이 분리되어 운영되는 것을 알 수 있다.

1990년대 대규모 붕괴사고 발생과 함께 중앙정부에 민방위재난통제본부가 설치되면서, 시·도에서도 민방위국을 민방위재난관리국으로 확대·개편하였고 "재난관리과"를 신설하였다. 시군구에서는 민방위과가 "민방위재난관리과"로 확대·

[그림 16-1] 1986년 서울시 조직도

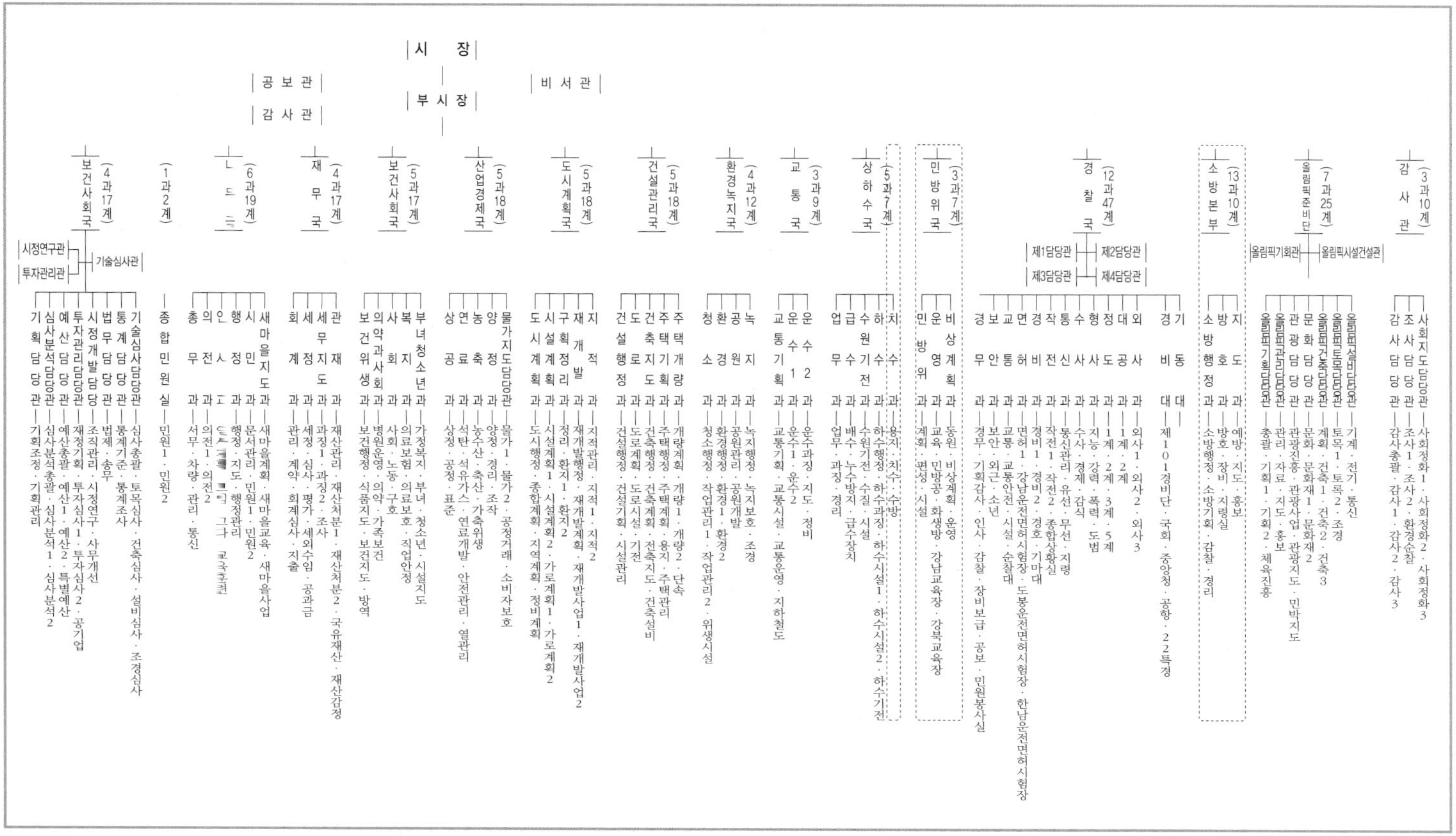

자료: 서울특별시조직변천사(1986-2000)

개편되었고 "재난관리계"와 "안전지도계"가 신설되었다(한국방재협회, 2014). 1997년부터 광역시로 승격된 울산시의 경우, 정부의 지침에 따라 민방위 재난관리국을 신설하고 그 아래 민방위비상대책과, 재난관리과, 산림녹지과를 둔 것을 확인할 수 있다. 그럼에도 불구하고 치수 문제는 여전히 건설행정의 문제로서 건설행정과 소속이었다.

기초자치단체들의 경우에는 관련 역사기록을 쉽게 찾을 수 없지만, 비교적 역사기록이 잘 보관되고 홈페이지 등을 통해 공개하고 있는 속초시의 경우를 살펴보면 다음의 그림과 같다. 기초자치단체의 경우에도 중앙정부의 지침에 따라 민방위재난관리과를 두고 그 아래 민방위, 재난관리, 병무, 안전지도 등 4개의 계를 둔 것을 확인할 수 있다.

2000년대 이후부터는 지방자치단체 수준에서 재난관리뿐만 아니라 다양한 분야의 안전관리를 총괄적으로 관리하는 부서들이 신설되기 시작했다(안전관리국, 안전방재과 등). 최근의 추세는 광역시 단위에서 실 혹은 본부 단위의 조직(시민안전실, 도시안전본부 등), 기초 단위에서는 안전총괄과 형태의 조직을 운영하는 것이다. 많은 경우 해당 조직에 전통적 방재, 다양한 시민안전, 그리고 민방위 부문을 포괄하곤 한다.

대표적 사례로서 2021년 울산광역시의 조직도를 살펴보면 1실 3과 체계의 소방본부와 함께, 전반적 재난안전을 총괄하는 시민안전실을 운영하고 있다. 시민안전실의 경우 안전총괄과(민방위 비상계획 포함)와 재난관리과 등 4개과를 두고 있다. 특이한 것으로는 산업도시 울산의 특징과 함께 관내 원자력발전소 안전 문제 관리를 위한 "원자력산업안전과"라는 조직을 운영하고 있는 것이다([그림 16-4]). 이전 조직과 비교하여 재난안전 관련 대부분의 조직들이 통합된 것을 확인할 수 있다.

기초자치단체의 사례를 살펴보면 많은 경우 안전총괄과 형태의 조직이 운영되고 있는 것이 확인된다. 다만 명칭은 자치안전과, 재난안전과, 안전도시과 등 약간씩 다른 명칭을 활용하고 있으며, 일반적으로 지역안전관리, 민방위 등의 업무를 함께 수행하고 있다. 또한 많은 기초자치단체들이 재난안전 분야를 중심으로 "재난안전+자치행정" 형태의 국[행정안전국(서울시 강동구, 송파구, 경기도 안양시 등)] 혹은 "재난안전+건설행정" 형태의 국 [도시안전국(강원도 속초시), 안전도시국(부산시 남구), 안전건설국(울산시 남구), 안전교통국(서울시 강남구)]을 운영하고

[그림 16-2] 1997년 울산광역시 조직도

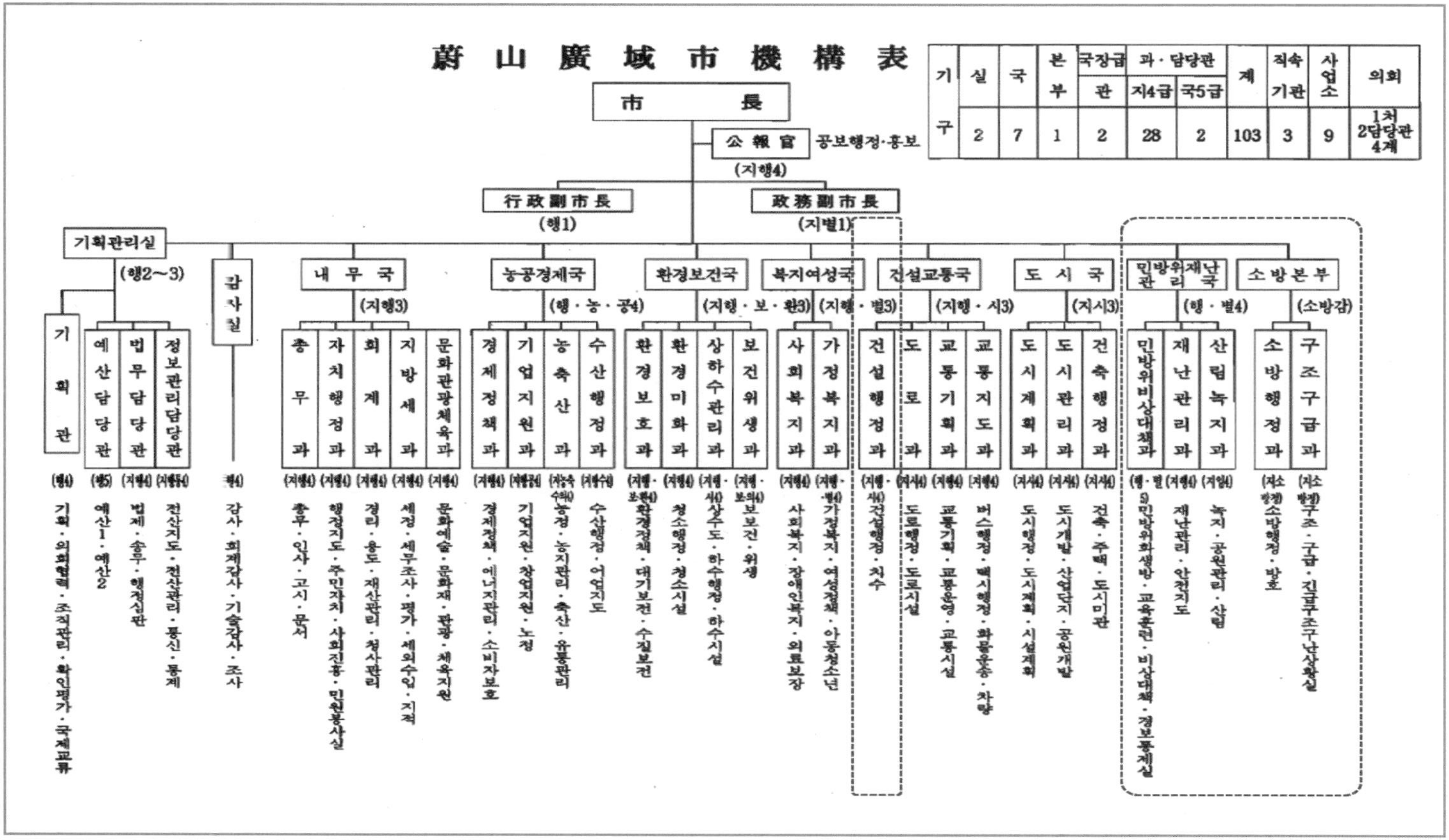

자료: 울산광역시 시정백서(1998)

[그림 16-3] 속초시 1996년 조직도

구분	계	본청	직속기관	사업소	시의회	동
합계	145	87	10	14	5	26
과장급이상	43	19	3	5	3	13
계장급	102	68	7	12	2	13
기구	실(2), 과(17), 직속기관(2), 사업소(5), 동(13), 계(86)					

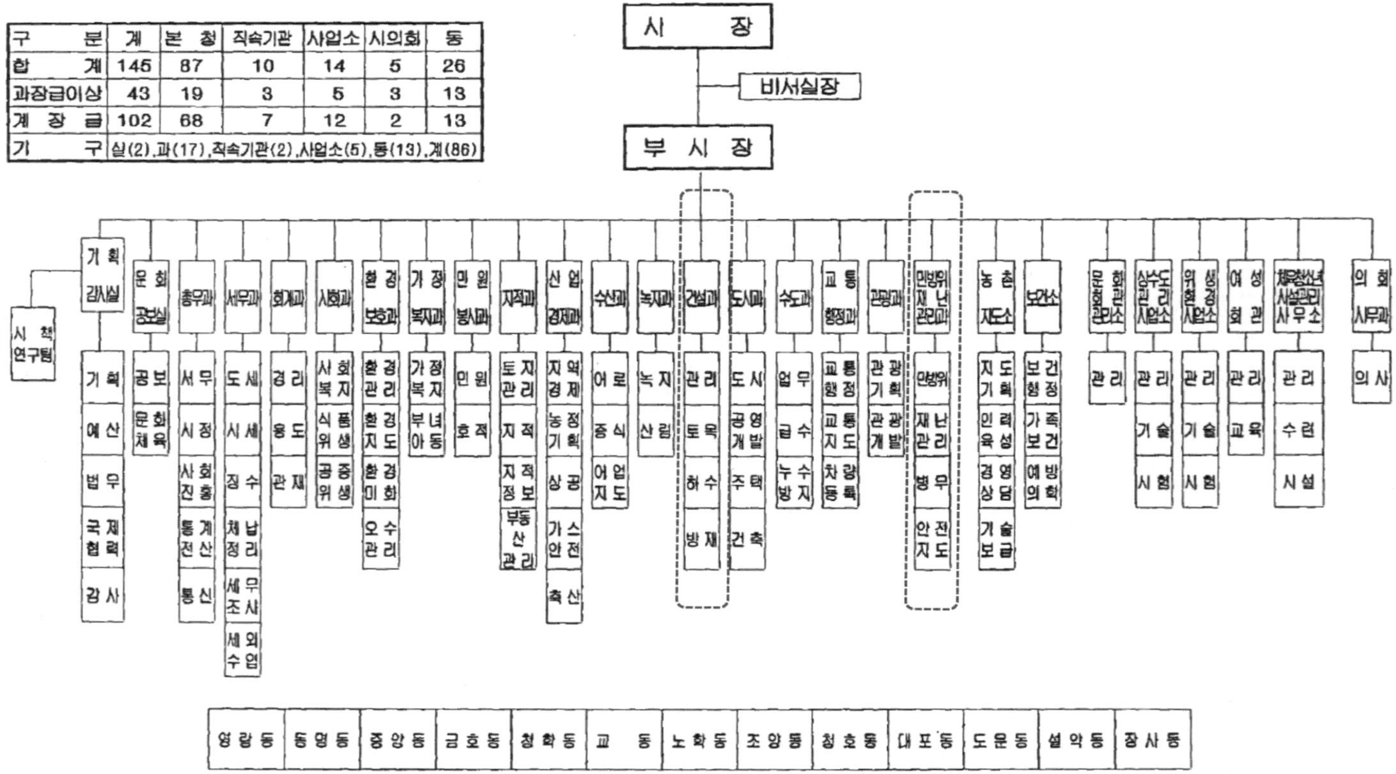

자료: 제35회 속초시 통계연보(1997).

[그림 16-4] 2021년 울산시 조직도

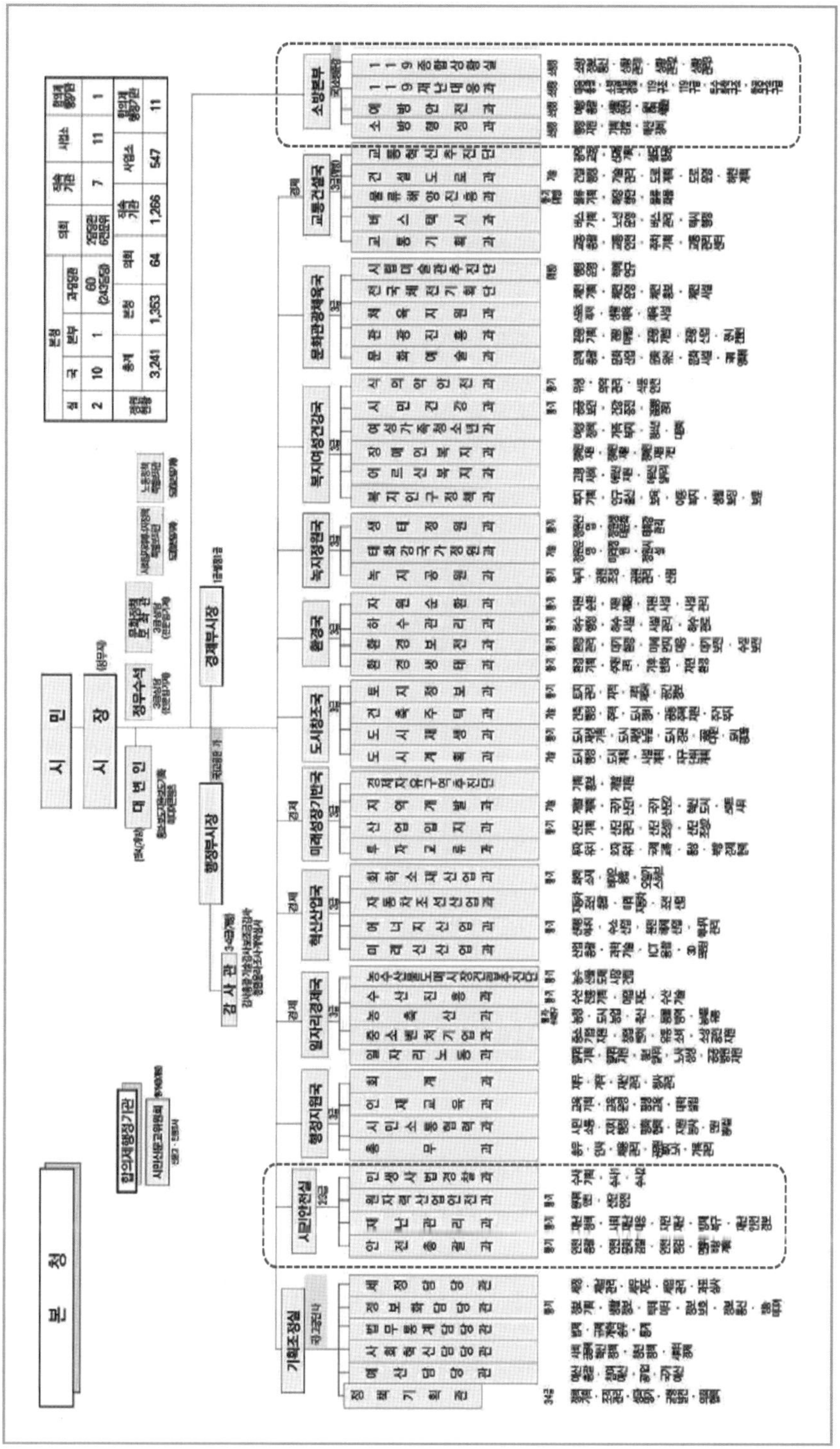

자료: 울산광역시 시정백서(2021)

[그림 16-5] 2021년 기초자치단체 조직도 사례

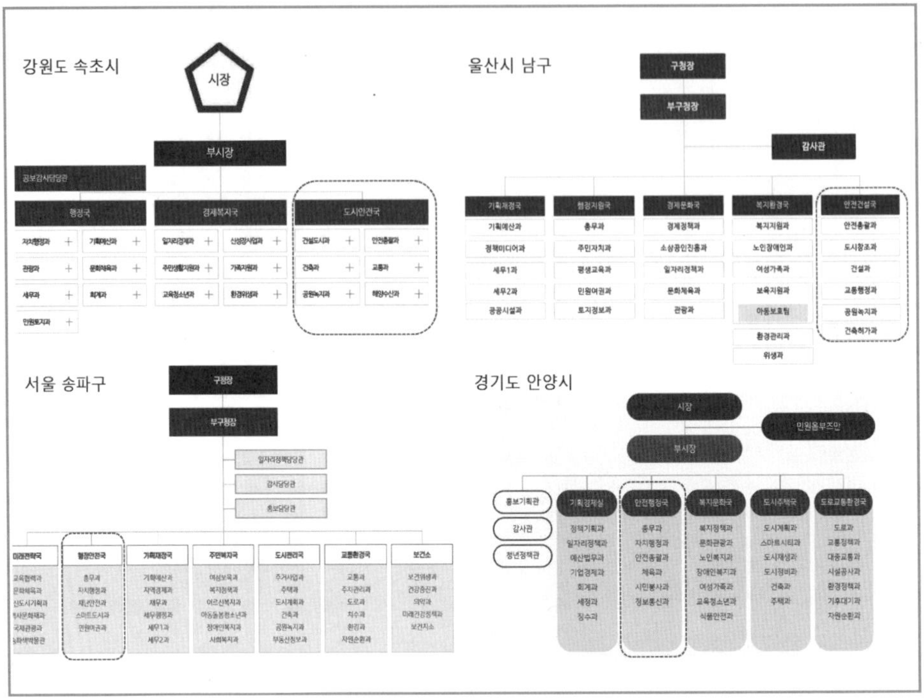

자료: 각 기초자치단체 홈페이지

있다. 안전행정국 형태의 조직이 기초자치단체에 등장한 것은 비교적 최근의 일로서 중앙부처의 행정안전부 형태의 조직에 맞추어 신설된 것으로 보인다.

Ⅲ 지방 재난안전관리의 문제점

지방자치단체의 재난안전 관리 조직과 인력은 꾸준히 확대되어 왔다. 초기에는 치수 중심의 한 개 과 정도로(소방/민방위 조직 제외) 운영되었지만 점차 재난관리과(자연재난 중심) 형태로 분리되기 시작했고, 이후 전반적 안전관리를 위한 안전총괄과 등의 조직으로 확대되었다. 그리고 이들 조직들은 민방위 등의 분야와 결합하면서 광역시 차원에서 실이나 본부 단위, 기초자치단체 차원에서는 안전총괄과 조직, 그리고 이를 확대한 국단위 조직이 등장하기 시작했다. 그럼에도 불구하

고 일반적 경향으로서 민선시대 지방의 재난관리조직은 민선 지방자치단체장의 주된 관심사가 아니었고, 중점 목표도 아니었다. 대부분 중앙정부와의 업무 협조 등을 위해 수동적으로, 그리고 점진적으로 조직이 확대되어 왔고 아직까지 조직, 인력, 예산 차원에서 많은 문제점이 확인되고 있다.

1. 인력

가장 큰 문제 중 하나는 지자체에서도 한직 중 한직으로 꼽히는 재난 부서의 인력관리 문제이다. 2009년 한국행정연구원의 설문조사 결과 (김은성·안혁근, 2009)에 따르면 지자체에서는 일반조직과 재난관리조직 간의 잦은 수평적 순환보직(96%가 2년 이하 재직, 39%가 1년 이하)으로 인하여 재난안전관리 관련 전문성을 축적할 수 있는 기회가 부족했다. 조직에 대한 자부심 및 위상이 낮은 상황에서 순환보직이 잦으니, 업무에 대한 적극성과 충실성이 떨어지곤 했다. 이러한 문제는 일찍이 행정안전부 내부에서도 공유된 문제였다. 2012년 행정안전부의 보도자료(2012)에서는, 재난안전분야 공무원들은 일반행정직 혹은 시설·공업직으로 구성되어있으며, 순환보직으로 전문성이 낮은 상황이어서 방재안전직렬이 필요하다고 강조했다.

2014년 세월호 사고 이후 방재안전직렬 인력 충원이 본격적으로 시작되었다. 그 결과 2018년 말 지방자치단체 직접 재난안전업무 종사자 수 3,423명, 그중에 방재안전직 공무원 수는 475명에 달하는 수준으로 성장하였다(전체 재난안전 분야 종사자 중 13.8% 수준) (한국지방행정연구원, 2019). 가장 최근의 통계에 따르면, 2020년말 기준으로 지방자치단체의 방재안전직렬 공무원은 총 671명까지 증가했다(최호진·김경우, 2021).

이미 방재안전직으로 채용이 된 공무원의 경우에도 업무 특성에 따른 긴장감과 책임감, 소수직렬에 따른 인사상 불이익, 높은 업무 강도 등에 따라 직무만족도가 낮고(낮음 29%, 매우 낮음 27%), 이에 따른 조기 퇴직률도 11.1%로 전체 지방공무원 퇴직률 0.8%의 14배에 이르는 실정이다 (행정안전부, 2017).

한편, 방재안전직의 전문성에 대한 우려도 여전히 높은 편이다. 대부분의 방재안전직이 공무원 임용시험을 통해 임용이 되지만, 이들 시험이 실재 재난 상황의 대응력과는 무관한 경우가 많기 때문이다. 실제로 울산과학기술원(UNIST)이 2021년 전국 재난관리 분야 공무원 357명을 대상으로 실시한 설문조사 결과(내부 자료)에 따르면 전체 응답자 중 82% 이상이 심각한 재난상황을 경험하지 못했다고 응답하였다. 이는 아직까지 지자체 내에서 순환보직이 만연하면서 재난 부서 근무 경험이 매우 짧은 경우가 많은 것이 가장 큰 원인이다. 하지만 재난이 일상적 경험이 아닌 상황에서, 어떤 한 지역의 공무원이 충분한 재난 경험을 가지기는 쉽지 않을 것이다.

2. 조직

민선시대 지방자치단체에서 재난안전 분야에 대한 관심은 그다지 높은 편이 아니다. 따라서 타 부서에 비하여 인력과 조직이 부족한 경우가 많다. 이러한 문제는 특히 기초체로 갈수록 심각해지는 경향이 있어, 중앙–광역–기초체 간 조직규모가 전형적인 역삼각형 형태를 띠고 있다. 2018년 말 행정안전부 조사결과에 따르면, 시·도 재난안전 전담조직은 평균 3.5개 과, 근무인원은 평균 71명인 반면, 시·군·구 재난안전 전담조직은 전체 자치단체의 67%만 구성되어 있는 실정이다(대체로 1~2개 팀으로 구성) (한국지방행정연구원, 2019).

이러한 역삼각형 구조의 문제점은 아래(기초) 방향으로 내려올수록 개인별 업무가 집중되는 깔때기형 특성을 띤다는 것이다. 이에 따라 행정안전부, 소방청, 그리고 타 중앙부처의 재난 관련 업무가 모두 기초체의 1–2명의 담당자에게 쏠리는 경향을 보이곤 한다. 또한 기초체의 경우에는 재난 상황시 비상업무 처리를 위한 교대인력조차 갖추지 못한 경우가 많아 한계를 뛰어 넘는 과중한 업무 부담이 생기곤 한다. 재난상황에서 업무 폭주의 문제는 특히 심각하다. 2017년 포항지진 이후 피해 상황을 알아보기 위한 설문조사 결과[1]에 따르면 포항지진 이후 절반 이상의 공무원들이(59%) 건강이 악화되었다고 응답했고, 일부는 2020년 조사 당시까지 그 영향이 이어지고 있다고 응답했다. 대규모의 인력지원이 필요한 가축전염병 상황 등의 경우에는 과중한 업무 부담에 따른 공무원 사망사고도 심심치 않게

1 울산과학기술원.(2021). 대규모 지진으로 인한 사회경제적 영향분석 추정기술 개발 연구. 내부 자료.

발생하곤 한다.

재난부서의 업무 조정 능력 및 리더십 부족도 큰 문제이다. 재난 상황이 발생하면, 지방자치단체의 모든 조직들, 나아가 민간조직까지 포괄하는 협력체 구성이 필요하고, 재난부서가 리더십을 가지고 전체 네트워크를 이끌고 나갈 필요가 있다. 그러나 대부분의 지자체에서 재난조직은 작고 힘없는 조직이며, 조직원들의 급수 및 경험도 타 부서에 비하여 일천한 경우가 많아 위기상황에서 리더십을 기대하기는 어려운 상황이다.

결국 재난관리 분야에서 조직관리의 문제는 다양한 민관 네트워크의 구성과 운영의 문제이며, 평상시에는 느슨한 연결로 충분하겠지만, 재난이 발생한 이후에 어떤 식으로 명령과 통제를 강화할 수 있느냐, 어떻게 리더십을 가질 수 있느냐에 대한 문제로 볼 수 있다.

3. 예산

지방자치단체의 재난안전 예산은 별도로 집계되지 않고 있고, 또 지역안전관리계획 등과 같은 지방계획에서 해당 지자체의 실제 예산을 이용한 예산 배분 계획이 제시되지 않는 경우가 많아 그 실체를 확인하기 어렵다 (김은주·오윤경·김경우·최희용, 2020). 일반적으로 지방자치단체의 재난안전사업 예산은 각 지자체의 상황에 따라 변동이 큰 편이며, 중장기적 계획 없이 단기적인 계획에만 머무르고 있는 실정이다.

한국행정연구원 (김은주·오윤경·김경우·최희용, 2020)의 연구 결과에 따르면 지방자치단체의 예산은 일반적으로 자체예산(시비, 도비, 지방채, 기금 등), 국고보조금(중앙의 일반회계, 특별회계, 기금으로 구성), 지방교부세(보통교부세, 특별교부세, 소방안전교부세 등)로 구성된다. 재난안전 예산의 경우, 재정자립도가 높은 지역에서는 자체 예산의 비중도 높은 편이지만, 그렇지 않은 경우에는 대부분 국고보조 사업에 기대어 예산 집행이 이루어졌다. 즉, 지방자치단체의 독자적인 재난안전 예산은 대부분 자체 여력이 충분히 있을 때만 집행되는 경향이 높았다는 것을 의미한다. 이는 지자체 내에서 충분한 조직 장악력을 가지지 못한 소수 부처로서 재난안전 관련 부서의 한계를 보여주는 것이기도 하다.

Ⅳ 대안의 모색

기후변화와 새로운 전염병의 창궐 등 미래의 재난환경은 결코 만만치 않다. 지진에 대해서는 안전지대라고 믿어온 한국에서도 경주지진, 포항지진 등 중대형 지진의 발생 가능성이 높아지고 있고, 이것이 촉발원인이 되어 대형 복합재난이 발생할 수도 있다. 결국 모든 재난은 지역적이라는 전제 하에 직접 대응자로서 지방자치단체의 역량 강화는 그 무엇보다도 중요한 과제로 볼 수 있다. 시민안전을 보호하기 위한 지방자치단체의 역량은 지방 분권의 가장 중요한 요소 중 하나이다. 결론을 대신하여 인력, 조직, 예산 분야에 대한 지자체 재난안전 분야의 미래 정책 방향을 다음과 같이 제시한다.

1. 재난안전관리 분야 필요 역량 지정 및 운용

방재안전직렬 제도가 도입되고, 관련 인원이 증가하고 있지만, 그들을 바라보는 시각도, 그리고 그들 스스로의 만족도도 높지 않은 편이다. 방재안전직렬들은 스스로 조직 내 위상에 불만이 많지만, 그들이 가진 재난에 대한 전문성과 경험 역시 부족하여 실질적 재난관리 역량이 부족하다는 우려도 높은 편이다. 또한 종합적 조정 능력이 필수적인 방재안전직렬의 역량을 평가하는 시험이 이공계 계열 과목 위주로 이루어져 있고, 관련 분야(재난관리론과 안전관리론 등)의 학문적 성숙도가 낮아 직무와의 관련성도 부족하다는 점도 문제로 지적되고 있다 (최호진·김경우, 2020).

1차 대응자와 구분되는 재난관리자가 필요한 역량에 대한 정교화와 구체화가 필요하다. 911테러와 허리케인 카트리나를 겪으면서 재난관리 조직과 체계를 재구성한 미국은 재난관리자가 필요로 하는 역량을 체계화하여 목표역량목록(Target Capabilities List)을 제시했다(Department of Homeland Security, 2007). 이후에도 이러한 역량 리스트는 계속 진화해왔고, FEMA EMI(Emergency Management Institute)에서는 다음 세대 재난관리자를 위한 핵심 역량을 다음과 같이 제시했다 (EMI, 2017).

〈표 16-1〉 FEMA EMI의 다음 '세대 재난관리자를 위한 핵심역량'

중분류	소분류
관계 역량 (EM Competencies that Build Relationships)	재난위험관리 (Disaster Risk Management)
	공동체 참여 (Community Engagement)
	거버넌스 (Governance & Civics)
	리더쉽 (Leadership)
지식 역량 (EM Competencies that Build the Practitioner)	과학지식 (Scientific Literacy)
	지리지식 (Geographic Literacy)
	사회문화지식 (Sociocultural Literacy)
	기술지식 (Technological Literacy)
	시스템지식 (Systems Litcracy)
인성 역량 (EM Competencies that Build the Individual)	준법의식 (Operate within the EM Framework, Principles, & Body of Knowledge)
	비판적사고 (Possess Critical Thinking)
	직업윤리 (Abide by Professional Ethics)
	평생교육의지 (Value Continual Learning)

자료: EMI(2017). *The Next Generation Core Competencies for Emergency Management Professionals: Handbook of Behavioral Anchors and Key Actions for Measurement.*

현장 필요와 동떨어진 역량개발 프로그램에 대한 개선은 비단 지방자치단체 수준에 해당되는 내용이 아니며, 국가적 수준에서 개선 노력이 필요하다. 현재 방재안전직렬 임용시험의 교과목을 한국형 재난관리자 핵심역량에 적합한 형태로 바꾸는 노력이 필요하며, 이를 바탕으로 중앙 및 지방공무원 교육 과정 등 전반적 교육 과정 개편을 위해 노력해야 할 것이다. 물론 이러한 형태의 개조는 짧은 시간에 해결이 어려운 중장기 개편과제로 볼 수 있고, 핵심역량선정 – 교육과정 개발 – 임용시험 개편 등이 체계적으로 이루어져야 할 것이다.

더불어 임용 과정 자체에 대한 보완도 필요하다. 현재 임용시험을 통해서는 관리자급 인력의 즉시 선발과 활용이 어려운 점을 감안하여, 최근 활성화되고 있는 민간경력채용 등을 적절히 활용하여 민간의 인재를 유치하기 위한 노력도 필요하다.

2. 방재안전직렬의 양적 및 질적 성숙화

재난관리 전문인력의 필요 역량 중 무엇보다 중요한 것은 재난에 대한 직접 경험이다 (최호진·김경우, 2020). 그러나 지방자치단체 수준에서 대형재난의 경험을 가진 인력 확보는 매우 어려운 일이다. 무엇보다도 재난은 항상 경험할 수 있는 일상 업무가 아니며, 지역에 따라서는 몇 십 년 간 한 번의 재난경험을 하기 힘든 경우도 있기 때문이다. 결국 이 문제는 단순히 방재안전직렬의 양적 확대로 해결될 수 없다. 절대적인 시간이 필요한 문제이며, 장기적 계획에 기반한 교육과 훈련이 대안이 될 수 있을 것이다.

궁극적으로는 방재안전직렬 공무원을 꾸준히 증원하고 이들이 재난안전 분야에 계속 종사할 수 있는 환경을 만드는 것이 중요하다. 절대적인 인원이 많아진다면 우수한 자질을 가진 고위층도 늘어나면서 재난안전 분야 종사자들의 전반적 질적 향상을 기대할 수 있을 것이다.

이와 함께 환경의 개선도 필요하다. 재난안전 분야가 불이익만 많은 한직이 아니라 다양한 인센티브가 많다는 점을 강조할 필요가 있으며, 이 인센티브는 꼭 수당 등 금전적 혜택일 필요는 없을 것이다. 사회적으로 중요한 일은 하는 사람들에 대한 인정과 이미지 제고를 위한 방안을 마련할 필요가 있다. 또한 대형재난 혹은 장기간의 비상근무를 수행한 직원들에 대한 충분한 재충전의 시간을 보장할 수 있는 방안에 대한 고민도 필요하다.

3. 지방역량 강화를 위한 재난 상황에서 중앙의 지원 확대

지역의 방재안전직렬 등 재난관리 인력이 증가한다하더라도 그들의 전문성과 경험이 충분히 성숙되기 위해서는 많은 시간이 필요하다. 따라서 지역에 재난이 발생하는 경우, 현장의 많은 재난공무원들은 당황할 수밖에 없고 효과적인 대응이 어려운 것이 현실이다. 따라서 재난 경험 및 전문성이 상대적으로 높은 중앙정부의 지원이 필요하다.

미국의 경우 지방청 제도를 활용하고 있다. 미국 FEMA는 미국 전역에 10개의 지방청(regional office)을 운영하고 있고, 각 지방청의 직원들은 FEMA 내에서도 가장 경험이 많은 사람들로 구성되어 있고, 그들은 주정부, 지방정부와의 협력에 기반하여 지역 재난관리 역량을 강화하기 위해 노력하고 있다. 각 지방청은 현장조정센터(Regional Response Coordination Center; RRCC)를 상시 운영하면서 재난발생시 지역의 주요 이해당사자들의 협력과 조정을 주도한다. 그리고 재난이 발생하면 RRCC는 합동현장사무소(Joint Field Office; JFO)로 전환되어 지역의 재난관리를 지원한다[2].

한국의 중앙정부도 포항지진, 밀양화재 등의 대형 재난 상황에서 중앙수습지원단을 구성하여 지방을 지원했다. 중앙수습지원단은 재난시 지자체에 대한 중앙합동 지원, 중앙-지역 연계 등의 기능을 수행하는 것으로 포항지진 당시에 지역 공무원들의 건축물 안전점검, 이재민 구호 및 임시주거시설 지원, 응급복구 지원 등에 큰 도움을 주었다 (중앙안전관리위원회, 2020).

중앙수습지원단의 기능을 좀 더 전향적으로 본다면, 미국 FEMA 형태의 지방청 조직을 대안으로 제시할 수 있다. 지방의 재난관리 역량을 지원하고, 중앙-지방 간 협력, 그리고 주요 이해당사자를 묶는 네트워크 조직 구성을 위하여 "재난안전 지방청" 조직을 구상할 수 있다. 특히 전국적으로 발생하고 있는 지역 소멸의 문제, 그리고 대안으로서의 메가시티 등 광역 지방조직을 생각할 때 약 5개 정도의 지방청 조직을 고려할 수 있을 것이다(수도권, 강원권, 중부권, 호남권, 부울경권 등).

4. 조직적 유연성의 확보 및 전 공무원의 재난상비군화

그간 지방의 재난관리 조직은 큰 틀에서 중앙정부의 조직 형태를 그대로 따라 조직되곤 했다. 그러나 지역의 재난 양상이 매우 다른 만큼 지역적 상황에 맞는 재난관리 조직의 유연한 구성과 운영이 필요하다. 예를 들어 화학공단이 밀집하여 항상 산업재해 및 화학재난 발생이 높고 인근 원자력발전소에 대한 안전관리 문제도 중요한 울산에서는 시민안전실 산하에 원자력산업안전과를 두어 지역의 산업재난 및 원자력 재난에 대응하고 있다. 이러한 형태로 각 지역의 주요 재난환경에 따라 유연한 조직 개편을 고민할 필요가 있다.

또한 재난관리 조직 및 인원의 신축적 운영 방안 마련도 필요하다. 만일 지역에

---

2 https://emilms.fema.gov/is_0101c/groups/42.html

대형재난이 발생한다면 평상시 조직과 인원만으로는 감당이 안되어 조직 및 인원의 신속한 확대가 필요하다. 재난관리 분야는 마치 국방 업무와 유사하여 평상시에는 적정 규모의 조직과 인원이 훈련 및 예찰 등 예방–대비 업무를 수행하지만, 상황 발생 시에는 모든 조직과 인원을 동원한 총력 대응이 필요하다. 하지만 관련 조직과 인원을 대형 재난에 대비하여 무제한적으로 확대할 수는 없다. 따라서 마치 민방위 제도와 같은 재난 예비군 제도의 도입을 검토할 필요가 있다.

[그림 16–6] 동남권 메가시티 광역재난 공동대응체계 구상

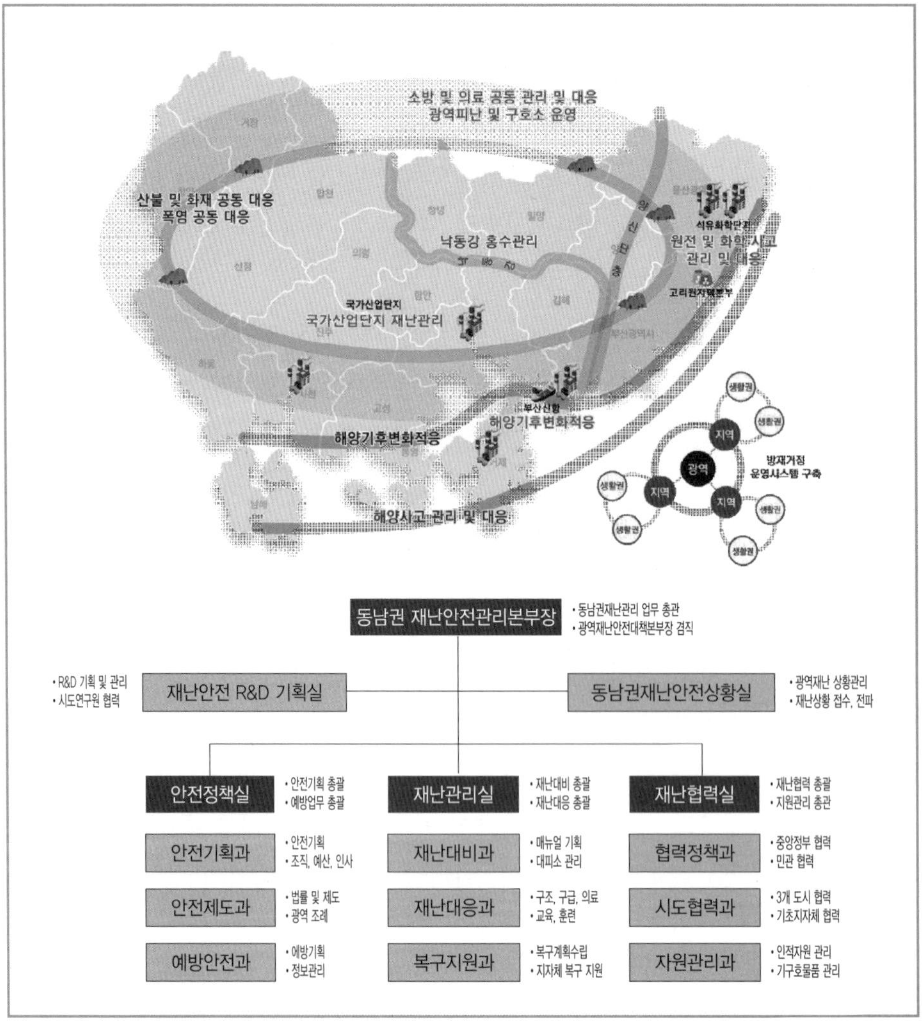

자료: 동남권 발전계획 수립 공동연구– 부문별계획 최종보고서(2021)

미국 FEMA에서는 FEMA Reservist 제도를 운영하고 있는데, 이는 미리 등록한 사람들을 대상으로 재난 발생시 FEMA의 요청(on-call)에 따라 재난 현장 근교의 사람들을 임시직으로 채용하여 재난 1차 대응 및 이재민 구호 등을 돕는 제도이다. 한국도 의용소방대, 자율방재단 등 민간자원봉사 조직을 재난 상황에서 활용하고 있지만, 재난예비군 제도는 보다 전문적인 인원을 양성하여 재난 시 효과적으로 활용하기 위한 제도이다. 재난 예비군의 경우에는 단순히 민간뿐만 아니라 공무원 조직 내에서 재난관리를 경험한 직원들을 대상으로도 모집하여 그들의 경험이 현장에서 지속적으로 활용될 수 있도록 노력할 필요가 있다.

이와 함께 대형 재난 상황에서 지자체간 연합 대응은 반드시 필요하다. 지역소멸의 대안으로 부울경 메가시티 등 광역연합이 논의되고 있는 상황에서 그 타당성은 더욱 높을 것이다. 평상시 협약 체결, 공동 훈련, 자원 공동 이용 등의 준비를 통하여 대형 재난 상황에서 지자체들간의 유연한 결합을 통한 공동 대응을 준비해야 한다. 재난은 지역적이다. 하지만 재난은 인위적 행정구역의 경계를 뛰어넘거나 모든 지역에 영향을 줄 수 있다. 따라서 재난관리의 공간적 범위를 넓혀 공동대응할 수 있는 중장기적 구상이 필요하다. 아래의 그림은 지역의 경계를 뛰어넘어 발생할 수 있는 홍수, 지진, 산불, 산업단지 사고 등에 대응을 위한 부울경 공동대응 구상도이다.

5. 재난 분야 특별 회계 예산의 확충

재난관리 분야의 예산은 다른 분야에 비하여 보다 적극적인 중앙정부의 개입이 필요하다. 일반적으로 재난 피해가 큰 지방자치단체일수록(일반적으로 농어촌 지역), 재정자립도 및 재정 상황이 좋지 않은 경우가 많다. 또한 재정 사정이 나은 지자체라 할지라도 민선시대에 지자체장들은 그 성과가 쉽게 확인되지 않는 재난안전 분야에 예산 투입을 꺼린다. 각 지방자치단체 안전총괄부서에서 심의한 것이 예산부서에 받아들여지지 않는 경우도 많고, 그 소관 예산 자체도 많지 않은 상황이다 (김은주·오윤경·김경우·최희용, 2020).

이러한 한계의 극복을 위한 목적형 예산, 지방 매칭형 국고 예산 등을 지속적으로 마련할 필요가 있다. 예를 들어 2015년 담배가격 인상과 함께 도입된 소방안전교부세는 '15~'20년 사이에 2조 3,420억원이 시도에 교부되어 지역의 소방 및 안전시설 확충에 크게 기여했다[예, 소방차량 노후율 '14년 22.8% → '19년 8.7% → '23년 0%(예상)] (행정안전부, 2020). 이와 같이 지역 재난안전관리 분야 지원을 위한 다양한 형태의 지원제도에 대한 고민이 필요하다. 지방자치단체의 자발적 노력의 촉진자가 될 수 있도록 다양한 형태의 매칭 사업도 지속적으로 개발할 필요가 있다.

제17장 보건복지 정책

▶▶▶ 장익현

I 서론

오늘날 한국사회에서 가장 큰 화두 중의 하나는 바로 복지의 문제일 것이다. 한국사회가 맞닥트리고 있는 저출산 고령화라는 거대한 산과, 동시에 경제적 생활수준의 향상으로 인한 삶의 질에 대한 관심의 증가는 복지서비스에 대한 정책적 수요를 만들어내고 있다. 또한 보건이나 복지서비스의 경우 삶과 아주 밀접한 관계를 맺고 있고, 따라서 주민의 삶에 더 밀접하게 연관되어 있는 지방정부의 자율권과 서비스 제공권이 매우 중요하게 고려되고 있는 분야이다. 즉 다른 정책 분야보다도 보건복지분야의 정책이 지역주민들의 수요에 맞게 공공서비스를 제공하고자하는 지방자치의 본연의 목적에 가장 적합한 분야라고 할 수 있다. 2017년 정부는 지방자치분권 로드맵을 제시하며 '자치복지'를 핵심적인 키워드로 포함시키며 이러한 중요성을 다시 한번 강조한 바 있다. 지방정부의 재정에서도 복지사업에 들이는 비용이 전체 재정의 30% 수준을 유지할 정도로 재정적인 부분에서도 큰 부분을 차지한다.

그러나 이러한 국민적 관심과 많은 비용에도 불구하고 지방정부가 지방자치 본연의 목적에 부합하는 역할 – 지역주민의 수요에 맞는 보건복지서비스를 제공하고 있는가 – 에 대해서는 여전히 물음표가 붙어 있다. 지방정부가 제공하는 보건복지서비스의 대부분은 중앙정부 정책의 집행자로서의 역할에 불과하고, 지방자치의 관점에서 독자적으로 수행하는 서비스는 많지 않기 때문이다. 따라서 지방정부의 보건복지 정책을 볼 때는 중앙정부와의 정책적 조응, 그리고 중앙정부와 지방정부와의 정부간 관계를 바탕으로 조망해보는 것이 필요하다. 지방자치 30주년을 맞이하여 본 연구에서는 지방정부의 보건복지 정책의 변화과정을 정부간 관계를 바탕으로 살펴보고자 한다. 지방정부가 중앙정부의 대리자 혹은 집행자로서의 역할을 수행하던 시기로부터, 조금씩 지방정부가 복지 정책분야에서 스스로의 역할을 마련하기 위해 노력하는 그 과정을 살펴보고, 보건복지분야에서 지방자치가 나가야할 바를 제도적인 차원에서 조망하고자 한다.

전술한 것처럼, 지방정부의 보건복지 정책의 변화를 살펴보기 위해서는 중앙정부와의 관계를 바탕으로 볼 수밖에 없다. 지방정부의 정책은 중앙정부의 복지 정책과 조응하는 형태로 진화해왔기 때문이다. 즉 지방정부의 보건복지 정책의 진화 및 발전과정은 중앙정부와의 관계 속에서 해석되어져야 한다.

이 장에서는 윌슨과 게임(Wilson & Game, 1998)의 모형에 따라 복지정책에서의 중앙–지방 정부 관계를 대리인 모형, 권력의존모형, 지배인 모형으로 보고 각 시기별로 어떻게 변화하여 왔는지를 조망하고자 한다.

II 한국 보건복지 정책의 전개와 발전

지방정부의 보건복지 정책을 살펴보기 위해서는 우선 중앙정부의 차원에서 보건복지 정책이 어떠한 전개과정을 거쳤는지 살펴볼 필요가 있다. 학자에 따라 나누는 시기가 다양한 편이지만 대략적으로 97년 IMF 외환위기 사태를 중심으로 크게 전/후로 나누고, 97년 이전의 경우 다시 군부독재 시기 이전/이후, 그리고 97년 이후는 진보정권과 보수정권으로 다시 나누어 총 4개의 시기로 구분한다. 군부독재 시기를 87년 기준으로 다시 이전과 이후로 나누기도 하지만, 복지 정책의 맥락에서 같은 선상에 있어 같은 시기로 취급하기도 한다 (윤홍식 외, 2019). 본 연구에서는 해방 이후 1961년까지, 61년부터 97년까지, 그리고 97년부터 2008년, 2008년부터 현재까지 시기로 나누어서 각 시기별 복지 정책의 변화 양상을 간략히 살펴보기로 한다.

1. 해방 이후~1961년까지

해방 이후부터 대한민국 정부 수립(1948년)까지 3년간은 미군정기로서, 주로 구호위주의 복지정책이 펼쳐졌다. 이는 국가가 성립되던 초기의 시기이기도 하고 또한 일제의 수탈에서 회복되어 가는 시기이기도 하기 때문에 주로 미국의 원조를 통한 구호 정책이 복지 정책의 대부분을 이루었다고 볼 수 있다 (윤홍식외, 2019). 이후 이승만 정권이 1948년에 등장하였고, 국가의 기초를 놓는 과정에서 막대한 규모의 원조가 들어왔고 이를 통한 구호 정책의 연장이 사실상 보건복지 정책의 핵심이었다고 볼 수 있다. 1956년 당시 무상원조는 GDP의 23.3%, 정부 수입 중 원조수입의 비중은 57.9%에 이를 정도로 큰 부분을 차지했었고 이를 통해서 빈곤층에 대한 구호활동의 재원으로 활용되었다 (한국경제 60년사 편찬위원회, 2010).

이 당시에는 사회보험을 도입하기 위한 다양한 시도들이 있었고, 그 중에서도 특히 실업의 문제가 컸기 때문에 실업을 해결하고자하는 실업보험에 대한 도입 논의가 가장 활발했다 (이주실, 2011). 그러나 기획단계에서만 머물렀고 이후 5.16 군사쿠데타가 발발하면서 이 계획들은 무위로 돌아갔다.

2. 군사독재시기 및 개발국가시기, 1961~1997년

사실 군사독재시기는 박정희 정부시대인 3, 4공화국 시대, 그리고 신군부인 전두환/노태우 정부시대, 그리고 문민정부 시대 이렇게 다시 세분화해볼 수 있다. 이 시기는 전체적으로 경제적 발전이 한국 사회의 가장 큰 화두로 정착되었고, 국가의 모든 역량은 경제성장에 집중되었으며 또한 놀라운 발전을 성취한 시기이기도 하다. 이 시기는 경제성장이라는 것 자체가 빈곤을 벗어나고, 실업을 해결할 수 있고 노후를 보장해줄 수 있는 기제로 작동을 했기 경제성장이 곧 복지제도의 등가물로 작동했던 시기라고 볼 수 있다 (윤홍식 외, 2019).

우선 박정희 정부 시기였던 3, 4 공화국 시기를 보면 각종 산재보험(1964), 건강보험(1977), 그리고 공무원/군인/사학연금 등 각종 연금제도 등 사회보험제도들이 이 시기에 도입이 되었다. 그리고 공공부조제도로서 생활보호제도(1962), 국가보훈제도(1962)가 도입이 되었다. 그리고 빈곤층에 대한 의료 서비스 제공을 위해서의료보호제도(1977)가 도입되었다. 먹고사는 문제, 그리고 질병문제에 대한 기초적인 초석이 놓인 시기라고 볼 수 있다 (최병호, 2014). 다만 이 시기에 만들어졌던 많은 제도들은 그 실효성은 거의 없었다고 평가된다 (윤홍식 외, 2019). 경제적 상황이 호전되고 기업활동이 활발하게 진행되면서 근로자를 보호하기 위한 사회보험 제도 중심의 제도들이 그 기초를 마련했다는 점에서 그 의의를 찾을 수 있을 것이다.

박정희 정부에 이은 5, 6공화국 중 신군부라고 불리던 전두환·노태우 정부 시기에도 기본적인 틀은 유지되었다. 이 시기에도 국가의 경제성장은 지속적으로 발전했고, 노동 공급은 늘 부족했다. 경제적인 성장과 더불어 불평등이 확대되는 시기가 찾아왔고, 이로 인해 계층간의 갈등이나 상대적 박탈감 등의 문제점들이 제기되는 시기이기도 하다. 이 시기에는 형식적으로 적용되었던 건강보험이 실제적으로 확대되었고, 1989년에는 전 국민 건강보험제도로서 확장되었다. 그리고 국민연금도 1988년부터 본격적으로 시행되었다. 5공화국 시대에서 또 주목할 만한 변화는 노인복지에 대한 기반을 마련한 것이다. 이전 시대까지는 노인의 부양과 복지에 대한 부분은 가족의 책임으로 여겨졌고 또한 인구구조상 노인들의 비중이 높지 않았기 때문에 노인 복지에 대한 관심은 크지 않았다. 그러나 1987년에 재가노인복지사업을 도입하면서 노인복지에 대한 기초가 마련되었다. 또한 이 시기에는 장애인에 대한 관심도도 높아져서 장애인복지대책위원회가 1989년에 만들어지고, 장애인 등록제도 1988년에 시행되는 등 장애인 복지가 본격적으로 제도화되어가는 시기이기도 하다.

전두환·노태우 정부 시기의 복지 정책은 박정희 정부 시기에 제도의 형태가 갖추어졌던 사회보험제도에 대한 실질적 발전의 시기이자, 사회서비스의 대상 범위가 노인 장애인 등으로 넓혀져 가던 시기라고 할 수 있다. 결국, 군부독재와 문민정부의 초반기는 형식적 복지제도들이 들어서고, 이를 실질화시키는 작업들이 진행되었으며 그 핵심은 사회보험제도들의 확립이었다고 정리할 수 있을 것이다.

3. 외환위기 이후 복지 정책의 팽창기: 1998~2007

1997년 12월 IMF 외환위기 사태가 벌어지게 되고 이는 한국 사회의 큰 균열을 일으키는 계기로 작용한다. 경제성장이 복지 정책의 등가물 역할을 하던 시대는 사라지고 이제는 구조조정의 과정에서 낙오되는 이들을 위한 사회적 안전망의 확충이 실제적으로 필요해진 시대가 된 것이다. 대량실업, 빈곤층의 증가 등은 사회적 문제로 대두되었고, 이러한 기반에서 등장한 김대중 정권은 사회적 안전망 확충의 문제와 경제위기 극복이라는 두 가지의 어려운 난제를 안은 채 탄생하였다. 이 시기에 김대중 정권은 고용보험 및 실업보험의 확대, 전 국민 국민연금 기반 구축 등의 사회보험의 확장과 더불어 장애인복지 5개년 계획 등을 도입하고 기존의 생활보호제도를 확대 개편한 국민기초생활보장제도의 도입(2000) 등의 적극적인 복지 확대를 꾀했다. 또한 한편으로 이 시기는 전 세계적으로 '제3의 길'이 유행하던 시기였고, 이것이 한국 사회에도 영향을 미쳐 이른바 생산적 복지라는 개념으로 등장하였다 (최병호, 2014). 이는 서구에서 등장한 사회적 투자와 유사한 개념으로서, 복지와 생산활동을 연계하는 정책들이었다. 사회적 안전망의 확충과 경제위기 극복이라는 두 가지 토끼를 동시에 잡기 위해 노력했던 김대중 정권 입장에서는 매우 유용한 정책 방향이었고, 이에 따라 근로연계복지(Workfare)의 도입, 공공근로사업의 확대, 직업훈련의 제공 등이 제도화되었다. 또한 최저임금제의 확대 적용(2000년), 육아휴직 제도의 도입, 중학 의무교육의 도입 등의 정책적 확대도 함께 이루어졌다. 김대중 정권 시기에는 그 어떤 시기보다 복지의 확대가 적극적으로 추진되었으나 (김연명, 2001) 그에 비해서 결과는 기대를 충족시키기 못했다는 평가를 받는다 (최병호, 2014). 이는 예산과 시간상의 제약, 그리고 이해관계자들의 충돌 등으로 인한 결과였다. 짧은 시간 내에 복지제도를 대규모로 확충하다보니 불가피하게 여러 제약이 많을 수밖에 없었음을 추정해볼 수 있다. 김대중 정권의 복지정책의 확대는 복지사각지대를 축소하기 위한 여러 노력으로 볼 수 있으며, 여러 제한에도 불구하고 생산적 복지라는 명목으로 여러 새로운 시도를 해볼 수 있었음에 의의를 둘 수 있을 것이다.

노무현 정부 시기의 복지 정책은 '참여복지'라는 말로 표현되었다. 이 시기에는 복지가 비용의 지출이 아니라 국가의 성장과 발전을 위한 투자라고 보는 시각이 등장하며 이른바 '사회투자국가'에 대한 개념도 도입되었다. 이러한 바탕에서 노인들의 생계보장을 위한 기초노령 연금제도의 도입이 시행되었고, 저소득자의 근로를 통한 빈곤탈피를 추진하기 위한 근로장려세제를 도입하였다. 사회보험 측면에서는 국민연금의 소득대체율은 60% 수준에서 장기적으로 40%로 낮추는 획기적인 개혁을 시행하였고, 특히 2007년 노인장기요양법을 도입하여 네덜란드, 독일, 일본에 이어 노인장기요양제도를 사회보험으로 편입시킨 것은 큰 성과로 꼽히고 있다. 사회서비스 분야에서는 분절화된 서비스를 통합적으로 운영하기 위해 2005년 통합콜 센터의 수립, 읍면동에서의 주민생활지원서비스 통합, 시·군·구의 지역사회복지협의체의 구성 및 운영(2006) 등이 도입되었다 그러나 전반적으로 통합서비스 제공의 실효성은 미미했던 것으로 보인다. 이러한 수요자 중심의 사회서비스 제공의 통합 노력은 이후 모든 정부에서 공통적으로 추진되어지기 때문에, 그 초석을 깔았다는 의미를 부여할 수 있을 것이다. 그러나 이 시기에는 확장되는 사회서비스 이면에, 민간위주의 서비스 공급 확대로 인해 서비스의 질과 종사자의 처우에 대한 여러 문제점들이 동시에 나타났던 시기이도 하다.

4. 보수정부의 복지 정책: 2008~2016

2007년 12월 대통령선거에서 승리해서 2008년부터 시작된 이명박 정부는 10년 만의 보수정부로서 복지 정책에 대한 축소가 예상되었으나 복지 정책의 비가역성에 의해서 복지정책의 팽창은 계속되었으며, 노무현 정부에서 다져놓은 기반이 정착 내지는 본격화되었던 시기라고 볼 수 있다 (최병호, 2014). 이는 기본적으로 저출산 고령화의 심화, 비정형 노동자의 증가 등 새로운 사회적 위험이 지속적으로 한국 사회에 증가했기 때문이라고 볼 수도 있다 (윤홍식 외, 2019). 다만 방향은 다소 다르게 설정되었다고 볼 수 있는데, 아무래도 보수정부답게 보다 선별적이면서도 시장친화적으로 바뀌었다고 볼 수 있다. 이명박 정부의 핵심적인 복지 정책은 '능동적 복지'라고 명명되었다. 주로 서민들의 생활고를 덜어주는 것을 목적으로 하였으며, 사회적 위험의 사전적 예방, 위험에 처한 사람들의 재기, 그리고 경제성장과 함께하는 복지를 강조하였다 (보건복지부, 2008). 특히 유류비, 통신요금, 전기요금, 사교육비 등의 서민 생활비 부담을 줄이는 것을 주요 공약으로 내세웠으며 시장친화적인 보수정부답게 영리의료법인의 도입, 민간의료보험 활성화, 의료서비스에 대한 진입규제 및 영업규제 정비 등을 추진하였다.

전달체계상 주목할 만한 것은 저소득아동에게 통합서비스를 제공하기 위한 드

림스타트의 설치를 들 수 있다. 저소득층 아동들의 사례관리를 위해 기초자치단체에 드림스타트를 두고 사례관리사를 채용하여 통합적인 사례관리가 가능하도록 하였다. 그리고 희망복지지원단의 설치를 통해 역시 기초지자체를 통해 빈곤가정에 대한 본격적인 사례관리가 될 수 있도록 추진한 것도 특기할 만한 사항이다. 아울러 참여정부 당시 추진했던 정책 중 보육로 지원대상 확대(2012), 기초노령연금 지급대상 확대(2009), 보건의료산업의 발전을 위한 첨단의료복합단지 조성 등을 이어서 추진하였다. 그리고 '희망복지129센터'의 설치를 통해서 수요자중심의 원스톱 서비스체계를 구축하도록 노력하였다. 또한 사회복지통합관리망인 행복e음 정보를 구축하였고 시군구에서의 위기관리사례관리사업을 실시하며 이른바 공공사례관리를 본격화시켰다. 분절화로 늘 비판받았던 전달체계의 연계성을 강화하기 위한 정책적인 노력들인 것이다. 전달체계와 관련해서는 노인요양서비스를 민간영리기관으로 확대하는 방안도 시행되었다. 한편으로는 장애인복지5개년 계획 수립이 시작되었으며 중증장애인에 대한 장애인연금제도도 도입되었다.

이러한 이명박 정부 시대의 복지 정책은 경제성장이 복지국가의 등가물 역할을 하던 개발독재시기와 같이 경제성장을 통한 일자리 창출이 계속되면 빈곤이 줄고 복지수요도 줄어들 것이라는 것을 전제하였다. 그러나 대외적으로 2008년 금융위기로 인한 불황으로 경제적 어려움이 계속되었고 연금제도의 성숙으로 인한 수급자의 증가, 그리고 실업으로 인한 고용보험 지출 증가 등으로 인해 복지지출은 꾸준히 증가하였다. 이러한 의무지출의 증가로 인해 복지제도의 관대성(Generosity) 논의는 오히려 제약되는 측면이 있었다. 즉, 친시장적 복지 정책을 추구하며 복지제도들의 관대성에는 큰 변화가 없었으나, 반대로 감세와 토목 사업 등으로 인해 재정적자는 확대되었다. 즉 세수결손의 증가와 의무지출 증가분의 문제로 인해서 복지재정이 지속적으로 확대되며 재정적자가 확대되고 국가채무가 늘어나며 복지제도가 더 관대해질 수 있는 역량이 감소한 것이다. 이명박 정부의 뒤를 이은 박근혜 정부역시 맞춤형 고용 및 복지 정책을 내세우며 국가발전의 선순환을 지향하는 정책목표를 세웠다. 기초연금제도의 도입, 고용복지연계, 보육에 대한 국가책임 확충, 4대 중증질환 보장성 강화 등의 국정과제의 핵심을 두고 추진되었다(관계부처 합동, 2013). 박근혜 정부는 보수정권에 대한 고정관념과는 다르게 다양한 방향으로 복지정책을 펼쳤고 재정 역시 지속적으로 확장되었다. 공무원 연금을 더 많이 내고 덜 받는 방식으로 개혁하였으며, 아동양육수당을 전면적으로 시행하였다. 그러나 동시에 보육서비스에 들어가는 공적예산을 줄이고자 하였으며, 보육비용을 지방정부로 이양시키려는 등 공공복지의 양적 확대와 더불어 확대를 제약하는 장치들을 제도화하는 모습을 보였다고 판단된다 (윤홍식 외, 2019). 전달체계와 관련해서는 앞선 정부들과 마찬가지로 분절화된 복지정책의 연계성 강화를 위한 노력들이 계속되었는데, 2015년 이후로는 지역주민들의 복지체감도를 증가시키기 위해서 읍면동을 복지허브화하여 읍면동 중심의 공공복지 정책 전달체계를 구축하기 위해 노력하였다. 기존에는 복지서비스의 신청과 접수만을 담당하던 읍면동의 기능을 대폭적으로 강화시켜 복지사각지대의 발굴, 찾아가는 복지상담, 읍면동 통합사례관리 기능을 도입하였다. 그리고 시군구에 설치되어 있는 지역사회보장협의체를 읍면동에도 설치하여 공공과 민간의 협력, 그리고 주민운동 및 지역공동체를 운영하는 핵심 네트워크 조직으로 기능하고자 하였다 (행정자치부·보건복지부, 2017). 그러나 탄핵과 같은 정치적 상황의 변화로 인해 박근혜 정권의 복지정책은 제대로 된 성과를 거두지는 못한 것으로 평가된다.

대통령 탄핵과 촛불시위라는 사태를 겪으며 탄생한 문재인 정부는 10년만의 진보정권의 집권이라는 변화를 가져왔다. 문재인 정부는 포용적 복지국가의 아젠다를 가져왔는데, 포용 성장(Inclusive growth)라는 개념을 바탕으로 국가의 지향점을 설정하였다. 포용 성장은 앞선 김대중 정부의 생산적 복지, 노무현 정부의 사회투자국가와 궤를 같이하는 개념으로서, 빈곤친화적인 성장(The poor friendly growth)을 바탕으로 하여 사회적 취약계층을 지원하는 여러 복지 정책들은 사회적 비용이 아니고 사회적 취약계층이 취약한 지위로부터 탈출하여 경제 성장에 기여할 수 있도록 하는 매개체가 될 수 있다는 개념이다. 복지를 비용으로 인식하지 않고 더 나은 미래, 발전을 위한 밑거름이 될 수 있다는 점에서 생산적 복지나 사회적 투자와 유사한 맥락이라고 볼 수 있다. 문재인 정부는 사회보장의 강화 및 불평등의 완화, 취약한 노동자의 권리보장, 서민주거 안정 및 자산 양극화의 개선 등을 주요 정책적 아젠다로 삼았다. 이러한 맥락에서 문재인 정부의 보건복지 정책 중 굵직한 것들을 살펴보면 우선 지역사회통합돌봄 정책, 이른바 커뮤니티케어의 추진을 들 수 있다. 노약자, 장애인 등이 돌봄이 필요할 경우 거주 시설에 입소시키는 것이 아니라 자기가 거주하는 지역 사회 내에서 서비스를 받으며 독립적인 생활을 영위할 수 있도록 하는 것을 목적으로 하고 있다. 이를 위해서 시범사업을 실시하였으며 돌봄 인프라의 확대, 서비스의 세분화, 읍면동의 사례관리 기능 강화 등을 중심으로 하여 사업을 추진하고 있다. 커뮤니티케어는 3단계로 나누어 2022년까지 핵심 인프라의 확충, 2025년까지 커뮤니티케어 제공기반 구축, 그리고 2026년 이후 커뮤니티케어 보편화단계로 나아가도록 구성하였다 (서울시·서울시 복지재단, 2019). 또 다른 핵심적인 사안으로서는 사회서비스원의 설치이다. 기존의 사회복지서비스 전달체계에서 정부는 주로 재원의 제공 및 관리, 품질관리의 역할을 주로 수행했고 민간이 서비스의 생산과 공급을 담당해왔다면, 사회서비스원은 정부가 직접 사회복지사, 요양보호사 등을 채용하여 민간이 해왔던 서비스의 공급과 생산기관으로서의 역할을 수행하고자 하는 것이다. 이를 위해 각 광역자치단체에 사회서비스원을 설립하고 산하에 종합재가센터를 설치, 이를 통해 직접적인 서비스 제공자로서의 역할을 수행하도록 하자는 것이다. 소위 말하는 사회서비스의 공공성 강화라는 명목으로 진행된 이러한 사업은 그동안 정부의 위탁을 받아 직접적인 서비스의 제공을 담당해왔던 민간 사회복지법인들의 강력한 저항에 부딪쳤고, 이 때문에 관련법이 통과되지 않는 진통을 겪다가 2021년 8월에서야 비로소 사회서비스원법이 통과되었다. 사회서비스와 전달체계와 관련해서는 이렇듯 서비스의 일원화와 공공성 강화가 문재인 정부의 가장 강력한 추진 요소였다고 할 수 있다.

Ⅲ 지방정부의 조응

앞서 개관한 중앙정부의 복건복지 정책에 맞추어 지방정부의 보건복지 정책이 어떻게 영향을 받고 전개되었는지를 간략히 살펴보고자 한다. 한국의 사회보장기본법상 복지 정책 분야는 사회보험, 공공부조, 사회서비스로 나누어진다. 사회보험은 국민건강보험공단, 국민연금공단 등과 같이 국가적인 차원에서 관리하기 때문에 지방정부가 개입할 여지는 거의 없다고 볼 수 있다. 공공부조의 경우 정책의 결정과 관리는 중앙정부 차원에서 이루어지고 지방정부는 신청과 접수 등의 현장 집행만 담당하는 경우가 많다. 그러나 최근 들어 지방정부 중에서도 재정의 여유가 있는 곳에서는 자체적인 공공부조 프로그램들, 예컨대 서울시의 경우 서울형 기초보장, 청년수당, 그리고 경기도의 청년기본소득 등 자체적인 공공부조 형태의 사업들을 진행하는 경우들이 많이 생겼다. 사회서비스의 경우 본래적으로 지방자치단체가 제공하는 것이 가장 적합한 분야인데, 사회서비스는 지역의 인구학적, 사회학적 특징에 따라 매우 다양해질 수 있으며 획일적으로 서비스의 종류와 양을 중앙에서 정의하기는 매우 어렵기 때문이다. 따라서 사회서비스는 각 지역별로 지방정부가 가장 적절한 수준에서 적절한 종류의 서비스를 제공할 수 있도록 하는 것이 가장 바람직하기 때문에 특히 사회서비스 분야에서는 지방정부로의 권한 이양의 문제와 지방정부의 책임성의 문제가 가장 많이 논의된 분야이기도 하다. 따라서 본 연구에서는 사회서비스 분야에서의 지방정부와 관련된 정책, 그리고 공공부조에서 지방정부의 정책적 변화들에 대해서 간략히 살펴보도록 한다.

1. 지방자치와 공공부조제도의 변화 과정

공공부조란 기여와 상관없이 욕구에 기반해서 복지 급여를 받는 제도를 의미하며, 일반 세금으로 충당되는 제도이다. 가장 대표적인 것으로는 한국의 기초생활보장제도가 있다. 지방자치제도의 초기에는 지방정부는 대부분의 경우 상담, 신청, 접수 등의 업무와 직접 급여를 제공해주는 집행기관의 역할만 수행했을 뿐 자체적인 공공부조 프로그램을 시행한다든가 중앙정부의 공공부조 정책에 관여한다든가 하는 모습은 드러나지 않았다. 말 그대로 지방정부는 중앙정부의 충실한 집행기관 내지는 대리자 역할만 수행했던 것이다. 이에 대해서 여러 가지 이유가 있지만, 중요한 이유 중에 하나는 사실상 지방이 자체적인 공공부조를 제공할 여력이 없었기 때문이다. 지방정부의 재원은 사실상 대부분 중앙정부의 보조금이고, 국고보조금은 해당 사업에 쓸 수 있고 다른 사업에 쓸 수는 없기 때문이다. 2019년 기준 총 조세 중 국세는 약 76%, 지방세는 24% 수준에 불과하며, 총 조세수입의 68%를 지방정부가 사용하고 있는 것으로 나타났다.[1]

그러나 지방자치단체 중에서 여력이 있는 지역의 경우 독자적인 공공부조제도

---

1 www.index.go.kr 참고

를 운영하는 곳도 있다. 물론, 완전 독자적이라기보다는 중앙정부의 공공부조제도에 지방정부의 제도를 가겹(layering)하는 경우라고 볼 수 있다. 대표적인 예가 서울시에서 실시하고 있는 서울형 기초생활보장제도라고 볼 수 있다. 이는 국민기초생활보장제도 보다 소득, 부양의무자 등에서 기준을 낮추어 국민기초생활보장제도의 도움을 받지 못하는, 이른바 비수급 빈곤층들을 도울 수 있게 함으로서 사각지대를 줄여나가고자 하는 목적을 가지고 설립된 제도라고 볼 수 있다. 2013년에 도입되었으며 2019년 현재 수급자 규모는 5~6천명 수준이었으며, 집행액의 규모는 약 160억원 정도 된다. 국민기초생활보장제도의 기준도 지속적으로 낮아지고 있는 상황을 고려해보아도 초기 계획보다 실제 수급자와 예산액의 규모는 그리 크지 않은 것으로 나타난다.

또한 서울시에서 독자적으로 시행하고 있는 제도는 서울시 청년수당제도를 들 수 있다. 이는 서울시에 거주하고 있는 만19세-34세의 미취업 청년들의 구직활동일 지원하기 위해 최대 6개월, 월 50만원씩 제공하는 프로그램으로서 2016년에 처음 시작했고 2020년까지 5년간 53,589명을 지원하였다. 이는 먼저 시행되었던 성남시의 청년기본소득과 그것의 확장판인 경기도 청년기본소득과 유사하게 청년들을 위한 정책들로서 도입이 되었다.

이 외에서 서울시 중구에서 제공하는 공로수당 등이 있고, 특히 저출산 고령화와 관련해서는 각 지자체들이 매우 다양한 현금성의 사업을 운영하고 있다. 2019년 기준으로 각 지자체에서 실시하는 현금성 정책들을 보면 총 5,449개의 사업, 총 예산 5.4조원에 이르는 막대한 규모를 자랑하고 있다. 서울시, 경기도 등 자체

〈표 17-1〉 서울형 기초생활보장제도 (단위: 명, 백만원)

연도	수급자 규모	연간예산지원 실적 (명)	예산액	집행액
2014	4,891	51,642	13,620	8,672
2015	4,469	59,091	11,810	11,494
2016	4,628	12,568	12,568	9,452
2017	6,062	13,259	13,259	13,122
2018	6,189	16,463	16,463	16,107

자료: 김승연 외, 2019

적인 재원을 확보할 수 있는 역량을 가진 자치단체들은 자체적인 공공부조 혹은 수당 프로그램을 운영하고 있으며, 이 외의 자치단체들도 큰 규모는 아니지만 자체적인 재원의 마련해서 각종 공공부조 프로그램을 시행하고 있다. 이러한 지방자치정부의 현금성 지원에 대해서는 의견이 갈린다. 공공부조와 같은 현금성 프로그램의 경우 지방정부의 재정 역량에 따라 큰 차이를 보이기 때문에, 욕구가 동일한 가구 혹은 개인이 자신이 거주하는 지방자치단체의 재정 역량에 따라 받는 급여가 달라질 수 있는 것이 사실이라, 이러한 불평등성을 어떻게 해결할 수 있을까가 큰 문제로 등장하고 있다. 또한 지방자치단체장의 소속 정당, 재선 여부 등 정치적 요인에 의해서도 큰 영향을 받고 있는 것으로 나타났다 (임진영 외, 2018). 따라서 이러한 요인에 따라 차별화가 발생하여 정말로 필요한 사람들에게 제대로 전달되지 않고 지역간 불균형과 격차를 확대한다는 비판이 있다. 그러나 또 다른 한편에서는 지방정부가 자체의 역량에 따라 주민들의 필요에 맞는 공공부조 프로그램을 제공하는 것은 그 자체로서 큰 문제가 아니라고 하는 주장도 대두되고 있다.

이와 관련해서 지방정부와 중앙정부와의 갈등이 몇 차례 있었다. 서울시의 청년수당, 그리고 경기도 성남시의 청년배당사업과 관련된 부분이 대표적인 사례라고 볼 수 있는데, 이 부분에서 나타나는 갈등의 양상은 유사하였다. 현행 사회보장기본법상 자치단체가 사회보장제도를 신설하거나 변경할 때는 중앙정부와 사전에 협의하도록 되어 있다. 서울시의 청년 수당의 경우 2016년 당시 박원순 서울시장이 제의하였고 복지부와 협의와 공방 중에 결론을 내리지 못하고 있을 때 서울시장이 기습적으로 지급을 단행한 것이다. 이에 대해서 복지부는 직권취소(무효) 처분을 내리고 지급한 금액 역시 환수하라고 지시하였는데, 서울시는 이에 대해서 집행정지 가처분을 신청하고 중앙정부와 대립하였던 것이다. 결론적으로 1년의 공방 끝에 2017년 새 정부가 들어서면서 해소가 되었다. 성남시의 청년배당사업도 2016년 서울시와 유사한 시기에 시행되었으며, 이 역시 복지부가 사전협의를 거치지 않았다는 이유로 예산안에 대한 집행정지결정을 내렸던 것이다. 이러한 사례들은 서울시나 성남시가 비교적 다른 지자체에 비해 여유가 있는 상황이었다는 공통점이 있다. 이에 대해서 지방자치단체장의 정치적인 목적을 위한 포퓰리즘이라는 비판도 있었으나, 한편에서는 지방자치단체가 자체 지역의 목적에 맞는 수당이나 공공부조를 마련하는 것은 지극히 당연하며, 이를 중앙정부가 합리적 이유 없이 반대하는 것이 오히려 불합리하다는 의견도 제시되고 있다.

2. 지방자치와 사회서비스 전달체계

지방자치와 가장 밀접하게 관련되어 있는 것은 바로 사회서비스 전달체계의 변화일 것이다. 한국의 사회보장기본법에도 사회보험은 국가의 책임이나, 사회서비스의 경우 국가와 지방자치단체간의 협력을 통해서 수행하는 것으로 규정되어 있다. 그리고 사회서비스 영역은 지역사회마다 요구사항이 다 다르므로 지방정부가 서비스 제공의 가장 중요한 역할을 수행해야하는 영역이라고 할 수 있다.

한국의 사회서비스는 주로 민간, 사회복지재단이나 시설 등이 서비스의 생산과 공급을 주로 담당해왔고, 정부는 주로 재정 지원과 관리, 규제 활동 등을 담당해 왔다. 그러나 이러한 형태의 사회복지전달체계는 서비스의 분절화, 서비스 질의 하락 등의 문제가 제기되면서 이러한 문제점들을 해결하기 위한 지방분권 및 공공의 역할 강화에 대한 방안들이 끊임없이 제기되어 왔다. 이에 따라 전달체계에서 지방정부의 역할을 늘리고 국가의 책임을 확보해야한다는 목소리가 계속 있어왔다.

참여정부에서는 지방정부에 대한 사업의 권한 이양을 시도하였으며, 이명박 정부부터는 복지전달체계를 개선하기 위해서 사회복지통합관리망을 구축하였으며 2016년부터는 읍면동을 복지허브로 삼아 복지서비스에 대한 지방정부의 기능을 강화하기 위한 노력을 지속적으로 시행하였다. 읍면동에 방문복지 기능, 사례관리 기능을 강화하고 인력을 충원하여 전국에 사회복지직 공무원을 4,800명 정도 충원하는 등 읍면동을 복지정책의 핵심 창구로 통일하기 위한 노력들이 계속되어 왔다 (최상미 외, 2020). 또한 문재인 정부 들어서는 사회복지서비스의 직접 제공자로서의 정부의 역할을 강조해서 광역자치단체별로 사회서비스원을 설립하고 요양보호사 등을 직접 채용해 장애인 활동보조, 노인장기요양 등에 대한 서비스를 직접 제공하는 목표로 하고 있다. 이는 대통령 공약 내에 사회서비스 공단의 설립하는 것을 목표로 최초로 제시되었으며, 이후 서울, 대구, 경기, 경남 등 4개 지역에서 2019년부터 시범사업을 시행하였다. 그러나 이 정책 역시도 재정의 문제가 제기되었는데, 시범사업 시 최초 설치비는 국비 100%로 지원하게 되어 있으나 이후 3년간의 운영비에 대해 국비 50%, 3년 이후에는 국비 30%를 지원하게 되어 있다. 즉 나머지 운영비에 대해서는 지방정부의 재정 부담이 필요하고, 특히 독립채산제로 운영됨에 따라 자체적인 수지비율이 중요하게 되었다. 그러나 수지비율이 그다지 높지 않은 편이고(서울시의 경우 약 20% 수준) 이에 따라 지방정부의 재정부담이 커질 상황이라 많은 우려를 낳고 있는 상황이기도 하다.

이러한 전달체계의 변화 과정을 살펴볼 때, 복지서비스의 전달에 있어서 지방정부의 역할을 계속적으로 강조되고 있으며 그 권한과 책임도 형식적으로 매우 증가하고 있는 것으로 보인다. 또한 지방정부들도 정해진 범위 내에서 자율적인 체계를 구축하기 위해서 노력하고 있음을 알 수 있다. 그러나 근본적으로 지방정부는 중앙정부가 결정하고 만들어 놓은 틀 안에서 자유로울 수 없고, 그 틀 안에서의 역할도 매우 제한적이다. 다음 장에서는 이러한 문제에 대한 원인에 대해서 보다 상세히 살펴보고자 한다.

Ⅳ 보건복지 정책과 지방-중앙 관계

보건복지 정책의 수행과정에서 중앙정부와 지방정부는 어떠한 관계인가? 앞서 설명한 바와 같이 복지 정책 분야는 지역 주민의 수요에 맞추어서 서비스를 제공해야 하기에 지방자치의 본래적 목적에 가장 부합하는 분야이다. 그러나 지방자치 부활 30주년을 맞이한 지금까지 상황을 볼 때 지방자치의 목적에 맡게 보건복지서비스가 제공되고 있는지는 다시 한번 생각해볼 문제이다.

1991년에 지방자치제도가 부활되고 난 뒤 상당 기간 동안, 보건복지분야에서 지방정부는 중앙정부의 대리인 혹은 집행자 수준에 머물렀다. 자체적으로 복지정책을 시행할 수 있는 권한도 재원도 제한적이었으며, 단지 중앙정부에서 결정된 사항을 지방정부에서 집행하는 수준에 그쳤다고 볼 수 있을 것이다. 이러한 대리인 관계에서 한 단계 더 나아간, 지배인 모형에 가까운 형태를 가지게 하려고 한 것이 참여정부에서 시행된 복지분권의 시도일 것이다. 이 당시의 복지분권은 중앙정부의 복지사업을 지방정부로 이양함으로 해서 주민들과 밀접한 관계를 가진 사회복지서비스에서 지방정부의 권한과 책임을 더욱 강화하기 위한 목적이라고 할 수 있다. 그러나 이러한 목적은 제대로 달성되었다고 보기는 어렵다. 가장 큰 이유는 복지사업에 대한 이양에 따른 재정의 확보가 제대로 이루어지지 않았기 때문이다. 재정이 취약한 상황에서 사무만 이양되는 것은 책임의 전가만 이루어지는 것이지 재량권의 확대와는 아무런 상관이 없기 때문이다. 즉 참여정부의 복지분권 시도는 중앙정부와 지방정부와의 관계를 본질적으로 바꾸어놓지는 못한 것으로 보인다. 따라서 복지정책이 정말로 지역사회의 수요에 맞게 제대로 시행되기 위해서는 사업의 이양 뿐 아니라 재정의 이양도 매우 중요하다.

사회복지사업 및 서비스 관련해서 지방분권과 재정분권에 가장 큰 분기점이 된 것은 2004년에 수립된 지방분권 5개년 종합실행계획이다. 이 계획에서는 3개의 핵심원칙을 제시하였는데, 우선 보충성의 원칙으로서 주민생활과 밀접한 관계를 가지는 서비스는 지방정부의 권한으로 배분하되 지방정부가 이를 수행할 수 없는 경우에만 중앙정부가 처리하도록 한다는 것이다. 그리고 선분권 후보완의 원칙으로, 우선 분권을 먼저 추진하고 추후에 보완한다는 것이다. 세 번째는 포괄성의 원칙인데 이는 소 단위 사무를 이양하기보다는 중·대단위 사무를 이양한다는 것이다. 이러한 원칙하에 당시 정부는 국고보조사업의 개편을 단행하였는데, 이는 사실상 내용면에서 사회복지서비스에 대한 지방이양이라고 볼 수 있다 (김승연 외, 2021). 국고보조사업은 실제적으로 지방정부의 재량권은 없으며 지방정부는 단순한 집행만 수행하는 사업인데, 이에 대한 사업의 권한을 지방으로 전격적으로 이양하는 사업이었다. 그러나 사업의 이양과정에서 여러 가지 문제점들이 제기되었는데, 가장 큰 문제는 중앙정부와 지방정부의 사무의 분장에 있어서 어떠한 기준으로 해야하는지가 명확하지 않은 상태로 대규모의 복지사업의 이양이 추진되었다는 것이다 (김은정, 2020). 예를 들면 아동시설의 운영은 지방이양의 대상 사업이지만 아동복지시설은 국고보고 존치사업으로 남았고, 입양기관 운영은 지방이양 대상이지만 입양정보운영센터는 또한 국가보조 존치사업으로 남은 것이다. 이는 기본적으로 사무의 성격에 대해서 엄밀한 분석을 거쳐서 통일된 기준을 가지고 제시한 것이 아니라, 예산이 먼저 정해지고 이에 따라 결정된 것이기 때문에 이러한 상황이 발생한 것이다 (정홍원 외, 2019).

이와 관련해서 지방이양사업의 재원을 보존하기 위해서 분권교부세를 도입하였는데, 이 역시 정확한 수요를 체계적으로 반영하지 못한다는 평가를 받았고(곽

〈표 17-2〉 지방이양 대상사업과 국고보조 존치사업 비교

구분		지방이양 대상사업	국고보조 존치사업
대상 구분	노인복지	노인일거리마련사업	노인인력센터섭립운영
		노인시설운영	노인시설기능보강
		노인복지회관 신축	
		노인복지회관운영	
	장애인 복지	장애인복지관 기능보강	장애인생활시설 기능보강
		장애인생활시설 운영	
		장애인체육관 기능보강	장애인체육대회(경상)
		장애인체육관 운영	장애인체육대회(자본)
		의료재활시설운영	장애인의료재활시설기능보강
		장애인직업재활시설 운영	장애인직업재활시설기능보강
		장애인 특별운송사업	장애인특별운송사업차량구입
		장애인지역재활시설 차량지원	
	아동복지	아동시설운영	아동복지시설운영
		아동보호전문기관 운영	
		입양기관 운영	입양정보운영센터
			입양아동양육보조금
	그 외	노숙자보호	부랑인시설운영
			부랑인시설기능보강
		공공보건사업	한방지역보건사업
		중소도시 보건소 신축	구강보건실 설치
		대도시방문보건사업	농어촌보건소지원

자료: 김승연 외 (2021)

채기, 2010), 또한 지방이양사업에 대한 예산에서 국비의 비중은 감소한 반면 지방비의 비중은 지속적으로 증가하고 있어서, 지방정부가 점차적으로 더 많은 부담을 지고 있는 것으로 나타났다.

또한 분권교부세는 2015년을 기준으로 분권교부세를 보통교부세로 전환하였는데, 이에 대해서 많은 문제점들이 제기되었다. 즉 보통교부세의 경우 배분금액을 산정할 때 사회보장비는 특정인구수(노령, 아동, 장애인 등)와 관련된 단위 비용으

로 산정되기 때문에 실제로 지방이양된 사회복지사업에 필요한 예산이과 맞지 않을 가능성이 높으며, 보통교부세의 경우 용도가 정해져 있지 않기 때문에 다른 분야에도 쓸 수 있어 복지사업에 대한 예산 확보가 불투명하다는 문제가 있다 (김승연, 2014).

결과적으로 볼 때, 노무현 정부의 사회복지사업의 분권화는 복지서비스에서의 지방정부의 권한을 고려했다는 점에서 그 의미를 찾을 수 있다. 그러나 지방정부의 권한 이양이라는 형식은 달성하였으나 실제적인 측면에서 지방정부가 자율적으로 지역 상황에 맞는 서비스를 전달할 수 있도록 하는데는 여러 가지 문제점들이 많았다. 즉 복지서비스에서의 지방정부의 역할을 인정하는 것에 의의가 있었으나, 실제적으로 재정에 대한 권한이 이양되지 않는 상태에서 사업만 이양하는 것은 권한은 주지 않으면서 책임만 나누는 형태의 분권으로서 오히려 사회복지서비스에서의 지방정부의 재량을 제약하는 효과가 나타났다고 볼 수 있다.

사회복지서비스에 대한 분권화는 문재인 정부에서도 크게 한 번 추진되었다. 문재인 정부는 2017년 국정운영 5개년 계획에서 중요한 혁신 과제 중 하나로 '국가의 고른 발전을 위한 자치분권과 균형발전'을 설정하고, 이를 확보하기 위해서 자치입법권, 자치행정권, 자치재정권, 자치복지권의 보장을 명시하였다. 2018년에 이에 대한 6대 추진 전략과 33개의 권한을 설정하였는데, 중앙과 지방간의 사무재배분, 중앙 권한의 포괄적 이양 등의 과제 등이 설정되었다.

앞서 살펴본 바와 같이, 지방정부가 사회복지서비스를 지역 주민의 수요에 맞게 재량적으로 정책을 수립하기 위해서는 재정분권의 현실화가 절대적으로 필요하다. 그렇지 않고 사회복지사업만 이양하는 것은 실제적인 지방자치의 목적에 부합하기 어렵다. 그러나 문재인 정부 역시 3-4조원의 규모의 지방재정 확충을 목표로 삼고, 이에 맞춰 복지사무를 조정하는 방식을 취하고 있다.

2021년 발표된 2단계 재정분권 세부추진 방안에 의하면, 기초연금과 같은 분야은 전액 국가 사무화를 취하고, 아동수당이나 영유아보육료의 경우 전액 지방부담으로 하는 안을 제시하였다. 재정 부담면을 살펴보면 지역밀착형 국고보조사업의 이양에 의해서 지방정부의 부담이 2.3조원 증가하며, 지방교부세의 자연 감소분 0.8조원 등 총 3.1조원 정도의 부담이 증가하게 된다. 이를 해결하기 위해서 지방소비세율을 현재 21%에서 2022년 23.7%, 2023년 25.3%로 증가시켜 지방정부

〈표 17-3〉 문재인 정부의 자치분권 전략체계

6대 추진전략	33개 추진과제
1. 주민주권 구현	- 주민 참여권 보장 - 숙의 기반의 주민참여 방식 도입 - 주민자치회 대표성 제고 및 활성화 - 조례 제·개정의 주민직접발안제도 도입 - 주민소환 및 주민감사청구 요건의 합리적 완화 - 주민투표 청구대상 확대
2. 중앙권한의 획기적인 지방이양	- 중앙-자치단체 간 사무 재배분 - 중앙권한의 기능 중심 포괄 이양 - 자치분권 법령 사전협의제 도입 - 특별지방행정기관 정비 - 대도시 특례 확대 - 광역단위 자치경찰제 도입 - 교육자치 강화 및 지방자치와의 연계·협력 활성화
3. 재정분권의 강력한 추진	- 국세·지방세 구조 개선 - 지방세입 확충 기반 강화 - 고향사랑 기부제 도입 - 국고보조사업 개편 - 지방교부세 형평 기능 강화 - 지역상생발전기금 확대 및 합리적 개편
4. 중앙-지방 및 자지단체 간의 협력 강화	- 중앙-지방 협력기구 설치·운영 - 자치단체 간 협력 활성화 지원 - 제주·세종형 자치분권 모델 구현
5. 자치단체의 자율성과 책임성 확대	- 지방의회 인사권 독립 및 의정활동정보 공개 - 자치조직권 강화 및 책임성 확보 - 지방인사제도 자율성 및 투명성 확보 - 지방공무원 전문성 강화 - 지방재정 운영의 자율성 제고 - 지방재정정보 공개 및 접근성 확대 - 자치분권형 평가체계 구축 - 자치단체 형태 다양화
6. 지방행정체제 개편과 지방선거제도 개선	- 지방행정체계 개편방안 모색 - 지방선거제도 개선방안 모색

자료: 자치분권위원회(2018)「자치분권 종합계획(안)」을 재구성하여 작성함

의 세입을 늘리며, 또한 낙후 지역 인프라 확보를 위해 국가의 일반재원 1조원을 확보하여 지역소멸대응기금을 신설하고, 재정여건이 열악한 기초자치단체의 대응을 위해 국가보조율 인상이 필요한 사업을 발굴하여 국고보조율 인상을 통해 0.2조원을 확충하는 등, 총 2.2조 가량의 지방재정을 확보하기로 하였다 (행정안전부, 2021). 그러나 여전히 국가사무와 지방이양사무의 배분 기준은 명확하지 않으며, 여기서도 마찬가지로 정해진 예산 내에서 중앙과 기능을 분담하는 방식으로 논의되고 있음을 알 수 있다. 지방으로의 권한 이양이 지속적으로 이루어지고 있음에도 불구하고 중앙정부는 책임만 분산하고 재량권을 분산하지는 않는 행태가 지속적으로 관찰되고 있다. 중앙정부는 복지사업에 대한 중복성을 제거하고 형평성을 갖추기 위해서 중앙정부와의 협의를 반드시 거칠 것을 요구하고 있으며, 또한 한편으로는 복지정책이 지나치게 정치화되어 현직 지방자치단체장의 재선을 위한 목적으로 사용될 것을 우려하고 있는 것이다.

결국 한국의 복지정책에서 지방자치의 본래적 목적에 맞는 정책의 실현, 즉 지역민의 수요를 반영한 지역특화적인 복지사업의 시행은 아직까지 제대로 시행되지 않고 있으며, 가장 큰 이유는 권한 이양에 비해 재정의 분권이 제대로 일어나지 않고 있기 때문이다. 즉 한국의 복지정책은 여전히 중앙정부가 결정하고 기획하며, 지방정부는 정해진 범위 안에서 중앙정부의 역할을 수행하는 대리자 정도, 조금 넓게 봐도 지배인정도의 위치에 머무르고 있다고 할 수 있다.

이러한 상황을 개선하고 중앙정부와 지방정부가 진정한 동반자적 관계를 만들어나가기 위해서는 재정분권이 현실화되는 것이 가장 중요하다고 볼 수 있다. 여기에는 국고보조사업의 보조율에 대한 기준, 그리고 지방이양사무를 결정하는 기준을 재검토하여 지방정부의 의견을 폭넓게 수렴하여 결정하는 것과 더불어 포괄보조금의 제공을 고려해볼 수 있다. 즉 지방정부에 포괄보조금을 제공하고 그 결과에 대한 평가를 통해서 보조금의 양을 조정하는 형태로 도입하는 것을 고려해볼 수 있을 것이다.

지방자치시대에서 중앙정부와 지방정부간의 관계는 단순히 대리인 정도에 그쳐서는 안 된다. 특히 정책의 수요가 지역에 따라 다양한 보건복지 분야에서의 정책은 더욱 더 그러하다. 정부간의 관계가 위계적인 관계가 아니라 복지서비스의 공동생산자로서의 관계로 발전시켜나가기 위한 여러 방면의 정책적 접근이 필요한 시점이라고 생각된다.

제18장 여성·가족 정책

▶▶▶ 김미경

I 서론

여성과 가족 문제에 관한 해결은 국민 모두가 균등한 삶의 향수를 누릴 수 있게 한다는 견지에서 정부의 노력이 정책적으로 필요한 분야이다. 특히, 국민의 생활을 현장에서 직접 접촉하면서 지원하는 지방정부의 역할은 더욱 중요하다. 이 장에서는 지난 73년간 대한민국에서 양성 간의 조화로운 삶을 지역 수준에서 구현하기 위해 추진해온 여성·가족 정책의 전개과정을 살펴본다. 정책의 대상으로서 여성이 어떻게 인식되었으며, 어떠한 페미니즘(이하 '여권론')의 관점에서 어떠한 정책적 노력이 기울여져 왔는지에 관해 분석한다.

사회 환경의 변화와 여성에 대한 정책적 노력이 강조되면서 여성관련 법률의 제·개정이 이루어지고 관련하여 여성가족 정책을 수행하기 위한 이행계획을 수립하고 집행할 여성관련 행정조직이 확대되어 왔다. 여성관련 법률의 제·개정과 행정조직의 구성 및 정책 마련은 상호 연관되어 있다. 따라서 법률이 제정되면 이를 시행할 조직이 구성되었으며, 정책을 시행하기 위해서는 적절한 법적 기반이 마련되는 등 서로 보완관계에 있다. 이에 지방자치단체의 여성가족 정책의 변화를 관련 법 제·개정, 추진 내용과 조직개편을 분석해 본다.

여성가족관련 정책의 개발 그리고 법률의 제·개정은 한국의 여성문제에 대한 사회적 인식의 변화를 반영한다. 이에 한국 지방자치제 실시의 흐름 속에서 전개된 여성가족 정책 관련 추진 법적 내용들을 살펴보고, 그 의미를 살펴본다.[1]

---

1 법 관련 내용들은 국가법령센터인 http://www.pcwa.go.kr 관계법령을 참조하였다. 이 연구에서는 여성발전기본법을 대상으로 제·개정 과정과 전부개정 내용을 분석한다.

1995년에 지자체장 민선으로 완전한 지방자치 시대가 열렸다. 73년간의 대한민국 지방자치를 1995년 이전과 그 이후 7차례 있었던 민선 지방정부의 시기로 구분하여 여성가족 정책의 전개추이를 이전과 비교하면서 살펴본다.

II 여성가족 정책의 변화

1. 1995년 이전[2]

1948년 대한민국 헌법의 제정으로 남녀평등을 주창한 이래 1960년대까지는 보건사회부를 중심으로 한 전쟁이 남긴 상처를 치유하기 위한 노력이 주를 이루었다. 즉 중앙기구를 축으로 하여 전쟁미망인, 윤락여성, 고아 등 요보호 여성을 대상으로 업무가 다루어졌다. 정책 대상으로서 여성은 아동과 함께 고려되어 1962년 요보호 여성인 윤락여성과 아동복지에 관한 법률이 제정되어 그에 따른 사회복지시설들을 설치, 운영하는데 주력하였다.

70년대에는 1977년 가족법의 개정과 1973년 모자보건법의 제정을 토대로 한 가족계획 정책을 중심으로 출산억제, 인구억제사업들이 중점적으로 시행되었으며 정책대상도 요보호 여성보다는 일반여성으로 확대되었지만 여성의 복지정책 면에서는 여전히 미진했다.

그러나 80년대에 들어 1986년 모자보건법이 전문 개정되고 1987년의 남녀고용평등법제정 및 1989년의 동 법의 개정, 1989년의 모자복지법의 제정, 1990년 가족법개정, 1991년의 영유아보육법의 제정 등 법적·제도적 개선을 통하여 여성의 잠재력을 국가와 사회발전에 활용하고자 하는 노력이 다각적으로 전개되었다 (손봉숙, 1993). 가족법은 1958년 새 민법의 제정으로 처음 성문화 된 이후 1962년, 1977년 두 차례 부분 개정이 있었다. 그러나 두 차례의 개정 이후에도 여전히 가족법은 어느 법률보다도 성별에 의한 차별 규정이 많고 여성의 열악한 법적 지위

2 한국행정학회가 2000년 주관한 여성관련 기획세미나에서 발표한 "여성정책과 정부역할" (김미경, 2000)에서 1999년까지의 내용을 일부 수정, 재인용하였다.

와 비민주적 가족제도를 대변하고 있다는 지적을 받아왔다. 이에 1980년대에 들어와 가족법 개정에 대한 여성계의 요구가 더욱 증폭되어 1990년 여성지위와 연관된 여러 조항이 개정되게 되었다.[3] 한편 제6공화국 출범 이후 그 동안 임시 방편적이고 단편적인 수준으로 있던 종래의 부녀복지 사업을 보다 종합적이고 체계적인 방법으로 진행시키기 위해서 1989년 4월 1일에 모자복지법을 제정하였다.

지방자치 구현 이전인 1995년 이전에는 여성을 대상으로 법이 제정되지 않았으며 여성발전기본계획을 통해 중앙부처 차원에서 여성가족정책의 방향이 확인된다.

2. 제1기 민선 지방자치기(1995~1998)

1995년 12월 30일 여성발전기본법은 헌법의 남녀평등이념을 구현하기 위한 국가와 지방자치단체의 책무 등에 관한 기본적인 사항을 규정함으로써 정치·경제·사회·문화의 모든 영역에 있어서 남녀평등을 촉진하고 여성의 발전을 도모하고자 제정되었다. 동 법에서는 여성정책에 관한 기본계획을 5년마다 수립하도록 규정하고 있으며(제1차 계획은 1998-2002로 설정), 중앙행정기관의 장과 특별시장·광역시장 및 도지사는 기본계획에 의한 연도별 시행계획을 수립·시행하여야 하며 정부는 시행계획을 조정하고 그 이행상황을 점검하여야 한다고 명시하고 있다. 아울러 동법에서 여성정책의 기본 시책들은 정책결정과 정치참여, 공직참여, 고용평등, 모성모호의 강화, 가정교육, 학교교육, 사회교육, 여성복지증진, 영유아보육등, 평등한 가족관계 확립 등, 성폭력 및 가정폭력 예방, 가사노동 가치의 평가, 여성국제협력, 대중매체의 성차별 개선을 포함하여 여성의 지위향상을 위한 실천적인 제도적 틀을 포함하고 있다.

여성발전기본법의 제정과 그 대표 내용들은 지방자치단체의 여성가족정책에 영향을 미쳐 연도별 시행계획의 수립 및 지방자치단체별 고유 정책의 수입에도 영향을 미치고 있다. 대표 내용에서 집약되는 정책 대상은 임신·출산 및 수유기의

---

3 당시는 4당 체제가 유지된 시기였음으로 어느 한 정당의 노력만으로는 법안이 국회를 통과하기가 어려운 때였다. 이 과정에서 노태우 정부의 가족법 개정의지가 상당히 크게 작용했다는 평가를 받고 있다.

〈표 18-1〉 1995년 여성발전기본법 제정 주요내용

구분	주요 내용
모성보호의 강화	제18조 ① 국가·지방자치단체 또는 사업주는 여성의 임신·출산 및 수유기간 동안에 이들을 특별히 보호하며 이를 이유로 하여 불이익을 받지 아니하도록 하여야 한다.
여성복지증진	제22조 ① 국가 및 지방자치단체는 사회구조의 변화에 따른 여성복지수요에 부응하기 위한 시책을 강구하여야 한다. ② 국가 및 지방자치단체는 관계법률이 정하는 바에 의하여 저소득 모자가정, 미혼모, 가출여성 및 요보호여성의 발생을 예방하고 이들을 선도·보호하여야 한다. ③ 국가 및 지방자치단체는 노인인 여성과 농어촌에 거주하는 여성의 복지증진에 노력하여야 한다.
영유아보육	제23조 ① 국가 및 지방자치단체는 관계법률이 정하는 바에 의하여 영유아의 보호와 건전한 교육을 위하여 보육시설확대 기타 필요한 조치를 취하여야 한다. ② 국가 및 지방자치단체는 방과후 아동의 보호와 건전한 생활을 위한 시책을 강구하여야 한다.
평등한 가족관계 확립 등	제24조 ① 국가 및 지방자치단체는 민주적이고 평등한 가족관계를 확립시키기 위하여 노력하여야 한다. ② 국가 및 지방자치단체는 가족구조의 변화에 따라 맞벌이부부·편부모가정 등에 대하여 필요한 지원책을 강구하여야 한다.
성폭력 및 가정폭력 예방	제25조 ① 국가 및 지방자치단체는 관계법률이 정하는 바에 의하여 성폭력범죄의 예방과 피해자 보호를 하여야 한다. ② 국가 및 지방자치단체는 가정에서 일어나는 폭력문제에 대한 시책을 강구하여야 한다.

여성과 임신·출산 및 수유기의 취업여성[4], 저소득 모자가정, 미혼모, 가출여성 및 요보호여성, 노인인 여성과 농어촌에 거주하는 여성 그리고 가족구조의 변화에 따라 맞벌이부부·편부모가정 등 이다. 여성발전기본법 제정 당시의 여성가족 관련 주요 내용은 <표 18-1>과 같다.

4 1995년 개정된 남녀고용평등법은 생후 1년 미만의 영아를 가진 여성근로자나 그 배우자의 육아휴직을 허용하여 모성에 대한 남녀공동의 책임성을 인정하는 조항을 신설하여 육아를 성별분업의 논리에서 끌어냈다. 이 내용은 여성발전법에서 정책대상으로 여성을 임신·출산 및 수유기의 여성과 임신·출산 및 수유기의 취업여성으로 이분하는 점과 맥락적으로 연계된다.

3. 제2기 민선 지방자치기(1998~2002)

이 시기의 경우 여성발전기본법의 개정은 타법개정이 이루어졌을 뿐 동법상의 개정이 이루어지지 않아, 제1기의 기조가 그대로 이어졌다.

2001년 중앙정부는 여성부를 신설하고 2002년의 경우 생활속의 평등문화와 의식의 정착을 위해 5대 생활문화개선운동을 추진하고 호주제 개선 등 건강한 가족정책추진을 주요 업무화하였다 (여성가족부, 2001~2007). 이러한 가족정책에 대한 관심은 2004년 건강가족기본법을 제정하는데 기여하였다.

이 시기 정책 대상으로 인식하고 있는 여성은 제1기의 연속선상에서 부녀자 중심으로 모성에 기반한 정책적 지원이 강조되면서 가족정책에 대한 구체화가 출발하고 있다.

4. 제3기 민선 지방자치기(2002~2006)

2002년 12월 여성 정책에 대한 새로운 요구가 다양하게 제기됨에 따라 그 정책의 효율적인 추진을 위하여 현행 규정의 운영상 나타난 일부 미비점을 개선·보완하려는 취지에서 여성발전기본법이 개정되었다 (국가법령정보센터, 자료 인용). 2002년 개정에서는 제정 당시의 주요 내용에 더하여 평생교육, 여성인적자원의 개발, 직장 및 가정생활의 병행, 여성자원봉사활동의 지원을 포함하는 내용들이 추가되었다. 한편 제23조 영유아보육을 제23조 직장 및 가정생활의 병행으로 전문개정하고 육아의 여성책임성을 공공성으로 확대하면서 여성을 근로자로서 인식하는 계기를 출발하고 있다. 아울러 여성을 인적자원으로 대상화하면서 여성능력개발과 경제활동 참여에 대한 지방정부의 역할을 규정화하고 있다. 2002년 여성발전기본법 개정에 있어 여성가족정책 관련 주요 내용은 <표 18-2>와 같다.

5. 제4기 민선 지방자치기(2006~2010)

2006년 3월 30일 시행된 여성발전기본법의 개정 내용은 직장내 성희롱 방지 교육 등에 관한 내용을 이 법에서 규정하는 한편, 현행 제도의 운영과정에서 나타난

〈표 18-2〉 2003년 여성발전기본법 개정 주요내용

구분	주요내용
모성보호의 강화	제18조 <전과 동일>
여성인적자원의 개발	제21조의2 ① 국가 및 지방자치단체는 여성의 사회참여를 촉진하기 위하여 여성인적자원의 개발을 위한 시책을 강구하여야 한다. ② 국가 및 지방자치단체는 여성의 능력향상을 통하여 남녀가 동등하게 경제활동에 참여할 수 있도록 하는 시책을 강구하여야 한다. ③ 국가 및 지방자치단체는 여성의 정보화 능력을 향상시키기 위한 시책을 강구하여야 한다. [본조신설 2002. 12. 11.]
여성복지 증진	제22조 ① 국가 및 지방자치단체는 지역·연령 등에 따른 여성복지수요에 부응하기 위한 시책을 강구하여야 한다. <개정 2002. 12. 11.> ② 국가 및 지방자치단체는 관계법률이 정하는 바에 따라 저소득 모자가정, 미혼모, 가출여성 그 밖에 보호를 요하는 여성에 대한 지원을 위하여 필요한 조치를 하여야 한다. <개정 2002. 12. 11.>
직장 및 가정생활의 병행	제23조 국가 및 지방자치단체는 근로자가 직장생활과 가정생활을 조화롭게 병행할 수 있도록 다음 각 호의 사항에 관한 시책을 강구하여야 한다.1. 영유아 보육시설의 확충2. 방과후 아동 보육의 활성화3. 육아휴직제의 정착 <전문개정 2002. 12. 11.>
평등한 가족관계 확립 등	제24조 <전과 동일>
성폭력 및 가정폭력 예방	제25조 ② 국가 및 지방자치단체는 관계법률이 정하는 바에 따라 가정에서 발생하는 폭력을 예방하고 피해자를 보호하여야 한다. <개정 2002. 12. 11.> ③ 국가 및 지방자치단체는 관계법률이 정하는 바에 따라 성폭력 피해자 및 가정폭력 피해자의 상담과 가해자의 교정을 위하여 필요한 시책을 강구하여야 한다. <신설 2002. 12. 11.>

일부 미비점을 개선·보완하려는 것이었다. 한편 제22조 제2항 중 "미혼모"를 "미혼모, 장애인 여성"으로 확대하고 제23조중 직장 및 가정생활의 병행에서 직장 내 수유시설의 확충을 추가하였다.[5] 2006년 여성발전기본법 개정에 있어 여성가족정책 관련 주요 내용은 <표 18-3>과 같다.

5 2006년의 경우 보육부문의 재정이 대폭 확대되면서 육아의 사회적 책임성에 대한 인식이 더욱 보편화되기 시작하였으며 가족정책의 경우에 있어서도 미혼모, 한부모 가족 등 가족에 대한 지원책이 다양화되었다 (여성가족부, 2001~2007). 이러한 반영은 직장 내 수유시설의 확충으로 관련되고 있다.

〈표 18-3〉 2006년 여성발전기본법 개정 주요내용

구분	주요내용
모성보호의 강화	제18조 <전과 동일>
여성인적자원의 개발	제21조2 <전과 동일>
여성복지 증진	제22조 ② 국가 및 지방자치단체는 관계법률이 정하는 바에 따라 저소득 모자가정, 미혼모, 장애인 여성, 가출여성 그 밖에 보호를 요하는 여성에 대한 지원을 위하여 필요한 조치를 하여야 한다. <개정 2002. 12. 11., 2005. 12. 29.>
직장 및 가정생활의 병행	제23조 국가 및 지방자치단체는 근로자가 직장생활과 가정생활을 조화롭게 병행할 수 있도록 다음 각 호의 사항에 관한 시책을 강구하여야 한다. <개정 2005. 12. 29.> 1. 영유아 보육시설의 확충 2. 방과후 아동 보육의 활성화 3. 육아휴직제의 정착 4. 직장 내 수유시설의 확충
평등한 가족관계 확립 등	제24조 <전과 동일>
성폭력 및 가정폭력예방	제25조 <전과 동일>

6. 제5기 민선 지방자치기(2010~2014)

이 시기의 경우 여성발전기본법의 개정은 타법개정이 주로 이루어지고 동법상의 개정은 2013년 8월 일부개정이 이루어졌다. 개정 시행이 2014년도에 시작되어 이 시기는 제4기의 기조가 그대로 이어졌다.

다만, 이 시기에 지방자치법의 개정으로 제정 당시 부녀로 기술하고 있던 내용이 여성으로 개정되었다는 점이 의미가 크다. 결혼한 여자인 부녀에서 성(性)의 측면에서 여자를 칭하는 여성으로의 변화는 상당한 의미를 가진다.

7. 제6기 민선 지방자치기(2014~2018)

제6기의 경우 그동안 한국 중앙과 지방의 여성가족 정책을 주도하던 여성발전법이 2015년 양성평등기본법으로 전면개정되었다.

양성평등과 관련된 권리 보장과 정부의 책임성을 강화하고, 양성평등 정책 추진체계의 내실화, 양성평등 촉진을 위한 시책 강화, 정책의 양성평등 효과를 강화

하기 위한 성 주류화 조치의 체계화 등을 통하여 여성과 남성이 동등한 참여와 대우를 받고 모든 영역에서 평등한 책임과 권리를 공유하는 실질적 양성평등 사회를 실현하고자 개정되었다. 동법은 제5조에서 국가와 지방자치단체는 양성평등 실현을 위하여 법적·제도적 장치를 마련하고 이에 필요한 재원을 마련할 책무를 지며, 제8조에서 중앙행정기관의 장과 시·도지사는 기본계획에 따라 연도별 시행계획(이하 "시행계획"이라 한다)을 각각 수립·시행하여야한다고 규정하고 있다. 이에 따라 지방자치단체들은 동법의 취지 아래 여성가족 정책에 대한 지방사무를 설계하여야 한다.

2014년 양성평등기본법 제정 내용에서 여성가족 정책 관련 주요내용은 <표 18-4>와 같다.

〈표 18-4〉 2014 양성평등기본법 제정 주요내용

구분	주요내용
양성평등 정책책임관의 지정	제13조 ① 중앙행정기관의 장과 시·도지사는 해당 기관의 양성평등 정책을 효율적으로 수립·시행하기 위하여 소속 공무원 중에서 양성평등 정책책임관을 지정하고, 필요한 전담 전문인력을 두어야 한다.
경제활동 참여	제24조 ① 국가와 지방자치단체는 관계 법률에서 정하는 바에 따라 근로자의 모집·채용·교육훈련·승진·퇴직 등 고용 전반에 걸쳐 양성평등이 이루어지도록 하여야 한다. ② 국가기관등과 사용자는 직장 내의 양성평등한 근무환경 조성을 위하여 필요한 조치를 취하여야 한다. ③ 국가기관등과 사용자는 여성이 임신·출산·육아 등을 이유로 경력이 단절되지 아니하도록 노력하여야 한다. ④ 국가와 지방자치단체는 관계 법률에서 정하는 바에 따라 경력단절여성 등의 경제활동 참여를 위하여 행정적·재정적 지원 등 필요한 시책을 마련하여야 한다.
모·부성 권리보장	제25조 ① 국가기관등과 사용자는 임신·출산·수유·육아에 관한 모·부성권을 보장하고, 이를 이유로 가정과 직장 및 지역사회에서 불이익을 받지 아니하도록 하여야 한다.
일가정 양립지원	제26조 ① 국가기관등과 사용자는 일과 가정생활의 조화로운 양립을 위한 여건을 마련하기 위하여 노력하여야 한다. ② 국가와 지방자치단제는 일괴 가정생활의 양립을 지원하기 위하여 영유아 보육, 유아교육, 방과 후 아동돌봄, 아이돌봄 등 양질의 양육서비스 확충, 출산전후휴가와 육아휴직제 확대 및 대체인력 채용·운영의 활성화, 가족친화적인 사회환경 조성 등에 관한 시책을 마련하여야 한다.

구분	주요내용
여성인적자원의 개발	제27조 ① 국가와 지방자치단체는 양성평등 사회 실현을 위하여 여성 인적자원 개발에 필요한 시책을 마련하여야 한다.
성차별의 금지	제29조 국가와 지방자치단체는 관계 법률에서 정하는 바에 따라 성차별 금지를 위한 시책 마련에 노력하여야 한다.
성폭력·가정폭력·성매매 범죄의 예방 및 성희롱 방지	제30조 ① 국가와 지방자치단체는 관계 법률에서 정하는 바에 따라 성폭력·가정폭력·성매매 범죄 및 성희롱을 예방·방지하고 피해자를 보호하여야 하며, 이를 위하여 필요한 시책을 마련하여야 한다. ② 국가와 지방자치단체는 관계 법률에서 정하는 바에 따라 성폭력·가정폭력·성매매 범죄의 예방을 위하여 교육을 실시하여야 하고, 각 교육과 제31조에 따른 성희롱 예방교육을 성평등 관점에서 통합하여 실시할 수 있다. ③ 국가와 지방자치단체는 관계 법률에서 정하는 바에 따라 성폭력·가정폭력·성매매·성희롱 피해자와 상담하고 가해자를 교정(矯正)하기 위하여 필요한 시책을 강구하여야 한다.
복지증진	제33조 ① 국가와 지방자치단체는 지역·나이 등에 따른 여성 복지 수요를 충족시키기 위한 시책을 강구하여야 한다. ② 국가와 지방자치단체는 관계 법률에서 정하는 바에 따라 장애인, 한부모, 북한이탈주민, 결혼이민자 등 취약계층 여성과 그 밖에 보호가 필요한 여성의 복지 증진을 위하여 필요한 조치를 하여야 한다.
건강증진	제34조 ① 국가와 지방자치단체는 보건의료에 대한 양성평등한 접근권을 보장하기 위하여 노력하여야 한다. ② 국가와 지방자치단체는 모성건강 등 여성의 생애주기에 따른 건강증진에 관한 시책을 마련하여야 한다.
양성평등한 가족	① 국가와 지방자치단체는 민주적이고 양성평등한 가족관계를 확립시키기 위하여 노력하여야 한다. ② 국가와 지방자치단체는 가사노동에 대한 경제적 가치를 정당하게 평가하여 이를 법령·제도 또는 시책에 반영하도록 노력하여야 한다.

8. 제7기 민선 지방자치기(2018~2022)

2015년 양성평등기본법으로 전부 개정 이후 2021년 4월까지 여러 차례의 일부 개정이 이루어져 왔다.

제11조의 2에서 특별시·광역시·특별자치시·도·특별자치도는 조례로 정하는 바에 따라 시·도의 양성평등 정책에 관한 중요사항을 심의·조정하기 위하여 양성평등위원회를 둘 수 있다고 규정하고 있다. 경제활동의 참여에서 조항이 신설되

〈표 18-5〉 양성평등기본법 개정 주요 내용

구분	내용
경제활동참여	제24조 ① 국가와 지방자치단체는 관계 법률에서 정하는 바에 따라 근로자의 모집·채용·임금·교육훈련·승진·퇴직 등 고용 전반에 걸쳐 양성평등이 이루어지도록 하여야 한다. <개정 2016. 12. 20.> ③ 국가기관등과 사용자는 여성이 승진·전보 등 인사상 처우에서 성별에 따른 차별 없이 그 자질과 능력을 정당하게 평가받을 수 있도록 노력하여야 한다. <신설 2018. 3. 2.>
모성·부성의 권리보장	제25조 제목개정 모·부성 권리 보장에서 모성·부성의 권리보장으로 변경 내용 <전과 동일>
일가정 양립지원	제26조 <전과 동일>
여성인적자원의 개발	제27조 <전과 동일>
성차별의금지	제29조 <전과 동일>
성폭력·가정폭력·성매매 범죄의 예방 및 성희롱 방지	제30조 <전과 동일>
복지증진	제33조 <전과 동일>
건강증진	제34조 <전과 동일>
양성평등한 가족	제35조 <전과 동일>

는 등 여성의 경제활동에 대한 구체적 내용이 담보되고 있으며 그 외의 내용은 6기의 기조를 지속하고 있다.

2018년 양성평등기본법 제정이후 개정 내용에서 여성가족 정책 관련 주요내용은 <표 18-5>와 같다.

Ⅲ 여성가족 정책 관련 추진내용의 변화추이

여성가족문제에 대한 해결은 국민 모두가 균등한 삶의 향수를 배분받을 수 있게 한다는 견지에서 정부의 노력이 정책적으로 필요한 분야라고 할 수 있다. 지방자

치단체의 여성가족 정책관련 추진내용을 살펴보면 다음과 같다.[6]

1. 지방자치 실시 이전 (1995년 이전)

1985년 최초의 여성발전기본계획이 세워지면서 여성발전 중점과제의 제시 및 그 구체적 방안에 관한 모색이 이루어졌다. 1985년의 여성발전기본계획은 한국의 여성 정책 추진의 기본방향을 제시한 최초의 작업이었다는 점에서 의의가 크다(한국여성개발원, 1985). 한편 80년대는 제6차 경제사회발전 5개년 계획(1987~1991)에 여성발전계획이 통합되면서 여성개발부문이 최초로 국가발전계획의 독자영역으로 채택되어 여성의 지위가 점차 향상되었다. 이 계획에는 여성개발부문이 명시적으로 포함되어 있는데 이는 바로 앞에서 설명한 여성발전기본계획과 남녀차별개선지침(1987년)이 기초가 되어 입안된 것이다.

1995년 이전은 정부의 국가발전계획에 여성발전계획이 통합되게 하기 위한 기초 마련이 우선되어 지방자치단체의 여성가족 정책 추진은 후순위였다.

2. 제1기 민선 지방자치(1995~1998)

1995년 개정된 남녀고용평등법은 여성의 신체적 조항을 명시하는 모집 및 채용을 금지시켰으며 교육, 배치, 승진에 있어 혼인이나 임신, 출산 또는 여성인 것을 이유로 차별대우하지 못하도록 금지시켰다. 또한 생후 1년 미만의 영아를 가진 여성근로자나 그 배우자의 육아휴직을 허용하여 모성에 대한 남녀공동의 책임성을 인정하는 조항을 신설하여 육아를 성별분업의 논리에서 끌어냈다. 제7차 경제사회 발전계획(1992~1996)에 여성개발부문을 포함시킴으로써 국가발전계획에 여성발전계획을 통합하는 성과를 거두게 되었다 (국가기록원 자료참조).

이 시기 또한 정부가 국가발전계획에 여성발전계획을 통합하는 시기로 지방자

6 지방자치단체의 여성가족정책 관련 추진내용은 중앙 부처에서 법상에서 시행하도록 규정하고 있는 내용을 중심으로 살펴보았다. 법 제정 전의 경우는 여성 정책 기본계획으로 법제정 이후는 중아에서 마련한 기본계획을 토대로 지방자치단체가 마련한 시행계획을 중심으로 조사하였으며 그 대상 시와 군은 서울시와 제주도이다.

치단체의 여성가족정책 추진은 상대적으로 소홀하였다.

3. 제2기 민선 지방자치기(1998~2002)[7]

1995년 여성발전기본법을 제정하여 여성 정책에 관한 기본계획을 5년마다(제1차 계획은 1998~2002로 설정) 수립하도록 규정하여 여성의 지위향상을 위한 실천적인 제도적 틀을 마련하였다. 제2기 민선 지방정부 시기에 여성부는 1차 계획을 수립하였다. 그 내용은 '여성발전은 남녀공동참여 공동책임'이라는 전제에서 6대 기본전략, 20대 정책과제 및 147개 세부정책과제로 구성되었다.

제2기 민선 지방자치 시기에 제1차 여성 정책 기본계획에 따라 1998년도 지방자치단체의 시행계획이 처음 만들어졌다 [여성특별위원회(국회전자도서관 자료검색)]. 그 내용을 두 개 시·도를 대상으로 요약 정리하면 <표 18-6>과 같다.

〈표 18-6〉 제1차 여성 정책 기본계획에 따른 2개 시·도 시행 현황(1998)

여성 정책 기본계획 정책과제명	서울특별시 정책과제명	제주도 정책과제명
3. 고용기회 균등기반의 확립(3)	–	3-1-1 고용평등의식에 대한 홍보, 계몽
4. 여성고용의 촉진(5)	4-2 여성경제인 지원	4-2-3 여성경제인 경영지원
	4-4 취업알선기능 강화	4-4-1 여성전용 취업알선창구의 설치 확대
5. 직장-가정양립 지원체제 확립(5)	–	5-5 학교급식의 실시 확대
10. 여성의 건강 증진 및 성비 불균형 해소(3)	10-1 임신·출산에 대한 의료서비스 내실화	10-1-1 임신·출산여성 보건교육 강화
	10-3 남아선호사상에 의한 성비 불균형 해소	10-3 남아선호사상에 의한 성비 불균형 해소

7 이 시기의 성평등 정책들은 남녀차별적 법·제도를 개선하고 여성 정책추진을 위한 새로운 기틀과 여성의 사회참여확대를 위한 제도적인 기반을 마련하였다. 2001년의 경우 여성부를 신설하고 여성의 인적자원개발을 통해 여성의 사회적 참여를 촉진하고 호주제 개선 등 건강한 가족 정책추진을 주요 업무화하였다 (여성가족부, 2001~2007).

여성 정책 기본계획 정책과제명	서울특별시 정책과제명	제주도 정책과제명
11. 보육사업의 확충 및 내실화(3)	11-1 보육시설의 확충	11-1 보육시설의 확충
	11-2 보육서비스의 질적 개선	11-2 보육서비스의 질적 개선
	11-3 방과후 아동지도 사업의 확산	11-3 방과후 아동지도 사업의 확산
12. 여성 농어업인의 부담 완화와 권익신장(3)	-	12-1-2 농어촌생활여건 개선 및 여성농업인 건강관리
		12-1-3 여성농업인을 위한 문화 프로그램 지원
		12-2-2 농어촌개발사업관련협의체에 여성농어업인 참여 확대
		12-3-1 여성농어업인 후계인력 육성·지원
		12-3-2 여성농어업인 영농 및 농기계교육훈련
		12-3-4 농촌관련 여성단체 육성·지원
13. 요보호 여성의 복지 증진(4)	13-1 저소득 모자가정에 대한 지원 강화	13-1 저소득 모자가정에 대한 지원 강화
	13-2 미혼모 발생예방 및 대책 수립	13-2 미혼모 발생예방 및 대책 수립
	13-3-1 윤락여성 발생예방 및 사회복귀 지원	13-3-1 윤락여성 발생예방 및 사회복귀 지원
	13-4 여성장애인에 대한 지원	13-4-1 여성장애인에 대한 법·제도적 보호와 생활보호
		13-4-2 여성장애인을 위한 가정·사회생활 지원프로그램 실시
		13-4-3 여성장애인 취업증진을 위한 기반 조성
14. 고령화 시대의 여성복지 증진(3)	14-2 여성노인을 위한 건강 및 복지증진	14-2-1 여성노인의 건강관리시스템 구축
		14-2-2 재가복지서비스 확충
		14-2-3 치매노인 대책 강구
		14-2-4 유료노인 복지시설의 활성화

여성 정책 기본계획 정책과제명	서울특별시 정책과제명	제주도 정책과제명
	14-3 여성노인의 사회참여 확대	14-3-1 여성노인의 생활보장 지원 강화
		14-3-3 여가생활여건의 조성
15. 여성에 대한 폭력의 근절(2)	15-1-3 유해환경 개선을 위한 각급시민단체 활용 지원	15-1-3 유해환경 개선을 위한 각급시민단체 활용 지원
		15-2-1 성폭력피해자 보호 강화

자료: 제1차 여성 정책 기본계획 1998년도 시행계획. 여성특별위원회. 1998. 재구성

4. 제3기 민선 지방자치기(2002~2006)

제3기에 민선 지방자치에 이르러 제2차 여성 정책 기본계획(2003~2007)에 따른 여성 정책 시행계획이 지방자치단체에서 수립되었다. 제2차 계획은 '여성발전은 성주류화 전략에 의해 실질적인 남녀평등사회를 실현함으로써 달성될 수 있다'는 비전으로 10대 핵심과제 115개 과제 제시하고 있다.

그 내용을 두 개 시·도를 대상으로 요약 정리하면 <표 18-7>과 같다.

〈표 18-7〉 제2차 여성 정책 기본계획에 따른 2개 시·도 시행 현황(2003)

여성 정책 기본계획 정책과제명	서울특별시 정책과제명	제주도 정책과제명
3. 여성 인적자원의 개발과 활용(5)	3-3 여성의 경제세력화 지원 및 전문가 양성	3-2-1 여성농어업인 경영능력 제고 및 전문인력 육성기반 조성
		3-2-2 여성농어업인의 대표성 제고 및 지위향상
	3-3-1 여성기업 창업보육센터 운영	3-2-3 여성농업인의 안정적 농촌 정주를 위한 지원 강화
		3-3-1 여성의 창업분위기 조성
		3-3-4 여성기업의 판로개척 지원
	3-3-2 여성기업박람회 개최 등 판로지원	3-4-1 여성정보화 촉진
		3-5-1 여성평생교육 지원 인프라 구축

여성 정책 기본계획 정책과제명	서울특별시 정책과제명	제주도 정책과제명
		3-5-2 여성평생교육기관의 차별화·특성화
4. 남녀고용평등과 여성의 경제활동 참여 제고(6)	4-2 출산휴가·휴직 대체인력뱅크 운영	4-3-1 여학생 진로·직업교육의 활성화
	4-3-1 여성발전센터 운영 강화	4-3-3 전업주부의 능력개발 기회 확대
	4-3-2 여성인력개발센터 특화사업 추진	
	4-6-1 보육사업 지원자금 조성 운영	4-6-1 양질의 보육서비스 제공을 위한 제도적 기반 마련
	4-6-2 보육시설 확충 및 종교시설 보육참여	4-6-2 수요자의 요구에 따른 다양한 보육서비스 확충
	4-6-3 맞춤형 보육 확대	4-6-3 보육에 대한 공공투자의 확대
	4-6-4 보육서비스 수준향상	
	4-6-5 보육정보센터 운영 활성화	
7. 여성의 건강과 복지향상(4)	7-1 영유아 보호·출산여성 모자보건사업	7-1-2 모성건강 증진대책 강화
	7-3 실버계층 전문일자리 창출 및 경제자립	7-1-3 여성근로자 건강보호 강화(잠수어업인 관련)
	7-4-1 성폭력 여성장애인 보호·상담소 운영	7-2-1 취약계층 여성의 자활을 위한 제도적 지원 강화
	7-4-2 여성장애인 직업훈련 및 소자본 운영	7-3-1 여성노인의 취업능력 제고
	7-4-3 여성장애인을 위한 가사도우미 지원	7-3-2 여성노인에 대한 복지서비스 강화
		7-3-3 노인복지 관련 성인지적 통계 구축
		7-4-1 여성장애인의 취업능력 제고
		7-4-2 여성장애인에 대한 복지서비스 강화

여성 정책 기본계획 정책과제명	서울특별시 정책과제명	제주도 정책과제명
8. 여성에 대한 폭력 예방 및 인권보호 강화(3)	8-1 성매매 예방 및 탈성매매 선도재활 지원	8-1-3 성매매 예방 및 인식의 제고
	8-2 성폭력·가정폭력예방 및 피해자 보호	8-2-1 가정폭력·성폭력피해자 보호강화 및 사회복귀 지원
	8-2-1 무의탁 여성보호시설 운영 내실화	8-2-3 가정폭력·성폭력 예방을 위한 교육 및 홍보 강화
	8-3 성희롱예방 및 남녀차별 신고센터	8-3-3 성희롱 예방교육 체계확립
9. 양성평등한 가족 정책 기반 조성(2)	9-1 건강한 가족문화 가꾸기 프로그램 운영	-
	9-2 저소득 한 부모 가정 보호	

자료: 제2차 여성 정책 기본계획 2003년도 시행계획. 여성부. 2003. 재구성

5. 제4기 민선 지방자치기(2006~2010)

제4기의 경우 제3차 여성 정책 기본계획(2008~2012)이 수립되고 이를 통해 지방자치단체의 시행계획이 만들어졌다. 제3차 여성 정책 기본계획(수정)은 '성숙한 성평등사회'를 비전으로 3개 대과제, 14개 중과제, 45개 소과제를 제시하고 있다[2008~2012 제3차 여성 정책 기본계획 수정(판). 여성가족부. 2010.].

제4기 민선 지방자치 시기에 제3차 여성 정책 기본계획에 따라 2010년도 지방자치단체의 시행계획이 만들어졌다. 그 내용을 두 개 시·도를 대상으로 요약 정리하면 <표 18-8>과 같다.

〈표 18-8〉 제3차 여성 정책 기본계획에 따른 2개 시·도 시행 현황(2010)

여성 정책 기본계획 정책과제명	서울특별시 정책과제명	제주특별자치도 정책과제명
1-1 여성인력 활용 기반 내실화(2)	1-1-3 경력단절여성 재취업 촉진 활동	1-1-3 지역여성인적자원 개발정책
	1-1-3 지역여성 인적자원 개발정책 총괄·조정	1-1-3 경력단절여성의 취업지원 인프라 구축

여성 정책 기본계획 정책과제명	서울특별시 정책과제명	제주특별자치도 정책과제명
1-3 여성 취업영역 활대와 대표성 제고(3)	–	–
1-4 여성 일자리 확대(4)	–	1-4-3 여성창업 지원을 통한 일자리 확대
		1-4-4 여성기업 경영 인프라 확충
1-5 여성의 취업활동에 대한 사회적지지 강화(4)	1-5-1 보육 및 사회서비스 강화(지역사회 공부방 지원)	1-5-1 보육 및 교육 서비스 강화
	1-5-2 돌봄에 대한 사회서비스 확충	
	1-5-3 일과 삶의 균형을 위한 제도와 환경조성	
	1-5-4 기업의 가족친화문화 확산	
2-1 여성의 건강 보호(1)	2-1-1 여성건강 증진사업 실시	2-1-1 여성의 건강 보호
2-2 대상별 여성복지욕구 충족(6)	2-2-2 한부모가족 지원	2-2-1 빈곤여성의 기초생활 보장
	2-2-3 일본군위안부피해자 생활안정지원금 지원	2-2-2 한부모가족 지원
	2-2-4 미혼모 지원	2-2-4 미혼모 지원
		2-2-5 여성노인 지원
2-3 여성장애인 권익 증진(2)	2-3-1 여성장애인 사회서비스 접근 강화	2-3-1 여성장애인 사회참여 및 역량강화
	2-3-2 여성장애인 폭력근절과 편익향상	
2-4 각종 폭력의 예방과 피해자 보호(3)	2-4-1 여성아동 폭력에 대한 사회적 의식 제고	2-4-1 여성·아동 폭력에 대한 사회적 의식제고
	2-4-2 성폭력·가정폭력 피해자 보호 및 지원의 내실화	2-4-3 성폭력·가정폭력 피해자 보호 및 지원의 내실화

여성 정책 기본계획 정책과제명	서울특별시 정책과제명	제주특별자치도 정책과제명
2-5 성매매 방지 및 피해자 자활지원 내실화(4)	2-5-1 성매매 예방교육 및 방지 정책 강화	2-5-1 성매매 예방교육 및 방지 정책 강화
	2-5-2 성매매 피해여성에 대한 지원대책 추진	2-5-2 성매매 피해 여성에 대한 지원대책 추진
		2-5-5 성매매 지역 및 시설 단속
2-6 이주여성의 정착 지원(2)	2-6-1 다문화가족 사회통합 지원	2-6-1 다문화가족 사회통합 지원

자료: 제3차 여성 정책 기본계획('08~'12) 2010년도 시행계획. 여성가족부. 2010. 재구성

6. 제5기 민선 지방자치기(2010~2014)

민선 5기의 경우 제4차 여성 정책 기본계획(2013~2017)이 수립되고 이를 통해 지방자치단체의 시행계획이 만들어졌다. 제4차 여성 정책 기본계획은 '함께 참여하고 성장하는 성평등사회'라는 비전으로 7대 대과제, 21개 중과제, 66개 소과제를 제시하고 있다 (2013~2017 제4차 여성 정책 기본계획. 여성가족부. 2013.).

제5기 민선 지방자치 시기에 제4차 여성 정책 기본계획에 따라 2013년도 지방자치단체의 시행계획이 만들어졌다. 그 내용을 두 개 시·도를 대상으로 요약 정리하면 <표 18-9>와 같다.

〈표 18-9〉 제4차 여성 정책 기본계획에 따른 2개 시·도 시행 현황(2013)

여성 정책 기본계획 정책과제명	서울특별시 정책과제명	제주특별자치도 정책과제명
1-2 일자리에서의 성차별 개선(2)	1-2-1 여성비정규직 고용안정 및 고용복지 강화	-
1-3 대상별 특성에 맞는 역량 강화 지원(2)	1-3-2 취약계층 여성의 사회경제적 자립지원	1-3-1 농어촌 비농어업 종사 여성 취업 지원
		1-3-2 여성결혼이민자 취업역량 강화 지원

여성 정책 기본계획 정책과제명	서울특별시 정책과제명	제주특별자치도 정책과제명
1-4 다양한 분야의 여성 진출 및 일자리 확대(3)	1-4-1 여성협동조합 및 사회적 기업 지원	1-4-1 여성친화형 협동조합 지원
		1-4-1 여성친화형 사회적기업 지원 확대
	1-4-3 여성창업 및 여성기업인 지원 확대	1-4-3 여성기업 금융지원 확대 및 경영인프라 확충 지원
2-1 돌봄의 사회적 분담 강화(4)	2-1-1 국공립 시설 확충 및 보육서비스 수준 제고	2-1-1 국공립보육시설 확충을 위한 중장기계획 수립 및 실적 관리
		2-1-1 실수요자를 위한 지원기준 정비 및 실효성 제고
		2-1-1 어린이집 운영의 투명성 제고
		2-1-1 어린이집 종사자 처우개선
	2-1-2 부모선택을 보장하는 자녀양육 지원 확대	2-1-2 아이돌봄서비스 확대 및 질 제고
		2-1-2 방과후 돌봄서비스 체계화
		2-1-4 돌봄인력에 대한 교육·자격관리 강화 및 처우 개선
2-2 일과 가족의 양립 기반 강화(3)	2-2-2 육아휴직 활성화 및 남성의 육아참여 지원 강화	2-2-1 공공기관의 유연근로제 실시 활성화
		2-2-2 남성의 육아휴직 및 배우자 출산휴가 활용 활성화
	2-2-3 평등하고 가족친화적인 사회환경 조성	2-2-3 아버지 학부모회 참여, 아버지교육 등 활성화
		2-2-3 가족친화환경 조성 노력 확산
3-1 폭력피해 여성에 대한 지원 확대 및 내실화(3)	3-1-1 성폭력, 가정폭력 피해자 보호지원 확대	3-1-1 성폭력 피해 대응을 위한 지원체계 및 서비스 확충
		3-1-1 가정폭력 피해자 보호 및 자립지원 강화
	3-1-2 성매매피해자에 대한 통합적 지원강화	3-1-2 성매매피해자 보호 강화 및 통합지원체계 구축 강화
		3-1-3 여성폭력피해자 지원기관 종사자 처우개선 및 자격관리

여성 정책 기본계획 정책과제명	서울특별시 정책과제명	제주특별자치도 정책과제명
3-2 이주여성 인권 보호 강화(2)	3-2-1 국제결혼 등 이주과정에서의 인권침해 예방	3-2-1 불법 국제결혼중개 대한 단속 강화
		3-2-2 폭력피해 이주여성에 대한 보호·지원 강화
3-4 성폭력·가정폭력 및 성매매 방지 실효성 제고(4)	3-4-3 성매매 알선, 구매 등에 대한 제재 강화	-
4-1 여성친화적 복지서비스 확대(2)	4-1-2 대상별 맞춤형 복지지원 강화	4-1-1 자활사업 프로그램의 성인지적 운영
		4-1-2 독거 여성노인 보호 및 생활지원 확대
4-2 다양한 가족지원 확대(3)	4-2-1 한부모가족 지원 내실화 및 비양육부모 책임 강화	4-2-1 재가 한부모를 위한 양육·고용지원 서비스 제공
	4-2-2 다문화가족 정착지원 확대	4-2-1 청소년한부모 교육 지원 확대
	4-2-3 가족변화에 대응한 선제적 정책 개발	4-2-2 결혼이민자와 다문화가족에 대한 가정 사회의 수용성 제고
		4-2-2 다문화가족 정착지원 서비스 체계화
		4-2-2 다문화가족 자녀양육 지원 확대
4-3. 여성의 건강지원 강화(3)	4-3-1 여성의 생애단계별 건강관리 강화	4-3-1 여성공무원 보직관리 및 교육훈련 강화
	4-3-2 모성건강보장을 위한 지원 확대	
	4-3-3 여성의 건강권 보장을 위한 기반 마련	4-3-1 노년기여성 건강증진 지원 확대

자료: 제4차 여성 정책 기본계획 2013년도 시행계획. 여성가족부. 2013. 재구성

7. 제6기 민선 지방자치기(2014~2018)

여성발전기본법 하에서 수립되는 여성 정책 기본계획은 여성발전기본법이 양

성평등기본법으로 전면개정됨에 따라 2015년부터 7월 1일부터 양성평등정책기본계획으로 변경 수립되었다. 양성평등기본법은 개인의 존엄과 인권의 존중을 바탕으로 성차별적 의식과 관행을 없애고, 여성과 남성이 동등한 참여와 대우를 받고 모든 영역에서 평등한 책임과 권리를 공유함으로써 실질적 양성평등 사회를 이루고자 함을 목적으로 하여 관련한 내용들이 기본계획안에 포함되었다. 제1차 양성평등 정책기본계획 '여성 남성이 함께 만드는 양성평등사회'를 비전으로 성별격차 해소, 일과가정의 조화, 차이와 인권존중을 3대 목표로 두고 7개 대과제와 중점과제 21개, 소과제 66개로 마련되었다 (2015~2017 제1차 양성평등 정책 기본계획. 여성가족부. 2015.).

제6기 민선 지방자치 시기에 제1차 양성평등 정책 기본계획에 따라 2018년도 지방자치단체의 시행계획이 만들어졌다. 그 내용을 두 개 시·도를 대상으로 요약 정리하면 <표 18-10>과 같다.

〈표 18-10〉 제1차 양성평등 정책 기본계획에 따른 2개 시·도 시행 현황(2016)

양성평등 정책 기본계획정책과제명	서울특별시 정책과제명	제주특별자치도 정책과제명
2-1. 일가정 양립지원 강화(3)	2-1-1 남성의 육아 휴직 참여 활성화 지원	2-1-1 남성의 육아휴직 및 배우자 출산휴가 활용 활성화
	2-1-1 아버지의 학교운영 참여 및 아버지교육 활성화	2-1-3 공공기관의 유연근로제 실시 활성화
2-2. 일가정 양립제도의 실효성 제고(2)	2-2-1 일·가정 양립 제도 활용 지원 및 모니터링	2-2-1 가족친화지원센터 지정·운영
	2-2-2 일·가정 양립에 대한 범정부적 협력 강화	
	2-2-2 장시간 근로관행 개선 등을 위한 사회 및 직장 문화 조성	
2-3. 자녀돌봄에 대한 지원 강화(3)	2-3-1 믿고 이용할 수 있는 보육시설 확충 및 서비스 이용 편의 제고	2-3-1 국공립·직장·공공형 어린이집 확대
		2-3-1 어린이집 평가인증 내실화
		2-3-1 어린이집 운영의 투명성 제고

양성평등 정책 기본계획정책과제명	서울특별시 정책과제명	제주특별자치도 정책과제명
	2-3-2 아이돌봄서비스 및 공동육아나눔터 확대	2-3-1 맞벌이부부 등 실수요자의 서비스 이용 편의 도모
		2-3-2 아이돌봄 서비스 확대 및 품질 제고
		2-3-2 공동육아나눔터 설치 확대
	2-3-3 수요자의 다양한 요구에 맞는 보육서비스 제공	2-3-2 수눌음육아나눔터 조성·운영
		2-3-2 사회적돌봄공동체 발굴 육성
		2-3-3 방과후 돌봄서비스 체계화
3-1. 다양한 분야의 일자리 확대(3)	3-1-2 여성창업 및 사회적 경제 분야 진출 지원	3-1-2 여성기업 금융지원 확대 및 경영인프라 확충 지원
		3-1-2 여성친화적 협동조합 지원
	3-1-2 사회서비스 일자리 질 개선	3-1-2 여성친화형 사회적기업 지원 확대
		3-1-3 농어촌여성의 경영능력제고와 전문화를 위한 훈련프로그램 실시
3-2. 일자리에서 성차별 개선(2)	3-2-1 여성 비정규직 근로자의 고용안정 지원	-
	3-2-2 고용상 성차별 등에 대한 모니터링 및 적극적 고용 개선 조치 강화	
5-1. 우월적 지위를 이용한 성폭력근절(4)	5-1-3 공직, 기업 등에서의 성폭력 및 성희롱 대응 강화	5-1-3 지역사회 주민 및 각종 시설종사자 대상 통합적 성인지 인권교육 운영
5-2. 성폭력 가정폭력 성매매 피해자 지원 내실화(4)	5-2-2 가정폭력 피해자 보호 및 자립지원 확대	5-2-1 성폭력 피해 대응을 위한 지원체계 및 서비스 확충
	5-2-2 폭력피해 이주여성에 대한 보호지원 강화	5-2-2 가정폭력 피해자 보호 및 자립지원 강화
	5-2-3 성매매 피해자에 대한 통합적 지원 강화	5-2-2 폭력피해 이주여성에 대한 보호·지원 강화

양성평등 정책 기본계획정책과제명	서울특별시 정책과제명	제주특별자치도 정책과제명
	5-2-3 성매매 피해자 특성별 지원 확대	5-2-3 성매매 피해자 보호 강화 및 통합지원체계 구축 강화
	5-2-4 폭력피해자 지원기관의 역량 강화	5-2-4 여성폭력 피해자 지원기관 종사자 처우개선 및 자격관리
5-3. 가해자 처벌과 재범방지의 실효성 제고(3)	-	-
6-1. 양성평등한 건강권 보장(3)	6-1-2 성별 특성을 고려한 건강관리 강화	6-1-3 건강한 임신·출산을 위한 지원 강화
	6-1-3 모성건강 보장을 위한 지원 확대	
6-2. 맞춤형 복지지원 강화(2)	6-2-2 여성장애인에 대한 맞춤형 지원 강화	6-2-2 여성장애인 생애주기별, 장애유형별 맞춤형 지원 강화
	6-2-2 여성북한이탈주민의 정착을 위한 상담 등 지원 확대	6-2-2 한부모가족의 자립지원 강화(재가 한부모를 위한 양육·고용 지원 서비스 제공)
	6-2-2 한부모가족의 자립 지원 강화	6-2-2 한부모가족의 자립지원 강화(청소년 한부모 교육지원 확대)

자료: 제1차 양성평등 정책 기본계획 2016년도 시행계획. 여성가족부. 2016. 재구성

8. 제7기 민선 지방차지기(2018~2022)

민선 7기의 경우 제2차 양성평등 기본계획(2018~2022)이 수립되고 이를 통해 지방자치단체의 시행계획이 만들어졌다. 제2차 양성평등 기본계획은 '여성과 남성이 함께 만드는 평등하고 지속가능한 민주사회'라는 비전으로 6대 대과제, 22개 중과제, 70개 소과제를 제시하고 있다 (2018~2022 제2차 양성평등정책 기본계획. 여성가족부. 2018.).

제7기 민선 지방자치 시기에 제2차 양성평등 정책 기본계획에 따라 2019년도 지방자치단체의 시행계획이 만들어졌다. 그 내용을 두 개 시·도를 대상으로 요약 정리하면 <표 18-11>과 같다.

〈표 18-11〉 제2차 양성평등 정책 기본계획에 따른 2개 시·도 시행 현황(2019)

양성평등 정책 기본계획 정책과제명	서울특별시 정책과제명	제주특별자치도 정책과제명
2-2. 고용 현장의 성차별 개선(2)	2-2-2 직장 내 성희롱 예방 강화	-
2-3. 노동시장 내 여성의 지위 개선(2)	2-3-1 성별임금격차 실태 파악 및 지표 관리	2-3-2 공공기관 비정규직의 정규직 단계적 전환
	2-3-1 성별임금격차 해소를 위한 TF 운영	
	2-3-1 성평등임금을 위한 지도감독 강화	
	2-3-1 공공기관 비정규직의 정규직 단계적 전환	
2-4. 여성의 경력유지·개발 지원(3)	2-4-1 여성노동자 역량 강화 및 경력개발 지원	2-4-1 여성의 경력단절 예방지원 강화
	2-4-1 대상별 경력단절 예방프로그램 개발 운영	2-4-2 경력단절 여성 맞춤형 취업지원 강화
	2-4-2 경력단절 여성 맞춤형 취업지원 강화	2-4-2 경력단절 여성 고용확대 인센티브 강화
		2-4-2 여성기업 육성 및 기술기반 창업지원
4-1. 돌봄의 사회적 책임 강화(3)	4-1-1 아이돌보미 지원 확대	4-1-1 아이돌보미 지원 확대
	4-1-1 온종일 돌봄체계 구축 운영	4-1-1 보육서비스 지원 확대 및 서비스 질 제고
	4-1-1 보육서비스 지원 확대 및 서비스 질 제고	
	4-1-2 한부모가족 초기상담 및 사례관리 추진	4-1-2 한부모가족 아동양육비 및 양육비이행 지원확대
	4-1-2 한부모가족 아동양육비 및 양육비이행 지원확대	4-1-2 아동 양육비용 등에 대한 지원 확대
	4-1-2 한부모가족 자립 지원 강화	4-1-3 지역 맞춤형 돌봄 서비스 강화(수놀음육아나눔터조성)
	4-1-2 아동 양육비용 등에 대한 지원 확대	4-1-3 지역 맞춤형 돌봄 서비스 강화(사회적 돌봄공동체 발굴 등)

양성평등 정책 기본계획 정책과제명	서울특별시 정책과제명	제주특별자치도 정책과제명
	4-1-3 지역 맞춤형 돌봄 서비스 강화(공동육아나눔터 확대)	4-1-3 지역 맞춤형 돌봄 서비스 강화(지역아동센터 운영)
	4-1-3 국공립 어린이집 유치원 확충	4-1-3 국공립 어린이집·유치원 확충
	4-1-3 직장어린이집 설치 확대 및 운영 내실화	
	4-1-3 신규 국공립어린이집 등 사회적 경제기업 우선 참여 제도화	4-1-3 공립 장기요양기관 확충
4-2. 근로자의 모·부성권 보장(5)	4-2-1 육아휴직 사용 촉진 및 육아휴직기간 업무공백 지원	4-2-5 남성의 육아를 위한 휴가·휴직 활성화
	4-2-4 연차 사용 활성화	
	4-2-5 아버지를 위한 상담 교육 지원 강화 및 가사 육아 정보 제공	
5-1. 여성폭력 근절 정책 추진기반 강화(3)	5-1-3 대학 내 여성폭력 예방교육 개선 - 성평등 캠퍼스 운영	5-1-3 공공기관 여성폭력 예방교육 실효성 강화
	5-1-3 기업에 대한 여성폭력 예방교육 운영 확대(서울#WithU 프로젝트 추진)	5-1-3 일반국민에 대한 찾아가는 폭력예방교육 확대
	5-1-3 여성에 대한 폭력 방지를 위한 지역공동체 구현(여성안심행복마을 조성)	
5-2. 다양한 여성폭력 대응력 제고(3)	5-2-1 사이버 상에서의 폭력대응체계 마련, 피해자지원 및 인식개선	5-2-3 공공부문 성희롱 방지 강화
	5-2-3 공공부문 성희롱 방지 강화	
5-3. 여성폭력 피해자 보호·지원 강화(4)	5-3-1 여성폭력 피해자 통합서비스 지원 강화	5-3-1 피해자 발굴 및 사후관리를 위한 연계 강화
		5-3-1 통합서비스 지원강화
	5-3-2 이주여성의 폭력 피해 지원	5-3-2 장애여성의 폭력피해 지원
	5-3-2 청소년 성매매 피해 지원	5-3-2 이주여성의 폭력피해 지원
	5-3-2 여성폭력 피해자의 자립지원 확대	5-3-2 맞춤형 지원을 위한 인프라 및 서비스 확대

양성평등 정책 기본 계획 정책과제명	서울특별시 정책과제명	제주특별자치도 정책과제명
	5-3-4 일본군 피해자의 명예회복	5-3-2 여성폭력 피해자의 자립 지원 확대
	5-3-4 일본군 '위안부' 피해자 기념사업 활성화	5-3-3 여성폭력 방지시설 종사자 처우개선
5-4. 성인지적 건강 증진 기반 강화(5)	5-4-4 산모신생아 건강관리 지원 확대 –산후조리서비스 등	5-4-3 취약계층 청소년 등에 대한 위생용품 지원
		5-4-4 산모·신생아 건강관리 지원 확대
		5-4-4 난임부부 시술비 지원 강화
		5-4-5 여성장애인의 임신과 출산의 권리 보장 및 자녀 양육 지원
		5-4-5 여성장애인의 교육지원사업

자료: 제2차 양성평등 정책 기본계획 2019년도 시행계획. 여성가족부. 2019. 재구성

Ⅳ 여성가족 정책 관련 추진 조직의 변화추이

여성관련 사무들을 효과적으로 해결하기 위해서는 정책적 근거 외에 실질적 권한을 가진 조직체계가 이에 관한 정책을 수립, 지원, 개발하고 이의 실행을 감독할 수 있도록 하는 것이 바람직하다. 한국 지방자치에서 나타나는 여성정책 관련 조직체계의 변화과정을 단계별로 살펴보면 다음과 같다.[8]

1. 1995년 이전

1995년 지방자치실시 이전의 여성가족 정책 추진조직을 살펴보면 <표 18-12>와 같다. 서울특별시(이하 서울시)의 경우 1948년부터 정책대상으로서의 여성을 부

8 한국의 지방자치 73년 흐름에서 여성 정책관련 추진조직에 대한 조사는 서울시와 제주도를 대상으로 이루어졌다.

〈표 18-12〉 1995년 지방자치 실시 이전의 여성가족 정책 관련 조직

구분	년도	내용
서울시	1948	후생국 아래 부녀과 신설
	1955	사회국 아래 부녀과 배치 부녀과에서는 보호, 지도 담당
	1969	보건사회국 아래 부녀과 배치 부녀과에서는 부녀보호, 부녀지도 담당
	1979	보건사회국 아래 부녀과 배치 부녀과에서는 부녀보호, 부녀지도 담당
	1984	보건사회국 아래 부녀청소년과 배치 부녀청소년과에서는 가정복지, 부녀, 청소년, 시설지도 담당
	1994	가정복지국은 3과(가정복지과, 부녀복지과, 청소년과)로 구성 부녀복지과는 부녀행정, 교육개발 보호사업 담당
제주도	1946	보건후생국 아래 2개 과(후생과 보건과) 구성
	1950	총무국 아래 5개 과(서무과 지방과 회계과 학무과 사회과) 구성
	1964	총무국 아래 4개 과(서무과 지방과 공보과 보건사회과) 구성 보건사회과에서는 부녀문제를 담당
	1979	보건사회담당관 아래 3개 과(사회과 보건담당관실 부녀아동과) 구성 부녀아동과에서는 아동 부녀를 담당
	1988	가정복지국 아래 3개 과(가정복지과 부녀복지과 청소년과) 구성
	1994	가정복지국 아래 2개 과(가정복지과 부녀복지과) 구성

자료: 서울특별시 조직변천사 I (1394~1985)과 Ⅱ(1986~2000) 및 제주통계연보 참조

녀자로 인식하고 부녀과를 지속 배치하고 부녀보호와 부녀지도를 담당하고 있다. 1980년대에 들어 가정에 대한 정책적 관심이 부각되며 1990년대에 가정복지과가 마련되었다. 제주특별자치도(이하 제주도)의 경우 1960년대에 들어 보건사회과에서 부녀문제를 담당하다가 1970년대에 부녀아동과가 마련되었다. 1980년대에 들어 가정에 대한 정책적 관심은 가정복지국 및 가정복지과 배치로 나타나고 있다.

2. 제1기 민선 지방자치기(1995~1998)

지방자치 1기 시기에 서울시와 제주도의 여성가족 정책 관련 추진조직은 <표

〈표 18-13〉 제1기 민선 지방자치 여성관련 추진조직

구분	내용
서울시	시장 밑에 여성정책보좌관을 배치 가정복지국 아래 3개(가정복지과 여성복지과 청소년과)를 구성 여성복지과에서는 여성행정 교육개발 부녀보호를 담당
제주도	사회복지여성국 아래 3개(사회과 복지과 여성정책과)를 구성 여성정책과에서는 여성정책 여성복지 보육을 담당

자료: 서울특별시 조직변천사 Ⅱ 1986~2000 116, 서울특별시행정기구설치조례 1996.1.15. 참조.
제주통계 연보 1996년 부록 498, 제주도행정기구설치조례 1996 참조

18-13>과 같다. 서울시와 제주도는 지방자치법상의 사무범위 2. 주민의 복지증진에 관한 사무 중, 라. 노인·아동·심신장애인·청소년 및 여성의 보호와 복지증진을 위해 과 체계를 구성하고자 여성복지과 혹은 여성정책과를 마련하고 있다.

3. 제2기 민선 지방자치기(1998~2002)

지방자치 2기 시기에 서울시와 제주도의 여성가족정책 관련 추진조직은 <표 18-14>와 같다. 서울시와 제주도는 여성관련 국단위를 마련하고 여성가족정책 추진을 위한 관련 과를 구성하고 있다. 국 아래 관련 과를 배치하여 정책추진의 조직체계가 강화되고 있음을 알 수 있다.

〈표 18-14〉 제2기 민선 지방자치 여성관련 추진조직

구분	내용
서울시	시장 밑에 여성정책관을 배치 여성정책관은 여성개발(정책총괄, 정책개발, 보육, 교육개발, 아동보호, 여성 보호, 보육정책)업무를 담당 시장 밑에 서울특별시여성발전센터 설치
제주도	보건복지여성국 아래 3개 과(사회복지과 여성정책과 보건위생과) 구성 여성정책과에서는 여성정책 여성복지 보육을 담당

자료: 서울특별시 조직변천사 Ⅱ 1986~2000 132. 서울특별시행정기구설치조례 1999.3.15. 참조
제주통계 연보 1999년 부록 584. 제주도행정기구설치조례 1999 참조

4. 제3기 민선 지방자치(2002~2006)

지방자치 3기 시기에 서울시와 제주도의 여성가족 정책 관련 추진조직은 <표 18-15>와 같다. 서울시의 경우 복지여성정책관을 배치하면서 관련 업무의 비중과 우선순위에 대한 조직 내 관심을 표명하고 있으며, 여성정책과를 배치하고 다양한 관련 업무추진을 공고히 하고 있다. 제주도의 경우 제2기의 기조를 그대로 유지하고 있다.

〈표 18-15〉 제3기 민선 지방자치 여성관련 추진조직

구분	내용
서울시	시장 아래 제1정책보좌관으로 복지여성정책관을 배치 복지여성국 아래 7개(사회과, 여성정책과, 보육지원과, 노인복지과, 장애인복지과, 위생과, 보건과) 구성 여성정책과에서는 정책기획, 민간활동지원, 능력개발, 여성복지, 늘푸른여성을 담당
제주도	보건복지여성국 아래 3개 과(사회복지과 여성정책과 보건위생과) 구성 여성정책과에서는 여성정책 여성복지 보육을 담당

자료: 서울특별시 조직변천사 Ⅲ 122. 서울특별시행정기구설치조례 2003.1.10. 참조
제주통계 연보 2003년 부록 646. 제주도행정기구설치조례 2003 참조

5. 제4기 민선 지방자치(2006~2010)

지방자치 4기 시기에 서울시와 제주도의 여성가족정책 관련 추진조직은 <표 18-16>과 같다. 서울시의 경우 시장 아래 여성가족정책관을 배치하면서 여성정책담당관과 가족보육담당관 등을 두고 여성과 가족 관련 정책추진의 조직 정비를 갖추어 다양한 활동을 추진하고자 하였다. 제주도의 경우 제3기의 기조를 유지하되 여성정책과의 업무에 가족지원을 포함시키고 있다.

〈표 18-16〉 제4기 민선 지방자치 여성관련 추진조직

구분	내용
서울시	시장 아래 제1정책보좌관으로 복지여성 업무담당 행정1부시장 아래 여성가족정책관 배치 여성가족정책관 아래 여성정책담당관, 가족보육담당관, 청소년담당관, 저출산대책담당관 배치 여성가족정책관은 정책기획, 민간활동지원, 능력개발, 여성복지, 늘푸른여성 업무담당(한시기구)
제주도	보건복지여성국 아래 4개 과(복지청소년과 노인장애인복지과 여성정책과 보건위생과) 구성 여성정책과에서는 여성정책 여성활동지원 아동보육 가족지원 담당

자료: 서울특별시 조직변천사Ⅲ 254. 서울특별시행정기구설치조례 2007. 07.30. 참조
제주통계 연보 2007년 부록 760. 제주도행정기구설치조례 2007 참조

6. 제5기 민선 지방자치(2010~2014)

지방자치 5기 시기에 서울시와 제주도의 여성가 족정책 관련 추진조직은 <표 18-17>과 같다. 서울시의 경우 부시장 아래로 여성가족정책관을 변경 배치하면서 제4기의 기조를 유지하고 있다. 제주도의 경우 제4기의 기조를 유지하되 여성정책과의 업무에 가족지원을 다문화가족으로 집중시키고 있다.

〈표 18-17〉 제5기 민선 지방자치 여성관련 추진조직

구분	내용
서울시	행정1부시장 아래 여성가족정책관 배치
제주도	보건복지여성국 아래 4개 과(복지청소년과 노인장애인복지과 여성정책과 보건위생과) 구성 여성정책과에서는 여성정책 여성활동지원 다문화가족 아동보육 담당

자료. (2011년도 행정안전위원회) 국정감사 요구자료 1차분-1.
제주통계 연보 2011년 부록 912. 제주도행정기구설치조례 2011 참조

7. 제6기 민선 지방자치(2014~2018)

지방자치 6기 시기에 서울시와 제주도의 여성가족 정책 관련 추진조직은 <표 18-18>과 같다. 서울시는 부시장 아래 여성가족정책실로 두고 그 아래 4담당관, 1사업소, 1출연기관을 두어 다양한 여성가족정책을 추진하고 있다. 여성정책담당관, 보육담당관, 가족담당관 등 여성가족 정책 관련 추진 체계를 구분하고 전문적으로 세분화하고 있다. 아울러 센터와 재단 등을 업무 확산이 가시화되고 있다. 제주도의 경우 제5기의 기조를 유지하고 여성정책과에서 관련 업무를 담당하고 있다.

〈표 18-18〉 제6기 민선 지방자치 여성관련 추진조직

구분	내용
서울시	행정1부시장 아래 여성가족정책실 배치 여성가족정책실은 4담당관, 1사업소, 1출연기관으로 구성(여성정책담당관, 보육담당관, 가족담당관, 외국인다문화담당관, 사업소-아동복지센터, 출연기관-서울시여성가족재단)
제주도	보건복지여성국 아래 4개 과(복지청소년과 노인장애인복지과 여성가족정책과 보건위생과) 구성 여성정책과에서는 여성정책 여성활동지원 다문화가족 아동보육 담당

자료: 2015 여성가족정책실 업무계획1. 참조

제주통계 연보 2015년 부록 988. 제주도행정기구설치조례 2015 참조

8. 제7기 민선 지방자치(2018~2022)

지방자치 7기 시기에 서울시와 제주도의 여성가족 정책 관련 추진조직은 <표 18-19>와 같다. 서울시는 부시장 아래 여성가족정책실로 두고 그 아래 6담당관을 두어 5기에 비하여 심화된 여성가족정책을 추진하고 있다. 여성정책담당관, 보육담당관, 가족담당관 등 여성가족정책 관련 추진 체계를 유지하고 여성권익담당관을 두어 정책의 심화추진이 엿보인다. 제주도의 경우 성평등정책관을 설치하고 보건복지여성국은 제5기의 기조를 유지하고 있다.

〈표 18-19〉 제7기 민선 지방자치 여성관련 추진조직

구분	내용
서울시	행정1부시장 아래 여성가족정책실 배치 여성가족정책실은 아래 6 담당관(여성정책담당관, 여성권익담당관, 보육담당관, 가족담당관, 아이돌봄담당관, 외국인 다문화담당관) 으로 구성
제주도	성평등정책관 아래 성평등기획 성인지정책 여성친화도시 추진 보건복지여성국 아래 5개 과(복지정책과 노인장수복지과 장애인복지과 여성가족청소년과 보건위생건강과) 구성 여성가족청소년과에서는 여성권익정책 가족친화 청소년 보육정책 아동친화 담당

자료: 제60회 서울통계연보 2020 620 참조
제주통계 연보 2019년 부록 778, 제주도행정기구설치조례 2003 참조

V 여성가족 정책의 변화

1. 정책대상으로서 여성에 대한 인식

정부가 여성관련 정책을 입안할 때 정책대상으로서의 여성에 대한 인지 및 이해의 차원은 상당히 중요하다.[9] 일과 가정이라는 두 역할 속에서 여성을 어떤 역할자로 볼 것이냐, 즉 여성의 역할을 어떻게 규정하느냐에 따라 여성 관련 정책의 접근방법이나 내용구성이 상당히 달라질 수 있기 때문이다. 따라서 여성 정책의 추진에 있어 정책대상으로서 여성에 대한 인식 및 이해가 어떻게 달라져왔는지의 의미는 매우 크다고 볼 수 있다.

정책대상으로서의 여성은 <표 18-20>과 같이 설명된다. 일과 가정의 차원에서 아래와 같이 네 가지 역할자로 유형화해 볼 수 있다. 유형1은 어머니로서의 가정 내 역할에 한정된 여성의 경우이다. 유형2는 일과 가정을 양립하는 일하는 여성으로서의 어머니인 경우이다. 즉, 여성의 가정 내 역할과 사회적 역할이 동반된 경우이다. 유형3은 독신으로 일하는 여성이다. 미혼의 여성이 주로 해당되는 경우라 볼 수 있다. 유형 4의 경우는 대체로 아직 성년이 되지 않은 아동과 청소년기의 여

9 김미경(2008)을 일부 수정, 재인용하였다.

〈표 18-20〉 정책대상으로서의 여성 인식 차원

	mother	non-mother
worker	유형 2	유형 3
non-worker	유형 1	유형 4

자료: 김미경(2008) 재인용.

성과 고령여성이 여기에 해당된다고 볼 수 있다.

이에 한국 지방자치 73년의 시기 구분에 따라 정책대상으로 여성에 대한 인식이 어떠한 특성으로 변화되어 왔는지를 살펴보고자 한다.

여성가족 정책 관련 법들은 시대의 변화에 따라 개정을 반복하며 여성가족을 지원하는 여러 내용을 담보하여 왔다. 1995년 여성발전기본법은 지방차치시기별로 지방자치단체가 시행해야 할 내용을 달리하여 왔으며, 2014년 양성평등기본법으로의 전면 개정이후에도 지속되고 있다. 시기별로 법상에서 다루고 있는 주요 내용과 관련하여 정책대상으로 인식하고 있는 여성유형들을 정리하면 <표 18-21>과 같다.

제1기와 제2기의 경우 여성가족 관련 법상에서 다루고 있는 주요 내용은 부녀자에 대한 내용들로 우선 모성보호가 강조되며 모자가정에 대한 사항들과 요보호 여성과 사각지대 여성에 대한 지원이 강조되고 있다. 제1기와 제2기 정책대상은 유형1으로 어머니로서 가정 내 역할을 담당하는 여성이다.

제3기의 경우도 여성가족 관련 법상에서 다루고 있는 주요 내용은 부녀자에 대한 내용이며 제1기와 제2기와 같이 우선 모성보호가 강조되며 모자가정에 대한 사항들과 요보호 여성과 사각지대 여성에 대한 사항이다. 한편 제3기의 경우 여성의 인적자원개발과 직장생활과 가정생활 병행자로 여성근로자에 대한 내용들이 증장하고 있다. 이를 살펴보면 제3기 정책대상으로 인지되는 여성은 어머니로서 가정 내 역할을 담당하는 유형 1을 중심으로 일과 가정을 양립하는 어머니이자 일하는 여성 근로자 유형 2가 등장하고 있다.

제4기와 제5기의 경우는 제3기 정책대상으로 인지되는 여성은 어머니로서 가정 내 역할을 담당하는 유형 1을 기본으로 일과 가정을 양립하는 어머니이자 일하는 여성 근로자 유형 2의 사항들이 강화되고 있다. 이전의 시기와는 차별되게 일하는

〈표 18-21〉 지방자치 시기별 정책대상 유형 분석결과

구분	내용	정책대상
제1기 1995~1998 제2기 1998~2002	– 임신·출산 및 수유기의 여성, 취업여성 – 저소득 모자가정, 미혼모, 가출여성 및 요보호여성 노인인 여성과 농어촌에 거주하는 여성 – 영유아, 방과후 아동 – 가족관계: 맞벌이부부·편부모가정 – 성폭력과 가정폭력 예방과 보호	부녀자 관점(모성) 모자가정 요보호취약계층여성 폭력 피해자
제3기 2002~2006	– 임신·출산 및 수유기의 여성, 취업여성 – 여성의 인적자원개발 필요 – 저소득 모자가정, 미혼모, 가출여성 등 보호를 요하는 여성 – 근로자(직장생활과 가정생활 병행자) 영유아보육, 방과후 아동, 육아휴직제 – 가족관계: 맞벌이부부·편부모가정 – 성폭력과 가정폭력 예방과 보호	부녀자관점(모성) 교육대상 여성 모자가정 요보호취약계층여성 근로자 폭력 피해자
제4기 2006~2010 제5기 2010~2014	– 임신·출산 및 수유기의 여성, 취업여성 – 여성의 인적자원개발 필요 – 저소득 모자가정, 미혼모, 장애인 여성, 가출여성 등 보호를 요하는 여성 – 근로자(직장생활과 가정생활 병행자) 영유아보육, 방과후 아동, 육아휴직제, 직장내 수유시설 – 가족관계: 맞벌이부부·편부모가정 – 성폭력 피해자 및 가정폭력 피해자	부녀자관점(모성) 교육대상 여성 모자가정 요보호취약계층여성 일가정병행 근로자 폭력 피해자
제6기 2014~2018 제7기 2018~2022	– 경제활동 행위자 여성 – 임신·출산·수유·육아에 관한 모·부성권 – 일가정 양립 – 여성의 인적자원개발 필요 – 성차별의 금지와 성폭력 피해자 및 가정폭력피해자 – 장애인, 한부모, 북한이탈주민, 결혼이민자 등 취약계층 여성과 그 밖에 보호가 필요한 여성 – 모성건강 – 양성평등한 가족관계: 맞벌이부부·편부모가정	경제행위자 모·부성권자 일가정양립자 교육대상 여성 폭력피해자 요보호취약계층여성 모성 가족

여성, 즉 가정과 일을 병행하는 어머니이자 일하는 여성에 대한 사항이 직장 및 가정생활의 병행조항에서 직장내 수유시설의 확충 등으로 강화되면서 정책대상 유형 2에 대한 내용이 확대되고 있다.

제6기와 제7기의 경우는 유형 1을 기본으로 일과 가정을 양립하는 어머니이자 일하는 여성 근로자 유형 2의 성격이 더욱 강해지고 있다. 아울러 여성의 경제활동을 지원하는 노력들이 추가되면서 어머니는 아니나 일하는 여성인 유형 3이 등장하고 있다.

한편 지방자치 면면의 흐름에서 고령여성이나 요보호여성 등 사회적 약자와 사각지대를 해소하려는 노력을 살펴볼 수 있어 정책대상 유형 4에 대한 인식도 확인된다.

2. 여권론적 관점과 여성가족 정책의 변화분석[10]

윌리암스(Williams, 1989: 41-85)는 여성복지에 관한 여권론적 입장을 자유방임적 여권론, 자유주의적 여권론, 복지주의적 여권론, 사회주의적 여권론, 급진적 여권론, 흑인 여권론의 여섯 가지로 제안하였다. 첫째, 자유방임 여권론(Libertarian feminism)은 여성억압의 원인을 국가개입의 결과로 보기 때문에 국가에 의한 여성정책추진이 필요 없다는 입장을 취한다.

둘째, 자유주의 여권론(Liberal feminism) 여성과 남성이 동등한 사회적 지위를 보장받아야 한다는 전제 아래 법 앞의 평등을 모색한다. 이들의 실현을 위해 성차별적인 법의 개정이나 평등한 기회와 권리를 제공받을 수 있는 법의 제정을 통하여 사회개혁을 추진한다. 그러나 이러한 평등의 강조로 실제적인 개선을 가져오기는 어렵다. 고용의 경우에 있어 많은 여성들이 고용기회에 접근하는 데는 평등을 보장받았으나 자신들이 가진 경력이나 가정에서의 역할 때문에 실질적으로는 평등한 기회를 얻기 어렵기 때문이다.

셋째, 모성의 권리를 우선 인정하고 모성기능의 보호를 주장함으로써 여성의 사회복지 서비스의 확대를 요구하고 있는 복지주의 여권론(Welfare feminism)은 주부와 어머니로서의 기혼여성이 처하게 되는 모성의 보호와 출산과정으로부터 건

10 김미경(2008)을 일부 수정, 재인용하였다.

강한 아동양육에 장애가 되는 각종 생활상의 위험에 대처하기 위해 사회복지혜택을 제정하여 여성의 경제적, 사회적 지위를 향상시켜야 한다는 입장이다. 복지주의적 여권론의 기반은 여성의 가사노동과 남편에 대한 경제적 의존으로 특징지어지는 가족이라고 볼 수 있다. 즉, 안정된 결혼, 가정생활과 여성의 가사노동이 기본 전제로, 출산에 관련된 복지급여로 인하여 직장여성이 불이익을 받지 않고 안정된 환경에서 사회적 재생산에 기여할 수 있도록 만든다는 점에서 직장여성의 복지욕구를 해소시켜 줄 수 있으며, 현실적으로 가족보호의 일차적 책임자의 역할을 하고 있는 여성의 상황을 있는 그대로 받아들이고 그러한 여성이 좀더 가족보호의 책임을 잘 담당할 수 있게끔 도와줌으로써 여성이 현실에서 누리는 불이익을 점진적으로 해소할 수 있는 가장 실용적인 전략으로 평가되고 있다.

넷째, 사회주의 여권론(Socialist feminism)은 여성에 대한 억압이 근본적으로 자본주의의 발달과 자본주의적 전통적 가부장제의 결함에 의하여 심화되었다고 본다. 여성에게도 남성과 동등한 수혜 자격을 부여하여 더 이상 성별 노동분업에 의한 여성의 종속을 가져오지 않도록 해야 한다는 점을 강조한다. 이러한 사회주의적 여권론에서 주장하는 여성복지전략은 여성에게 독립적이고도 남성과 동등한 수혜 자격을 부여한다든지, 남성과 여성·아동으로 구성되는 전통적 가족형태를 전제로 한 복지혜택을 비전통적인 편모, 편부, 독신가정에게로 확대한다든지 또는 양육의 사회화를 실시하여 가족양육 부담이 여성의 신체적 특성에 연계되는 것을 방지한다 (박경숙, 1993).

마지막으로 급진 여권론(Radical feminism)에서는 남성이 여성의 성에 대해 권력을 행사하고 통제를 가하는 남성 우위의 가부장제와 출산을 담당하는 여성의 신체적 특성에서 여성억압의 원인을 찾고 있다. 이 입장에서는 남성위주로 구성되어 있는 국가의 역할을 부정적으로 보며 여성들만의 양식을 갖는 여성문화의 재창조를 통해 여성중심적 가치를 고취하는 등 정치적 분리주의를 택하고 있다. 또한 가부장제적 사회구조의 타파를 평등성취의 전략 전략으로 삼으면서 기존의 남녀관계와 가족관계를 변혁하려는 활동을 목표로 하고 있다.

이와 같은 여권론적 제 관점에서 요구되는 여성정책의 규범들을 정리해보면 <표 18-22>와 같다. 이에 한국 지방자치 73년 지방자치 시기 구분에 따라 여성가족정책의 추진 내용이 어떠한 특성으로 변화되어 왔는지를 여권론적 관점에서 살

〈표 18-22〉 여권론적 제 관점과 주요 정책 특징

구분	정책적으로 요구되는 규범들
자유방임적 여권론	<달성하고자 하는 평등의 정도가 없거나 미약> - 국가는 노동시장에 능력있는 여성을 수용하려는 최소한의 개입을 시도하나 애초에 국가개입을 불필요한 것으로 간주 - 국가는 자연상태의 모성을 육성도록 평등권에 대한 최소한의 개입
자유주의적 여권론	<법적 평등 강조> - 국가가 성차별 반대 법규제정과 여성평등을 증진시키는 개혁제공 - 성차별금지법안, 제도개선
복지주의적 여권론	<사회·경제적 평등 모색> - 국가가 어머니와 아동에 관한 제도개혁으로 모성부여 제공 - 국가가 가족 내의 성별 분화된 요구에 대응 - 모성이데올로기 강조 - 사회보험(가족수당, 노령연금, 실업수당)
사회주의적 여권론	<사회·경제적 평등 모색> - 국가는 성별분업노동을 재조직하고 자녀양육의 사회화를 적극 추진 - 전통적 여성의 역할 부인 - 미혼모 인식, 편모 및 편부, 비전통적 가족을 위한 복지
급진주의적 여권론	<생물학적 평등 주장> - 여성 중심적 가치를 육성 - 여성중심적 복지서비스(여성전용 의료기관, 강간퇴치센터, Women's Aid)

자료: Williams, 1989: 82~5를 참고하여 김미경(2008)이 정리

펴보고자 한다.

여성가족 정책 관련 법들에 의거 지방자치단체는 책무로서 여성가족관련 연도별 시행계획을 수립하고 실천하여 왔다. 1995년 여성발전기본법은 연도별로 지방자치단체가 여성정책시행계획을 수립하도록 하였으며, 2014년 양성평등기본법으로의 전면 개정이후에는 양성평등시행계획을 수립하도록 하였다.

수립된 시행계획의 내용들을 살펴보면 여권론적 제 관점에서 요구되는 여성정책의 규범들을 확인해 볼 수 있다. 지방자치 시기별로 지방자치단체 여성가족 관련 시행계획 상에서 다루어지고 있는 주요 내용을 토대로 여권론적 제 관점을 분석하면 <표 18-23>과 같다.

제1기의 경우는 제7차 경제사회발전계획에 여성발전계획을 포함시키는 시기로

지방자치단체의 여성가족정책 추진은 상대적으로 소홀하였으며 남녀고용평등법에서 여성에게 차별대우하지 못하도록 금지조항이 마련되는 법적 평등 노력이 이루어졌다. 이러한 측면에서 볼 때, 국가가 성차별 반대 법규제정과 여성평등을 증진시키는 개혁을 시도하며 성차별금지법안 등을 마련하는 자유주의적 여권론의 관점이 특성으로 나타나고 있다.

제2기의 경우 제1차 여성 정책 기본계획에 따라 지방자치단체의 제1차 여성 정책 시행계획이 처음 수립되었다. 이 시기의 경우 모성과 요보호여성 및 여성 복지증진에 대한 고안들이 이루어졌다. 이러한 측면에서 볼 때, 어머니와 아동에 관한 제도개혁으로 모성부여 제공 등 모성이데올로기를 강조하는 복지주의적 여권론의 관점이 특성으로 나타나고 있다.

제3기의 경우 제2차 여성 정책 기본계획(2003~2007)에 따라 지방자치단체의제2차 여성 정책 시행계획이 수립되었다. 이 시기의 경우 모성과 요보호여성 및 여성 복지증진에 대한 고안들은 기본적으로 이루어지면서 여성인적자원개발, 여성경제활동 참여제고에 내용들이 강화되었다. 이 시기에는 전통적 여성의 역할에서 경제활동의 참여자로 여성에 대한 인식을 전환하는 노력들이 포함되면서 사회주의적 여권론이 등장하고 있다.

제4기의 경우 제3차 여성 정책 기본계획(2008~2012)에 따라 지방자치단체의 제3차 여성 정책 시행계획이 수립되었다. 이 시기의 경우 여성인력활용, 보육 등 여성취업지원, 한부모 미혼모 지원, 여성아동폭력 의식제고, 성매매 방지 등의 노력이 전개되었다. 이 시기에는 국가는 성별분업노동을 재조직하고 자녀양육의 사회화를 적극 추진하면서 미혼모 인식, 편모 및 편부, 비전통적 가족을 지원하는 등 사회적 여권론의 관점에서 여러 정책들이 확대되었다.

제5기의 경우 제4차 여성 정책 기본계획(2013~2017)에 따라 지방자치단체의 제4차 여성 정책 시행계획이 수립되었다. 이 시기의 경우 일자리성차별개선, 일가정양립, 피해여성지원(여성폭력 없는 안전마을 등장), 여성인권, 건강과 한부모 및 다문화가족지원, 양성평등교육확산 등의 노력이 전개되었다. 이런 측면에서 이 시기에는 여성의 경제적 활동을 지원하면서 기존의 성별분업을 재구조화하는 노력이 확대되면서 사회주의적 여권론이 강화되는 정책이 추진이 이루어졌다. 아울러 여성폭력 없는 안전마을 등장 등 여성 중심적 가치를 육성하는 급진주의적 여권론

〈표 18-23〉 지방자치 시기별 추진정책 특성과 여권론적 관점 분석

구분	내용	여권론
제1기 1995~1998	- 제7차 경제사회 발전계획(1992~1996)에 여성개발부문을 포함시킴으로써 국가발전계획에 여성발전계획을 통합 - 정부가 국가발전계획에 여성발전계획을 통합하는 시기로 지방자치단체의 여성가족 정책 추진은 상대적으로 소홀 - 남녀고용평등법에서 차별대우하지 못하도록 금지 등 법적 평등강조	자유주의적 여권론
제2기 1998~2002	- 제1차 여성 정책 기본계획에 따라 1998년도 지방자치단체의 제1차 여성 정책 시행계획이 처음 수립 - 임신출산의 여성건강지원, 보육, 요보호여성 복지증진, 여성노인 등 지원노력	복지주의적 여권론
제3기 2002~2006	- 제2차 여성 정책 기본계획(2003~2007)에 따른 제2차 여성정책 시행계획 수립 - 여성인적자원개발, 여성경제활동참여제고, 여성의 건강과 복지증진, 여성에 대한 폭력예방과 인권보호, 가족정책기반 등 노력	사회주의적 여권론 등장
제4기 2006~2010	- 제3차 여성 정책 기본계획(2008~2012)에 따른 제3차 여성정책 시행 계획 수립 - 여성인력활용, 보육 등 여성취업지원, 한부모 미혼모 지원, 여성아동폭력 의식제고, 성매매 방지 등 노력	사회주의적 여권론 확대
제5기 2010~2014	- 제4차 여성 정책 기본계획(2013~2017)에 따른 제4차 여성정책 시행계획 수립 - 일자리성차별개선, 일가정양립, 피해여성지원(여성폭력 없는 안전마을 등장), 여성인권, 건강과 한부모 및 다문화가족 지원, 양성평등교육확산 등 노력	사회주의적 여권론 강화 급진적주의적 여권론 등장
제6기 2014~2018	- 양성평등기본법의 출발로 2015년부터 7월 1일부터 양성평등 정책 기본계획으로 변경, 제1차 양성평등 정책 기본계획(2015~2017) 에 따른 제1차 양성평등 시행계획 수립 - 일가정양립제도강화, 자녀돌봄, 여성일자리 발굴과 차별개선, 성폭력근절(성폭력피해자지원기관 지원), 모성건강 등 노력	사회주의적 여권론 강화지속 급진적주의적 여권론 확산
제7기 2018~2022	- 제2차 양성평등 기본계획(2018~2022)에 따른 제2차 양성평등 시행계획 수립 - 생활속 성평등도시 구축, 노동시장내 여성지위 개선, 여성경력개발 지원, 돌봄의 사회적 책임, 모부성권, 폭력근절(성평등캠퍼스), 사이버폭력대응, 여성폭력피해자 지원, 건강증진, 등 노력	사회주의적 여권론 강화지속 급진적주의적 여권론 확산지속

이 등장하고 있다.

제6기의 경우 양성평등기본법의 출발로 제1차 양성평등 정책 기본계획(2015~2017)에 따른 지방자치단체의 제1차 양성평등 시행계획이 수립되었다. 이 시기의 경우 일가정양립제도강화, 자녀돌봄, 여성일자리 발굴과 차별개선, 성폭력근절(성폭력피해자지원기관 지원), 모성건강 등이 추진되었다. 이런 측면에서 이 시기는 일가정양립과 보육의 공공성이 강조되는 등 성별분업의 재구조화의 노력이 추진되어 사회주의적 여권론이 강화지속되고 있음을 확인할 수 있다. 아울러 성폭력피해자지원기관 지원 등 여성 중심적 복지서비스를 강구하는 급진주의적 여권론의 확산이 확인된다.

제7기의 경우 제2차 양성평등 기본계획(2018~2022)에 따라 지방자치단체의제2차 양성평등 시행계획이 수립되었다. 이 시기의 경우 생활속 성평등도시 구축, 노동시장내 여성지위 개선, 여성경력개발 지원, 돌봄의 사회적 책임, 모부성권, 폭력근절(성평등캠퍼스), 사이버폭력대응, 여성폭력피해자 지원, 건강증진, 등을 추진하였다. 이런 견지에서 이 시기는 노동시장내 여성지위 개선과 여성경력개발 지원, 돌봄의 사회적 책임 및 모성을 모부성권으로 인식하는 등 성별분업의 재구조화의 노력이 추진되어 사회주의적 여권론이 강화 지속되고 있음을 확인할 수 있다. 한편 폭력근절(성평등캠퍼스) 등 여성 중심적 복지서비스를 강구하는 급진주의적 여권론의 확산이 지속되고 있다.

VI 결론

한국의 지방자치 73년 여성가족정책의 전개과정을 살펴보면 다음과 같은 특성이 발견된다. 이 내용은 <표 18-24>와 같다.

지방자치의 역사적 제1기와 제2기의 정책대상으로의 여성 인식의 출발은 어머니로서의 여성, 부녀자 관점이다. 이후 제3기에 이르러 직장생활과 가정생활 병행자로 여성 근로자에 대한 내용들이 등장하면서 일과 가정을 양립하는 어머니이자 일하는 여성을 정책대상으로 인식하는 내용들이 출발하고 있다. 제4기에 여성

〈표 18-24〉 한국 지방자치 73 여성가족정책 대상인식과 여권론 분석결과

구분	정책대상	여권론
제1기 1995~1998	부녀자 관점, 모성권자, 모자가정, 요보호취약계층여성, 폭력 피해자	자유주의적 여권론
제2기 1998~2002		복지주의적 여권론
제3기 2002~2006	부녀자관점, 모성권자, 교육대상 여성, 모자가정, 요보호취약계층여성, 근로자, 폭력 피해자	사회주의적 여권론 등장
제4기 2006~2010	부녀자관점, 모성권자, 교육대상 여성, 모자가정, 요보호취약계층여성, 일가정병행 근로자, 폭력 피해자	사회주의적 여권론 확대
제5기 2010~2014		사회주의적 여권론 강화 급진적주의적 여권론 등장
제6기 2014~2018	경제행위자, 모·부성권자, 일가정양립자, 교육대상 여성, 폭력피해자, 요보호취약계층여성, 모성, 가족,	사회주의적 여권론 강화 지속 급진적주의적 여권론 확산
제7기 2018~2022		사회주의적 여권론 강화 지속 급진적주의적 여권론 확산 지속

인적자원개발과 여성경제활동 참여 및 성별분업 노동을 재구조화면서 자녀양육의 사회화를 꾀하고 미혼모 인식, 편모 및 편부, 비전통적 가족을 지원하는 등 사회적 여권론의 관점에서 여러 정책들이 확대되었다. 일하는 여성에 대한 지원과 다양한 관심의 노력은 제5기와 제6기를 거쳐 현재 제7기에도 점점 확대되고 있다. 한편 제5기의 경우 피해여성지원과 여성인권 강조 및 여성폭력 없는 안전마을 등장 등 여성 중심적 가치를 육성하는 급진주의적 여권론이 등장하고 있으며 제6기의 성폭력피해자지원기관 지원 제7기의 폭력근절(성평등캠퍼스)등 여성 중심적 복지서비스를 강구하는 급진주의적 여권론의 확산이 확인된다.

한국의 지방자치 여성가족 정책의 중심은 어머니인 부녀자 관점에서 여성 관점에서 일과 가정을 양립하는 근로자를 지원하는 다수의 노력들이 전개되었다. 한편 제5기 2010년을 지나며 여성 중심적 가치를 육성하고 여성중심적 복지서비스를 지원하는 노력들이 경주되고 있다.

이제 지방자치 여성가족 정책은 여성발전의 모토에서 양성평등을 정착하는 노력들이 경주되어야 한다. 이를 위해 첫째, 중앙부처에서 마련되는 기본계획하에 연도별 시행계획을 수립하는 지방자치단체의 한정된 역할 모색을 고민하는 새로운 거버넌스 구조의 마련과 둘째, 제한된 자율성을 어떻게 지방고유의 상황을 반영하는 지역맞춤형 여성가족 정책으로 전환할 수 있을지의 여건 마련이 심도 있게 논의될 사안이다.

제19장 문화·예술·체육·관광 정책

▶▶▶ 배 관 표

I 서론

지방자치의 부활과 함께, 지방정부는 지역문화에 관련한 다양한 사무들을 새로이 담당하게 되었다.[1] 1988년 「지방자치법」 전면개정으로 제9조(지방자치단체의 사무범위) 5항에서 지방정부의 사무로서 체육·문화 시설의 설치 및 관리 외에도 지방문화재의 지정·등록·보존 및 관리, 지방문화·예술의 진흥, 지방문화·예술단체의 육성이 규정되었으며, 동법 4항에서 도립공원·군립공원 및 도시공원, 녹지 등 관광·휴양시설의 설치 및 관리도 지방정부의 사무로 규정된 것이다. 최근, 2020년 「중앙행정권한 및 사무 등의 지방 일괄 이양을 위한 물가안정에 관한 법률 등 46개 법률 일부개정을 위한 법률」이 제정되면서 지역문화 관련 사무들이 지방으로 계속적으로 이양되고 있으며, 지방자치와 지역문화가 선순환 구조로 이룰 것이라는 기대가 크다.

지역문화가 지방자치 발전에 기여하는 점부터 살펴보면 다음과 같다 (강병주, 1991; 임학순, 1994). 첫째, 지역문화는 지역주민들의 정체성 형성과 공동체 의식 강화에 기여할 수 있다. 정체성과 공동체 의식은 지역내 동질성과 지역간 차별성을 바탕으로 하는데, 지역문화가 그 경계를 분명하게 할 수 있다. 둘째, 지역문화

1 1988년 「지방자치법」 전면개정으로 제9조(지방자치단체의 사무범위)의 5항에서 지방자치단체의 사무로서 체육·문화시설의 설치 및 관리, 지방문화재의 지정·등록·보존 및 관리, 지방문화·예술의 진흥, 지방문화·예술단체의 육성이 규정되었으며 동법 4항에서 도립공원·군립공원 및 도시공원, 녹지 등 관광·휴양시설의 설치 및 관리도 지방자치단체의 사무로 규정된 것이다.

는 지역의 경쟁력을 강화할 수 있다. 최근 지역문화가 지역재생 및 정비 사업에서 주목받고 있다는 점에서 알 수 있듯이, 지역문화는 정주여건을 개선하고 지역주민들의 창의력을 향상할 수 있다. 셋째, 지역문화는 지역주민들의 문화적 욕구를 만족시킬 수 있다. 산업화와 민주화의 결과로 문화적 욕구는 어느 때보다 커져 지역문화의 중요성이 커지고 있다.

반대로 지역문화 발전에 있어서도 지방자치는 큰 역할을 할 수 있다. 문화활동은 크게 창작활동, 향유활동, 매개활동으로 나눠볼 수 있는데 (배관표, 이민아, 2010) 지방자치는 세 가지 활동 모두를 활성화시킬 수 있기 때문이다. 첫째, 창작활동에 있어 무엇보다 중요한 것이 예술가들의 자율성과 창의성인데 분권을 강조하는 지방자치는 예술가들의 자율성과 창의성 신장에 도움을 줄 수 있다. 둘째, 향유활동은 지역단위에서 이뤄지므로 지역단위 정책이 중요하며, 지역 주민들의 수요에 부응하는 지방정부의 적극적 역할이 요구된다. 셋째, 지방정부가 지역의 각종 시설들을 관리·운영하고, 지역의 단체 및 기업들을 지원함으로써 창작과 향유를 이어주는 매개자 역할을 한다.

이 장은 지방정부의 문화 정책, 다시 말해 지역문화 정책에 관해 분석한다. 특히 지방정부의 지역문화 정책의 형성과 현황, 산출 그리고 한계와 과제를 살펴본다. 2014년에 제정된 「지역문화진흥법」 제2조(정의)의 1항에 따르면 지역문화는 지역의 문화유산, 문화예술, 생활문화, 문화산업 및 이와 관련된 유형·무형의 문화적 활동을 뜻한다. 지역문화는 지역단위의 문화라고 말할 수 있다. 한편 문화를 더욱 넓게 해석해 보면, 다양한 여가활동이 모두 문화활동이 될 수 있다.[2] 이때 지역의 문화활동에는 지역의 문화예술 활동뿐만 아니라 문화산업 활동, 관광 활동과 체육 활동까지 모두 포함될 수 있다.[3] 문화예술 정책에 초점을 맞추되 광의의 문화

---

2 「문화기본법」 제3조(정의)에서 문화는 "문화예술, 생활 양식, 공동체적 삶의 방식, 가치 체계, 전통 및 신념 등을 포함하는 사회나 사회 구성원의 고유한 정신적·물질적·지적·감성적 특성의 총체"라고 정의되고 있다. 한편 제9조(문화 진흥을 위한 분야별 문화정책의 추진)에서 문화예술의 진흥이나 문화산업의 진흥뿐만 아니라 여가문화의 활성화를 문화정책의 분야로 간주하고 있다.

3 「국민여가활성화기본법」 제3조(정의)에 따르면, 여가는 "자유 시간 동안 행하는 강제되지 아니한 활동"을 말하며 그것에는 「문화예술진흥법」의 문화예술, 「문화산업진흥 기본법」의 콘텐츠 등, 「관광기본법」의 국민관광, 「국민체육진흥법」의 체육, 생활체육을 포함한다.

개념을 바탕으로 하여 문화산업, 관광과 체육정책도 분석의 범위에 포함하기로 한다.

Ⅱ 지방정부 문화정책의 형성과 현황

1. 지역정부 문화정책의 형성

1948년 제정된 대한민국 헌법 제14조는 "모든 국민은 학문과 예술의 자유를 가진다"고 정하고 "저작자, 발명가와 예술가의 권리는 법률로써 보호한다."고 규정하였다. 그런데도 1950년대까지는 별다른 문화정책을 찾아보기 어려웠다. 1950년 제정된 「국립극장설치법」, 1952년 제정된 「문화보호법」, 1957년 제정된 「저작권법」 정도가 문화정책 관련 법률의 전부였다. 「문화보호법」은 헌법에서 정한 학문과 예술의 자유를 보장하고 과학자와 예술가의 지위를 향상시키기 위한 법률이었는데, 학술원과 예술원에 대한 사항을 정하고 있을 뿐이었다. 1948년 문교부와 공보처가 만들어졌지만 교육과 공보 및 미디어와 관련한 사무만 담당하였으며, 당시 정부에서는 문화정책의 핵심이라고 할 수 있는 문화예술과 관련된 인력과 조직, 예산은 찾아볼 수 없었다.

1965년 「지방문화사업조성법」이 제정되었다. 이 법률은 지방문화원으로 불리는 "비영리법인이 지역사회의 문화계발을 위하여 행하는 지방문화사업을 보호·육성"하기 위하여 제정된 것이었다. 지방문화원은 미국 공보원의 지원을 받아 1950년대부터 설립되기 시작했었는데, 이 법률의 제정을 계기로 지방문화원은 전국적으로 확산했다 (정영재, 2017). 그런데 이 사업자들은 엄밀히 말해 지역문화 관련 사무를 맡았다고 말하기는 어렵다. 지방문화사업소는 향토문화 계발 및 보급·선전 사업을 실시하기도 했지만 "국가 또는 지방자치단체의 시책 및 업적을 그 협조하에 일반에게 주지시키는 사업"을 핵심사업으로 하였기 때문이다. 1994년 「지방문화원진흥법」이 제정되면서 지방문화원들은 현재 전국 기초자치단체 모두에 하나씩 운영되고 있다.

1961년 「공연법」 제정을 시작으로 1960년대 장르별로 법률들이 제정되기 시작하다가 1972년 「문화예술진흥법」이 제정되었다. 이때 한국의 문화정책이 시작되었다고 평가할 수 있다 (박광무, 2009). 그러나 지역문화정책가 시작된 것은 아니었다. 이 법은 지방정부의 책임을 규정했을 뿐이었다. 1982년 개정으로 문화예술진흥위원회에 지방문화예술진흥위원회 둔다는 규정이 추가되었으나 유명무실했다. 1983년 경제사회발전 5개년 계획의 수정계획이 발표되었는데 이때에서야 비로소 '지방문화의 육성'이라는 말이 등장하였으며 "문화활동이 전국민에게 고루 향유되도록 할 것"이라는 방향이 제시되었다. 실제로 내무부는 이 계획에 근거하여 지방대도시에 시립교향악단을 만들었고, 지방문화제를 발전시키는 등 여러 가지 노력을 하였으나 아직까지 지역문화만을 위한 독립적인 조직이나, 계획이 만들어진 것은 아니었다.

1984년에 지방문화중흥 5개년 계획이 발표되었다. 비록 지방정부 스스로 만든 계획은 아니었지만, 이 계획의 발표가 독립적인 지역문화정책의 출발로 간주된다 (박상언, 2011). 이 계획에 근거하여 정부는 지방문화 활동 지원과 시설 확충을 위한 구체적 방안이 마련하였다. 시·도종합예술제, 지방미술대전, 연극경연대회, 향토축제, 지방문화제에 대한 지원이 이뤄졌고, 지방대도시마다 예술단이 창단되고 대한민국 미술대전 등 전국단위 행사가 지방에서 열리고 국립예술단체도 전국을 돌며 공연을 열었다 (박상언, 2015). 그리고 무엇보다도 기초자치단체마다 한국의 대표적인 공공 공연장인 문화예술회관이 건립되기 시작했다 (서승우, 2020). 예를 들면 구미문화예술회관은 1986년 경상북도를 대표하는 공연장으로 만들겠다는 계획이 수립되었으며, 김수근 건축가가 설계하여 1989년 10월에 개관되었다.[4]

1990년 문화부가 문화분야 전담 독립행정 부처로 출범하였다. 문화부는 종무실, 문화정책국, 생활문화국, 예술진흥국, 어문출판국으로 구성되었는데 생활문화국 산하에 지역문화과가 설치되었다. 정부는 문화발전 10개년 계획을 수립하고 문화정책 사세를 확대시켜나갔다. 그러다 1991년 지방의회가 재구성되고 1995년 지방자치단체장 선거가 치러지면서 지방정부 스스로 지역문화정책을 수립하고 집행하기 시작했다. 1996년 경기도는 「경기도 문화예술진흥 조례」를 제정하고 문

4 영남이코노믹, <구미시, 문화예술 발전 위한 전문가 포럼 개최>, 2019.10.23.

화예술진흥 종합계획을 수립하였다. 1997년 경기도는 경기문화재단을 설립하였는데, 이를 계기로 문화재단이 전국으로 확산되었으며 지방정부는 각자의 지역에서 문화정책을 만들기 시작했다. 문화관광부는 2001년을 '지역문화의 해'로 지정하고, 이어서 2004년을 '지역문화진흥의 원년'으로 지정하였고, 다양한 지역문화정책이 나타나게 된다.

2004년부터 「지역문화진흥법」 제정 노력이 시작되었다 (이규호, 2008). 2004년 12월 추진위원회를 만들었으나 의견 수렴 과정에서 이견이 좁혀지지 않아 법안은 미제출되었으며 2006년에서야 최초 발의되었다. 그런데 법 제정은 계속 미뤄졌다. 지방문화원과의 중복 문제가 가장 큰 논란이었다. 결국 2014년, 10년이 지난 후에 법률이 제정되었는데 「지역문화진흥법」은 지역문화 진흥계획 수립, 지역문화예술위원회와 지역문화재단의 설립 및 운영, 지역문화진흥 기금 조성 등에 관한 내용을 담고 있었으며, 지역문화진흥원에 관한 내용은 빠졌다.[5] 「지역문화진흥법」에는 문화도시와 문화지구 지원에 관한 내용도 담겼는데, 이 법률을 근거로 하여 정부는 지방정부를 지원하고 지방정부는 지역문화 진흥을 위한 다양한 사업들을 시행하기 시작했다. 2020년까지는 「지역문화진흥법」 개정은 없다가 2021년에만 4번의 개정이 이뤄졌는데, 지역문화에 대한 관심이 최근 늘어났음을 알 수 있다.[6]

2. 지방정부 문화정책의 현황

지방정부의 문화정책 현황은 조례, 계획, 예산 등을 통해서 확인할 수 있는데, 우선 조례로 현황을 살펴보도록 하겠다. 지방정부는 문화정책을 수립하고 집행하기 위하여 다양한 조례들을 제정하고 있다. 전체 조례 약 10만 건 중 6% 정도가 지역문화와 관련된 것으로 추정된다.[7] 자치법규정보시스템(elis.go.kr)에서 수집한 최

5 2020년 개정을 통해 지역문화진흥 전담기관 지정의 법적 근거가 마련되었으며, 현재 지역문화진흥원이 지역문화진흥 전담기관으로 지정되어 다양한 사업을 펼치고 있다.

6 정상철(2020)은 지역문화정책의 발전에 관하여 자세히 설명하고 있다.

7 소관 부서 검색어를 '문화과'로 한 경우 158개, '예술과'로 한 경우 1,915개, '체육과'로 한 경우 1,778개, '관광과'로 한 경우 2,219개가 검색되어 문화예술과 체육 그리고 관광에 관한 지방정부의 관심이 대체로 비슷하다고 평가할 수 있을 것이다.

[그림 19-1] 문화 관련 조례 단어 빈도 분석 결과

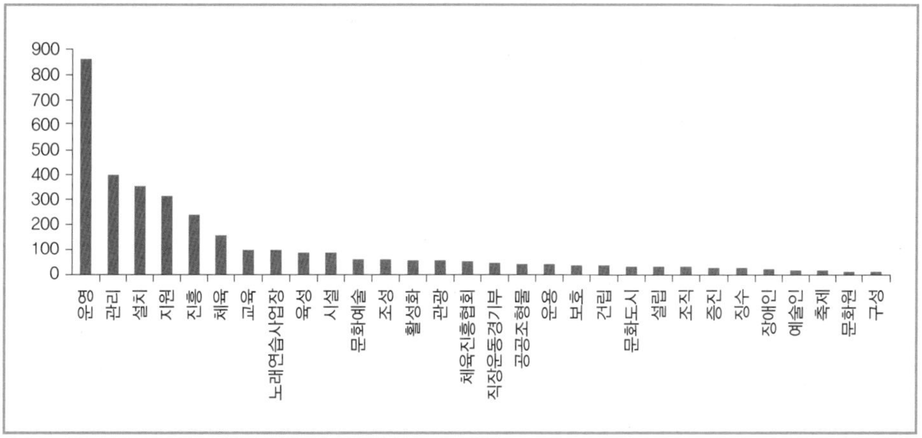

근 1년간(2020.10.01.~2021.09.30.) 제·개정된 1,951개 조례들의 텍스트 분석 결과는 다음과 같다. '운영'이 가장 자주 사용되는 단어였다. 절반에 가까운 조례가 '운영'에 관한 것이었다. 이외에 '관리', '설치', '지원', '진흥'에 관한 단어가 많았으며 '시설'이나 '조성'에 대한 단어도 많았다. 소속·산하기관의 운영과 관리, 설치에 관한 조례가 많이 개정되고 있다고 예측해볼 수 있다. 이들 단어를 제외하면, '체육', '교육', '노래연습사업장' 단어가 반복되어 나타남을 확인할 수 있다. 최근에는 '문화도시', '장애인', '예술인'에 대한 관심이 늘어나고 있다는 점도 확인할 수 있다.

지방정부의 지역문화 정책 예산은 전체 예산의 대략 5% 내외를 유지하고 있다. 문화 및 관광 세출은 2015년 10조를 넘겼으며, 2021년 14,455억원에 이르렀다. 한편 지방정부의 문화예산 구성을 보다 자세히 들여다보면 지방비의 비중이 85.6%에 이르는 것을 알 수 있다 (행정안전부, 2019). 문화 및 관광 세출 구성을 살펴보자면 최근 10년 평균 기준으로 체육예산이 가장 많아 36.2%에 이르며, 문화예술예산은 문화 및 관광 세출의 29.8%를 차지하며, 관광예산은 18.3%, 문화재예산은 11.3%, 문화 및 관광 일반예산은 4.4%를 차지하고 있다. 문화예술 예산과 문화재 예산은 최근 증가세를 나타나고 있는데, 체육 예산과 관광 예산은 감소 추세에 있다. 예산이 누구에게 어떠한 목적으로 쓰이는지를 살펴보면 상당부분이 기관 및 단체 운영 지원(39.8%)과 시설의 건립 및 개보수(22.3%)에 쓰이는 것을 확인할 수 있다 (황용구, 2021).

〈표 19-1〉 지방정부의 지역문화 관련 예산 변화

	문화예술		관광		체육		문화재		문화 및 관광일반		합계
2012년	2,559,293	28.2%	1,828,123	20.2%	3,353,563	37.0%	955,667	10.5%	368,421	4.1%	9,065,068
2013년	2,624,916	27.4%	1,879,112	19.6%	3,632,511	38.0%	1,029,076	10.8%	401,630	4.2%	9,567,246
2014년	2,655,320	27.2%	1,759,207	18.0%	3,944,164	40.4%	1,032,605	10.6%	361,749	3.7%	9,753,046
2015년	2,831,600	27.1%	1,856,652	17.8%	4,191,916	40.2%	1,126,849	10.8%	424,992	4.1%	10,432,010
2016년	3,199,860	28.7%	2,126,428	19.1%	4,064,084	36.4%	1,266,775	11.4%	497,535	4.5%	11,154,683
2017년	3,573,565	30.2%	2,298,718	19.5%	4,068,679	34.4%	1,250,478	10.6%	625,360	5.3%	11,816,801
2018년	3,828,550	31.5%	2,266,801	18.6%	4,057,860	33.3%	1,458,267	12.0%	559,722	4.6%	12,171,201
2019년	4,175,296	32.2%	2,211,720	17.1%	4,299,400	33.2%	1,594,133	12.3%	669,648	5.2%	12,950,198
2020년	4,771,320	32.6%	2,413,544	16.5%	5,083,926	34.7%	1,738,068	11.9%	645,196	4.4%	14,652,055
2021년	4,776,920	33.0%	2,397,617	16.6%	4,912,154	34.0%	1,735,229	12.0%	633,220	4.4%	14,455,141
평균		29.8%		18.3%		36.2%		11.3%		4.4%	

자료: 지방재정통합공개시스템(lofin.mois.go.kr)

「지역문화진흥법」 제6조(지역문화진흥기본계획의 수립 등) 1항에 따라 문화체육관광부는 5년마다 지역문화진흥 기본계획을 수립하고 있다. 현재 제2차 기본계획(2020~2024)이 수립되어 적용되고 있다. 4항에 따라 지방정부는 기본계획을 반영하고 지역실정에 맞춰 시행계획을 수립하게 되어 있는데 모든 광역자치단체는 2021년 현재 제2차 계획의 시행계획을 수립하고 있다. 서울특별시는 '문화시민도시 서울'을 비전으로 하고, 경기도는 '도민이 있는 문화, 모두가 행복한 경기도'를 비전으로 하였다. 전라북도를 제외한 15개 광역시도의 시행계획을 정리해보면, 향후 5년 총 예산이 26조 3,698억 원에 이른다. 대전광역시가 8조 8,650억원으로 가장 높고, 제주도가 1,155억원으로 가장 적다. 1개 광역시도의 평균 예산 규모는 1조 7,580억 원에 이른다 (정상철, 2020).[8] 지역문화진흥을 위한 지방정부의 역할은 계속 커질 것이다.

8 이외에도 지방자치단체들은 저마다 특색을 살려 고유의 계획들을 수립하고 있다. 가령, 광주광역시의 경우 <광주 문화도시 2030>을 만들어서 '시민과 함께 하는 융합문화도시 광주'를 만들 계획을 밝히고 있다. 한편 「아시아문화중심도시 조성에 관한 특별법」과 연계하여 <아시아문화중심도시 연차별 계획>도 수립하고 있다.

3. 지방정부 문화 정책의 산출

지금까지 살펴본 내용을 정리하자면, 1980년대 지역문화 정책이 시작되었으며 1990년대 지방자치의 부활과 함께 지방정부 스스로 문화정책들을 수립하기 시작했다. 그리고 현재는 지방정부 예산의 5%에 이를 정도로 지방정부의 지역문화 관련 정책은 성장하였다. 그렇다면 이 시기동안 실질적으로 지방정부 문화정책이 어떠한 결실을 맺고 있는지를 살펴보기로 한다. 본 연구는 지방정부의 지역문화 관련 시설(행사)과 단체의 수가 어떻게 변화했는지 그 추세를 확인해보기로 한다.[9] 지역문화정책을 실현하기 위해서는 문화시설(행사)과 운영단체가 필요하므로 그 수의 변화를 확인함으로써 지방정부 문화정책이 언제 어떻게 변화했는지 추정해 볼 수 있다. 그리고 1990년대 지방자치 부활을 기점으로 어떠한 변화가 있었는지를 논의해보기로 한다.[10]

[그림 19-2] 문화 관련 조례 단어 빈도 분석 결과

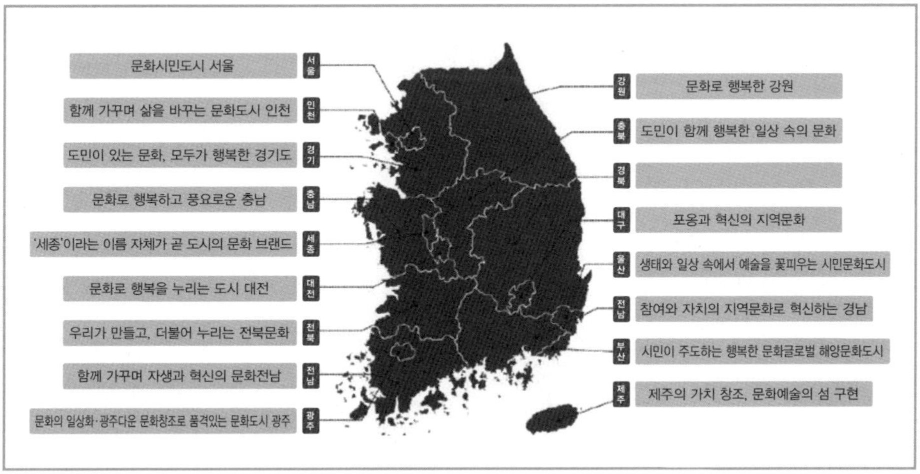

자료: 정상철(2020)

---

9 지역문화의 성과를 확인하는 방법에는 다양한 것들이 있지만, 대부분 시계열 분석이 어렵다는 점에서 한계가 있다.

10 지역문화 관련 시설 및 단체에 관한 정보는 문화체육관광부의 2020년 기준 <전국 문화기반 시설 총람>과 2019년 기준 <전국 공공체육시설>에서 얻었으며 시설의 개관·준공, 단체의 설립연도를 확인하여 언제 해당 기관 및 단체가 만들어졌는지를 정리하였다. 현재 기준으로 분석하였기 때문에 더 이상 사용되지 않는 시설이나 더 이상 운영되지 않는 단체는 통계에서

〈표 19-2〉 분석 대상 문화시설 및 단체 (단위: 개)

구분(사립제외)	수도권	비수도권	합계
도서관	498	607	1,105
박물관	287	600	887
미술관	43	48	91
문예회관	75	181	256
문화의집	16	85	101
생활문화센터	26	103	129
지방문화원	66	163	229
기초문화재단	39	46	85
광역문화재단	3	14	17
축제	219	778	997
생활체육관	260	357	617
축구장	296	709	1,005
합계	1,828	3,691	5,519

자료: <전국 문화기반시설 총람>(2020년 기준); <전국 공공체육시설>(2019년 기준)

분석 대상이 되는 도서관 등 문화시설의 현재 기준 현황은 <표 19-2>에서 확인해볼 수 있다. 모든 문화시설 및 단체를 대상으로 하므로 단정 내릴 수는 없지만, 대체로 비수도권 문화시설의 수가 수도권 문화시설의 2배 정도가 되며, 도서관과 축구장의 숫자가 많은 것을 확인할 수 있다.

우선 대표적인 문화시설인 도서관, 박물관, 미술관부터 살펴보자면 다음과 같다. 도서관(사립 제외)은 1950년대부터 꾸준히 설립되기 시작했는데 1990년대 비수도권에서 상당히 많은 수의 도서관이 신규로 만들어졌음을 확인할 수 있다. 1980년대에 비수도권에서 설립된 수가 67개였는데 1990년대에는 156개에 이르렀으며, 2000년대에는 오히려 139개로 감소하였다. 한편 수도권에서는 1990년대에 55개 설립되었는데, 2000년대에 164개 설립되었으며 2010년대에는 252개가 설립되어 최근에는 비수도권보다 수도권에서 도서관의 수가 늘어나고 있음을 확인할 수 있다. 박물관도 1940년대부터 만들어졌는데, 박물관은 2000년대에 수도권과

누락된 점은 연구의 한계로 남는다.

비수도권 구분할 것 없이 크게 증가했다. 다만 최근 설립 수는 줄어들고 있는 추세이다. 미술관은 1980년대 후반부터 증가했는데 비수도권의 증가추세는 이어졌다.

〈표 19-3〉 도서관의 연도 및 연대별 설립 개수 (단위: 개)

연도별 설립 개수(누적)	연대별 설립 개수
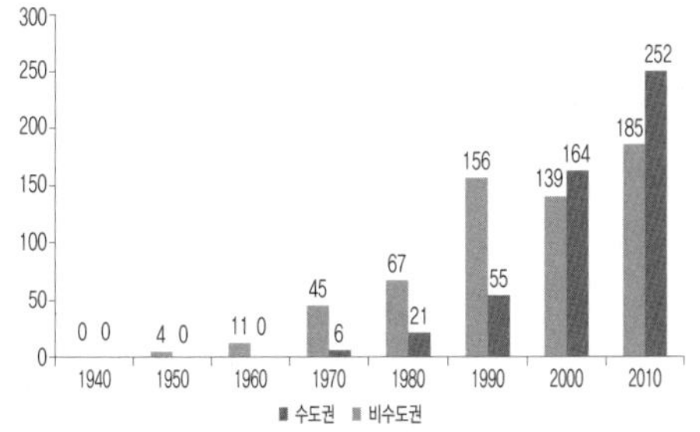	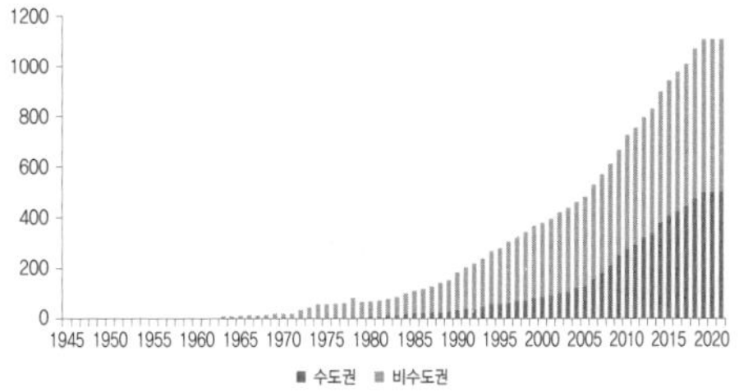

〈표 19-4〉 박물관의 연도 및 연대별 설립 개수 (단위: 개)

연도별 설립 개수(누적)	연대별 설립 개수
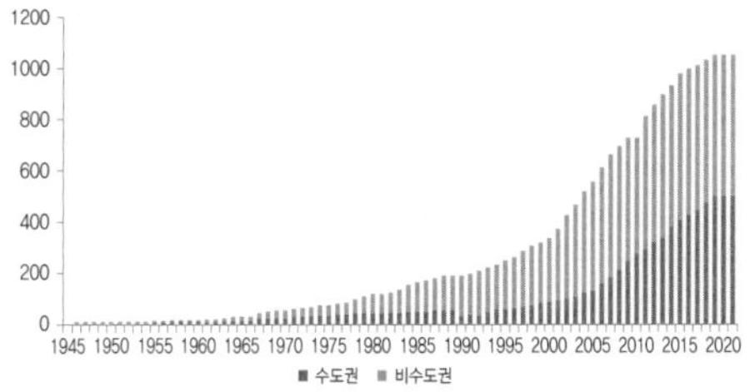	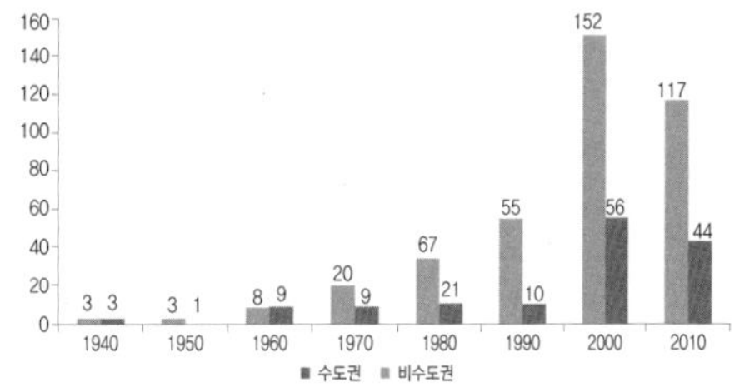

〈표 19-5〉 미술관의 연도 및 연대별 설립 개수 (단위: 개)

연도별 설립 개수(누적)	연대별 설립 개수
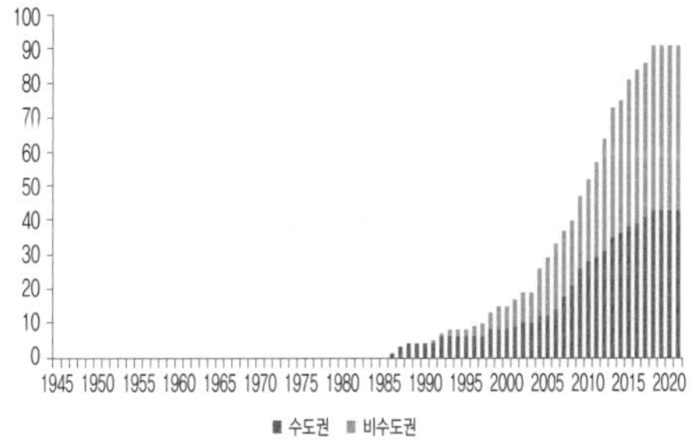	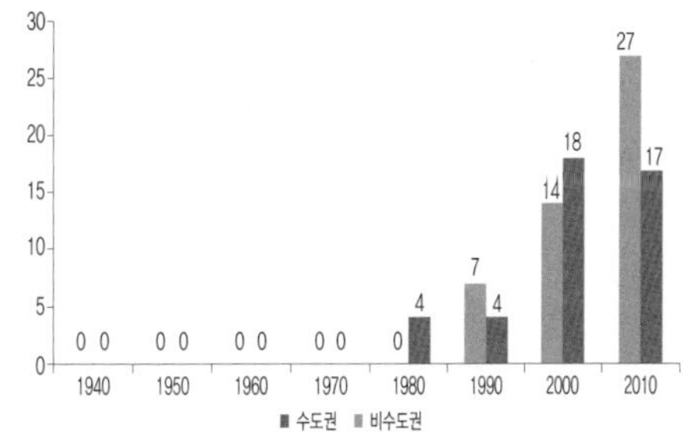

수도권에서 2010년대에 하락추세를 확인할 수 있는데, 이 시기 수도권에는 사립 미술관이 늘어났다.

지방자치와의 관계 측면에서는 지방자치단체마다 1개씩 세우는 문예회관에 주목할 필요가 있다.[11] 문예회관은 1990년대와 2000년대에 비수도권에서 크게 증가했으며, 2010년대에는 주춤한 상황이다. 1980년대에 17개 설립되던 것이 1990년대에는 46개가 설립되었으며 2000년대에는 69개 설립되었다. 2010년대에는 44개로 줄었다. 수도권에서는 계속 증가하고 있음을 알 수 있다. 1980년대에 7개가 설립되었으나 1990년대에 22개가 설립되었고, 2000년대에는 49개, 2010년대에는

〈표 19-6〉 문예회관의 연도 및 연대별 설립 개수 (단위: 개)

연도별 설립 개수(누적)	연대별 설립 개수
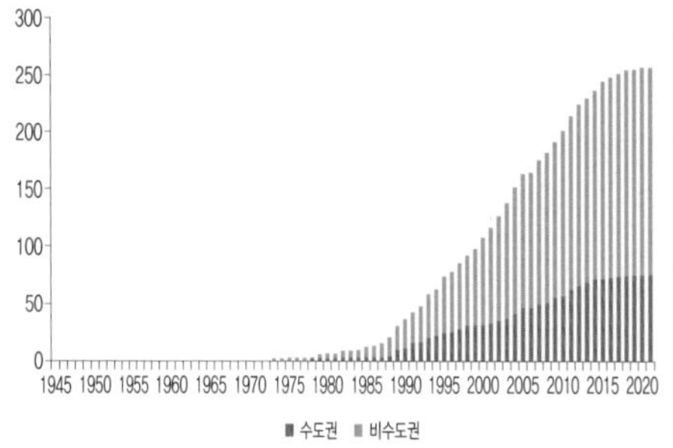	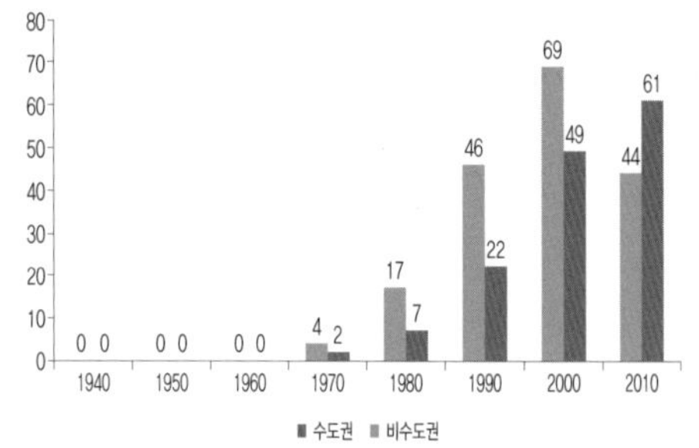

〈표 19-7〉 문화의집의 연도 및 연대별 설립 개수 (단위: 개)

연도별 설립 개수(누적)	연대별 설립 개수
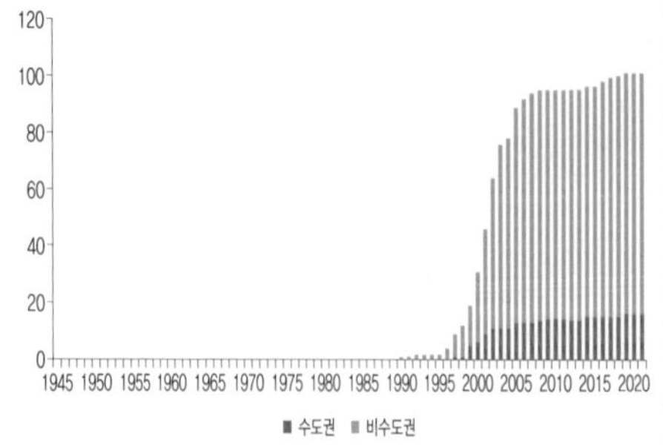	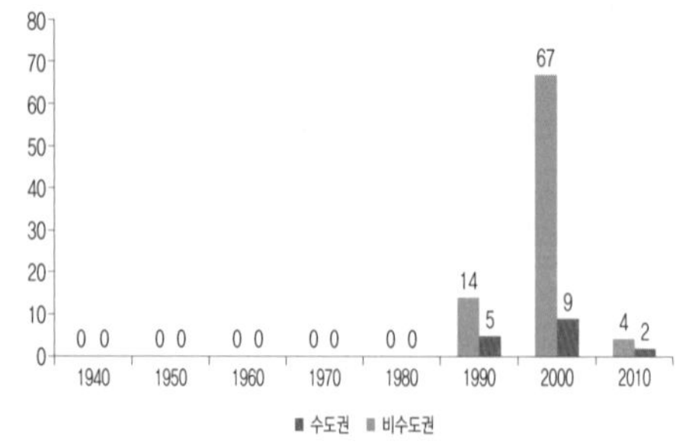

11 256개 문예회관 중에 146개는 기초자치단체가 직영하고 있으며, 95개는 공공기관이 위탁운영하고 있다. 나머지는 민간기관이 위탁운영하고 있다.

〈표 19-8〉 생활문화센터의 연도 및 연대별 설립 개수 (단위: 개)

연도별 설립 개수(누적)	연대별 설립 개수
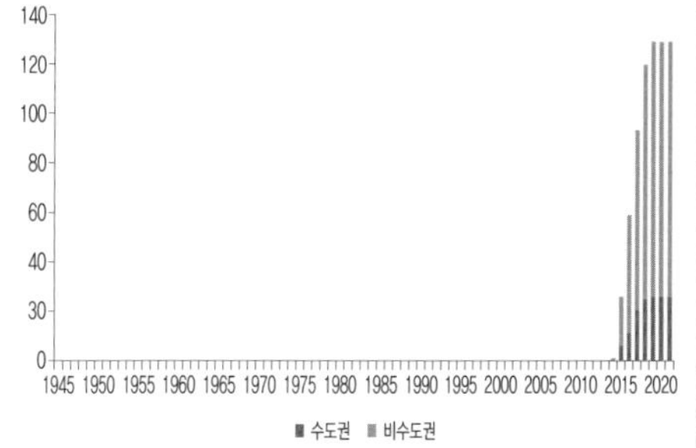	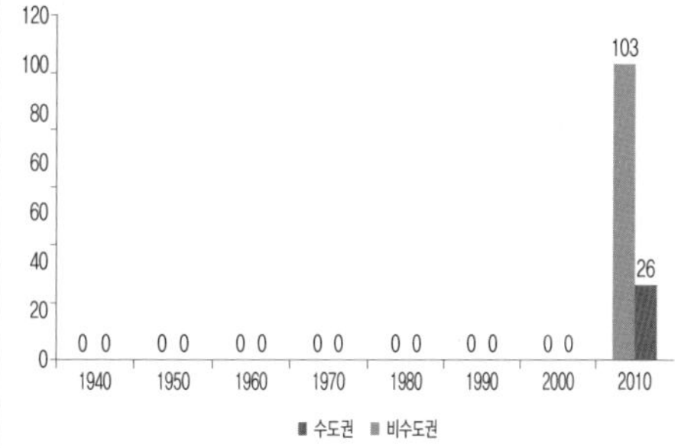

61개가 설립되었다. 문화의집은 2000년대에 일시적으로 확산되었다.[12] 비수도권의 경우 1990년대에 14개가 설립되었는데 2000년대에 67개가 설립되었다. 2010년대에는 4개만이 설립되었다. 문화의집이 주춤한 사이에 생활문화센터가 확산되었다. 생활문화센터는 문재인 행정부의 국정과제로 지정되어 크게 확산됐다.

지금까지 문화시설들을 살펴봤다면 다음으로는 지역문화 정책의 집행 주체인 지방문화원과 광역문화재단 및 기초문화재단을 살펴보기로 한다. 지방문화원은 1950년대부터 시작하여 1960년대에 크게 증가하였다. 1950년대 22개의 지방문화원이 설립되었으며 1960년대에는 73개 지방문화원이 설립되었다. 이후 주춤하다. 1990년대에 다시 늘어났다. 비수도권에서 29개 지방문화원이 설립되고 수도권에서 31개 지방문화원이 설립되었다. 한편 기초문화재단은 2000년대에 본격적으로 설립되었다. 1990년대에는 1개의 기초문화재단만이 설립되었는데 2000년대에는 24개, 2010년대에는 59개가 설립되었다. 광역문화재단은 1990년대 등장하기 시작하여 2021년 현재 모든 광역자치단체에 설립되었다. 1990년대에는 3개(경기문화재단, 강원문화재단, 경북문화재연구원), 2000년대와 2010년대에는 7개씩 설립되었다.[13]

여기서부터는 관광과 체육 관련 행사 및 시설의 변화를 확인해보기로 한다. 관광과 직결되는 축제를 확인해보자면, 축제는 1940년대부터 있었지만, 1990년대

12 문화의집은 상당수 폐지나 변경되어 통계에 잡히지 않고 있다.

13 경북문화재단은 경북문화재연구원이 설립된 1997년을 설립연도로 보고하고 있다.

〈표 19-9〉 지방문화원의 연도 및 연대별 설립 개수 (단위: 개)

연도별 설립 개수(누적)	연대별 설립 개수
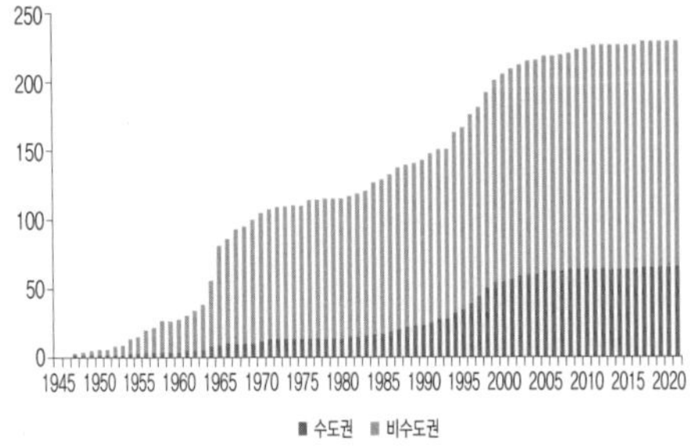	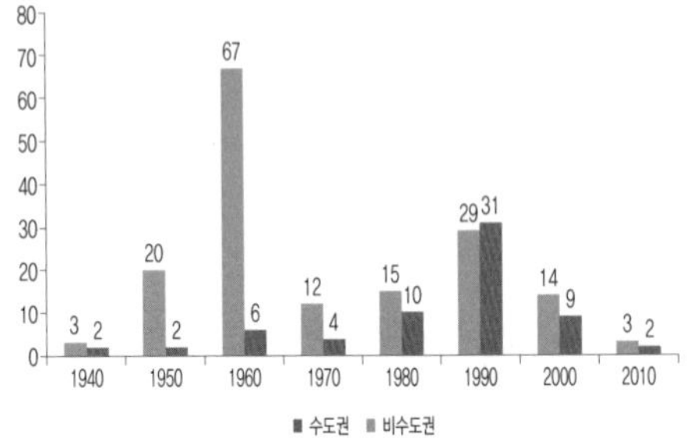

〈표 19-10〉 기초문화재단의 연도 및 연대별 설립 개수 (단위: 개)

연도별 설립 개수(누적)	연대별 설립 개수
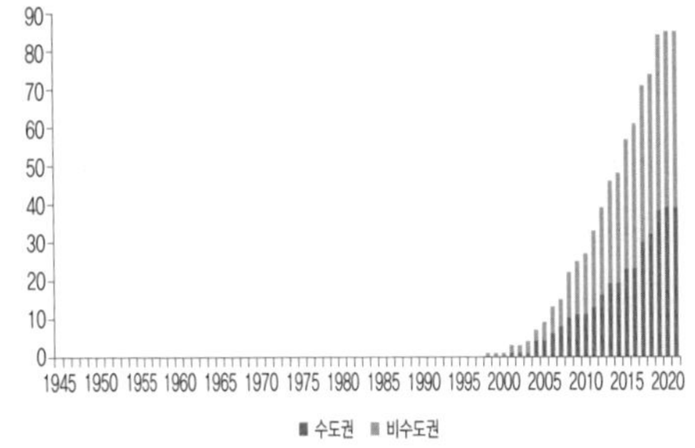	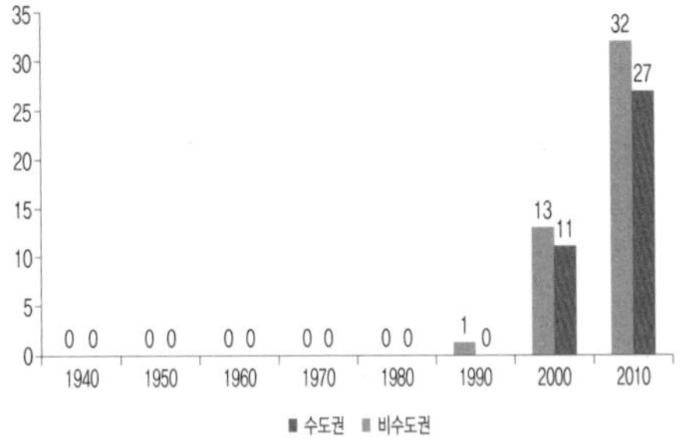

〈표 19-11〉 광역문화재단의 연도 및 연대별 설립 개수 (단위: 개)

연도별 설립 개수(누적)	연대별 설립 개수
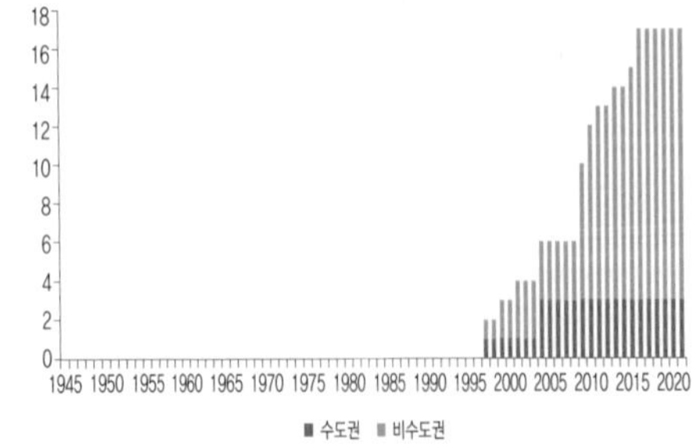	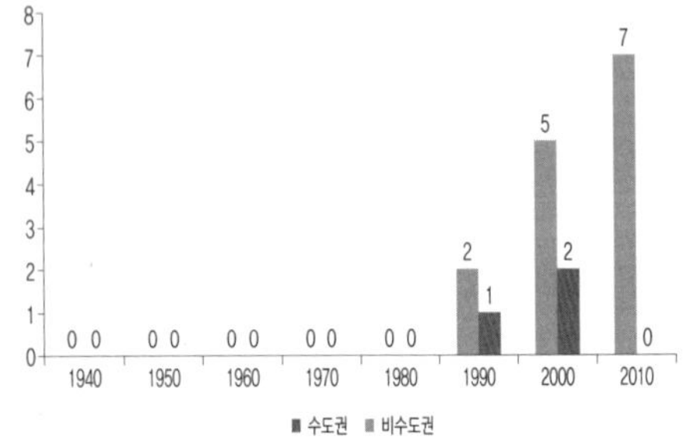

에 크게 늘어났다. 축제는 1980년대까지 79개에 불과했는데 1990년대에는 231개로 크게 늘었다. 2000년대에는 비수도권에서 255개 축제가 새로이 만들어지고 수도권에서는 63개의 축제가 시작되어 총 549개가 되었다. 생활체육관은 1980년대까지 거의 찾아볼 수 없다가 1990년대부터 개관하기 시작했다. 1990년대에 68개 생활체육관이 새로이 만들어졌고, 2000년대에 235개 생활체육관이 추가로 만들어졌다. 최근에는 수도권에서 증가세가 주춤하다. 추가적으로 대표적인 야외 체육시설인 축구장 확산 추이를 살펴보자면 축구장은 1980년대부터 나타나기 시작했는데, 1990년대에는 크게 확산되지 않다가 2000년대 급증했다. 2000년대에 수도권에 135개, 비수도권에 330개가 새로이 만들어졌으며 2010년대에는 수도권에 126개, 비수도권에는 317개가 준공됐다. 2000년대보다는 많지 않지만 여전히 상

〈표 19-12〉 축제의 연도 및 연대별 설립 개수 (단위: 개)

연도별 설립 개수(누적)	연대별 설립 개수

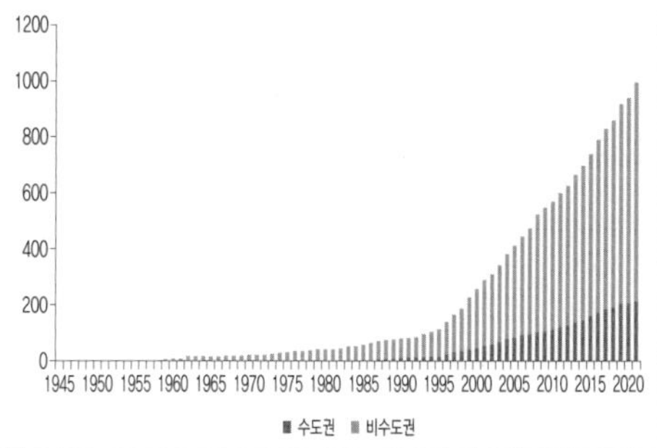

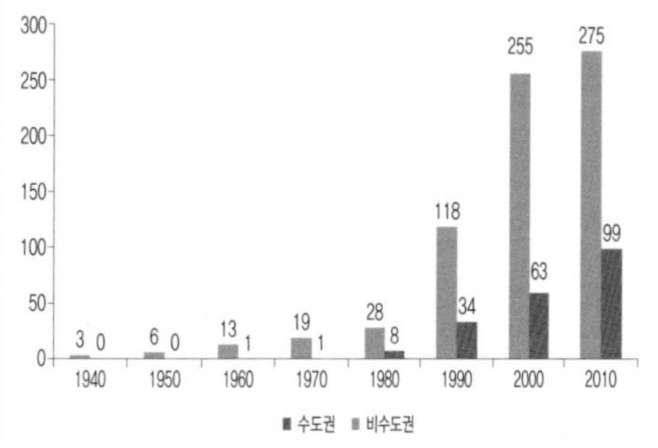

〈표 19-13〉 생활체육시설의 연도 및 연대별 설립 개수 (단위: 개)

연도별 설립 개수(누적)	연대별 설립 개수

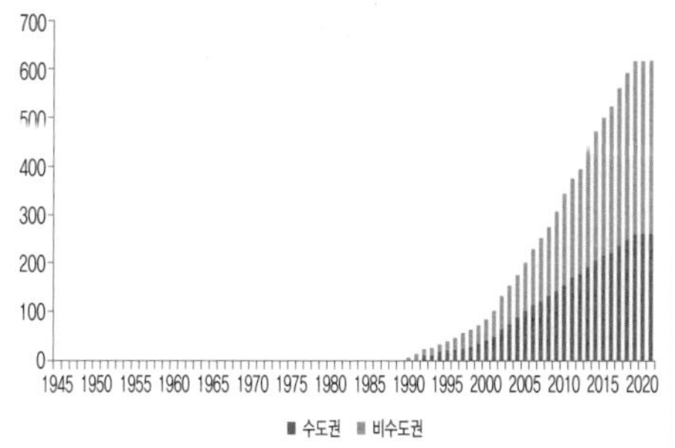

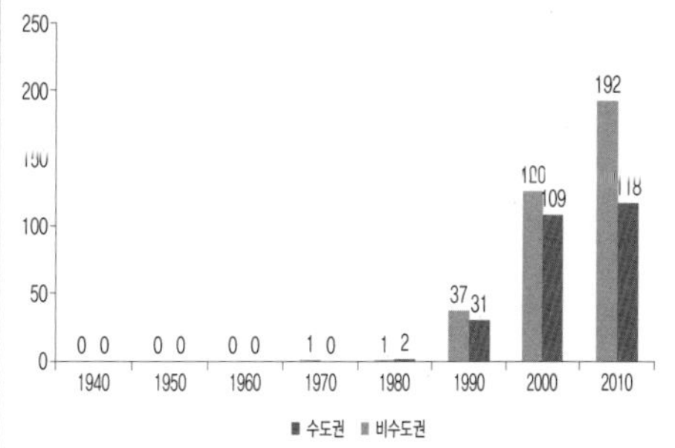

〈표 19-14〉 축구장의 연도 및 연대별 설립 개수 (단위: 개)

연도별 설립 개수(누적)	연대별 설립 개수

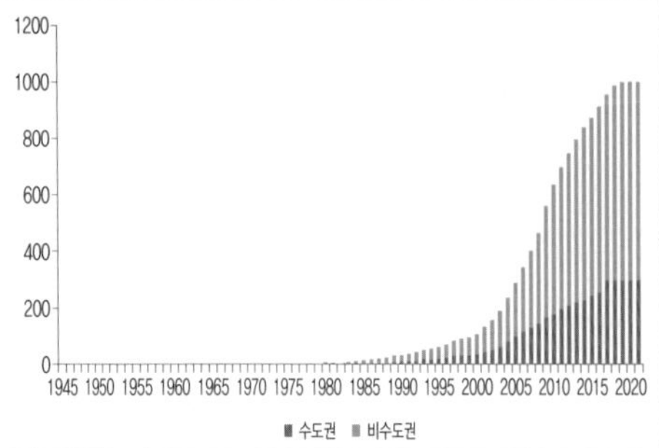

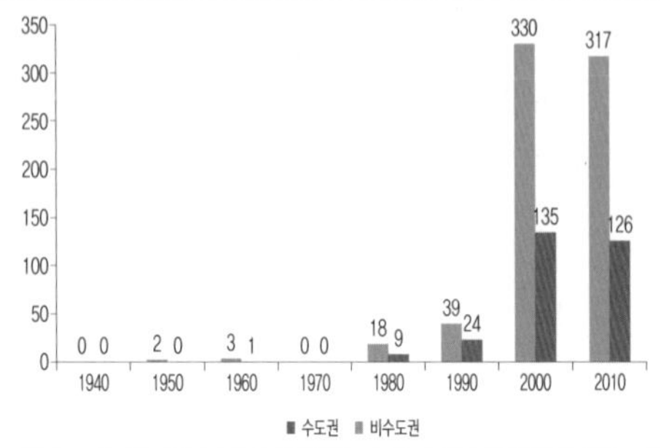

당한 수치를 기록한 것이다.

연대별 변화율을 정리하면 <표 19-15>와 같다. 문예회관을 제외하면 대부분의

〈표 19-15〉 연대별 변화율 (단위: %)

구분(사립제외)	1970 → 1980			1980 → 1990			1990 → 2000			2000 → 2010		
	수도권	비수도권	합계	수도권	비수도권	합계	수도권	비수도권	합계	수도권	비수도권	합계
도서관	149	350	173	233	262	**240**	89	298	144	133	154	144
박물관	67	165	134	167	167	167	560	276	**320**	79	77	77
미술관	–	–	–	100	–	275	450	200	**291**	94	193	138
문예회관	400	425	**417**	263	271	268	114	150	139	83	64	69
문화의집	–	–	–	–	–	–	180	479	**400**	22	6	8
생활문화센터	–	–	–	–	–	–	–	–	–	–	–	–
지방문화원	250	125	156	310	193	**240**	29	48	38	22	21	22
기초문화재단	–	–	–	–	–	–	–	1300	2400	245	246	246
광역문화재단	–	–	–	–	–	–	200	250	233	0	140	100
축제	800	147	180	425	421	**422**	185	216	209	157	108	118
생활체육관	–	100	300	1550	3700	**2267**	352	341	346	108	152	132
축구장	–	–	–	267	217	233	563	846	**738**	93	96	95
평균	333	219	227	414	747	**514**	272	400	478	94	114	104

※ 굵은 글씨는 가장 큰 변화율을 기록한 연대

시설(행사) 및 단체가 지방자치가 부활한 1990년대 이후 증가했음을 확인할 수 있다. 도서관, 축제, 생활체육관 등은 1990년대에 크게 증가했으며, 이어서 박물관, 미술관, 문화의집, 축구장의 수가 늘었다. 1990년대에 지방문화원의 수가 늘었다면 2000년에 들어서서는 문화재단의 수가 늘어났다. 1990년대에 지역문화진흥의 기반이 구축되기 시작하여, 2000년대에 들어서 문화시설이 다양화되고 있으며 문화재단의 역할이 커지고 있다는 점을 확인해볼 수 있다. 앞서 지방자치 부활 이후 지방정부가 다양한 지역문화정책을 추진하고 있다는 점을 앞서 확인했었는데, 시설(행사) 및 주체의 수 변화를 시계열적으로 분석함으로써, 지역문화정책의 결실들을 확인해볼 수 있다.

Ⅲ 지방정부 문화 정책의 한계와 과제

1. 지방정부 문화 정책의 한계

지방정부가 지역문화 정책을 적극적으로 펼치고 있으며 지역문화 정책을 실현하려는 노력의 결실을 시설(행사)과 단체의 수 변화를 통해 확인해봤다. 양적으로 확연히 늘어났음을 알 수 있었는데, 문제는 질적인 측면에 있다. 국가균형발전위원회는 균형발전지표를 만들어 실태조사를 실시하며, 그 결과를 국가균형발전종합시스템(nabis.go.kr)을 통해 공개하고 있다. 그런데 균형발전지표의 주관지표 중에 문화 및 여가와 관련된 지표를 보면, 최근 양적으로 크게 성장했지만 질적으로는 문제가 있다는 점을 알 수 있다. 기반이 어느 정도 구축된 만큼 주관적 만족도를 높이기 위한 방안을 마련할 필요가 있다. 특히 지역격차를 줄이기 위한 노력을 이어나갈 필요가 있겠다.

수도권 및 광역시와 도지역을 비교해보면 차이가 확연히 드러난다. 수도권이나 광역시에 비하여 도지역의 만족도가 상당히 낮다. 문화시설 및 프로그램 만족도의 경우 수도권 및 광역시 평균은 3.38인 것에 반하여 도지역 평균은 3.11로 나타났다. 접근편리성 만족의 경우 수도권 및 광역시 평균이 3.53인데 도지역 평균

〈표 19-16〉 문화시설 만족도(2020년 기준)

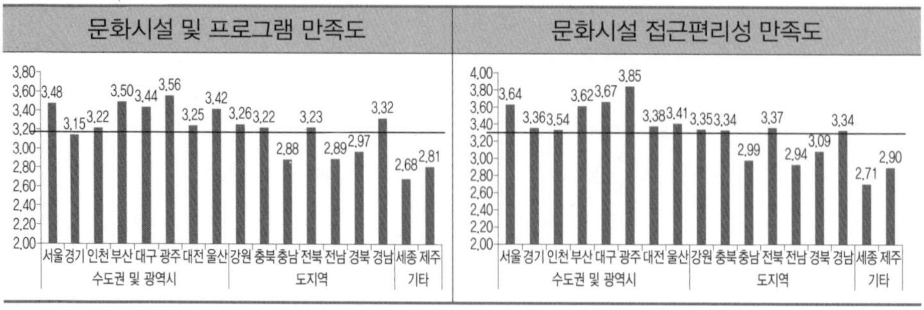

자료: 국가균형발전종합시스템(nabis.go.kr)

〈표 19-17〉 체육시설 및 프로그램 만족도(2020년 기준)

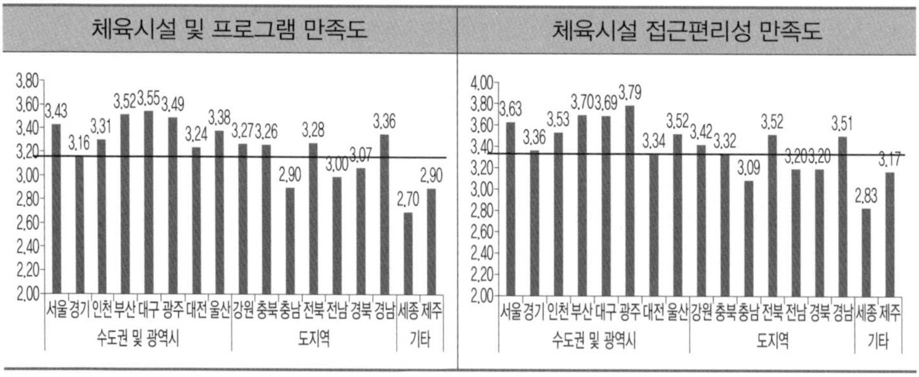

자료: 국가균형발전종합시스템(nabis.go.kr)

은 3.20으로 확인됐다. 체육분야에서도 같은 경향성을 확인할 수 있다. 체육시설 및 프로그램 만족도는 수도권 및 광역시 평균이 3.57인 데에 반해 도지역 평균은 3.16이었다. 접근편리성 만족도는 수도권 및 광역시 평균이 3.57인데 도지역 평균은 3.32이었다. 충청남도와 전라남도 그리고 경상북도의 만족도가 낮은 점을 주목해볼 필요가 있다.

다만 수도권 및 광역시에 비해 도지역 문화시설 및 프로그램의 수가 적어서 만족도가 낮다고 단정내릴 수는 없다. 인구대비 시설 수는 도지역이 오히려 많기 때문이다. 인구 10만명당 문화예술 시설이 가장 많은 곳은 제주도이며, 제주도 다음으로 강원도, 전라남도, 전라북도, 충청북도 순으로 많다. 강원도의 경우 서울보다 3.6배 높다. 그러나 사각지대는 분명히 존재한다. 공연문화시설 서비스 권역

〈표 19-18〉 문화시설 수 및 권역 내 인구비율(2020년 기준)

인구 10만명당 문화기반 시설 수	공연문화시설 서비스 권역 내 인구비율
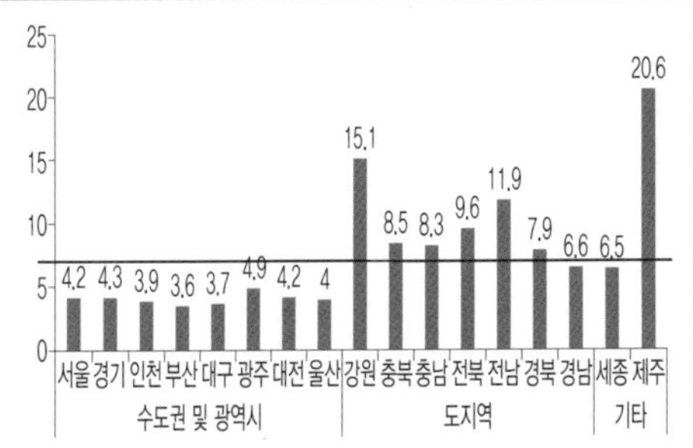

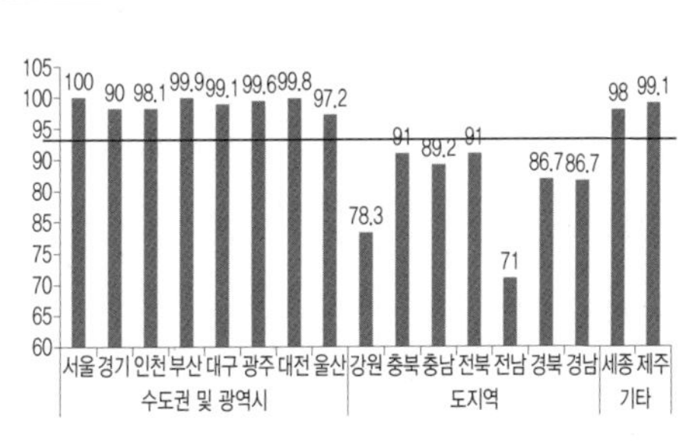

자료: 국가균형발전종합시스템(nabis.go.kr)

내 인구 비율을 살펴보면 도지역은 모두 평균 이하인 것을 알 수 있다. 전라남도가 가장 낮은 71%를 기록했는데 29%가 사각지대에 거주한다는 점을 알 수 있다. 시설 및 프로그램의 수를 단순히 늘리기보다 인구밀도가 낮은 지역에 맞는 문화시설 및 프로그램을 개발하거나 서비스권역을 넓혀 사각지대를 줄이는 방법 등을 생각해볼 수 있을 것이다.

한편 최근의 지역문화재단 성장에 대해서 고민해볼 필요가 있다. 1990년대까지는 지방문화원의 통해 지역문화를 진흥하고자 했는데 (유진룡·김문환, 1991; 임학순, 1994), 1990년대 후반부터 문화재단이 설립되면서 문화재단을 중심으로 지역문화진흥이 이뤄지고 있고 상대적으로 지방문화원의 활동 범위는 줄어들었다. 지방정부마다 상황이 다르지만 지방정부는 문화재단의 대표를 임명하고 예산을 지원하면서 문화재단을 관리하여, 문화재단은 지방정부에서 필요로 하는 사업들을 효과적으로 수행하고 있다. 그러나 기초문화재단이 설립되어 있지 않은 곳이 여전히 많다. 아울러 광역문화재단과 기초문화재단의 역할이 구분되지 않는다. 광역문화재단과 기초문화재단의 임무와 책임이 불명확한 상황에서 민간에서 할 수 있는 일조차 정부에서 추진하여 논란이 되기도 한다. 예를 들어 2019년 남산골 한옥마을 위탁을 둘러싸고 문화계에서 상당한 논란이 발생한 바 있다 (라도삼, 2019). 지역문화진흥 전달체계에 대한 전반적인 고민이 필요한 시점이다 (김세훈, 2014; 배관표, 2019).

2. 지방정부 문화 정책의 과제

지방자치 부활 이후 지역문화 정책의 기반은 일정 수준 이상 구축되었다고 평가한다면, 이제는 지역문화정책 집행 주체와 예산에 대하여 고민해볼 필요가 있다. 주체와 예산 측면에서의 고도화가 이뤄져야 지역문화에 대한 주민들의 만족도는 올라갈 것이라고 보기 때문이다. 주체의 문제부터 논의해보자면, 광역문화재단·기초문화재단·지방문화원·민간조직의 거버넌스에 대한 고민이 필요하다. 지방분권이 이뤄지는 과정에서 자칫 지방정부가 민간조직이 할 일까지 해서는 안 된다. 문화분야는 "지원은 하되 간섭은 말라"라는 '팔길이 원칙(arm's length principle)'을 기본 원칙으로 한다는 점을 간과해서는 안 된다.[14] 지역분권의 과정에서 지방정부의 강화가 자칫 자율성과 창의성이 요구되는 예술인 및 민간조직에 대한 정부 간섭의 확대로 이어져서는 안 되며, '보충성의 원리(principle of subsidiarity)'에 입각하여 그들에게 지역문화진흥 과업을 일차적으로 맡기는 것이 필요하다.

거버넌스 정립을 위해 정치권에서도 다양한 노력을 기울이고 있다. 2020년「지역문화진흥법」개정을 통해 지역문화협력위원회의 설치 및 운영에 관한 법적 근거가 마련된 바 있다. 지역문화협력위원회는 심의기구로서 앞으로 활발히 활동할 것으로 기대한다. 다만 행위자들의 업무 분담에 대해서는 추가 고민이 필요하다. 배관표(2019)는 이와 관련, 광역문화재단은 예술 창작, 기초문화재단은 문화 향유에 집중하고 지방문화원은 향토문화 보존 중심으로 역할을 나눠가질 필요가 있다고 주장한 바 있다. 예술 창작 분야는 수월성(excellence)이 중요하므로 광역 단위에서 정책이 집행되어야 하므로 광역문화재단은 예술 창작에 집중하는 것이 적절하다. 한편 기초문화재단은 지역주민의 수요에 맞춰 향유 사업을 수행해나가야 하는데, 다만 민간조직이 수행하기 어려운 일들로 과업의 범위가 제한될 필요가 있다.

한편 예산에 대해서도 고민해볼 필요가 있다.「지역문화진흥법」제22조(지역문화진흥기금의 조성)에 따라 지방정부는 지역문화진흥을 위한 사업이나 활동을 지

---

14 팔길이 원칙의 정의 및 의미에 관한 논의는 김정수(2018)에서 확인할 수 있다. 팔길이 원칙이 '금과옥조'가 될 수는 없지만, 문화정책의 기본 원칙으로 여전히 유효하다.

원하기 위하여 지역문화진흥기금을 설치할 수 있다. 그런데 대부분의 지방정부는 기금을 설치하지 않고 있으며, 있다고 해도 유명무실한 상태이다. 2018년 기준으로 2개 광역자치단체와 21개 기초자치단체만이 기금을 설치하고 있는데 규모가 매우 작다 (문화체육관광부, 2019). 그러나 기금이 조성되고 지역 단위에서 자율성을 갖고 지역문화진흥 사업이나 활동이 이뤄진다면 주민들의 만족도는 올라갈 수 있다. 기금은 일정 수준 이상의 규모여야 하며 유지가 되어야 하므로 지역문화진흥기금을 광역 단위로 설치하는 것이 적절할 것이다. 지역문화협력위원회나, 광역문화재단, 한국문화예술위원회가 지역문화예술위원회를 설립한다면 지역문화예술위원회가 기금 운영 주체가 될 수 있다. 광역문화재단을 지역문화예술위원회로 바꾸고 지역문화협력위원회의 역할도 수행하는 것도 고려해볼 수 있다.

Ⅳ 결론

지방정부는 다양한 지역문화 정책을 추진하고 있다. 전체 조례의 약 6%가 지역문화에 관한 것이며, 전체 예산의 약 5%가 지역문화진흥 사업 및 활동을 위한 것이다. 지방정부는 지역문화진흥 기본계획의 시행계획을 비롯하여 각자의 상황에 맞춰 지역문화진흥 계획을 세우며 향후 지역문화진흥을 위하여 더 많은 노력을 기울일 것을 약속하고 있다. 그렇다면 이러한 지역문화정책은 언제 어떻게 만들어졌을까? 1972년 「문화예술진흥법」 제정으로 한국의 문화정책이 시작하였는데, 지역문화정책이 그때부터 있었던 것은 아니다. 지역문화정책이 활성화된 것은 지방자치가 부활한 1990년대 이후였다. 1990년대 후반 경기도를 시작으로 조례가 만들어지고 단체가 설립되었다. 2001년은 '지역문화의 해'였으며, 2004년은 '지역문화진흥의 원년'이었다. 「지역문화진흥법」은 2014년에 제정되었지만 2004년부터 제정논의는 시작되었었다.

이 연구에서는 지역문화 시설(행사) 및 단체의 설립 수를 시계열적으로 분석함으로써 지방자치 부활 이후 실질적으로 증가한 지역문화정책의 산출을 확인할 수 있었다. 도서관과 축제, 생활체육관이 1990년대에 늘었으며, 2000년대에는 박물관, 미술관, 문화의집, 축구장 등이 늘었다. 1990년대에 지방문화원의 수가 늘었다면 2000년대에는 문화재단의 수가 급증했다. 2010년대 이후는 오히려 시설(행사) 및 단체의 확장세가 주춤하여 지방자치 부활 이후 10여년간 지역문화진흥을 위한 기반이 구축되었다고 평가해볼 수 있다.

기반 구축에도 불구하고 여전히 지역주민들의 만족도는 충분하지 않았다. 특히 수도권 및 광역시가 아닌 도지역의 만족도가 상대적으로 낮아서 지역문화진흥 기반의 도약을 고민해볼 때가 되었다고 볼 수 있겠는데, 본 연구에서는 주체와 예산의 관점에서 발전 방안을 제안하였다. 주체 측면에서는 광역문화재단·기초문화재단·지방문화원·민간조직의 거버넌스에 대한 고민이 필요하다는 점을 강조하였으며 예산 측면에서는 지역문화진흥기금이 조성되고 지역단위에서 기금을 운영하는 방안을 제안했다. 주체와 예산의 변화가 수반될 때 지방자치와 지역문화가 선순환 구조는 비로소 자리잡을 수 있을 것이며 주민들이 체감하는 발전이 가능해질 것이다. 지방자치 30년 동안 선순환 구조가 만들어졌으므로 향후 30년은 선순환 속도를 높여야겠다.

제20장 교육자치와 교육 정책

▶▶▶ 오 세 희

Ⅰ 서론

지방자치가 부활한 지 30년이 되었다. 그럼에도 불구하고 한국의 교육 행정 및 정책은 중앙정부를 중심으로 시·도 교육청, 지역교육지원청, 단위학교로 그 사무가 전달되는 수직적·계층적인 구조를 가지고 이루어져 왔다. 이러한 구조 및 현상은 1991년 지방교육자치제가 제도적으로 도입된 이후에도 크게 변화하지 않은 채 지금까지도 유지되어 오고 있다. 그러나 지방교육자치는 지역의 특수성과 독자성을 충분히 반영하는 분권화와 자치, 자율에 기반한 교육행정과 정책이 이루어져야 함을 의미하며, 이를 뒷받침하기 위해서는 중앙집권적 교육행정체제가 지역의 특수성을 반영하는 분권적 교육행정 패러다임으로 변화되어져야 한다.

지방교육자치는 1991년 지방교육자치법으로부터 출발 하였으며, 2006년 지방교육자치에 관한 법률 개정에 따라 제주도부터 교육위원회가 지방의회로 전격 통합되어 교육의원제가 도입되었으며, 교육감을 주민직선으로 선출하도록 하였다. 이에 따라 2007년 부산부터 교육감 주민 직선제를 실시하였으며, 2010년 전국 동시 지방선거에서는 지방자치단체장 및 지방의원 외에도 교육감과 교육의원을 주민들의 직접 선거를 통하여 선출하여 주민 스스로가 뽑은 교육감이 지역의 교육행정을 총괄하게 됨으로써 교육행정 및 정책의 지역화에 대한 기본적인 디딤돌이 마련되었다고 할 수 있다 (오세희, 2011). 또한 21세기는 4차 산업혁명을 포함하는 지식정보화사회이며 글로벌화를 지향하고 있다. 이를 위하여 대부분의 나라들은 교육에 대한 투자를 늘리고 있으며, 나아가 창의적 인력양성 등을 통한 국가 및 지역발전에 기여하는 교육의 역할을 적극적으로 요구하고 있다. 한국도 예외는 아니어서 교육에 대한 투자를 늘려갈 뿐 아니라, 최근의 학교폭력, 사교육비 증가, 지역 간 교육격차 심화 등과 맞물려 중앙정부 차원에서 나아가 지역을 중심으로 하는 교육발전 전략을 수립하고 추진해 나가고자 하는 교육행정 및 정책의 지역화 경향은 점점 더 강화되고 있는 추세이다.

이러한 교육 행정 및 정책의 지역화란 먼저 교육의 지역화란 관점에서 출발하여야 한다. 1980년대 후반부터 미국과 영국 등 주요선진국들은 지역과 단위학교에 대한 자율성의 부여와 동시에 교육의 결과에 대한 책무성을 부여하여 교육의 수월성을 강화하고자 하는 정책을 추진해 오고 있는데, 이는 정부주도의 일방적인 하향식 방식 보다는 교육의 목적, 교육정책 등에 관한 의사결정의 분권화를 지향하는 교육의 재구조화에 따라 지방교육의 문제는 지방에서 스스로 풀어가야 한다는 의미를 함축하고 있다 (도순남·최호성, 2004).

이에 따라 교육에 대한 권한이 중앙에서 지방으로 대폭 위임 또는 이양되는 추세에 있으며 교육예산 역시 증대하고 있다. 이러한 권한 및 예산을 지역교육 발전을 위한 기제로서 활용하는 것이 지방교육자치의 진정한 의미라고 할 수 있을 것이다. 특히, 주민직선에 의한 민선교육감들은 경기도, 서울지역을 중심으로 혁신교육, 무상급식, 학생인권조례 등 지방의 교육정책 의제들을 형성하고 추진함으로써 본격적인 지방교육자치의 시대를 열었다. 물론 이들이 추진하고 있는 정책의제들을 둘러싸고 많은 사회적 논란에 휩싸이기도 하였고 중앙정부와의 정책갈등을 보이기도 하였지만, 성과를 인정받아 전국적으로 확산되는 양상을 보이고 있기도 한다.

II 교육위원 및 교육감의 위상과 선출방법의 변화

지방교육자치제도는 교육의 전문성과 중립성을 보장하고 자율적인 교육활동을 전개할 수 있도록 일반행정으로부터 분리·독립하여 자치적으로 교육 행정을 실시하고 구현하는 제도라고 할 수 있으며, 제도 시행 이래 그동안에 나타난 문제점과 개선 방안에 대한 논의들이 지속적으로 있어 왔다. 특히, 그 핵심적인 논의의 중심은 교육위원과 교육감의 위상 및 선출방법에 관한 것이라 할 수 있으며, 1991년 이후의 제도 변화를 중심으로 살펴보고자 한다 (김민희 외, 2015; 고 전, 2018)

본격적인 지방교육자치의 실시를 위하여 1991년 제정된「지방교육자치에 관한 법률」에 따라, 교육위원은 학식과 덕망이 높고 시·도의회 의원의 피선거권이 있는 자로서 정당원이 아니어야 하며, 교육위원 정수의 2분의 1이상은 교육 또는 교육행정경력이 15년 이상 있거나 양경력을 합하여 15년 이상을 요구하였다. 1995년 개정 법률에서는 교육위원의 자격 중 교육경력 또는 교육행정경력 기준을 '15년 이상'에서 '10년 이상'으로 하향조정하였다. 또한, 교육위원은 당해 시·도의회가 선출하되, 시·군 및 자치구의회가 추천한 자중에서 무기명투표로 선출하고, 그 정수의 2분의 1이상은 교육 또는 교육행정경력이 있는 사람이어야 했다. 시·군 및 자치구의회의 교육위원 추천은 2인으로 하되, 그중 1인은 교육 또는 교육행정경력이 있는 사람으로 추천하도록 했다. 선출된 교육위원의 수가 정수에 미달된 경우에는 미달된 수의 교육위원은 시·군 및 자치구의회의 추천에 관계없이 시·도의회가 선출하도록 하였으며, 교육감은「지방교육자치에 관한 법률」제28조에 따라 당해 교육위원회에서 무기명투표로 선출하였다.

교육감의 자격은 법률에서 '학식과 덕망이 높고 시·도의회 의원의 피선거권이 있는 자로서 정당의 당원이 아니어야 하며, 교육경력 또는 교육전문직원 경력이 20년 이상 있거나, 양경력을 합하여 20년 이상 있는 자이어야 한다'고 규정하였다. 1995년 개정 법률에서는 교육감의 자격을 '학식과 덕망이 높고 당해 시·도의원 피선거권이 있는 자로서 정당원이 아닌 자'에서 '학식과 덕망이 높고 당해 시·도지사 피선거권이 있는 자로서 정당의 당원이 아닌 자'로 개정되었으며, '교육전문직원경력'을 '교육공무원으로서의 교육행정경력'으로, 경력기준을 '15년 이상'으로 하향조정하는 등의 변화가 있었다. 1997년 개정 법률에서는 교육위원회가 선출하던 교육위원과 교육감을 학교운영위원회 선거인과 교원단체 선거인으로 구성된 교육위원선거인단과 교육감선거인단에서 무기명투표로 선출하도록 하였다. 학교운영위원회 선거인은 대통령령이 정하는 일정규모 이상의 학교마다 1인으로 하되, 당해 학교의 학부모대표 또는 지역사회인사 중에서 선출하고, 교원단체선거인 수는 학교운영위원회 선거인 총수의 100분의 3으로 하였다. 교육감의 자격은 '학식과 덕망이 높고 당해 시·도지사의 피선거권이 있는 자로서 정당의 당원이 아니어야 한다'는 규정은 종전과 동일하나, 교육경력기준이 '15년 이상'에서 '5년 이상'으로 조정되었다. 2000년 개정 법률에서는 교육감이 겸직할 수 없는 직에 사립학교법인의 임원을 추가하고, 교육감이 당선 전부터 겸직이 금지된 직을 가진 경우에는 임기개시일 전일에 그 직에서 해직되도록 하였으며, 교육위원 및 교육감 후보자는 후보자 등록일로부터 '과거 2년 동안' 정당원이 아니어야 하고, 교육경력 등을 가진 경우에는 후보자 등록일을 경력환산의 기준 시점으로 하였다. 또한, 종전에는 학교별 각 1인의 학교운영위원회 선거인 및 교원단체 선거인으로 선거인단을 구성하던 것을 학교운영위원회의 구성원 전원으로 선거인단을 구성하도록 하였고, 교육위원의 경우 무투표당선에 관한 규정, 교육감 후보자가 1인인 경우에도 투표자총수의 과반수를 득표하여야만 당선인으로 결정하도록 하는 규정, 후보자가 없거나 당선인이 없는 경우의 재선거, 선거의 연기, 선거의 일부무효로 인한 재선거, 천재·지변 등으로 인한 재투표에 관한 규정 등을 신설하였다. 2006년 개정 법률에서는 교육위원회가 시·도의회 내 상임위원회로 전환되고, 교육의원 및 교육감을 주민직선으로 선출하게 되었다.

2010년 개정 법률에서는 교육의원 후보자의 자격기준이 시·도의회의원의 피선거권이 있는 자로서 '과거 2년 동안' 정당의 당원이 아닌 자에서 '과거 1년 동안'으로 완화되었으며, 교육경력 또는 교육행정경력도 '10년 이상'에서 '5년 이상'으로 완화되었고, 교육감후보자의 자격도 정당원 제한 기간이 2년에서 1년으로, '교육공무원으로서의 교육행정경력' 5년 이상이 '교육행정경력' 5년 이상으로 완화되었다. 또한, 교육의원제가 폐지됨으로써 2014년 6월 지방선거에서 교육의원선거 자체가 없어졌고, 교육감후보자의 자격기준에서 정당원 제한 기간 1년은 유지되었으나, 교육경력 또는 교육행정경력 요구 기준이 삭제됨으로써 교육경력이나 교육행정경력이 없는 교육감이 가능했다. 그러나 2014년 2월에 개정된 「지방교육자치에 관한 법률」은 교육감후보자의 자격기준으로 '교육경력 또는 교육행정경력 3년 이상'을 다시 규정함으로써 교육감보궐선거나 교육감선거에서는 무경력자 교육감이 불가능하게 되었다.

제주특별자치도의 경우, 현재까지 「제주특별자치도 설치 및 국제자유도시 조성을 위한 특별법」에 규정된 교육자치 관련 규정의 변화가 없기 때문에 2014년 6월 지방선거와 그 이후에도 교육감후보자의 자격기준으로 요구했던 '교육경력 또는 교육행정경력 5년 이상'도 그대로 유지되고 있으며, 교육의원제도 또한 유지되고 있다 (김민회 외, 2015).

〈표 20-1〉 교육위원과 교육감의 자격기준 및 선출방법 변화

적용 시기	행정 구역	교육위원/교육의원		교육감	
		자격기준	선출방법	자격기준	선출방법
'91.3~ '97.12	시·도	학식과 덕망이 높고 시·도의원의 피선거권이 있는 자로서 정당의 당원이 아니어야 하며, 교육위원 정수의 2분의 1 이상은 교육 또는 교육행정경력이 15년 이상 있는 자 *'95년 이후 10년 이상	당해 시·도의회에서 시·군 및 자치구의회가 추천한 자중에서 무기명투표로 선출하되, 그 정수의 2분의 1이상은 교육 또는 교육행정경력이 있는 자이어야 하며, 시·군·자치구의회의 교육위원 추천은 2인으로 하되, 그중 1인은 교육 또는 교육행정경력 있는 자	학식과 덕망이 높고 시·도의원 피선거권이 있는 자로서 정당의 당원이 아니어야 하며, 교육경력 또는 교육전문직원 경력이 20년 이상 있는 자 *'95년 이후 시·도지사 피선거권이 있는 자로 경력 15년 이상	당해 교육위원회에서 무기명투표로 선출
'97.12~ '06.12		학식과 덕망이 높고 시·도의원 피선거권이 있는 자로서 정당원이 아니어야 하며, 교육위원 정수의 1/2 이상은 교육 또는 교육행정경력이 10년 이상 있는 자 *'00.1 비정당인 기간 2년	학교운영위원회 선거인과 교원단체선거인으로 구성된 교육위원선거인단에서 무기명투표로 선출 *'00.1 학교운영위원회의 구성원 전원으로 선거인단을 구성	학식과 덕망이 높고 당해 시·도지사 피선거권이 있는 자로서 정당의 당원이 아니며, 교육경력 또는 교육공무원으로서의 교육행정경력이 5년 이상 있는 자 *'00.1 비정당인 기간 2년	학교운영위원회 선거인과 교원단체선거인으로 구성된 교육감선거인단에서 무기명투표로 선출 *'00.1 학교운영위원회의 구성원 전원으로 선거인단을 구성

적용 시기	행정 구역	교육위원/교육의원		교육감	
		자격기준	선출방법	자격기준	선출방법
'07.1~ '14.5	시·도	시·도의원 피선거권이 있는 자로서 과거 2년 동안 정당의 당원이 아닌 자, 교육경력 또는 교육행정경력이 10년 이상 있는 자 *'10.2 정당원 제한 기간이 1년으로, 교육경력 또는 교육행정경력 기준이 5년으로 개정	주민 직선	시·도지사의 피선거권이 있는 자로서 과거 2년 동안 정당의 당원이 아닌 자, 교육경력 또는 교육공무원으로서의 교육행정경력이 5년 이상 있는 자 *'10.2 정당원 제한 기간이 1년으로, 교육경력·교육행정경력 5년 이상으로 개정	주민 직선
'14.6	시·도	–	–	시·도지사의 피선거권이 있는 자로서 과거 1년 동안 정당의 당원이 아닌 자	주민 직선
'14.7~	시·도	–	–	시·도지사의 피선거권이 있는 자로서 과거 1년 동안 정당의 당원이 아닌 자, 교육경력·교육행정경력이 3년 이상 있는 자	주민 직선

※ 김민희 외, 2015. 한국의 지방교육자치, 3장을 토대로 재정리함

Ⅲ 지방교육자치제에 따른 시·도 교육청의 기능 및 정책 주도권 변화

1. 시·도 교육청의 기능 및 예산 변화

1) 기능

시·도 교육청은 지방교육자치에 관한 법률 제1조에 따르면 지방자치단체의 교육·과학·기술·체육 그 밖의 학예에 관한 사무를 관장한다. 이에 따라 시·도 교육청은 유·초·중등 및 평생교육 지원과 관련되는 학무·장학 기능의 수행과 인사, 학교시설, 재무, 총무 등의 일반 학사·관리기능을 수행하고 있으며, <표 20-2>와 같은 세부 하위 기능들을 수행하고 있다.

그러나 비록 현행 법령상으로는 지방교육행정기관이 지역수준에서 다양하고 창의적인 지방교육 정책 구현이 가능하도록 하고 있으나, 현실적으로는 중앙정부인 교육부에의 의존적 경향이 있고 현안 문제에 대한 대처능력과 주민 요구에 대

〈표 20-2〉 시·도 교육청의 세부 기능

단위 기능		하위기능
학무 및 장학기능	유·초·특수교육	유아교육, 초등교육, 특수교육 등의 정책 기획
	중등교육	중등교육, 장학기획, 생활지도 등의 정책 기획
	평생교육	평생교육기획, 방과후교육, 특별활동, 평생교육지도
	과학정보	과학교육, 영재교육, 과학교육지원, 교육정보화 등
일반학사 및 관리기능	교원정책	초등인사, 중등인사, 교원연수 등
	학교운영 지원	학교설립기획, 학교운영지원, 학생수용 등
	재무	경리, 예산, 재산관리, 계약관리, 법무 등
	총무·공무직원	총무, 인사, 공무원단체, 공무직원 관리, 국제협력 등
	기획관리	행정관리, 의회협력, 행정정보 기획 등
	감사·공보	감사, 공보 등
	혁신복지	혁신기획, 학교혁신, 교육복지지원 등
	학교체육보건	체육교육, 청소년, 학교보건, 학교급식 등
	교육시설	시설기획, 사학시설, 일반시설 관리 등

한 대응성 부족 등 문제점을 노정하고 있는 실정이다 (오세희, 2009). 또한 관련 법령에 의한 기능 및 역할에도 불구하고 지방수준의 교육기획 및 정책 개발 기능이 미약하고, 지도와 감독 위주의 행정형태, 통제와 보고, 규제 중심의 장학활동에 치중한 문제점이 지적되었다 (전제상, 2011).

특히 교육문제에 대해서는 국민의 관심이 높아 주요 현안이 발생할 때마다 국회나 언론 등으로부터 대책 마련 압력이 중앙정부에 집중되어 학교장의 권한과 책임 사항까지 개입하게 되는 결과를 초래한다. 또한 일반자치사무와 달리 교육에 관해서는 국가와 지방간 권한·책임의 배분기준이 불명확하고 중첩됨으로 인하여 시·도교육청이 정책주도성을 발휘하기 어렵게 한다. 나아가 시·도교육청 근무인력 구성과 충원의 폐쇄성 등으로 관리집행업무에 치중하는 경향이 나타나게 됨으로써 중앙정부의 개입이 증가하고 시·도교육청의 정책 주도성은 약화되어 왔다. 그러나 주민직선에 의한 민선교육감의 선출로 교육감은 국가의 교육정책을 지방에 실행하는 위계적 상하관계의 단순한 하급자로서가 아니라, 중앙정부와 대등한 입장에서 지방의 특성과 요구에 맞게 교육정책을 개발, 실행해야 하는 위치로 바뀌게 되어 (박상완, 2013), 교육행정 및 정책의 지역화가 가속화되고 있으며 시·도교육청에서 이를 뒷받침하고 있다.

2) 예산

한국의 교육재정은 중앙교육재정과 지방교육재정, 학교교육재정으로 구분할 수 있는데, 일반적으로 지방교육재정은 지방자치단체가 교육기관 및 교육행정기관을 설치·운영하는데 소요되는 경비를 조달하고, 조달된 경비를 지출하는 일체의 공공경제 활동이라 할 수 있다 (공은배 외, 1998). 특히, 한국의 경우 초·중등 교육을 관장하는 지방교육재정이 성격이나 규모 측면에서 중심을 이루고 있으며 (박종렬·신상명, 2004), 지방교육행정기관이 이를 담당하고 있다.

지방교육재정은 교육의 특수성 등을 고려하여 일반지방재정과는 별도로 지방교육비특별회계로 운영되고 있는데 그 재원은 국고부담과 지방부담으로 이루어져 있다. 또한 국고부담은 지방교육재정교부금과 국고보조금으로 구성되어 있으며, 지방부담은 지방교육행정기관의 자체수입과 지방자치단체의 전입금으로 이루어져 있다. 그러나 이러한 지방교육재정의 핵심은 지방교육재정의 80%이상을 차지

〈표 20-3〉 세입·세출 예·결산 현황 (단위: 백만원)

회계 연도	최종예산액 (A)	전년도 이월액 (B)	예산현액 (C)=A+B	세입 결산액	세출 결산액 (D)	다음연도 이월액 (E)	불용액 (F)=C-D-E
'16년	61,964,248	3,732,970	65,697,218	66,097,940	60,041,898	3,900,072	1,755,248
'17년	68,264,379	3,900,072	72,164,451	72,443,464	65,611,419	4,605,587	1,947,445
'18년	73,737,072	4,605,587	78,342,659	78,836,465	71,612,652	4,885,832	1,844,175
'19년	82,081,074	4,885,832	86,966,905	87,387,293	80,401,054	4,759,874	1,805,977
'20년	77,332,620	4,759,874	82,092,494	82,226,557	77,705,459	2,724,421	1,662,614

자료: 교육부·한국교육개발원(2021). 2021 지방교육재정분석 보고서.

하고 있는 지방교육재정교부금이라 할 수 있는데, 시·도 교육청의 입장에서 보면 중앙정부인 교육부로 교부받고 있는 의존재원의 성격을 가지고 있어 지역의 특성을 반영한 교육정책을 구현해 나가기 위한 자체재원의 확보에는 한계가 있으나, 교육행정 및 정책의 지역화에 따라 시·도 교육청이 그 역할을 수행해 나가기 위해서는 교육재정의 규모가 확대와 더불어, 지방교육재정 운영의 자율성과 효율성이 확보될 필요가 있다. <표 20-3>은 최근 5년간 지방교육재정 규모 추이를 살펴볼 수 있다. 2016년 이래 지방교육재정은 증가해 오다 2020년 코로나 19 등에 따른 내국세 수입의 감소로 줄어들었으나 2021년에는 다시 증가할 것으로 예상된다.

2. 시·도 교육청의 정책주도성 강화

지방분권화와 맞물려 교육행정의 지역화가 가속화되면서 지역교육 발전을 주도하고 지역의 교육적 적합성을 제고하기 위한 시·도 교육청의 역할이 필요하다. 한 국가의 교육정책들은 국가적 차원의 전략과 지역차원의 실천이 조화를 이루어 가는 과정에서 경쟁력을 가질 수 있으며, 나아가 사회 통합 관점에서도 지역적 특성과 다양화를 추구할 수 있는 지역별 교육서비스 제공기제를 정착시킬 필요가 있다 (유현숙, 2002). 또한 과거에는 세계화를 위한 국가수준의 역량 향상에만 초점을 두었다면, 미래세대에서는 지역성(Locality)이 세계를 대표하는 주요 가치로 부각될 것이며 이 지역특수성(Locality)을 살릴 수 있는 특성화된 교육과정 구축이 필요하다 (김대현 외, 2012). 이러한 지역별 교육서비스 제공과 지역 주민의 교육적 요구에 대한 능동적 대응은 궁극적으로는 지역교육에 대한 적합성을 높여 지역주민의 교육에 대한 만족도를 제고하여 지역교육 발전으로 연결된다.

그러나 시·도 교육청은 법령상 지방교육 정책의 핵심적 기능을 수행하여야 하는 규정과는 달리 여전히 많은 부분에서 중앙정부의 지시와 방침을 집행하는 역할을 주로 수행해 왔으나, 국가균형발전을 위한 지방분권의 확대에 따른 교육행정의 지역화로 시·도 교육청의 역할은 증대될 수밖에 없다. 이를 위하여 먼저 지방교육행정기관은 초·중등교육법 및 지방교육자치에 관한 법률 등 각종 법령에 규정되어 있는 국가와 지방 간의 권한과 책임의 명확화를 통하여 국가와 지방 간 기능배분 기준과 원칙을 정립할 필요가 있다. 이에 따라 중앙정부인 교육부의 기능

〈표 20-4〉 교육부와 시·도 교육청의 핵심 기능 비교

교육부(국가)	시·도 교육청(지방)
1. 기본 국가교육제도의 수립 및 법령 제·개정이 필요한 사항 2. 국가 표준(기준) 또는 전국적 통일 기준 설정이 필요한 사항 3. 국가의 의무이행에 관한 사항 4. 학생의 보건 및 안전에 관한 사항 5. 지역 간 교육격차 해소 및 균형 발전을 위한 사항 6. 국제법 준수 또는 국제협력에 따른 정부의무 이행 사항 7. 전국적 통계 정보의 수집이 필요한 사항 8. 국가차원의 정책으로 추진될 필요가 있는 사항 9. 지방교육재정 지원 및 교육여건 확보에 관한 사항 10. 국가공무원의 정원 관리에 관한 사항 11. 유·초·중등교육 및 특수교육 발전을 위하여 교육감 또는 지방자치단체장이 요청하는 사항	1. 지역의 기본교육체제 수립·운영(제도, 기준, 기본방침, 절차, 요건, 원칙 등) 2. 지역의 특성을 반영한 교육발전 및 학교교육 지원계획의 수립·시행 3. 각급학교 및 기관·시설의 설립과 효과적 운영을 위한 지원 4. 학생의 권익과 복지 증진을 위한 제반 조건의 구축 5. 교원과 직원의 임용, 배치, 교육훈련 등 인적자원 개발 및 관리 6. 교육예산의 적정한 편성 및 집행 7. 교육여건의 확보 및 최적화를 위한 조치 8. 학교의 활동에 대한 지도·조언·평가·감사 9. 주민을 위한 평생교육 진흥 10. 국가시책 추진에 대한 협조 및 지역교육 발전을 위한 네트워크 촉진 11. 주민에 대한 교육정책 바로 알리기 및 신뢰관계 형성 12. 기타 법령과 조례에 의하여 규정된 권한과 의무

자료: 정영수 외(2009)에서 수정·보완

은 교육제도의 발전기획 및 기준제시 등 국가적 수준에서의 핵심과제에 초점을 두어야 하며, 지역 교육정책 기획 및 집행업무는 기타 지역별로 시·도 교육청에서 수행할 수 있도록 하여야 한다.

특히 시·도 교육청에서는 주민직선에 의하여 선출된 교육감의 의지를 반영하고 지역교육 발전을 주도하기 위한 정책역량을 강화해 나가야 한다. 최근 지역 간 교육격차의 심화, 다문화 교육, 소규모 학교 통폐합 갈등, 학교폭력 등 교육문제에 대한 지역별 시각과 해법이 다양하게 제시되고 있어 어느 때 보다도 시·도 교육청이 지역적 특성을 고려한 교육정책의 수립 및 집행이 요구되고 있다. 지방교육자치에 관한 법률에 따르면 시·도 교육청은 지방교육자치를 실현하기 위한 중추적인 기관으로서의 역할과 기능을 수행해 나가야 한다. 따라서 시·도 교육청은 지역수준에서의 국가 교육정책의 구체화, 지역교육에 대한 비전의 제시, 지역의 특성을 감안한 교육발전 계획의 수립 및 집행을 통하여 지역교육 발전을 주도해 나가야 한다.

또한, 교육행정의 지역화에 따라 지역교육발전을 위한 지방자치단체와의 연계·협력 필요성 역시 증가하고 있는 실정이다. 이에 따라 지방자치단체장의 교육에 대한 관심의 증가와 더불어 평생교육 및 지역교육정책 수행을 위한 재정 지원 등 지방자치단체의 연계·협력이 강화될 필요가 있다. 일례로 일본은 사회교육법 개정을 통하여 학교와 지역사회를 연결한 학습활동의 통합적 노력을 기울이고 있다(김대현 외, 2012) 그러나 교육감과 광역자치단체장의 정치적 노선의 불일치에 따른 갈등이 노정되고 있으며 지역교육에 대한 불협화음 역시 증가될 가능성이 있으며, 서울특별시 및 경상남도와 교육청 간의 무상급식 논쟁이 그 대표적 사례이다.

따라서 이러한 불협화음을 극복하고 지역교육 발전에 대한 지방자치단체의 재정 지원 등의 협조를 이끌어내기 위해서는 시·도 교육청이 주도하여 지방자치단체와의 연계·협력 거버넌스를 적극적으로 구축하여 교육적 이해관계를 조정하고 자원 동원 능력을 강화하는 역할을 수행해 나가야 한다. 특히 여기에는 주민의 의지로 선출된 교육감의 역할이 중요하며, 교육청과 주민간의 소통 및 교류 측면에서 한 축을 담당할 것이다. 이러한 지방자치단체와의 연계·협력 거버넌스 구축으로 초·중등교육 및 평생교육을 비롯한 지역의 교육정책 수행을 위한 협력을 강화하고 일반지방자치단체로부터의 비법정전입금 및 교육경비 보조금의 확대로 다양한 교육적 자원을 발굴하여 지역교육 발전을 위한 다양한 용도로 활용할 수 있을 것이다.

아울러 시·도 교육청은 지방자치단체와의 연계·협력을 위하여 구성된 상설협의체 및 교육협력관 제도를 보다 실질적으로 활용하여 지역의 교육적 이해관계를 조정하고 인적 및 물적 자원을 교류함으로써 지역교육발전 및 지역의 교육격차 해소 등을 위한 지역 교육정책의 주도성을 강화해 나갈 필요가 있다.

Ⅳ 지방교육자치제도의 발전에 따른 주요 교육 정책

지방교육자치제 시행으로 국가 주도의 교육정책 개발과 집행, 중앙정부의 관료적 통제에서 벗어나 지방의 실정과 특수성을 감안한 교육정책을 수립·집행할 수 있어야 하며, 학생, 학부모, 교원 등 교육 수요자의 요구를 충족할 수 있도록 변화되어야 한다. 이러한 변화는 2010년 주민 직선에 의한 민선 교육감 시대가 출발하면서 지방 수준의 창의적인 교육정책 정책이 추진되고 있으며, 지방교육자치제 발달로 지방 교육정책과 사업은 보다 확대될 것으로 기대된다. 이하에서는 지방교육자치제 이후 시행된 교육정책 중 학생인권조례 제정 및 혁신교육 정책을 주요 정책 변화로 소개하고자 한다.

1. 학생인권조례 제정

교육의 본래적 개념에 의하면, 교육은 가치로운 것을 도덕적으로 온당한 방법으로 전달하는 과정이다. 여기서 말하는 도덕적으로 온당한 방법이라는 것은 학생을 존중하는 방법이다. 교사들이 학생을 존중한다는 것은 교육적 효과를 높이기 위하여 기술적으로만 그들의 관심과 흥미, 지적 수준을 고려한다는 뜻이 아니다. 그것은 규범적으로 인간으로서 학생의 권리를 존중한다는 것이다. 그런데, 전통적인 교육방식에서는 학생을 존중한다고 하더라도 주로 기술적 관점에서 이루어져 왔다. 학생들은 교육받아야 할 대상으로서 우선 고려되었다. 그들은 인간으로서 보다는 교육받을 대상으로서 고려되었기 때문에 그들의 인권은 교육의 과정에서 소홀히 다루어졌다. 그러나 학생들은 그들이 교육적인 효과의 차원에서만 고려되어야 할 대상이 아니라, 인간으로서도 존중받아야 할 대상이다. 인간으로서 학생의 인권 보장을 위한 학생인권조례는 2010년 경기도교육청에서 처음으로 제정한 후, 2011년 광주, 서울에서, 2013년에는 전라북도교육청에서 제정되었다.

학생 인권은 현실적으로는 법에 의해서 보장될 수밖에 없다. 학생 인권을 보장하기 위한 법률적 근거들은 <표 20-5>와 같이 다양하다. 「교육기본법」 제2장 제12조 제1항(학습자), 「초·중등교육법」 제18조의4(학생의 인권보장), 「청소년기본법」 제5조(청소년의 권리와 책임), 「UN 아동권리협약」 제28조 등에서 학생 인권에 대한 법적근거를 명시하고 있다.

그러나 그동안 우리교육에서는 학생체벌, 두발, 복장 등 학생인권과 관련하여 많은 논란들이 있어 왔으나 상대적으로 입법적 관심은 덜 하였다. 이러한 사각지대의 해소는 지방교육자치에 따른 민선 교육감들의 주도성에 의해 가능하게 되었

〈표 20-5〉 학생인권의 법적 근거

구분	내용
대한민국헌법 제2장 제10조	모든 국민은 인간으로서의 존엄과 가치를 가지며, 행복을 추구할 권리를 가진다. 국가는 개인이 가지는 불가침의 기본적 인권을 확인하고 이를 보장할 의무를 진다.
국가인권위원회법 제2조(정의) 제1항	1. "인권"이란 「대한민국헌법」 및 법률에서 보장하거나 대한민국이 가입·비준한 국제인권조약 및 국제관습법에서 인정하는 인간으로서의 존엄과 가치 및 자유와 권리를 말한다.
교육기본법 제2장 제12조 제1항(학습자)	① 학생을 포함한 학습자의 기본적 인권은 학교교육 또는 사회교육의 과정에서 존중되고 보호된다.
초·중등교육법 제18조의4(학생의 인권보장)	학교의 설립자·경영자와 학교의 장은 「헌법」과 국제인권조약에 명시된 학생의 인권을 보장하여야 한다.
청소년기본법 제5조(청소년의 권리와 책임)제1항	① 청소년의 기본적 인권은 청소년활동·청소년복지·청소년보호 등 청소년육성의 모든 영역에서 존중되어야 한다.
유엔의 아동권리협약 제28조	교육권에 기본적인 기준을 제시하고 있으며 유엔 아동권리협약의 이행을 돕기 위한 권리조항에 대하 해석에서 신체적 처벌 및 기타의 잔혹하거나 굴욕적인 형태의 처벌로부터 보호받을 아동의 권리에 대한 논평을 제시하고 있다.

다. 학생인권조례는 학생이라는 법적 지위에 의해 발생하는 법률관계에 의해 시·도의회의 자치입법권의 행사에 의해 제정된 자치법규이다. 이는「지방교육자치에 관한 법률」제20조에 근거한 교육감의 교육·학예에 관한 사무에 해당한다.「초·중등교육법」제18조의4는 '학생의 설립자·경영자와 학교의 장은「헌법」과 국제인권조약에 명시된 학생의 인권을 보장하여야 한다'고 규정하고 있는데, 이는 학생의 인권보장을 위하여 학교의 설립 및 감독자인 교육감이 학생의 인권보장을 위하여 조례를 작성·제출할 수 있다는 것이다.

이들 조례는 공통적으로, 학생인권 보장을 위한 기본원칙(총칙), 구체적 인권, 인권보장을 위한 체제 구축으로 구성되어 있다. 총칙에서는 학생인권조례의 근거, 학생 인권에 대한 보장 및 제한에 대하여 규정하고 있다. 구체적 인권은 평등권, 신체의 자유, 학습권과 휴식할 권리, 개성을 실현할 권리, 사생활의 자유와 정보보호, 표현의 자유, 학생자치권, 학생복지에 관한 권리, 적법절차 보장과 권리구제를 위한 권리 등으로 규정되고 있다. 인권보장을 위한 체제 구축과 관련하여서는 인권계획의 수립, 인권교육 및 인권신장을 위한 프로그램 등과 학생인권보장기구 설치와 인권옹호책임자의 규정 등과 관련된 내용이 규정되고 있는데, 그 제정 현황은 <표 20-6>과 같다.

나아가 충청북도교육청 등 일부 지역에서는 학생, 교사, 학부모 등 교육공동체의 권리와 의무를 규정하고 있는 헌장을 제정하는 움직임도 나타나고 있는 것 역시 지방교육자치제 시행에 따른 지역교육정책의 다양한 흐름을 반영하고 있는 것으로 볼 수 있다.

2. 혁신교육 정책

혁신교육은 지식 및 입시 중심의 교육, 중앙집권적 교육체제, 지역 간 교육격차 등 기존에 한국 교육이 가지고 있는 문제에 대한 대안으로 제시되었으며, 교육개혁의 일환으로 2000년대 초반부터 하나의 교육운동 또는 교사운동으로 시작되었다고 볼 수 있다. 이러한 혁신교육은 혁신학교와 혁신교육지구 정책이 그 중심에 있다. 2000년대 초 농어촌 학교의 통폐합 정책이 추진되면서 이에 대한 대응으로 학교 살리기 운동으로 시작되었고, 이후 2009년 경기도교육청에서 이를 모델로

〈표 20-6〉 학생인권 관련 자치법규 제정 현황

지역	제명	제정일자
경기	경기도 학생인권조례	2010. 10. 05.
	경기도 학생인권 조례 시행규칙	2011. 03. 01.
	경기도교육청 학생선수 학습권 보장 및 인권보호 조례	2019. 04. 29.
광주	광주광역시 학생인권 조례	2011. 10. 28.
	광주광역시 학생인권 조례 시행규칙	2012. 03. 01.
	광주광역시교육청 학생선수 학습권 보장 및 인권보호 조례	2020. 03. 01.
서울	서울특별시 학생인권 조례	2012. 01. 26.
	서울특별시 학생인권 조례 시행규칙	2012. 06. 22.
	서울특별시 교육감 소속 학생인권옹호관 조례	2013. 03. 21.
	서울특별시교육청 학생선수 학습권 보장 및 인권보호 조례	2017. 05. 18.
전북	전라북도 학생인권 조례	2013. 07. 12.
	전라북도 학생인권 조례 시행규칙	2013. 12. 20.
대전	대전광역시교육청 장애학생인권보호상설모니터단 조례	2016. 06. 10.
인천	인천광역시교육청 학생선수 학습권 보장 및 인권보호 조례	2018. 01. 02.
울산	울산광역시교육청 학생선수 학습권 보장 및 인권보호 조례	2020. 02. 27.
충북	충청북도교육청 학생선수 학습권 보장 및 인권보호 조례	2018. 11. 09.
충남	충청남도교육청 학생선수 학습권 보장 및 인권보호 조례	2019. 07. 30.
제주	제주특별자치도교육청 학생 노동인권교육 조례	2019. 11. 20.
	제주특별자치도교육청 학생선수 학습권 보장 및 인권보호 조례	2019. 01. 09.

자료: 신강숙(2020). 학생인권 보장 현황과 개선 방향에 관한 연구. 강원대학교 법학 박사학위논문

하여 혁신학교 정책을 도입하였으며, 혁신교육지구 또한 마을교육공동체의 형태로 지역의 전문가 및 활동가들이 스스로 교육과 관련된 행정과 지원의 체계를 구축하면서 시작되었다. 2020년 현재 전국 17개 시·도 교육청에서 1,928개의 혁신학교가 지정되어 운영되고 있고, 160개의 혁신교육지구가 운영되고 있으며, 혁신교육 정책을 혁신학교 측면에서 살펴보고자 한다 (허 주 외, 2020).

혁신학교는 변화와 혁신을 필요로 하던 단위학교에서 구성원들의 자발적인 노력으로부터 시작되었고, 성공적인 혁신이 이루어졌다는 몇몇 소규모 학교들의 사례가 소개되면서 교육계뿐만 아니라 사회적으로 많은 관심을 받기 시작하였다 (유

경훈 2014). 또한, 과거에 혁신교육이 특정 교육청 또는 특정 이념에 국한된 것이었다면, 2017년 문재인 정부에서 '교실 혁명을 통한 공교육의 혁신'을 국정과제로 지정·추진되면서 혁신교육이 전국적으로 확산되고 공교육 발전의 핵심모델로 등장하였다고 볼 수 있다.

아울러 혁신학교와 관련한 교육부의 정책 추진은 과거와는 다른 모습을 보였는데, 기존의 중앙정부가 주관하여 추진하는 것에서 탈피하며 시·도 교육청의 자율성을 최대한 존중하되 혁신학교 운영에 대한 자발성 유도를 지원한다는 기본방향으로 설정하여 정책 추진을 하고 있다 (박상완, 2018). 즉, 중앙정부 단위의 사업을 추진하기 보다는 혁신학교 사업의 큰 방향성을 제시하고 각 시·도 교육청별 의견과 수요를 파악하고 지원하며 우수사례를 발굴하여 확산하는 데에 초점을 두고 있다. 나아가, 혁신교육 정책의 지역별 한계를 극복하기 위해서 교육과정 편성에서 자율성을 확대하여 미래형 혁신교육 운영 모델 개발에 정책 역량을 집중하고 있다 (교육부, 2019).

즉, 이제까지의 교육정책이 중앙정부의 탑다운 형식으로 이루어졌다면, 혁신학교는 한국 교육에 대한 반성으로 시작되어 변화를 위한 학교 구성원의 자발적 노력이며, 시·도 교육청에서는 이를 적극적으로 뒷받침하고 있다.

1) 혁신학교 현황 및 정책의 특징

혁신학교는 교육청별로 각기 다른 정책명과 운영원리를 갖고 있는 데. 각 시·도 교육청별로 혁신학교의 도입 시기, 지역 교육 여건이나 상황, 그리고 지역의 특수성이 반영되었기 때문에 나타난 것으로 볼 수 있다.

구체적으로 각 시·도의 혁신학교 관련 정책의 개념을 살펴보면 아래의 <표 20-7>과 같다. 아래 표에서 볼 수 있듯이, 시·도 교육청별로 혁신학교 지정연도 및 명칭, 개념 등에서 차이가 있음을 알 수 있다. 또한, 혁신학교는 도입연도를 보면 교육감의 성향 및 이념과의 관련성이 있음을 알 수 있다 (박수정 외, 2020). 다만, 시·도별로 공통적인 특징이 있는데, 이는 교육공동체, 공교육모델, 교육과정 운영, 역량, 학습공동체 등 혁신학교의 포괄적인 개념 수준임을 알 수 있다. 시·도별로 다소의 차이는 있으나, 혁신학교에서 존중, 배려, 협력 등의 학교문화를 강조하는 경향이 있으며, 마찬가지로 혁신학교의 목표도 창의적인 인재육성, 학

〈표 20-7〉 시·도 교육청별 혁신학교 명칭 및 개념

시·도	지정 연도	명칭	개념
경기	2009	혁신학교	민주적 학교운영 체제를 기반으로 윤리적 생활 공동체와 전문적 학습공동체를 형성하고 창의적인 교육과정을 운영하여 학생들의 삶의 역량을 기르도록 하는 자율학교
강원	2011	행복 더하기 학교	민주적 학교운영 체제를 기반으로 공교육에 대한 신뢰성 제고 및 소통과 공감의 학교 문화를 형성하고 창의·공감 교육과정을 운영하여 학생들이 자기 삶의 역량을 기르도록 하는 학교 혁신의 모델 학교
경남	2015	행복학교	교육공동체가 함께 만들어가는 배움과 협력이 있는 미래형 학교
광주	2011	빛고을 혁신학교	새로운 학교문화 조성을 통해 교육 주체들이 상호 협력해 공교육 정상화의 성공사례를 창출·보급
대전	2016	창의인재 씨앗학교	학교 구성원들이 협력과 나눔의 민주적인 학교 문화를 바탕으로 전문적 학습공동체와 도덕적 생활공동체를 형성하고 배움과 성장 중심의 수업 혁신 및 지역사회와 연계한 교육 활동을 통해 삶의 맥락 속에서 창의 인재로 함께 성장하는 혁신학교
부산	2015	부산 다복학교	행복한 학교공동체를 지향하는 공교육의 새로운 학교 형태
서울	2011	서울형 혁신학교	평등교육과 전인교육을 지향하며 민주적, 창의적인 미래 인재를 육성하는 배움과 돌봄의 행복한 교육공동체
세종	2015	세종혁신학교	민주적 학교운영체제를 기반으로 전문적학습공동체와 자율과 협력의 생활공동체 문화를 형성하여 창의적 교육과정을 운영하는 공교육 혁신의 모델학교
울산	2018	서로나눔학교	서로 소통하고 존중하며 즐겁게 배우고 함께 성장하는 행복한 학교
인천	2015	행복배움학교	민주적 교육공동체 문화를 바탕으로 삶을 위한 배움이 있는 교육과정을 운영하여 교육의 공공성을 구현하는 혁신미래교육의 모델학교
전남	2011	전남혁신학교	학교 교육공동체의 협력적 참여로 민주적인 학교 문화를 조성하고, 역량 중심 교육을 위한 수업 혁신으로 창의적인 교육을 실현하는 공교육 혁신의 모델학교

시·도	지정 연도	명칭	개념
전북	2011	혁신학교	단위학교 내 학습공동체를 통한 교육과정 변화와 혁신학교 미경험 교원들의 성정을 위한 마중물 학교로서 교육과정 운영에 중심을 둔 민주적 학교문화 실천을 목적으로 하는 학교
제주	2015	다한디 배움학교	행복한 삶을 위해 배려와 협력 중심의 교육동체로 제주의 지역의 특성을 살린 새로운 학교문화를 선도하는 공교육 혁신의 모델학교

자료: 민병성(2019). 혁신교육 한 걸음. 미래교육 길이 된다. 2019 대한민국 교육자치 컨퍼런스 자료집.

생들의 삶과의 연계, 학교 교육력 제고, 공교육 내실화의 성공모델 창출과 보급 등이 포함되어 있음을 알 수 있다 (허 주 외, 2020).

주민직선에 의한 민선교육감 출범 이후 나타난 혁신학교에 대한 정책적 초점을 이해하기 위해서는 시·도 교육청별 운영목적과 중점과제를 살펴볼 필요가 있으며 <표 20-8>은 이를 정리한 것이다. <표 20-8>에서 구체적으로 살펴보면, 공통적으로 민주적 학교 운영체제로의 변화를 위한 학교 구성원의 민주적 자치 문화를 강조하고 있다. 이는 학교가 입시위주의 경쟁과 서열에 의한 기존의 학교문화에서 탈피하여 학교 구성원이 중심이 되어 함께하는 공동체 문화로 변화시키고자 하는 것이며, 교육과정 운영이 그 중심에 있음을 알 수 있다.

2) 혁신학교의 성과와 한계

혁신학교는 지방으로부터 시작되어 중앙정부의 정책으로 채택되는 과정을 거친 정책이기는 하나 성과와 한계를 역시 나타나고 있다 (김희규 2018; 허 주 외, 2020). 먼저 혁신학교는 기존의 위계적이고 경직된 학교 운영의 변화를 가져왔다는 점에서 가장 큰 의미를 찾을 수 있다. 학교장의 권한위임, 민주적 리더십 등이 발휘되었고 교사들 또한 민주적 학교 운영으로 인하여 학교 운영에 자발적으로 참여하면서 학교의 구성원이 공동체를 형성하였다. 반면, 일부학교에서는 학교장의 독단적이고 일방적인 학교 운영으로 교사들의 불만과 구성원의 갈등이 일어나기도 하였다. 아울러, 혁신학교에서는 학생의 학교 운영 참여는 대부분 형식적으로 이루어지고 있는 한계도 있었다.

〈표 20-8〉 시·도 교육청별 혁신학교 운영 목적 및 중점과제

시·도	운영 목적	중점 과제
경기	• 학생중심의 혁신교육 모델 제시 • 교육공동체의 참여와 협력으로 모두가 함께하는 혁신교육 실현 • 자생적이고 지속가능한 혁신학교 운영	• 민주적 학교운영 체제 구축 • 전문적 학습공동체 형성 • 창의적 교육과정 운영
강원	• 교육공동체의 자발성과 창조성에 기초한 학교자율·책임 경영 지원 확대로 공교육에 대한 신뢰성 제고	• 민주적인 학교운영 • 창의공감교육 운영 • 전문적 학습공동체 운영 • 지역사회와 함께하는 학교 운영
경남	• 행복학교의 원활한 추진과 운영 • 행복학교의 안정적 정착 및 질적 향상 • 학교문화 혁신을 통한 행복학교 일반화 추진 • 행복학교 질 관리 강화로 공교육 정상화 및 다양한 성공 모델 창출	• 민주적인 학교문화 조성 • 소통과 배려의 공동체 학교 형성 • 배움 중심의 교육과정 편성·운영 • 전문적 학습공동체 구축
경북	• 행복(나눔, 맞이)학교의 원활한 추진과 운영 • 행복(나눔, 맞이)학교의 안정적 정착 및 질적 향상 • 학교문화 혁신을 통한 행복학교 일반화 추진 • 행복학교 질 관리 강화로 공교육 정상화 및 다양한 성공 모델 창출	• 미래형 교육과정 운영 • 학생 참여형 수업 확산 • 민주적 학교 문화 조성 • 단위학교 자율 경영
광주	• 함께 배우고 나누는 행복한 학교 • 함께 배우고 나누는 행복한 학교 실현을 위한 공교육 성공모델 창출	• 교육활동 기반 조성 • 민주적 자치문화 • 나눔의 연구문화 • 삶을 가꾸는 교육과정
대전	• 협력과 나눔의 학교 문화 창출로 학교 교육의 자발성과 창의력 향상 • 학생들의 개성과 특성을 존중하며 능력을 계발할 수 있는 학교 교육 구현 • 민주적 자치 공동체와 전문적 학습공동체에 의한 창의성 교육으로 공교육 확신	• 새로운 학교문화 풍토 조성 • 전문적 학습공동체 구축 • 교육과정 중심 수업 혁신 • 민주적, 도덕적 생활공동체 운영

시·도	운영 목적	중점 과제
부산	• 교육공동체의 자발성과 민주적 소통 및 협력 중심의 학교문화 혁신 • 다 행복한 성과의 일반학교 확산을 통한 교육 혁신 기틀 마련	• 새로운 학교문화 조성 • 교사의 전문성 신장을 위한 학습공동체 구축 • 교육과정의 다양화 및 특성화 추진 • 교사가 수업과 생활교육에 전념할 수 있는 여건 조성
서울	• 학교혁신문화 확산 • 자율적·민주적·협력적 학교문화 형성을 통한 모두가 행복한 혁신 미래교육 실현	• 학교운영 혁신 • 교육과정 및 수업 혁신 • 공동체 문화 활성화
세종	• 학생의 전인적 성장과 행복교육의 구현 • 적극적 학습복지를 통한 교육의 공공성 구현 • 미래사회 필요한 핵심역량과 지속가능한 발전 도모	• 자율과 협력의 생활공동체 • 민주적 학교 운영체제 • 전문적 학습공동체 • 미래형 창의적 교육과정
울산	• 참여와 소통, 민주적인 학교문화를 바탕으로 민주시민으로서의 성장할 수 있는 생활공동체의 배움터가 되는 학교 • 삶과 연계한 교육과정 운영으로 학생의 전인적 성장과 발달은 돕는 학교 • 전문적 학습공동체 운영으로 교육공동체 모두에게 배움이 일어나는 학교 • 회복적 생활 관계 형성으로 안전하고 평화로운 학교 • 지속 가능한 혁신학교의 일반화로 울산의 공교육 모델로 성장하는 학교	• 협력과 소통이 있는 학교문화 • 전문성을 지향하는 협력적 운영 시스템 • 전인적 성장을 위한 교육과정 • 한명도 포기하지 않는 책임교육 • 배움의 전 영역에서 실현되는 생활교육
인천	• 더불어 배우고 함께 성장하는 행복한 학교를 통한 혁신교육 실현 • 다양하고 특색있는 교육과정 운영을 통한 공교육 정상화 모델 지향	• 창의·공감 교육과정 운영 • 전문적학습공동체 형성 • 윤리적 생활공동체 형성 • 민주적 운영체제 구축
전남	• 전남혁신학교(교육지구) 성공 모델 확산 및 학교혁신 일반화 • 일반학교 및 교직원 전남혁신학교에 대한 이해 확대 • 민주적 학교문화 확산 및 전문적 학습공동체 구축을 통한 학교혁신 기반 마련	• 새로운 학교문화 형성 • 맞춤형 교육과정 편성과 다양한 교육방법 실천 • 학부모와 지역사회의 협력적 파트너십 구축

시·도	운영 목적	중점 과제
전북	• 공교육이 새로운 모델 창출 • 자율적, 민주적, 협력적 학교문화 형성을 통한 모두가 행복한 혁신미래 교육 실현	• 따뜻한 학교공동체 • 민주적 자치 공동체 • 전문적 학습공동체
제주	• 존중과 참여의 새로운 학교 문화 형성 • 학교 운영의 자율화, 다양화, 특성화를 통한 미래지향적 학교 모델 창출 • 혁신학교 모델의 일반화로 공교육에 대한 교육 주체의 신뢰도 제고	• 존중과 참여의 학교문화 형성 • 배움중심의 교육활동 실천 • 교육활동 중심의 학교조직 개편
충남	• 참여와 소통으로 학교 운영 혁신 • 집단 지성을 통한 학교 교육력 확산 • 학생중심교육으로 교육과정, 수업 혁신	• 학교 운영체제 개선 • 학교 교육력 강화 • 교육과정, 수업, 평가 혁신
충북	• 교사를 믿고 따르며 창의적 교육활동을 통해 따듯한 품성을 갖춘 민주 시민으로 성장 • 학생들을 사랑하고 수업과 생활교육에 집중하며 보람있는 교육 전문가로 성장 • 소통과 협력을 통한 민주주의 학교 공동체 문화 형성	• 학교민주주의 실현 • 교육중심 학교 시스템 구축 • 교육과정–수업–평가 혁신

자료: 허 주 외(2020). 혁신교육 중·장기 발전 방안 연구

둘째, 혁신학교의 교사학습공동체는 교사들의 전문성 향상에 기여하였다. 교사학습공동체는 혁신학교에서 비교적 안정적으로 운영됨으로써, 교사들은 관련한 활동을 통해 그들의 전문성 신장에 도움을 받고 있다고 하였지만, 일부에서는 교사학습공동체가 형식적으로 운영되는 등의 문제를 노정하기도 하였다.

셋째, 혁신학교의 교육과정이 학생중심 및 배움중심으로 편성·운영되어 기존의 지식중심 교육에서 변화되었다는 것이다. 즉, 혁신학교는 학생의 경험과 탐구를 중시하고 학생에게 맞는 수업내용을 제공하기 위해 교육과정을 탄력적으로 변화시켜 수업의 내용 및 방법을 변하시키고 있으나, 기존 평가 방식이 존속되어 수업과 평가의 괴리는 여전히 큰 한계로 남아 있다.

넷째, 혁신학교의 학부모 및 지역사회 연계는 아직까지 큰 성과는 없는 것으로 나타났다. 혁신학교 운영에 학부모와 지역사회의 참여가 더욱 확산되고 있다고 하나, 대부분 피상적이고 형식적인 수준에 그치고 있어 논란이 지속적으로 제기

되어 있어, 학부모 및 지역사회의 혁신학교에 대한 이해와 공감대 형성이 이루어질 필요가 있다.

V 결론

1991년 지방교육자치가 본격적으로 도입되면서 교육 행정 및 정책의 지역화에 대한 요구가 가속화됨에 따라 지역교육발전을 위한 교육감과 시·도 교육청의 역할과 기능이 증대되고 중요해 질 것은 분명하며, 지역주민을 위한 교육활동을 효과적으로 연계·지원하고 관리하는 방향으로 나아갈 것으로 기대된다. 또한, 국가수준에서의 교육 정책은 보편적인 교육 가치를 중시하고, 이를 바탕으로 기본적이고 일반적인 교육정책 수립을 통해 균형적인 국가발전을 도모할 필요가 있다. 반면, 지역수준에서의 교육정책은 지역의 특수성과 차별성을 가지면서 지역주민의 교육적 요구를 적절하게 반영하여 지역발전을 도모해 나가야 한다. 그러나 그동안의 교육정책은 중앙정부 중심의 정책수립 및 집행으로 인해 지역의 교육적 특수성이 무시되거나 배제되는 경우가 많았으나, 교육감이 주민직선으로 선출되면서 지역중심의 교육정책을 마련하고 실행하고자 하는 노력들이 이루어져 왔다.

그 과정에서 중앙정부와 대립하거나 지방자치단체장과 갈등을 노정하기도 하였으며, 중앙정부에 비해 상대적으로 정책을 개발하고 조정하는 역량이 부족하다는 비판이 제기도 하였다. 그러나 이제는 교육의 자주성과 전문성, 지방교육의 특수성을 보장하는 지방교육자치는 활성화되고 있으므로, 중앙정부, 시·도 교육청, 지역교육청, 단위 학교라는 연계 속에서 주민의 대표성을 바탕으로 교육감과 시·도 교육청은 지역교육정책을 주도해 나가되 중앙과 지방 간의 교육정책에 대한 견제와 균형, 협력이 적절히 이루어질 필요가 있다. 아울러, 지역교육정책을 개발하고 집행하는 정책담당자들에 대한 전문성 및 역량제고 노력이 뒷받침되어야 할 것이다.

끝으로, 지방교육자치가 최종적으로 도착하여야 할 곳은 교육감이 있는 시·도 교육청이 아니라 단위 학교라는 점에서 교육자치의 변화는 학교가 체감하는 교육자치를 지향해야 하며, 학교 단위에서 필요한 과제를 발굴하고 해결해 나가기 위한 관심과 노력이 뒤따라야 할 것이다.

제21장 과학기술 정책과 지방대학

▶▶▶ 홍형득

I 서론

코로나19 사태가 장기화하면서 한국 사회는 지금까지 경험하지 못한 새로운 환경과 특정영역에 한정되지 않은 난제들이 등장하는 뉴노멀 상황을 경험하고 있다. 1970년대 리텔·웨버(Rittel & Webber, 1973)가 대중화한 수많은 난제(Wicked Problem)들의 등장 속에 한국 사회에서 환경변화와 도전은 매우 급격하게 그리고 복합적으로 일어나고 있다.

2010년대 유행한 노래 '벚꽃 엔딩'은 최근 대학의 위기를 진단하면서 자주 등장하는 말이다. 벚꽃 피는 순서, 즉 수도권에서 먼 대학부터 '진다'는 뜻이다. 학령인구 감소로 대학을 지원하는 학생들이 크게 줄어들면서 대학의 대규모 미달 사태는 지방 대학을 중심으로 본격 시작됐다. 벚꽃엔딩과 지역소멸, 저출산과 학령인구의 감소, 이제 현실 사회문제가 되었다. 지방대학의 문제, 지역의 문제가 아니라 근본적인 사회문제가 되었다. 지방대학은 지역의 경제·문화·복지 등 지역 생활의 중심이고, 단순히 고등교육기관이 아니라 지역의 주민들이 문화적 소양을 함양할 수 있는 장소를 제공하는 역할을 수행하고 있다 (조인식, 2021).

한국 지역소멸이 우려되는 지역은 80여 곳이나 되고 있다. 2020년 5월 기준, 국고용정보원이 발표한 각 시군구의 가임여성 숫자와 65세 이상 고령 인구수의 비율인 지역소멸위험지수가 0.5에 못 미치는 '소멸위험지역'으로 분류된 지역은 260개 시군구 중 105곳으로 나타났다. 특히 경북 군위·의성·청송, 전남 고흥, 경남 합천 등 22곳은 0.2 미만인 소멸고위험지역이었다 (한겨레 2021.6.1.일자). 일부 지방대학이 폐교되면서 대학을 중심으로 한 지역산업 생태계 자체가 흔들리고 있다. 설상가상 코로나로 비대면수업 장기화로 지역의 어려움은 가중되고 있다.

이들 문제는 최소 20년 전부터 사회문제로 등장하였고, 문제해결을 위한 정부정책과 많은 예산이 투입되었지만 상황은 더 나아지고 있지 않다는 데 더 큰 문제가 있다. 장기적이고 복합적인 문제를 단기적이고 단편적인 정책 대응으로 문제해결 생태계조성에 성공하지 못하고 있다.

세상의 모든 것이 그렇듯이 어떤 정책문제도 그 자체가 전체일 수 없기 때문에 부분이 아닌 전체를 실제의 공간적 연관성, 정치적 동태성, 역사적 경향과 의미 속에 넣고 맥락지향적인 접근을 할 필요가 있다 (허범, 1992). 21세기 복합적인 난제를 20세기의 아이디어와 19세기의 정책수단으로는 풀리지 않는다. 낡은 아이디어와 낡은 정책수단으로 풀 수는 없을 것이다. 우리는 새로운 아이디어 새로운 정책수단 찾아야 하는 숙제를 안고 있다.

특히 지방대학의 문제는 해당 지역의 지역혁신체제(Regional Innovation System) 속 과학기술역량과 매우 밀접한 관련성이 있는 환경으로 근본적인 요인 중의 하나이다. 지역 산업의 육성과 혁신역량강화로 지역일자리 창출은 곧 지역소멸과 지방대학의 문제해결의 단초가 될 수 있을 것이다. 그러므로 지역혁신역량의 현황과 지방대학의 역량과 정책적 대응에 대한 진단의 필요성이 있다.

이 글에서의 연구 질문은 다음과 같다. 첫째, 지역소멸과 지방대학의 문제상황에 대한 진단 그리고 문제원인은 무엇인가? 둘째, 지금까지 정부 정책은 어떻게 대응하고 있는가? 셋째, 그 정책효과는 어떻게 나타나고 이는가?

이 질문을 통해 지역혁신체제 속에서 지역의 과학기술역신역량의 변화를 수도권과 비수도권 측면에서 분석하고 지방대학의 현황분석과 문제해결방안을 찾으려고 한다.

Ⅱ 지역혁신체제와 대학의 역할

1. 국가혁신체제와 지역혁신체제

지역혁신은 과학기술을 통한 지역의 발전이라는 서로 다른 두 가지 개념이 복합적으로 융합되어 있는 개념이다. 혁신체계라는 개념은 프리만(Freeman, 1987)이 국가 과학기술 발전을 위한 다양한 요소를 분석의 틀에 포함시켜 혁신체제론으로 발전시킨 것이 다. 그는 1980년대 비약적으로 성장한 일본경제를 분석하기 위한 연구모형으로서 국가혁신체제(NIS, National Innovation System)를 사용하였다. 국가혁신체제를 상호협력을 통해 신기술을 창출하거나 수입, 수정 및 전파하는 공공 및 민간부문의 네트워크로 정의하였다. 혁신체제론은 특히 혁신 환경의 변화에 대응하는 조직과 그 변화 과정에 초점을 맞춘 시스템의 동학을 중시한다. 한편, 불확실한 상황 속에서 다양한 주체들의 네트워크 과정에서의 혁신을 분석하고, 나아가 기술의 변화 또한 제도 및 조직의 진화 과정과 연결시켜 파악하고자 하였다.

국가혁신체계(NIS)는 1980년 중반 이후 혁신체제 논의가 본격화되면서 확산되기 시작하였다. 넬슨(Nelson, 1982)은 국가혁신체제를 '그 상호작용이 국가 내 기업의 혁신성과를 결정하는 조직들의 집합체로 정의하고 혁신주체 혹은 조직이 어떤 제도 속에서 혁신성과를 만들어 내는지에 관심을 보였다. 룬드발(Lundvall, 1992)은 혁신체제를 국가시스템의 경계 안에 존재하는 포괄적이고 일반적인 생산방식과 이와 연계된 혁신주체들의 가치사슬상의 상호작용으로 설명하였다. 룬드발이 제기하는 국가혁신체제의 구성요소는 기업 내부 조직과 조직간 연계 및 학습 과정, 기업간 협력과 경쟁을 통한 상호작용, 연구개발(R & D)시스템과 자원동원능력, 공공부문과 정부정책으로 이루어져 있다.

지역혁신체제는 지역단위에서의 혁신체제에 관한 논의이며 지역의 혁신활동에 초점을 두고 있다. 지식기반경제로의 전환에 따라 국가단위보다 지역단위의 상호작용과 공동학습이 경쟁력 창출에 더욱 적합하다는 인식에서 비롯되었으며, 쿡(Cooke, 1997) 등의 연구를 통해 지역혁신체계 개념이 정립되었다. 지역 단위에서의 집적활동이 지식의 창출과 확산을 위한 공간으로서 국가적 단위보다 설명력이 높다는 것이다 (Morgan, 2007).

그 동안 국내에서 지역혁신시스템은 연구개발특구, 테크노파크, 사이언스파크, 사이언스밸리, 테크노밸리, 첨단복합단지, 혁신클러스터 등 다양한 명칭과 형태로 추진되어 왔다 (임종빈 외, 2012). 이처럼 다양한 용어 및 모형이 혼재되어 사용되고 있는 이유는 해외에서 각국의 산업특성 및 경제적 상황에 맞도록 개발된 모델을 국내에 도입하면서부터 여러 모델의 기능과 용어를 통일하는데 어려움이 존재했기 때문이다 (홍형득, 1997). 이러한 의미에서 지역혁신체제는 일정한 동질성을 지니고 있는 지역의 기술변화를 촉진시키기 위한 유기적인 개방체제이자, 지역의 다양한 주체가 밀접하게 상호협력하고 공동학습하는 제도적 장치를 의미한다 (이성근 외, 2004; Cooke, 1996, 석명섭 외, 2017).

쿡(Cooke et al., 1997) 등은 지역혁신체제의 구성요소로 지역, 혁신, 체제로 제시하고 각각의 의미를 설명하였다. 지역은 정치, 경제, 문화 등 복합적인 요인들로 서로 다른 궤적을 그리며 발전해 온 지리적 단위를 의미한다. 지역혁신체제에서는 지역의 범위에 대한 논의가 매우 중요한 주제이지만, 지역은 제도적 네트워크와 제도적 밀집성이 발전될 수 있는 공간적 범위이기도 하다 (Amin & Thrift, 1994). 혁신은 슘페터(Schumpeter, 1934)가 정의한 바와 같이 기존에 존재하지 않았던 모든 형태의 신제품 및 서비스의 제작과 공정과정에서의 변화와 새로운 산업 조직을 의미한다. 혁신 과정을 이해하는데 있어서 진화주의적 관점이 유용한 이유도 이러한 혁신 활동이 과정과 학습뿐만 아니라 기업들 간의 협력과 경쟁적인 관계에서 이루어진다고 가정하기 때문이다. "체제"는 지역혁신체제를 이해하는데 매우 핵심적인 주제이며 가장 난해한 구성요소이다. 쿡(Cooke et al., 1997) 등은 지역혁신체제의 혁신역량을 증진시킬 수 있는 제도적 요소들 가운데 다음과 같은 세 가지 제도가 가장 핵심적이라고 제시하였다. 첫째, 금융부분은 지역혁신체제에서 매우 중요한 부문이다. 둘째는 학습 경제(learning economy)이다. 학습경제는 혁신을 모니터링하고 평가하고 습득하는 능력을 의미한다 (Cooke et al., 1997: 485). 마지막으로 지역혁신체제에서 강조되고 있는 체제는 지역의 생산적인 문화이다 (석명섭 외, 2017).

지역혁신체제의 주요 구성요소는 신기술을 창출, 전달, 공급, 확산시키는 대학이나 연구기관의 연구개발시스템, 이러한 신기술개발에 대하여 필요(needs)를 제기하고 그 결과를 흡수·활용할 수 있는 생산시스템, 지역내의 산·학·연 연계 및 지역의 과학기술혁신체제를 구성하는 모든 조직들의 연계관계를 활성화시키고 효율화시킬 책임이 있는 중앙정부와 지방정부이다 (홍형득, 2010).

지역혁신체제는 구성요소들의 네트워크를 통한 상호작용 속에서 인력, 재정, 정보, 자문, 및 의사결정의 여러 가지 요소들이 시너지효과를 내면서 보다 빠른 기술적 혁신을 이루게 된다 (Koschatzky, 1993). 지역혁신체제의 운영측면에서 지방정부가 수행해야 할 역할은 지역 내의 산·학·연간에 기술의 개발·보급·확산의 연계관계가 활성적이고도 지속적으로 일어날 수 있도록 기획·점검·촉진·조정하고, 첨단산업이나 연구기관들을 유치하는데 필요한 지방세의 감면, 융자알선, 도시개발 보조금의 지급, R&D컨소시엄 형성과 지원, 기술훈련센터의 설립, 혁신센터의 설립과 기타 정보통신, 고속도로, 산업공원 등 필요한 하부구조를 창출하고 개선하는 일을 통해 지원기능을 수행하는 일이다 (최영출, 1992). 이처럼 지역혁신체제는 지역혁신주체로서 지방정부, 대학, 연구기관 및 기업을 중심으로 한 활동주체들이 원활한 지역발전을 위한 역할을 할 수 있도록 제도와 거버넌스, 혁신인프라 등의 혁신환경을 구축하여야 한다 (홍형득, 2008).

결국 지역혁신체계의 목적은 지역의 혁신역량, 즉 학습과 상호작용을 통해서 새로운 지식을 창출하고 이를 확산시켜 응용, 활용할 수 있는 지역의 능력을 일련의 시스템으로 구축하는데 있다. 특히 이 과정에서 지역이 가진 규칙, 관습, 관행 등과 같은 제도와 기업, 정부기관, 연구소, 대학 등 다양한 주체들의 상호연관성 속에서 지식의 창출, 확산, 응용의 선순환 과정이 지역발전과 경쟁력으로 나타나게 된다.

2. 지역혁신체제와 대학의 역할

지역혁신체계에서 지방대학의 역할은 우선은 지식생산자로서의 역할이며, 지식의 전달자로서의 역할, 지식의 유통 및 활용주체로서의 역할로 나눌 수 있다. 이는 대학이 지닌 본연의 역할인 연구를 통한 지식의 창출, 교육을 통한 지식의 전달, 사회봉사 및 사회적인 참여의 역할을 의미한다. 대학이 지역에서 정상적인 역할을 하기 위해서는 대학본연의 역할인 연구, 교육, 사회봉사 및 참여를 통해 지식의 생산, 확산, 활용으로 이어지는 지역혁신체계의 혁신생태계가 효과적으로 작동할 수 있는 혁신역량을 갖추고 있어야 한다.

지역에서의 대학은 대학의 본질적인 역할에 기초하여 지역산업에 우수한 인재공급을 통한 지역 산업의 발전, 지역 연구개발(R & D)발전에 기여할 수 있으며 동시에 이를 통해 우수한 학생의 지원 및 대학의 경쟁력 강화를 제고할 수 있다. 지역대학은 지역혁신에 대한 기여를 높여, 인재확보, 인재교육, 인력배출 및 지역혁신 기여의 선순환 구조가 형성될 수 있도록 해야 한다.

대학은 교육을 통해 인재를 양성하고 새로운 지식을 확산시킨다. 대학에서 창출된 지식과 더불어 전 세계에서 창출되는 새로운 지식들이 대학을 통해 흡수되고 연구되어 지역민들에게 새롭게 이식되는 것이다. 지역에서 대학은 단순히 교육기관이상의 의미를 갖는다. 초고령 사회에 접어들고 있는 요즘 지역에서의 대학은 교육·경제·문화 등 젊은 청년들이 만들어내는 지역 활력의 중심이고, 지역의 주민들이 문화적 소양을 기를 수 있는 역할을 제공하고 있다.

지역혁신체제에서 대학의 역할은 지식의 생산자로서, 또한 지식의 전달자로서의 역할은 전통적인 대학 본연의 기능인 연구, 교육기능과 관련이 있다. 대학이 지닌 또 다른 역할은 지역사회에 대한 봉사와 요구에 적극적으로 참여하여 지역사회 발전에 기여하는 것이다. 이러한 대학의 역할은 대학에서 창출된 묵시적인 지식을 응용·활용하여 경제적 가치로의 전환함으로써 지역경제 발전에 직접적인 기여를 의미한다. 또 다른 한편으로는 대학에서 창출된 지식이 지역에서 공공 가치와 이념을 형성하고 지역사회의 문화와 구성원의 통합을 촉진시키는 역할을 하기도 한다.

이처럼 지역혁신체계에서 대학은 매우 핵심적인 역할을 한다. 지역의 혁신주체로서 새로운 지식을 창출하는 역할을 담당하고, 새로운 지식을 지역에 확산시키고 정착시키는 역할도 담당할 수 있다. 한편 최근 대학은 기존에 기업이 담당해오던 지식의 응용과 활용, 이를 통한 혁신의 창출까지 담당하게 되면서 지역에서 대학은 지식의 생산·확산·활용 등 전주기적인 역할의 중심이 되고 있다.

3. 지역혁신체제의 과학기술혁신역량 분석모형

과학기술혁신역량은 한국과학기술기획평가원(KISTEP)에서 사용하고 있는 한국의 과학기술혁신 역량 수준을 진단할 수 있는 복합지수 모형(국가 과학기술혁신 역량평가, COSTII)과 그 결과를 분석하고자 한다. 과학기술혁신 역량평가는 국가혁신체제(NIS, National Innovation System)의 기본 틀에 기초하여 투입, 활동, 성과에 이르는 전주기적 활동을 포괄적으로 측정하였다. 과학기술의 혁신역량은 자원, 활동, 네트워크, 환경 및 성과의 5개 부문, 13개 항목별 지표 구성되어 있다. 구성요소 각각의 역량과 요소들 간의 원활한 상호작용에 의해 결정된다는 시스템적인 관점에서 접근하고 있다. 지역별 과학기술혁신 역량평가(R–COSTII)는 COSTII 평가모형에 기초하여, 투입, 활동, 성과에 이르는 전주기적 활동 전 과정을 5개 부문으로 구조화하여 평가한다. 변화는 2013년부터 2020년까지의 지수의 변화를 분석하였다.

자원 부문 지표(Resources Indicator)는 과학기술활동을 수행하는 주체로서 인적자원, 혁신주체들을 결집하는 조직의 역량, 인적자원에 암묵적으로 축적된 지식스톡 등 과학기술활동의 기초자원을 측정하였다. 활동 부문 지표(Activities Indicator)은 각 경제주체 활동수준을 물적 자원 규모와 배분 정도를 측정하는 지표들로 연구개발투자와 연구활동의 활성화 정도를 파악하고, 성과의 확산·활용 정도를 측정하였다.

네트워크 부문 지표(Network Indicator)는 지역 내에 연구개발을 위한 네트워크가 얼마나 활발하며, 이를 통한 지식의 흐름, 기술확산 등 협력활동이 얼마나 효과적으로 이루어지는가를 파악할 수 있는 지표로 산·학·연 협력, 기업 간/정부 간 협력, 국제 협력 항목을 중심으로 평가한다. 환경 부문 지표(Environment Indicator)는 연구혁신활동이 효과적으로 이루어질 수 있는 여건이 충분히 구축되어 있는가를 파악할 수 있는 지표로 지원제도와 교육/문화, 인프라 항목으로 구성된다. 성과 부문 지표(Performance Indicator)는 과학기술활동을 수행한 결과 구체적인 성과가 나타나고 있는가를 파악할 수 있는 지표로 경제적 성과와 지식창출 항목으로 구성된다 (KISTEP, 2021).

Ⅲ 한국 지역 과학기술혁신역량 변화와 지방대학 현황분석

1. 지역과학기술혁신역량

한국 광역시도 지역별 과학기술혁신 역량지수의 시계열 변화는 [그림 21-1]에서 보는 바와 같이 한국 과학기술역량 지수는 경기, 서울 및 대전 등 수도권 선도지역과 비수도권 지역으로 구분할 수 있으며 수도권 등 선도지역과 비수도권 즉 다른 지역간의 격차가 더 확대되고 있어, 지역간 양극화와 불균형이 심화되고 있는 것으로 보인다.

국내 17개 광역시·도 중 경기의 과학기술혁신 역량이 7년 연속 최상위를 차지하고 있다. 2020년 R-COSTII 점수는 경기가 22.801점으로 서울(20.282점), 대전

[그림 21-1] 지역 과학기술혁신역량(R-COST Ⅱ) 시계별 변화

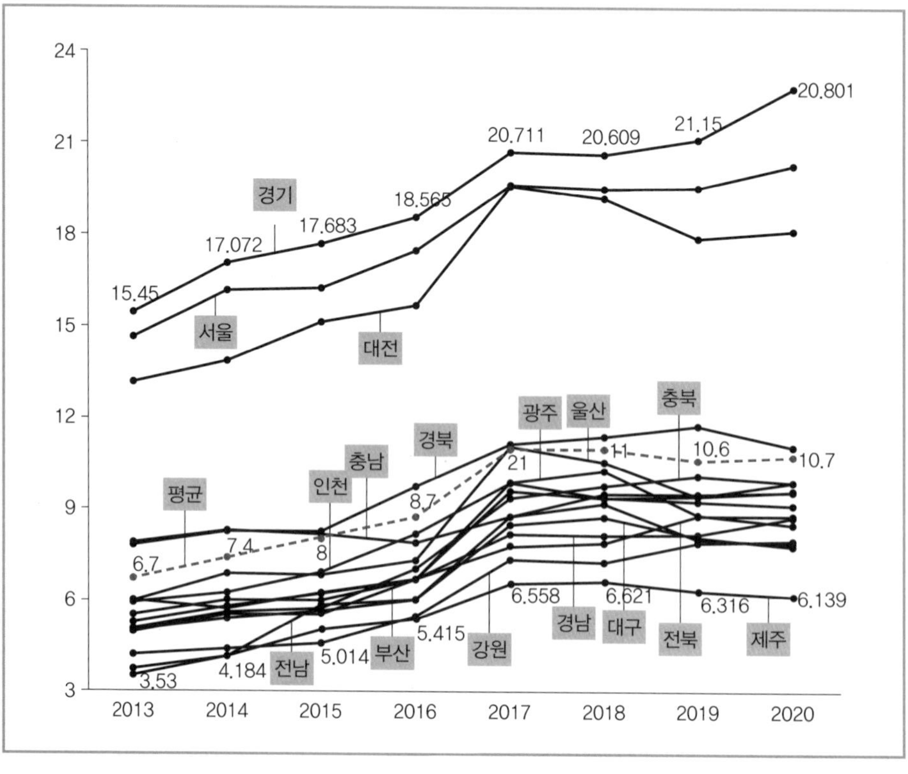

(18.129점)과 선도지역을 형성하고 있다. 2020년 17개 모든 지역은 7년 전보다 혁신역량이 개선되었으며, 경기, 세종, 서울의 역량성장이 가장 높은 것으로 나타났다 (KISTEP, 2021).

2020년 5개 부문별 지역 과학기술혁신 역량평가 결과 서울은 자원, 네트워크, 성과 3개 부문에서 1위이고, 경기는 활동, 전북은 환경 부문에서 1위로 나타났다. 네트워크 부문이 가장 취약하고 환경부문이 최상위지역과 최하위지역간의 차이가 가장 적은 것으로 나타났다. 영역별로는 자원과 활동영역은 지역별 편차가 크게 나타나고 있으나 환경영역은 중간정도의 비슷한 수준인 것으로 나타났다. 네트워크영역은 대부분의 지역에서 역량수준이 낮은 것으로 나타나 지속적인 개발이 요구된다고 하겠다.

1) 자원: 인적자원, 조직 및 지식자원

인적자원은 2018년 총 연구원 수는 경기와 서울이 각각 182,654명, 127,350명으로 가장 많으며, 대전(36,361명), 경남(21,908명), 인천(20,197명) 순으로 연구원의 절대 규모 면에서 상위 2개 지역과 나머지 지역 간의 편차가 큰 것으로 나타났다.

조직자원으로 과학기술활동을 수행하는 조직과 특허 및 연구개발수행조직 수는 역시 경기와 서울에 58%로 집중되어 있다. 2018년 국내 30위권 대학의 비중은 서울에 38.9%로 절반가량 집중되어 있으며 다음으로 경기 11.1%, 부산, 대구, 광주, 대전, 울산, 강원, 경북은 각각 5.6%이다. 2018년 한국 R&D 투자 상위 1000대 기업의 절반 이상이 경기, 서울을 포함한 수도권에 집중되어 있다. R&D 투자 상위 1000대 기업은 경기 493개, 서울 266개씩 소재하고 있으며, 다음으로 충남 83개, 인천 69개, 충북 69개 순으로 나타났으며 인천, 대전, 경남 등은 상위 R&D 투자 기업의 수가 전년보다 감소한 것으로 나타났다 (KISTEP, 2021).

광역시·도별로 축적한 지식수준은 과학기술 연구 활동과 관련된 현 시점의 지식 스톡으로 과학기술논문(SCI)과 국내 특허의 5년간 누적치를 지식자원의 대표 지표로 사용하였는데 서울이 2.0점으로 최상위, 경기(1.4점), 대전(0.5점) 순으로 상위권을 형성하고 있으며, 이들 지역을 제외한 다른 지역은 모두 평균보다 낮은 수준이다.

2013년 지역평균 100기준으로 자원부문 지역별 상대적 역량수준은 [그림

[그림 21-2] 자원부문 지역별 상대수준(2013년 지역평균 100기준)

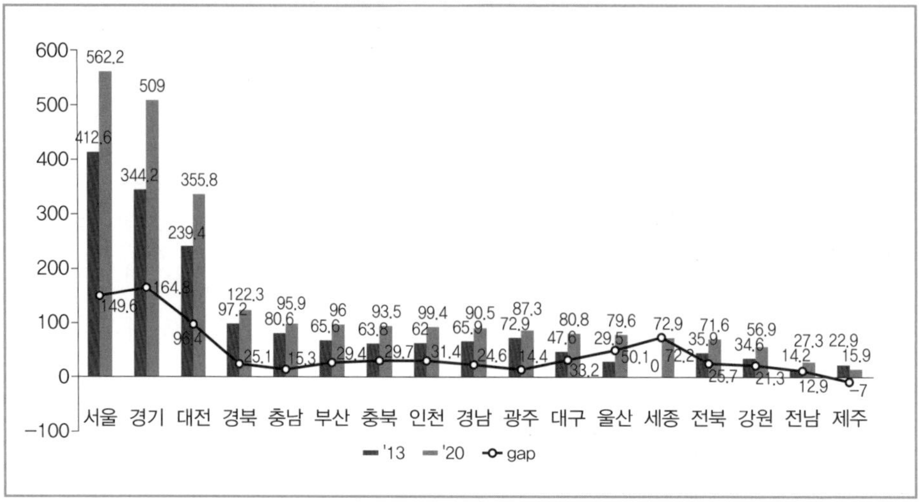

21−2]에서 보는 바와 같이 서울, 경기, 대전 순으로 각각 5.6배, 5배, 3.3배 증가하였으나 나머지 지역은 경북이 1.2배 증가한 것 외는 모든 지역이 2013년 평균에 도달하지 못하고 있는 것으로 나타났다.

지역별 2013년 대비 2018년 자원부문 증가율은 [그림 21−3]에서 보는 바와 같이 대부분의 지역에서 연구개발수행조직 수는 51%에서 161%까지 증가하였다. 총

[그림 21-3] 지역별 2013년 대비 2018년 증가율(자원부문)

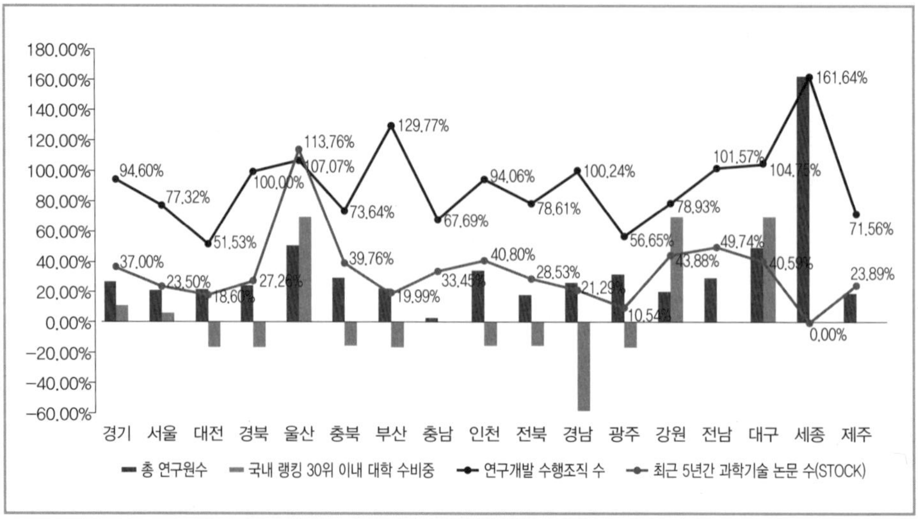

연구원 수는 세종의 경우를 제외하면 대부분의 지역에서 20~30% 정도로 소폭 증가한 것으로 나타났다. 반면 성과측면인 최근 5년간 과학기술논문 증가율은 0%에서 113%까지의 분포로 지역별 편차가 크게 나타나고 있고, 국내 랭킹 30위 이내 대학 수는 울산과 강원 및 대구를 제외하면 대부분의 지역에서 역성장한 것으로 나타났다.

2) 활동: 연구개발투자, 창업사업화 활동

활동 부문 지수는 경기(6.5점)가 최상위이고 다음으로 대전(4.9점)과 서울(2.8점)이 17개 광역시·도 평균(1.7점)보다 높은 수준이다. 연구개발투자 항목 지수는 경기가 4.5점으로 1위이며, 대전(4.5점), 서울(1.3점) 순으로 상위권을 형성하고 있다. 17개 광역시·도 평균은 1.2점으로 강원(0.19점), 제주(0.25점)의 연구개발투자는 상대적으로 낮은 지역이다. 2018년 경기의 연구개발투자액은 43조 6,153억원으로 최상위이며, 그 다음으로 서울(13조 4,754억원)과 대전(7조 9,922억원)순으로 높게 나타났다. 2018년 GRDP 대비 정부에서 투자하는 R&D 규모는 대전(13.7%)이 타 지역에 비해 월등히 높으며 대전과 세종을 제외한 지역은 평균보다 낮은 수준이다. 이는 국가R&D사업을 수행하는 정부출연연구소와 관련 기관이 대전에 많이 위치하기 때문으로 보인다.

[그림 21-4]에서 보는 바와 같이 2013년 지역평균 100을 기준으로 자원부문 지역별 상대적 역량수준은 경기, 대전, 서울 순으로 5배, 3.8배 및 2.1배 증가하였다. 경북, 충남, 인천 경남의 경우 2013년 평균수준에 머물고 있으나 그 외 지역은 그 수준에도 도달하지 못한 것으로 나타났다.

2018년 대학의 기술이전 대상 건수는 서울의 기술이전 건수가 1,311건으로 서울에 집중되고 있으며 다음으로 경기 1,152건, 부산428건, 대전 350건 순으로 지역간 편차가 매우 심하다. 국가연구개발사업을 통한 사업화 건수 역시 경기와 서울에 집중되어 있다. 서울과 경기의 사업화 건수는 각각 5,920건, 3,420건이다. 미래 잠재적 성장성을 측정할 수 있는 신규 INNOBIZ(기술혁신형 중소기업) 수 역시 2019년 경기(447개)가 최상위권이며, 다음으로 서울(199개)의 수가 많다. 그러나 2012년 이후 신규 INNOBIZ 수는 전반적으로 감소하고 있는 것으로 나타났다(KISTEP, 2020).

[그림 21-4] 지역별 활동 영역 상대수준(2013년 지역평균=100%일 때 상대수준)

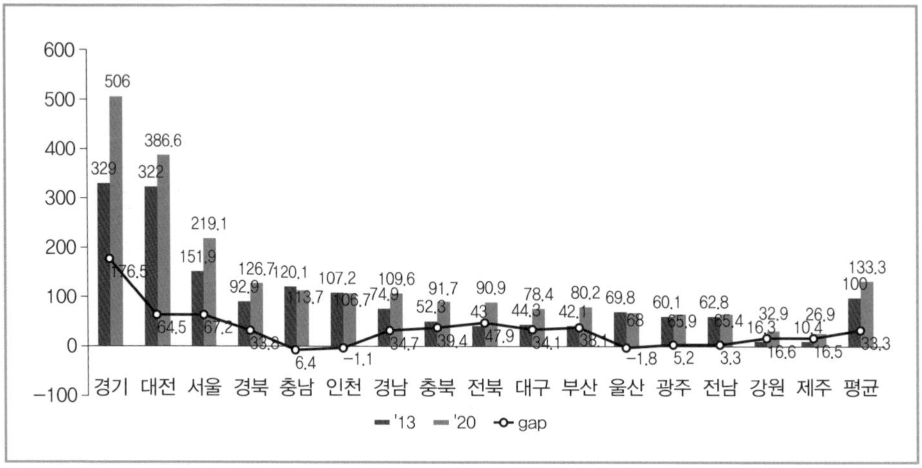

[그림 21-5]에서 보는 바와 같이 활동부문 지역별 2013년 대비 2018년 증가율은 가장 큰 폭으로 증가한 활동영역은 대학 기술이전대상 수의 증가율로 충북의 경우 278%증가하였고, 그 다음 전북과 울산 순으로 증가율이 높았다.

국가연구개발사업 사업화수 증가율은 울산이 가장 높은 193%, 그 다음이 전북으로 182%, 광주 134%순으로 나타났다. 연구개발투자액 증가율은 대구가 가장 높은 61%, 부산 60%, 경기 59%순이다. 반면 신규 INNOBIZ기술혁신형 중소기업 수는 전북, 전남을 제외한 모든 지역에서 감소한 것으로 나타났다.

[그림 21-5] 지역별 2013년대비 2018년 증가율(활동부문)

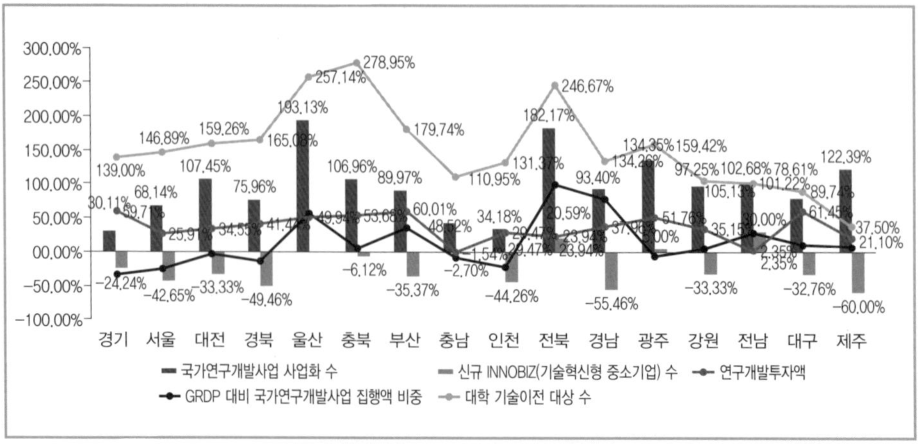

3) 네트워크: 산학연 협력, 기업간 정부간 협력, 국제협력

네트워크는 지역내에서 혁신주체들의 활동이 얼마나 활발하게 이루어지고 있으며, 네트워킹을 통해 지식의 흐름, 기술 확산 등의 협력이 얼마나 효과적으로 이루어지를 측정한 것이다. 2020년도 네트워크 영역 1위는 서울이며, 각 지역 순위 변동이 상대적으로 큰 것이 특징이다. 서울(2.934점), 경기(2.487점)는 5년 연속 각각 8년 연속 1위, 7년 연속 2위를 유지하고 있으며, 부산은 전년 대비 3단계 상승하여 3위(1.735점)였다. 전북, 제주, 강원지역이 하위권으로 나타났다.

지역별 네트워크 영역 상대수준은 서울 248, 경기 210, 부산 127, 경북 146순으로 대구, 경북 및 전북의 경우 2013년 수준보다 낮은 것으로 나타났다.

환경부분은 지원제도, 인프라, 교육문화항목으로 [그림 21-7]에서 보는 바와 같이 2013년 수준에 비해 지역별로 평균적으로 가장 많은 역량이 증가한 것으로 나타났다.

[그림 21-8]에서 보는 바와 같이 네트워크 및 환경부문 지역별 2013년 대비 2018년 증가율은 지역별 항목별로 편차가 매우 많이 나타난 것이 특징이다. 국가연구개발사업 집행 중 중소기업간 협력 비중의 경우 인천과 충북이 가장 많이 증가하였고, 전북의 경우 큰 폭으로 하락한 지역도 있다. 산학연 협력기반 과학기술 논문 수는 충천북도와 강원도가 가장 증가율이 높으나 경기, 서울, 대전을 비롯한 많은 지역에서 마이너스 성장을 한 것으로 나타났다. 산학연 협력 과학기술 논

[그림 21-6] 지역별 네트워크 영역 상대수준(2013년 지역평균=100%일 때 상대수준)

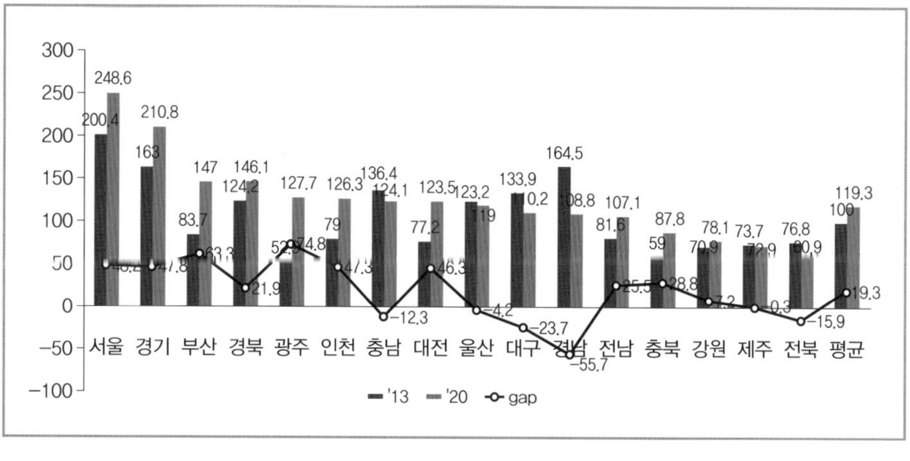

[그림 21-7] 지역별 환경 영역 상대수준(2013년 지역평균=100%일 때 상대수준)

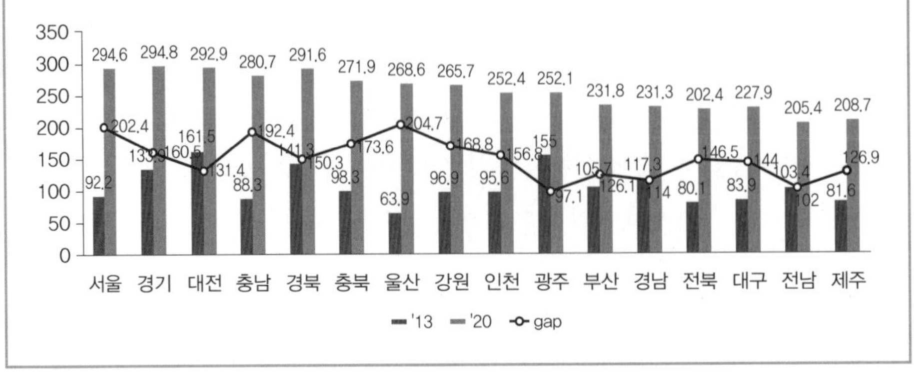

[그림 21-8] 지역별 2013년대비 2018년 증가율(네트워크 및 환경부문) (단위: %)

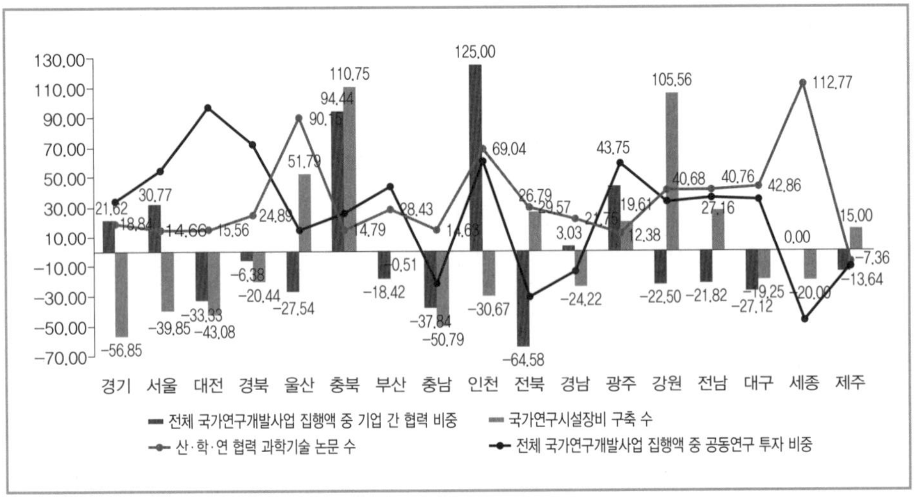

문 수는 혁신도시로의 기관이전 등으로 울산과 인천이 가장 증가율이 높게 나타났다. 반면 대전과 인천 및 광주가 가장 큰 폭으로 증가한 영역으로 나타났다.

4) 성과: 경제적 성과와 지식 창출

[그림 21-9]에서 보는 바와 같이 2013년 지역평균 100을 기준으로 지역별 성과 영역 상대수준은 역시 서울 264, 경기 210, 대전 195 순으로 성과 역량이 높은 지역으로 났다. 반면 경북과 울산의 경우 마이너스 성장을 한 것으로 나타났으며, 다른 대부분의 지역은 소폭성장을 하였다. 성과영역은 상대적으로 지역간 편차가

[그림 21-9] 지역별 성과 영역 상대수준

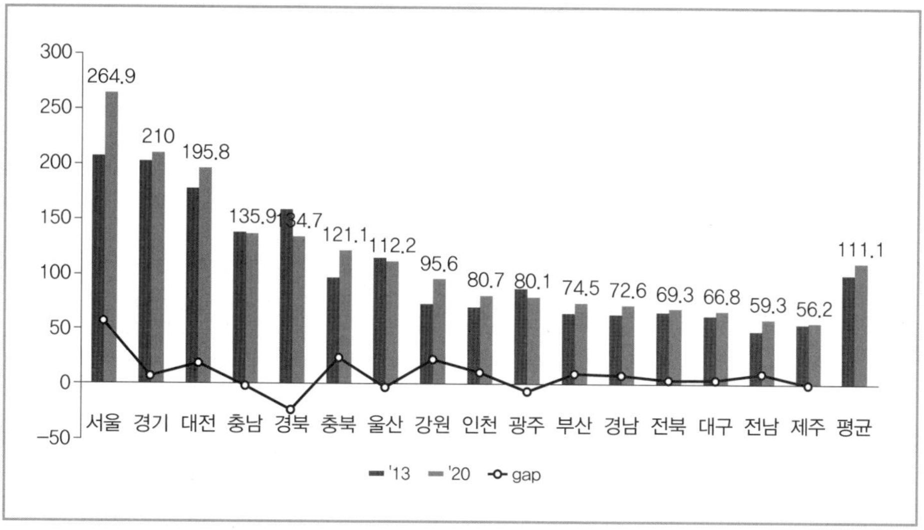

크지 않으나 역시 9개 지역에서 2013년 평균수준에 못미치는 수준인 것으로 나타났다.

[그림 21-10]에서 보는 바와 같이 성과문 지역별 2013년 대비 2018년 증가율은 지역별 편차가 크다. 국가연구개발사업 당해 연도 기술료징수액은 전남이 가장 큰 폭으로 증가하였고, 그다음이 전북과 서울 및 광주 순으로 높은 증가율을 보인 것으로 나타났다. 연간 국내특허 등록수의 증가율은 세종이 가장 높고, 그 다음이

[그림 21-10] 지역별 2013년대비 2018년 증가율(성과부문)

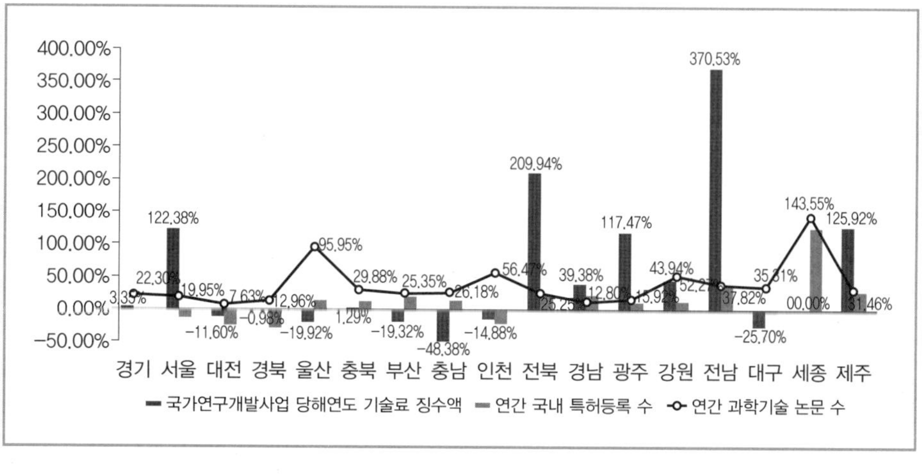

전남, 경남 및 전북 등의 지역에서 소폭의 상승이 있었으나 대부분의 지역이서 마이너스 성장을 하거나 변동이 크지 않은 것으로 나타났다.

과학기술논문수의 증가율은 연구기관의 이전이 많았던 세종시가 가장 높고, 울산과 인천의 증가율이 높게 나타났다.

5) 지역간 과학기술 역량수준의 변화와 지역내 총생산 비중변화

2013년부터 2020년까지 각 부문별 역량수준이 가장 높은 지역과 가장 낮은 지역간의 상대적인 수준의 차이변화는 [그림 21-11]에서 보는 바와 같다. 모든 영역에서 지속적으로 지역간 역량 차이는 확대되고 있는 것으로 나타났다.

가장 차이가 많이 나는 부분은 자원영역이고 그 다음이 활동영역으로 증가하고 있다. 상대적으로 차이가 적게 나는 영역은 네트워크와 환경영역이지만 그 차이의 증가는 다른 영역과 다르지 않다. 다만 혁신도시와 세종시 건설 및 행정부처의 지역이전과정이 본격적으로 일어나고 있었던 2014~18년 사이는 미세한 지역간 격차의 감소현상이 있었으나 그 이후 2019년부터 지역간 격차의 증가현상이 계속되고 있는 모습을 볼 수 있다. 단순 공공기관의 지역이전만으로 나타나는 현상은 일시적일 수 있으며 지속적인 지역과의 상생노력이 필요함을 보여주는 모습이라 할 수 있다.

지난 20년간 수도권과 비수도권의 지역총소득(GRNI)의 변화모습은 양 지역의

[그림 21-11] 지역별 상대수준의 변화(최고-최저지역간 상대적 차이)

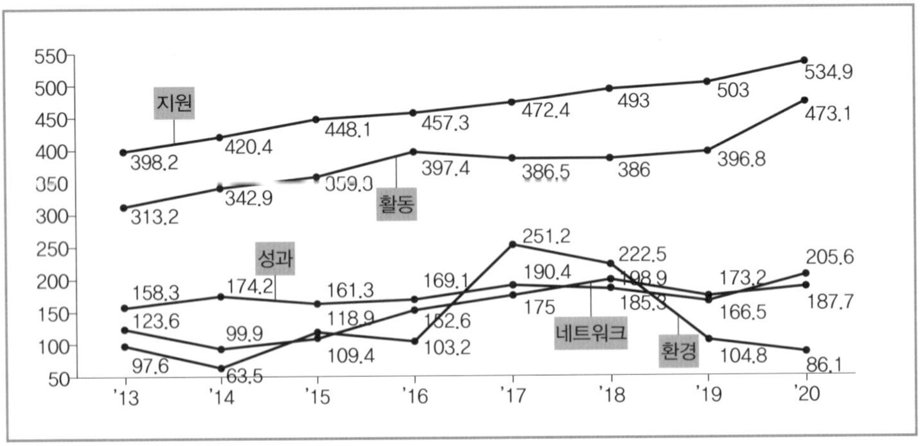

지역총소득 비중의 차이는 점점 심화되고 있다. 2000년 수도권과 비수도권의 지역총소득 비중은 각각 51.7%, 48.3%였으나, 2019년에는 수도권 55.6%, 비수도권 44.4%로 수도권과 비수도권의 차이는 3.4%에서 11.2%로 차이가 더 커진 것으로 나타났다 (하혜성외, 2021).

2. 지방대학의 현황분석

최근 많은 지방대학이 입학정원을 충원하지 못하는 상황이 지속되면서 위기상황에 직면하고 있다. 지역에서의 고등교육체계가 무너지면, 지방의 인재가 수도권으로 유출되고 지방공동화가 발생하여 지역소멸을 가속화할 수 있을 것으로 보인다. 교육부(2021)는 [그림 21-12]에서 보는 바와 같이 현재 대학 입학정원이 유지된다면 24년에 대학 입학정원이 47만 4천 명, 대학입학이 가능한 학생수가 43만 명, 실제로 대학에 입학하는 학생은 37만 3천 명이 될 것으로 추정하고 있다.

학령인구의 감소와 함께 지역에서는 설상가상으로 수도권으로의 순인구 이동으로 급격한 지역소멸위기가 가중되고 있다. 지역 과학기술혁신역량의 변화와 비수도권에서 수도권으로의 순인구이동의 변화는 시기적으로 비슷한 모습을 보여

[그림 21-12] 대학입학정원 및 인원 30년 추계

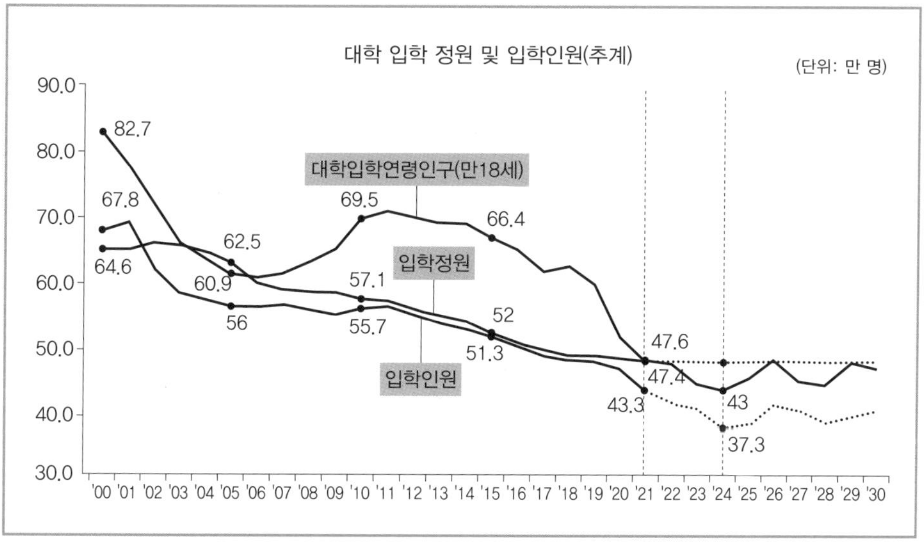

자료: 교육부. 2021. 대학의 체계적 관리 및 혁신 지원 전략

주고 있다. 수도권의 인구집중이 심화되는 시기는 비수도권에서 수도권으로 인구가 순이동하는 시기와 일치한다.

[그림 21-13]에서 보는 바와 같이 수도권으로의 인구집중은 출생 및 사망에 의한 자연적 증감보다는 지역 간 인구이동으로 인한 인구변화가 영향을 미쳤을 것으로 추정할 수 있다 (하혜성 외, 2021). 2000년대 이후 비수도권에서 수도권으로의 인구이동은 감소하는 추세를 이어왔다. 세종특별자치시와 혁신도시의 조성으로 정부부처와 공공기관 등의 이전이 본격적으로 추진된 2012년을 기점으로 2013-2016년까지 비수도권에서 수도권으로의 인구 순이동은 감소해왔다. 그러나 2016년 이후 다시 수도권으로의 인구이동 증가세가 확대되고 있다. 순이동은 해당 지역의 전입자에서 전출자를 제외한 인구수를 의미한다.

향후 '21년을 기점으로 만18세 대학 입학연령 인구가 입학정원에 미달하기 시작하여 '24년까지 급격한 감소시기를 거쳐 '30년까지 유사한 규모를 유지할 것으로 예상하고 있다. 이처럼 학령인구의 감소와 수도권으로의 순인구이동의 증가로 수도권과 비수도권의 지역경제와 대학의 양극화는 더욱 가중될 것으로 보고 있다. 전국적으로 우수한 대학들이 산재하고 있는 미국이나 전통적으로 노벨상의 산실 교토대학을 비롯해 비수도권에 수도권 대학들 못지않은 다수의 대학들이 지역별로 존재하는 일본 등과도 비교되는 현상이다.

우선 <표 21-2>에서 보는 바와 같이 2021년 대학계열별 충원율은 수도권 대학들은 99%충원율을 보이고 있는 반면, 의학분야를 제외한 모든 계열 비수도권 충원율은 90%내외에 머물고 있다. 향후 수도권 대학보다 우선적으로 상당수 비수도

[그림 21-13] 순인구이동

자료: 하혜성 외. (2021). 지방소멸 위기지역의 현황과 향후과제. 입법정책. 85호.

〈표 21-2〉 2021년 대학 계열별 신입생 충원율 (단위:%)

구 분	일반대			전문대		
	전체	수도권	비수도권	전체	수도권	비수도권
공학	93.7	99.4	90.2	80.9	83.2	78.6
예체능	95.7	99.0	93.4	89.9	93.6	85.2
의학	99.9	99.1	100	–	–	–
인문사회	95.0	98.6	92.6	79.9	82.1	77.6
자연과학	95.5	99.6	93.9	89.4	94.2	87.7
계	94.9	99.2	92.2	84.4	86.6	82.7

자료: 교육부. 2021.

권 대학의 대규모 정원 미달 사태를 맞을 것으로 예상되고 있으며, 이와 같은 현상은 갈수록 더 심화될 것으로 예상하고 있다 (교육부, 2021).

2021년 8월 대학정보공시 분석 결과에 따르면 전임교원1인당 연구비는 수도권 대학의 전임교원 1인당 연구비는 12,132.4만원으로 전년(11,354.8만원)보다 777.6만원(6.8%), 비수도권대학은 6,386.2만원으로 전년(5,918.3만원)보다 467.9만원(7.9%) 증가한 것으로 나타났다(교육부 보도자료 2021.8.31.일자). 전임교원 1인단 연구비를 평면적으로 비교하기는 어렵지만 수도권과 비수도권간의 차이는 두 배 이상 나는 것으로 나타났다.

지방대학의 위기는 정시 합격선에서도 나타나면서 위기의 심각성이 더해가고 있다. 2021년 대입시에서 서울 주요 7개대학 정시합격선은 0.6점 하락한 반면, 지방거점 국립대 9개 학교 정시합격선(백분위 점수 기준) 평균은 70.1점으로 지난해(76.3점)보다 6.2점 낮은 것으로 큰 폭으로 하락한 것으로 나타났다 (한국일보 2021. 7. 16일자). 지역 인재들이 수도권으로 올라가고 그보다 낮은 성적의 학생들이 빈자리를 채우면서 일어나는 현상이다.

이러한 지역소멸과 지방대학의 위기문제의 원인은 어디서 찾아야 할까? 그 원인은 매우 복합석이다. 지방대학의 위기는 물론 대학내부의 문제도 있지만 정부정책을 포함한 외부환경 요인도 크다. 지방대학의 위기에는 학령인구 감소와 정부정책의 누적된 실패에 불균형 발전, 수도권 대학 편중 지원 등 다양한 요인이 중첩돼 있다. 이러한 복합적인 요인에 의해 문제의 심각성이 더해가고 있다는 것이다. 경제·문화·사회적 자본이 수도권으로 몰리면서 학생들이 수도권 대학을 가게 된 것이 가장 큰 원인이라는 것이다.

지난 20여 년 동안 지방대학 육성 및 지원 정책들이 지속적으로 이루어져왔고, 지방대학 육성을 위한 법률을 제정했지만, 지방대학의 상황은 더 악화되고 있고, 근본적인 교육경쟁력 강화와 교육 여건 개선이 이루어지지 않고 있다. 정부 정책은 경쟁력 없는 대학은 퇴출하도록 하자는 데 초점이 있다. 하지만 지방대학 정책을 시장논리로만 접근하는 것은 문제의 근본에 접근하기 어렵다.

1995년 도입된 대학설립 자유화(대학설립 준칙주의)로 무분별하게 설립 허가를 해왔기에 수요 대비 초과공급이 발생한 하나의 원인이기도 하다. 대학 정원에 거품이 끼기 시작했다. 이미 학령인구 감소정도에 관한 정확한 예측이 가능했던 시점임에도 불구하고 역량이 떨어지는 대학은 자연히 도태될 것이라는 시장논리에 기반한 대학 설립정책을 추진한 결과 대학 정원이 대폭 늘었다. 2021년은 최초로 대학 진학 연령대인 2002년 출생아수가 50만 명대에서 40만 명대로 떨어진 해였다.

사립대 비율이 전체의 85%에 달하고 각 사립대학들이 등록금 의존율이 높은 현실에서 대학 등록금을 13년간 동결한 것은 지방대학들의 존립기반을 약화시켰다는 지적이다. 지방 사립대학들은 등록금 수입이 대부분으로 인건비와 운영비 유지에도 빠듯한 실정으로 정부재정지원의존율이 높고, 교육에 투자할 여력이 고갈되어 왔다는 것이다. 아울러 2021년 미충원 인원의 75%가 비수도권에서 발생하고, 미충원율이 증가하면서 대학의 재정적인 압박도 가중되고 있다.

정부의 지원 역시 수도권 대학에 편중된 지원격차도 한 원인이다. 전체 고등교육재정이 일부대학에 편중되어 있다는 지적은 2020년 교육부 국정감사에서도 지적되었다. 일부 상위 대학에 쏠린 교육예산 독점 현상은 대학들이 정당한 평가를 통해 정부의 지원을 받은 것으로도 볼 수 있지만 선택과 집중으로 지원이 집중되었던 과거의 행태는 수도권과 비수도권의 격차 증대를 가져왔다는 것이다.

<표 21-3>에서 보는 바와 같이 2020년 학생 1인당 교육투자비 전년대비 소폭 상승하기는 했지만 수도권과 비수도권간의 차이가 300만원 이상의 차이가 나고 있으며 이러한 차이가 지속되고 있는 것으로 보인다.

〈표 21-3〉 학생 1인당 교육(투자)비(자료기준: '20 회계연도) (단위: 억원, 명, 만원, %)

구분		'20년			'19년			전년 대 비증감률 [G=(C−F)/F×100]
		재학생수[1] (A)	총 교육비[2] (B)	학생1인당 교육비 (C=B/A)	재학생수 (D)	총 교육비 (E)	학생 1인당 교육비 (F=E/D)	
전체(195개교)[3]		1,696,772	273,998.1	1,614.8	1,706,960	271,007	1,587.7	1.7
설립	국·공립(39개)	412,644	77,801.1	1,885.4	415,789	74,654	1,795.5	5.0
	사립(156개)	1,284,128	196,197.0	1,527.9	1,291,171	196,353	1,520.7	0.5
소재지	수도권(73개)	769,291	138,733.4	1,803.4	775,965	138,207	1,781.1	1.3
	비수도권 (122개)	927,481	135,264.7	1,458.4	930,995	132,800	1,426.4	2.2

주 1) 재학생수 = 대학과 대학원에 재학 중인 학생 수

2) 총 교육비 = (국공립) 대학회계+발전기금회계+산학협력단회계 중 교육투자 금액

(사립) 교비회계+산학협력단회계 중 교육투자 금액

3) 분교(5개교)는 본교에 통합 공시, 미결산대학(서울기독대, 제주국제대, 한국국제대) 제외

※ 교육투자 금액: 인건비, 물건비, 연구지도경비, 장학비, 경상비, 산학협력비, 도서구입비, 기계기구매입비(교육용) 등 학생의 교육비로 재투자 되는 비용

자료: 교육부 보도자료. 2021. 8. 31.일자. 2021년 8월 대학정보공시 분석 결과

Ⅳ 결론

지역혁신체계속 지역 과학기술역량은 지역의 혁신역량, 즉 학습과 상호작용을 통해서 새로운 지식을 창출하고 이를 확산시켜 응용, 활용할 수 있는 지역의 혁신 능력을 의미한다. 지역에서 지식의 창출, 확산, 응용은 지역이 가진 규칙, 관습, 관행 등과 같은 제도와 기업, 정부기관, 연구소, 대학 등 산학연 주체들의 상호연관성 속에서 역할을 하게 된다. 이 과정에서 대학은 지역혁신체계에서 매우 중추적인 역할을 담당한다. 대학은 지역에서 새로운 지식을 창출하는 혁신주체의 역할을 담당하기도 하며, 새로운 지식을 지역 내부에 확산시키고 뿌리내리게 하는 역할도 담당한다. 특히 대학에서 지식의 응용과 활용, 이를 통한 혁신의 창출까

지 직접 담당하게 되면서 대학은 지식의 생산·확산·활용 모두에서 중심이 되고 있다.

현재 한국의 지역에서는 학령인구의 감소와 수도권으로의 순인구 이동 등으로 급격한 지역소멸위기가 가중되고 있으며, 지역간 과학기술혁신역량의 편차가 매우 크고 불균형이 심하다. 지역혁신사업에서 지역대학과 타 혁신주체와의 연계가 원활하지 못함으로 인해 궁극적으로 지역혁신주체와의 네트워킹 활성화라는 측면에서 결국 상호 간의 교류와 학습을 통한 지식창출이나 이전을 가로막는 것이다.

모든 조사영역에서 수도권과 비수도권간의 지역간 과학기술혁신역량의 차이가 확대되고 있는 것으로 나타났다. 혁신도시와 세종시 건설이 본격적으로 일어나고 있었던 시기 일시적인 지역간 격차 축소현상이 나타났으나 역량격차확대는 지속되고 있는 것으로 나타났다. 중소도시의 지역소멸위기가 증가하고 있으며, 비수도권 지방대학의 여건이 매우 취약하다. 이러한 지역소멸과 지방대학의 위기의 원인은 대학내부의 문제도 있지만 학령인구 감소와 정부정책의 누적된 실패, 수도권 대학 편중 지원 등 다양한 복합적인 요인이 중첩돼 있다.

광역자치단체들이 지역의 대학, 기업들과 협력해 해법을 모색하는 움직임이 최근 들어 나타나고 있다. 비수도권 자치단체들이 '수도권 일극체제'에 대응하기 위해 추진하는 '메가시티 구상'의 한 축인 지역혁신플랫폼(RIS)도 그 한 예가 될 수 있다. RIS는 지자체와 지역대학·기업·연구기관 등이 협력해 지역 핵심 분야를 선정하고 지역 인재를 양성·공급하는 사업이다. 지역 사정에 맞게 교육체계를 개편해 인재를 키우고, 기술 개발로 경쟁력을 높인다는 전략이다.

지역혁신체계의 건전성을 회복하기 위해서는 중앙정부가 아니라 지역의 특성을 살린 지역에 맞는 적정 사업을 지역의 주도로 지역의 대학과 기업, 선도적 연구자 등의 주체를 중심으로 통합적·체계적으로 추진되어야 한다. 아울러 자체 혁신역량을 기르고, 지역간 연계·협력 사업의 발굴 및 추진으로 협력과 상생을 도모할 필요가 있다. 아울러 지방에 있는 기업들이 경제적으로 성장하면, 지방대 졸업생들에게 취업 기회가 확대될 것이고, 지방대학의 선호도에도 도움이 될 것이다. 지방대를 살리기 위해 전국적인 억제 정책보다는 지방을 위주로 규제를 풀고 진흥정책을 펼쳐야 한다. 대학을 도시산업단지로 지정하고 지역의 혁신거점으로서의 캠퍼스혁신파크 등 지역과 대학이 공존하는 공간을 확대할 필요가 있다.

지역주도로 지자체-대학 협업체계를 구축하고, 지역인재가 지역 내 대학 진학, 지역 내 취·창업 및 재교육 등 안정적으로 지역에 정주할 수 있도록 지방대학 혁신을 통한 지역혁신 추진해야 한다. 정부는 이러한 지자체와 대학, 지역 산업체 간 협업체계 구축 및 혁신 모델 창출을 적극적으로 지원할 필요가 있다. 교육부가 추진하고 있는 지역혁신플랫폼 구축과 공유대학 지원도 같은 맥락에서 의미가 있다. 대학-지자체를 중심으로 지역혁신 핵심분야 발굴 및 추진 등을 위해 지역 혁신기관이 참여하는 플랫폼을 구축하여, 지역인재 양성 및 지역 내 취·창업을 지원하고, 다양한 혁신 클러스터와 연계하여 정주까지 지원한다는 것이다. 공유대학은 지자체, 대학, 지역 혁신기관 등이 협력하여 대학별 강점을 결집한 지역특화형 공유대학 모델 창출 및 확산을 지원한다는 것이다.

대학 내부적으로도 구조조정과 동시에 지역대학의 특성화 발전을 추진하여 지역에 존재하는 대학이 지역혁신에 기여할 수 있도록 각자의 역할을 재정립하고, 좀 더 장기적으로 지역거점 대학에 대한 정부의 적극적인 투자가 필요하다. 정원 위주의 정책만으로는 문제해결을 할 수 없으며, 단편적인 정책은 엇박자가 날 수 밖에 없다. 이 같은 조치는 단기적인 대안은 될 수 있지만 근본적인 해법은 될 수 없다. 문제의 근본적인 원인진단을 전제로 장기적이고 복합적인 대응이 필요하다. 대학만이 아니라 중앙정부와 지방자치단체, 지역 산업계 등 모든 구성원이 지역소별과 대학 혁신을 위해 나서야 한다. 대학 특성화가 부진한 이유에 대해서 대학의 내적 요인 이외에도 대학의 특성화 영역과 지원 영역의 불일치, 획일화된 지표로 인한 대학 간 서열화, 선택과 집중 원리의 훼손 등이 지적되어 왔다. 현존하는 지역거점 대학과 지역기업과의 연계 프로그램을 강화하는 것이 바람직하다.

제22장 미래의 발전 과제

▶▶▶ 이승종

I 서론[1]

대개의 선진국은 지방자치 선진국이다. 미국, 영국, 프랑스, 독일, 스위스 등 우리가 쉽게 떠올리는 선진국 중에 지방자치가 선진적이지 않은 나라는 없다. 이들 나라는 장구한 세월동안 지역사회를 터전으로 하여 지방자치를 발전시켜왔다. 주민은 지역사회의 공공문제를 함께 논의하고 지방정부는 가까이서 지역주민의 수요에 부응하는 맞춤형 서비스를 제공하여 왔다. 이와는 달리 한국에서는 오랜 동안 집권적 통치가 지속되었다. 광복 이후 잠시 시행되던 지방자치는 5.16혁명에 즈음하여 중단되었다가 우여곡절 끝에 1991년 지방의회 구성 및 1995년 단체장 선거를 통하여 재개되어 지금에 이르고 있다.

한국 지방자치에 대해서는 평가가 엇갈린다. 일각에서는 자율성에 기반한 지방의 창의적인 발전, 주민의 정치적 효능감 증진과 주민의사의 정책과정 투입증대, 공직자의 주민대응성 향상, 정책의 자동확산 및 제어기제 구축, 국가권력의 분산 등의 성과를 제시한다. 다른 일각에서는 지방정부의 낭비적 성향, 단체장의 전횡, 지방의회의 역량부족, 관료제의 정치적 중립성 훼손, 주민의식 부재, 지역토호의 발호, 지역불균형 등의 문제를 지적한다. 기본적으로 긍정적 평가는 민주화와 지역자율의 진전에, 부정적 평가는 효율성과 형평성 문제에 주목한다. 생각건대, 한국 지방자치는 30년이 지나는 동안 일부 부작용을 노정하고는 있지만 지방자치 선도국에서 장기간 이룩해온 지방자치를 후발주자로서 특유의 신속성을 발휘하여

1 이 글의 일부는 이승종(2015)의 일부를 수정, 보완한 것이다.

짧은 기간 동안 상당히 압축적인 성과를 축적해 오고 있는 것으로 평가된다 (김순은 2014). 그러나 그간 지방자치 정착발전을 위한 다양한 노력에도 불구하고 열악한 자치여건과 시행착오 속에 아직은 갈 길이 멀어 보인다. 전반적으로 한국지방자치는 과정가치에 매몰된 지방자치 패러다임, 미흡한 분권, 주민소외, 지방정부의 책임성 미흡 등의 문제를 안고 있으며, 이에 따라 지방자치 목표의 경시, 형식적 자치, 갈등적 자치, 획일적 자치, 의존적 자치, 공직자 자치, 편린자치 등의 부정적 이미지로 각인되고 있다. 한국지방자치의 발전을 위한 논의에서 고려해야만 하는 현실이다.

올해는 중단되었던 지방자치가 부활된 지 1991년 지방의회 구성을 기점으로 30년째 되는 해이다. 사람으로 치면 성년이 된 것이다. 사람이 성인이 되면 보다 많은 자율권을 부여받고 그 자율권에 기초하여 보다 책임 있는 사회의 구성원이 되도록 요구받는 것과 마찬가지로 이제 성년이 된 한국 지방자치도 그에 걸맞은 자율과 책임으로 국민 앞에 다가서야 한다. 그것을 성숙한 지방자치로 표현하고자 한다.

이제 어느 정도 연륜이 쌓인 한국 지방자치가 보다 성숙해져야 한다는데 대해서는 이견이 없다. 문제는 성숙한 지방자치를 같이 말하면서도 집단마다 '성숙'에 대한 이해와 접근방식에 차이가 있다는 점이다. 지방정부는 자치여건의 불비를 호소하면서 분권화의 진전을 강조한다. 중앙정부는 지방정부의 방만성을 지적하면서 책임 있는 지방행정을 강조한다. 또한 국민은 대체적인 무관심 속에서 지방정책과정에서의 주민 역할 강화를 주문한다. 같은 용어를 놓고 해석과 희망이 다른 것이다. 그러나 성숙한 지방자치는 어느 한 가지 요소만을 의미하지 않는다. 성숙한 지방자치를 위해서는 분권화도 필요하고 지방의 책임도 필요하고 주민참여도 필요하다. 그러므로 어느 한 측면만 강조하는 편향된 입장은 바람직하지 않다. 지방자치에 대한 편향된 접근은 관련 집단간 갈등과 소외만 일으킬 뿐이다. 해답은 국민에 있다. 국민행복을 위하여 자신의 입장이 아니라 대국적 견지에서 지방자치에 접근해야만 한다. 성숙한 지방자치에 대한 통합적이고 균형적인 시각을 바탕으로 중앙과 지방 그리고 국민이 지방자치의 발전을 위한 협력적 노력을 경주해야 한다.

불행하게도 한국의 지방자치는 성숙한 지방자치에 대한 강조점이 혼선을 빚는 상황에서 성년에 걸맞은 활력을 보이기보다는 발전을 위한 도약의 문지방을 넘지 못하고 주춤거리고 있다. 한편으로는 자율권 부족, 다른 한편으로는 책임성 부족으로, 또 다른 한편으로는 정부 간 갈등 증폭과 국민적 관심 부족으로 한창 성년기 초기에 걸맞은 활력을 잃고 의사(疑似) 노년기 현상을 보이고 있다. 치유책이 필요한 상황이다. 그렇게 함에 있어서 국가발전의 중요한 축은 지방자치라는 점에 대한 인식을 새롭게 해야 한다. 국가 총 재원의 60% 이상을 지출하고 있는 지방자치의 발전 없이 국가발전을 논하는 것은 한계가 있을 것이기 때문이다. 많은 선진국이 지방자치 선도국인데서 알 수 있듯이 한국지방자치의 발전은 지방의 자율적 의사결정 공간의 창출이라는 의미를 넘어서 대한민국 전체의 발전과 국민행복의 진전을 위하여 의미 있는 기여를 하는 중요한 국가적 과제이다. 그러므로 성숙한 지방자치의 실현을 위한 지방자치만이 아니라 국가와 국민 전체를 위한 노력으로서 중시되어야만 한다.

이러한 인식을 배경으로 이하에서는 지금까지의 한국 지방자치의 성과를 간단히 점검한 후 지방자치 발전 내지는 성숙한 지방자치의 실현을 위하여 필요한 핵심과제를 제시하고자 한다.

Ⅱ 한국 지방자치의 성격과 진화

1. 지방자치의 성격

지방자치는 좌우 이념을 넘어서는 진영 공통의 보금자리라는 독특한 성격을 갖는 정치제도이다. 우파는 자율의 터전으로, 좌파는 참여의 터전으로 작은 단위의 정치를 기반으로 지방자치를 중시하게 되기 때문이다. 즉, 지방자치는 좌우 이념을 막론하고 적극적으로 추진해야 할 규범적 성격을 갖는 것이다. 이는 복지정책에 있어서 좌파와 우파간 보편복지와 선별복지를 놓고 주장이 대립하는 것과 크게 대비된다. 굳이 외국의 예를 들 것도 없이 한국의 역대 정부가 김대중 정부 이후 정치이념적 차이를 막론하고 예외 없이 지방자치 관련 추진기구를 대통령 자문기구로 설치하여 온 것은 지방자치의 이념 초월적 성격에 대한 좋은 증거가 된다. 보다 구체적으로 역대 정부의 지방자치 추진기구가 초당적으로 구성되었음에도 불구하고 비교적 원활하게 작동할 수 있었던 것, 그리고 분권추진기구의 의제가 역대 정부를 관통하여 대동소이했던 것은 이 같은 지방자치의 독특한 성격 때문이었던 것으로 설명될 수 있다. 후자와 관련, 이명박 정부의 분권의제를 박근혜 정부가 승계한 것은 정치적 갈등에도 불구하고 같은 우파정부이므로 상식적인 것이라 해도, 박근혜 정부의 몰락을 딛고 반사적으로 등장한 문재인 정부가 박근혜 정부의 분권의제를 거의 그대로 수용하였다는 것은 지방자치가 이념을 넘는 정책의제라는 강력한 증거가 된다.

물론 이 같은 요청과 병행하여 중앙집권적 필요 역시 좌우를 아우른다. 우파는 자본의 축적과 사회 안정을 위하여, 좌파는 분배와 평등을 위해서 집권적 정책역량의 확보를 외면할 수 없다. 그러므로 우파는 지방자치에 대해서 소극적이고, 좌파는 적극적이리라는 선입견은 타당하지 않다(그 반대도 마찬가지이다). 즉, 지방자치를 위한 분권의 요청과 마찬가지로 통치력 확보를 위한 집권 역시 좌우 이념을 막론하고 정권에 필요한 공통적 요청인 것이다.

그러므로 기본적으로 어떤 정부가 얼마나 적극적으로 지방자치의 핵심기반으로서의 분권에 긍정적으로 접근하느냐는 이념적 차이보다는 특정한 시대적 상황에서 분권의 규범적 필요와 집권의 실천적 수요와의 균형점에서 결정되는 것으로 이해해야 한다. 그러므로 중요한 것은 분권 또는 집권의 정도보다는 분권과 집권의 적정 조합을 통하여 국민의 행복과 국가적 성과를 내는 것이다. 기본적으로 분권은 선이고 집권이 악인 것은 아니다. 양자는 모두 국가와 국민을 위한 중요한 요인이다. 다만 양자는 필연적으로 길항관계에 있기 때문에 최적의 성과를 위해서 최적 균형이 필요한 것이다. 당연히 집권이나 분권은 중요한 정치적 가치이지만 그 자체가 정치의 궁극적 목적은 아니다. 정치의 궁극적 목적은 국민행복 또는 국기발전이며 뷴권이나 집권은 그같은 목적달성을 위한 수단이며 과정일 뿐이라는 점을 인식해야 한다. 그러므로 목적을 도외시하고 과정가치인 분권이나 집권 이슈에 과도하게 관심을 집중하는 것은 목적에 대한 정당한 관심을 해치는 부작용을 낳을 우려가 있다. 그럼에도 불구하고 지난 30년간 한국 지방자치에 대한 관심은 다분히 지방자치의 성과보다는 분권이냐 집권이냐 하는 과정가치에 과도히 집중

함으로써 자원과 노력의 낭비가 심하였다. 향후 이 같은 왜곡된 성향을 좀 더 목적 지향적으로 전환할 필요가 있을 것이다.

지방자치의 성과에 대한 관심의 촉구가 분권에 대한 관심 방기를 의미하는 것은 아니다. 분권은 국가적 목적 달성을 위한 가치로서 여전히 중요하며 따라서 한국은 여전히 분권에 대한 적정한 관심을 놓지 않아야 한다. 앞에서 언급한 바와 같이 분권과 집권의 적정한 조합이 이루어져야 국민의 행복과 국가적 성과가 확보될 수 있기 때문이다. 그렇다면 당연히 분권만이 아니라 집권에 대한 관심도 필요하다는 지적을 할 수 있다. 그럼에도 불구하고 분권에 대한 우선적 관심을 강조하는 이유는 한국은 오랜 동안 과집권 상태에 있어 왔으며 적정한 균형상태에 이르기 위해서는 아직도 상당한 정도의 분권화가 필요하다고 판단되기 때문이다. 이 같은 판단은 김대중 정부 이래 역대 정부가 강온의 차이는 있어도 모두 분권의 진전을 위한 노력에 동참하였으며, 분권을 정면으로 배척한 정권이 없었다는 점에서 지지된다.[2]

2. 지방자치의 진화

위에서 언급한 바와 같이 지방자치에 대한 적극성은 당 시대 분권적 필요와 집권적 요청 간의 길항작용에 의하여 결정된다. 광복 이후 1, 2공화국이 국민형성을 위한 집권적 요청과 민주화를 위한 지방화의 규범 사이 갈림길에서 시행착오를 겪었다면, 5.16 혁명으로 등장한 권위주의 정권은 성장과 안전에 초점을 두고 집권

---

2 기본적으로 지방자치 이슈는 이중적 성격을 갖는다. 정치이념을 기준으로 할 때는 좌우간 공통적(communal) 이슈이지만, 집권세력과 분권세력을 기준으로 할 때는 갈등적(conflictual) 이슈이다. 대체로 한국에서는 집권세력이 강하여 왔다. 그런데 개방화 민주화가 진전되고 시민사회가 성장하면서 집권세력 강화의 한계와 함께 분권세력의 힘이 강화되기 시작했으며, 이것이 지방화 현상으로 나타나고 있다. 하나의 추세가 형성되기 시작한 것이다. 이 같은 지방화의 추세는 정권별로 크게 차이가 나지 않는다. 대체로 이념을 기준으로 정권이 변화한다고 보았을 때, 좌우 정권을 막론하고 공히 집권과 분권세력을 포괄하고 있기 때문이다. 지방화 추세의 진행에도 불구하고 여전히 과소분권 상태를 벗어나지 못하고 있는 것은 아직 대한민국 사회에서 전반적으로 집권세력이 분권세력을 능가하고 있는 것이 근본적 원인이다. 향후 지방화의 추세가 강화되고 지방자치의 경험과 성과가 축적됨에 따라 한국 사회에서 집권세력과 분권세력간의 경계가 이동하게 될 것으로 본다.

적 통치를 함으로써 지방자치가 정체되었다. 1997년 민주화의 바람 이후 등장한 정부는 정도의 차이는 있지만 정권을 초월하여 지방자치에 상대적으로 적극적 행보를 한다. 1991년 지방자치 재개 이후 역대 정부의 지방자치 내지는 분권에 대한 기여를 간단히 평가한다면, 김대중 정부는 지방자치 재개의 초석을 깔았다는 점, 노무현 정부는 분권과 참여를 국정과제로 격상시켰다는 점, 이명박 정부는 지방행정체제 개편의 화두를 던졌다는 점, 박근혜 정부는 지방자치 주요 과제를 정부의 공식의제화하였다는 점, 문재인 정부는 자치입법화에서 성과를 냈다는 점에서 각각 평가받을 부분이 있다.

전반적으로 평가하자면 지난 30년간 한국 지방자치는 점진적인 진화과정을 거쳐 왔다. 역대 정부의 지방자치 관련 노력은 연결되거나 중첩된다. 특정 정부의 성과가 있다 해도 그것은 갑자기 이루어진 것이 아니라 역대 추진기구의 지속적 노력의 연장선상에서 이루어진 것으로 보아야 한다. 성과가 있다 해도 전례 없는 도약적 또는 단절적 성과가 아닌 다음에야 특정 정부의 성과이기에 앞서 역대 정부의 누적적 또는 연계적 성과에 의한 것이다. 그러므로 한국지방자치를 평가함에 있어서 개별 정부의 공과를 평가하기 이전에 역대 정부를 관통하는 지방자치의 발전적 진화에 우선적 관심을 갖는 것이 정당한 접근이다. 물론 정권에 따라서 그 적극성에서 정도의 차이는 있지만 그럼에도 불구하고 기본적으로 지방자치에 관한한 성과가 있었든 실패가 있었든 그것은 진화적인 것으로 보는 것이 좋다는 것이다. 두 가지 이유이다. 첫째, 대부분 자치의제의 성격이 이념초월적이기 때문이다. 특정 정부에서 새롭게 단절적으로 입안해서 추진한 지방자치 의제는 많지 않다. 둘째, 지방자치는 필연적으로 중앙과 지방간 대립적 성격을 포함하고 있기 때문이다. 통합적 수요가 큰 상황에서 지방자치는 상대적으로 위축되었고, 그렇지 않은 상황에서 지방자치는 더 진전되었다. 그러나 최소한 김대중 정부 이후 지방자치는 퇴행적으로 진행되어오지 않았다. 단절적 발전은 아니라 점진적인 진화과정을 밟아왔다.

3. 현주소

이 글은 한국지방자치의 발전을 위한 핵심과제를 제기하는 것을 목적으로 한다. 그 같은 발전과제에 대하여 논의하기 위해서는 현 단계에서의 지방자치 상태에 대한 평가가 필요하다. 그것은 그간 지방자치의 성과가 누적적이든 단절적이든지 무관하게 그러하다. 현 상태에서 미흡한 점을 고려하여 발전과제에 반영할 필요가 있기 때문이다.

한국 지방자치의 진화적 발전의 여정에서 문재인 정부의 성과는 지방자치 관련 입법을 성취했다는 점에서 찾을 수 있다. 다만 형식적 성과에 걸맞은 내용적 성과가 미흡하다는 것이 전반적 평가이다. 구체적으로, 지방일괄이양법, 전부개정 지방자치법, 중앙지방협력회의법, 고향사랑기부금법 등의 지방자치 관련법이 제정되었다. 개정 지방자치법에는 지방의회 사무직원에 대한 의장인사권 부여, 지방자치 기관구성의 다양성의 가능성 인정 등이 포함되었다. 지방의원 보좌인력을 의원정수 1/2내에서 인정되었으나, 임시적 미봉책으로 평가받는다. 전면 허용되거나 전면 부정했어야 했다. 김대중 정부 이래 논의가 되었던 자치경찰제의 시행도 시행되었다는 점에서는 성과로 볼 수 있지만 내용적으로는 기초단위의 주민친화형 자치경찰이 아니라 광역단위의 행정형 자치경찰 시행으로 자치경찰제 도입의 근본 취지에 역행하는 역성과로 보인다. 사실 김대중 정부 이래 자치경찰제 모형은 기초자치단위를 근간으로 하여 추진되어 왔기 때문에 이 같은 입장 선회는 정당화되기 어렵다. 그 외 자치법 개정에 포함된 여러 의제들은 이미 시행되고 있거나 의미가 작은 것 들이다. 예컨대, 주민참여 강화를 위해 도입되었다는 주민조례발안제는 새로 도입된 것이 아니라 기존의 조례개폐청구권과 같은 것이다. 기관구성 다양화는 별도 법률의 제정을 전제로 한 것으로 아직 실현이 보장된 것은 아니다. 지방자치단체 정보공개 제도를 명문화하였다고 하지만, 이미 시행되고 있는 공공기관의 정보공개에 관한 법률이 지방자치단체에도 적용되기 때문에 지방자치법에 별도 규정을 둔 것은 중복규정이며 새로운 의미는 없다. 또한 일괄이양법 제정이나 중앙지방협력회의 법률 제정은 성과이지만 전 정부에서 입법화를 추진하던 것이다. 일부는 퇴행적 변화를 가져온 것도 있다. 시군구의 위법한 처분에 대하여 시도가 조치를 취하지 않을 경우 국가의 직접적 개입을 제도화한 것은 지자체의 책임성 확보를 명분으로 하지만, 시도를 우회한 직접적 지도, 감독을 규정함으로써 지방자율성 침해의 소지가 있다.

문재인 정부가 지방자치 관련 입법에서 성과를 거둘 수 있었던 이유는 두 가지 이유로 설명할 수 있다. 하나는 작은 이슈 또는 이미 합의된 이슈를 선별적으로 입안하여 입법화를 추진한 때문이다. 다른 하나는 압도적 여권 우위의 원구성 때문이다. 요컨대, 의미가 약한 안정적 의제, 게다가 시행시기를 정권말기로 미루어 놓은 입법안을 일당 지배구조의 국회에서 추진함으로써 비교적 용이하게 입법성과를 거둘 수 있었던 것으로 평가된다. 그러나 위에서 살펴본 바와 같이 형식에 비하여 내용적 성과는 기대에 못 미친다. 이같이 기대에 못 미치는 성과를 보면서 성과보다는 오히려 소극적 대응에 대한 비판이 제기된다. 일각에서는 과대포장이라 비판하기까지 한다. 이 같은 비판은 문재인 정부의 지방자치에 대한 의지가 적극적이었다면 여당의 압도적 지배력 아래 있는 국회를 배경으로 하는 정치구조상황에서 보다 획기적 진전을 이룰 수 있었을 것이라는 기대를 전제로 한다. 사실 여당지배의 유리한 국회 상황에서 그 효용성에 대하여 논란이 없지 않은 분권개헌까지는 아니더라도 자치권의 독소조항으로 손꼽히는 자치법 제28조의 개정,[3] 주민자치회를 포함하여 근린단위 주민자치를 위한 지역수권 제도의 강화, 지방의회 자율권과 관련하여 지방자치법 제28조에 규정된 조례제한의 완화, 지방의 법률제안권 입법 등이 요구되었다. 문재인 정부에서 지방재정기반이 약화되었다는 점도 지적된다. 재정자립도가 하락하였으며 중앙정부의 수입 대 지방정부 수입은 75:25를 넘지 못하고 있다. 노령화, 저출산, 인구이동에 따른 지방소멸에 대응하고, 지방자치의 성과향상을 위한 지방행정체제 개편 등에 대한 대책이 희박하다는 것도 비판된다. 그리하여 전반적으로 외형적 성과에 비하여 내용적 성과가 약하다고 평가받는 것이다.

물론 한국 지방자치의 성격이 진화적 과정이라는 관점에서 볼 때, 이 같은 평가가 오로지 문재인 정부에게만 부과될 것은 아니다. 이같은 평가는 문재인 정부의 지방자치 성과에 대한 평가를 넘어서 지금까지 진화해온 한국지방자치의 제한된 현실의 모습이기 때문이다. 다행히 부침은 있겠지만 지방자치의 흐름은 최소한 당분간은 비가역적인 상황으로 전개될 것으로 예상된다. 여전히 집권우위적 환경에 대한 반사적 움직임으로 지방자치의 진전을 위한 노력이 필요하고 또 그 같은

---

3 동 조항 '법령의 범위'안에서를 '법률'의 범위로 확장할 것이 요구된다. 물론 이 조항에 대해서는 이미 대법원 판례로 법률의 범위로 해석되는 경향이 있지만 현행법상 명시적 규정화되어 있어 실질적으로 지방자율권을 지속적으로 제어하는 조항으로 작동하고 있다.

추세가 지속되고 있기 때문이다. 이와 관련, 향후 한국 지방자치가 보다 안정적이고 책임 있는 성숙한 지방자치로 변화하여 국가발전과 국민행복에 기여할 수 있도록 하기 위해서 보다 전향적 차원에서 발전적 과제의 모색과 추진이 요구된다.

Ⅲ 지방자치의 발전과제

앞에서 한국 지방자치의 진화와 실태에 대하여 간단히 살펴보았거니와 향후 자율과 책임의 성숙한 지방자치 정착을 위한 발전과제는 아직까지 미흡한 지방의 자치입법권, 주민참여를 위한 지역수권, 지방재정 기반의 확충, 중앙과 지방간 호혜적 관계의 정립, 지방행정체제의 정비 등 다양한 과제가 망라될 수 있다. 다만, 여기에서는 모든 이슈를 망라적으로 다루기보다는 핵심적 과제 몇 가지에 한정하여 논의한다.

1. 지방자치의 패러다임 전환

성숙한 지방자치가 이루어지기 위해서는 기본적으로 지방자치의 패러다임이 변화해야 한다. 우선 지방자치가 정부나 공직자를 위한 것이 아니며, 국민을 위한 것이라는 데 대한 인식을 새롭게 해야 한다. 지방자치의 수행을 위하여 권한과 자원의 분산이나 중앙의 협력과 지원 그리고 주민의 참여 등이 필요하지만 그것이 지방자치의 궁극적 목적은 아니다. 지방자치의 목적은 무엇인가? 지방자치의 목적으로는 민주화, 균형발전, 국가의 총체적 발전 등 여러 가지 이유가 제시되지만 궁극적 목표가 지역주민의 행복(또는 복지)의 증진이라는데 대해서는 큰 이론이 없다 (이승종, 2014: 5). 지방자치의 궁극적 목적이 주민의 행복증진에 있다면 지방자치는 당연히 그 목적에 실질적으로 기여할 수 있어야 한다. 또한 그렇기 때문에 주민행복에 대한 기여도가 지방자치의 성과이며 평가의 척도가 되어야 한다.

그러나 지금까지는 지방자치를 그 목적에 앞서 분권과 참여와 같은 지방자치의 '과정적 가치'에 집중하는 과정적 패러다임으로 접근하였다. 즉, 분권과 참여의 정도를 기준으로 지방자치의 진전 여부를 판단하여 왔고, 따라서 지방자치의 논의는 기본적으로 분권과 참여에 초점을 맞추어 진행되었다. 반면 과연 지방자치(또는 분권과 참여)가 얼마나 주민의 행복증진이라는 목적에 기여하는가라는 '성과적 가치'에 대해서는 상대적으로 관심이 적었다. 이렇듯 지방자치의 시행에도 불구하고 성과에 대한 관심도 적고 성과마저 명확히 보여주지 못하는 상황에서 지방자치에 대한 주민의 애정어린 관심이 일어나기 어려웠고 이는 지방자치가 제대로 정착되지 못하는 주요 원인이 되었다. 그러므로 향후 지방자치의 지속적 발전을 위해서는 지방자치를 분권과 참여에 중점을 두고 이해하고 접근하는 과정중심적 관점의 울타리에서 벗어나서 주민행복에 대한 실질적 기여로서 지방자치를 이해하는 목적중심의 관점에 더 많은 관심을 갖도록 이행할 것이 요구된다. 물론 분권과 참여와 같은 과정적 가치는 여전히 중요하다. 분권과 참여 없이 지방자치는 존재하지 않기 때문이다. 그러나 분권과 참여가 주민행복이라는 목적에 기여하는 수단이라면, 그리고 수단은 목적 때문에 정당화된다면, 지방자치의 과정이 성과와 어떻게 연결되는가라는 문제는 더욱 중요할 수 있다. 기본적으로 지방자치란 분권과 참여라는 과정적 가치와 그를 통하여 기대되는 주민행복증진이라는 성과적 가치 또는 목적가치를 필수불가결의 두 얼굴로 포함하는 제도라는 인식을 바탕으로, 지방자치의 과정만 아니라 과정의 결과에 대하여 정당한 관심을 가질 것이 요구되는 것이다.

이 같은 지방자치 패러다임의 전환을 기반으로 향후 지방자치에 대한 중심논의는 중앙과 지방간 권한과 자원배분을 둘러싼 주장과 갈등을 넘어 주민복지(행복)의 증진을 위하여 중앙과 지방 그리고 국민이 어떻게 경쟁하고 협력할 것인가라는 논의로 발전되어야 한다. 목적에 앞서 분권만을 강조하면 공직자 위주의 파행적 자치를 해소하기 어렵다. 주민복지의 증진을 위하여 지방자치 관련 집단의 행태도 바뀔 것이 요구된다. 중앙은 지방의 사정을 전향적으로 이해하고 분권화 요구에 적절히 대응해야 한다. 지방은 보다 책임 있는 자세를 갖고 분권을 요구하되 동시에 자체 역량을 적극적으로 키워야 한다. 일각에서 관찰되는 방만행정, 공직자 줄세우기, 과도한 중앙의존 등 파행적 행태는 지양해야 한다. 국민은 지역의 문제를 스스로 책임진다는 관점에서 지방자치에 대한 애정어린 관심으로 지방자치에 참여해야 한다. 이러한 변화가 있을 때 현재의 갈등적 지방자치가 생산적, 협력적 지방자치로 탈바꿈하여 주민행복에 기여할 수 있게 될 것이며, 시행에 의의를 두는 형식적 지방자치가 아니라 시행목적에 기여하는 실질적 지방자치로 변모하게 될 것이다.

2. 지방분권의 강화

지방자치의 목적을 중시하는 방향으로 지방자치 패러다임을 전환한다고 해서 목적달성을 위한 과정적 가치를 무시해야하는 것은 아니다. 과정적 가치의 토대 위에서 지방자치의 목적달성이 가능하기 때문이다. 다만 지금까지 목적을 소홀히 하면서 과정적 가치에 매몰되는 경향이 있음을 지적한 것이다. 그간 성년에 이르기까지 다양한 자치 경험을 쌓아왔으니 아직 자치역량이 미흡하더라도 지방의 자율권을 강화하여 지속적 자치발전의 토대를 마련해야 하는 것이다. 이상적으로는 통합과 분권의 장점을 조화시킬 수 있는 수준의 적정분권이 바람직하다. 그렇게 함으로써 민주와 효율이 조화되어 국정성과가 극대화되는 기술민주주의(technocracy)가 시현될 수 있기 때문이다.[4] 그러나 현재는 전반적으로 과소분권 상태로 판단된다. 사무와 재정분산이 분권의 중요 척도라 할 때, 한국은 확실히 과소분권 상태이다. 국가 총 기능 중 지방기능은 약 30% 정도에 그치고 있으며, 국가지출에 있어서 중앙과 지방의 비율은 약 40:60이지만 세입비율은 약 80:20인 그 증거이다. 그렇기 때문에 최소한 당분간은 적정분권으로의 균형을 지향하는 차원에서라도 분권 강화가 필요하다.

다만, 이 같은 과소분권의 진단과 한국의 분권이 후진적이라는 진단과 동일시할 것은 아니다. 이와 관련, 이반냐 · 샤(Ivanyna & Shah, 2012)의 182개국에 대한 비교분권연구는 비교론적 시각에서 한국의 분권실태를 가늠하게 해 준다. 동 연구에서 한국은 종합분권지수(Goverment closeness index)에서 13위, 지방정부의 상대적 중요도에서 11위, 지방정부 안정성에서 15위, 재정적 분권에서 22위, 정치적 분권에서 18위, 그리고 행정적 분권에서 48위로 평가되었다. 물론 측정지표와

4 기술민주주의란 민주정치적 요소의 강화에 따른 민주성의 진전과 전문가적 판단요소의 강화를 통한 효율성 진전이 조화되어 전체적으로 사회적 진전이 극대화되는 사회를 말한다(DeSario, & Langton eds, 1987).

자료의 한계에 대한 비판이 있을 수는 있겠지만, 최소한 비교론적 시각에서 한국이 지방자치 후진국이라고 평가하기는 어렵다. 그럼에도 불구하고 이 같은 평가로 한국의 과소분권 상태에 대한 평가를 부정할 수 있는 것은 아니다. 앞에서 본 바와 같이 중앙과 지방간 불균형이 상존하고 있으며, 이반냐 · 샤의 연구에서 확인되듯이 특히 행정적 규제와 재정분권 측면에서 개선의 필요가 관찰되기 때문이다.

과소분권의 폐해는 크게 두 가지로 요약된다. 하나는 '형식적 자치'이다. 자치권이 취약한 상황에서 지방정부는 중앙정부에 의존하게 되고 지역차원의 창발적 노력을 게을리하게 된다. 이 같은 상황에서는 자칫 지방정부가 진취적 노력 대신 중앙정부의 지원과 감독에 기대는 게으른 거지가 될 우려가 있다. 형식적 자치의 문제는 그것으로 끝나지 않는다. 지방자치의 순기능이 제대로 발현되지 못하게 됨에 따라 지방자치에 대한 회의적 시각이 팽배하게 되고, 성숙한 지방자치를 위한 기반마련 노력은 지지를 받기 어렵게 된다.

또 다른 폐해는 '갈등적 자치'의 조장 내지는 '협력적 자치'의 방해이다. 일반적으로 권한이 약한 집단은 권한 불균형의 회복을 위한 노력에 역량을 집중하기 마련이다. 같은 논리로 지방정부의 자율권이 과도하게 제약되면 지방정부는 지방자치의 목표실천에 앞서 권한 강화를 위한 노력에 우선하게 된다. 이른바 목표와 수단의 도치 현상이 생기게 되는 것이다. 이 같은 현상은 결국 중앙과 지방간 대립으로 귀결된다. 실제로 현재 재정과 사무를 둘러싸고 중앙부처와 지방정부가 자주 대립하는 모습을 보게 된다. 생각건대, 이렇듯 중앙과 지방간 갈등하는 모습은 지방자치에 대한 회의론으로 연결되어 성숙한 지방자치를 실현하는데 도움이 되지 않는다. 아울러 지방자치의 성과는 중앙과 지방이 협력하는 가운데 고양될 수 있다고 할 때, 이처럼 중앙과 지방이 대립하는 상황에서는 지방자치의 성과를 기대하기 어려울 것이라는 점도 인식되어야 한다. 그러므로 '권한 없이 자치 없다'는 점에 대한 인식을 새롭게 하여 분권화를 적극화해야 한다.[5]

---

5 갈등자치는 중앙과 지방간에만 해당되는 것은 아니다. 지방자치 시행 이후 지방정부간, 지방정부와 주민간 갈등도 심화되었다. 이와 관련한 분권화의 효과는 일방향적이지 않다. 먼저 지방정부간 갈등은 지방정부의 자율권이 강화될수록 커지는 경향이 있을 것이다. 다만 많은 경우 지방정부간 갈등은 중앙정부의 계획과 관련하여 야기된 갈등이거나 지방정부간

분권화의 구체적 조치로서 조례제정권 강화, 재정분권, 사무이양 등이 필요하다. 첫째, 조례입법권 강화 등이 필요하다. 현행 지방자치법(제22조)은 조례제정 범위를 '법령의 범위 안'으로 규정하여 지방의 자율권을 과도하게 제약하고 있다. 법률의 범위 안에서 또는 법률에 위반되지 않는 범위 내에서 자유롭게 제정할 수 있게 개정할 수 있을 것이다.

둘째, 재정분권이 필요하다. 현재 재원에 관해서는 중앙과 지방이 공히 어려움을 겪고 있는 상황이다. 지방정부는 경직된 세수 상황에서 중앙정부가 복지지출, 재난대응 지출 등을 지방에 전가한다고 비판한다. 중앙정부는 지방정부의 재정 운용 방만을 지적하면서 지방재정의 책임성 강화가 필요하다고 지적한다. 생각건대, 기본적으로 지방자치는 자기책임 하에 이루어져야 하며 그러기 위해서는 지방의 재원구조를 자주재원 기조로 확충하는 것이 바람직하다. 현재와 같이 의존재원 위주의 지방재정은 필연적으로 지방재정 운용상 도덕적 해이를 야기한다. 그러므로 지방의 책임 있는 재정운용을 위하여 현재 20% 대에 머물고 있는 지방세 비중을 상당 수준으로 인상하는 한편, 지방교부세는 기본적으로 지역 간 형평화 기능에 우선하도록 재편하는 것이 바람직할 것이다.

셋째, 중앙과 지방간 사무배분도 조정되어야한다. 현재 지방사무의 비중은 국가 전체 사무의 30%정도에 그치고 있는데, 지방의 고유사무는 적고 중앙정부의 위임사무가 다수를 차지하고 있다. 일괄이양법의 시행으로 일부 진전이 있었지만, 추가적 이양이 필요하다. 사무를 이양함에 있어서 권한 없는 사소한 업무의 이양이나 일부 집행업무만의 이양을 지양해야 한다. 또한 지방자치단체의 규모나 지역실정을 고려한 차등분권을 강화하여 지방의 자율적 발전을 도와야 한다 (하혜수·최영출, 2002). 사무이양은 재정이양과 연계되어 이루어져야 한다. 재원이 수

협력기제의 미비 때문에 일어나는 것으로서 분권문제와 함께 세노와 관행의 개선에 대한 논의가 필요하다. 지방정부와 주민간 갈등 역시 기본적으로 지방정부가 권한과 자원을 보유하는데서 생기는 갈등이다. 이 역시 일부 폐기물입지 갈등에서 보듯이 중앙정부의 계획과 관련하여 지역차원에서 야기되는 경우도 있지만, 많은 경우 지방정부가 주민의 요구에 충분히 대응할 수 없는 상황에서 발생한다. 일부는 지방정부의 자치권 강화로 도움이 되겠지만, 일부는 자치권 여부와 상관없이 지방내부의 이익충돌 때문에 생긴다. 자치권과 함께 지방정부의 정책노력이 함께 논의되어야 할 사항이다. 어떻든 갈등자치는 지방자치에 대한 회의론을 팽배시켜 지방자치의 성숙화를 방해하는 점에서 바람직하지 않다. 다만 이들 갈등은 분권화와 일방향적 관계에 있지 않으므로 여기에서는 중앙과 지방간 갈등에 한정하여 논의한다.

반되지 않는 사무이양은 해당 기능의 부실화를 초래하므로 사무이양과 재원이양은 동시에 진행되어야 한다. 미국에서 주와 지방의 비용추산법(State and Local Cost Estimate Act of 1981)에 이어 재원 없는 규제개혁법(Unfunded mandates reform act of 1995)을 제정하여 재정지원 없이 주와 지방정부에 과도한 비용을 유발하는 연방규제를 억제하고 있는 것은 좋은 예가 된다 (Dilger & Beth 2014).

나아가서 지방관련 입법에 대한 지방자치단체 대표의 제안권 내지는 협의권을 부여하고, 지방관련 사안을 논의하는 국무회의에 지방의 대표가 참석할 수 있도록 하는 등의 조치로 국정에 지방의 의견이 적절히 반영되게 하는 노력도 필요하다.

3. 지방정부의 책임성

분권과 함께 지방정부의 책임성이 강조되어야 한다. 취약한 여건에도 불구하고 지역차원의 창발적 발전을 위한 노력을 경주하는 지방정부가 있는 반면, 일부 지방정부의 방만행정이 문제시되고 있거니와 지방정부는 자율권에 걸맞게 책임 있는 행정을 펼쳐나가야 한다. 과도한 중앙 의존적 행태는 지양되어야 한다. 물론 외부자원의 유입은 지방발전을 위한 윤활유가 되지만 장기적 시각에서 볼 때 안정성에 문제가 있을 뿐 아니라 지방의 잠재력 발현을 저해하는 문제가 있다. 이와 관련, 적잖게 지방에서는 중앙과의 강한 연계를 갖고 지원을 확보하는 지도자가 유능한 지도자로 평가받는 분위기가 팽배되어 있다. 유능한 지도자는 장기적 시각에서 지방에 내재하는 자생적 역량을 발굴하고 창도하는 지도자여야 하는데 그 같은 지도자에 대한 평가는 인색하다. 이러한 분위기에서 지방이 지방의 문제를 스스로의 역량으로 책임 있게 해결하려는 자세를 갖기는 쉽지 않다. 또한 성숙한 지방자치를 위해서는 단체장을 포함하여 지방의원, 지방공무원 등 지방공직자의 역량강화도 요구된다. 그럼에도 불구하고 지방공직자의 역량에 대해서는 장기간 집권적 행정의 관행과 일천한 지방자치의 경험, 그리고 적극적 의지부족 등으로 개선의 여지가 크다는 시각이 지배적이다. 그렇다면 지방정부(또는 지방공직자)의 책임성 강화를 위한 조치는 무엇인가?

첫째, 역설적이지만 지방정부의 의존적 행태의 개선을 위한 유효한 조치는 분권화이다. 분권화를 제대로 시행하고 지역문제를 지역 스스로 책임지게 함으로써 과도한 중앙의존적 행태의 유혹을 원천적으로 축소할 수 있다. '수영은 수영장에서 배운다'는 여전히 진리이다. 분권화가 되어야 스스로 책임지는 자치를 하게 되는 것이다. 문제는 수영장에 간다고 저절로 수영이 배워지는게 아니라는 점이다. 수영을 배우려면 힘들어도 적극적 의지를 갖고 수영에 임해야 한다. 지방자치를 한다면서 의존적 자세로 스스로의 노력을 게을리하는 것은 수영장에서 가서 수영 배우기를 포기하는 것과 같다. 성숙한 지방자치는 분권강화와 함께 지방 스스로의 역량을 개발하고 강화해나가고자 하는 의지를 요구한다.

둘째, 지방공직자의 역량강화는 책임 있는 지방정부의 필요조건이다. 현재와 같이 지방의 물적자원이 부족한 상황에서 인적자원이 갖는 중요성은 더욱 커진다. 부족한 물적자원을 인적역량의 강화를 통하여 어느 정도 극복할 수 있을 것이기 때문이다. 구체적으로, 자치단체장의 책임의식 강화, 지방공직자의 능력발전, 지방의정 역량강화 등이 필요하다. 지방에서 차지하는 자치단체장의 위상을 고려할 때, 자치단체장의 책임 있는 리더십 확보는 매우 중요하다. 이를 위해서 유능한 인물이 선출되도록 정당의 책임성 제고가 요구되며 다른 한편, 선출된 초선 단체장에 대한 지방자치교육을 의무화하는 것이 도움이 될 것이다. 후자에 대해서는 지방자치법에 교육기회 부여와 참여를 의무화하는 조항을 명기하는 것이 바람직하다. 지방공무원의 능력발전을 위해서는 교육훈련체제의 혁신, 중앙과의 인적교류, 시민과의 협치기회 확대 등이 필요하다. 지방의정 역량 강화도 필요하다. 이를 위하여 체계적인 의정교육을 위한 연수기구의 설치가 필요하다. 현재 단기연수 위주의 접근보다는 보다 중장기적 관점에서의 접근이 필요하다. 의정보좌인력은 개별적이든 집합적이든 인적지원을 추가하기 보다는 일정 수준의 재정지원을 통하여 필요한 전문가 지원을 의정수요에 따라 융통성 있게 활용하도록 지원하는 것이 바람직하다. 현재 광역의회는 대의회제로 과대한 경향이 있으므로 의정지원을 강화하는 대신 광역의회 정원을 축소하고 기초의회 의원과의 겸직 허용을 추진하는 것이 바람직하다.

셋째, 지방의 자율적 운영을 전제로 하되, 지방의 책임성 담보를 지지하기 위한 일정 정도의 중앙정부의 역할도 인정되어야 한다. 선거와 연관되어 노정되고 있는 공무원 줄서기, 전시성 행정의 예방을 위한 제도적 장치가 강구되어야 한다. 현재 지방재정 책임성과 관련하여 추진 중인 지방재정통합공시제, 긴급재정관리제도, 지방투융자심사관리 강화, 그리고 지방행정에 대한 합리적 평가 등의 조치도 적절하게 정착되어야 한다. 신설되는 중앙지방협력회의도 지방의사의 투입기능만이 아니라 지방의 책임성 담보를 위한 통로로도 활용될 수 있어야 한다.

4. 주민참여

주민참여는 지방의 자율적 운영을 위해서만 아니라 책임 있는 지방정부 형성을 위해서 활성화되어야 한다 (Lowndes, 1995). 주민이 지방의 공공문제에 관심을 갖고 적극 참여하여 지방행정에 대하여 협력하고 통제할 때, 지방정부가 책임 있는 지방행정의 수행을 위하여 적극적으로 노력할 동인을 갖게 될 것이기 때문이다. 그러나 현재 한국의 지방자치는 주민관심의 공백 속에서 공직자간 내부적 자치 내지는 '그들만의 자치'의 성격이 농후하여 문제시된다. 결국 지방자치에서 주체가 되어야 할 주민이 객체가 되어 소외되고 있는 것이다. 이 같은 상황에서 지방자치는 '나'와 관련 없는 불필요한 정치제도일 뿐이며, 따라서 지방자치에 대한 적절한 국민적 이해와 관심은 배양되기 어렵고, 정부와 주민의 협력에 기반한 협력적 자치 또한 기대하기 어렵게 될 것이다. 이 같은 상황은 지방자치 선진국과 비교하여 차이가 있다. 지방자치가 발전한 국가들은 분권화를 이룬 이후 주민에 보다 가까운 서비스를 제공하기 위하여 주민참여 내지는 커뮤니티수권(community empowerment)으로 이행하고 있는데 반하여 한국은 분권화가 진전되지 않은 국가와 마찬가지로 참여문제를 소홀히 한 채 분권문제에 대한 논의에서 답보하고 있어 문제시된다 (김익식, 1990).

주민참여의 활성화를 위해서는 주민참여 제도의 내실화와 함께 정책과정에서의 주민참여에 대한 공직자의 수용태세가 요구된다. 주민참여가 긍정적 효과를 발휘하기 위해서는 참여하는 주민의 혁신도 요구된다. 일반적으로 정부와 주민참여로 이루어지는 거버넌스가 바람직한 것으로 인식되고 있거니와 단순히 정부와 주민의 만남이 자동적으로 좋은 거버넌스로 이어지는 것은 아니다. 좋은 거버넌스가 이루어지기 위해서는 거버넌스의 당사자인 정부의 역량강화와 함께 주민의 혁신이 요구되는 것이다. 주민혁신과 관련, 주민이 주인의식을 갖되 주주로서의 소극적 주인의식을 넘어 가업주인으로서의 적극적 주인의식을 갖도록 재창조되어야 한다고 강조한 샥터(Schachter, 1995)의 제언은 주목할 만하다. 나아가서 자기이익에 대한 옹호나 주장만을 하는 일방적 참여자에서 공공문제를 이해하고 적절하게 요구하고 자제하며 생산적으로 참여하는 품격을 지닌 교양시민(informed citizen)으로의 변화도 중요하다 (이승종, 김혜정 2011). 교양시민은 일방적 서비스 수혜자에서 지방정부와 함께 공공서비스를 기획하고 생산하는 생산소비자(prosumer)가 되어 지방자치의 성과제고에 기여한다. 이 같은 시민의 육성을 위해서는 시민교육이 필요하다. 이를 위한 가장 효과적인 방법은 공공정책과정에서의 참여의 경험인데 이 같은 참여의 실질적 장은 지방이다. 지방자치에서 참여가 강조되어야 하는 이유이기도 하다.

5. 지방자치의 여건 강화

지금까지 분권화, 지방정부의 책임성 강화, 주민참여 활성화를 위한 조치에 대하여 논의하였거니와 지방자치의 여건 개선을 위한 추가적 조치가 필요하다. 이들 조치는 상당 부분 분권화, 지방정부의 책임성, 및 주민참여와 관련된 것으로서 이들과의 전반적인 연관관계를 고려하여 개별 항목에서 논의하지 않고 자치여건으로 통합하여 논의한다.

첫째, 교통통신의 발달, 노령화-저출산에 따른 인구구조의 변화, 지방소멸 현상 등에 능동적으로 대응하기 위해서 지방행정체제의 개편을 추진해야 한다. 우선 광역시와 도를 통합하여 광역자치단체의 경쟁력을 강화하는 것이 바람직하다. 광역자치단체의 통합과 관련해서는 지금까지 2~3개의 시군을 묶어 통합시로 하는 안, 강소국 연방제안 등이 제시되었으나 단순하고 실효성 있는 대안은 광역시를 과거와 같이 도로 환원하는 안으로 판단된다. 이승종(2008)은 도와 광역시 통합안이 규모의 경제측면이나 지역균형 측면에서 긍정적 대안인 것으로 분석한 바 있다. 최근 부산-경남, 광주-전남, 대구-경북 지역을 중심으로 메가시티에 대한 논의가 일부 진행되고 있으나 그 같은 구상의 취지를 살리기 위해서도 광역시-도 통합은 중요한 조건이 된다.

나아가서 현행 시군자치제를 1, 2공화국 때 시행 경험이 있는 '시읍면 자치제'로 전환하여 주민자치행정의 기반을 강화하는 것이 바람직하다 (이승종, 2014: 48-

53). 시는 도시행정의 유기적 일체성 확보를 위하여 현행 제도를 유지하더라도, 면적이 커서 주민접촉이 어려운 군의 경우 읍면 단위의 자치제로 전환하는 것이 바람직하다. 이때 군은 도의 하부행정기관으로서 서비스의 효율적 제공에 치중하게 하고, 읍면의 자치기능 범위는 규모에 맞게 조정하면 될 것이다. 이같은 기초자치단위의 변화는 지역차원에서 정부와 주민과의 접점을 확대시켜 정부자치에 그치고 있는 지방자치를 주민의 품으로 돌려주는 동시에, 노령화에 따라 정부접근성이 제약받는 다수 주민에게 맞춤형 근접서비스를 제공하는데 효과적일 것으로 기대된다.[6] 나아가서 많은 논자들이 우려하고 있듯이 팬데믹이 일상화될 경우, 불가피하게 주민들의 정주성이 높아질 것인 바, 이에 대응하기 위해서라도 보다 근접단위에서의 행정단위 설치가 필요하다. 뿐만 아니라 노령화, 저출산이 급속히 진행됨에 따라 머지않은 장래에 군의 자치체 성격유지가 곤란해지는 현상이 가속화될 것이므로 실기하지 않도록 읍면 자치제를 적극 검토할 필요가 있다.

둘째, 기초자치단체의 하부구역에서의 근린자치를 활성화하여 지방자치를 '주민의 품'으로 돌려주어야 한다. 지금까지의 지방자치는 주민의 생활공간인 근린과는 먼 시군구 차원에서 공직자에 의한 '그들만의 자치'로 자리매김하면서 주민자치와는 사실상 거리가 멀었다. 즉, 선진국의 기초자치단체의 평균인구가 5~6천명 정도인데 비하여 한국 기초자치단체의 평균 인구는 약 20만명에 이르는 과대규모로서 주민접근성을 방해하여 이른바 한국 지방자치가 '주민 없는 지방자치'로 지적받는 주 원인이 되어왔던 것이다. 그러므로 이제는 주민이 적극적으로 참여할 수 있는 근린단위의 자치기능을 강화하여 그들만의 자치가 아니라 '우리의 자치'가 되도록 할 것이 요구된다. 그렇게 함으로써 참여를 통한 주민의 성취감을 높이고 주민수요대응형 서비스를 충실하게 제공할 수 있다. 근린자치의 강화를 위해서는 오랜 기간 시범실시를 거친 읍·면·동 단위 주민자치회를 정착시키는 한편, 읍면동 행정기능을 강화하여 근린단위 거버넌스 체제를 구축할 것이 요청된다.[7]

6 근린자치의 강화와 관련하여 근린차원에서의 자치권 강화조치를 적극화하고 있는 영국의 Localism Act(2011)는 좋은 참고가 된다. 영국은 이 법을 통하여 지방정부와 커뮤니티에게 주택, 지역계획 등에 대한 자율권을 확대하고, 커뮤니티에게 공공기관이 운영하는 서비스에 대한 인수요청권을 부여하는 등 근린차원의 주민자치를 확장하려 노력하고 있다.

7 주민자치회의 위원 구성은 반상회 또는 아파트부녀회 등에서 축차적 호선을 통하여 통리장을 선출하고 이들을 주축으로 하되 전문성을 고려하여 일정 수의 위원을 추가하는 것이 바람

셋째, 특별지방행정기관의 정비 (소진광, 2002), 교육자치와 일반자치의 통합 및 연계 (이기우, 1997) 등을 통하여 지방행정의 통합성을 높일 것이 요구된다. 현재 한국은 지역에서 이루어지는 지방행정기능을 통합적으로 수행하지 않고 일부는 중앙의 지역행정기관(특별지방행정기관), 일부는 지방교육자치단체가 배타적 또는 경합적으로 수행하는 '편린적 자치'의 모습을 보인다. 향후 이들 기능 중에서 지방정부가 통합적으로 시행하는 것이 바람직한 기능을 일반지방자치단체가 통합적으로 수행하게 하는 것이 지방행정의 책임성 강화측면에서 유리할 것이다. 이와 관련, 유럽 4개국의 지방정부혁신전략에 대한 울만(Wollmann, 2004)의 연구결과, 행정기능의 분절화 경향이 큰 영국과 프랑스보다 다기능통합행정, 민주행정, 그리고 지역성을 강조하는 스웨덴과 독일이 정책조정, 참여, 정치적 책임성 측면에서 성과가 높게 나타난 것은 좋은 참고가 된다.

넷째, 지역실정에 맞게 지방정부의 기관구성을 다양화할 것이 요구된다 (이종원, 2014). 현재는 지방자치단체의 종류나 지역실정과 무관하게 강시장 우위의 단체장-의회 병립형을 채택하는 '획일적 자치'를 하고 있다.[8] 이와 관련, 자치단체의 규모와 지역의사에 따라 기관분립형, 기관통합형, 시정관리인형 등 다양한 제도를 도입하고 있는 미국의 경우, 또는 지방자치법 개정(2000)을 통하여 전통적 의회통합형 외에 단체장 직선제, 리더-내각형(leader-cabinet)을 주민이 선택할 수 있도록 한 영국의 경우 등은 좋은 참고가 된다. 다행히 2022년 1월 시행예정인 개정 지방자치법에서 별도 법률에 의하여 기관구성 다양화가 가능하도록 조치가 이루어졌다.

끝으로, 지방정부는 제한된 역량을 보완하기 위해서 지방정부간 협력을 적극화해야 한다. 특히 재정적 여건이 취약한 한국 지방자치단체는 상호협력을 통하여 불필요한 재정낭비를 막고 인적 및 물적자원의 활용도를 제고하여야 한다. 그럼에도 불구하고 현재 상당수 자치단체는 지역여건에 상관없이 시설이나 건물을 개별적으로 자체 보유하거나, 자치단체간 협력을 통하여 시너지가 확보될 수 있는 정책도 개별적으로 수행하려는 경향으로 가뜩이나 취약한 재정을 더 악화시키는 경향을 보인다. 이와 관련, 1954년 이래 미국 LA 카운티를 중심으로 다수 자치단

직하다.

8 지방의 기능과 재정도 지방자치단체의 종류에 따라 획일적으로 적용되고 있다.

체간 서비스 위탁협력으로 상호 보완관계를 유지하는 성공적 모형으로 회자되는 Lakewood Plan은 우리에게 유용한 참고가 된다 (Harrigan 1989).

Ⅳ 결론

지금까지 향후 성년을 맞는 한국 지방자치가 보다 성숙한 지방자치로 발전하기 위한 과제를 지방자치 패러다임, 분권, 지방정부의 책임성, 및 주민참여를 논의의 틀로 하여 제시하였다. 그렇게 함에 있어서 먼저 한국지방자치의 문제점을 크게 과정가치에 매몰된 지방자치 패러다임, 취약한 분권, 지방정부의 책임성 미흡, 주민소외로 인식하였다. 또한 이러한 문제에 따라 한국지방자치는 ① 목표와 수단의 도치, ② 형식적 자치, ③ 갈등적 자치, ④ 획일적 자치, ⑤ 의존적 자치, ⑥ 그들만의 자치, ⑦ 편린자치 등의 부정적 이미지로 각인되고 있는 것으로 파악하였다. 이러한 문제를 극복하고 한국지방자치가 발전하기 위한 과제로서 ① 목적지향 패러다임의 중시, ② 분권화 진전, ③ 지방정부의 책임성 강화, ④ 주민참여 활성화와 주민의식제고 ⑤ 지방자치의 여건개선(지방행정 통합성 강화, 기관구성 다양화, 시도통합, 근린자치 강화, 시읍면제 도입, 지방정부간 협력) 등을 제시하였다.

첨언할 것은 성숙한 미래지향적 지방자치의 구현을 위한 방안의 마련에 앞서 무엇보다 지방자치를 바라보는 시각의 개선이 필요하다는 점이다. 기본적으로 성숙한 지방자치로의 발전을 위해서는 지방자치가 효율을 저해하는 성가신 정치제도가 아니라 국민복지 증진과 지속가능한 국가발전을 위한 초석이라는 인식을 바탕으로 지방자치에 대한 중앙과 지방간, 그리고 국민의 협력적 노력이 요구된다. 그러나 이러한 요구와는 달리 한국 사회의 일각에서는 지방자치를 불필요하거나 성가신 것으로 생각하는 경향이 크다. 지방자치가 경쟁효율을 가져오며 주민의 삶의 질에 기여하므로 강화되어야 한다고 주장하는 지방의 논리는 미력한 반면, 좁은 국토에서 지방자치는 비효율적이라고 비판하는 중앙의 논리가 지배적이다.

기본적으로 지방자치에 대한 시각갈등은 기능적 접근을 하는 기술통치적(technocracy) 시각과 공간적 접근을 하는 지역통치적(topocracy) 시각의 불가피한 인식기반 충돌에서 비롯되는 것이다. 따라서 양자의 입장은 타협점을 찾지 못하고 평행선을 긋는 경우가 많지만 그렇더라도 최소한 지방자치에 대한 성급한 비판은 자제될 필요가 있다. 한국 지방자치가 이제 성년에 접어들었다고는 하지만 선진제국의 장구한 지방자치 역사에 비하여 시행기간이 길지 않은 상황에서 지방자치가 보다 긍정적 모습으로 나타나기 위해서는 좀 더 숙성기간이 필요할 것이기 때문이다.

돌이켜 보건대 그간 한국 지방자치는 일부 공직자의 부정적 행태, 방만행정, 지역이기주의 등의 한계를 노출하여 왔지만, 전반적으로는 길지 않은 기간과 불리한 여건에도 불구하고 나름대로 자발성과 창의성에 기반한 긍정적 자치경험을 축적하고 있는 것으로 평가된다. 이제 성년을 맞이하여 그 위상에 걸맞은 지원과 여건 조성이 적절히 이루어진다면 충분한 발전의 잠재력이 있는 것으로 판단된다. 아울러 선진국의 발전역사와 함께 한 지방자치의 잠재력, 또한 이미 오랜 동안 지방자치를 시행하여 온 영미와 유럽제국들이 최근까지도 지속적으로 분권강화 노력을 지속하고 있는 점도 주목할 필요도 있다.[9] 기왕에 많은 비용을 들여 시작한 지방자치가 정착발전하도록 노력하는 것이 바람직한 이유이다.

지방자치의 발전방향은 공직자만의 자치가 아닌 주민에 의한 자치, 분파적 이해집단 간 갈등적 자치가 아닌 공동체에 기반한 협력적 자치라야 한다. 그 같은 지방자치가 성숙한 지방자치이며 주민행복에 기여할 수 있는 미래지향적 지방자치이다.

9 예컨대 앞에서 언급한 지역주권법(Localism act, 2011)을 제정한 영국 외에도 프랑스는 2002~2003년 법제정비를 통하여 지방자치제를 헌법조문화하고 자치체의 계층별 권한을 명확히하는 분권화 조치를 시행했으며, 일본은 2013년 총리가 책임을 맡는 지방분권개혁추진본부를 발족하여 이전의 지방분권개혁관련 후속조치에 주력하는 등 선진국 들은 분권화 노력을 지속하고 있다.

참고문헌

강병주. 1991. 지방자치 시대의 지역문화 발전을 위한 정책. 문화예술. 142.

강장석. 2008. 한국 지방의회의 자율성 및 독립성 침해 요인. 한국지방자치학회보. 20(4).

강주영. 2021. 제주형 기관통합형 추진을 위한 제도적 방안. 제주: 제주포럼.

경남연구원·부산연구원·울산연구원. 2021. 동남권 발전계획 수립 공동연구: 부문별계획 최종보고서.

고 전. 2019. 2018 교육감 주민직선 결과 및 쟁점 분석. 교육법학연구. 31(1): 1-25.

______. 2021. 지방교육자치 70년 성과와 과제. 정책기획위원회: 열린정책. 9월호.

고경훈. 2015. 지방의회 의정활동 평가에 관한 연구. 한국사회와 행정연구. 26(3).

고광용. 2016. 중앙-지방정부간 사무이양 체계 및 성과에 관한 연구. 입법과 정책 8(1): 57-81.

고양시청 블로그 (https://goyangcity.tistory.com/31).

고재경·황원실. 2006. 환경규제의 분권화 효과평가 및 개선방안연구: 환경오염물질 배출업소 지도단속권을 중심으로. 정책연구.

고재경·황원실. 2008. 지방자치단체의 환경거버넌스 평가지표에 관한 연구. 한국사회와 행정연구. 19(1): 113-140.

공보처. 1953. 지방자치 선거에 대하여. 대통령이승만박사담화집. 제1집.

공은배 외. 1998. 교육재정의 확충과 배분제도 개선. 한국교육개발원.

곽채기. 2010. 국가사무의 지방이양에 따른 재원이양 모델로서 분권교부세제도의 적합성 평가-사회복지분야 지방이양사업을 중심으로. 한국거버넌스학회보. 17(1): 287-319.

곽채기(편). 2016. 저출산 고령화 시대의 지방재정. 한국지방재정공제회.

관계부처합동. 2013. 박근혜정부 국정비전 및 국정목표. 청와대.

교육부. 2021. 2021년 8월 대학정보공시 분석 결과. 보도자료. 8. 31.일자.
______. 2019. 혁신학교(지구) 질적 도약을 위한 혁신학교(지구) 지원 기본계획.
______. 2021. 대학의 체계적 관리 및 혁신 지원 전략.
______. 2021. 학령인구 감소 및 미래사회 변화에 대응한 대학의 체계적 관리 및 혁신 지원 전략.
교육부·한국교육개발원. 2021. 2021 지방교육재정분석 보고서.
국무조정실. 2021. 문재인 정부 4년, 100대 국정과제 추진실적. 대한민국 정부.
국토교통부 국토지리정보원. 2019, 2017. 대한민국 국가지도집.
권영성. 2010. 헌법학원론, 법문사.
권 일. 2020. 도시기본계획의 어제, 오늘 그리고 내일. *Urban planners*, 7(1): 5–7.
권자경. 2016. 주민직접참정제도의 주민주권 강화방안. 한국지방자치학회보, 28(2), 135–162.
금창호 외. 2007. 참여정부의 자치조직권 확대정책의 평가와 과제. 한국지방행정연구원.
______. 2015a. 지방자치단체 기구책정 기준 다양화. 한국지방행정연구원. 정책연구 2015–20.
______. 2015b. 행정환경 변화에 대응하기 위한 조직진단 용역. 서울특별시.
______. 2017. 100만 이상 대도시 조직체계개선 연구용역. 수원시·창원시·고양시·용인시.
금창호·라휘문. 2016. 정치분권의 수준과 향후과제. 한국정책연구 16(1): 35–51.
김남철. 1998. 지방자치권의 제한에 대한 한계. 연세법학연구. 5(1): 131.
______. 2013. 국가와 지방자치단체간 사무배분개혁추진의 평가와 과제. 국가법연구. 9(2).
김남철. 2018. 독일 연방주의와 연방주의개혁의 한국 지방분권개헌에의 시사점 –지방분권과 지방자치의 관점에서–. 공법학연구 19(3).
______. 2018. 독일에서의 연방참사원과 주지사협의회를 통한 국정참여 –특히 지방자치단체의 국정참여권 실현방법의 관점에서–. 지방자치법연구 18(1).
______. 2018. 지방자치단체에 대한 행정적 감독의 공법적 문제와 개선방안 —독일 지방자치법상 자치사무에 대한 감독수단을 중심으로—. 공법연구 47(2).

______. 2019. 지방분권개헌안에 대한 평가와 과제. 법학연구 29(3).

______. 2020. 지방일괄이양법의 제정 의의와 향후 과제. <정책&지식> 포럼. 968.

______. 2021. 행정법강론. 제7판. 박영사.

김대중·김태진. 2014. 지역발전을 위한 지역산업정책의 개선방향에 관한 연구. 한국지역개발학회지. 26(3).

김대현 외. 2012. 부산교육비전 2030. 부산광역시교육청.

김문조. 2005. 네트워크 사회의 이념적 기초와 실천 전략, 담론201. 8(3). 통권20호.

______. 2020. 포스트 코로나 시대, 사회적 전망과 과제. 학술원 논문집(인문사회과학편). 59(2): 295-334.

김미경. 2000. 여성정책과 정부역할. 한국행정학회 기획세미나 발표논문.

______. 2008. 성평등정책. 한국행정60년. 법문사.

김민희 외. 2015. 한국의 지방교육자치. 서울: 학지사.

김배원. 2008. 헌법적 관점에서의 지방자치의 본질. 공법학 연구. 9(1): 219-51.

김병준. 1999. 중앙행정권한의 지방이양 촉진 등에 관한 법률의 제정의의와 주요 내용. 자치행정, 139.

김상미. 2005. 제도의 관점에서 본 지방의회의 성과와 정책적 함의. 한국정책학회보. 14(1).

김석태. 2016. 지방분권 사상과 한국의 지방자치. 지방정부연구, 19(4): 1-24.

김선희. 2020. 신제도주의와 정책분석, 윤성사.

김성열·남형우·오세희. 2012. 학생 인권에 대한 교원, 학생, 학부모의 인식 분석. 인문논총. 30: 117-144

김성호. 2013. 성숙한 지방자치 구현을 위한 지방분권 활성화 방안, 성숙한 지방자치 구현과 지방의회 정책역량 강화방안 모색을 위한 정책토론회. 전국시도의회운영위원장협의회.

______. 2019. 재정분권은 정치적으로 풀고 개헌 뒷받침돼야 가능. 월간주민자치 87.

김세훈. 2014. 지역문화진흥과 문화서비스 전달체계 구축 방안. 문화예술경영연구, 7(1): 11-37.

김수연. 2020. 지방일괄이양법의 의미와 한계 및 향후 과제. 지방자치법연구 20(4): 27면 이하.

______. 2003. 일본 지방분권의 성공요인. 서울행정학회 하계학술발표대회.

______. 2004. 지방분권 정책의 집행에 영향을 미친 요인 분석: 일본의 사례를 중심으로. 지방정부연구, 7(4): 7-30.

김순은. 2012. 주민주권론과 지방자치의 발전. 지방행정연구, 26(1), 3-29.

______. 2008. 지방자치제 발전. 한국행정연구원 편. 한국행정60년, 1948~2008. 제2편 국정관리. 파주: 법문사: 651-73.

______. 2014. 지방자치 20년 평가와 전망. 한국지방자치학회 지방분권포럼.

______. 2014. 지방자치의 필요성. 이승종 편저. 지방자치의 쟁점. 박영사. 3-10.

______. 2018. 문재인 정부 자치분권 종합계획의 철학적 기초와 의의. 한국지방자치학회와 자치분권위원회 공동주최 세미나 발표논문.

______. 2019. 한국에서 지방분권 개혁은 가능한가?. 박순애 외. 대한민국 공무원. 그들은 누구인가? 서울: 문우사: 제14장.

______. 2020. 한국의 지방자치와 지방분권: 자치분권으로 가는 길, 조명문화사.

______. 2020a. 한국 지방자치와 지방분권. 서울: 조명문화사.

______. 2021. 자치분권 2.0 시대의 개막. 월간 공공정책. 183: 51-18.

______. 2021a. 문재인 정부의 자치분권 성과와 과제. 자치분권위원회 편, 문재인 정부의 자치분권. 서울: 조명문화사.

______. 2021b. 자치경찰제의 추진과정과 의의 및 향후 과제. 자치분권위원회 편, 문재인 정부의 자치경찰. 서울: 대통령 소속 자치분권위원회.

김승연. 2014. 지방복지재정의 위기, 분석과 해법. 지방복지재정위기 분석과 해법 토론회 자료집.

______. 2019. 지방분권시대 중앙·지방 간 복지사업 역할분담 재정립 방안. 서울연구원 기본과제.

김승연·박동화. 2021. 복지분권에 대한 비판적 고찰: 참여정부와 문재인 정부에 대한 평가를 중심으로. 사회정책연합학술대회 발표자료.

김안제 외. 1994. 지방자치의 발전전략. 박문각.

김연명. 2001. 국민연금정책의 성과와 딜레마: 사회적 연대인가? 재정불안정의 해소인가? 민주사회와 정책연구.1: 97-123.

김용덕. 1992.1. 촌회와 향회: 공동체적 가치의 현대적 실현을 위하여. 역사민속학2. 서

울: 한국역사민속학회.
김용섭. 2015. 한국문명의 전환. 파주: 지식산업사.
김용진. 1998. 향회와 지방자치제. 법제.486.
김운태. 1995. 조선왕조정치행정사. 제2전정증보판. 파주: 박영사.
김은경·문영민. 2016. 제4차 산업혁명에 대한 경기도의 대응방향. 경기연구원. 정책연구. 11: 1-88. http://www.dbpia.co.kr/journal/articleDetail?nodeId=NODE07106529.
김은성·안혁근. 2009. 중앙정부와 지방정부 재난안전관리의 효과적 협력방안 연구. 한국행정연구원.
김은정. 2020. 문재인정부 사회복지분권의 방향과 과제. 입법과 정책. 12(3): pp.29-56.
김은주·오윤경·김경우·최희용. 2020. 지방자치단체 재난안전예산관리 효과성 제고 방안 연구: 재난안전예산 사전검토제도 도입을 중심으로. 한국행정연구원.
김익식. 1990. 중앙과 지방정부간의 권한배분의 측정. 한국행정학보, 24(3): 1373-98.
김재익·김정환·김철수·윤병구·김한수. 2003. 도시계획 패러다임 변화: 네트워크 패러다임을 중심으로. 주택연구. 11(1): 5-26.
김재훈. 1996. 민선단체장 이후 환경규제행정의 변화. 한국행정학보. 30(3): 121-36.
______. 1997. 집권과 분권의 조화: 환경규제를 중심으로. 한국행정학보. 31(1): 39-55.
김정수. 2018. 팔길이 원칙에 대한 비판적 재검토: 문화정책의 진정한 금과옥조인가? 한국정책학회보. 27(4): 249-271.
김종순·문태훈. 2012. 환경오염행위 감시·단속 활성화방안 연구. 한국정책학회. 환경부과제.
______. 2013. 오염물질배출업소 감시·단속권한의 지방위임 효과에 대한 연구. 한국행정학보. 47(4): 231-58.
김종순·문태훈·강합선. 2003. 환경오염 감시·단속체계 개선방안에 관한 연구. 한국행정학회. 환경부과제.
김찬규 외. 2013. 한국 경제의 새로운 성장전략과 충남의 과제. 충남발전연구원.
김창수. 2000. 지방자치제 실시와 환경정책집행의 효과성 차이에 관한 연구: 한강 및 낙동강수계 수질개선정책집행사례를 중심으로. 한국행정학보. 34(4): 257-76.
김철수. 1999. 한국헌법과 지방자치의 방향. 세계헌법연구. 4: 58-114.
김태은. 2009. 제도의 변화와 지속요인에 관한 연구: 한국의 법조인력양성제도를 중심으로. 한국행정학보, 43(2): 45-72.
김희규. 2018. 혁신학교 운영의 성과 및 과제. 홀리스틱융합교육연구. 22(4). 1-18.
나무위키. 대한민국 전국동시지방선거 자료.
나중식. 2007. 재무행정론. 파주: 형설출판사.
내무부·한국지방행정연구원. 1988. 한국지방행정사. 서울: 내무부·한국지방행정연구원.
노현수. 2020. 지방자치법상 주민직접참여제도의 발전과정과 개선방안. 법학연구, 28(4): 223-245.
닛케이 크로스 트렌드(2020). 구독경제는 어떻게 비즈니스가 되는가?(조사연옮김). 서울: 한스미디어.
대통령 소속 자치분권위원회. 2021. 2021년 자치분권 시행계획.
도순남·최호성. 2004. 교육의 지역화에 관한 교원의 인식 분석. 한국교원교육연구. 21(1): 171-97.
라도삼. 2019. 공공과 민간은 경쟁하는가? – 남산골 한옥마을 위탁 논란으로 본 지역문화재단 역할 논쟁. 예술경영. 420호.
라휘문. 2021. 지방재정론. 고양: 대영문화사.
문순홍. 1995. 서론-지속가능한 사회를 향한 생태전략 시론. 문순홍 편역. 지속가능한 사회를 향한 생태전략. 도서출판 나라사랑.
문유석. 2015. 정부간 관계의 관점에서 본 중앙과 지방간의 관계: 농정분야를 중심으로. 지방정부연구 18(4): 393-416.
문태훈. 1997. 환경정책론. 서울: 형설출판사.
______. 2003. 지방자치단체 환경행정력량 평가모델의 개발과 적용에 관한 연구. 한국정책학회보. 12(1): 201-21.
______. 2008. 한국환경정책의 변화와 과제. 1963-2007. 한국정책학회보. 17(3): 131-61.
______. 2013. 새 정부 환경정책의 과제와 환경정책의 발전방향. 한국사회와 행정연구.

24(2): 673–701.

문태훈·김종래. 2000. 부분선점제도 도입을 통한 환경행정의 권한배분과 조정. 한국행정학보. 34(3): 389–408.

문화체육관광부. 2019. 2015년 이후 지방자치단체별 지역문화진흥기금 현황, 국회입법조사처 제출자료(11.20.).

민병성. 2019. 혁신교육 한 걸음. 미래교육 길이 된다. 2019 대한민국 교육자치 컨퍼런스 자료집.

박경미. 2018. 지방분권실현의 제약요인과 정치적 대표성: 정치적 매개체로서 정당의 필요성. 한국과 국제정치 34(1): 83–108.

박광무. 2009. 한국문화정책의 변동에 관한 연구: 정책기조와 핵심정책을 중심으로. 성균관대학교 국정관리대학원 박사학위논문.

박상언. 2011. 지역문화정책의 현재. 한국문화예술경영학회 학술대회 발표문.

______. 2015. 지역문화정책의 등장과 전개 – 지역문화정책의 과제와 전망. 월간 춤. 478호.

박상완. 2013. 지방교육분권 개혁과 교육감의 역할과 책임–프랑스 사례 연구. 한국교육. 40(4): 155–86.

______. 2018. 혁신학교 교사학습공동체에 대한 질적 메타분석. 한국교육. 45(4): 109–38.

박선영. 2015. 조선민주주의인민공화국 헌법의 제정과 개정 과정을 통해 본 북한 헌법에 관한 연구. 공법학연구. 16(4).

박수정·박정우. 2020. 시·도교육청의 혁신학교 정책 분석: 2019학년도 혁신학교 계획을 중심으로. 학습자중심교과교육연구. 20(9): 621–45.

박순애·이영성·최충익·기정훈·장원창·이영미·강철민·신현재·유현지. 2020. 지방분권시대의 환경정책. 문우사.

박순애·이희선. 2013. 환경행정 지방분권화의 영향분석 한국환경정책학회 창립20주년 기념세미나 발표논문집.

박재욱. 2020. 지방자치. 김계동 외. 한국정치와 정부. 명인문화사: 281–304.

박종렬·신상명. 2004. 신 교육행정학개론. 서울: 형설출판사.

박진경. 2018. 2018 지역개발의 성과와 과제. 한국지방행정연구원 특집. 4: 36–39.

박진경·이제연. 2018. 12. 지방분권형 균형발전정책의 실효적 추진방안: 균특회계를 중심으로. 한국지방행정연구원.

박철희. 2010. 정치제도개혁 아이디어의 발흥, 확산, 그리고 제도화-일본에서의 선거제도개혁을 중심으로. 일본연구논총, 32: 35-61.

배관표. 2019. 지역문화재단 운영의 쟁점 및 과제. 이슈와 논점. 1644.

배관표·이민아. 2011. 한국 문화정책의 대상과 전략의 변화: 1988-2012. 한국정책학회. 22(1): 137-70.

백완기. 2015. 알렉시스 드 토크빌(Alexis de Tocqueville)의 생애와 사상. 행정논총. 5(3): 1-45.

법제처. 1991. 북한법 개요. 157. 서울: 법제처.

보건복지부. 2003. 참여복지의 삶과 질의 향상 주제 국정토론회. 보건복지부 보도자료.

보건사회부. 1986. 보건사회백서.

______. 1987. 부녀행정40년사.

서기환·오창화. 2020. 가상국토 구현을 위한 디지털트윈 정책 방향. 국토연구원. 수시 20-10.

서승우. 2020. 국공립문화시설의 새로운 뉴노멀에 대한 전망: 공공 공연장을 중심으로. 문화정책 이슈페이퍼. 부산문화재단.

서울시 역사편찬원 (https://history.seoul.go.kr/).

서울특별시. 2001. 서울특별시조직변천사 (1986~2000).

______. 서울특별시 2011년도 행정안전위원회 국정감사 요구자료 1차분-1.

______. 서울특별시 조직변천사 I (1394-1985), II (1986-2000).

______. 서울특별시행정기구설치조례 1996.1. 15.

______. 서울특별시행정기구설치조례 1999. 3. 15.

______. 서울특별시행정기구설치조례 2003.1. 10.

______. 서울특별시행정기구설치조례 2007. 7. 30.

______. 제60회 서울통계연보 2020. 620 참조.

서재호. 2020. 권리, 제도, 주권: 지방자치에서 자치권의 본질에 대한 연구. 한국행정학보, 54(4), 297-322.

서창훈. 2009. 서구의 생활정치 사상과 독일의 현실. 시민사회와 NGO, 7(2), 111-49.

석명섭 외. 2017. 키워드 네트워크 분석을 통한 지역혁신체제의 연구경향 분석. 한국정책학회보. 26(4): 197–225.

성병창. 2015. 시·도교육청 차원의 교육정책 개발과 조정. 교육정치학연구. 22(4): 141–62.

______. 2009. 환경친화적 혁신정책과 정책통합: 핀란드 사례. 환경정책연구. 8(2): 119–44.

______. 2009c. 새로운 행정기조로서 통합형 정부(Joined–up Government)의 등장과 과제. 서울행정학회 추계기획학술대회 발표문집.

성지은·송위진·장영배·정병걸·한재각. 2009. 통합적 혁신정책을 위한 정책조정방식 설계. 정책연구. 2009–07: 252. 과학기술정책연구원.

센 아마티아 (Amartya Sen). 1999. 자유로서의 발전(Development as Freedom). 김원기 역. 2013. 갈라파고스.

소순창. 2011. 역대 정부의 지방분권 정책의 평가. 한국지방자치학회보, 23(3), 39–68.

소진광. 2002. 분권화시대의 특별지방행정기관. 지방행정. 51: 24–34.

속초시청. 1997. 제35회 1996 속초시 통계연보.

______. 2021. 제58회 2020 속초시 통계연보.

손봉숙. 1993. 제6공화국의 여성정책 평가. 한국여성정치논단 발표논문.

손희준. 2012. 이명박 정부 지방분권 정책의 성과와 과제: 재정분권을 중심으로. 한국지방정부학회 학술대회발표논문집. 1–29.

______. 2018. 문재인 정부의 재정분권 방안. 한국지방재정학회 지방재정발전세미나.

______. 2019a. 새 지방재정학. 대영문화사.

______. 2019b. 2. 지방자치단체의 세출추이 분석. 한국사회과학연구. 40(2).

송병기·박용옥·박한설. 1970~1972. 한말근대법령자료집 I–IX. 1895.10.26.

신강숙. 2020. 학생인권 보장 현황과 개선 방향에 관한 연구. 강원대학교 법학 박사학위논문.

신상명. 2011. 교육행정의 지역화에 대한 요구와 대응 과제. 교육학논총. 32(2): 63–80.

안병욱. 2000. 19세기 향회와 민란. 서울: 서울대학교 대학원.

안영훈. 2008. 프랑스의 정부간 관계와 지방행정. 오시영 편. 프랑스의 행정과 공공정책. 법문사.
안철현. 2017. 지역주권과 주민주권의 관점에서 본 지방정부 기관구성과 주민자치회 조직형태. 21세기정치학회보. 27(4): 31-53.
안청시. 2001. 특집 / 한국정치 50년: 정치문화와 정치의식. 한국정치연구. 10(0): 131-61.
양승실 외. 2011. 지방교육 행·재정체제 진단과 발전방안 (OR2011-03-22). 한국교육개발원.
양영철. 2008. 자치경찰론. 서울: 대영문화사.
여성가족부. 2001~2007. 주요업무계획.
______. 2006. 참여정부 여성·가족정책.
______. 2010. 제3차 여성 정책 기본계획('08~'12) 2010년도 시행계획.
______. 2013. 제4차 여성 정책 기본계획 2013년도 시행계획.
______. 2016. 제1차 양성평등정책기본계획 2016년도 시행계획.
______. 2019. 제2차 양성평등정책기본계획 2019년도 시행계획.
여성부. 2003. 제2차 여성 정책 기본계획 2003년도 시행계획.
여성특별위원회. 1998. 여성백서.
______. 1998. 제1차 여성 정책 기본계획 1998년도 시행계획.
염재호. 1994. 국가정책과 신제도주의. 사회비평, 11: 10-33.
오명석. 1998. 1960~70년대의 문화정책과 민족문화담론. 비교문화연구. 4: 121-52.
오세희. 2011. 2010년 교육감 선거분석 및 시사점. 지방교육경영. 15: 26-43.
______. 2013. 교육행정 지역화에 따른 시·도교육청의 역할 방향. 사회과학연구. 24(2): 67-88.
오세희·정성수. 2009. 지방교육행정기관 효율화 방안. 한국조직학회보. 6(2): 55-81.
오윤경·정지범. 2016. 국가 재난안전관리의 전략에 대한 연구. 한국행정연구원.
오은주. 2013. 12. 지역주도형 지역산업 육성방안. 한국지방행정연구원.
울산광역시. 2008, 1998, 2021, 2021 시정백서.
유경훈. 2014. 학교혁신 과정의 양가성(ambivalence): 혁신학교 운영과정에 대한 문화기술적 사례 연구. 경희대학교 박사학위논문.
유병용·박병련. 1999. 민본주의 전통과 시민사회의 형성. 성남: 한국정신문화연구원.

유재원. 2018. 한국사회에서 지방분권의 이해와 분권전략의 탐색. 한국행정학보. 52(3): 3-28.

유재원·안문석·안광일·최성모·김정수. 1995). 환경규제권의 분권화 효과. 한국행정학보. 29(1): 3-22.

유현숙. 2002. 교육서비스 기능 강화를 위한 지역교육청 개선 대안. 교육행정학연구. 20(4): 251-73.

윤영근 외. 2017. 지방자치단체 조직관리제도 평가 및 발전방안. 한국지방행정연구원.

윤영진. 2010. 새재무행정학. 고양: 대영문화사.

윤이화. 2017. 전국시도의회의장협의회 지방분권운동의 성과와 과제: 정치적 분권과 주민참여를 중심으로. 국제정치연구 20(1): 99-114.

윤홍식·남찬섭·김교성·주은선. 2019. 사회복지정책론. 사회평론아카데미

이규호. 2008. 지역 문화예술 진흥을 위한 법제 연구. 한국문화예술위원회 연구용역 보고서.

이기우. 1997. 지방교육자치제도의 개선방향. 사회와 교육. 24: 33-48.

이기우·하승수. 2007. 지방자치법. 대영문화사.

이남수·서세욱. 2007. 최근 일본의 재정개혁과 시사점 -고이즈미 내각의 개혁을 중심으로-. 경제현안분석. 제14호.

이병렬, 이종수. 2015. 주민자치회 시범실시의 제도적 한계와 발전과제. 한국자치행정학보, 29(1): 157-180.

이상용·이효. 2008. 사업예산제도의 운영실태와 정착방안. 한국지방행정연구원 기본연구과제.

이상호. 2021. 지역경제 회복 및 산업구조 전환을 위한 산업정책 방향에 대한 제언. 한국지방행정연구원, 지방자치 이슈와 포럼. 36.

이성근 외. 2016. 한국지방재정론. 파주: 법문사.

이성근·박상철·이관률. 2004. 지역혁신체제 구축과 테크노파크의 역할. 국토계획. 39(2): 255-270.

이승종 외. 2020, 한국 행정의 역사적 분석(1985~2018) – 한국 지방자치제도의 변천, 진인진.

이승종. 지방자치의 쟁점. 파주: 박영사. 48-53.

______. 2008. 지방역량강화를 위한 광역자치구역의 개편방안. 행정논총. 46(3) :361–90.

______. 2014. 지방자치론. 파주: 박영사.

______. 2015. 성숙한 지방자치의 발전과제. 지방행정연구, 29(2): 61–76.

이승종·김혜정. 2011. 시민참여론. 박영사.

이시경. 1993. 정책논단: 지방 환경 행정조직의 기구개편과 기능조정. 한국행정학회보. 27(1): 233–54.

이원희·강인재. 2013. 지방자치단체 원가관리의 개선방안. 정부회계연구. 11(1): 31–60.

이은국·나태준·노승용. 2007. 배출업소 관리업무 지방위임 3년 실적 평가 및 개선방안 연구. 한국정책분석평가학회. 환경부과제.

이은미, 김동욱 & 고기동. 2016. 정책아이디어의 경쟁과 변화에 관한 미시적 고찰. 한국정책학회보, 25(4), 221–40.

이인환. 2021. 도시교통의 현재와 미래. 사이언스 온고지신. 2019. 08. 11.

이정훈. 2021. 포스트 코로나 시대. 산업과 도시의 대전환을 준비해야. 이슈&진단. 449.

이종수 외. 2018. 새 행정학. 서울: 대영문화사.

이종수. 2010. 헌법적 의미에서의 지방자치와 민주주의. 지방자치법연구. 10(2), 3–21.

이종원. 2014. 기관구성의 다양화. 이승종 편저. 지방자치의 쟁점. 박영사. 89–97.

이주영. 2013. 대한민국의 건국과정. 서울: 건국이념보급회 출판부.

이주희. 1997. 지방자치단체와 환경관리청간의 관계 정립방안. 지방행정연구. 12(3).

______. 2000. 환경행정의 역할분담. 새천년을 위한 환경행정: 정책비젼과 전략: 2000년도 기획세미나발표논문집. 한국행정학회.

______. 2001. 오염물질 배출업소 단속권의 재배분 방안(上)·(下): 지방환경관리청과 시·도간의 역할 분담. 지방행정. 112–41.

이지은. 2017. 지방일괄이양법 제정과 관련된 공법적 과제. 지방자치법연구 17(4). 3면 이하.

이창균. 2010. 이명박정부의 지방분권방향과 성과 및 과제. 한국지방자치학회 하계학술대회 발표논문.

이희봉. 2011. 거버넌스 지방재정. 서울: 사회문화사.

이희선. 2013. 제도적 선택이 환경규제집행의 효과성에 미치는 영향연구 -지방정부의 차별적 분권정책을 중심으로- 서울대학교 행정대학원 박사학위 논문.

임성일 외. 2021. 주민참여예산제도 활성화 방안 마련 연구용역.

임성일·이효. 2015. 성과관리와 사업예산제도의 연계강화. 한국지방행정연구원 연구보고서.

임성학. 2018. 한국의 정당분권과 지방분권: 메시지, 정치적 분권과 재정적 분권. 한국과 국제정치 34(1): 109-40.

임승빈. 2013. 지방자치론. 파주: 법문사.

임연기·박삼철. 2005. 교육행정체제의 진단과 혁신: 충청남도를 중심으로. 교육연구. 19: 97-124.

임진영·서정욱·민효상. 2018. 지방자치단체 사회복지예산 결정 요인에 관한 연구: 경기도 기초지방자치단체를 중심으로. 지방행정연구. 32(3): 65-93.

임학순. 1994. 지역문화 육성을 위한 지방정부와 지방문화원의 역할 정립. 지방자치. 75: 38-43.

자치분권위원회. 2018. 자치분권종합계획(안). 자치분권위원회.

장동희. 1988. 한국행정사. 서울: 법문사.

장미경. 2002. 봄. 생활정치와 페미니즘, 생활자치운동 사례분석을 중심으로. 동향과 전망. 통권52.

장재홍 외. 2013. 지방정부의 지역산업육성정책 분석 및 정책적 시사점. 산업연구원.

전 훈. 2006. 지방자치단체의 지역개발과 국제협력: 프랑스 계획계약과 유럽연합구조기금의 시사점. 지방자치법연구. 6(1): 481-504.

전상환. 2015. 제도정합성 관점에서의 주민참여예산제도 평가: 도시, 농촌, 도농복합 기초지자체를 중심으로. 지방정부연구 19(1): 229-55.

전영준·엄태호. 2019. 지방재정 신속집행제도의 효과적 운영을 위한 외적 정합성 분석: 경기지역 31개 기초자치단체에 대한 퍼지셋 질적비교분석을 중심으로. 한국정책과학회보. 23(4).

전제상. 2011. 지방교육행정체제의 현황 진단 및 개선방향. 한국교육논단. 10(2): 69-93.

정경포커스. 2020. 8. 3.

정부혁신지방분권위원회. 2007. 참여정부 정부혁신과 지방분권.

정상철. 2020. 2차 지역문화진흥 시행계획 비교 분석 및 시사점. 한국문화관광연구원.

정상호. 2009. 정치담론으로서 '생활정치'연구의 현황 및 과제. 시민사회와 NGO, 7(2).

정세욱. 1999. 지방자치체 실시 50년의 변천과 지방의회의 역할변화. 자치포럼. 9/10월호.

정영수 외. 2009. 중앙과 지방정부의 교육에 관한 권한 배분 및 법제화 방안. 교육행정학연구. 27(1): 1-23.

정영재. 2017. 조직환경의 변화와 조직의 확산 – 지방문화원 조직을 중심으로. 서울대학교 행정대학원 박사학위논문.

정영훈. 2019. 구독경제에서의 소비자 문제 개선방안에 관한 연구. 한국소비자원. 정책연구. 19-17.

정용덕. 2002. 한일 국가기구 비교연구. 서울: 대영문화사.

______. 2011. 공공갈등과 정책조정 리더십의 이론적 배경, 정용덕 외, 공공갈등과 정책조정 리더십, 파주: 법문사: 제1장.

정용덕 외. 2021. 현대국가의 행정학. 제3판. 파주: 법문사.

정용덕 · 김종순 · 김근세 · 김준기 · 문태훈 · 이시경 · 전영평. 2002. 지속가능발전을 위한 환경행정의 발전방향과 효율적 수행체계에 관한 연구. 한국행정학회. 환경부.

정우현 · 조공장 · 김수빈. 2019. 지방분권시대 지자체 환경행정기능 강화를 위한 중앙-지방간 역할 재정립 방안. 한국환경정책평가연구원.

정정길. 2002. 행정과 정책연구를 위한 시차적 접근방법: 제도의 정합성을 중심으로. 한국행정학보. 36(1): 1-19.

정지범. 2012. 범정부적 국가 위기 · 재난 관리시스템 연구. 한국행정연구원.

정진수. 2020. 포스트 코로나 시대, 트랜드의 변화와 기업의 대응 전략. 정책과 이슈: 73-6.

정홍원 · 김보영 · 민효상 · 이정은. 2019. 사회복지사업 지방이양 추진의 쟁점과 제도적 보완. 한국보건사회연구원.

정회성. 1994. 환경행정에 있어서 중앙과 지방간의 역할분담, 한국환경정책학회 '94 세미나 자료집.

정회성. 1999. 중앙정부와 지방자치단체간 환경행정의 역할분담 방안. 환경행정발전을

위한 세미나 자료집: 환경행정의 역할분담과 민간참여방안. 환경부. 충북대학교 사회과학 연구소.

제주도. 제주도행정기구설치조례 1996, 1999 , 2003, 2007, 2011, 2015 참조.

______. 제주통계연보 참조.

조덕호. 2021. 위·지·통(위성·지리·통계) 융합 빅데이터구축을 통한 탄소제로2050과 지역균형발전. 한국지역개발학회 2021년 동계학술대회 및 정기총회. 한국지역개발학회: 3-6.

조덕호·기정훈. 2021. 구독 농어촌유토피아 실현 가능성에 관한 사전적 연구. 한국지역개발학회. 33(3): 1-22.

조인식. 2021. 지방대학 신입생 충원 현황과 정책 및 입법과제. NARS현안분석.

조준혁. 2018. 제4차 산업혁명 시대의 도시변화와 디지털트윈 기반 스마트도시 계획모델. 도시정책연구. 9(3): 89-108.

주재복 외. 2019. 지방자치단체 조직관리제도의 발전적 개선방안 연구. 한국지방행정연구원.

중앙안전관리위원회. 2020. 제4차 국가안전관리기본계획.

지방세 연구원. 2019a. 지방세 연혁집.

______. 2019b. 한국지방세 60년사.

지방이양추진위원회. 2008. 지방이양백서. 1998~2008.

지방자치단체 예산 및 기금의 회계관리에 관한 규칙.

지방자치발전위원회. 2014. 지방자치발전 종합계획.

______. 2015. 지방자치발전 시행계획.

______. 2017. 지방자치발전백서. 서울: 지방자치발전위원회.

지방자치법과 지방자치법 시행령.

지방자치인재개발원·시도공무원교육원. 2020. 2020 공통교재 지방예산실무.

지방재정법과 지방재정법 시행령.

지방회계법과 지방회계법 시행령.

진승호. 2021. 문재인 정부의 국가균형발전 비전과 목표. 국가균형발전위원회. 471.

차재권·전용주. 2017. 의회정치에서의 다양한 계층제의 작동메커니즘: 4개국 중앙-지방의회관계 유형분석을 중심으로, 세계지역연구논총 35(1): 97-133.

최기주. 2019. 디지털 전환기의 교통정책 및 연구 방향. 국토연구. 100권 기념 논단.
최병호. 2014. 한국 복지정책의 변천과 과제. 예산정책연구. 3(1): 89-129.
최봉석 외. 2015. 국가와 지방자치단체간의 사무구분 및 사무조사 연구. 행정자치부.
최상미·김아래미. 2020. 사회복지행정론. 학지사.
최상철(편). 1985. 지방의 재발견. 민음사.
최상한. 2017. 역대정부의 자치분권유형분석과 차기정부의 과제. 마르크스주의 연구 14(2). 경상대학교 사회과학연구원: 162-97.
최승제. 2021. 지방자치법 전면개정의 의미와 향후 과제: 주민주권 구현을 중심으로. 한국지방정부학회 학술대회자료집, 295-329.
최영출. 1992. 관·학·기 연계를 통한 지역개발추진방안. 한국지방행정연구원.
최재선. 1984. 지역경제론. 법문사.
최지석. 2021. 디지털 트윈. 한국IR협의회. 한국기업데이터(주). 혁신성장. 2021-07.
최진혁. 2015. 21세기 지방자치의 현대적 경향: 영국과 프랑스의 지방자치의 진화. 한국지방자치학회보. 27(3): 1-29.
최철호. 2020. 지방이양일괄법의 제정의 의의와 과제. 지방자치법연구 20(4): 3면 이하.
최호진·김경우. 2021. 재난안전관리 인력의 전문성 강화방안 연구: 중앙부처 및 공공기관을 중심으로. 한국행정연구원.
통계청. 2021. https://kostat.go.kr/portal/korea/index.action(2021.10.21.)
하연섭. 2011. 제도분석 2판 – 이론과쟁점, 서울: 다산출판사.
하혜성 외. 2021. 지방소멸 위기지역의 현황과 향후과제. 입법정책. 85호.
하혜수·최영출. 2002. 차등적 지방분권제도에 대한 비교연구: 영·미·일·북유럽을 중심으로. 한국행정학보. 36(2): 109-27.
하혜영. 2017. 중앙행정권한의 지방이양 관련 쟁점과 과제. 이슈와 논집. 1280. 국회입법조사처.
______. 2020. 지방일괄이양법의 주요 내용과 향후 과제. 이슈와 논점. 1651. 국회입법조사처.
하혜영·김예성. 2021.10. 지방소멸 위기지역의 현황과 향후 과제. 국회입법조사처. NARS 입법·정책 제85호.
한경원. 2015. 지방자치와 저성장 시대의 도시계획 과제. Urban planners 2(3), 10:

5-6.

한국경제60년사 편찬위원회. 2010. 한국경제60년사. KDI.

한국방재협회. 2014. 재난관리총론.

한국법제연구원. 2020. 지방자치법 법제이력 조사연구.

한국여성정책연구원. 2007. 해외의 성인지 예산: 다양성과 정책적 선택.

한국지방자치학회. 2019. 신지방의회론. 서울: 박영사.

한국지방행정연구원. 2019. 안전한 대한민국, 기초자치단체 재난안전 조직·인력 확충이 시작이다. 꼭 알아야 할 지방자치 정책브리프 제74호.

한국행정연구원 편. 2008. 한국행정60년. 1948~2008. 파주: 법문사.

한표환·라휘문. 2019. 12. 국가균형발전 사업추진의 위험요인 분석과 개선방안. 글로벌정부정책연구원.

행정안전부 2020. 보도자료. 소방안전교부세 75%이상 소방분야 투자, 2023년까지 연장. 08.04.

행정안전부. 제3~7기 지방의회백서.

______. 2012. 정부 내 재난관리 역량강화 위해 전문공무원 양성, 행전안전부 보도자료.

______. 2012. 지방자치단체 성인지예산 담당공무원 워크숍 자료집.

______. 2013. 지방자치단체 원가계산 준칙 해설.

______. 2016. 지방자치단체 재무회계 운영규정.

______. 2017. 신생 방재안전직에 대한 깊어지는 고민 - 낮은 직무만족도, 높은 이직률. 행전안전부 보도자료.

______. 2019. 2019년 지방자치단체 통합재정 개요.

______. 2020. 2020행정안전통계연보. 세종: 행정안전부.

______. 2021. 2021년 지방재정전략회의. 행정안전부.

______. 2021. 지방재정 혁신방안. 2021년 지방재정전략회의 발표 자료.

______. 매연도. 지방자치단체 통합재정 개요.

행정자치부. 2006. 2007년 지방 총액인건비제 시행계획.

______. 2008. 2008년도 지방자치단체 사업예산 운영규정.

______. 2015. 지방자치 20년: 그동안의 변화와 성과(2015.10.29.).

허 주 외. 2020. 혁신교육 중·장기 발전 방안 연구. 한국교육개발원 연구보고서.

허재완·고영구. 2015. 현대 지역경제론. 커뮤니케이션북스.

헌재 1991.3.11. 91헌마21, 판례집 3, 91.

헌재 1997. 4. 24. 95헌바48.

헌재 2020.3.26. 2018헌바3.

헌재 2021.6.24. 2018헌마405.

홍운기, 2005. 한국 지방정부의 경제개발정책에 대한 비판적 고찰, 한국정치연구. 14(1).

홍정선, 방동희. 2019. 지방자치 70년, 회고와 과제 – 헌법과 지방자치법의 제정·개정을 중심으로, 19(3), 3–71.

홍정선, 안정민. 2008. 한국 지방자치법의 발전과 최근동향. 지방자치법연구, 8: 31–58.

홍정선. 2013. 신지방자치법. 제2판. 박영사.

홍준형. 2018. 한국행정법의 쟁점, 서울대학교출판문화원.

______. 2020a. 시민을 위한 행정법 입문, 박영사.

______. 2020b. 한국의 행정과 법: 법치의 시련과 과제, 진인진.

______. 2021. 지방자치법, 대명출판사.

홍지현 · 최태현. 2020. 정책아이디어의 탐색과 심화: 보육료정책 목표와 수단의 변화 분석. 한국정책학회보, 29(4): 295–326.

홍형득. 1997. 지방정부의 지역혁신체제구축을 위한 테크노폴리스 조성전략; 대덕연구단지와 대전광역시를 중심으로. 한국정책학회보. 6(2): 101–27.

황계영. 2015. 환경지도단속업무의 현황 및 향후정책방향. 환경법연구. 37(2): 75–101.

MBC. 2020. “로드맨. 일방통행 서울민국 1편. 제2의 도시가 바뀐다?”(2020.9.12.)

Alatas, V., A.V. Banerjee, R. Hanna, B.A. Olken, J. Tobias. 2012. “Targeting the poor: evidence from a field experiment in Indonesia.” *American Economic Review* 102 (4): 1206–40.

Alford, Robert & Roger Friedland, 1985, *Powers of Theory*, Cambridge University Press.

Amin, A. & Thrift, N. 1994. Living in the global. In Amin, A. and Thrift, N. Ed.,

Globalisation, institutions and regional development in Europe. Oxford: Oxford University Press. 1–22.

Aslim, Erkmen and Bilin Neyapti 2017. Optimal fiscal decentralization: Redistribution and welfare implications. *Economic Modelling* 61(C): 224–34.

Bawle, Nigel & Robert K. McMahon, 2014, *Government and Politics of the United States*, 3rd. ed., Palgrave Macmillan. (김욱 옮김, 미국정치와 정부, 명인문화사, 2016.)

Béland, D. 2009. *Elites, Ideas, and the Evolution of Public Policy*.

Béland, D. (2019). *How Ideas and Institutions Shape the Politics of Public Policy*. Cambridge: Cambridge University Press.

Besley, T. and S. Coate. 2003. Centralized versus decentralized provision of local public goods: A political economy approach. *J. Public Econ*. 87(12): 2611–37.

Campbell, Patrick. 2020. Why Surviving the Subscription Economy is About People, Not Products, *RECUR*, 07.05.

Castells, M., 1977, *The Urban Question*, London: Edward Arnold.

Chandler, James, A., 2008, "Liberal Justification for Local Government in Britain", *Political Studies*, 56: 355–73.

Cockburn, Cinthia, 1977, *The Local State*, London: Pluto Press.

Cooke P., Uranga M. G., & Etxebarria G. 1997. Regional innovation systems: Institutional and organisational dimensions. *Research policy*. 26(4–5): 475–491.

Cooke, P. 1996. The new wave of regional innovation networks: analysis, characteristics and strategy. *Small Business Economics*. 8(2): 159–171.

Cooke, P. 1998. Regional Systems of Innovation. *Environment & Planning A: Economy and Space*. 30.

Cooke, P. 2004, Regional innovation systems: an evolutionary approach. Regional innovation systems: the role of governance in a globalized world, In P. Cooke., M. Heidenreich., & H. Braczyk(Eds). *Regional Innovation Systems* 2nd Edition, Routledge: 1–20.

Department of Homeland Security. 2007. Target Capabilities List–A companion to the National Preparedness Guidelines.

DeSario. J. & Stuart Langton eds. 1987. *Citizen Participation in Public Decision Making*. N.Y.: Greenwood Press.

DGLG. 2009. Local Government Financial Statistics England. 19. Department for Communities and Local Government.

Dilger. Robert J. & Richard S. Beth. 2014. Unfunded mandates reform act: History. impact. and issues. *Congressional Research Service*.

Dougherty, Sean and Leah Phillips. 2019. The spending power of subnational decision makers across five policy sectors. OECD WORKING PAPERS ON FISCAL FEDERALISM. Paris, OECD Publishing.

Eckhardt, Giana M., Mark B. Houston, Baojun Jiang, Cait Lamberton, Aric Rindfleisch, & Georgios Zervas. 2019. Marketing in the Sharing Economy. *Journal of Marketing*. Vol. 83(5): 5−27.

Elcock, Howard. 1994. *Local Government* 3rd ed. London:Routledge.

EMI. 2017. The Next Generation Core Competencies for Emergency Management Professionals: Handbook of Behavioral Anchors and Key Actions for Measurement.

Faguet, J. P. 2004. Does decentralization increase government responsiveness to local needs? Evidence from Bolivia. *J. Public Econ*. 88(3−4): 867–93.

FEMA (https://emilms.fema.gov/is_0101c/groups/42.html)

Freeman, C. 1982. The Economics of Industrial Innovation. London. Frances Printer.

Giddens, Anthony, 1985, *The Nation-State and Violence*, Berkeley: UC Press.

Greif, A. 2006. Institutional Trajectories: How Past Institutions Affect Current Ones. In Institutions and the Path to the Modern Economy: Lessons from Medieval Trade *Political Economy of Institutions and Decisions*,Cambridge: Cambridge University Press: 187−216.

Hague, Rod & Martin Harrop, 2011, *Comparative Government and Politics*, 8th ed., Palgrave−Macmillan. (김계동 외 역, 비교정부와 정치, 2011, 명인문화사.)

Hailsham, Lord, 1976, *The Elective Dictatorship*, London: British Broadcasting Corporation.

Harrigan. John J. 1989. Political Change in the Metropolis. 4th ed. Foresman & Co.

Hay, Colin, 2002, *Political Analysis*, NY: Palgrave.

Henderson, Gregory, 1968, *Korea: The Politics of the Vortex*, MA: Harvard University Press.

Hillery, G. 1955. Definition of Community: Areas of Agreement. *Rural Sociology* 20.

Hirschman, Albert O., 1970, *Exit, Voice, and Loyalty: Responses to Decline in Firms, Organizations, and States*, Cambridge, MA: Harvard Univ. Press.

Ivanyna, Maksym & Shar, Anwar. 2012. "How Close is Your Government to its People? Worldwide Indicators on Localization and Decentralization" World Bank Policy Research Working Paper No.6138.

Jung, Yong-duck, 1987, "The Territorial Dimension of the Developing Capitalist State: Measuring and Explaining Centralization in Korea," *International Review of Administrative Sciences*, 53: 128-53.

Jung, Yong-duck, 2002, "Public Choice or Dual State?: A Comparative Analysis of the Distribution of Functions between Central and Local Governments in Japan and Korea," Paper Presented at the 62nd National Conference of the American Society for Public Administration, Phoenix, Arizona, March 23-26.

Jung, Yong-duck, 2014, *The Korean State, Public Administration, and Development: Past, Present, and Future Challenges*, Seoul: Seoul National University Press.

Kis-Katos, Krisztina & Bambang Suharnoko Sjahrir. 2017. The impact of fiscal and political decentralization on local public investment in Indonesia. *Journal of Comparative Economics* 45: 344-65.

Krasner, Stephen, 1984, "Approaches to the State: Alternative Conceptions and and Historical Dynamics," *Comparative Politics*, 16: 223-46.

Langrod, Georges, 1953, "Local Government and Democracy," *Public Administration*, 31 (Spring): 25-34.

Lewis, O. A., & Steinmo, S. 2012. How institutions evolve: Evolutionary theory and institutional change. *Polity*, 44(3), 314-39.

Lowndes. Vivien. 1995. Citizenship and urban politics. in David Judge et al eds.

Theories of Urban Politics. Sage: 160–180.

Lundvall, B. ed.. 1992. *National System of Innovation-Towards a Theory of Innovation and Interactive Learning*. London. Printer Publishers.

Marcow, Gerad, 2000, *L'Aadministration locale en Grande-Bretagne entre centralisation et regionalisation*, Paris: L'Hamattan.

MHCLG. 2021. *Local Government Financial Statistics England*. 31. London: Ministry of Housing, Communities and Local Government.

Nelson R. R. ed.. 1993. *National Innovation Systems: A Comparative Analysis*. Oxford: Oxford University Press.

North, D. C. 1990. *Institutions, institutional change and economic performance*. Cambridge: Cambridge university press.

Oates, W., 1972. *Fiscal Federalism. Harcourt Brace Jovanovich*, New York.

OECD. 2013. Government at a glance.

Ostrom, Vincent, 1974, *The Intellectual Crisis of American Public Administration*, Tuscalusa: Univ. of Alabama Press.

Panter–Brick, Keith, 1953, "Local Self–Government as a Basis for Democracy: A Rejoinder," *Public Administration*, 31 (winter): 438–40.

Pierre Bourdieu 외 저, 유석춘·장미혜·정병은·배영 공편역. 2003. 사회자본 이론과 쟁점. 서울: 도서출판 그린.

Rittel Horst W.J. & Webber Melvin M. 1973. Dilemmas in a General Theory of Planning. *Policy Sciences*. 4(2): 155–169.

Roos, Nicholas H.M., 1993, "Dynausaur–complex versus Legal Pluralism," in Bruno De Witte & Caroline Forder, *The Common Law in Europe and the Future of Legal Education*, Kluwer Law International: 639–59.

Schachter. Laure H. 1995. Reinventing government or reinventing ourselves: Two models for improving government performance. *Public Administration Review*. 55/6: 530–537.

Sikkink, K. (1991). *Ideas and institutions: developmentalism in Brazil and Argentina*. Cornell Studies in Political Economy.

Smith, Brian, 1980; 1985, *Decentralization: The Territorial Dimension of the State*. London: George Allen & Unwin.

Streeck, W., & Thelen, K. A. (2005). Introduction: Institutional Change in Advanced Capitalist Economies. In *Beyond Continuity: Institutional Change in Advanced Political Economies*. Oxford University Press.

Tarrow, S., & Tilly, C. 2007. *Contentious politics and social movements*. In The Oxford handbook of comparative politics.

Thelen, K. 2009. Institutional change in advanced political economies. *British Journal of Industrial Relations*, 47(3), 471–498.

Tiebout, Charles M., 1956, "A Pure Theory of Local Expenditures", *Journal of Political Economy*, 64(5): 41624.

Tilly, Charles., 1975, "Reflections on the History of European State–making," in Charse. Tilly ed., *The Formation of Nation States in Western Europe*, Princeton, NJ: Proinceton Univ. Press.

Tocqueville, Alexis de, 1835, *Democracy in America*, A Penn State Electronic Classics Series Publication. (d14a.org/uploads/pdf/Alexis–de–Tocqueville).

Treisman, Daniel. 2007. *The architecture of government: Rethinking political decentralization*. New York: Cambridge University Press.

Vogel, David. 1986. *National Styles of Regulation: Environmental Policy in Great Britain and the United States*. Cornell University Press, Ithaca, N.Y.

Wilson, David & Game, Chris. 1998. *Local Government in the United Kingdom*. England, U.K.: Macmillan Press LTD.

Wollmann. Helmut. 2004 . Local government reforms in Great Britain. Sweden. Germany and France: Between multi–function and single–purpose organisations. *Local Government Studies*, 30/4: 639–665.

World Bank. 2001. Fiscal decentralization indicators. http://www1.worldbank.org/publicsector/ decentralization/fiscalindicators.htm

World Bank. 2003. *World Development Report 2004: Making Services Work for Poor People*. World Bank and Oxford University Press, Washington, D.C.

Wright, Edward R., 1975, *Korean Politics in Transition*, Seattle: University of Washington Press.

西尾勝. (1999).「未完の分権改革」. 東京: 岩波書店.

http://www1.worldbank.org/publicsector/decentralization/fiscal.htm
https://lofin.mois.go.kr
https://www.imf.org/en/Data
https://www.oecd.org/tax/federalism/fiscal-decentralisation-database/
https://www.soumu.go.jp/main_sosiki/c-zaisei/

찾아보기

ㅈ

ㅎ

저자 소개(Contributors)

■ **곽현근**(Hyon Kun Kwak)
현) 대전대 행정학과 교수, 대전시 새로운 대전위원장
전) 한국공공행정학회 회장, 대통령직속정책기획위원회 위원, 대전대 지역공동체활성화전문인재양성사업단장
저술) 한국주민자치 이론과 실제(공저), 바람직한 대전 시민사회와 거버넌스(공저), 한국사회와 공동체(공저) 외

■ **권경득**(Kyung Deuk Kwon)
현) 선문대 행정공기업학과 교수, 대통령소속자치분권위원회 정책자문위원장
전) 한국지방자치학회 회장, 한국인사행정학회 회장
저술) 인사행정론(공저), 한국지방자치의 발전과 쟁점(공저), 사회과학통계분석(공저)

■ **김구민**(Koomin Kim)
현) 금강대 공공정책학부 교수 겸 공공정책연구원장
전) 서울대 한국행정연구소 전임연구원
저술) "Regional Influence or Institutional Constraints?", "Determinants of State Long Term Debt-Political Market Framework", "State General Sales Tax Policy" 외

■ **김남철**(Nam Cheol Kim)
현) 연세대 법학전문대학원 교수
전) 한국비교공법학회 회장, 한국지방자치법학회 회장, 자치분권위원회 전문위원장
저술) 행정법강론, 행정법입문 외

■ **김미경**(Mee Kyung Kim)
현) 상명대 행정학부 교수
저술) 미래국가로 가는 길, 새로운 시대의 공공성 연구, 신복지사회 거버넌스 국가를 위하여 외

■ **김상미**(Sangmi Kim)
현) 지방의회발전연구원 원장,
전) 대통령소속 자치분권위원회 위원, 한국지방자치학회 지방의회발전특별위원장, 팡테온 소르본느대학교 객원연구원
저술) 신지방의회론, 공직윤리핸드북(공역), 문재인정부의 자치분권(공저) 외

■ **김수연**(Kim Sooyeon)
현) 대한민국시도지사협의회 분권제도연구부장
전) 대한민국시도지사협희회 정책연구센터장
저술) 인간다운 삶, 공존의 시대(공저), 한국지방자치의 발전과 쟁점(공저) 외

■ **김순은**(Soon Eun Kim)
현) 대통령소속 자치분권위원회 제2기 위원장
전) 서울대 행정대학원 및 동의대 정외과 교수, 대통령소속 자치분권위원회 제1기 위원장
저술) 미래의 지방행정체제(공저), 한국 지방자치와 지방분권, Q-방법론과 사회과학 외

■ **김찬동**(Chan Dong Kim)

현) 충남대 행정학부 교수

전) 서울시정개발연구원 연구위원, 대통령소속자치분권위원회 자문위원, 한국지방계약학회 회장

저술) 주민자치의 이해, 주민자치제도의 재설계, 주민자치정책론 외

■ **금창호**(Chang-Ho, Geum)

현) 한국지방행정연구원 선임연구위원

전) 대통령 소속 사회통합위원회 지역분과위원, 대통령 소속 지방자치발전위원회 실무위원, 대통령 직속 저출산고령사회위원회 위원

저술) 지방 3.0의 이해와 적용(공저), 지방자치의 쟁점(공저), 한국지방자치의 발전과제와 미래(공저) 외

■ **라휘문**(Hui-mun Ra)

현) 성결대 행정학과 교수

전) 한국지방행정연구원 책임연구원, 한국정책분석평가학회 회장, 국민권익위원회 자체평가위원장

저술): 지방재정론, 현대국가의 행정학, 정부간 관계 외

■ **문태훈**(Tae Hoon Moon)

현) 중앙대 도시계획부동산학과 교수, 지속가능발전해법네트워크 회장

전) 한국환경정책학회 회장, 지속가능발전위원회 위원장

저술) 환경정책론, 시스템사고로 본 지속가능한 도시, 환경행정학 외

■ **배관표**(Kwanpyo Bae)

현) 충남대 국가정책대학원 교수

전) 국회입법조사처 입법조사관, 아시아문화원 책임연구원, 성균관대 언론정보대학원 겸임교수

저술) OECD 회원국들의 문화행정체계 비교, 한국문화예술위원회와 블랙리스트 실행, 문화영향평가 외

■ **손희준**(Heejune Sohn)

현) 청주대 인문사회대학 교수

전) 한국지방재정학회 회장, 기획재정부 재정정책위원, 경실련 지방자치위원장

저술) 새 지방재정학, 지방자치의 쟁점(공편), 재무행정론(공저) 외

■ **송하진**(Ha-Jin Song)

현) 대한민국시도지사협의회 회장, 전라북도 지사

전) 전주시장, 행정학 박사

저술) 정책성공과 실패의 대위법, 느티나무는 힘이 세다, 송하진이 그리는 화이부동 세상 외

■ **오세희**(Sehee Oh)

현) 인제대 공공인재학부 교수

전) 교육부 서기관 및 자체평가위원, 인제대 학부교육혁신처장 및 경영대학원장

저술) 지방자치와 지역발전(공저), 지방, 학교가 희망이다(공저), 빅데이터를 활용한 지방교육재정지출 변동패턴 분석 및 예측모형(공저) 외

■ **이병현(Byung Hyun Lee)**

현) 김제시의회 의정지원관

전) 서울대 정보지식정책연구소, 한국행정연구원 및 한국환경정책 · 평가연구원 연구원

■ **이승종(Seung Jong Lee)**

현) 서울대 행정대학원 명예교수

전) 한국행정학회장, 한국지방행정연구원장, 22회 행정고시 합격

저술) 지방자치론, 시민참여론, 지방행정체제개편론 외

■ **장익현 (Ikhyun Jang)**

현) 한신대 사회복지학과 교수

전) 서울연구원 부연구위원

저술) 감염병 시대 도시변화의 방향을 묻다(공저), 공공형 아동학대예방센터 정책결정과정에 대한 연구, The distributive impact of private pensions in the context of the institutional designs of public pension systems across OECD countries 외

■ **정용덕(Yong-duck Jung)**

현) 금강대 총장, 서울대 행정대학원 명예교수

전) 한국행정학회 회장, 한국사회과학협의회 회장, 총신대학교 이사장

저술) 한 · 일 국가기구 비교연구, 공공갈등과 정책조정리더십(공저), The Korean State, Public Administration, and Development 외

■ **정지범(Chung, Ji-Bum)**

현) UNIST 도시환경공학과 교수

전) 한국행정연구원 연구위원, 원자력환경공단 사외이사, 사회적참사특별조사위원회 자문위원

저술) 국가종합위기관리, 위기관리의 협력적 거버넌스 구축, 재난에 강한 사회시스템 구축

■ **정해구(Hae-Gu Jung)**

현) 경제인문사회연구회 이사장

전) 대통령 자문 정책기획위원회 위원장, 성공회대 정외과 교수

저술) 한국정치와 비제도적 운동정치, 전두환과 80년대 민주화운동, 1980년대 재야세력의 성장과 역할 외

■ **조덕호(Deokho Cho)**

현) 대구대 교수, 한국지역개발학회 회장

전) 한국정부학회 회장, 대한지방자치학회 회장

저술) 주택담보제도도입연구, 농촌형역모기지도입방안연구, 노후보장과 역저당연금제도(공저) 외

■ **조임곤(Im Gon Cho)**

현) 경기대 행정학과 교수, 한국지방재정학회 회장

전) 지방재정부담심의회 위원, 자치분권위원회 정책자문위원

저술) 행정학개론, 자치분권시대의 지방재정, 과학논문작성과 통계자료분석 외